普通高等教育“十一五”国家级规划教材
面 向 21 世 纪 课 程 教 材

全国高等学校法学专业16门核心课程教材

民事诉讼法

MINSHI SUSONGFA

Civil Procedure Law

（第五版）

江 伟 主编

高等教育出版社
北京大学出版社

内容提要

本书不仅及时反映了民事诉讼法学最新和重大的学术动向，而且还对《民事诉讼法》和相关司法解释的最新变动以及民事诉讼审判实务中提出的新问题及时进行了理论分析和概括。

本书是对 2013 年 9 月第四版所作的修改和补充，在保持原有体系的前提下，对某些章节的内容作了调整，使其表述和论证更加简洁、清晰、准确，使本书更符合教学的规律，能够充分满足教学的需要。

图书在版编目（CIP）数据

民事诉讼法 / 江伟主编. -- 5 版. -- 北京 : 高等教育出版社，2016.7（2025.1 重印）
ISBN 978-7-04-045276-1

Ⅰ. ①民… Ⅱ. ①江… Ⅲ. ①民事诉讼法－基本知识－中国 Ⅳ. ①D925.1

中国版本图书馆CIP数据核字（2016）第085957号

策划编辑 王亚敏　责任编辑 王亚敏　封面设计 杨立新　版式设计 王艳红
责任校对 胡美萍　责任印制 刁 毅

出版发行	高等教育出版社	网　　址	http://www.hep.edu.cn
社　　址	北京市西城区德外大街4号		http://www.hep.com.cn
邮政编码	100120	网上订购	http://www.hepmall.com.cn
印　　刷	涿州市京南印刷厂		http://www.hepmall.com
开　　本	787 mm×1092 mm　1/16		http://www.hepmall.cn
印　　张	32	版　　次	2000 年 7 月第 1 版
字　　数	770 千字		2016 年 7 月第 5 版
购书热线	010-58581118	印　　次	2025 年 1 月第 12 次印刷
咨询电话	400-810-0598	定　　价	66.00 元

物 料 号　45276-00

作者简介

江　伟　中国人民大学法学院教授
陈桂明　《中国法学》杂志社总编辑
李　浩　南京师范大学法学院教授
刘荣军　北京师范大学法学院教授
章武生　复旦大学法学院教授
赵　钢　武汉大学法学院教授
张卫平　清华大学法学院教授
齐树洁　厦门大学法学院教授
肖建国　中国人民大学法学院教授
纪格非　中国政法大学民商经济法学院教授

第五版修订说明

本教材第四版修订之后，最高人民法院于2015年出台了史上条文最多的司法解释——《关于适用〈中华人民共和国民事诉讼法〉的解释》(以下简称《民诉法解释》)。该解释共计552条，全面系统地阐释了如何适用《民事诉讼法》。不仅如此，该解释还根据民事诉讼实践的需要，创建了诸多不可或缺的具体的制度性规范，在很大程度上弥补了《民事诉讼法》在制度规范上的缺失，对民事诉讼的合理运行起到了十分重要的规范作用。正因如此，《民诉法解释》也使用了不少新的概念以解释这些新的制度以及《民事诉讼法》原有的规定。对这些制度以及新的概念的含义还需要从理论上进一步予以展开、说明，如此才能更准确地把握《民事诉讼法》《民诉法解释》的基本原理和精神。为此，本教材的各位作者针对《民诉法解释》文本以及《民诉法解释》的初步实践情形，对本教材第四版的内容予以修订，进一步阐明了民事诉讼法的基本理论。这是本次修订的最大特点和亮点。同时，本次修订中，作者还根据民事诉讼理论的最新发展和变化，对原版的观点、表述和理论予以修正和补充，使其内容更为准确和丰满。

第四版修订说明

2012年8月31日第十一届全国人民代表大会常务委员会第二十八次会议通过了《关于修改〈中华人民共和国民事诉讼法〉的决定》。本次《民事诉讼法》修改涉及的内容比较广泛，不仅涉及原有诸多制度的调整，也增设了不少新的诉讼制度。基于此，民事诉讼法的教材也要进行相应的修改，以满足民事诉讼法学知识增长的需要。本教材的各位作者在较短的时间内，就自己所撰写的部分根据《民事诉讼法》的本次修改作了相应的修订，有的作者还根据本科教学的要求和理论的发展对本次立法修改未涉及的部分内容进行调整，进一步完善了本教材。

本教材主编江伟教授已于2012年故去，其所撰写的第一章由章武生教授作了局部修订。已故陈桂明教授所撰写的第二章和第三章由江伟教授推荐的修订人中国政法大学纪格非副教授作了较全面的修订。

第三版序言

民事诉讼法是教育部法学学科教学指导委员会确定的全国高等学校法学专业十六门核心课程之一。本教材第一版于2000年7月出版并发行,颇得读者好评。2002年,教育部将本教材修订版列入普通高等教育“十五”国家级规划教材项目。2004年1月,第二版发行,同样受到读者青睐。此后,我国即将或已经颁布和实施《中华人民共和国民事诉讼法修正案》(2007年)、《中华人民共和国公证法》(2005年)、《中华人民共和国企业破产法》(2006年),全国人大常委会《关于完善人民陪审员制度的决定》(2005年5月1日起实施)、《关于司法鉴定管理的决定》(2005年10月1日起实施),国务院《诉讼费用交纳办法》(2006年),最高人民法院《关于当事人申请财产保全错误造成案外人损失应否承担赔偿责任问题的解释》(2005年)、《关于法院民事调解工作若干问题的规定》(2004年)、《关于人民法院民事执行中查封、扣押、冻结财产的若干规定》(2004年)、《关于人民法院民事执行中拍卖、变卖财产的若干规定》(2004年)、《关于审理劳动争议案件适用法律若干问题的解释(二)》(2006年)、《关于适用〈中华人民共和国仲裁法〉若干问题的解释》(2006年)、《关于涉外民事或商事案件司法文书送达问题若干规定》(2006年)、《内地与澳门特别行政区关于相互认可和执行民商事判决的安排》(2006年)等十多部民事诉讼法方面的重要的规范性文件。此外,按照最高人民法院制定的《人民法院第二个五年改革纲要》的安排,我国的民事司法改革进入了一个崭新的阶段,有必要从理论上进行归纳和总结。

本教材的三版修订旨在达到以下目标:

第一,吸收2004年以来颁布实施的法律、法规和司法解释中有关民事诉讼制度的规定,尤其是反映2007年6月全国人大常委会通过的《中华人民共和国民事诉讼法修正案》的精神,为读者提供我国民事诉讼法的最新、全面、权威、准确的基本知识和信息。

第二,总结民事司法改革实践中积累起来的审判和执行工作经验,反思其中出现的问题和教训,并对民事司法改革的动向作出预测,构建面向司法的民事诉讼法学理论体系,使读者不仅清楚民事诉讼法的规定,而且知道民事诉讼法的实际运作状况及其走向,了解“实践中的民事诉讼法”。

第三,展示民事诉讼法学近年来的理论研究成果及其对民事司法实践的影响，确立理论研究的实践导向意义。理论阐述力求深入浅出、简明易懂，以便读者了解民事诉讼法学研究的最新进展，把握“理论上的民事诉讼法”。

为了达到上述目标，并结合高等学校法学专业教学的实际需要，本教材在体例上作了一些变动，删除了第二版第十八章“海事诉讼特别程序”，增加了一章“诉权与诉”；在内容上，根据新的立法和司法解释以及民事司法实践的情况，对各章进行了程度不同的修改，使教材更适合高校法学专业教师和学生使用。

本书由江伟教授主编，撰稿人及分工如下（以撰写章节先后为序）：

江　伟　第一章

陈桂明　第二、三章

张卫平　第四、十五章

刘荣军　第五、六、十八章

李　浩　第七、八、九章

章武生　第十、十四、十七章

赵　钢　第十一、十二、十三章

齐树洁　第十六、二十一、二十二章

肖建国　第十九、二十章

尽管在修订中各位作者作出很大努力，教材仍难免存在不足，有许多问题仍然需要进一步研究和探讨，敬请广大读者批评指正。

编者

2008年5月

目录

第一章 民事诉讼与民事诉讼法

第一节 多元化纠纷解决机制

一、民事纠纷的概念

在现代法治社会中，生产、流通、分配、消费等诸领域的社会关系都要受法律调整，各种社会平等主体间的法律关系由民法等民事实体法予以规范，人们通常遵循这些规则来安排社会生产与日常生活，社会呈现出有秩序的状态。但社会成员在观念及利益方面的不一致，导致了民事领域的各种社会冲突，这种社会冲突就是民事纠纷。民事纠纷，又称为民事冲突、民事争议，是指平等主体之间发生的，以民事权利义务为内容的社会纠纷。民事纠纷具有以下特点：

1. 民事纠纷主体之间法律地位平等。民事纠纷主体即民事主体，他们之间不存在服从与隶属的关系，在纠纷中处于平等的地位。

2. 民事纠纷的内容是对民事权利义务的争议。民事主体之间争议的内容，只限于他们之间的民事权利义务关系。民事权利义务的争议构成民事纠纷的内容，如果超出这个范围，则不属于民事纠纷。

3. 民事纠纷的可处分性。民事纠纷是民事权利享有和民事义务承担的争议，基于私法自治原则，民事纠纷主体有处分的权利。

根据民事纠纷的内容和特点，民事纠纷可分为两大类：一类是财产关系的纠纷，包括财产所有关系的纠纷和财产流转关系的纠纷；另一类是人身关系的纠纷，包括人格权关系的纠纷和身份关系的纠纷。

二、民事纠纷解决机制概述

民事纠纷的存在有害于社会的稳定，导致当事人的权益无法正常实现。如果纠纷得不到解决，矛盾激化，则民事纠纷有可能转化为刑事案件，并可能波及纠纷当事人之外的成员，甚至引发社会动荡。因此，现代社会创设了各种解决民事纠纷的制度，以解决民事纠纷、保护合法权益，我们称之为民事纠纷的解决机制。民事纠纷的解决机制可以分为私力救济、社会救济和公力救济。其中，前两种可称为非诉讼纠纷解决机制，在国外被称为替代性纠纷解决方式(Alternative Dispute Resolution,简称 ADR[①])。

(一) 私力救济

私力救济又称为自力救济,是指纠纷主体在没有中立的第三者介入的情形下,依靠自身或其他私人力量解决纠纷、实现权利。私力救济的基本特征是:无中立的第三者介入,纠纷解决过程表现为非程序性,解决途径是依靠武力、操纵、说服和权威等私人力量。私力救济依据解决纠纷的方式可分为自决与和解。自决是指纠纷主体一方凭借自己的力量强行使对方服从,和解是指双方协商解决纠纷。私力救济根据法律性质又可分为法定和法外的私力救济,法定的私力救济一般包括正当防卫、紧急避险、自助行为等,法外的私力救济包括法无明文规定的私力救济、法律禁止的私力救济。[②]法外的私力救济的典型例子是债权人拘押债务人、债权人雇用残疾人或者传染病人进行收债等。私力救济产生于生产力低下、文明程度不高的人类早期社会,具有野蛮特性,因而现代法治社会一般禁止凭借法外的私力救济解决纠纷,但例外情形下承认某些私力救济的合法性。

(二) 社会救济

社会救济,包括调解(诉讼外调解)和仲裁,是指依靠社会力量解决民事纠纷的一种机制。调解是指第三者依据一定的社会规范居间调处,促使纠纷主体相互谅解、妥协,达成纠纷解决的合意。调解有多种形式,包括民间调解、行政调解、律师调解和法院附设的诉讼前调解。仲裁,又称公断,是指纠纷双方根据有关规定或双方协议,将争议提交到一定的机构,由该机构居中裁决的制度。调解与仲裁虽然是非国家公权力解决纠纷的方式,但国家一般赋予这些纠纷解决结果一定的法律效力,以维持该种纠纷解决制度的存在。

(三) 公力救济

在当事人无法通过自主性的方式解决纠纷时,必须设立一种强制性解决纠纷、保护权利的制度,这就是公力救济。公力救济的实质是由特定的国家机关,在纠纷主体的参与下解决纠纷的一种最具权威和最有效的机制。公力救济包括行政救济和司法救济。其中司法救济在民事领域的表现形式是民事诉讼制度。诉讼有两个特点:一是强制性,即法院凭借国家审判权强制性确定纠纷主体双方之间的民事权利义务,并以国家强制执行权迫使义务主体履行生效的裁判。二是严格的规范性,即诉讼必须严格按照法定程序规则进行。

三、替代性纠纷解决方式(ADR)

(一) ADR 的主要形态和特点

1. 和解。当事人以平等协商、相互妥协的方式和平解决纠纷,即为和解。与调解、仲裁和诉讼相比,和解的主要特性有:(1) 高度自治性。即和解是依照双方纠纷主体自身力量解决纠纷,没有第三者协助或主持解决纠纷,和解的过程和结果均取决于双方纠纷主体的意思

① 关于 ADR,本书第十章第五节另有论述。

② 参见徐昕:《论私力救济》,清华大学 2003 年博士学位论文。

自治。(2)非规范性。即和解的过程和结果不受也无须受规范(尤其是法律规范)的严格制约,既不必严格依据程序规范进行,也不必严格依据实体规范达成和解协议。通常情况下,和解协议具有民事合同或民事契约的性质和效力,但是不具有强制执行力。

2. 调解。调解是第三方在争议的双方当事人之间沟通信息,摆事实讲道理,促成其相互谅解相互妥协的解决纠纷的活动。我国现行法上具有 ADR 性质调解,主要是指人民调解、劳动争议调解委员会调解、消费者协会调解等。调解除了具有和解的特征外,它的一个明显特性是调解人的居中性,即调解人应当公平对待双方当事人,做到"一碗水端平"。居中调解人的存在,使调解与和解区别开来。调解协议具有民事合同的效力,只能依靠当事人自觉履行;是否赋予调解协议以强制执行力,是《人民调解法》[①] 起草过程中争议最大的一个问题。

3. 仲裁。与其他非诉讼纠纷解决方式相比,仲裁有四个特点:(1)自愿性。仲裁解决争议以当事人在民事纠纷发生前或发生后自愿订立仲裁条款或达成仲裁协议作为前提,有效的仲裁协议具有妨诉抗辩的效力,阻断人民法院对该争议的管辖权。(2)民间性。民商事仲裁由作为民间机构的仲裁委员会进行。仲裁委员会系社会团体法人,无上下级之分。(3)自治性。在仲裁程序中,当事人双方具有高度的自治性,可以选择仲裁员、约定仲裁规则、协商仲裁地点、选择适用的实体法、约定仲裁庭审理方式等。(4)合法性。仲裁的民间性和自治性并不能完全排除仲裁应当遵守当事人选定或者法律规定必须适用的仲裁程序法和民事实体法,尤其不得排除适用强行法规范;仲裁一裁终局,仲裁裁决也具有执行力;除有相反证据加以推翻外,生效仲裁裁决所确认的事实为免证事实。

(二) ADR 与民事诉讼的关系

各类纠纷解决方式都有自己的特点,解决纠纷的功能各有侧重,在适用的基础和所付出的代价方面也有所不同。和解属于私力救济,其结果一般能为双方当事人所认可,但须以当事人的合意为条件;调解一般具有较好的社会效果,但是否成功,往往与当事人之间的让步以及调解者对双方的影响力密切相关;仲裁比较适合那些专业性较强、涉及商业秘密或者当事人不希望纠纷解决公开化的民事纠纷,但其适用与纠纷的性质以及当事人诉诸仲裁的意愿相关;民事诉讼可以满足那些希望将事实和法律都理清楚的当事人的要求,但其以花费双方当事人及国家相当的人力、物力、财力和时间为代价。

在上述多元化的纠纷解决体制中,民事诉讼具有基础性的作用。民事诉讼具有根据纠纷性质的不同而提供相应的程序救济的功能:从纠纷的内容而言,除了普通民事纠纷在普通诉讼程序中解决外,特殊类型的纠纷有特殊的诉讼程序可资利用,如海事诉讼程序、票据诉讼程序、人事诉讼程序等;从纠纷的难易度来讲,简单而容易解决的纠纷适用简易程序或小额诉讼程序,复杂的纠纷则适用普通程序;从纠纷需要救济的紧迫性来讲,民事诉讼法又设有终局性临时救济制度和临时救济制度。并且,民事诉讼制度作为民事权利的最后一道防线,具有支撑、维持其他纠纷解决方式的作用,这体现在:一方面,当事人出于对诉讼成本以及民事诉讼公正裁判结果的预测,才会根据需要选择非讼方式解决纠纷,从这个角度而言,民事诉讼制度赋予诉讼外纠纷解决方式更大的活力。[②] 另一方面,民事诉讼法赋予诉讼外纠纷解决结果以相应的法律效力,在制度上为诉讼外纠纷解决方式提供保障。

---

① 本书引用法律、法规等,多使用简称。名称中含"中华人民共和国"的,一般省略"中华人民共和国"。

② [日]三月章:《日本民事诉讼法》,汪一凡译,台湾五南图书出版公司 1997 年版,第 10 页。

第二节 民事诉讼

一、民事诉讼的概念和特点

（一）民事诉讼的概念

民事诉讼是指法院、当事人和其他诉讼参与人，在审理民事案件的过程中所进行的各种诉讼活动，以及由这些活动所产生的各种诉讼关系的总和。诉讼活动既包括法院的审判活动，如案件的受理、调查取证、采取强制措施、作出裁判等，又包括诉讼参与人的诉讼活动，如原告起诉、被告提出答辩或反诉、证人出庭作证等。但法院的活动不都是诉讼活动，如合议庭评议案件的活动、审判委员会讨论案件的活动就不是诉讼活动，而是法院内部的一种活动，这种活动由法院组织法所调整。诉讼活动必须是法院和诉讼参与人在诉讼过程中所进行的能够发生诉讼关系的活动。如法院将起诉状副本于法定期间送达被告，这就是一种在诉讼过程中进行的诉讼活动。

诉讼活动与诉讼关系密切相关。诉讼关系，是指法院和一切诉讼参与人之间在诉讼过程中所形成的诉讼权利义务关系。法院始终是诉讼关系中的一方主体，与作为诉讼关系中另一方的诉讼参与人之间发生关系。如原告起诉后，法院经审查，认为符合法定起诉条件，裁定予以受理，并在法定期间将原告的起诉状副本送达被告，这样法院就同原告和被告分别发生了诉讼关系。可见，诉讼是由诉讼活动和诉讼关系两方面的内容构成的。诉讼活动能够产生、变更或消灭诉讼关系，而诉讼关系又通过诉讼活动表现出来。同时，这些诉讼活动和诉讼关系都是民事诉讼法所规定的，换言之，都是依法进行的诉讼活动和依法产生的诉讼关系。

（二）民事诉讼的特点

民事诉讼作为解决民事纠纷的一种独特的方式，与解决民事纠纷的其他方式相比，具有自身特殊之处，也与行政诉讼、刑事诉讼不同。其特点是：

1. 诉讼对象的特定性。民事诉讼解决的是有关民事权利义务的争议。不是民事主体之间因民事权益发生的争议，不能纳入民事诉讼程序处理，如伦理上的冲突、政治上的争议、宗教上的争议或者科学上的争议等不能成为民事诉讼调整的对象。对于无讼争性的非讼事件，虽然各国的普遍做法是由法院主管，但都规定了与民事诉讼程序不同的非讼程序来处理。

2. 当事人处分权利的自由性。民事诉讼反映民事主体权益之争，民事主体不论在实体上还是在程序上，都有依法处分其权利的自由。民事诉讼中的原告有权依法处分其诉讼权利和实体权利，被告也有权处分其诉讼权利和实体权利。正因如此，民事诉讼形成了自己特有的机制。诉讼中的和解制度和调解制度，对当事人处分其权利具有独特的作用和意义。对法院发生法律效力的判决，胜诉的一方当事人可以申请执行，也可以不申请执行。但是，在刑事诉讼和行政诉讼中情况则不同，刑事诉讼中公诉人与被告人不能进行和解或调解，行政诉讼中就行政法律关系的争议,也不适用调解方式解决,作为当事人一方的行政机关胜诉后也无权放弃自己的权利。

3. 双方当事人在诉讼上对抗的特殊性。诉讼意味着双方之间的对抗,这与其他解决纠纷的方式是不同的,在和解与调解中追求的是谅解与妥协。在不同的诉讼中,诉讼主体的地位不同,诉讼目的不同,对抗的方式也不同。民事诉讼是以依法协调民事诉讼权利义务关系为基础的,双方当事人在实体和程序上的地位是平等的,诉讼目的是维护自己的民事权益,这就决定了民事诉讼当事人在诉讼上对抗的平等性。而刑事诉讼中的一方主体为国家检察机关,行政诉讼中一方主体总是行政机关,这种主体的区别决定了其对抗方式与民事诉讼明显不同:由于其地位的特殊性,法律往往赋予了国家公诉机关和行政机关更多的诉讼义务,以保护处于弱势地位的对方当事人。比如,三大诉讼中举证责任负担的差别典型地反映了这种特殊性。再如,民事诉讼中一方当事人提起了诉讼,另一方当事人可以提出反诉与之对抗。而在刑事诉讼中,被告不得向公诉人提出反诉;在行政诉讼中,作出具体行政行为的行政机关被起诉后,也不得向行政行为的相对人提出反诉。

4. 民事诉讼程序的严格规范性与正当性。慎重正确的裁判与程序规则的严格性、正当性密不可分。民事诉讼法以及其相关法律制度如法院组织法和法官法等保障着民事诉讼的正义性,确保当事人的实体权利和程序利益不受侵蚀。程序规则的严格性并不等同于程序的复杂性[①],其含义是指不得违反确保当事人权益的强行性规定,否则即产生一定的程序制裁。民事诉讼的严格规范性限制了法官的恣意,消除了对社会统一规范的背离,满足了国家和社会维护统一的法律秩序的要求。

5. 纠纷解决的强制性、最终性与权威性。民事诉讼以国家公权力解决纠纷,其解决纠纷的过程与结果具有强制性,其结果具有终局性地确定当事人之间权利义务关系的效力。与其他纠纷解决方式不同的是,不管被告是否自愿,是否放弃参与诉讼,其必须接受法院的裁判结果。任何社会都需要权威来维持,也需要维持权威。[②]权威的来源有二:一是国家强制力,二是理性。合理公正的民事诉讼程序作为民事领域权威性的制度,其程序结果——法院的裁判具有理性权威,正是这种理性权威从理念上和终极意义上保障着司法裁判的正统性与权威性,而非仅依靠国家强制力。

二、民事诉讼的目的

民事诉讼目的,是指国家设立民事诉讼制度所期望达到的目标或结果。国家设置民事诉讼制度,总是在一定的目的论的指导下进行的,目的不同,则其所设计的诉讼结构、具体制度、诉讼权利义务的配置、程序保障的程度等方面就会存在差异,因而民事诉讼目的的理论是民事诉讼中的一个基础理论。在德、日等大陆法系国家和地区中,关于民事诉讼目的的理论,存在着权利保护说(私权保护说)、法律秩序维护说(私法秩序维护说)、纠纷解决说、程序

---

① 改革程序法复杂化的弊病以使其更接近民众已经成为西方国家司法改革的目标之一,但我国则存在着完善程序法的必要。

② 参见季卫东:《法治秩序的建构》,中国政法大学出版社 1999 年版,第 53 页。

保障说、权利保障说、多元说、搁置说等不同观点。[①] 笔者以为,企图将民事诉讼的目的单一化的观点是不可取的,它将复杂的诉讼现象简单化了,与诉讼的实际显然不符。现代民事诉讼价值的多元化和相对性决定了民事诉讼目的的多重性,科学的态度和方法应当是从实体和程序相结合的角度来探究多元化的民事诉讼目的。民事诉讼的过程是民事诉讼法和民事实体法共同作用的过程。在现代民主和法治社会中,国家设置民事诉讼程序制度的目的就在于为当事人提供充分的、完善的程序保障,并在这种保障之下实现制定法所确立的权利义务关系和法定秩序。因此,民事诉讼的目的应当既包括实体性目的也包括程序性目的,应当是以此为基础的多个目的的统一。具体而言,实体性目的包括保护实体权利和维护法律秩序等,程序性目的则主要是指为当事人提供程序保障,保护当事人的程序权利和程序利益。[②] 民事诉讼目的论可从以下几个方面理解:

第一,现代民事诉讼价值的多元化和相对性,决定了民事诉讼目的的多重性。在探讨民事诉讼的目的时,不应当从某个单一的价值观念出发将民事诉讼的某一目的绝对化,正确的思路是在各种冲突的价值观念中找到一个平衡点,以实现各种不同目的的整合。由于民事诉讼程序价值是程序的独立价值(内在价值)和工具性价值(外在价值)的统一(参见本章第四节第二部分),因而民事诉讼的目的也应当包括程序性目的和实体性目的。其中,程序性目的是由民事诉讼程序的独立价值所决定的,实体性目的则是由民事诉讼程序的工具性价值所决定的。

第二,民事诉讼主体的多元性也决定了民事诉讼目的的多重性,各个诉讼主体参与诉讼时往往具有不同的目的指向,不能以法院的审判目的代替当事人参与诉讼的目的。因此,民事诉讼目的的确定,必须考虑到程序参加者的多样性、复杂性。[③]

第三,在不同的社会历史条件下,民事诉讼制度的目的的侧重点是不同的。在专制社会中,民事诉讼制度是统治者设置的"牧民"工具,其目的侧重于解决民事纠纷以维护专制统治秩序,对其他目的则考虑得较少。近代产生的私权保护说、私法秩序维护说、纠纷解决说等目的论学说,实际上都是其特定历史时代的产物,体现了该特定时代的诉讼制度在诉讼目的界定上的侧重。在现代民主、法治的社会中,民事诉讼制度的目的不仅在于维护国家所设定的实体法秩序,而且在于保护当事人的民事权利,以及为当事人提供"正当程序"的保障,并力求达到各种目的之间的协调和有机统一。

第四,从我国《民事诉讼法》第 2 条规定来看,对于民事诉讼的目的,立法上也是倾向于多元说的。该条款规定,我国民事诉讼法的任务,"是保护当事人行使诉讼权利,保证人民法院查明事实,分清是非,正确适用法律,及时审理民事案件,确认民事权利义务关系,制裁

① 权利保护说认为,民事诉讼的目的应当是保护社会成员的私法权利。法律秩序维护说认为,国家设立民事诉讼制度的目的在于维护实体法所确立的私法秩序以满足社会整体的需要。纠纷解决说认为,国家运用强制力解决当事人之间的纠纷才是民事诉讼的目的。程序保障说从"正当程序"的观念出发,认为民事诉讼的正当性来自其程序的正当,因此,民事诉讼制度的目的在于"为实现当事人自律性的纷争解决提供程序保障"。权利保障说从宪法上权利保障的角度阐述民事诉讼的目的,认为诉讼制度所保障的权利实为实体法上的"实质权",即法律应予保护的利益、价值,民事诉讼的目的就是保障这种"实质权"。多元说主张,对于民事诉讼目的的认识,应站在作为制度设置、运作者的国家和作为制度利用者的国民双重立场下进行,依此,纠纷的解决、法律秩序的维护及权利的保护都应当视为民事诉讼制度的目的。搁置说认为目的论讨论过于抽象,没有多大的实际意义,与其争论不休,不如将其"搁置"起来而将时间和精力用于讨论更现实、更具体的问题上去。

② 参见江伟、刘学在:《中国民事诉讼基本理论体系的建构、阐释与重塑》,见樊崇义主编:《诉讼法学研究》第 5 卷,中国检察出版社 2003 年版,第 88 页。

③ 参见肖建国:《民事诉讼程序价值论》,中国人民大学出版社 2000 年版,第 105 页。

民事违法行为,保护当事人的合法权益,教育公民自觉遵守法律,维护社会秩序、经济秩序,保障社会主义建设事业顺利进行”。从这一条款的具体内容我们可以分析现行法的目的。“保护当事人行使诉讼权利”,实际上是将当事人的程序权利和程序利益的保护作为民事诉讼的一个目的;“确认民事权利义务关系”“保护当事人的合法权益”“维护社会秩序、经济秩序,保障社会主义建设事业顺利进行”,则反映了“权利保护说”和“维护法律秩序说”的主要内容,是立法上关于民事诉讼的实体性目的的规定。

三、民事诉讼法律关系

(一) 民事诉讼法律关系的概念和特征

民事诉讼法律关系,是指受民事诉讼法调整的法院、当事人及其他诉讼参与人之间存在的以诉讼权利义务为内容的具体社会关系。这一概念包含以下几层含义:民事诉讼法律关系是民事诉讼法所调整的社会关系;民事诉讼法律关系存在于法院、当事人和其他诉讼参与人之间,当事人与其他诉讼参与人相互之间也会发生诉讼法律关系;民事诉讼法律关系的内容是诉讼权利义务。民事诉讼法律关系的概念产生于 19 世纪中叶的德国,德国民事诉讼法学者标罗(Osker Bulow)在 1868 年的《诉讼抗辩和诉讼要件论》一书中最早提出了民事诉讼法律关系的学说。标罗认为,民事诉讼程序是双方当事人和法院之间的一种统一、逐步发展着的法律上的关系,就像民事法律关系一样(例如债权、所有权关系),其中与一方的权利相对应的是另一方的义务。[①] 现在很多学者主张不仅当事人与法院之间存在着诉讼法律关系,当事人相互之间也存在着法律关系,甚至认为所有的诉讼法律关系主体之间都存在着法律关系。民事诉讼法律关系始于起诉止于诉讼终结,不依赖于诉是否合法或者是否有理由。[②]

民事诉讼法律关系具有如下特征:

1. 民事诉讼法律关系是由审判法律关系和争讼法律关系构成的特殊社会关系。所谓审判法律关系,是指在法院与当事人和其他诉讼参与人之间形成的,由民事诉讼法律规范所调整的具体的社会关系。一方面,审判法律关系表现为法院和当事人之间的关系。当事人通过行使诉权为法院行使审判权提供了契机和条件。原告起诉,法院审查认为符合法定条件,决定受理,这就开始了原告与法院之间的诉讼关系;法院在法定期限内将起诉状副本送达被告,又产生了法院同被告之间的诉讼关系。另一方面,审判法律关系还表现为法院同其他诉讼参与人之间发生的法律关系。在诉讼过程中,为了顺利作出裁判,法院还将同其他诉讼参与人发生诉讼关系,如告知证人权利义务、指定鉴定人等。在审判法律关系中,法院始终是一方主体,审判权是这一法律关系得以存在的必要条件。

所谓争讼法律关系,是指在当事人之间以及当事人与其他诉讼参与人之间形成的由民事诉讼法律规范所调整的社会关系。一方面,争讼法律关系表现为当事人之间在诉讼过程中形成的诉讼关系。当事人为了获得有利于自己的裁判,在诉讼过程中必然要求相互抗辩,实施攻击防御的诉讼行为。当事人之间的诉讼法律关系还表现在管辖合意、不上诉契约等

---

① 参见张卫平:《程序公正实现中的冲突与衡平——外国民事诉讼研究引论》,成都出版社 1993 年版,第 55 页。

② 参见[德]奥特马·尧厄尼希:《民事诉讼法》,周翠译,法律出版社 2003 年版,第 176 页。

诉讼契约上。所谓诉讼契约是指当事人对于诉讼程序的进行和形态而达成的契约，是私法自治在公法领域的体现。另一方面，争讼法律关系还表现为当事人与其他诉讼参与人之间的诉讼关系。例如，当事人委托代理人代为实施诉讼行为，当事人对证人证言进行质证，翻译人员为当事人进行翻译，等等。争讼法律关系的存在以当事人和其他诉讼参与人的诉讼权利和诉讼义务为基础。

2. 民事诉讼法律关系体现了法院审判权与当事人诉讼权利的对立与平衡。如果没有法院审判权与当事人诉权的结合，那么一切民事诉讼法律关系都不可能发生。现代诉讼程序都重视当事人的诉讼权利与法院的审判权相互配合与制衡，强调法院审判权与当事人诉讼权利并重，加强法院的阐明义务，以确保民事诉讼法律关系的均衡。其典型例子是德国2002年颁行的新《民事诉讼法》，该法规定在和解辩论程序中法官可以就事实与法律问题与当事人讨论，应阐明继续诉讼的利弊，在诉讼程序中法官应就事实与法律讨论实体及争讼关系并提出问题，使当事人即时完整陈述所有重要事实、声明证据等。法院的这种指示义务、说明义务、发问义务和照顾义务等对于维持均衡的民事诉讼法律关系具有“大宪章”性意义。[①] 只有正确认识二者的相互关系，才能构建科学公正的诉讼程序，实现民事诉讼的目的。

在此需要讨论的一个重大问题是，法院的审判权是否都转化为诉讼权利义务从而与当事人发生诉讼法律关系。审判权是一种公权力，权力是指处于社会关系中的行动者排除抗拒其意志的可能性[②]，即权力主体不管权力相对方是否同意，能够单方面确认和改变一定的法律关系，控制和支配他人财产和人身。权力以不平等和强制性为内核，具有天然的腐蚀性，因此，为避免审判权成为侵害当事人权利的专横工具，必须对审判权进行监督、制约。这种制约在诉讼法上就表现为行使审判权的主体法院成为民事诉讼法律关系的一方，通过程序规则以及当事人的诉讼权利来制约权力。笔者以为，审判权都应当转化为诉讼权利义务关系，实现权利对权力的制衡，而非以权力制约权力。因为，如果没有诉讼权利的制衡，仅以权力制约权力，那么能够制约权力的权力会产生更大的不公正，具有更大的腐蚀性。但遗憾的是，司法实践中很多审判权的行使游离于诉讼法律关系之外，或者干脆异化为行政权。例如，审判委员会讨论决定重大疑难的案件，尽管各地法院规定了一些审判委员会委员判错案件的惩罚措施，但并非以当事人的诉讼权利对之进行制约。至于法官按照院长、庭长的指示办案的情形，表明审判权已经完全受制于行政权的制约，当事人的诉讼权利根本无从对之进行制约。最高人民法院正是认识到了权利与权力之间制衡的重要性，规定当事人在诉讼过程中可以申请审判委员会成员回避，开始将审判委员会的“审判”活动纳入诉讼法律关系调整的轨道，虽然这并没有将审判委员会的全部“审判”活动纳入诉讼法律关系调整的范围。从长远的法治理念考虑，在科学合理的司法体制下，应当将审判权全部纳入民事诉讼法律关系调整的范围，实现诉讼权利对审判权的制衡。但法院的一些内部行为诸如审判长的指定、合议庭评议等不宜纳入诉讼法律关系调整的范围，当然，合议庭评议活动的结果还是受诉讼法律关系调整的。对于审判委员会的“判而不审”的游离于诉讼法律关系之外的现象，其存在的原因是多方面的，如行政权吸收司法权的传统、我国法官学识上难以独立等。笔者认为，审判委员会即使存在，其活动也应当由民事诉讼法律关系调整，譬如对于特别重大疑难的案

---

① 参见姜世明：《2002年德国民事诉讼法改革——总则与第一审部分》，载《月旦法学教室》创刊号。

② 参见苏国勋：《理性化及其限制——韦伯思想引论》，上海人民出版社1988年版，第189页。

件应当由审判委员会成员组成合议庭来实际审判案件,而非在幕后决定案件的结果。

总之,研究民事诉讼法律关系理论对于在立法与实务中平衡当事人的诉权与法院的审判权以及其他法律关系主体的权利义务也具有基础性指导意义。立法与司法实践的很多做法都没有正确处理民事诉讼主体之间的法律关系,导致法律关系失衡。例如,规定严苛的举证时限,而不相应扩张当事人收集证据的权利,使当事人在诉讼法律关系中处于较弱的地位,不利于案件事实的查明和当事人权利的保护;再如,不规定证人强制出庭制度及相应的证人特权,使证人实际上游离于诉讼法律关系之外的现象,也不能不说是我国民事诉讼制度的一大缺陷。

(二) 民事诉讼法律关系的要素

民事诉讼法律关系的要素是指构成民事诉讼法律关系的基本因素。民事诉讼法律关系与其他法律关系一样,也是由主体、内容和客体三个要素构成的。

1. 民事诉讼法律关系的主体。民事诉讼法律关系的主体,是指民事诉讼权利的享有者和民事诉讼义务的承担者,包括人民法院、人民检察院、诉讼参加人和其他诉讼参与人等。

除了民事诉讼法律关系主体的概念外,我国民事诉讼理论中还有诉讼主体的概念。诉讼主体是指诉讼法律关系主体中能够引起诉讼程序发生、发展和终结的人,诉讼主体具有两个不同于诉讼法律关系主体的基本特征:一是诉讼主体在民事诉讼中居于重要的诉讼地位,没有诉讼主体参加诉讼,诉讼将无法进行或失去进行的意义。二是诉讼主体是诉讼活动的主要主体,其诉讼行为对诉讼的发生、变更和终结起着决定性作用。从外延上讲,诉讼主体一定是诉讼法律关系主体,但诉讼法律关系主体不一定是诉讼主体,例如证人等其他诉讼参与人就不是诉讼主体。在我国,诉讼主体一般包括法院、当事人、人民检察院以及有特别代理权限的诉讼代理人等。

(1) 人民法院。人民法院是行使国家审判权的机关,在诉讼中依法享有诉讼权利和承担诉讼义务,依照法定程序和方式进行诉讼活动。人民法院在诉讼中通过行使审判权,与当事人和其他诉讼参与人形成审判法律关系。在审判法律关系中,人民法院有组织和指挥诉讼程序的职权。

(2) 人民检察院。人民检察院作为国家的监督机关,有权对人民法院的民事审判活动进行监督。根据民事诉讼法规定的抗诉权,人民检察院对人民法院已经发生法律效力的裁判发现确有错误的,通过提出抗诉、派检察员参加诉讼等方式介入民事诉讼的再审程序,与人民法院形成审判监督法律关系,是特殊的民事诉讼法律关系主体和诉讼主体。人民检察院的这两种主体身份只是源于民事诉讼法的规定,是我国国情在特殊历史时期的反映,在实践中起到了一定的积极作用。最近几年,人民检察院的这两种主体身份则在法理上受到了质疑,探讨人民检察院在民事诉讼中的地位,如检察院能否启动民事诉讼程序特别是未经利害关系人申请能否主动启动再审程序,已是亟待研究、解决的课题。

(3) 诉讼参加人。根据民事诉讼法的规定,诉讼参加人包括当事人和诉讼代理人。这里的当事人是指广义的当事人,根据民事诉讼法的规定,包括原告、被告、共同诉讼人、第三人和诉讼代表人。当事人在诉讼过程中享有广泛的诉讼权利,对诉讼程序和民事诉讼法律关系的发生、发展和终结具有决定性的影响,因此,他们既是诉讼法律关系主体,又是诉讼主体。诉讼代理人包括法定代理人和委托代理人,学理上还有指定诉讼代理人的概念。对于诉讼代理人能否成为诉讼主体,应当根据各种代理人在诉讼中的地位及其权限加以具体分析。确定其能否成为诉讼主体的标准是诉讼代理人在诉讼中能否实施使诉讼程序发生、变更或消灭的诉讼行为;而是否与诉讼标的有直接的利害关系则不是判断诉讼主体的标准。按照这种标准进行分析,法定代理人和指定代理人尽管不能以自己的名义实施诉讼行为,但是在诉讼过程中他们享有同被代理的当事人基本相同的诉讼权利,其实施的诉讼行为能够左右民事诉讼程序的发生、变更和消亡,因此,他们既是民事诉讼法律关系主体,又是诉讼主体。就委托代理人而言,若未经被代理的当事人特别授权,则只能享有一般性的诉讼权利,并不能左右民事诉讼程序的发生、发展及终结。在此种情况下,委托代理人只能是民事法律关系主体,而不具有诉讼主体资格。但是在经被代理当事人特别授权的情况下,委托代理人也可以成为诉讼主体。

(4) 其他诉讼参与人。根据民事诉讼法的规定,诉讼参与人可以从两种意义上来理解:一是泛指人民法院以外所有参加诉讼的人,既包括诉讼参加人,又包括证人、鉴定人、勘验人员和翻译人员;二是仅指证人、鉴定人、勘验人员和翻译人员。按照通说,其他诉讼参与人是第二种意义上的,《民事诉讼法》第136、137、147条所提及的"诉讼参与人"也是在这种意义上使用的。

其他诉讼参与人同诉讼结果不具有法律上的利害关系。他们基于不同的原因参加诉讼,分别与人民法院产生审判法律关系,与当事人产生争讼法律关系,以协助人民法院和当事人查明案件事实。尽管在这一过程中其他诉讼参与人也依法享有诉讼权利和承担诉讼义务,但是他们实施的诉讼行为不能引起民事诉讼程序的发生、变更或消亡,因而,他们虽然是民事诉讼法律关系主体,但却不是诉讼主体。

2. 民事诉讼法律关系的内容。民事诉讼法律关系的内容,是指民事诉讼法律关系主体根据民事诉讼法律规范所享有的诉讼权利和承担的诉讼义务。所谓民事诉讼权利,是指民事诉讼法律规范所规定的民事诉讼法律关系主体所享有的实施一定诉讼行为的可能性。它表现为民事诉讼法律关系主体可以自己实施一定的诉讼行为,可以要求他人作出一定的诉讼行为,当该权利受到侵犯时,可以寻求相应的法律救济。所谓民事诉讼义务,是指民事诉讼法律规范所规定的民事诉讼法律关系主体实施一定诉讼行为或者不实施一定行为的义务。

(1) 人民法院的诉讼权利和诉讼义务。人民法院的诉讼权利和诉讼义务是同行使国家审判权的职责结合在一起的。人民法院有权对民事案件进行审理和作出裁判,这既是其享有的诉讼权利,也是其对国家和当事人应当承担的诉讼义务。例如,听审当事人、接受当事人陈述、向当事人阐明有关事实和法律问题、实施诉讼状态所需要的诉讼行为等,既是其诉讼权利也是其诉讼义务。

(2) 人民检察院的诉讼权利和诉讼义务。人民检察院的诉讼权利和诉讼义务的基础是法律监督权,这一权限在民事诉讼法律关系中具体化为抗诉权。这既是权利也是其作为国家法律监督机关应当履行的义务。

(3) 当事人的诉讼权利和诉讼义务。当事人是民事诉讼必不可缺的主体,其诉讼权利和诉讼义务的范围比较广泛。随着当事人程序主体地位的加强,其享有诉讼权利的范围将逐步拓展,民事诉讼法对其程序主体权的保障度也不断加强。

(4) 诉讼代理人的诉讼权利和诉讼义务。诉讼代理人的诉讼权利和诉讼义务是基于诉讼代理权而产生的,民事诉讼法律规范赋予诉讼代理人与当事人相似的诉讼地位,因而他们与当事人的诉讼权利和诉讼义务基本相同。当然,未经特别授权的委托诉讼代理人除外。

(5) 其他诉讼参与人的诉讼权利和诉讼义务。其他诉讼参与人参加诉讼,既要与人民法院发生审判法律关系,又要与当事人发生争讼法律关系。为查明案情,他们必须配合人民法院的审判活动,也必须对当事人负责,如实反映案件事实或者协助当事人实现其权利。当然,诉讼参与人因其参与诉讼的身份不同,各自享有的诉讼权利和承担的诉讼义务也不相同。

3. 民事诉讼法律关系的客体。民事诉讼法律关系的客体,是指民事诉讼法律关系主体的诉讼权利和诉讼义务所指向的对象。大陆法系民事诉讼理论没有使用诉讼法律关系客体的概念,而有诉讼客体的概念,诉讼客体、审判对象、诉讼请求和诉讼标的在大陆法系民事诉讼理论中基本含义是相同的。可见,大陆法系诉讼客体与我国诉讼法律关系客体是不同的概念。民事诉讼法律关系主体之间存在着多种民事诉讼法律关系,各个主体所享有的诉讼权利和承担的诉讼义务也不尽相同,因而客体也有区别。

就法院与当事人之间以及各方当事人之间而言,诉讼法律关系的客体是案件事实和诉讼请求,即法院和当事人围绕着案件事实、证据是否真实和诉讼请求是否合法而行使诉讼权利和履行诉讼义务。法院、当事人分别与其他诉讼参与人之间法律关系的客体是案件事实,因为证人等其他参与人不是当事人,不能提出诉讼请求,仅为协助法院和当事人查明案件事实而参加诉讼。就起诉是否合法、回避、诉讼期间顺延、管辖权异议、管辖合意、撤回起诉等所发生的民事诉讼法律关系,其客体显然不是案件(实体)事实或诉讼请求,而是程序上的事项。我国传统理论中,民事诉讼法律关系客体,并不包括程序上的事项,仅限于案件的实体内容。这种认识可以被视为"重实体,轻程序"在民事诉讼领域或民事诉讼法律关系中的一种表现,其也受到私法一元观的影响。[①]

(三) 引起民事诉讼法律关系发生、变更和消灭的法律事实

民事诉讼法律关系因具备民事诉讼法律规范所规定的法律事实而发生、变更和消灭。凡是能够引起民事诉讼法律关系产生、变更和消灭的事实,就称为诉讼上的法律事实。根据是否包含行为人的意志,民事诉讼上的法律事实大致可分为事件和诉讼行为。

事件是指不以行为人的意志为转移的法律事实,如当事人死亡等。

诉讼行为是指民事诉讼主体所实施的能够引起一定的诉讼法上效果的行为。诉讼行为是民事诉讼上的主要法律事实。诉讼行为既包括作为和不作为,又包括合法行为和非法行为,都能产生一定的诉讼后果。不过,合法行为能够产生行为人预期的效果,而非法行为则不能产生行为人预期的效果。

1. 法院的诉讼行为。法院的诉讼行为包括裁判行为、执行行为和其他行为。裁判行为是指法院依据审判权对本案当事人之间争议的实体上和程序上的权利义务纠纷作出归属性判断的行为,它是法院的主要诉讼行为。执行行为又称民事执行或强制执行,是指人民法院依照法定程序,运用国家司法执行权,迫使被执行人履行生效法律文书内容的诉讼行为。法院的其他诉讼行为包括诉讼指挥行为、在法定条件下调查收集证据行为、接受当事人诉讼行为等。诉讼指挥行为源于诉讼指挥权,是指法院主持和维持诉讼程序和执行程序有序进行的行为,包括指定期日、传唤当事人、送达诉讼文书等。

2. 当事人的诉讼行为。讨论当事人诉讼行为的概念,意义在于区别当事人的法律行为

① 参见江伟主编:《民事诉讼法学》,复旦大学出版社 2003 年版,第 67 页。

和诉讼行为,从而决定是适用民法上有关法律行为的规定还是适用民事诉讼法上有关诉讼行为的规定。对于当事人的诉讼行为,大陆法系一般分为取效性诉讼行为和与效性诉讼行为。

取效性诉讼行为无法单独直接获取其所要求的诉讼效果,必须借助法院相应的行为。例如,要求法院作出一定裁判的申请、被告以原告不适格为由请求法院驳回起诉、当事人向法院提出调查证据的申请等。当事人有关案件事实的主张和举证行为也属于取效性行为。取效性诉讼行为应向法院实施,法院应当调查取效性行为是否合法及有无理由。

与效性诉讼行为无须法院介入,即可直接发生诉讼效果。当事人的与效性诉讼行为可以是单方实施的,如当事人的自认、原告放弃或变更诉讼请求、当事人放弃上诉等,也可以是双方当事人实施的,如管辖协议、协议不上诉等。

由于在适用法律和法律效果上的重大差异,区分当事人的行为是诉讼行为还是民事法律行为具有重大意义。当事人的诉讼行为与民事法律行为有着诸多区别。在法律规范方面,民法对所有的法律行为予以一般性规定,而民事诉讼法则没有一般性规定。诉讼行为必须由具备诉讼能力的主体有效进行,而法律行为也可以由限制行为能力人作出。对于错误的或者意思表示不自由的意思表示行为,民事主体可以撤销,而诉讼行为则无此规定,但在一定范围内当事人可以自由撤回诉讼行为。诉讼行为不能随意附条件,而民事法律行为则可以任意附带条件和期限。

3. 诉讼契约。诉讼契约是当事人之间以意思表示为要素,以现在或将来发生诉讼法上一定法律效果为目的而成立的法律行为,又称为诉讼上合意。民事诉讼法根据处分权原则,规定当事人可以协议的方式处分自己的某些诉讼权利,如管辖协议、调解协议、执行和解等。但当事人能否在法律没有明文规定时订立诉讼契约而发生一定诉讼法上的法律效果,如不起诉的契约、撤回诉讼的契约、证据契约等则存在争议。主张诉讼契约不合法的观点认为,契约不管为诉讼行为还是私法行为,一律不发生法律上效力,因为民事诉讼法明确规定当事人可以为诉讼行为的种类与形式,不允许在无明文规定的情况下,由当事人任意为诉讼行为,否则就违反了“禁止当事人任意诉讼的原则”。而主张诉讼契约合法的学者则认为,诉讼法虽然为公法,但并不禁止当事人之间就有关任意事项订立诉讼契约,因此诉讼契约是合法的。这种观点又分为私法契约说、诉讼契约说、发展的私法契约说和处分效果说四种学说。①

第三节 民事诉讼法

一、民事诉讼法的概念与性质

民事诉讼与民事诉讼法是两个既相联系又相区别的概念。二者之间是调整对象与法律本身的关系。民事诉讼是民事诉讼法的调整对象,民事诉讼法是调整民事诉讼的法律规范。民事诉讼法是指国家制定或认可的,规范法院和当事人、其他诉讼参与人进行诉讼活动的法律规范的总和。

民事诉讼法有狭义与广义之分。狭义的民事诉讼法又称形式意义上的民事诉讼法,是

① 参见陈荣宗、林庆苗:《民事诉讼法》,三民书局 2002 年版,第 565 页。

指国家颁布的关于民事诉讼的专门性法律或者法典,即《民事诉讼法》。广义的民事诉讼法又称实质意义上的民事诉讼法,除了民事诉讼法典外,还包括宪法和其他实体法、程序法有关民事诉讼的规定,以及最高人民法院发布的指导民事诉讼的规定,如最高人民法院《关于适用〈中华人民共和国民事诉讼法〉的解释》(以下简称《民诉法解释》)。这些法律、法规及相关规定,虽然不是以民事诉讼法典的形式出现的,但对民事诉讼活动具有拘束力。

1. 民事诉讼法属于公法。法律依照其规范的对象或者主体之间的关系,可分为公法与私法。作为一门部门法,民事诉讼法是规范国家(法院)行使审判权程序的法规,与规范平等主体之间权利义务关系的私法不同,性质属于公法。由于私法自治原则以及程序选择权等,民事诉讼法中也有很多任意性规范,规定当事人可以自由处分其诉讼权利,如协议管辖、达成调解协议等。2003 年我国台湾地区"民事诉讼合意选定法官审判暂行条例"甚至还规定了当事人可以合意选择审理案件的法官,这些任意性规范并不能否定民事诉讼法的公法性质。

民事诉讼法就当事人之间的实体权利义务作出裁判,与民事实体法相辅相成,使抽象的法律关系经审判成为拘束当事人的具体权利义务关系,解决当事人的民事纠纷,保护当事人的实体权利。因此,民事诉讼法虽然属于公法,但与纯粹公法性质的刑法、刑事诉讼法不同,在归类上属于民事法范围。

2. 民事诉讼法属于程序法。法律依照其内容的性质,可以分为实体法与程序法。程序法是相对实体法而言的,实体法是规定人们实体权利义务的法律,民事诉讼法规范审理实体权利义务关系的程序,以民事诉讼程序与技术层面的事项为规范内容,追求如何以理性科学的程序技术公正、公平地审理民事案件,在性质上属于程序法。

二、民事诉讼法的效力

民事诉讼法的效力,是指民事诉讼法的效力范围,即民事诉讼法的作用和适用范围,具体说,就是民事诉讼法对什么事、对什么人、在什么空间和时间适用和发生作用。

(一) 民事诉讼法的空间效力

民事诉讼法的空间效力是指民事诉讼法适用的地域范围。我国《民事诉讼法》第 4 条规定:"凡在中华人民共和国领域内进行民事诉讼,必须遵守本法。"但是我国缔结或参加的国际条约与我国民事诉讼法有不同规定的,适用该条约的规定,我国声明保留的条款除外。因此,我国民事诉讼法的空间效力包括我国整个领域,即我国的领土、领空、领海以及领土的延伸部分(如我国驻外使领馆、航行或停泊于国外或公海上的我国飞行器或船舶等)。即凡居住于中国领域内的人,不管其国籍如何,均适用中国民事诉讼法,但享有外交特权与豁免权的外国人、外国组织或国际组织除外。

(二) 民事诉讼法的对人效力

民事诉讼法的对人效力是指民事诉讼法对什么人生效,即适用于哪些人。凡中华人民共和国的国民以及依照中国法律设立的法人或者非法人团体,都应当适用我国民事诉讼法,即使其住所或者营业所在国外也是如此。另外,对于申请在我国进行民事诉讼的外国人、无国籍人以及外国企业和组织也适用我国民事诉讼法。

(三) 民事诉讼法的对事效力

民事诉讼法的对事效力,指的是法院的民事诉讼主管范围,即哪些民事纠纷和案件由我国法院依照我国民事诉讼法来解决。我国《民事诉讼法》第 3 条规定,人民法院受理公民之间、法人之间、其他组织之间以及他们相互之间因财产关系和人身关系提起的民事诉讼。根据民事诉讼法规定,只要属于平等主体之间的民事纠纷,就属于民事诉讼法的主管范围,但法律另有规定的除外。

(四) 民事诉讼法的时间效力

民事诉讼法的时间效力,是指民事诉讼法在什么时间范围发生效力,包括何时生效、何时失效以及是否具有溯及力。民事诉讼法自施行之日生效,自废止之日失去效力。作为程序法,民事诉讼法一般具有溯及既往的效力,对于新民事诉讼法施行前受理的案件,已按照旧法进行的诉讼活动仍然有效,但尚未审结的案件,则应适用新法。

三、民事诉讼法的发展

(一) 民事诉讼法的宪法化

民事诉讼法的宪法化是指民事诉讼法的基本原则和当事人的程序基本权由宪法规定并获得宪法保障。在人类漫长的民事诉讼制度发展历史中,形成了一些当事人诉讼权利的基本原则,随着自然法的陨落,当事人程序基本权的保障与民事诉讼的基本原则首先被法典所实定化,而后随着法治的发展而被宪法化,成为高级法,并在一定程度上制约立法机构。① 这些原则与保障的修改因被宪法化而应适用严格的宪法程序,其违反也适用特别的制裁与救济,如宣布法律违宪或者提起宪法诉讼。民事诉讼法的宪法化具体体现在:

1. 宪法对民事诉讼法的一些基本原则和基本审判制度作出了规定。例如,几乎所有国家的宪法都对平等原则作了规定,有的国家宪法还对法律面前平等原则的保障作出了具体规定;宪法普遍规定法官独立原则,我国宪法规定了法院独立原则;公开审判原则作为现代诉讼文明的象征也自然为宪法所确认。违反这些基本原则就构成对宪法的违犯,如行政权压迫审判权就是对宪法所保障的公正、独立裁判权的侵犯。

2. 宪法对当事人的诉权、程序基本权和法院的审判权予以确认。首先,诉权产生的法的依据来源于宪法,是宪法赋予国民请求司法救济的基本权利。基于此,宪法应赋予当事人程序主体权和程序主体地位,这就是所谓的"程序主体性原则"。按照这一原则,当事人应被赋予相当的程序保障,从实质上保障其参与该程序以影响裁判形成的权利。其次,宪法还保障当事人的公正程序请求权和获得及时裁判权等程序基本权。最后,宪法还对实现当事人诉权和程序基本权的审判权进行制度上的保障,如我国对审判组织的保障,以及我国《宪法》第 126 条规定,人民法院依照法律规定独立行使审判权,不受行政机关、社会团体和个人的干涉。

① 参见[意]莫诺·卡佩莱蒂等:《当事人基本程序保障权与未来的民事诉讼》,徐昕译,法律出版社 2000 年版,第 12 页。

此外,民事诉讼法的宪法化还表现为宪法对法的安定性或者程序的可预测性予以确认。程序的可预测性包括程序运行的稳定性和程序结果的安定性。法的安定性的宪法依据或者是法治国家原理,或者由宪法具体条款予以保障。

(二) 民事诉讼法的国际化

民事诉讼法的国际化,即当事人程序基本权保障的国际化,指民事诉讼法一些共同的理念与制度趋同化,并被国际条约所确认,有些国际条约甚至赋予当事人超国家的救济。如《世界人权宣言》第 8 条规定:"当宪法或法律赋予的基本权利遭受侵犯时,人们有权向有管辖权的法院请求有效的救济。"第 10 条规定:"在确定当事人的民事权利与义务或审理对被告人的刑事指控时,人们有权充分平等地获得独立、公正的法院进行的公正、公开的审理。"《公民权利和政治权利国际公约》第 14 条第 1 款规定:"法院面前人人平等,在审理对被告人的刑事指控或确定当事人的民事权利与义务时,人们有权获得依法设立的,有管辖权、独立、公正的法院的公正、公开的审理。"1950 年的《欧洲人权公约》第 6 条第 1 款规定:"在确定当事人的民事权利与义务或审理对被告人的刑事指控时,人们有权获得依法设立的独立、公正的法院在合理的期限内公平、公开的审理。"依照《欧洲人权公约》的规定,当事人在公约所宣誓的基本实体权利和程序权利及保障被侵犯时,可以直接向欧洲人权委员会提起诉讼。

(三) 民事诉讼法的多元化

随着当事人程序主体地位的提升,民事诉讼法为当事人提供的可选择的程序已经呈现出多元化趋势。民事诉讼法关于普通程序与简易程序、小额诉讼程序以及非讼程序的设置,使当事人可以选择的救济途径日趋丰富。审前准备程序已日益成为一独立的程序,除具有准备功能外,还具有在审前解决纠纷的功能。关于临时性救济制度,除保全制度外,现代各国都设立了权利暂时实现性制度,在我国则有先予执行制度和诉前禁令制度,使当事人在紧迫情况下于获得终局性救济前可以提前获得保护,以暂时满足其权利请求。

(四) 民事诉讼法的社会化

随着社会法治文明的发达,民事诉讼法的社会化潮流也非常明显。民事诉讼法的社会化首先表现为民事诉讼法对社会大众平等接近法院机会的保障。各国都在加强法律援助的国家责任,设立国家公共基金以补偿为贫穷当事人提供法律援助的律师,使贫穷当事人可以无偿地接近司法,以保障当事人在法律面前的实质平等。民事诉讼法的社会化还体现在民事诉讼法的便民性与近民性。通过民事诉讼程序规则的修订,当事人更加便利地接近法院从而便利地实现其权利;通过法庭向社会开放、法律条文和裁判文书的通俗化等,民事诉讼法更易为人民所了解、接受,从而避免人民因与司法隔离、疏远而对司法不信任,也使民事诉讼法真正成为人民接近法院、接近正义(access to justice)的法律制度。

此外,随着科技的迅猛发展,民事诉讼法面临着科技化的趋势。现代科技对民事诉讼法产生了深远的影响,其对民事诉讼法的影响是全方位的,如当事人、其他诉讼参与人与法院间可以通过电信传真或电子邮件等传送法律文书,可以通过传输声音及影像的电子设备对证人进行询问,远距离的当事人也可以通过音像传输设备进行法庭辩论,甚至实现某些程序审理的电子化。

第四节　民事诉讼法与相邻部门法的关系

一、民事诉讼法与宪法

宪法作为国家的根本法,与民事诉讼法的关系是根本法与基本法律的关系,具体可以从以下几个方面来认识:

首先,宪法对民事诉讼法的基本权利和基本原则作出规定,即民事诉讼法的宪法化(请参见本章第三节)。

其次,宪法作为国家的根本大法,具有最高的法律效力,作为基本法律之一的民事诉讼法,其制定和运作不得与宪法相抵触,否则无效。民事诉讼法也理所当然地遵行宪法,通过具体的程序规则确保宪法性权利及原则的实现,在这个意义上,可以称民事诉讼法是"被适用的宪法"。例如,民事诉讼法对于法律援助制度的规定以及排斥违反宪法所取得的证据都是对宪法的具体落实。

最后,民事诉讼法与宪法的关系还表现为宪法的司法化。宪法的司法化是指在宪法所规定的实体权利或者程序基本权受到侵害时,可以通过合宪性审查或者宪法诉讼得到救济,甚至宪法的规定在民事诉讼中可以直接作为判决的法律依据。宪法的可诉性以及可操作性在我国一直是一个比较突出的问题,法学界已经普遍认识到,唯有通过宪法的司法化,才能够确保宪法规定的公民基本权利获得实质性保障。最高人民法院曾以批复形式确认以司法手段保护公民的宪法基本权利的做法,[①] 在我国开创了宪法司法化的先河,首次认可了宪法规范在民事诉讼中的可适用性。

二、民事诉讼法与民事实体法

民事诉讼法与民法等民事实体法的关系,是程序法与实体法的关系。正确理解民事诉讼法与民事实体法的关系的前提是认识民事诉讼法或者民事诉讼程序的价值尤其是其独立的内在价值。

(一) 民事诉讼程序的价值

民事诉讼程序的价值旨在揭示民事诉讼程序存在的必要性及其意义,为立法者进行程序设计,为司法者从事审判行为以及为当事人进行诉讼活动提供价值指引,而民事诉讼程序的独立价值更是民事诉讼程序设计与司法运作的基础性价值目标。西方法律价值论就诉讼程序的价值形成了三大理论学说,即程序工具主义价值论、程序本位主义价值论和程序效益主义价值论。对于民事诉讼程序价值,正确的认识是将其分为目的性价值(也称内在价值)

① 该批复指的是最高人民法院对"齐玉苓与陈晓琪、陈克政、山东省济宁市商业学校、山东省滕州市教育委员会姓名权纠纷案"一案的批复。该批复确认了宪法规定的公民的基本权利在民法没有规定情况下可以获得民事司法保护。当然,该批复与真正意义上的宪法司法化还有很大的距离。该批复已为 2008 年 12 月 8 日最高人民法院审判委员会第 1457 次会议决定所废止。

和工具性价值(也称外在价值)。前者是指民事诉讼程序自身所具有的满足程序主体需要的独立价值,如程序自由、程序效益和程序公正等;后者是指民事诉讼程序作为一种手段或工具以实现实体性目的的价值,如实体公正和秩序等。

1. 民事诉讼程序的内在价值。主要包括:

(1) 程序自由价值。程序自由价值主要是指程序价值主体能够合乎目的地支配民事诉讼程序,自由地选择、判断和接受民事诉讼程序。程序自由价值主要体现在两个方面:一是保障当事人的诉权和诉讼权利不受审判权的贬损和压制,以及保障法院的审判权不受外在力量的干预。对法院和法官来说,程序自由的保障是通过司法独立机制来实现的;对于当事人来说,程序自由的保障则是通过诉权对审判权的制衡机制而实现的。二是保障程序主体进行理性选择的自由,如撤回诉讼、进行和解甚至合意选择法官等。

(2) 程序公正价值。程序公正的基本要求如下:

一是法官中立。其包括法官同争议的事实和利益没有任何关联,在审判中不能有任何偏私,而且须在外观上使任何正直的人不对其中立性有任何合理的怀疑。

二是当事人平等。当事人平等是指当事人具有平等的诉讼地位,享有平等的诉讼权利和承担平等的诉讼义务。当事人平等应当强调实质的平等,对于处于弱势地位的当事人予以特别的保障,如举证责任的倒置和阐明权的规定就体现了实质平等原则。

三是程序参与。当事人必须拥有影响诉讼过程和裁判结果的充分的参与机会,未被赋予此机会而收集的事实、证据材料等,不得作为裁判的依据。

四是程序公开。所谓阳光底下没有罪恶,应将程序的过程与结果最大限度地公开,确保司法透明度。程序公正因其公开而成为真正的公正,也使司法裁判获得最广泛的为人民所信赖的权威。

五是程序维持。即诉讼行为一旦生效,要尽量维持其效力,不能轻易否定既定内容。

(3) 程序效益价值。程序效益表现为效率和效益。程序效益价值的实现,从降低诉讼成本角度看,要求降低诉讼费用和律师费用,缩短诉讼周期,简化诉讼程序。从提高诉讼效益的角度看,要求尽可能利用有限的诉讼空间来解决多个纠纷,如反诉、代表人诉讼制度等。

总之,达到上述标准的诉讼程序可以排斥法官的恣意,保障人的价值、尊严,使当事人成为说服者和被说服者,吸收当事人的不满,确立理性并为人民所信赖的司法权威。

2. 民事诉讼程序的外在价值。民事诉讼程序的外在价值是指诉讼程序的工具性价值。它是人们据以评价和判断民事诉讼程序在保护民事权利、维护法律秩序以及解决纠纷方面是否有用和有效的标准。它包括实体公正价值和秩序价值等。实体公正是指裁判结果的实体公正性,主要表现为事实认定和法律适用正确两个方面。秩序主要包括和平与安定两个方面,表现为社会关系的稳定性、行为的规则性、进程的连续性以及实际结果的确定性和自缚性。法律秩序的形成与维护都离不开程序,民事诉讼程序对于法律秩序尤其是私法秩序的维护与发展具有不可或缺的作用。

3. 民事诉讼内在价值与外在价值的冲突。一般情况下,民事诉讼的内在价值与外在价值是一致的,表现在公正的程序一般可以保障实体公正,保障裁判的权威性,有助于维护社会秩序。但民事诉讼的内在价值也可能与外在价值发生冲突,如公正的程序并不必然产生公正的结果,对人权价值等其他价值的考量,以及案情的复杂、人类认识能力的有限等因素都可能阻碍实体公正的实现。再者,程序公正基本要素的满足也并不一定能达到解决纠纷、维持社会秩序的目的。解决程序价值间的冲突,应当克服“轻程序”的观念和做法,坚持程序价值的统一,即内在价值与外在价值的统一,并树立程序与实体并重的理念。这种统一并非将程序的内在价值和外在价值置于绝对同等的水平面上,而是注重具体条件和个案情况的不同,从符合现实的最迫切需要出发。民事诉讼诸价值间的冲突在一定程度上反映了民事诉讼法与民事实体法的关系。

(二) 民事诉讼法与民事实体法的关系

诉讼法与实体法的关系与程序价值的认识密切相关,关于诉讼法与实体法的关系在价值论上表现为程序工具主义和程序本位主义。程序工具主义认为诉讼法的唯一正当目的是最大限度实现实体法,而程序本位主义则认为,程序法具有独立于实体法的内在作用,有的学者甚至提出程序法是实体法之母的论点。我国传统上一般认为民事诉讼法与民事实体法的关系,可以概括为形式和内容的关系,形式是为内容服务的。该观点强调了程序法对实体法的依赖性,忽视了程序法的独立性,是程序工具主义的体现。这种观点源于对民事诉讼程序独立价值的忽视,是我国程序观念不昌、程序要素淡薄的重要根源。正是由于认识到传统观点的缺陷,有学者不再坚持重实体轻程序,而采取并重说。笔者以为,这种貌似公平的等同说实际是轻程序观念的延伸,在现有法制背景下,不利于我们克服轻程序的痼疾。“重实体轻程序”观念一直是我国通过程序法达致法治的巨大障碍,这一痼疾严重阻碍了法治文化在我国的形成。在当前轻程序的观念未有根本转变之前,我们应当强调民事诉讼法的独立价值及重要地位,在我国灌输并养成程序本位的观念。因此,我们主张从以下几点认识民事诉讼法与民事实体法的关系:

1. 私法秩序和民事诉讼是民事诉讼法与民事实体法共同作用的“场”,但民事诉讼法处于上位或者优位的地位。一方面,这种认识强调民事诉讼法的独立价值在现代法治国家中的特殊地位,强调民事诉讼法在整个私法秩序中的优位作用。另一方面,这种观点认识到了民事实体法的双重规范性(社会规范和裁判规范),以促进民事实体法在裁判规范功能上的完善。正确认识诉讼法与实体法的这种相互关系,对于正确认识诉权的内涵、确定和识别诉讼标的以及认识以既判力为核心的判决效力均具有基石性意义。

2. 民事诉讼法保障民事实体法的贯彻实施。民法等民事实体法在社会生活中实施通常由民事主体自觉实现,但是一旦民事主体就实体法律关系发生争议,民事实体法的实施受到阻碍,就需要通过诉讼途径来保障其实施。民事实体法作为裁判规范应当能够通过民事诉讼加以贯彻;如果实体法规定的实体权利不能通过民事诉讼途径获得救济,那么实体法上的权利也就成了空洞的权利。这不仅没有保护到当事人的合法权益,而且导致立法目的落空,使当事人对法律制度和诉讼制度产生怀疑,从而影响人民对司法的信任。因此,从这个意义上说,民事诉讼法也具有检验实体法是否符合诉讼要求的功能。

3. 民事诉讼法具有创制民事实体法和促进其发展的功能。诉讼法的工具价值是以实体法的完善为前提的。但实体法的完美无缺只是一种法制理想而已,立法者不可能对生活作出周密无漏的规定,更不可能预见未来的各种情况,法律只能作出一般的原则性规定。随着大量新型纠纷的出现,我们往往无从将这些纠纷或侵害的事实纳入现行法律所承认的权利体制或框架中,然而法院又不能以实体法没有具体规定为由拒绝裁判。对于正当性利益,在实体法尚无明确规定的情况下,可以获得法院的保护。从这个意义上说,民事诉讼法具有创制民事实体法和促进其发展的功能,能够纠正实体法的滞后性或不周延性。在当前我国实体法并不发达的情况下,发挥民事诉讼法的这一功能对于保护当事人的权益、稳定社会秩序具有重要意义。

4. 民事诉讼法与民事实体法在某些方面彼此之间相互交融。民事诉讼法与民事实体法交融突出表现在证据领域，如证据由民事诉讼法与民事实体法共同规定，民事诉讼法对于证据的一般问题进行了规定，而实体法则主要规定举证责任的分配，但这并非绝对，如实体法也有证明标准的规定，而诉讼法也包含举证责任的分配等。民事诉讼法与民事实体法的交融还体现在民事实体法对某些民事诉讼程序的补充，如知识产权法所规定的诉前禁令制度就是我国的临时救济手段。当然，由于民事诉讼法缺乏相关的程序制度，这种补充与民事诉讼法并不协调，也无法获得民事诉讼法的制度支持。

三、民事诉讼法与刑事诉讼法

民事诉讼法与刑事诉讼法均属于程序法的范畴，都是为了保障实体法律关系的实现而规定诉讼程序的法律，二者在形式上有很多相似之处，包括某些证据规则的通用性。但由于调整对象的不同，二者存在重大区别：(1)目的、任务不同。民事诉讼法是为了解决民事纠纷，保护民事合法权益。而刑事诉讼法则是为了查明犯罪事实，惩罚犯罪。(2)提起诉讼的主体不同。民事诉讼由与本案有直接利害关系的当事人向法院提起，而刑事诉讼则由检察机关代表国家提起公诉，除了法律规定的自诉案件外，被害人不能直接向法院提起刑事诉讼。(3)某些基本原则不同。民事诉讼涉及私权，采取处分权原则、辩论原则、法院调解原则等，而刑事诉讼的特有原则是分工负责、互相配合、互相制约原则及犯罪嫌疑人和被告人有权获得辩护原则。(4)具体程序制度不同。如民事诉讼法规定有特别程序、破产程序等，而刑事诉讼法规定有公诉程序、自诉程序以及死刑复核程序。

民事诉讼法与刑事诉讼法除了上述联系与区别外，还存在着交叉现象，即所谓的刑民交叉。刑民交叉是指同一当事人的同一行为或者同一法律事实，既须承担民事责任，又应承担刑事责任。如何处理这种交叉现象，世界各国有两种模式：一是平行式。即追究刑事责任的诉讼与追究民事责任的诉讼互不影响，分别进行，不允许在刑事诉讼中附带提起民事诉讼。英美法系采取这种模式。二是选择附带式。这是大陆法系的通常做法。即允许当事人选择在刑事诉讼中提起民事诉讼，当事人也可以提起独立的民事诉讼。不管采取哪种模式，原则上刑事判决与独立民事诉讼所作出的判决二者认定的事实互相不影响，仅得相互为证据资料而已。其例外情形是具有对世效力的民事形成判决，刑事法院应当受其拘束。我国处理刑民交叉的做法是与大陆法系基本一致的，如我国《刑事诉讼法》第99条规定，被害人由于被告人的犯罪行为而遭受物质损失的，在刑事诉讼过程中，有权提起附带民事诉讼。但我国处理刑民交叉具有一些独特之处：(1)我国过于强调刑事优先原则，一般采取先刑事后民事(已经开始的民事诉讼应当中止或者终止审理)或者刑事附带民事诉讼的做法。[①]当然，司法

① 如1998年4月29日施行的最高人民法院《关于在审理经济纠纷案件中涉及经济犯罪嫌疑若干问题的规定》第12条规定，人民法院已立案审理的经济纠纷案件，公安机关或检察机关认为有经济犯罪嫌疑，并说明理由附上有关材料函告受理该案的人民法院的，有关人民法院应当认真审查；经过审查，认为确有经济犯罪嫌疑的，应当将案件移送公安机关或检察机关，并书面通知当事人，退还案件受理费；如认为确属经济纠纷案件的，应当依法继续审理，并将结果函告有关公安机关或检察机关。按照这一规定，刑事诉讼的存在将排斥民事诉讼的进行。但在司法实践中也承认某些刑民交叉案件可以两种程序并行。如按照1997年12月13日施行的最高人民法院《关于审理存单纠纷案件的若干规定》，对于追究有关当事人的刑事责任不影响存单纠纷案件审理的，人民法院应对存单纠纷案件有关当事人是否承担民事责任以及承担民事责任的大小依法及时认定和处理。

实践也认为在不影响刑事诉讼的情况下,民事诉讼可以独立进行。(2)在附带民事诉讼中受害人不得就精神损失要求赔偿,在该刑事案件审结以后,被害人另行提起精神损害赔偿民事诉讼的,人民法院不予受理。(3)民事判决与刑事判决相互间发生何种效力未有明确规定。我国司法实践一般认为生效判决具有预决的效力,但允许当事人以相反的证据推翻,如最高人民法院《关于民事诉讼证据的若干规定》(以下简称《证据规定》)的规定。

我国司法实践中处理刑民交叉的做法具有明显的弊端。首先,过于绝对的先刑后民原则对受害人民事权利的保护具有明显的滞后性,因为刑事诉讼无法对受害者的民事权利提供及时的保护,民事诉讼法规定的临时救济制度往往无法适用。当然,司法实践中也存在着一些非司法的临时救济手段。其次,刑事附带民事诉讼制度极容易使民事责任被刑事责任吸收,损害受害人的民事权利。最后,民事、刑事两种诉讼程序同时适用也会导致程序适用的混乱。本来国家设立刑事附带民事诉讼制度的目的主要是避免相互矛盾的裁判以及对诉讼效率的追求,但是片面地追求刑事裁判与民事裁判的统一及诉讼效率是不可取的。我国目前处理刑民交叉的做法实际是重刑轻民的历史延续,重刑事责任而轻视对受害人民事权利的保护。妥当的做法是赋予当事人以程序选择权及法院以裁量决定权,对于一些不宜在刑事诉讼中并行民事诉讼的,由法院裁量决定移送其他法院或者民事审判庭审理。并且在一般情况下,刑事诉讼的进行及终结应不排斥民事诉讼的进行,对于经济犯罪与经济纠纷的交叉来说,更是如此。当然,对于某些案件来说,由于刑事被告人不可能同时应对两个诉讼程序,以及某些证据通过刑事侦查手段较易获得,在这种情况下暂时中止民事案件的审理是妥当的。

四、民事诉讼法与行政诉讼法

行政诉讼法从民事诉讼法脱胎而来,因此,二者之间关系密切。人民法院审理行政案件,除依照行政诉讼法外,对于行政诉讼法及相关司法解释没有规定的,适用民事诉讼法的有关规定,例如民事诉讼中的回避、证据、期间、送达、第一审程序及第二审程序,以及执行程序等。但二者的性质明显不同,行政诉讼中争议的是行政权利义务问题,即行政诉讼是行政相对人不服行政机关作出的具体行政行为时依法提起的诉讼,而民事诉讼中争议的是平等主体之间的民事权利义务关系。二者调整对象的本质差异,导致二者存在诸多不同:(1)诉讼主体不同。行政诉讼主体是行政机关及其相对人,诉讼主体之间具有行政隶属关系。而民事诉讼主体之间的地位是平等的,不存在隶属关系。(2)诉讼发生的条件不同。行政纠纷发生后,有的争议须先经有关行政机关处理,当事人对处理不服时,方可向法院提起行政诉讼。而民事纠纷发生后,纠纷的任何一方均可直接提起民事诉讼。(3)举证责任不同。行政诉讼中,作为被告的行政机关负有举证责任,即由作出具体行政行为的行政机关提供作出该具体行政行为的证据和所依据的规范性文件。民事诉讼中,不论原告还是被告,对自己提出的主张均负举证责任。(4)适用调解的范围不同。行政诉讼中,除行政侵权损害赔偿外,法院不能以调解方式处理当事人之间的争议。因为被告是行使国家行政管理权的主管机关,它无权对依据国家法律、法规作出的决定予以更改和让步。民事诉讼中,由于私法自治的作用,自愿、合法调解原则贯穿于整个诉讼程序。

民事诉讼法与行政诉讼法的联系还涉及民事诉讼与行政诉讼的交叉。由于现实生活的复杂性,民事争议与行政争议交织存在,从而可能出现民事诉讼与行政诉讼的交叉。二者之间的交叉体现在相互之间对前提问题的审理以及行政附带民事诉讼中。大陆法系一般认为,民事诉讼中可以对属于行政诉讼调整的前提性问题或法律关系作出独立判断,而不必等待行政诉讼就该问题作出判决,民事诉讼对前提性问题的判断限于事实是否存在以及行政决定是否无效,如果该法律关系已系属于另一诉讼程序,法院应当中止对案件的审理。反之,行政诉讼对于属于民事诉讼调整的前提性问题也可以作出独立判断。二者之间的判决相互间有拘束力。我国处理行政诉讼与民事诉讼的交叉的原则是:其一,民事诉讼与行政诉讼相互间无权对属于他诉讼管辖的事项作出认定。若一诉讼的处理必须以属于另一诉讼的法律关系的处理为前提,应中止本诉的审理,等待他诉作出判决。如在侵害专利权诉讼中,侵权诉讼审理的前提是专利权是否应被宣告无效,此际一般应当中止民事诉讼程序,等待行政诉讼程序对此作出判断。① 其二,我国司法实践允许提起行政附带民事诉讼。行政附带民事诉讼是指在行政诉讼过程中,法院在审查和确认具体行政行为合法性的同时,根据当事人的请求,附带解决与被诉具体行政行为在法律上有关联的民事争议的活动。我国《行政诉讼法》并没有规定行政附带民事诉讼制度,但司法解释规定了行政附带民事诉讼制度。最高人民法院于 2000 年 3 月 8 日发布的《关于执行〈中华人民共和国行政诉讼法〉若干问题的解释》第 61 条规定,被告对平等主体之间民事争议所作的裁决违法,民事争议当事人要求人民法院一并解决相关民事争议的,人民法院可以一并审理。行政附带民事诉讼类型主要有:(1)被处罚人或受害人对行政机关的行政处罚不服,同时,对处罚所涉及的民事赔偿内容有异议而提起的诉讼;(2)行政机关就平等主体的民事争议作出裁决,被裁决人或利害关系人对裁决不服,同时要求解决民事争议的;(3)当事人不服行政机关的确权决定,要求确认某项权利归属自己或责令他方赔偿而提起的诉讼;(4)当事人不服行政机关的确权决定,其他民事争议当事人要求就同一事实进行确权或获得民事赔偿而提起的诉讼。

从上述可以看出,行政诉讼与民事诉讼交叉的本质在于判断某一事实或行为是属于民事诉讼法律关系调整还是属于行政诉讼法律关系调整以及相互间对前提性问题的审理,二者之间一般不发生竞合问题。这与民刑交叉的同一行为或同一事实由民刑两种诉讼法律关系调整是截然不同的,同一法律行为或者事实一旦确定应归属民事诉讼法律关系或者行政诉讼法律关系调整,则该判决对于另一诉讼法律关系也具有既判力。

五、民事诉讼法与人民调解法

人民调解方面的法律、法规和司法解释主要包括全国人大常委会 2010 年通过的《人民调解法》、国务院常务会议 1989 年通过的《人民调解委员会组织条例》、司法部 2002 年发布

① 如 2001 年 6 月 22 日颁布、2015 年 1 月 19 日第二次修正的最高人民法院《关于审理专利纠纷案件适用法律问题的若干规定》第 9 条规定,人民法院受理的侵犯实用新型、外观设计专利权纠纷案件,被告在答辩期间内请求宣告该项专利权无效的,人民法院应当中止诉讼,但具备下列情形之一的,可以不中止诉讼:(一)原告出具的检索报告或专利权评价报告未发现导致实用新型或者外观设计专利权无效的事由的;(二)被告提供的证据足以证明其使用的技术已经公知的;(三)被告请求宣告该项专利权无效所提供的证据或者依据的理由明显不充分的;(四)人民法院认为不应当中止诉讼的其他情形。

的《人民调解工作若干规定》以及最高人民法院 2002 年发布的《关于审理涉及人民调解协议的民事案件的若干规定》等。民事诉讼法与人民调解法二者之间的关系是程序基本法与一般程序法的关系，民事诉讼法对人民调解委员会的性质、任务及地位予以明确的规定，人民调解委员会在处理民事纠纷时应适用民事诉讼法的有关规定，业务受人民法院的指导和监督。民事诉讼法与人民调解法的这一关系集中体现于民事诉讼法对人民调解协议效力的认定方面。人民调解协议是经人民调解委员会调解达成的，有民事权利义务内容，并由双方当事人签字或者盖章的调解协议。依照最高人民法院的《关于审理涉及人民调解协议的民事案件的若干规定》，人民调解协议具有民事合同性质，当事人应当按照约定履行自己的义务，不得擅自变更或者解除调解协议。人民调解协议主要依据民法的规定来确定，如果一方当事人不履行调解协议，或者调解协议存在变更或解除原因，当事人可以向法院提起诉讼，请求对方履行协议或者要求法院变更或者解除调解协议。笔者以为不能简单地将人民调解协议等同为民事合同，因为人民调解协议与一般的民事合同还是有区别的：首先，一般的民事合同目的在于设立、变更或终止民事权利义务关系，而人民调解协议目的在于解决彼此之间的争端，从而达到确定民事权利义务的目的。其次，一般民事合同一旦被撤销或宣告无效，其法律后果是返还财产或赔偿损失，而人民调解协议一旦被撤销或宣告无效，原纠纷继续存在，当事人仍可以原有的争议法律关系向人民法院提起诉讼。最后，一般民事合同一旦经双方当事人合意并签字，即产生相应的法律效力，而人民调解协议的达成，不仅需要双方当事人的合意与签字，而且必须经人民调解委员会确认并签字盖章，才产生相应的法律效力。[①] 正是由于上述区别，笔者认为人民调解协议不是普通的民事合同，将人民调解协议视为民事合同无法从理论上得到合理解释。

从本质而言，人民调解与诉讼、仲裁以及法院调解一样，都是我国法定的纠纷解决方式，尽管它们各自调整的对象、程序设计以及法律效力不尽相同，但都有一个十分重要的目的——解决纠纷。因此，人民调解协议与其他解决纠纷的方式一样，是对原有争议法律关系及其权利义务的一种确定，使非常态的法律关系得以明确下来。由于这一确定过程是在法定组织的主持下，并经过了相应的法定程序，因此，其应当具备相应的法律效力。由于人民调解协议的这种特性，其本身效力不仅要根据实体法确定，还要根据程序法确定，如可以规定人民调解协议经法院审核后具有执行力。最高人民法院的司法解释虽然将人民调解协议定性为民事合同，但也认识到了人民调解协议的特殊性，从而规定若某人民调解协议存在强迫调解的情况，那么就应当使之归为无效，这一无效要件正是基于人民调解程序本身产生的，而非实体法的规定。[②]

最高人民法院对人民调解协议属于民事合同的定性尽管在一定程度上提升了人民调解协议的效力，但整体上看，当事人对经人民调解达成的协议随意反悔的情况还没有从根本上得到扭转。为更好地解决这一问题，《人民调解法》第 33 条规定："经人民调解委员会调解达成调解协议后，双方当事人认为有必要的，可以自调解协议生效之日起三十日内共同向人民法院申请司法确认，人民法院应当及时对调解协议进行审查，依法确认调解协议的效力。人民法院依法确认调解协议有效，一方当事人拒绝履行或者未全部履行的，对方当事人可以

① 参见江伟、廖永安：《简论人民调解协议的性质与效力》，载《法学杂志》2003 年第 2 期。

② 显而易见，最高人民法院对人民调解协议属于民事合同的定性难以自圆其说。

向人民法院申请强制执行。”2012年修改后的《民事诉讼法》还在“特别程序”一章中专门增加“确认调解协议案件”一节，对人民调解协议确认程序、法院管辖、法律文书形式以及效力等具体事项进一步作出了明确规定。

人民调解司法确认机制的建立与完善，提升了人民调解协议的效力，实现了司法与人民调解之间的有效衔接，激活了人民调解的生机和活力，促进了多元纠纷解决机制的不断完善。

第二章　民事诉讼法的基本原则

第一节　民事诉讼法基本原则概述

一、民事诉讼法基本原则的概念与特征

从法理学的角度看，法律原则是“为具体法律规则提供基础或本源的综合性的、指导性的原理或价值准则的一种法律规范”[①]。从这个意义上说，民事诉讼法的基本原则是指在整个民事诉讼法律体系中起着基础性指导作用的法律规范。民事诉讼法的基本原则集中体现了民事诉讼法的基本原理、基本规律以及民事诉讼的价值追求，是制定、适用和解释民事诉讼法的基本依据。

基本原则是法律的核心价值的集中体现。对于民事诉讼法这样一种程序法而言，基本原则是对诉讼法理的立法回应。例如，从民事诉讼法的基本原则的规定中，我们可以看出一国对民事诉讼模式的选择，对公正与效率的协调，对当事人诉讼行为的基本要求，等等。同时，也应当看到民事诉讼法的基本原则并非一成不变。随着经济的发展与社会的变迁，民事诉讼法基本原则也发生变化。各国民事诉讼法对待“诚实信用”的态度即是一个体现。大陆法系诸国受制于传统的当事人主义及辩论主义的思维模式，起初对“诚实信用”原则采取绝对排斥的态度。但是随着当事人主义的诉讼观转化为社会的诉讼观，大陆法系的很多国家相继对民事诉讼中的“诚实信用”原则作出直接或类似规定。我国也在2012年《民事诉讼法》修订中确立了“诚实信用”原则。

学界普遍认为，民事诉讼法的基本原则具有基础性、抽象性和指导性三个特征。

基础性是指民事诉讼法基本原则是民事诉讼法所规定的制度和程序的基础，所有的具体制度和程序都是围绕民事诉讼法的基本原则而展开的，是基本原则在诉讼制度和诉讼程序中的具体化，并且不得与基本原则相违背。

抽象性是指民事诉讼法基本原则具有高度的概括性。民事诉讼法基本原则不像法律具体规则那样明确地对诉讼主体的行为模式作出规定，而是概括性地规定了民事诉讼法的价值内核。诉讼主体无法直接在具体个案中根据基本原则进行诉讼活动。对民事诉讼法基本原则的适用，需要通过裁判者对基本原则的解释进行。

---

① 舒国滢主编:《法理学导论》，中国政法大学出版社2006年版，第109~110页。

指导性是指民事诉讼法基本原则具有指导民事诉讼制度运行的作用。基本原则作为法律价值取向的体现,起着指导具体制度和程序顺利进行的作用。对于民事诉讼制度和程序的理解和运用,应依据民事诉讼法基本原则所指明的方向进行。

二、民事诉讼法基本原则的体系

民事诉讼法基本原则作为对具体法律规范的抽象、概括,反映了民事诉讼制度的基本法理与基本规律,因此,各国在民事诉讼法基本原则的具体内容方面,多有共通之处。然而,对于基本原则在民事诉讼法典中的表现形式,各国却不尽相同。民事诉讼法基本原则在立法体例上主要有两种形式:一种是采用明文规定的方式,即在民事诉讼法典的专章中规定民事诉讼法基本原则。采取此种立法体例的如法国、俄罗斯。另外一种是不采用明文规定的形式,不对基本原则作出明确的规定,而是将其体现在具体规范和制度中。德国、日本等国采取了这种立法思路。

我国《民事诉讼法》第一章规定了一系列基本原则。法学界通常从法解释学的角度将《民事诉讼法》第一章中民事诉讼的任务、适用范围和基本制度以外的内容均认定为民事诉讼法的基本原则,并进一步将其分为两大类:第一类是宪法层面的基本原则。这类基本原则由《宪法》中的规定而派生,是《宪法》内容在民事诉讼中的具体化,因此,往往不仅适用于民事诉讼中,也适用于刑事诉讼和行政诉讼中。此类原则包括:独立审判原则(第6条);以事实为根据,以法律为准绳原则(第7条);使用本民族语言进行诉讼原则(第11条);检察监督原则(第14条)。第二类是根据民事诉讼的特殊要求制定的基本原则,反映了民事诉讼的特殊规律性,因此是民事诉讼法的特有原则,简称特有原则。此类原则包括:同等与对等原则(第5条);当事人诉讼权利平等原则(第8条);法院调解原则(第9条);辩论原则(第12条);诚实信用原则(第13条);处分原则(第13条);支持起诉原则(第15条)。

我们认为,这种法解释学的视角虽然有助于读者全面了解《民事诉讼法》的内容,却削弱了基本原则在立法及法学理论研究方面的应有作用,淡化了对基本原则进行专门立法的意义。因此,我们尝试从理论研究的视角,对《民事诉讼法》第一章的内容进行梳理与筛选,并参考国外民事诉讼理论研究的成果,重新界定民事诉讼法基本原则的范围。对于宪法层面的基本原则,如独立审判原则,以事实为根据,以法律为准绳原则,使用本民族语言进行诉讼原则,检察监督原则,将不再理解为民事诉讼法的基本原则。对于同等与对等原则,由于该原则适用范围的有限性,不宜作为民事诉讼法的基本原则;对于《民事诉讼法》第15条规定的支持起诉原则,由于其已经不具有法律基本原则应当具有的抽象性,而成为一项可以直接作为操作依据的制度性规定,因此也不应该被理解为民事诉讼法的基本原则。

综上所述,从理论研究的视角,我们认为我国民事诉讼法的基本原则包括:当事人诉讼权利平等原则、法院调解原则、辩论原则、诚实信用原则和处分原则。对于上述5个基本原则,我们将在本章下面几节中作详细阐述。同时,为了便于读者全面了解《民事诉讼法》的规定,我们将在本节下面的内容中对《民事诉讼法》第一章规定的宪法层面的基本原则及其他以"原则"的形式规定的内容加以介绍。

三、宪法层面的基本原则及其他“原则”性规定

(一) 独立审判原则

独立审判,是指司法机关在审判各类案件时,根据自己对案件事实的判断和对法律的理解,独立自主地作出裁判,不受任何外来的影响和干涉。从严格意义上说,独立审判原则具有两层含义:一方面,审判权只能由人民法院行使。根据《宪法》第 123 条和《人民法院组织法》第 1 条规定,中华人民共和国法院是国家的审判机关,《民事诉讼法》第 6 条第 1 款进一步规定民事案件的审判权由人民法院行使。这意味着人民法院是国家唯一的审判机关,其他任何机关均不能行使审判权。另一方面,人民法院独立行使审判权。根据《宪法》第 126 条和《人民法院组织法》第 4 条,以及《民事诉讼法》第 6 条第 2 款规定,人民法院依照法律规定对民事案件独立进行审判,不受行政机关、社会团体和个人的干涉。

党在第十五次全国代表大会上提出了依法治国方略,这对司法公正提出了更高的要求,而独立审判是实现司法公正的先决条件。因而,形成一套保障我国独立审判原则得以实施的有效法律制度显得尤为紧迫和重要。要真正落实独立审判原则,需要从法院外部生存环境上保证审判机关独立于其他国家机关,同时还应从法院内部的审判机制上保证承审案件的审判组织和法官拥有独立裁判自己所办案件的权力,使其能够根据既定的法律规定独立自主地审理案件,不受来自任何机关团体和个人的干预。

(二) 以事实为根据,以法律为准绳原则

“以事实为根据,以法律为准绳”是人民法院审判民事案件的根本原则。《民事诉讼法》第 7 条规定:“人民法院审理民事案件,必须以事实为根据,以法律为准绳。”以事实为根据是指人民法院在审理案件中应当依照法定程序查明事实,在事实清楚、权利义务关系明确的基础上适用法律,作出裁判。以法律为准绳是指人民法院在查明案件事实的基础上,根据法律、法规、司法解释的规定确定当事人的权利义务,解决民事纠纷。“以事实为根据,以法律为准绳”不仅是司法机关审理民事案件的行为准则,也是法院裁判获得正当性的基础,司法机关只有认真贯彻这一原则才能使审判行为及判决结果获得更多的社会认同。

(三) 使用本民族语言进行诉讼原则

我国《民事诉讼法》第 11 条规定:“各民族公民都有用本民族语言、文字进行民事诉讼的权利。”该原则是《宪法》第 134 条和《人民法院组织法》第 6 条规定在民事诉讼中的具体体现。根据该原则,我国各民族公民都有使用其本民族语言、文字进行民事诉讼的权利。在少数民族聚居或者多民族共同居住的地区,人民法院应当用当地民族通用的语言、文字进行审理和发布法律文书。人民法院应当为不通晓当地民族通用的语言、文字的诉讼参与人提供翻译。但要注意的是,此条规定的适用对象仅限于我国公民,对于外国人在我国进行诉讼的,应当根据《民事诉讼法》第 262 条,使用中华人民共和国通用的语言、文字,当事人要求提供翻译的,可以提供,费用由当事人承担。

(四) 检察监督原则

我国《宪法》第 129 条规定:"中华人民共和国人民检察院是国家的法律监督机关。"该条明确规定了检察机关的法律地位和功能。《宪法》第 131 条规定:"人民检察院依照法律规定独立行使检察权,不受行政机关、社会团体和个人的干涉。"该条规定检察机关依法独立履行职责。《人民检察院组织法》第 1 条、第 9 条也有同样的规定。基于检察院的法律监督地位,三大诉讼法也分别规定了检察机关在诉讼中的监督作用。我国《民事诉讼法》第 14 条规定:"人民检察院有权对民事诉讼实行法律监督。"为了进一步明确人民检察院执行监督的法律地位,《民事诉讼法》第 235 条规定:"人民检察院有权对民事执行活动实行法律监督。"同时,为了保证检察监督原则的具体施行,我国《民事诉讼法》第 208~213 条对检察监督的主体、范围和方式等作出了明确的规定。

按照我国现行《民事诉讼法》的规定,民事诉讼中的检察监督原则具有以下几个方面的特征:

第一,监督范围全面。根据 2012 年修订后的《民事诉讼法》的规定,检察机关对民事诉讼的监督范围不仅包括审判活动,还包括调解活动和执行活动;不仅包括对法院的判决、裁定的监督,还包括对民事调解书的监督;不仅包括对审理结果的监督,还包括对审理过程的监督。

第二,监督形式多样。根据《民事诉讼法》的规定,检察机关在民事诉讼中行使检察监督权的形式有三:(1) 抗诉。即人民检察院对人民法院已经发生法律效力的判决、裁定认为确有错误,或者发现人民法院的调解书损害国家利益、社会公共利益的,依法提请人民法院对案件再次审理。(2) 再审检察建议。地方各级人民检察院对同级人民法院已经发生法律效力的判决、裁定,发现有《民事诉讼法》第 200 条规定情形之一的,或者发现调解书损害国家利益、社会公共利益的,可以向同级人民法院提出检察建议,并报上级人民检察院备案。(3) 检察建议。各级人民检察院对审判监督程序以外的其他审判程序中审判人员的违法行为,有权以检察建议的方式进行监督。

第三,监督时间的全程性。检察机关监督权的行使贯穿民事诉讼活动的全过程,包括对诉前、诉中、诉后、执行等各个阶段的监督。依据《民事诉讼法》的规定,我国民事诉讼检察监督不仅在判决、裁定、调解书生效后可以进行,在案件审理过程中也可以进行。

综上所述,对民事诉讼活动实行法律监督,是宪法赋予检察机关的一项重要职能。人民检察院对民事诉讼活动实行法律监督,不仅有利于维护社会主义法制,保障人民法院依法行使审判权、正确审理民事案件,而且有利于保护当事人的合法权益。

(五) 支持起诉原则

我国《民事诉讼法》第 15 条规定:"机关、社会团体、企业事业单位对损害国家、集体或者个人民事权益的行为,可以支持受损害的单位或者个人向人民法院起诉。"根据此条规定,支持起诉必须具备以下三个要件:第一,支持起诉的主体是机关、社会团体、企业事业单位。支持起诉的主体主要是对受害者负有保护责任的机关、社会团体和企业事业单位,如妇联支持受害妇女、共青团支持受害青年、企业事业单位支持本单位受害职工向人民法院起诉。公民个人不能作为支持起诉的主体。第二,支持起诉的前提是法人或者自然人有损害国家、集体或者个人民事权益的违法行为。第三,支持起诉的时机必须是受损害的单位或者个人遭受了损失,而又不能、不敢或者不便诉诸法院。如果受损害的单位或个人已向人民法院起诉,就不需支持起诉。

(六) 同等与对等原则

同等与对等原则是人民法院审理涉外民事案件时适用的原则。我国《民事诉讼法》第5条第1款规定:"外国人、无国籍人、外国企业和组织在人民法院起诉、应诉,同中华人民共和国公民、法人和其他组织有同等的诉讼权利义务。"这是现行法对同等原则的规定,该原则指外国人、无国籍人、外国企业和组织与中国公民、法人和其他组织,按照我国实体法和程序法的规定,有同等的诉讼权利能力和诉讼行为能力。

对等原则是国际关系中的一项基本原则,也是对外处理国际事务的一项基本政策,目的主要是令各国相互尊重主权,促进各国平等交往。我国《民事诉讼法》第5条第2款规定:"外国法院对中华人民共和国公民、法人和其他组织的民事诉讼权利加以限制的,中华人民共和国人民法院对该国公民、企业和组织的民事诉讼权利,实行对等原则。"我国在涉外民事诉讼中实行对等原则,一方面可以维护我国的主权,另一方面也可以保护我国的公民、法人和其他组织在国外进行民事诉讼时的合法权益。

第二节 当事人诉讼权利平等原则

一、当事人诉讼权利平等原则的含义

当事人诉讼权利平等原则,是指在民事诉讼中,当事人平等地享有和行使诉讼权利。它是民事诉讼法的基本原则之一。《民事诉讼法》第8条规定:"民事诉讼当事人有平等的诉讼权利。人民法院审理民事案件,应当保障和便利当事人行使诉讼权利,对当事人在适用法律上一律平等。"

赋予民事诉讼程序中的当事人平等的诉讼权利是宪法中平等原则的要求。人人生而平等,是在近代资产阶级革命中确立的基本原则,1789年法国《人权宣言》就规定"法律面前,所有的公民都是平等的"。我国《宪法》第33条第2款规定:"中华人民共和国公民在法律面前一律平等。"民事诉讼法中的平等原则是宪法中的平等原则在民事诉讼中的具体体现。它要求当事人在民事诉讼中诉讼地位平等,平等地享有诉讼权利、履行诉讼义务,并且适用法律一律平等。

赋予民事诉讼程序中的当事人平等的诉讼权利是民事实体法中的私权平等原则的体现。《民法通则》第3条规定:"当事人在民事活动中的地位平等。"民事主体在民事法律关系中平等地享有权利、履行义务。作为民事实体法的自然延伸,平等原则也是民事诉讼的基本原则。民事诉讼法的工具价值之一就是保障实体法的实现,所以民事诉讼法中也要贯彻民事实体法的一些精神和理念。只有当事人在诉讼中享有平等的诉讼地位,才能保障民事实体法上平等原则的实现。

赋予民事诉讼程序中的当事人平等的诉讼权利也是程序公正的应有之义,体现了民事

诉讼程序的核心价值。当代法治社会，程序公正越来越受到人们的重视，成为司法公正的一个重要方面。在民事诉讼中，程序公正的基本要求就是当事人诉讼地位平等，否则程序公正就无法实现，司法的公正性就会受到质疑。因此，当事人诉讼权利平等是程序公正的必然要求。

二、当事人诉讼权利平等原则的内容

（一）当事人诉讼地位平等

当事人诉讼地位平等，是指在民事诉讼中不论是原告、被告还是第三人，也无论当事人民族、性别、职业、社会出身、政治背景、宗教信仰、文化程度、经济状况等的差异，诉讼地位一律平等，人民法院应当一视同仁。当事人诉讼权利平等，是"公民在法律面前一律平等"这一宪法原则在民事诉讼中的必然体现。诉讼权利平等，也是民事纠纷自身特点的反映。民事纠纷发生在平等的民事主体之间，在民事法律关系中当事人的地位完全平等，这就要求在解决民事纠纷的民事诉讼过程中，当事人也必须具有平等地位，平等地享有诉讼权利和承担诉讼义务。

（二）当事人诉讼平等

当事人诉讼平等并不意味着在民事诉讼中，所有当事人的权利与义务的内容都完全一致。在大多数情况下，当事人在诉讼中的权利义务的内容相同。例如，双方当事人都有权委托诉讼代理人，收集提供证据、申请回避、进行辩论、申请调解、进行和解，提起上诉等。但是，在另外一些情况下，当事人享有的权利内容不同，但权利却是彼此对应而呈现对等关系。例如：原告有起诉权，被告有反诉权；原告提起诉讼时有权选择管辖法院，被告有权提起管辖权异议；原告有权放弃、变更诉讼请求，被告有权承认或反驳对方的诉讼请求。当事人的这些权利义务因为诉讼地位的不同而不同，但这种差异不会造成当事人在诉讼中实质上的不平等，也不会影响当事人赢得诉讼的机会。

（三）法院同等保护当事人的诉讼权利

人民法院在民事诉讼中起组织、领导的作用。保障当事人平等地实现诉讼权利，是人民法院的职责。我国民事诉讼法已对原告和被告双方当事人的权利和义务作了平等的规定，没有这种规定，就谈不上当事人平等地行使诉讼权利，或者充其量只是对不平等的平等维护。在立法平等的前提下，人民法院为当事人创造平等地行使诉讼权利的机会，并且平等地要求当事人履行诉讼义务，不偏袒、不歧视任何一方，只有这样做，才能将立法中当事人诉讼地位平等的规定落到实处。

（四）当事人在法律适用上一律平等

当事人在法律适用上一律平等，要求不仅对当事人在适用实体法时一律平等，而且对当事人在适用程序法时一律平等。法院在作出裁判时要严格依照法律进行，排除不相关因素的干扰。当事人在法律适用上一律平等，在具体的民事诉讼中有利于实现当事人诉讼地位的平等，在整个法律系统中，有利于实现法律的统一适用。

三、形式平等与实质平等关系的统一

从前述对当事人诉讼权利平等原则内容的分析可以看出，我国的诉讼权利平等原则具有形式平等与实质平等的双重维度。

形式平等维度要求我们在制定法律时，应"均衡"地赋予当事人参与、控制民事诉讼程序、维护自身合法权益的机会，使得原被告双方在诉讼程序中享有的权利与承担的义务呈"平衡"的状态，一方当事人不得享有比另一方当事人更多的程序控制权和赢得诉讼的机会，也不得比另一方当事人承担更多的诉讼义务。然而，不同的当事人由于受到各自主客观条件的制约，在行使法律赋予的权利时，因个人能力之差异，往往可能产生实质不平等的结果。例如，按照《民事诉讼法》的规定，当事人在诉讼过程中均享有辩论权，均可以对案件的事实认定与法律适用发表自己的意见与主张。但是，不同的当事人文化水平、法律素质存在差异，是否能够充分行使法律赋予的辩论权往往因人而异。我们如果忽视此类现象的存在，满足于当事人诉讼权利的形式上的平等，则《民事诉讼法》中当事人诉讼权利平等原则的规定将成为一句空洞的口号。

为了实现当事人诉讼权利的实质平等，现代社会的民事诉讼制度加强了两个方面的规定：一方面，对当事人的诉讼行为提出更高层次的要求。在民事诉讼中通过诚实信用原则的规定，要求当事人在实现自身利益的同时促进对方利益的最大化，不得滥用诉讼程序的控制权，或制造虚假的诉讼状态损害对方当事人的合法权益。另一方面，通过赋予法官阐明权，纠正当事人诉讼能力的不平衡状态。所谓阐明权，是指在民事诉讼中，当事人的主张或陈述的意思不明确、不充分，或有不当的诉讼主张和陈述，或者所举的证据材料不够而误认为足够，在这些情形下，法官对当事人进行发问，提醒、启发当事人把不明确的予以澄清，把不充足的予以补充，把不当的予以排除、修正。总之，保障当事人在民事诉讼中的实质平等权是当事人诉讼权利平等原则的固有内容，也是对该原则的更深层次的理解，立法与司法机关应当共同致力于实现当事人诉讼权利的实质平等。

第三节　法院调解原则

一、法院调解原则的含义

法院调解原则，是指在人民法院审理民事案件过程中，双方当事人在审判人员的主持下，在平等协商的基础上，对他们之间的民事权益争议合意解决的诉讼活动和方式。法院调解是我国民事审判工作的优良传统和成功经验，我国《民事诉讼法》以基本原则的形式，把法院调解用法律条文固定下来，并将自愿、合法进行调解确定为法院调解工作的方针，使得调解工作有章可循，有法可依。

二、法院调解的历史沿革

我国法院调解原则，可以追溯到革命根据地时期，当时的民事纠纷解决过程中非常重视

发挥法院调解的作用,并确立了以调解为主要特征的"马锡五审判方式"。这种审判方式的特点即"深入调查,坚持原则,在坚持执行政府政策法令,照顾群众生活习惯及维护其基本礼仪的前提下,合理调解"[①]。

新中国成立后的民事诉讼程序在相当长的时期里沿袭了革命根据地的民事司法政策。1956年,最高人民法院提出了"调查研究,就地解决,调解为主"的民事审判工作方针。1964年,这一方针被发展为"依靠群众,调查研究,就地解决,调解为主"的十六字方针,自此,调解成为法院审理民事案件的基本政策导向。此为我国民事诉讼调解制度发展的第一阶段。自1982年我国制定《民事诉讼法(试行)》至1991年《民事诉讼法》的正式制定之前,为我国民事诉讼调解制度的第二阶段。这一时期将"调解为主"修订为"着重调解",二者虽在表述上有所不同,但没有本质区别,仍保持着立足调解、优先调解的传统。1991年4月9日,我国正式制定的《民事诉讼法》确定了"自愿合法"的调解原则,突出强调调解要当事人自愿,并按照法定程序进行。《民事诉讼法》的正式制定,标志着我国诉讼调解制度进入第三个发展阶段。

我国诉讼调解政策的三次变迁,既是我国调解理念的发展进步历程,也是权利意识和法治意识的觉醒过程。它为我国民事审判制度的改革和现代民事诉讼制度的建立打下了基础。

1991年《民事诉讼法》颁布后,我国相继开展了一系列民事审判方式改革,积极吸取国外的民事审判理念和制度,强化了公开审判制度。与此同时,法学界和实务界对诉讼调解制度展开了非常广泛而且深入的批评,要求改革甚至废除诉讼调解制度的呼声也很强烈。许多法院和法官强调"一步到庭""当庭宣判",调解观念淡漠,调解程序虚置。相应而来的是案件上诉率、申诉率和涉诉上访数明显上升,法院各方面的压力明显增大。在此情势下,最高人民法院开始对审判方式改革予以反思和总结,并对诉讼调解工作给予了高度重视,相继于2002年发布《关于审理涉及人民调解协议的民事案件的若干规定》,于2004年发布《关于人民法院民事调解工作若干问题的规定》,逐步规范和完善诉讼调解制度。

在"社会主义和谐社会"理念提出后,2007年8月,最高人民法院和司法部联合发布《关于进一步加强新形势下人民调解工作的意见》,要求进一步加强建设社会主义和谐社会形势下的人民调解工作。2007年,最高人民法院确定了"能调则调,当判则判,调判结合,案结事了"的调解新十六字方针。2009年7月,最高人民法院发布了《关于建立健全诉讼与非诉讼相衔接的矛盾纠纷解决机制的若干意见》,确定了非诉讼机制解决争议程序与诉讼程序衔接,解决了非诉讼机制调解协议强制执行效力问题。2010年6月最高人民法院出台了《关于进一步贯彻"调解优先、调判结合"工作原则的若干意见》,2011年3月最高人民法院发布了《关于人民调解协议司法确认程序的若干规定》,明确规定了人民调解协议司法确认的管辖法院、程序事项、确认后的强制执行效力以及免于收费等内容。上述法律文件的出台,标志着我国法院调解工作再次受到重视,也象征着法院调解进入新的历史发展阶段。

---

① 中国社会科学院法学研究所民法研究室民诉组编:《民事诉讼法参考资料》(第1辑),法律出版社1981年版,第58页。

三、法院调解的性质与特征

(一) 法院调解的性质

学界就法院调解的性质的认识并不统一,代表性的学说有以下三种:

一是审判行为说。该学说认为,法院调解是人民法院依照法律规定行使审判权的一种方式和诉讼活动。在法院调解的过程中,审判人员均居于主导的地位,并对调解程序的选择与调解协议的达成施加决定性影响。该学说在我国曾长期处于主导地位。然而,该学说的不足也是显而易见的,即将法院调解视为法院行使审判权的活动,易导致当事人主体地位的弱化及法院调解的“职权化”倾向。

二是处分行为说。该学说强调,法院调解尽管是在法官的主持下进行的,但它不同于法院运用审判权以判决方式解决纠纷的活动,其实质是当事人在法院指导下运用处分权自主解决纠纷的过程,当事人的合意才是法院调解的本质。该学说虽然有助于提高当事人在法院调解过程中的地位,但是完全忽视法院在调解程序中的作用,将使法院调解与诉讼和解的界限变得模糊。

三是审判行为与处分行为相结合说(也称双重行为说)。该学说主张,法院调解是法院行使审判权与当事人行使处分权共同作用的过程,因此应当从法院的审判行为与当事人的处分行为两个层面去认识法院调解的性质。从当事人角度讲,法院调解体现了当事人对自己实体权利的处分。调解协议的基础是双方当事人的合意,而非法院的强制。从人民法院角度讲,法院调解又是诉讼过程中,在审判人员的主持下,通过审判人员的说服教育,从而达成解决纠纷的协议的纠纷解决过程。

审判行为与处分行为相结合说避免了审判行为说与处分行为说的片面性,不失为相对合理的解说。同时,更为重要的是,对法院调解的双重定位,要求法院调解的程序设置应兼具诉讼解决纠纷与合意解决纠纷的特征,体现二者的共同特性。就法院调解的诉讼属性而言,它要求法院调解程序应当符合民事诉讼的基本法理,应当体现对当事人的程序保障。例如,在调解程序中应当赋予当事人广泛的发表意见、参与形成合意内容的机会。同时应当对审判人员在法院调解过程中的行为作出必要的规范,使其符合程序正义的最低标准。例如,审判程序中对法官中立、当事人平等的要求,在调解程序中也应当是适用的。就法院调解的合意属性而言,其程序的设计要充分考虑当事人的意愿(如当事人是否愿意用调解的方式解决纠纷)、协商程序与协商结果的可选择性、当事人本人参加决策的机会等合意解决纠纷的特征。唯其如此,法院调解才能成为服务于当事人利益的司法解决纠纷程序。

(二) 法院调解的特征

法院调解发生在人民法院受理案件后,是法院行使司法权的一种形式,因此法院调解与司法程序有着密不可分的关系。同时,法院调解在本质上又属于当事人协议解决纠纷的形式,具有当事人处分行为的特征。总体而言,我国的法院调解具有以下特征:

1. 法院调解是在法院审判人员的主持下,当事人相互协商解决纠纷的诉讼活动。法院调解发生在民事诉讼程序中,是由审判人员主持的纠纷解决方式,这是法院调解与诉外调解的一个本质区别。同时，民事诉讼涉及当事人的私权争议，调解在本质上是当事人合意解决纠纷的方式，调解协议的内容必须符合当事人的真实意愿。

2. 法院调解贯穿于民事诉讼程序的全过程。人民法院可以根据审理民事案件的需要，从案件的立案阶段、审理前的准备阶段、开庭审理阶段，直至法院宣判之前，都可以进行调解。同时，法院调解工作不仅可以在一审程序中进行，还可以在二审，甚至再审程序中进行。

3. 法院调解是人民法院审理民事案件，解决民事纠纷的一种结案方式。判决并非解决民事诉讼争议的唯一方式，人民法院虽然是国家设立的行使审判权的机关，但是，并不排除在审判过程中，当事人在人民法院的主持参与下，采用合意的方式解决纠纷，终结诉讼。

四、法院调解的基本原则

我国《民事诉讼法》第 9 条规定："人民法院审理民事案件，应当根据自愿和合法的原则进行调解；调解不成的，应当及时判决。"根据这一规定，人民法院审理民事案件时，要多做说服教育和疏导工作，促使双方达成协议，解决纠纷。由此可见，"自愿""合法"是法院进行调解工作应当遵循的原则。

（一）自愿原则

自愿原则，是指调解必须在当事人自愿的基础上进行，调解协议的内容必须符合当事人真实的意愿。采用调解方法解决民事纠纷的核心是要求审判人员在办案过程中，对当事人多做思想教育工作，用国家的法律、政策启发当事人，促使双方当事人互相谅解，达成协议。但是，绝不能因为强调调解而违背自愿的精神，调解不成的，应当及时判决。

调解的自愿原则包括以下两方面的含义：

1. 程序意义上的自愿。程序上的自愿，是指当事人双方自愿以调解的方式解决纠纷。调解可以由当事人一方或双方提出申请，也可以由法官提出建议，但是必须在双方当事人都同意的情况下才可以进行，人民法院不能强制进行。

2. 实体意义上的自愿。实体上的自愿，是指调解达成的协议，必须出于当事人双方的意愿，协议的内容必须是双方真实意思的表示，不得有任何强迫的成分。法官在调解过程中也可以提出调解方案，但是该方案也必须得到双方当事人的认可。

（二）合法原则

合法原则，是指法院的调解工作应当依法进行，调解的过程必须合法，调解协议的内容不得违反法律的禁止性规定。据此，调解的合法性原则也包括两方面的含义：

1. 程序合法。程序合法，是指为了保障程序公正，调解必须依照《民事诉讼法》的程序规范进行，不得因调解而违反程序性规定。例如，当法官有回避的情形时，不得因调解而不回避。又如，不得因调解而不向当事人告知其在诉讼中享有哪些诉讼权利，承担哪些诉讼义务。

2. 实体合法。实体合法，是指调解协议的内容应当合法，不应当违反实体法的禁止性规定，不得损害国家、集体和他人的合法权益。可见，对调解的合法性要求与对判决的合法性要求存在明显的区别，判决必须严格遵循法律，不得因当事人的意愿而改变法律的适用，而调解协议的内容则可以不严格依据法律。此外，除了法律之外，调解还可以依据政策或情理。

坚持自愿、合法的调解原则，必须反对两种倾向：一是忽视调解的意义，把调解工作看作可有可无，这种倾向忽视了民事纠纷的特征，不利于充分发挥调解制度在化解纠纷方面的积极作用；二是过分强调调解的作用，甚至滥用调解，久调不决。第二种倾向在审判实践中常常发生，必须坚决克服。调解是人民法院解决民事纠纷的重要形式，但不是唯一的形式，调解无效的，应当及时判决。另外，调解一般不是诉讼的必经程序，对于那些不能调解或不具备调解条件的案件，应当判决结案。

第四节 辩论原则

一、辩论原则的含义

我国《民事诉讼法》第12条规定："人民法院审理民事案件时，当事人有权进行辩论。"由此可见，我国民事诉讼中的辩论原则是指在人民法院主持下，当事人有权就案件事实认定、法律适用及诉讼程序问题，各自陈述自己的意见和主张，互相进行反驳和辩论，以维护自己的合法权益的原则。

从辩论原则的含义上看，辩论的主体是参与诉讼的当事人。这里的当事人应作广义上的理解。不仅原告与被告有辩论的权利，民事诉讼中的有独立请求权的第三人和无独立请求权的第三人，也享有辩论权。但是，民事诉讼中的其他诉讼参与人，因其在诉讼中只起辅助作用，诉讼的结果与他们没有直接利害关系，因此不享有法律规定的辩论权。就辩论原则适用的客体而言，当事人辩论的对象与范围应当是当事人之间有争议的证据与事实的认定、法律适用以及诉讼程序问题。对于当事人没有争议的证据与事实问题，法院应当直接予以认定。

辩论原则在民事诉讼中的贯彻，对保护当事人权利具有至关重要的作用。只有赋予当事人对事实认定与法律适用等问题充分阐述意见的机会，才能有效地保护当事人的诉讼权利与实体权利，并且使裁判者能够更加有效地查明真实，更准确地适用法律。

二、辩论原则在我国民事诉讼中的适用

我国民事诉讼法通过确立辩论原则，实现了对当事人辩论权行使的保障。根据《民事诉讼法》第12条以及具体制度与程序的规定，当事人对辩论权的行使主要有以下内容：

第一，辩论权的行使贯穿于诉讼的全过程。辩论权的行使不限于法庭审理的过程。固然，法庭是当事人行使辩论权的重要场所，法庭辩论最集中地反映了辩论原则的主要精神。但是，辩论权的行使贯穿于从当事人起诉到诉讼终结的整个过程。原告起诉后，被告有权答辩，起诉与答辩就是当事人行使辩论权的一种形式。在诉讼的各个阶段和整个过程中，当事人双方均可通过法定的形式开展辩论。因此，在理论上有人主张，把法庭辩论称为狭义辩论，而把一般的辩论称为广义辩论。这种对辩论原则的广义理解能够更全面地体现辩论原则的应有含义。

第二，辩论的内容既可以针对程序方面的问题，也可以针对实体方面的问题。对于程序

方面的问题,如当事人是否适格,当事人的某项诉讼行为是否符合法定要求,以及代理人是否有代理权等,当事人双方均可以提出自己的意见与主张。对于实体方面的问题,当事人也被赋予充分发表意见的机会。一般说来,实体问题因涉及事实认定或法律适用,往往会直接影响诉讼的结果,因此通常会成为当事人辩论的焦点。审判人员借助辩论过程,可以全面了解双方的观点及各自的论据,进而形成相应的评判。

第三,当事人行使辩论权的形式多种多样。辩论既可以通过口头形式进行,也可以通过书面形式进行。口头形式的辩论常见于诉讼程序中,以口头方式进行辩论便于当事人随时阐明自己的主张,随时对他方观点作辩驳。但是,口头行使辩论权容易受到当事人情绪、表达能力等主观条件的影响,不利于精确传达当事人的意见或主张。因此,允许当事人以书面方式行使辩论权将有利于弥补口头辩论之不足。同时,对于对案件审理有重要意义的主张的阐述、反驳意见的提出,应当以书面形式为原则,口头形式为例外。例如,对于原告的起诉请求与被告的答辩意见,我国《民事诉讼法》规定,应当主要采用书面形式。

三、辩论原则与辩论主义的区别

大陆法系国家的辩论主义,是规范审判权作用对象与作用范围的基本原则。按照辩论主义的规定,当事人在诉讼中提出并经辩论的事实,才能作为法院裁判依据。反之,当事人没有在诉讼中提出的事实就不能作为法院裁判的依据。大陆法系国家的辩论主义是当事人主义诉讼模式在事实认定范围问题上的直接体现,也是当事人主义的应有之义。根据大陆法系国家的诉讼法原理,辩论主义的内容有以下三个方面:

1. 判断权利发生或消灭的法律效果所必要的要件事实(或称主要事实),只要在当事人的辩论中没有出现,法院就不得以其为基础作出判决。所谓要件事实或主要事实,是指在判断出现权利发生、变更或消灭之法律效果中直接且必要的事实,换言之,是与作为法条构成要件被列举的事实(要件事实)相对应的事实。[①]将要件事实作为辩论主义适用的范围的主要原因在于,此类事实往往直接关系到诉讼的结果,所以必须经过当事人主张,法院才能予以认定。

2. 法院应将当事人之间无争议的事实作为判决的事实依据,并且不得作出相反之认定。这是当事人自认对法院裁判约束力的一项规定。所谓自认,是指在诉讼程序中一方当事人对对方当事人的主张作出相一致的、对自己不利的陈述。在辩论主义的要求下,只要当事人就某项案件事实达成一致意见,法院应当作出认定。

3. 法院认定事实所需要的证据,只能由当事人提出,法院不能依职权收集调查证据。这是由当事人与法院在诉讼权限上的分配决定的。辩论主义要求当事人在诉讼程序中起主导作用,这就要求法院应当尽可能地将推进程序的责任交给当事人,而法院依职权调查收集证据则会不适当地干预当事人对程序的控制权。当然,辩论主义只是禁止法院依职权调查收集证据,但允许法院在当事人主张的范围内调查收集证据,如当事人出于客观原因无法收集的证据,可以申请法院调查收集,这种法院调查收集的证据与当事人自行调查收集的证据并无本质区别。

---

① 参见[日]高桥宏志:《民事诉讼法——制度与理论的深层分析》,林剑锋译,法律出版社 2003 年版,第 340 页以下。

由此可见，大陆法系国家的辩论主义，从文义上看似与我国的辩论原则相仿，但是实际上却存在着根本性的差异。辩论主义的核心是辩论内容对裁判者的制约，法院裁判必须限定在当事人言词辩论的范围内。而我国民事诉讼法中的辩论原则更多的是一种对当事人在诉讼中表达意见的权利的认可，当事人之间的辩论仅是法院作出判断的一个信息渠道，法院的判断可以不受当事人辩论内容的限制。从这个意义上，有学者将大陆法系民事诉讼中的辩论主义称为“约束性辩论原则”，而将我国民事诉讼中的辩论原则称为“非约束性辩论原则”。①

四、辩论主义对我国的启示

由于历史沿革的关系，我国的民事诉讼体系是模仿苏联的职权主义模式建立的，对辩论原则的规定亦是对苏联模式的效仿。“非约束性辩论原则”缺乏对诉权和审判权关系的合理定位，也缺乏对当事人程序性主体地位的根本认同。因此，虽然我国《民事诉讼法》赋予当事人在诉讼程序中提出主张和发表意见的权利，但是法院裁判所依据的事实并不限于当事人在辩论中提出的事实，即使是当事人没有主张的事实，一旦为法院所掌握，同样可以作为裁判的依据。从民事诉讼解决私权纠纷这个角度出发，赋予当事人更大的程序主导权应成为民事诉讼立法的基本出发点。这样也有利于将法院从“查明每一个案件的真实情况”这种不现实的假设中解放出来，正确引导当事人与社会公众对于“司法公正”的评价。因此，在我国实行“约束性辩论原则”，具有立法与实践的双重意义。

应当注意的是，我国自 20 世纪 90 年代的审判方式改革以来，司法实践中当事人在民事诉讼程序中的权限不断加强，立法、司法机关也不断通过完善立法、发布司法解释的方法对诉权与审判权的关系作出更科学、合理的界定。例如，最高人民法院在《证据规定》中对法院调查收集证据的范围作出的限制，对当事人自认的规定等，都有助于“非约束性辩论原则”转化为“约束性辩论原则”。但是，不得不承认，在不改变民事诉讼基本模式的前提下，这种转变的程度是极其有限的。与此同时，我们还要注意不能矫枉过正，应当正视大陆法系国家传统辩论主义的不足，在坚持辩论主义三项内容的前提下，注意对法官诉讼指挥权和阐明权的规定，从而实现实质的公平和诉讼效率的提高。

第五节 诚实信用原则

一、诚实信用原则的确立及含义

诚实信用原则作为一个法律概念最早起源于罗马法上的诚信契约和诚信诉讼，原本属于私法上的概念。在民法领域，诚实信用原则被称为“帝王条款”。该原则要求人们在日常的市场经济生活中讲究信用、恪守诺言，在不损害他人利益和社会利益的前提下追求自己的利益。诚实信用原则是否应该成为民事诉讼法的一项独立的原则存在长期的争议，主要有

① 参见张卫平:《我国民事诉讼辩论原则重述》，载《法学研究》1996 年第 6 期。

"肯定说"和"否定说"两种观点。

"肯定说"主要基于民事诉讼法与民事实体法一体化的考虑,认为既然民事实体法要求当事人本着诚实善意的态度行使权利、履行义务,那么解决当事人之间私法权利义务争议的民事诉讼法也应该确立诚实信用原则。①

"否定说"认为,诚实信用是一个较为模糊的道德尺度,而处理的民事纠纷日益繁杂的民事诉讼程序应客观地适用明确的法律标准,遵循具体的程序规范,体现在民事诉讼法一般条款中的诚实信用原则有违反制度目的之虞,民事纠纷的解决按民事诉讼法的规则实施即可,没有必要在此之上再遵循道德伦理规则。

19世纪末20世纪初,"肯定说"占主流,并且许多国家和地区开始将诚实信用原则导入民事诉讼法,才逐步结束了"肯定说"和"否定说"的争议。1895年的奥地利《民事诉讼法》第178条规定:当事人据以声明所必要的情事,须完全且正确陈述之。1911年匈牙利《民事诉讼法》第222条更明确地规定:当事人或代理人以恶意陈述显然虚伪之事实,或对他陈述之事实为显然无理由之争执提出显然不必要之证据者,法院应科以定额以下之罚款。日本《民事诉讼法》第2条规定:法院应为民事诉讼法公正并迅速的进行而努力;当事人进行民事诉讼应以诚实信用原则为之。此外,法国、我国台湾等国家和地区也在"民事诉讼法"中确立了诚实信用原则。我国2012年修订的《民事诉讼法》第13条第1款亦明确规定:"民事诉讼应当遵循诚实信用原则。"

由上可见,在民事诉讼法典中规定或体现诚实信用原则已成为立法的基本发展趋势。按照学界的通常理解,民事诉讼法中的诚实信用原则,是指人民法院、当事人及其他诉讼参与人在审理民事案件和进行民事诉讼中必须公正、诚实、善意。对于这一原则,我们应从两个层面加以理解:一是行为意义上的诚实信用,指当事人或其他诉讼参与人在诉讼过程中进行诉讼行为时,以及法官行使国家审判权进行审判时,主观上应该诚实、善意。二是实质意义上的诚实信用,指法院、当事人及其他诉讼参与人在诉讼过程中需维持双方利益平衡以及当事人利益与社会利益的平衡,其实质是公正与衡平。

二、诚实信用原则的适用

(一) 诚实信用原则适用的对象

关于诚实信用原则适用的对象范围,理论界存在不同的认识。对于当事人及其他诉讼参与人适用诚实信用原则,各国民事诉讼立法、理论界、实务界均无异议。但是,对于是否应该用诚实信用原则对法官的审判行为作出要求,认识不一。

赞成诚实信用原则适用于法官的观点主要认为,当事人之间的诚实信用原则和当事人与法院之间的诚实信用原则的内涵是不一样的。与法院期待当事人遵守信义一样,当事人也期待法官遵守信义,这是一种相互关系。诉讼受信义原则支配是没有问题的。

反对诚实信用原则适用于法官的观点主要认为,尽管诚实信用原则适用于当事人与法院之间,但它主要强调当事人对法院的诚实信用,即在诉讼资料的收集方面强调当事人的真

① 参见江伟主编:《民事诉讼法专论》,中国人民大学出版社2005年版,第105页。

实义务,在诉讼程序的进行方面强调当事人的程序促进义务,而不强调法院对当事人的诚实信用义务。该观点实际上排除了诚实信用原则对法院的适用,其主要理由是:法院与当事人之间的关系是作为权力主体的法院和服从于这种权力主体的当事人之间的关系。在这种关系中,要求负有司法任务的法院与当事人之间发生以相互信赖为前提的遵守信义关系显得不自然,在当事人与作为国家机关的法院的关系上,让法院承担更多的具有伦理色彩的义务时应特别慎重。①

在我国《民事诉讼法》修改的过程中也有学者提出,诚实信用原则和其他原则一样是需要法官解释和运用的,法官是该原则的运用主体而不是适用对象。还有人认为,《民事诉讼法》《法官法》等法律中有强制性的规定规范法官行使审判权的行为,并且法官的职业道德标准高于诚实信用原则,所以诚实信用原则不适用于法官。

我们认为,不仅当事人和其他诉讼参与人应当遵守诚实信用原则,人民法院行使审判权也应当遵守这一原则。我们也应该看到,由于《民事诉讼法》有许多自由裁量规范,需要法官在诉讼中作出合理裁量以推进诉讼进程,这些规范的适用确实需要法官合理地行使权力,如举证责任的分配、合理期限的确定等。而且即便法律对于法官的审判行为作出了清晰的规定,但是诚实信用原则作为一项法律化的道德准则,它不仅要求法官的行为在客观上是合法的,更要求其在主观上是善意的,以使行为的结果符合实质公平、正义的标准,所以诚实信用原则对于法官的行为提出了更高的要求。同时,从立法的规定看,我国《民事诉讼法》第13条也没有将对法官的诚信要求排除于诚实信用原则适用的范围之外。综上,我们认为,以诚实信用的标准要求法官的行为,这既不违背法理,亦不违背现行立法的规定。

(二) 诚实信用原则的具体内容

1. 诚实信用原则对当事人的适用

按照理论界的通常观点,诚实信用原则对当事人诉讼行为的规范具体表现在:(1)禁止以不正当方法形成有利于自己的诉讼状态。当事人一方为了自己的个人利益,恶意利用法律漏洞,或者不当地妨碍对方当事人有效地实施诉讼行为,从而形成损人利己的诉讼状态时,对方当事人对此可以提出异议,法院也可以根据诚实信用原则否定一方当事人已经恶意实施的诉讼行为。(2)真实陈述的义务。这一义务是指当事人在诉讼上不能主张已知不真实的事实或自己认为不真实的事实,并且不能在明知对方当事人提出的主张与事实相符或认为其与事实相符时,仍然进行争执。即诉讼关系人在民事诉讼上,应负真实陈述之义务。②(3)促进诉讼的义务。这一义务要求当事人在诉讼中不得实施迟延或拖延诉讼行为,或干扰诉讼的进行,应协助法院有效率地进行诉讼,完成审判。(4)禁反言。诉讼上的禁反言主要是指当事人对相信其作出的行为并基于此行为而实施诉讼活动的其他人,不得随意通过否定自己先前言行的方法,损害他们的合法权益。(5)禁止诉讼权利滥用。禁止诉讼权利滥用指禁止当事人滥用诉讼法赋予的权利,从而拖延诉讼,或者阻挠诉讼的进行。

在我国《民事诉讼法》中,对当事人及其他诉讼参与人诚实信用原则的要求也有具体规

① 参见[日]竹下守夫:《诉讼行为与信义原则》,载《判例研习》,第143页,转引自常怡主编:《比较民事诉讼法》,中国政法大学出版社2002年版,第312页。

② 参见张家慧:《论当事人诉讼行为与诚实信用原则》,载陈刚主编:《比较民事诉讼法》(2001年卷~2002年卷),中国人民大学出版社2002年版。

定。例如,《民事诉讼法》第 112 条规定:“当事人之间恶意串通,企图通过诉讼、调解等方式侵害他人合法权益的,人民法院应当驳回其请求,并根据情节轻重予以罚款、拘留;构成犯罪的,依法追究刑事责任。”再如,《民事诉讼法》第 113 条规定:“被执行人与他人恶意串通,通过诉讼、仲裁、调解等方式逃避履行法律文书确定的义务的,人民法院应当根据情节轻重予以罚款、拘留;构成犯罪的,依法追究刑事责任。”由上述规定可知,我国《民事诉讼法》对当事人的诚信要求已经呈现出通过具体规则具体化的趋势,这样做有利于诚实信用原则的落实,也有利于对当事人的诉讼行为作出明确、具体的指引。但是总体而言,我国目前立法对当事人诚信诉讼的规定内容尚不够丰富,体系也不够完整,还有进一步完善的空间。

2. 诚实信用原则对法官的适用

(1) 禁止法官在事实认定上实施突袭。民事诉讼采取辩论原则,法官只能将裁判建立在当事人提供的事实基础之上。即当事人在辩论中未主张之事实,法官不得作为裁判之基础。换言之,事实必须由当事人主张。当法官基于证据资料可以认定某主要事实,而当事人未对上述主要事实提出主张时,法官应当阐明,在当事人依法官的阐明而主张该事实,并与对方当事人展开辩论后,法官才能认定该事实。

(2) 禁止法官在法律适用上实施突袭。由于法官在诉讼中独揽法律适用的大权,便埋下了诉讼中法律适用突袭的隐患。根据诚实信用原则的要求,法官应当在诉讼中及时向当事人阐明欲适用的法律及其对法律的理解,以便于当事人就此问题进行辩论。我国《民事诉讼法》虽然没有保障当事人对法律问题的听审的规定,但最高人民法院《证据规定》第 35 条关于在当事人主张的法律关系的性质有错误时的告知义务,就间接反映出对于法官法律阐明义务的规定。

(3) 禁止法官在诉讼程序中滥用自由裁量权。为了便于法官在民事诉讼程序中根据个案的具体情况对案件的审理作出灵活的安排,《民事诉讼法》和相关司法解释中的许多规定为法官行使自由裁量权提供了空间与可能。例如,根据最高人民法院《证据规定》,法院为当事人指定的举证期间不得短于一个月。该规定赋予法官根据案件的具体情况,确定举证期限的裁量权。根据诚实信用原则,法官在确定举证时限时,应该充分考虑具体案件中证据的数量、证据所在的位置、当事人收集证据的难易程度等因素。因此,如果在证据较多、当事人取证难度较大的某案件中,法官因急于结案,仅赋予当事人一个月的举证时限,并且没有批准当事人延期举证的申请,那么,法官的这一做法表面看似没有违反最高人民法院《证据规定》的规定,但是由于权力行使的目的及结果均违反了诚实信用原则,因此是违法的。

3. 诚实信用原则对其他诉讼参与人与诉讼代理人的适用

(1) 对证人。证人由于对案件事实有所感知,具有不可替代性,因此是法院获得案件事实信息的重要渠道。依据诚实信用原则,证人必须亲自出庭作证,不得无故逃避作证义务。同时,证人作证时必须如实陈述其了解的案件事实,不得出具虚假证言。

(2) 对鉴定人。鉴定人是指运用专门知识对某些专门性问题进行鉴别判断并提供鉴定意见的人。鉴定人有出具真实的鉴定意见并出庭接受质询的义务。诚实信用原则要求鉴定人客观公正地运用自己的专门知识解决受委托的鉴定任务。

(3) 对诉讼代理人。诉讼代理人是基于法律规定或当事人委托,代理当事人进行诉讼活动的人,在诉讼过程中其地位和作用不容忽视。诚实信用原则要求诉讼代理人在诉讼中必须在代理权限范围内行使代理权,不得滥用和超越代理权,否则代理行为无效,给当事人造成损失的应该予以赔偿。

值得注意的是，民事诉讼法作为程序法，它的价值取向是构建严格的程序规则来指导各参与主体的诉讼行为或审判行为。所以，对于民事诉讼法中的诚实信用原则将力求具体化、明确化。特别是在依据诚实信用原则对当事人的诉讼行为加以调整时，更应充分考虑民事诉讼程序的对抗制特征，以及我国民事诉讼程序中当事人对程序的控制权不足、控制能力有限等现实情况，尽量通过明确立法的形式将诚实信用原则具体化，以避免因适用诚实信用原则而对当事人的诉讼行为加以过多的限制，从而影响当事人参加诉讼程序的积极性。

拓展阅读

最高人民法院民事判决书

http://2d.hep.cn/1322465/1

第六节 处分原则

一、处分原则的概念

《民事诉讼法》第13条第2款规定的处分原则，是指民事诉讼当事人有权在法律规定的范围内，处分自己的民事权利和诉讼权利。

私法中的一个重要原则是意思自治，而在为解决私权纠纷而设立的民事诉讼程序中，处分原则是意思自治这一实体法原则在程序法中的自然延伸。但是，由于程序法从性质上说仍属于公法，其受国家干预的程度必然大于私法，因此，民事诉讼法中的处分原则要求当事人在享有自由处分权利的同时要受到比实体法更多的法律限制。

二、处分原则的适用

1. 行使处分权的主体

从现行法的规定上看，处分权的主体应是当事人。当事人作为实体上和程序上权利和义务的承受者，享有处分权是应有之义。但是在当事人的范围内，并非所有类型的当事人都享有同等程度的处分权。原告与被告是行使处分权的通常主体；有独立请求权的第三人在诉讼中处于参加之诉的原告的诉讼地位，因此理应享有处分权；而无独立请求权第三人，其只是因为与案件的处理结果有法律上的利害关系而参加到诉讼中，因此其享有的处分权的范围受到一定程度的限制。

2. 处分权的对象

在民事诉讼中，当事人处分的权利对象是多种多样的，总体而言可归为两大类：一是基于实体法律关系而产生的民事实体权利；二是基于民事诉讼法律关系所产生的诉讼权利。

对实体权利的处分主要表现在三个方面：第一，诉讼主体在起诉时可以自由地确定请求司法保护的范围和选择保护的方法。在民事权利发生争议或受到侵犯后，权利主体有权决定自己请求司法保护的范围。不仅如此，权利主体还可在一定程度上自行选择所受保护的方法。例如，在侵害财产所有权的纠纷中，被损害者有权就全部损害提出赔偿要求，也有权以部分损害的赔偿作为诉讼标的；同时，既有权请求返还原物，也有权要求侵权人作价赔偿。第二，诉讼开始后，原告可以变更诉讼请求，即将诉讼请求部分或全部撤回，代之以另一诉讼请求，也可以扩大（追加）或缩小（部分放弃）原来的请求范围。第三，在诉讼中，原告可以全部放弃其诉讼请求，被告可以部分或全部承认原告的诉讼请求；当事人双方可以达成或拒绝达成调解协议；在判决未执行完毕之前，双方当事人随时可就实体问题自行和解。

诉讼权利是当事人处分的另一重要对象。诉讼权利虽然属于程序意义上的权利，但往往与实体权利有关，当事人对实体权利的处分，一般是通过对诉讼权利的处分而实现的。对诉讼权利的处分主要体现在以下几个方面：第一，纠纷发生后，当事人可依自己的意愿决定是否行使起诉权。目前，立法上在起诉方面仍然采取当事人“不告不理”的做法。因此，当事人在其实体权利受到侵犯或就某一实体权利与他人发生争议时，是否诉诸法院，由当事人自行决定。只有在当事人起诉的情况下，诉讼程序才能开始，法院不能强令当事人起诉，更不能在当事人不起诉的情况下主动进行审理。第二，在诉讼过程中，原告可以申请撤回起诉，从而要求人民法院终结已经进行的诉讼，也就是放弃请求法院审判、保护的诉讼权利；被告也有权决定是否提出反诉来主张自己的实体权利，借以对抗原告的诉讼请求。当事人双方都有权请求法院进行调解，请求以调解方式解决纠纷。当事人还可以依其意愿决定是否行使提供证据的权利。当事人双方都有权进行辩论，承认或否认对方提出的事实。第三，在一审判决作出后，当事人可以对未生效的判决提起上诉或不提起上诉；认为已生效的判决或调解书确有错误时，当事人有权提出申诉，请求再审，是否再审，由法院决定；对生效判决或者其他具有执行力的法律文书享有权利的当事人，有权决定是否申请强制执行。第四，在执行过程中，申请执行人可以撤回其申请，这种撤回申请的处分行为不影响其实体权利的继续存在。

需要注意，我国民事诉讼中当事人的处分权不是绝对的。我国法律赋予当事人处分权的同时，要求当事人不得违反法律规定，不得损害国家的、社会的、集体的和公民个人的利益，否则，人民法院将代表国家实行干预，使当事人某种不当的处分行为无效。我国民事诉讼中的国家干预具体体现为人民法院的监督，这是处分原则的题中之义。

三、处分权主义与辩论主义

在大陆法系民事诉讼理论中，处分原则一般被称为处分权主义。日本学者三月章教授认为，在民事诉讼何时开始、有何限度、持续至何时方面，承认当事人有主导权的主义称为处分权主义。①

首先，处分权主义的首要内容体现为“不告不理”原则。民事诉讼绝非通过职权开始，而是开始于当事人通过起诉促使诉讼程序发动之时。与当事人启动相对的是审判机关依职权启动，“没有原告则没有法官”的法谚说明了法官绝不能依职权启动诉讼。上诉以及再审程序同样也非开始于职权。“无诉无裁判”这一原则是民事诉讼一贯应当贯彻之原则。② 日本《民事诉讼法》第338条和法国《民事诉讼法》第594条均规定，旨在撤销已经发生既判力

---

① 参见[日]三月章：《日本民事诉讼法》，汪一凡译，台湾五南图书出版公司1997年版，第179页。

② 参见[日]三月章：《日本民事诉讼法》，汪一凡译，台湾五南图书出版公司1997年版，第180页。

的判决的再审之诉，只能由当事人提出。从这个意义上看，我国所存在的法院依职权启动再审、检察院抗诉启动再审，显然是与处分权主义相违背的。

其次，处分权主义的另外一个内容是审判的范围、形态以及限度由当事人决定。如法国《民事诉讼法》第4条规定，系争标的依诸当事人各自的诉讼请求确定之。德国《民事诉讼法》第308条规定，法院所判不得超出所请求的范围。简而言之，质量上不得相异，数量上不能多于。[①] 这意味着法院只能在当事人申请的事项范围内作出判决，未请求的内容法院无权判断；法院只能依据当事人提示的诉讼标的确定审理对象，如当事人请求金钱赔偿，法院不得判决恢复原状；法院的判决不能超过当事人请求的数量，但可以少于请求的量。[②]

最后，根据处分权主义的含义，程序的结束当然也应由当事人决定。在民事诉讼中当事人可以通过多种方式结束诉讼程序，如撤诉，达成和解协议，放弃、变更或承认诉讼请求。法国《民事诉讼法》第1条规定："……在诉讼因判决之效力或者依据法律终止之前，当事人有停止诉讼的自由。"[③]

辩论主义与处分权主义在内容上有一些交错，广义上的辩论主义含有处分权的内容。[④] 我们认为，狭义上的辩论主义与处分权主义主要有以下区别：一方面，辩论主义是对法院裁判须受当事人事实主张限制的规定，而处分权主义是对法院应尊重当事人权利处分的规定；另一方面，辩论主义规范的是事实提出权限在当事人与法院之间的划分，处分权主义规范的是诉讼程序主导权在当事人与法院之间的划分，辩论主义强调的是当事人在事实主张方面起主要作用，而处分权主义强调的是当事人在诉讼程序的进行中起主导作用。

四、处分权与审判权

关于处分权与审判权的关系，学界普遍认为，处分权应当形成对审判权的一种合理制约，国家对当事人处分权的干预应当是一种例外而非原则，国家不应过分干预当事人的处分权。我们认为，在处理处分权与审判权的关系时，应当把握两个基本方面：一方面，使处分权成为制约审判权行使的力量；另一方面，审判权应该监督、指导处分权的正确行使。

（一）处分权合理制约审判权

根据我国现行法律规定，当事人行使某些处分权可以形成对审判权的"绝对"的制约。例如，在诉讼程序的启动方面当事人有绝对的控制权，当事人不起诉、不上诉，法院则无法启动一审或二审程序。与诉讼的启动相类似的，还有申请诉前保全、诉前证据保全的权利，也完全由当事人掌握，法院不得依职权启动。在另外一些情况下，当事人行使处分权虽然不能对审判权起到"绝对"的约束作用，但是却可以在一定程度上决定审判权作用的范围或形式。例如，原告提出的诉讼请求和事实理由划定了审判权行使的范围，法院不得超过当事人的诉讼请求作出判决，也不能对当事人没有主张的事实作出认定。

① 参见[德]狄特·克罗林庚：《德国民事诉讼法律与实务》，刘汉富译，法律出版社2000年版，第16~17页。

② 参见唐力：《民事诉讼构造研究——以当事人与法院作用分担为中心》，法律出版社2006年版，第131页。

③ 罗结珍译：《法国新民事诉讼法典》，中国法制出版社1999年版，第2页。

④ 参见唐力：《民事诉讼构造研究——以当事人与法院作用分担为中心》，法律出版社2006年版，第131页。

（二）审判权对处分权的指导、监督

审判权指导、监督处分权的理论基础，是民事诉讼程序的公法性。为了维护程序的顺利进行以及涉诉当事人的合法权益，防止处分权的滥用，审判权必须对处分权的行使予以监督、限制。例如，根据我国《民事诉讼法》规定，原、被告在案件审理的过程中达成和解协议的，法院应该对和解协议的内容进行审查，并可以根据和解协议制作调解书。法院审查和解协议的目的在于，防止当事人违反“诚实信用原则”侵害社会公共利益或他人合法权益行使处分权。这种审查，对于指导、监督当事人正确行使处分权具有重要的意义。

第三章 民事诉讼的基本制度

第一节 民事诉讼的基本制度概述

一、民事诉讼基本制度的概念

民事诉讼基本制度是指在民事诉讼活动中起着基础性作用,能够宏观地构建出民事审判的基本框架并使民事审判区别于其他争议解决机制的制度的统称。

我国关于民事诉讼基本制度的规定见于《民事诉讼法》第10条:"人民法院审理民事案件,依照法律规定实行合议、回避、公开审判和两审终审制度。"该条规定了合议、回避、公开审判和两审终审四项基本制度。

民事诉讼基本制度与民事诉讼基本原则不同。首先,基本制度是诉讼制度的重要组成部分,其影响范围并不及于整个诉讼活动本身,而基本原则作为整体诉讼活动的指导性规范,则涉及诉讼的全过程。例如,诚实信用原则、辩论原则的理论精神遍布于全部诉讼程序,而合议、回避制度只涉及适格的主体。其次,从适用的方式上看,基本制度的适用更加具体化,操作性较强,而基本原则的适用则比较灵活,弹性较大。最后,从立法价值上看,基本原则更能体现出立法者在民事诉讼立法上的价值取向,可以视为立法价值取向的直接表述,而基本制度则更倾向于是立法者为实现其立法价值而设定的具体制度保障。

民事诉讼中的基本制度同民事诉讼中的一般制度同样存在着区别。一方面,从制度的内容上看,如前文所言,基本制度主要是从诉讼者的角度出发而设计构建的;而一般制度则涵盖了民事诉讼的方方面面,亦包括对当事人和其他诉讼参与人的权利义务的规制。另一方面,从制度规制的角度上看,基本制度是一种宏观层面上的制度,构成民事诉讼的基本框架,于细节之处并无大作为;而一般制度可以理解为从微观层面上对民事诉讼的一种细构,许多一般制度可以理解为对基本制度的执行和细化。

在我国,与审判主体相关的民事诉讼制度还包括陪审制度,但我国《民事诉讼法》的总则并未将其规定在内。有学者主张应当将陪审制度视为民事诉讼的基本制度,理由是加强人民陪审制度有利于促进司法的公正性和民主性,且实践中陪审制度并未真正发挥作用,如将其在立法上视为基本制度或可扭转实践中的不利局面。[①] 本书亦主张将陪审制度划归为

---

① 参见谭兵、李浩主编:《民事诉讼法学》,法律出版社2009年版,第93页。

民事诉讼中的基本制度。2004 年,全国人大常委会颁布《全国人民代表大会常务委员会关于完善人民陪审员制度的决定》,进一步凸显了陪审制度的重要性。因此,将陪审制度作为民事诉讼的基本制度也符合立法发展的趋势。

二、民事诉讼基本制度的构成

综上,民事诉讼基本制度包括合议制度、回避制度、公开审判制度、两审终审制度和陪审制度。

合议制度是针对审判机构组成的一项制度,涉及审判者适格的问题,指由单数多名审判员或审判员与人民陪审员组成合议庭,审理民事案件,代表国家行使裁判权,针对民事案件作出裁判的制度。

回避制度是一种针对审判者、其他诉讼参与人的约束制度,目的在于保障审判者的中立地位,维护司法权威,保障司法公平。具体指当审判人员或其他人员出现法律规定的回避事由,可能影响案件正确审理、公正裁判时,相关人员退出审判程序的一项制度。

公开审判制度是一项对民事案件审理模式的制度要求,指民事案件的审判应当公开进行,但法律规定不得公开的情形除外。

两审终审制度是指民事案件经过两级人民法院审理,作出的裁判具有终局的效力。当然,两审终审制度也存在着诸多例外,如小额诉讼实行一审终审,具体情况参见本章的其他部分。

陪审制度是指由非职业化的法官参与到民事审判的审判组织中来,同职业法官一同审理民事案件的制度。

上述五种基本制度共同构成了我国民事诉讼基本制度的内容,本章将在以下的内容中对各项制度逐一具体分析。

第二节 合议制度

一、合议制度的概念

合议制度是指由三名以上的单数审判员或审判员和人民陪审员组成合议庭,对民事案件进行审理并作出裁判的制度。合议制是与独任制相对的制度。独任制是指由一名审判员代表人民法院,独任审理民事案件的制度。在我国,独任制只适用于简易程序、督促程序和公示催告程序的公告阶段及特别程序(选民资格案件以及重大疑难的特别程序审理的案件除外)中,除此之外的民事审判程序一律适用合议制。

民事诉讼中的合议制度可以有效提高案件审判的质量。个别审判人员的意见相互融合所形成的结果往往更易于被公众接受,在多个审判人员相互交流的情况下,裁判所依据的事实考量会更加全面、均衡。同时,合议制还有利于审判人员相互监督,防止司法腐败,维护司法公正。

当然,合议制度亦存在着成本较高的不足。同时,在存在多个审判人员的情况下,可能因为意见无法一致而延误诉讼,降低诉讼效率。这也正是多数国家都在诉讼程序中规定了合议制与独任制两种审判组织形式的原因。恰当地确定独任制与合议制的适用界限,对于提高诉讼效率、保障司法公正有着重要的意义。

二、合议庭的组成

我国的合议制度可以适用于不同的审判阶段并存在着不同的组成形式。

(一) 第一审合议庭的组成

《民事诉讼法》第 39 条第 1 款规定:“人民法院审理第一审民事案件,由审判员、陪审员共同组成合议庭或者由审判员组成合议庭。合议庭的成员人数,必须是单数。”第 2 款又规定:“适用简易程序审理的民事案件,由审判员一人独任审理。”这就是说,人民法院审理第一审民事案件,除简单民事案件适用独任制以外,其余民事案件的审理适用合议制。合议制的法庭有两种组成形式:一种是由审判员和人民陪审员共同组成合议庭。人民陪审员在人民法院参加审判期间,是审判具体民事案件的合议庭的组成人员,在合议庭内与审判员享有同等的权利。另一种是由审判员组成合议庭。由此可以看出,人民法院审判第一审民事案件的合议庭的组成有以下特点:第一,可以吸收陪审员参加,也可以不吸收陪审员参加。是否邀请陪审员参加合议庭,人民法院可以根据民事案件的具体情况和审判实践的需要灵活掌握。例如,对某些专业性、技术性比较强的案件,可邀请具有有关专门知识的人民陪审员参加审判。第二,民事诉讼法对人民法院审判第一审民事案件吸收陪审员参加合议庭的人数比例,没有作限制性的规定。合议庭可以由两名陪审员与一名审判员组成,也可由一名陪审员与两名审判员组成,但是不能全部由陪审员组成。关于人民陪审员在合议庭中的地位问题,我国《民事诉讼法》第 39 条第 3 款规定:“陪审员在执行陪审职务时,与审判员有同等的权利义务。”由此可见,在合议庭中不存在审判员与陪审员的地位孰高孰低的问题,两者都可以就事实认定和法律适用提出各自的观点。对于合议庭中人民陪审员的选任,要充分考虑具体的案情,对于具有专业背景的案件应选用具有专业知识的人民陪审员,以更好发挥陪审员的作用。

同时,《民事诉讼法》第 40 条第 2 款规定:“发回重审的案件,原审人民法院应当按照第一审程序另行组成合议庭。”另行组成合议庭意味着原来参加合议庭的法官不能再参加发回重审案件的合议庭。

(二) 第二审合议庭的组成

《民事诉讼法》第 40 条第 1 款规定:“人民法院审理第二审民事案件,由审判员组成合议庭。合议庭的成员人数,必须是单数。”第二审合议庭与第一审合议庭相比较,共同之处是二者人数都必须是单数。主要区别在于第一审合议庭可以吸收陪审员参加审判,与审判员共同组成合议庭,而第二审合议庭不可以吸收陪审员参加。之所以存在这样的区别,主要是由第二审程序的特点决定的。一方面,第二审程序是对第一审裁判的审查和监督,这对审判主体的专业素质提出了更高的要求,体现在审判组织的构成上就是第二审合议庭全部由审判员组成。另一方面,应当注意相对于第一审程序而言,第二审程序是终审程序,对诉讼当事人的权利义务能够产生更大的影响，这也需要审判者具备更高的法律素养。实践中，二审合议庭的审判员一般为三位，在特殊情况下，合议庭的人数可以增加，具体人数可以由第二审人民法院根据需要确定，但必须为单数。

（三）再审合议庭的组成

《民事诉讼法》第40条第3款规定："审理再审案件，原来是第一审的，按照第一审程序另行组成合议庭；原来是第二审的或者是上级人民法院提审的，按照第二审程序另行组成合议庭。"由此可见，再审合议庭分为两种情况：一是对一审案件的再审，适用一审合议庭，可以有人民陪审员参加；二是对二审案件的再审或上级法院对原审案件提审的，适用二审合议庭，不能有人民陪审员参加。需要注意的是，两种情况下的再审合议庭都必须另行组成，原审合议庭成员不得参加再审合议庭。同时，即使原一审裁判由独任制法官作出，对该一审案件再审时，仍适用合议庭进行审理。

三、合议庭的运作机制

合议庭作为一个由多人组成的集体性审判组织，有其特有的运作模式，以保证正确及时地审理民事案件。倘若数位审判人员各行其道，那么整个审判组织引领审判活动、正确解决纠纷的能力将大打折扣。

一方面，从组织结构上看，合议庭设置审判长一职，协调组织审判人员审理民事案件。在民事审判中，审判长的主要职责是负责民事审判活动，包括宣布开庭，查明当事人是否到庭，组织法庭调查、法庭辩论，告知当事人各项诉讼权利等。《民事诉讼法》第41条规定："合议庭的审判长由院长或者庭长指定审判员一人担任；院长或者庭长参加审判的，由院长或者庭长担任。"由此可以看出，审判长的确认分为两种情况：一是在院长、庭长未参加审判的情况下，审判长由院长或庭长指定一名审判员担任，人民陪审员不能担任审判长；二是在院长或庭长参加审判时，由院长或庭长担任审判长。

另一方面，从决策机制上看，《民事诉讼法》第42条规定："合议庭评议案件，实行少数服从多数的原则。评议应当制作笔录，由合议庭成员签名。评议中的不同意见，必须如实记入笔录。"这就有效地避免了合议庭意见不统一而难以作出裁判的情形。同时，规定少数意见如实记入笔录既能够真实地反映裁判形成的过程，也能够促使审判人员以严谨的态度对待审判工作，因为审判人员的任何意见都有据可查。

四、合议庭与审判委员会的关系

《人民法院组织法》第10条第1款规定："各级人民法院设立审判委员会，实行民主集中制。审判委员会的任务是总结审判经验，讨论重大的或者疑难的案件和其他有关审判工作的问题。"这可以视为审判委员会的直接立法依据。对于审判委员会的具体权限和工作范围，最高人民法院在《关于改革和完善人民法院审判委员会制度的实施意见》中作了规定。该意见第4条规定："最高人民法院审判委员会履行审理案件和监督、管理、指导审判工作的职责：(一)讨论疑难、复杂、重大案件；(二)总结审判工作经验；(三)制定司法解释和规范性文件；

(四)听取审判业务部门的工作汇报;(五)讨论决定对审判工作具有指导性意义的典型案例;(六)讨论其他有关审判工作的重大问题。”第5条规定:“地方各级人民法院审判委员会履行审理案件和监督、管理、指导审判工作的职责:(一)讨论疑难、复杂、重大案件;(二)结合本地区和本院实际,总结审判工作经验;(三)听取审判业务部门的工作汇报;(四)讨论决定对本院或者本辖区的审判工作具有参考意义的案例;(五)讨论其他有关审判工作的重大问题。”同时,《民事诉讼法》第198条第1款规定:“各级人民法院院长对本院已经发生法律效力的判决、裁定、调解书,发现确有错误,认为需要再审的,应当提交审判委员会讨论决定。”

由此可以看出,审判委员会的审判职权体现在两个方面:一是对重大疑难复杂案件的讨论决定权,二是对本院生效判决、裁定、调解书的再审启动权。这就存在审判委员会的审判职权与合议庭的审判职权如何协调的问题。

最高人民法院《关于人民法院合议庭工作的若干规定》第12条对此作了详细的规定:审判委员会应当对拟判死刑的案件、合议庭认为有必要的疑难重大复杂或新型案件、合议庭对适用法律存在重大分歧的案件、合议庭认为有必要的其他案件进行讨论。审判委员会认为其他案件如有需要,亦可以对其进行讨论。同时,该规定第13条规定:“合议庭对审判委员会的决定有异议,可以提请院长决定提交审判委员会复议一次。”

总之,从立法角度看,审判委员会与合议庭之间是一种指导与被指导、监督与被监督的关系。在实践中审判委员会对合议庭更是有着举足轻重的影响。审判委员会作为法院的常设性机构,必然与合议庭发生业务上的关系。正确处理合议庭与审判委员会的关系,对于民事审判制度的完善极其重要。一方面,合议庭和审判委员会有着各自的职责范围。合议庭是案件的审判组织,审判委员会不能干涉甚至代替合议庭对具体案件行使审判权。同时,合议庭也不得随意将案件“上交”审判委员会,企图推卸对案件的审判责任。审判委员会作为审判业务指导者和监督者,不能超越权限,包办代替,造成“先定后审”或“审判分离”,使审判责任不清,为合议庭和法官推卸责任或不负责任提供条件和借口。另一方面,发挥审判委员会对审判工作的指导作用。具体应当体现在审判委员会只讨论合议庭提请的少数疑难、复杂、重大案件的法律适用问题,总结审判经验,以充分发挥其对审判工作中带有根本性、全局性的问题进行研究和作出权威性指导的作用。

但是,不容否认的是,审判委员会的存在造成了“审”与“判”的分离,严重影响了合议庭的独立审判地位,使之受到审判主体之外的力量的干涉。因此,学界一直有学者主张废除审判委员会制度。我们认为,在实践中,审判委员会确实尚有存在的理由。首先,我国职业法官的素质参差不齐,需要专业水平更高的审判委员会的指导。其次,从法官个人责任的承担出发,亦存在通过审判委员会分担职业风险的期待。最后,审判委员会提高了司法机关抵御外来干涉和不良影响的能力,增加了司法腐败的成本和难度。因此,我们认为,对于根植于我国具体国情的审判委员会,不能轻言废除,但应顺应立法的发展对其进行必要的改革。例如,严格限定审判委员会讨论案件的类型和范围,对其组成人员进行更科学更严格的筛选,提高审判委员会整体的业务水平,使其真正成为一个“专家”组织,等等。

第三节 回避制度

一、回避制度的概念

回避制度是指在民事诉讼的过程中,审判人员及其他相关人员遇有法律规定的事由,依法定程序,退出案件审理程序的制度。

回避制度是为了保证案件公正审理而设立的一项审判制度,具有深厚的历史基础。古罗马有句法谚,“任何人都不能成为自己案件的法官”。因为居中裁判的法官如果与案件存在某种利益关联,他的判决就很难保证公平、正确。我国的回避制度可以追溯到唐宋时期,《唐六典·刑部》中就有“凡鞫狱官与被鞫人有亲属、仇嫌者,皆听更之”的规定。

回避制度对实现司法公正有着重要意义。实行回避制度,可以有效防止司法人员滥用职权、徇私舞弊或主观臆断、先入为主,从而保证司法人员秉公执法、客观公正地处理案件;可以保证办案人员和案件的处理结果无利害关系,从而消除当事人的思想顾虑,增强司法裁判的公信力;可以充分体现诉讼的民主性和进步性,提高司法的透明度。

民事诉讼中的回避制度按照不同的标准还可以作出不同的分类。从回避的方式上看,可以分为自行回避、申请回避和指令回避。自行回避指回避主体在遭遇回避事由时,未经他人申请或法院指令,以主动提出的方式自行退出审判活动的回避行为;申请回避指当回避主体遭遇回避事由时,以他人提出申请的方式退出审判活动的回避行为;指令回避是指在出现法定回避的事由,但是当事人与应当回避的主体均未申请回避时,由院长或审判委员会直接作出回避决定的行为。从回避的事由上看,可以区分为有因回避和无因回避。有因回避指申请人申请回避主体回避时,必须提出正当的回避事由,由法院审查决定;无因回避指申请人申请回避主体回避时,无须提供确切的回避事由,法院即予以准许的回避制度。我国现行立法关于民事诉讼回避制度的规定,从回避的事由上看,属于明显的有因回避。

二、适用回避的主体和事由

(一) 适用回避的主体

适用回避的人员是在审判活动中具有一定审判职能或可能对案件的审理结果产生直接影响的人。根据《民事诉讼法》第 44 条规定,回避的主体包括:审判员、人民陪审员、书记员、翻译人员、鉴定人和勘验人。其中,审判员与人民陪审员是行使案件审判权的主体,理应成为回避制度适用的人员。对于审判人员应当作广义理解。《民诉法解释》第 48 条规定:“民事诉讼法第四十四条所称的审判人员,包括参与本案审理的人民法院院长、副院长、审判委员会委员、庭长、副庭长、审判员、助理审判员和人民陪审员。”书记员、执行员、翻译人员、鉴定人和勘验人虽然不是行使审判权的主体,但是他们在诉讼程序中发挥着重要的协助作用,因此当具备法定事由时,也应当回避。

同时,应当注意的是我国《法官法》和《律师法》均规定,法官及法院的其他工作人员在离任后两年内禁止担任诉讼代理人；在离任后两年后，其在原供职法院的诉讼代理获得也受到相应的限制，同时当事人可以提出回避申请。最高人民法院2011年6月发布的《关于审判人员在诉讼活动中执行回避制度若干问题的规定》第8条第1款也规定："审判人员及法院其他工作人员从人民法院离任后二年内，不得以律师身份担任诉讼代理人或者辩护人。"该条第2款规定："审判人员及法院其他工作人员从人民法院离任后，不得担任原任职法院所审理案件的诉讼代理人或者辩护人，但是作为当事人的监护人或者近亲属代理诉讼或者进行辩护的除外。"

（二）回避的事由

根据《民事诉讼法》第44条规定，回避的事由可以包括以下几个方面：

1. 回避主体是本案当事人或当事人、诉讼代理人的近亲属。此处的近亲属的范围可以参照最高院《关于审判人员在诉讼活动中执行回避制度若干问题的规定》第1条第2款的内容确定，该第2款规定："本规定所称近亲属，包括与审判人员有夫妻、直系血亲、三代以内旁系血亲及近姻亲关系的亲属。"

2. 回避主体与本案有利害关系。这里的"利害关系"的情况比较复杂，很大程度上需要在实践中灵活掌握。

3. 回避主体与本案当事人、诉讼代理人有其他关系，可能影响案件的公正审理。这里的其他关系可以是身份上的关系，如朋友、同学、情人；也可以是财产上的关系，如债权人与债务人、赠与人与受赠人。但需注意的是此种关系需达到影响案件公正审理的程度。

4. 回避主体接受当事人、诉讼代理人请客送礼，或者违反规定会见当事人、诉讼代理人。

同时，《民诉法解释》第43条对回避的事由作出了具体的规定。根据该规定，审判人员有下列情形之一的，应当自行回避，当事人有权申请其回避：(1)是本案当事人或者当事人近亲属的；(2)本人或者其近亲属与本案有利害关系的；(3)担任过本案的证人、鉴定人、辩护人、诉讼代理人、翻译人员的；(4)是本案诉讼代理人近亲属的；(5)本人或者其近亲属持有本案非上市公司当事人的股份或者股权的；(6)与本案当事人或者诉讼代理人有其他利害关系，可能影响公正审理的。

《民诉法解释》第44条进一步规定，审判人员有下列情形之一的，当事人有权申请其回避：(1)接受本案当事人及其受托人宴请，或者参加由其支付费用的活动的；(2)索取、接受本案当事人及其受托人财物或者其他利益的；(3)违反规定会见本案当事人、诉讼代理人的；(4)为本案当事人推荐、介绍诉讼代理人，或者为律师、其他人员介绍代理本案的；(5)向本案当事人及其受托人借用款物的；(6)有其他不正当行为，可能影响公正审理的。

除了上述情形之外，在一个审判程序中参与过某案审判工作的审判人员，不得再参与该案其他程序的审判。但是，发回重审的案件，在一审法院作出裁判后又进入第二审程序的，原第二审程序中合议庭组成人员不受前款规定的限制。

三、回避的方式与程序

（一）回避的方式

根据《民事诉讼法》第44条规定，我国存在自行回避、申请回避和指令回避三种回避方式。

1. 自行回避。又可称为积极回避,是指有关人员在遇有法定的回避事由时,主动提出回避,退出审理程序的制度。自行回避有效地免去了当事人和法院的调查负担,同时保证了案件的公正审理,从诉讼效率上讲,自行回避是最佳的回避方式。审判人员在自行申请回避时,不受时间限制,只要判决尚未作出,就可以提出。

2. 申请回避。又称消极回避,是指当事人或其诉讼代理人在发现相关人员具有法定回避的事由时,申请其退出审判程序的制度。在民事诉讼中,申请回避的主体为当事人及其诉讼代理人,申请人需说明回避的理由,申请的方式可以是书面的也可以是口头的。

3. 指令回避。在大多数情况下,回避的程序因当事人或应当回避的主体申请而启动。然而,如果出现法定回避的事由,但是当事人与应当回避的主体均未申请,此时为了保证审判程序的正当性,院长或审判委员会可以直接作出回避决定。

(二) 回避的程序

从提出回避申请的时间上看,对于积极回避,回避主体应当在知道回避事由时提出回避要求,并退出诉讼活动,退出的时间没有强制性规定。对于消极回避,根据《民事诉讼法》第45条第1款规定,当事人及其诉讼代理人应当在案件审理开始前提出回避申请,如果在开庭审理后才知道回避事由的,可以在法庭辩论终结前提出。如果某一案件的审理经过若干次开庭程序,则当事人在任何一次开庭的法庭辩论终结前都可以提出回避申请。为了方便当事人申请回避,人民法院应当依法告知当事人及其诉讼代理人有申请回避的权利,以及合议庭组成人员、书记员的姓名、职务等相关信息。

从对回避的决定权上看,根据《民事诉讼法》第46条规定,院长担任审判长时,院长是否回避,由审判委员会决定;审判人员的回避,由院长决定;其他人员的回避,由审判长决定。

从对回避申请的处理上看,根据《民事诉讼法》第45条第2款规定,被申请回避的人员在人民法院作出是否回避的决定前,应当暂停参与本案的工作,但案件需要采取紧急措施的除外。对于正在采取紧急措施的人员,如果直接暂停工作,会给诉讼活动带来重大的不利影响。

根据《民事诉讼法》第47条规定,人民法院对当事人提出的回避申请,应当在申请提出的3日内,以口头或者书面形式作出决定。明确规定人民法院处理回避申请的期限,有利于申请人诉讼权利的实现。申请人对决定不服的,可以在接到决定时申请复议一次。复议期间,被申请回避的人员,不停止参与本案的工作。人民法院对复议申请,应当在3日内作出复议决定,并通知复议申请人。此处申请人的复议申请应当向原审法院提出,申请人的复议次数也限于一次,以避免反复申请影响诉讼活动的正常进行。

(三) 违反回避规定的处理

应当回避的人员没有回避应当属于程序违法的范围。对此,《民事诉讼法》及相关司法解释规定了不同的救济方法。在二审程序中,如果发现一审程序中应当回避的审判人员和书记员没有回避,二审法院可以程序严重违法为由发回一审法院重审。根据《民事诉讼法》第200条规定,依法应当回避的审判人员没有回避的,当事人可以此为由申请再审,检察机关也可以提起抗诉或再审检察建议。

第四节 公开审判制度

一、公开审判制度的概念与功能

公开审判制度是指人民法院审理民事案件,除法律规定的个别情况外,应当向社会和群众公开的制度。所谓向社会公开,是指允许新闻记者对庭审过程作采访,允许其对案件审理过程作报道,将案件向社会披露。所谓向群众公开,是指允许群众旁听案件审判过程(主要是庭审过程和宣判过程)。

审判公开这一重要的诉讼制度的产生具有历史的必然性。它是资产阶级革命取得胜利后,新兴资产阶级针对欧洲中世纪封建主义专横、秘密审判提出的。18世纪意大利杰出的法学家贝卡利亚在猛烈抨击封建社会拷问、秘密审判和酷刑等制度,极力倡议对刑事制度进行理性主义和人道主义的改革的同时,在其名著《论犯罪与刑罚》中提出"审判应当公开,犯罪的证据应当公开,以便使或许是社会唯一制约手段的舆论能够约束强力和欲望"。贝卡利亚这一闪光思想的提出,经历了一个漫长的历史发展过程,在资产阶级革命取得胜利后终于使审判公开制度为各国所普遍接受。

不仅如此,公开审判制度被视为基本人权保障制度之一,受到国际社会的公认与重视。在第二次世界大战以后,联合国大会通过了《世界人权宣言》,该宣言第10条规定:"在确定当事人的民事权利与义务或审理对被告人的刑事指控时,人们有权充分平等地获得独立、公正的法院进行的公正、公开的审理。"1966年,联合国又通过了《公民权利和政治权利国际公约》,该公约第14条进一步规定了公开审判的原则,即"所有的人在法庭上和法律面前一律平等,在针对其提出的刑事指控和确定他在一个诉讼案件中的权利义务作出判定时,人人有资格由一个依法设立合格的、独立的和无偏见的法庭进行公正和公开的审理"。

我国现行的司法制度同样重视公开审判制度。我国《宪法》第125条规定:"人民法院审理案件,除法律规定的特别情况外,一律公开进行。"《人民法院组织法》《刑事诉讼法》《民事诉讼法》《行政诉讼法》都在总则中规定了公开审判的制度。可见,公开审判制度是我国诉讼法中的一项重要的基本制度。

公开审判无论从实质正义的角度还是程序正义的角度讲,无论是对审判者还是对当事人都存在着重要的意义。这些重要的制度功能正是公开审判制度的理论依据。

首先,从实质正义的角度讲,阳光是最好的防腐剂,公开审判势必能监督法官的权力运行,防止法官滥用职权,歪曲案件事实,侵犯当事人的权利。同时,公众的监督、新闻舆论的压力将促使法官以更加严谨、勤勉的态度去行使审判权,有利于提高办案质量,实现实体正义。

其次,从程序正义的角度讲,公开审判使得审判活动受到广泛的监督,审判程序势必更加完善,当事人的程序利益会得到切实的保障,同时法院的司法权威亦会得到提高,在解决民事纠纷、实现实体正义的同时保障了程序正义。

最后,从法院的角度来讲,公开审判从一定程度上限制了法院的审判权,同时对裁判的依据和逻辑分析提出了更高的要求,也有利于提高审判人员自身的职业素质。

二、公开审判制度的例外情形

公开审判是民事审判的通用制度,但对于一些特别的案件,基于案件的自身性质和相关利益的考量,立法者作出了不同的规定。在我国民事诉讼中,公开审判的例外情形可以分为两种:应当不公开审理的案件和可以不公开审理的案件。

(一) 应当不公开审理的案件

《民事诉讼法》第 134 条第 1 款规定:“人民法院审理民事案件,除涉及国家秘密、个人隐私或者法律另有规定的以外,应当公开进行。”可见应当不公开审理的案件包括两类:第一类是涉及国家秘密的案件。国家秘密分为绝密、机密和秘密,涉及国家利益和安全,在生活中并不为公众所知晓,如对相关案件公开审理,势必侵犯国家秘密,危害国家利益与安全。第二类是涉及个人隐私的案件。个人隐私涉及公民个人的隐私权,而隐私权与公民的生活息息相关,将公民个人隐私公之于众势必严重影响公民的正常生活,亦不利于社会稳定,从这个角度上说,此类案件亦不会公开审理。此处需注意,不公开审理并不意味着不以开庭方式进行审理,而是在一个相对封闭的环境中开庭进行审理。另外,《民事诉讼法》第 148 条第 1 款规定:“人民法院对公开审理或者不公开审理的案件,一律公开宣告判决。”可见不论审理过程应否公开,一律需要公开宣告判决。

(二) 可以不公开审理的案件

《民事诉讼法》第 134 条第 2 款规定:“离婚案件,涉及商业秘密的案件,当事人申请不公开审理的,可以不公开审理。”由此可以不公开审理的案件亦分为两类:第一类是离婚案件。该类案件涉及当事人的感情问题和家庭生活,对当事人来说相对比较敏感,故立法规定应当事人申请对其可以不公开审理。第二类是涉及商业秘密的案件。所谓商业秘密,是指不为公众所知悉、能为权利人带来经济利益、具有实用性并经权利人采取保密措施的技术信息和经营信息。商业秘密对于权利人来说具有财产属性,而前提正是商业秘密的非公开性。如果在审判活动中将与商业秘密相关的内容公开,就是对商业秘密所有人权利的侵犯。因此,立法规定,经当事人申请,涉及商业秘密的案件可以不公开审理。上文已经提及,这两种不公开审理的情形同样仅指案件的审理过程,对于案件的审理结果则仍需公开宣判。

三、公开审判制度的程序保障

公开审判制度只是一项从宏观层面上对审判活动提出的制度要求,公开审判的实现则需要通过一系列细致的程序制度加以保障。

首先,从审前公告上看,《民事诉讼法》第 136 条规定:“人民法院审理民事案件,应当在开庭三日前通知当事人和其他诉讼参与人。公开审理的,应当公告当事人姓名、案由和开庭的时间、地点。”在开庭公告上载明当事人的姓名、案由、开庭的时间和地点为公众积极地旁听审判活动提供了便利与可能,也便于媒体进行公开的报道。

其次,从举证、质证上看,最高人民法院《关于严格执行公开审判制度的若干规定》第 1

条规定:“人民法院进行审判活动,必须坚持依法公开审判制度,做到公开开庭,公开举证、质证,公开宣判。”公开的举证、质证包含于审判公开的范畴之内,是对公开审判的细化。但是也存在例外,根据最高人民法院《证据规定》第 48 条的规定,涉及国家秘密、商业秘密和个人隐私或者法律规定的其他应当保密的证据,不得在开庭时公开质证。

最后,从宣判上看,人民法院审理案件一律公开宣判。宣判的方式有两种:一是当庭宣判,并在 10 日内发送判决书;二是定期宣判,宣判后立即发给判决书。关于公开的判决的内容,《民事诉讼法》第 152 条第 1 款规定:“判决书应当写明判决结果和作出该判决的理由。判决书内容包括:(一)案由、诉讼请求、争议的事实和理由;(二)判决认定的事实和理由、适用的法律和理由;(三)判决结果和诉讼费用的负担;(四)上诉期间和上诉的法院。”不仅如此,现行《民事诉讼法》规定,公众可以查阅发生法律效力的判决书、裁定书的内容,这就意味着法院在判决宣告后,应当采取措施,为公众查阅法院判决提供便利,以更好地在民事诉讼中落实公开审判制度。

《民诉法解释》对公众可以查阅判决书、裁定书的程序作出了进一步细化的规定。公民、法人或者其他组织申请查阅发生法律效力的判决书、裁定书的,应当向作出该生效裁判的人民法院提出。申请应当以书面形式提出,并提供具体的案号或者当事人姓名、名称。《民诉法解释》第 255 条规定,对于查阅判决书、裁定书的申请,人民法院根据下列情形分别处理:(1)判决书、裁定书已经通过信息网络向社会公开的,应当引导申请人自行查阅;(2)判决书、裁定书未通过信息网络向社会公开,且申请符合要求的,应当及时提供便捷的查阅服务;(3)判决书、裁定书尚未发生法律效力,或者已失去法律效力的,不提供查阅并告知申请人;(4)发生法律效力的判决书、裁定书不是本院作出的,应当告知申请人向作出生效裁判的人民法院申请查阅;(5)申请查阅的内容涉及国家秘密、商业秘密、个人隐私的,不予准许并告知申请人。

同时,应当注意的是,公开审判并不意味着案件的审理程序越公开越好。司法实践中存在着片面追求审判的形式公开的问题。许多地方的电视台或其他新闻媒体为了追求收视率,公开甚至直播法庭审理的全过程,这种做法虽然看似可以使庭审活动高度公开化,将庭审活动置于公众的监督之下,并可以最大限度地满足老百姓的知情权,但是将开庭过程公开直播也会置法院的审判工作于重重舆论压力之下,司法机关独立行使审判权的法律理想将很难实现。同时,司法重视审慎的决策,新闻则倾向快捷的信息,也导致了某种程度上两者之间的紧张状态。因此,在媒体监督司法方面,应当明确其监督的对象、方法与限度。只有如此,才能够将公开审判与司法独立、司法公正有机地结合在一起。

第五节　两审终审制度

一、两审终审制度的概念

我国民事诉讼中的两审终审制度,是指一个民事案件最多经过两级人民法院审理即宣告终结的制度。两审终审是复数审级制度的细化。所谓复数审级制度,是指案件在一定程序的辅助之下,通过不同级别法院的重复审理,最终达到定纷止争的目的的制度。

在世界范围内,绝大多数国家采用了复数审级制度。之所以存在这种趋势,主要是基于以下两个方面的考虑:一是从维护当事人诉权的角度出发,为避免第一审法院的错误判决损害当事人的利益,立法者为当事人提供了一个再次救济的平台,同时可以通过延长纠纷的解决过程,平和当事人之间激烈的对抗情绪。二是从法院自身的角度看,不同级别的法院审理案件的能力存在区别,设计多审级有利于法院纠正自身错误,同时达到统一适用法律的目的。多审级制度更是法院实现系统内监督的重要方式,通过这一制度,上级法院可以及时了解掌握下级法院的工作情况,并进行指导和监督。

需要注意的是,我国的两审终审制度是从宏观的层面而言的,大部分案件适用两审终审,但是也存在例外。同时,两审终审只是给当事人提供了两审的救济机会,但并不意味着任何民事案件都必须经过两级法院的两次审理。是否经过第二审,取决于当事人是否上诉。只要当事人不上诉,一审亦可以达到案结事了的目的。

二、国外的审级制度

当代社会,大部分国家奉行多种审级制度并存的原则,具体而言是一审终审制和复数审级制并存。有限的司法资源和庞大的诉讼需求之间的矛盾是每个国家的司法政策都必须考量的重要因素,从诉讼资源供求平衡的角度讲确有必要规定多种审级制度。一些国家在坚持复数审级的基础上,对诉讼标的额较小的案件实行一审终审,就是很好的例证。如日本与德国在以复数审级为原则的基础上,规定了小额诉讼程序一审终审。法国的小审法院对于特定标的额以下的案件也实行一审终审。对于传统的复数审级制度,各国的规定存在着较大的差异。下面将从审级的构造和审级之间的衔接两个方面简单地介绍国外的审级制度。

从审级的构造上看,三级三审制与四级三审制是两种常见的复数审级模式。

三级三审制是指一个案件可以由三个级别的法院经过三次审理而终结的制度。

法国属于典型的三级三审制的国家,其普通法院体系分为初审法院、上诉法院和最高法院,初审法院负责案件的一审,上诉法院进行二审,最高法院进行案件的终审。总体而言,三级三审制的构造就是设立三级法院:初审法院、上诉法院和终审法院。赋予当事人三审终审的权利,但同时通过立法加以限制,并不是每个案件都能够获得三审终审的机会。

四级三审制指一个案件可以由四级不同的法院经过三次审理而终结的制度。四级三审与三级三审的不同在于法院级别上的划分。

德国属于典型的四级三审制国家。德国有五个不同的法院体系,其中民事案件由普通法院管辖。德国的普通法院分为四级,即初级法院、州法院、州高等法院和联邦最高法院。初级法院是纯粹意义上的初审法院。州法院除受理部分来自初级法院的上诉案件外,还受理初审法院管辖之外的一审案件。州高等法院审理不服初级法院和州法院一审裁判提出上诉的案件。联邦最高法院受理不服州高等法院判决的案件,同时,对于州法院的一审案件,当事人亦可以向联邦最高法院提起飞跃上诉。

日本同样属于四级三审制。日本的法院包括四个级别,其中初审法院就包含了两个级别:简易法院和地区法院。家事法院处于与地区法院并列的地位。简易法院负责对简易案件进行一审,同时对小额诉讼拥有终审权。地区法院负责简易案件之外的案件的一审。上诉法院包括地区法院和高等法院,其中地区法院负责审理对简易法院一审判决提起的上诉案件,高等法院负责审理对地区法院一审判决提起的上诉案件。终审法院同样包括两级法院:高等法院是针对经过简易法院一审、地区法院复审的案件的终审法院;而最高法院主要负责经过高等法院复审而上诉的案件,对地区法院和家事法院的飞跃上诉案件,最高法院亦享有管辖权。

英国(除苏格兰以外)的法院大体可以分为三个层次:最低层次的法院是郡法院和高等法院,它们负责审理一审案件;第二个层次的法院是上诉法院,审理来自郡法院和高等法院的上诉案件;最高层次的法院是英国上议院,审理来自上诉法院的案件,同时英国上议院还受理极少数的飞跃上诉的案件,即高等法院审理的不经上诉法院而直接上诉于英国上议院的案件。英国对于多数民事案件实行三审终审制,但是对于与欧盟法律相关的案件,还可以提交欧洲法院,欧洲法院裁决的效力高于上议院和英国立法。

从不同审级之间工作的衔接上看,各个国家的做法不尽相同。以德国为例,初审法院的工作既包括认定事实也包括适用法律。在上诉审阶段,审理的中心由事实认定向法律适用方向倾斜,但是如果符合法律的特别要求,依然可以对一审事实重新加以认定。在终审阶段,程序的主要目的是统一法律的适用,审理活动主要围绕法律的适用问题进行。德国的这种审级衔接亦被称为续审制,是世界各国在审级衔接方面的主流做法。但是也有少数国家在审级的衔接问题上,有不同的规定,将事实认定与法律的适用划分得十分明了,采用所谓的“复审制”和“事后审制”。复审制指在上诉审时,推翻一切初审法院认定事实和适用法律的结论,将案件进行完全意义上的重新审理,只是审理的主体发生了变化。事后审制则指在上诉审的过程中,上级法院对事实的认定受初审法院审理结果的拘束,当事人不得对事实提出新的主张,上级法院只审查初审法院的法律适用是否正确。“复审制”虽然有利于裁判的公正,但是极易造成诉讼资源的浪费,降低诉讼的效率,存在明显的缺陷。而“事后审制”则剥夺了当事人要求重新审理事实问题的机会,与复数审级制度保护当事人利益的初衷相悖,也是不值得提倡的。“续审模式”是前两种模式的折中,在这种模式中,第二审以第一审言词辩论终结时的状态为基础继续进行审理,当事人可以提出新的诉讼资料。第一审已认定的事实资料,当事人不提出异议的,对第二审法院继续有效,第二审法院不予审理;当事人提出异议的,第二审法院对当事人异议的部分进行审理。目前,世界上采取续审制的国家较多,如德、日、法、意大利等国。

由上可见,在当今实行复数审级制度的国家,不同的审级被赋予了不同的程序功能。一般而言,初审法院负责事实的认定,而上诉审法院则主要致力于法律的解释和统一适用。法院的级别越高,职能越单一,由此形成了司法程序中的“金字塔”结构。①

三、我国的两审终审制度及例外情形

(一) 两审终审制度的内容

我国的两审终审制度实即四级两审终审制度。我国的法院共分为四级:基层人民法院、中级人民法院、高级人民法院和最高人民法院。四级法院都可以作为初审法院,但在实践中基层人民法院承担了绝大多数民事案件的初审工作,中级人民法院审理部分一审民事案件,

① 参见傅郁林:《审级制度的构建原理》,载《中国社会科学》2002年第4期。

同时审理经基层人民法院审理后当事人提起上诉的二审民事案件。高级人民法院和最高人民法院审理第一审案件的数量较少。终审法院是初审法院的上一级法院。但是当初审法院是最高人民法院时,因不存在上级法院,实际是一审终审的。

我国立法在一审与二审的衔接问题上,采取的是续审制的模式。《民事诉讼法》第168条规定:"第二审人民法院应当对上诉请求的有关事实和适用法律进行审查。"在二审程序中,法院审理的范围限于当事人上诉请求涉及的事实问题与法律问题。最高人民法院《关于民事经济审判方式改革问题的若干规定》(以下简称《审改规定》)第35条规定:"第二审案件的审理应当围绕当事人上诉请求的范围进行,当事人没有提出请求的,不予审查。但是判决违反法律禁止性规定、侵害社会公共利益或者他人利益的除外。"

(二) 两审终审制度的例外

我国大部分的民商事案件都适用两审终审制度,但是也存在着一些例外的情况。

1. 大部分裁定上诉的案件。在我国民事诉讼中,除了驳回管辖权异议的裁定、不予受理的裁定、驳回起诉的裁定、管辖权向下转移的裁定以及驳回破产申请的裁定以外,大部分的裁定是不允许上诉的,因此对于这样的裁定,就是一审终审的。

2. 特殊程序案件。特殊程序的案件范围包括特别程序案件、督促程序案件和公示催告程序的案件。其中特别程序案件包括选民资格案件,宣告公民失踪、死亡案件,认定公民无民事行为能力和限制行为能力案件,认定财产无主案件,确认调解协议案件和实现担保物权案件。这些案件区别于一般的诉讼案件,实行一审终审。

3. 最高人民法院一审的案件。最高人民法院一审的案件因不存在上一级的审判机构而实行一审终审制。

4. 小额诉讼案件。《民事诉讼法》第162条规定:"基层人民法院和它派出的法庭审理符合本法第一百五十七条第一款规定的简单的民事案件,标的额为各省、自治区、直辖市上年度就业人员年平均工资百分之三十以下的,实行一审终审。"根据该条,对于标的额较小的案件,在适用简易程序审理的情况下实行一审终审。

四、我国审级制度的改革

我国的两审终审的审级制度与大部分国家的审级制度有所不同。我国大部分民事案件的终审审级较低,很难满足当事人对于司法公正的需求。因此,学界对审级制度改革倾注了较大的研究热情。我们认为,对于我国审级制度的改革,不应仅仅趋从于所谓的立法趋势,也不应该故步自封,而应该根植于我国整体的司法状况,借鉴先进的改革经验循序渐进地开展。

我国现行审级制度存在的主要问题是大部分民商事案件终审审级过低,导致终审审判质量难以保证,复数审级制度在保障法律统一适用方面的功能也难以发挥。同时,在上诉的条件上,未加以严格的限制,在实践中存在着大量的无正当理由的上诉案件,既浪费了诉讼资源,又虚化了一审判决的权威。

有学者主张以两审终审为基础,以有条件的一审终审制和三审终审制为必要的补充。①

① 参见杨荣欣、乔欣:《重构我国民事诉讼审级制度的探讨》,载《中国法学》2001年第5期。

这样一方面提高了终审的审级,保障了审判的质量和法律的统一适用,另一方面又可以节约诉讼资源,提高诉讼效率。这一观点与审级制度在世界范围内的发展趋势相符,值得我们认真考虑。

同时,也有学者主张通过设立上诉许可制来进一步完善两审终审,防止当事人的无由上诉虚化一审判决。本书亦同意这种观点。现行的《民事诉讼法》规定了上诉的形式要件,如上诉的时间、上诉的形式、上诉的主体,但并未对上诉的实质理由加以规定,只是模糊地规定当事人只要对一审判决不服就有权提起上诉。因此为了促使当事人谨慎地使用上诉审程序,立法可以考虑对上诉的实质要件作出细化规定,提高上诉审程序启动的门槛。

第六节 陪审制度

一、陪审制度的概念和意义

民事诉讼中的陪审制度是指非职业化的审判人员参与到民事审判组织中来,同职业法官一同审理民事案件的制度。我国《民事诉讼法》虽然在第一章"任务、适用范围和基本原则"中没有规定人民陪审制度,但是第 39 条第 1 款规定:"人民法院审理第一审民事案件,由审判员、陪审员共同组成合议庭或者由审判员组成合议庭。"同时第 3 款规定:"陪审员在执行陪审职务时,与审判员有同等的权利义务。"此两项规定确定了我国民事诉讼中陪审制的基本内容。2004 年我国颁布了全国人民代表大会常务委员会《关于完善人民陪审员制度的决定》(以下简称《陪审决定》),对人民陪审员的选任、任期、权利与义务等问题作出了进一步明确的规定,凸显了该制度在诉讼程序中的作用,对于我国陪审制的发展与完善也具有非常重要的现实意义。

陪审制度起源于英美法系国家,它体现了司法理性与大众理性的结合。该制度不仅有利于公众参与、接近司法,而且可以给法官审理裁判案件提供与实际契合的社会背景与社会环境、专业知识等,同时有利于避免由于法官的职业思维定式造成案件审理裁判僵化的问题,所以陪审制度对于现代司法程序的作用和意义是非常重大的。

二、陪审制度的内容

(一) 人民陪审制度适用的案件范围

《陪审决定》第 2 条规定:"人民法院审判下列第一审案件,由人民陪审员和法官组成合议庭进行,适用简易程序审理的案件和法律另有规定的案件除外:(一)社会影响较大的刑事、民事、行政案件;(二)刑事案件被告人、民事案件原告或者被告、行政案件原告申请由人民陪审员参加合议庭审判的案件。"《民事诉讼法》第 39 条第 1 款规定:"人民法院审理第一审民事案件,由审判员、陪审员共同组成合议庭或者由审判员组成合议庭。"由此可看出,陪审制度并非我国所有案件的法庭组织形式,它只适用于特定类型的案件的第一审程序中,以及当事人选择适用陪审制的第一审程序中。

（二）人民陪审员的任职条件

《陪审决定》第4~6条明确规定了人民陪审员的任职条件。这些条件可以划分为两类，即积极条件和消极条件。其中积极条件是指作为人民陪审员必须具有的条件，主要包括以下几个方面：拥护中华人民共和国宪法；年满23周岁；品行良好，公道正派；身体健康；一般应当具有大学专科以上文化程度。消极条件是指成为人民陪审员不得具有的情形，又分为两类。一类是由于个人身份不得担任陪审员，“人民代表大会常务委员会的组成人员，人民法院、人民检察院、公安机关、国家安全机关、司法行政机关的工作人员和执业律师等人员，不得担任人民陪审员”。这样规定是为了防止陪审员在执行陪审事务时与自身的职业相冲突，是职业回避的表现。另一类是由于品行问题不得担任陪审员，具体包括：(1)因犯罪受过刑事处罚的；(2)被开除公职的。限制这类人员担任陪审员的原因在于此两类人品行存在严重瑕疵，因此为了保障判决的正当性使其不得担任陪审员。

（三）人民陪审员的名额、产生与任期

《陪审决定》第7条规定：“人民陪审员的名额，由基层人民法院根据审判案件的需要，提请同级人民代表大会常务委员会确定。”作此规定，是因为陪审员要参与具体案件的审理，其数额的多少，要考虑人民法院审判工作的实际需求。该决定第8条同时规定：“符合担任人民陪审员条件的公民，可以由其所在单位或者户籍所在地的基层组织向基层人民法院推荐，或者本人提出申请，由基层人民法院会同同级人民政府司法行政机关进行审查，并由基层人民法院院长提出人民陪审员人选，提请同级人民代表大会常务委员会任命。”从这一规定可以看出，我国陪审员的选择是基层法院与公民共同参与的结果，而非简单随机选择。这样做既有利于发挥基层人民法院的主动性，也有利于发挥公民的积极性。《陪审决定》第9条规定：“人民陪审员的任期为五年。”之所以对人民陪审员实行任期制，并且没有规定“可以连任”，乃是为了避免陪审员“异化”为半职业法官，也是为了使更多符合条件的公民能够有机会担任人民陪审员，依法参加人民法院的审判活动。[①]

（四）人民陪审员的权利与义务

《陪审决定》第10条规定：“依法参加审判活动是人民陪审员的权利和义务。人民陪审员依法参加审判活动，受法律保护。人民法院应当依法保障人民陪审员参加审判活动。人民陪审员所在单位或者户籍所在地的基层组织应当保障人民陪审员依法参加审判活动。”由此可见，依法参加审判活动既是陪审人员的权利又是陪审人员的义务。人民陪审员除不能担任审判长外，在审理案件时有同法官同等的权利和义务，特别是人民陪审员在评议案件时享有独立的表决权。对于陪审员的权利义务的具体规定主要体现在《陪审决定》第10~13条中，在此不一一列明。

（五）人民陪审制度的保障

《陪审决定》第15条规定：“基层人民法院会同同级人民政府司法行政机关对人民陪审

① 参见赵钢、占善刚、刘学在：《民事诉讼法》，武汉大学出版社2010年版，第85页。

员进行培训，提高人民陪审员的素质。”第 18 条规定：“人民陪审员因参加审判活动而支出的交通、就餐等费用，由人民法院给予补助。有工作单位的人民陪审员参加审判活动期间，所在单位不得克扣或者变相克扣其工资、奖金及其他福利待遇。无固定收入的人民陪审员参加审判活动期间，由人民法院参照当地职工上年度平均货币工资水平，按实际工作日给予补助。”第 19 条规定：“人民陪审员因参加审判活动应当享受的补助，人民法院和司法行政机关为实施陪审制度所必需的开支，列入人民法院和司法行政机关业务经费，由同级政府财政予以保障。”上述规定体现了基层人民法院、基层司法行政部门及同级政府承担着保障陪审制度的运行的责任，此种责任是通过对陪审员的培训及补助而实现的。

三、人民陪审制度存在的问题及完善

在实践中，我国的人民陪审制度存在着较大的问题，尤其是在基层法院，广泛存在着陪而不审、陪审员来源缺乏、陪审员素质不高及陪审制保障经费匮乏的问题。

我们认为，尽管现实中陪审制度的实施存在着诸多不尽如人意的地方，但不能以此为由断然全盘否定陪审制的积极意义。当今社会的人民陪审制度的政治意义大于其司法意义，体现着司法制度中的人民民主，这也是在世界范围内陪审制得以坚持的原因。同时陪审制也会给司法程序带来民主以外的利益，如有利于公众增强法律意识，人民陪审员能够从法律以外的方面给法官提供一个全新的视角，对于专业的案件还可以邀请具备相关专业知识的陪审员一同审理，以弥补法官在专业领域的知识缺陷。

针对目前我国陪审制度存在的问题，我们认为可以从以下几个方面加以完善：

首先，应当解决人民陪审制运行的经费保障问题。目前我国对于陪审制运行的经费投入明显不足，在资金匮乏的情况下，立法中对陪审员的培训、补助的规定均很难落实。只有保障了陪审制的资金需求，才能解决陪审员来源缺乏、公民不愿意担任陪审员的问题。

其次，要完善陪审员的培训制度。在有充分的物质保障的前提下，陪审员的培训制度将成为可能。在陪审员的任期内，应当对其进行一定的法律培训，以提高其参与审判的能力。

最后，要妥善处理审判员与陪审员之间的关系。一方面，适当增强陪审员的法律素养，提高陪审员的参审积极性；另一方面，增强法官的陪审意识，使其对陪审员的意见加以重视。通过以上措施，最终达到陪审员与法官之间的相互尊重和默契陪审，真正保障陪审员与法官在审判中诉讼地位的平等。

第四章 诉权与诉

第一节 诉权

诉权具有多义性的特征。人们比较认同的说法是,诉权是指当事人为维护自己的合法权益,要求法院对民事争议进行裁判的权利。诉权是一项基本权利,没有这项权利,公民、法人和其他组织便不能启动民事诉讼程序获得司法裁判,实现实体权利。

诉权的基本含义可以从以下几个方面来理解:

1. 诉权是一种要求司法裁判的权利。相对于当事人的实体权利而言,诉权是一种基本的程序性权利。诉权是一种基本的程序性权利,是指诉权的存在不是由实体权利所决定的,而是由根本法直接赋予的,是国家赋予当事人维护自己民事权益的一种手段。当自己的民事权益受到侵害或存在争议时,就可以行使诉权启动公权力来解决私权纠纷,从而得到国家的司法保护。

2. 诉权与诉讼请求的关系。诉权是一种向法院提起诉讼的权限,而诉讼请求是当事人行使这种权能的诉讼行为。诉权是实现实体权利的一种手段,是一种潜在的权限。诉权本身不能引起诉讼法律关系的产生,只有当事人的请求才能引起诉讼法律关系的产生,具有引起诉讼系属、中断时效、行为催告以及产生迟延利息等法律效果。

3. 诉权与实体权利的关系。诉权不是一种实体上的权利,诉权的存在与当事人有无实体上的权利没有必然的联系。没有实体上的权利,也有诉权。诉权是一种权能,是一种可以启动诉讼程序的资格。例如,当事人提起消极确认之诉(详见本章“确认之诉”)时,就没有依据实体法律关系而存在的实体权利。行使诉权的目的仅在于解决与他人之间的民事纠纷。

4. 诉权与当事人诉讼权利的关系。诉权不是当事人诉讼权利的集合和概括。某些诉讼权利与实现诉权有关,是诉权的具体表现,如起诉权、上诉权、再审诉权。

5. 诉权与宪法权利的关系。国内外一些学者将诉权与宪法联系起来,认为诉权不仅是民事诉讼法上的一项基本权利,更是一项宪法上的权利。虽然目前我国宪法没有明确规定诉权是一项宪法权利,但规定了任何人都有接受司法裁判的权利,任何人也都有权要求法院对法律上的争议进行审理和裁判,而这一基本权利就是诉权。诉权是一种宪法上的权利,这种认识无疑提升了诉权的地位,起到了强化诉权的意义。学者们认为,由于这种来源于宪法的权利不仅包括出庭权利,还包括程序权利,因此诉权的内涵就应当包括实体含义和请求法院给予诉讼保护的程序含义。① 所谓实体含义,是指保护民事权益或解决具体民事纠纷的请

---

① 参见江伟等:《民事诉权研究》,法律出版社 2002 年版,第 100~102 页。

求,亦即原告获得实体(法)上的具体法律地位或具体法律效果的主张。[①]

6. 诉权的任意性与诉权的滥用。诉权的任意性是指诉权的行使是由本人决定的,是否行使不是一种义务。诉权的滥用是指没有行使诉权的正当根据,而为非正当的目的行使诉权的情形。例如,诉权行使人不是真正为了维护自己的权益或某些法律上规定的社会权益而行使诉权的情形。比较典型的是,提起虚假诉讼、诈欺诉讼、故意损害他人名誉的诉讼等。目前,对于如何制裁诉权滥用尚没有具体的制度规定。这一制度设计的难点在于应当如何把握正当行使诉权和滥用诉权之间的界限。对诉权滥用的原则规制是民事诉讼法所规定的诚实信用原则。

7. 诉权行使是有条件的。诉权是一种抽象的权能,因此,当这种权能要转化为启动诉讼程序的具体行为时,必须满足一定的条件。例如,法律上要求的具体的起诉条件,包括积极的条件(只有具备这些条件才能启动诉讼)和消极的条件(只有不具有这些条件才能启动诉讼)。

第二节　诉

一、诉的概念

诉,是指当事人向法院提出的,请求特定的法院就特定的法律主张或权利主张(诉讼上的请求)进行裁判的诉讼行为。

诉具有启动诉讼程序,使法院行使审判权的功能。就法院的基本作用方式而言,法院只能被动地行使审判权,即只有在当事人请求裁判时,法院才能行使审判权,对民事争议进行审理和判决。

诉是向法院提出的诉讼上的请求,尽管该诉讼请求中的实体请求是针对被告提出的,但原告提出的这种诉讼上的请求是要求法院裁决原告针对被告的实体请求是否合法,因而不是直接针对被告的。原告提起诉讼的目的就是要求实现自己的权利。诉的内容是指特定的审判对象或诉讼请求和相对人。

起诉与诉的关系是:起诉是实现诉的具体方式和形式。诉是起诉的基础和内容。起诉的功能是启动审判程序,使诉的目的得以具体实现。

诉与诉讼请求的关系,国外学者主要有三种观点:

1. 不管是诉,还是诉讼请求,二者都是原告向法院实施的诉讼行为。但诉讼请求只是一种实体主张,诉则是要求法院对诉讼请求进行审理裁判的请求。

2. 诉是原告要求法院进行审理和裁判的请求,诉讼请求则是原告向被告提出的实体法上的权利主张。

3. 诉讼请求有狭义和广义之分。狭义的诉讼请求其含义与第一种观点相同,广义的诉讼请求除了狭义的诉讼请求的含义外,还包括原告对法院提出的要求审理和裁判的请求。

由于诉与诉讼请求的含义本身比较模糊,人们在使用诉这一概念时,没有严格地区分诉

---

① 参见江伟主编:《民事诉讼法学》,复旦大学出版社 2000 年版,第 54 页。

与诉讼请求,很多情况下混用这两个概念。正是由于两者区别不明显,所以混用似乎也没有太大的问题。例如,诉的变更这一概念就是指诉讼请求的变更,诉的合并和分离实际上也是指诉讼请求的合并和分离。

二、诉的种类

根据诉的性质和内容,诉可以分为确认之诉、给付之诉和形成之诉。

1. 确认之诉。确认之诉是指原告请求法院确认其主张的法律关系存在或不存在。主张法律关系存在的确认之诉是积极的确认之诉,如请求确认原告与被告之间的合同关系成立;主张法律关系不存在的确认之诉是消极的确认之诉,如请求确认原告与被告之间不存在合同关系。

2. 给付之诉。给付之诉是指原告向被告主张给付请求权,并要求法院对此作出给付判决的请求。这里所谓的给付,并不仅仅指被告对原告金钱或实物的交付,还包括被告履行原告所要求的行为(作为或不作为)。例如,要求被告履行合同所确定的义务。

原告享有给付请求权是给付之诉成立的前提,原告给付请求权的产生是因为在原告与被告之间存在着一定的民事权利义务关系。在这一法律关系中,被告具有给付义务。当被告没有履行给付义务时,原告就可以依据实体上的给付请求权提起给付之诉。

法院在审理给付之诉时,首先要确认原告和被告之间是否存在给付义务,如果存在,法院就应判令被告履行义务。

以给付请求权的履行期间在法庭辩论终结前是否到来为根据,给付之诉可以分为现在给付之诉和将来给付之诉。现在给付之诉,是指在法庭辩论终结前,给付请求权的履行期间已到的给付之诉;将来给付之诉,是指在法庭辩论终结前,给付请求权的履行期间尚未届满的给付之诉。国内也有些学者依据给付请求的时间不同来划分现在给付之诉和将来给付之诉。现在给付之诉是指给付之诉的判决生效后,具有给付义务的人必须立即履行其义务;将来给付之诉则是指在给付判决生效后,具有给付义务的人并不立即履行义务,而是在履行期限届满或具备履行条件时,才履行其给付义务。

按照给付之诉的内容不同,给付之诉可以分为特定物的给付之诉、种类物的给诉之诉和行为给付之诉。特定物的给付之诉,是指权利人向义务人请求给付的标的物是特定的物品。在法院判决应履行义务时,义务人不能以其他物品来代替特定物;只有当特定物灭失,无法给付时,义务人才能以其他方式满足权利人的请求。种类物的给付之诉,是指权利人向义务人请求给付的标的物在性质上属于同一种类,即在物理属性和经济价值上具有共同性,并且可以用一定的方式加以度量,相互之间可以替代。例如,请求给付同类型的建筑材料等。行为给付之诉,是指权利人请求义务人为一定行为或不为一定行为。例如,要求义务人按照合同的规定将某物运输到某地或请求义务人不得再排放污染物等。

在民事诉讼发展史上,确认之诉和给付之诉并不是同时出现的,一开始法院只承认给付之诉。因为在当时,只有在纠纷涉及是否给付的问题时,才能提起诉讼,并通过国家强制力来实现当事人的实体权利,而没有意识到确认之诉对解决民事争议有何价值。后来,人们认识到确认之诉对解决民事争议亦有积极作用,即通过确认,有可能防止相关民事争议的发生。如果没有确认之诉,就只能在侵权行为发生之后,才消极地通过给付之诉恢复原状或予以损害赔偿。另外，确认之诉得到认可也与国家权力的强化有密切关联，正是国家在社会中的地位不断加强，才使私人之间的民事法律关系的确认也被纳入了国家司法权的干预范围。

由于确认之诉具有预决性和防止性，并且确认之诉的产生晚于给付之诉，所以有学者认为，确认之诉具有补充的性质，是一种补充之诉。但实际上给付之诉的审理往往都要求法院首先对给付的权利义务关系存在与否予以确认，因此，确认之诉就成为给付之诉的前提。也可以说，其他类型的诉都包含着确认的因素和前提。

确认之诉与给付之诉的区别也是十分明显的。确认之诉并不以权利的实现为目的，只是请求确认有争议的关系存在与否，因此，法院作出的确认判决不具有执行性。而给付之诉的目的是实现权利，因此，法院对给付之诉作出的判决具有执行性，当义务人不主动履行判决所确定的义务时，权利人可以向法院申请强制执行。应当注意的是，并非法院就给付之诉作出的判决就是给付判决。法院对给付不成立的判决是确认判决。法院驳回给付请求的判决就是通过审理确认了原告不具有给付请求权，因此该判决是确认判决。

3. 形成之诉。形成之诉是指原告要求法院变动或消灭一定法律状态（权利义务关系）的请求。形成之诉是大陆法系民事诉讼理论中通用的概念，也称为“权利变更之诉”。

一般情况下，权利义务关系因当事人的行为或某种法律事实的发生而产生变动，没有必要向法院提起诉讼要求变更。例如，当事人之间本身存在着买卖关系，基于某种原因，一方当事人向对方提出解除买卖合同，此时没有必要提起诉讼；如果对方要求履行合同并发生争议，因此提起的诉是给付之诉。但对于某些法律关系而言，即使存在实体上已经变更的条件，但如果没有法院的裁决，其现存的法律关系仍然是有效的。当事人为了使现存的法律关系发生变动并产生相应的法律效果，就只有向法院提起形成之诉。

形成之诉与确认之诉不同。确认之诉所要求确认的实体法律关系在客观上并不一定存在，而形成之诉的前提是要求形成的法律关系或法律状态是现实存在的。二者的另一个区别还在于，出于对法律关系相对稳定性的考虑，形成之诉的提起必须有法律的明确规定。例如，法律明确规定，当事人结婚后符合离婚条件的，可以解除婚姻关系。据此，当事人才能提起有关解除婚姻关系的变更之诉。

形成之诉虽不同于给付之诉，但形成之诉的结果往往与给付请求相联系。因此，在当事人提起形成之诉以后或者提起形成之诉的同时，还会提起因法律关系变动所带来的给付请求。例如，原告提出要求解除婚姻关系的变更之诉，法院判决离婚后，当事人又提出分割财产的给付之诉；也可能在提出离婚诉讼请求的同时，还提出给付抚养费的给付之诉。

第三节　诉的利益

一、诉的利益的含义

诉的利益，是指当事人所提起的诉中应具有的，法院对该诉讼请求作出判决的必要性和实效性。必要性是指法院有无必要通过判决来解决当事人之间的纠纷。例如，当事人之间的争议不是关于民事权利义务的争议，而是伦理道德方面的争议，或者行政争议等，该争议就没有必要由法院作出民事判决加以解决。实效性是指法院能否通过判决实际解决该纠纷。

尽管该争议属于民事权利义务的争议,但即使法院作出判决也不能实际解决争议时,该诉也不具有诉的利益。

诉的利益在理论上被认为实际上包含着两方面的内容,这两方面的内容分别称为权利保护的资格和权利保护的利益。

二、权利保护的资格

从法院的角度来考察,权利保护的资格实际上是关于法院民事审判权的范围问题,如果该案不属于法院民事审判的范围,当事人所提起的诉就不具有权利保护的资格。权利保护的资格与诉讼请求的正当性是两个不同但又有联系的概念。没有权利保护的资格,法院就不会对诉讼请求的正当与否进行审查和判断。

由于权利保护的资格问题涉及司法权在国家社会生活中的地位、司法权与其他权力的相互关系、司法权的内部分工、民事诉讼制度的目的等,因此,外国的民事诉讼法一般都没有对权利保护的资格即民事审判权的范围作出明确的规定。在日本,宪法只是规定涉及法律上的争议,法院可以行使裁判权,但对于何为“法律上的争议”却难以明晰。我国民事诉讼法也没有对民事审判权行使的范围作出明确的规定。在理论上只是抽象地从民事审判标的角度来大致界定其范围,即凡涉及民事权利义务的争议,可由人民法院进行审判。刑事案件、行政案件,以及行政机关、社会团体内部发生的争议不属于民事争议,不能由法院行使民事审判权,因此,不具有权利保护的资格。在我国,哪些案件属于民事审判范围与当时的民事审判政策有密切的关系。在具体案件的处理上法院有可能依据当时的民事审判政策,排除某些民事权利义务争议适用民事诉讼程序来加以解决的可能。

三、权利保护的利益

权利保护的利益所涉及的问题是,当事人所提起的诉尽管具有权利保护的资格,即属于法院民事审判的范围,但未必有必要对案件进行审判,在某些情况下,法律明确规定不得向法院提起诉讼时,该起诉就不具有权利保护的利益。狭义的诉的利益就是指权利保护的利益。从否定的角度看,不具有权利保护的利益的情形有:(1)当事人向法院提起诉讼后,又向同一法院或其他法院提起相同的诉讼。(2)法院已经对该诉讼请求作出判决,但当事人又就同一诉讼请求提起诉讼(法律有明确规定的除外)。(3)法律规定在一定的期限内不得起诉的案件,当事人起诉的。例如,《婚姻法》规定,女方在怀孕期间和分娩后1年内,男方不得提出离婚。[①](4)当事人双方已经有协议将该民事争议提交仲裁机关,仲裁机关正在仲裁审理之中或已经作出仲裁裁决。除此之外,诉的类型不同,对权利保护利益的具体要求也有所不同。

1. 确认之诉的利益。确认之诉与给付之诉不同,给付之诉的诉讼对象可以是实体法上的给付请求权,或者是已经存在的实体法律关系,而在理论上,确认之诉的诉讼对象是没有

---

① 有的教科书把此类限制视为对法院主管范围的限制是不妥当的,法律规定在一定期间内不得起诉与法院主管范围没有内在的联系。参见常怡主编:《民事诉讼法学》,中国政法大学出版社1995年版,第237页。

限定的，要探讨确认之诉的利益还必须从民事诉讼的目的和确认之诉的客体来认识。按照纠纷解决说，民事诉讼的目的是解决法律上的民事争议，因此，确认之诉的客体原则上就应当是有争议的法律关系。因此，当事人所提起的确认之诉如果不是以法律关系是否存在为客体，该确认之诉就没有权利保护的利益。事实存在与否不能作为确认之诉的利益，即如果当事人提起要求法院确认某事实存在与否的诉讼时，法院不能受理，即便该事实是法律上的重要事实，也可以说是没有权利保护资格。外国民事诉讼中设立了确认证书真伪的诉讼制度①，因此，关于证书真伪的确认之诉被认为上述原则的例外。另外，当事人所提起的确认之诉所要求确认的法律关系以现在为基准时，对过去的法律关系和将来的法律关系所提起的确认之诉都没有诉的利益。因为过去和将来的法律关系有可能已经发生变动或将要发生变动，对该法律关系予以确认没有任何实际意义。②

2. 给付之诉的利益。给付之诉分为现在给付之诉和将来给付之诉。对于现在给付之诉，债务清偿期已届满的，一般而言，原告有起诉请求法院作出裁决的权利保护利益。至于原告在起诉前是否已经向被告要求过履行给付义务，被告是否一直拒绝履行，或者对原告享有给付请求权有争执等都不影响原告提起的给付之诉有权利保护利益。给付之诉是否有权利保护利益与具体诉讼请求的性质有关，例如，原告的诉讼请求是要求对方交付特定标的物，但该标的物已灭失，客观上已经不能交付，此种情形下原告的给付之诉便没有权利保护利益，原告起诉前不清楚对方是否能交付特定物的除外。如果提起损害赔偿诉讼，则该给付之诉仍有权利保护利益。

对于将来给付之诉，义务履行期尚未届满的，原告没有权利保护的利益。只有在被告已经对将来要履行的义务提出异议即否定存在将来履行的义务时，原告的起诉才具有权利保护利益。

3. 形成之诉的利益。提起形成之诉的条件是要求法院变动的法律关系已经实际存在，并且该法律关系的变动是法律所允许的。因此，只要是法律明文规定可以变动的法律关系，当事人要求其变动，且该法律关系又实际存在的，就具有诉的利益。

第四节 诉讼标的

一、诉讼标的的含义

民事诉讼程序作为一种解决民事纷争的手段，其特点是法院在诉讼程序中始终以相对被动和消极的中立地位，对当事人之间的民事争议进行审理，公正地作出裁决，并保证其裁决的实现。这种在民事诉讼中予以审理和判断的对象就是诉讼标的。诉讼标的从最简单的含义上讲就是诉讼的对象。但这种对象本身是指什么则需要进一步阐明。

诉讼标的在许多学者的认识中与诉讼请求或诉讼上的请求是等质的。因为诉讼请求就是原告通过法院向对方提出的权利主张。诉讼请求的概念在外国民事诉讼理论中有广义和

① 德国、法国、日本等国的民事诉讼法都规定当事人可以提起要求确认证书真伪的诉讼。

② 参见［日］伊藤真:《民事诉讼法（一）》，有斐阁 1995 年版，第 136~137 页。

狭义之分。从广义上讲,诉讼请求是向法院提出的,要求法院予以判决的请求(当事人希望法院对其请求作出与之相应的确认、给付、形成这些具体的判决)。而狭义的请求仅仅指原告向被告主张的法律上的利益。诉讼标的自然也相应有广义和狭义之分。诉讼标的不仅是民事诉讼中法院裁判的对象,也是裁判对象的最基本和最小的单位。所谓最基本的单位,是指诉讼标的是当事人向对方所主张的法律上利益所不能再细分的具体事项,如果再细分就不能构成一个完整的诉讼请求。在一个案件中,当事人可能会提出若干法律上的利益,这些利益按照某种根据可以加以划分,在不能再划分时的基本单位就是诉讼标的。法院总是根据每一个具体诉讼标的来作出判决,不大可能笼统地对原告所主张的法律上的利益作出判决。德国、日本、奥地利、意大利等大陆法系国家的民事诉讼中都没有使用诉讼标的概念,而是在多数情况下使用诉讼请求的说法。

关于诉讼标的的概念、诉讼标的的识别、诉讼标的与实体请求的相互关系、诉讼标的与既判力的关系、诉讼标的与诉的合并及诉的变更的相互关系等的认识被总称为诉讼标的理论。在大陆法系国家民事诉讼理论体系中,诉讼标的理论是其重要的组成部分。

二、诉讼标的在民事诉讼实务中的地位

诉讼标的在民事诉讼实务中具有十分重要的地位,过去,我国在理论和实务上对诉讼标的的重要性都缺乏较深的认识。诉讼标的的重要性可以从以下几个方面来认识:

1. 诉讼标的与诉讼时效的关系。所谓诉讼时效,是指在法定期间内不行使权利的权利人因期间届满而丧失在诉讼中胜诉权的法律制度。诉讼时效的期间因所保护的权利的性质不同而有所不同。按照我国《民法通则》的规定,特别诉讼时效的期间为1年,普通诉讼时效的期间为2年,由于诉讼标的直接与所主张的权利有关,因此,对诉讼标的性质的不同认识就关系到当事人起诉时法院能否受理该案件的问题。

2. 诉讼标的是法院审理和裁判的对象。法院的审理是围绕本案的诉讼标的进行的。法院对案件的实体裁决也是对本案诉讼标的的裁决。根据民事诉讼的处分原则,对当事人没有主张的诉讼标的,法院自然不能加以审理和裁判。法院的终局判决是对本案诉讼标的的评断。

3. 当事人双方的诉讼活动是以诉讼标的为基础、以诉讼标的为中心展开的。在规范的诉讼过程中,当事人诉讼活动的核心是证明和辩论。原告证明自己主张的过程和双方当事人的辩论行为都以本案的诉讼标的为中心。

4. 禁止重复诉讼是民事诉讼的一项原则。即当事人不得就已经系属的案件再行起诉,即使起诉法院也不得受理。判断是否重复诉讼的根据就是前诉的诉讼标的与后诉的诉讼标的是否同一。

5. 无论在理论上还是在实务上,有关既判力的若干问题中,既判力与诉讼标的的关系都是其核心问题,因为诉讼标的决定了既判力的客观范围。要厘清既判力的问题就必须首先弄清诉讼标的问题。

6. 诉讼标的是判别诉的合并、分离、追加和变更的依据。所谓诉的合并、分离、追加和变更实际上是诉讼请求的合并、分离、追加和变更,按照通常的诉讼请求与诉讼标的等质的观点来理解,诉讼标的自然就成了法院判别诉的合并、分离、追加和变更的依据。

三、诉讼标的的识别

诉讼标的理论的核心问题是识别诉讼标的的根据，即以什么为根据区别各种不同的诉讼标的，这也是诉讼标的理论中最基本的问题。

按照德国法学家赫尔维格的观点，一个法律构成要件产生一个（实体）请求权，而有多少个（实体）请求权就有多少个诉讼标的。例如，A 与 B 之间发生了侵权损害赔偿法律关系，则就具有一个法律构成要件，也就构成一个损害赔偿请求权。一旦受害人起诉，该损害赔偿请求就是本案的诉讼标的。假设同一受害人又被同一加害人侵害，则又构成新的诉讼标的。由于被侵害两次，受害人就取得了两个请求权，从而具有了不同的诉讼标的。因此，受害人既可分别起诉，也可合并起诉，法院则合并审理作出判决。从法律关系的角度讲，上述情形也构成不同的法律关系，同样其诉讼标的也不相同。尽管赫尔维格将诉讼标的与实体请求权区分开来，使之成为独立的诉讼法上的概念，但他未能完全摆脱实体法上请求权的制约，独立的诉讼法上的诉讼标的仍然以实体法上的请求权为基础，即诉讼标的的识别根据是实体法上的请求权，有多少个实体法上的请求权，就有多少个诉讼标的。这种观点称为“实体法说”或“旧诉讼标的理论”。

在一般情况下，以实体法上的请求权为识别根据的确能够正确地将不同的诉讼标的加以区分，对审理和判决都具有合理性，不过这种识别方法在某些情况下也存在着不合理性。例如，受害人A在乘坐电车时，因电车突然刹车受伤。A为了求得赔偿，便向法院提起诉讼。如果按照实体法说，该案损害赔偿的实体请求权有两个：基于不法行为产生的请求权和基于债务不履行产生的请求权。这种状况称为“请求权的竞合”。从法律关系的角度看，由于请求权的不同，诉讼标的当然也就不同。这样就实际存在着两个诉讼标的。问题是，当受害人行使不法行为请求权时，法院审理和裁判的诉讼标的是不法行为请求或有争议的侵权法律关系。如果该请求成立，法院判决加害人给付 1 000元。那么在该判决以后，受害人能否再向法院提起以债务不履行为由而要求赔偿的诉讼请求呢？按照上述诉讼标的识别方法和判决的既判力，后诉的诉讼标的不同于前诉的诉讼标的，前诉判决的既判效力当然就不及于后诉的诉讼标的，受害人对同一事件提起不同的诉讼请求就是应当受理和裁判的。如果请求成立，法院将判决债务人赔偿债务不履行所造成的损失。这就导致虽只发生一个违法事实却要加害人两次给付。这显然是不合理的，但从诉讼标的理论来看却是符合逻辑的。

为了解决诉讼标的识别方法上的问题，20 世纪 30 年代，德国著名诉讼法学家罗森贝克（Rosenberg）等人提出不以实体请求权作为识别诉讼标的的根据，而以诉的声明和案件事实作为根据。按照罗森贝克提供的识别方法和标准，在实体请求权发生竞合时，如果诉的事实理由和诉的声明只有一个，则不管在实体法上存在着多少个请求权，其诉讼标的只有一个。在上述案件中，诉的声明是要求加害人赔偿损失，至于是基于不法行为所产生的请求权，还是基于债务不履行所产生的请求权，这些都是诉讼请求的权利根据，而不是诉讼标的。只要法院对是否应当赔偿作出了判决，当事人就不能再就这一诉的声明和事实要求法院作出裁判。依据该理论，原来作为诉讼标的的不法行为请求和债务不履行请求就变成了一种攻击防御方法，即人们对事实依据的法律上的评价。因为这种识别方法和标准区别于原有的方法和标准,因而被称为新诉讼标的理论,又因该识别方法和标准脱离了实体法上的请求权,所以该理论也被称为“诉讼法说”。

从我国民事诉讼的实际情况出发,对诉讼标的问题的认识应当从诉的不同类型来考虑。诉的类型不同,其诉讼标的的识别标准就有所不同。其一,不同的诉,其目的、功能都有所不同,而如何科学地界定诉讼标的,与诉的目的和功能有密切的关联。其二,强求诉讼标的识别标准的统一往往导致顾此失彼,难以左右照应。其三,对诉的三种基本类型的划分已为我国民事诉讼实务界所接受,并长期在民事诉讼实务中具体适用,依据诉的不同类型来界定诉讼标的具有理论和实践基础。

给付之诉的诉讼标的应当是当事人关于对方履行给付义务的诉讼请求。至于是基于何种法律关系仅仅是请求的法律依据,即诉讼请求的理由。识别标准应当是发生给付请求的具体事件或行为。具体的当事人之间所争议的某种实体法律关系或实体请求权既不是诉讼标的,也不是识别给付之诉诉讼标的的标准。例如,原告与被告之间发生的关于给付不动产的争议,其诉讼标的是原告关于给付该不动产的诉讼请求,而该请求是基于所有权法律关系还是基于借贷关系,是请求的不同依据,不是不同的诉讼标的。在民事诉讼实务中,尽管审判员在审理案件时并未在认识上明确给付之诉的诉讼标的与请求理由的区别,但在大陆法系国家的传统认识上,发生请求权竞合的时候,均模糊地把基于不同法律关系的请求权视为同一诉讼请求的不同的诉讼理由,而不作为不同的诉讼标的。因此,在具体处理上绝不可能在请求权竞合时允许再行提起诉讼或对同一请求作出两次给付的判决。

对于确认之诉和形成之诉,因为不存在请求权竞合所带来的问题,因此,对诉讼标的可统一界定。确认之诉和形成之诉的诉讼标的应当是当事人要求法院确认和变动实体法律关系的诉讼请求。识别确认之诉和形成之诉的诉讼标的的标准是有争议的实体法律关系。如此一来,尽管仍然沿用的是传统诉讼标的理论,但由于不存在理论上和实务操作上的困难和矛盾,因此,依然可以适用。

第五节　诉的变动

一、诉的变更

诉的变更,通常是指诉讼请求的变更。有广义和狭义两种理解:广义的理解是将诉的变更视为诉讼请求的变化,基于这样的理解,诉讼请求的增加也被纳入诉的变更的范畴。狭义的理解仅仅指已经提出的诉讼请求的变动。我国《民事诉讼法》和最高人民法院的司法解释明确将诉讼请求的变更与诉讼请求的追加予以区别,分别对两者的有关情形作了规定。

诉讼请求的变更并不是原告撤诉后提出新的诉讼请求,而是在同一诉讼程序中以新诉讼请求替代原诉讼请求。原告撤诉后,新诉讼请求的提出与诉讼的变更有着不同的法律效果。原告撤诉要减半承担案件受理费,提出新的诉讼请求,法院还要重新立案,原告还要预交案件受理费。诉讼请求的变更则免去了这些程序。

《民事诉讼法》和司法解释均认可诉的变更,但什么是诉的变更,是否所有的诉的变更都应当被允许,则是理论界和实务界比较有争议的问题。

诉的变更或诉讼请求的变更包括两种情形：一种是诉讼请求在量上的变更，即诉讼请求数额的变更——减少或增加，如原告将诉讼请求数额从原来的 8 000 元增加到 15 000 元。另一种是诉讼请求在质上的变更，即诉讼请求性质的变更，如将合同之诉变更为侵权之诉。

在理论上以及在实务中，诉在量上的变更一般都是被许可的。从司法解释来看，至少在某些情形下，当事人在质上变更诉讼请求是被许可甚至是被鼓励的。根据最高人民法院《证据规定》第 35 条，诉讼过程中，当事人主张的法律关系的性质或者民事行为的效力与人民法院根据案件事实作出的认定不一致的，人民法院应当告知当事人可以变更诉讼请求。常见的情形是，原告依据与被告之间的合同关系，要求被告履行合同义务。在诉讼中，被告并没有就合同的有效性提出异议，但法院在审理中发现合同是无效的，这样一来，法院对原告与被告法律关系的认定就与当事人对法律关系性质的认定不一致。例如，原告与被告之间签订了关于买卖某类限制流通物的合同，合同签订后，原告认为被告没有按照合同交付价款，起诉到法院，要求被告履行合同。但法院审理后认为双方之间签订的合同违反了法律规定，属于无效合同，应当恢复原状。根据最高人民法院《证据规定》，此时法院应告知原告变更诉讼请求，将原来要求被告履行合同义务的请求，变更为依据所有权提出被告返还所占有、使用的标的物，并承担非法占有、使用所造成相应损失的请求。诉讼请求从债上请求权变更为物上请求权。

从理论上讲，诉讼请求质的变更面临着程序正义性的问题。因为原告变更诉讼请求就意味着诉讼请求的错误。在上述例子的场景中，对法律关系性质认识的错误意味着原告诉讼请求的实体根据是错误的，对此，法院应当驳回原告的请求。但最高人民法院《证据规定》并没有规定直接驳回原告的诉讼请求，而是要求原告变更诉讼请求。只有在原告坚持不变更诉讼请求时，才会驳回原告的请求，在实务中这种情形是很少发生的，因为原告通常不会在法院已经告知后，依然坚持自己的观点。

司法解释之所以认可当事人诉讼请求的变更，主要是考虑到纠纷解决的效率问题。因为如果法院直接驳回原告的诉讼请求，其后果将有可能是原告在败诉以后，又重新起诉，提出新的诉讼请求。这种情形，一方面会造成司法资源过多的消耗；另一方面，也会导致当事人诉讼成本的增加，原告会因为败诉而承担案件受理费和其他诉讼费用，被告则要承担实际支出的诉讼费用，如律师费等。

如果将允许变更诉讼请求的做法加以普遍化，那么会更有利于原告和法院，对被告则是不利的。因为如果允许原告变更诉讼请求，就意味着原告不会因为自己的认识错误而承担相应的不利后果，有可能带来诉讼请求的滥用，并因为诉讼的变更，给被告带来更多的负担。因此，如果在司法政策上更倾向于对原告权利的维护，则上述做法自然符合这一政策要求。但是，民事诉讼是一种“等腰三角”结构，原则上当事人之间是平等的，因此，对于具有很强政策性因素的诉讼请求变更来讲，必须认真权衡诉讼效率、成本与公正性的关系，顾及各方的利益。这种权衡和顾及也就要求诉讼请求的变更是有条件的、相对的。

以下两种情况诉讼请求的变更应当允许：

其一，诉的变更得到被告的认可。通过当事人的处分行为取得诉的变更的正当性。这种情形的适用范围比较广泛，即只要被告同意，无论何种诉的变更都应当许可。

其二，基于同一事实，只是原告对诉讼请求所依据的法律关系性质的认识有所不同，诉讼请求的变更实质上不过是法律理由的变更。这种情形也应当许可。最高人民法院《证据规定》第35条规定的当事人可以变更诉讼请求就属于这种情形。按照新诉讼标的理论,这种情形并不是诉讼标的(诉讼请求)的变更。相反,诉讼请求所依据的事实完全不同的就不应当许可诉讼请求的变更,此种场合应当考虑、维护被告的防御利益。

诉的变更的阶段限制即当事人变更诉应当在哪一个时段提出。《民事诉讼法》没有明确规定,理论上至少应当在法庭辩论终结之前提出,因为法庭辩论终结后,法院将不再接纳当事人的主张,法院裁判的依据是辩论终结前当事人提出的事实和主张。

二、诉的合并

诉的合并,是指法院将分别提起的两个或两个以上有某种联系的诉合并在一个诉讼程序中进行审理和裁判的诉讼制度。情形不同,诉的合并的目的也不同。有的诉的合并目的在于防止作出相互矛盾的裁判;有的诉的合并目的在于节约诉讼成本,方便当事人进行诉讼,便于法院进行审理和裁判。

诉的合并之后,当事人一方或双方为两人以上的,在民事诉讼理论上被称为"诉的主观合并";将不同诉讼标的的诉合并在同一诉讼程序中的,则被称为"诉的客观合并",或"诉的客体合并"。

诉的主观合并形成了共同诉讼的形态,具体又包括必要共同诉讼和普通共同诉讼两种基本形态。(关于必要共同诉讼和普通共同诉讼,见本书"多数当事人"一章。)诉的客观合并在国外民事诉讼理论中又有单纯合并、预备性合并、选择合并之分。诉的单纯合并,是指法院将原告向同一被告提出的两个或两个以上的诉讼请求予以合并审理的情形。诉的预备性合并,是指这样一种情形:在法律规定的场合,原告向同一被告提出两个具有不同顺位的诉讼请求,法院首先就处于先顺位的诉讼请求进行审理,该诉讼请求不能成立的,再审理次顺位或后顺位的诉讼请求。如果先顺位的诉讼请求成立,则后顺位的诉讼请求不再审理。诉的选择合并,是指法院在原告已经提出的多个诉讼请求中选择其中之一进行审理并作出裁判的情形。

诉的合并不是当事人或法院完全任意的行为,须符合法律的规定。例如,必须符合管辖的有关规定,须适用同一程序,不属于法律禁止合并的其他情形。诉的主观合并必须符合民事诉讼法关于共同诉讼的规定。诉的主观合并有的是强制性的,有的则具有任意性,如普通共同诉讼。诉的客观合并中的预备性合并和选择合并也必须由法律规定。

三、诉的追加

诉的追加,是指在诉讼中,原告在原有诉讼请求存在的基础上,又提出新的诉讼请求。一方面,原有的诉讼请求是存在的,如果新的诉讼请求替代了原有的诉讼请求,就是诉讼请求的变更;另一方面,新的诉讼请求不同于已经存在的诉讼请求,但诉讼请求的对方仍然是本案被告。诉的追加实质是诉的合并,一般情况下,诉的合并有利于节约司法资源和诉讼成本,通常是允许的。根据《民事诉讼法》第140条规定,原告诉讼请求追加后法院可以合并审理。

第六节　反诉

一、反诉的概念和性质

根据《民事诉讼法》第 51 条规定,本诉的被告可以向本诉的原告提起反诉。反诉是指在正在进行的诉讼中(诉讼系属中),本诉的被告以本诉的原告为被告提起的诉讼。本诉的原告在反诉中称为“反诉被告”,本诉的被告称为“反诉原告”。如果不是本诉的被告向本诉的原告提起的诉讼,就不是反诉。例如,第三人对本诉原告提起的诉讼,就不是反诉,而是第三人之诉。在本诉为共同诉讼的场合,共同被告中的一人向本诉的原告提起的诉讼,以及本诉被告向共同原告中的一人提起的诉讼也都属于反诉。

反诉制度的目的在于,通过反诉与本诉合并审理,减少当事人的讼累,降低诉讼成本,便于判决的执行。

应当注意的是,反诉与抗辩有着本质上的不同。反诉是一种独立的诉,针对的是原告的攻击性主张,而抗辩是一种针对本诉请求的防御方法,不是一种诉。而检验是否为一种独立之诉的方法是,看其能否另行提起诉讼。作为防御方法的抗辩不可能作为一种诉向法院提起。正是因为反诉是一种独立的诉,反诉不会因为本诉的撤回而撤回。

实践中,人们还容易混淆反诉与反驳。我国实务界较少使用抗辩的概念,一般使用反驳的概念。反驳较之抗辩,有更宽泛的含义,并不是一个严格的诉讼法术语。[①] 抗辩在大陆法系国家的民事诉讼中是一个法定的概念。抗辩一定是针对诉讼请求的,而反驳不仅是对诉讼请求的否定,也可以是对对方的事实主张和法律主张的否定。对原告诉讼请求的反驳就是抗辩,而原告对被告主张的否定不是抗辩,而是反驳。反驳不是一种诉,不包含独立的诉讼请求,法院也不可能对反驳作出实体上的裁判。例如,被告认为原告诉讼请求已过诉讼时效,就是一种反驳,也是一种抗辩。

二、反诉的要件

反诉的提起须满足一定要件,否则法院将以反诉不合法为由驳回当事人的反诉。这些要件是:

1. 本诉正在进行中(诉讼系属中),辩论尚未终结。如果本诉尚未开始或本诉辩论已经终结,则不可能提起反诉。如果在本诉进行中,辩论终结前提起了反诉,即使本诉撤回,也不影响反诉的存在。

2. 反诉不属于其他法院专属管辖。否则,审理本诉的法院会因为无权管辖,而不得将反诉与本诉合并审理。

① 也有教科书将反驳定义为针对原告诉讼请求的否定主张,其内容与抗辩相同。见常怡主编:《民事诉讼法学》,中国政法大学出版社 1994 年版,第 137 页。不过对反驳作这样的限定容易造成反驳这一概念在使用上的混乱。有时难以区别是在何种含义上使用这一概念。《民事诉讼法》第 51 条规定被告可以反驳诉讼请求,并不意味着反驳就只能是对诉讼请求的否定。

3. 反诉能够与本诉适用同一程序。这也是反诉提起的要件,因为如果反诉不能与本诉适用同一种程序,就不能实行诉的合并审理。如果本诉适用的是简易程序,而反诉应当适用普通程序,则因为程序的不同,不能在本诉的诉讼系属中提起反诉。但如果本诉适用的是普通程序,而反诉属于简单的民事案件可以适用简易程序,则可以合并审理,因为普通程序并不排斥简单的民事案件,合并以后适用普通程序是妥当的。

4. 反诉请求与本诉请求或与本诉请求的防御方法有牵连。之所以允许当事人提起反诉,其意图在于将两诉合并审理以便降低诉讼成本,实现纠纷的一次性解决,因此,就要求反诉与本诉有一定的牵连性。我国《民事诉讼法》允许提起反诉,但没有明确规定反诉与本诉之间的牵连关系。德国、日本民事诉讼法均规定反诉的提起与本诉之间须有一定的牵连关系,并抽象地表达为反诉请求与本诉请求或与本诉请求的防御方法有牵连。这种牵连关系在学理上解释或归纳为以下情形:(1)反诉和本诉的诉讼标的属于同一法律关系或同一权利。例如,本诉要求确认原告与被告之间没有借贷关系,而反诉要求本诉原告根据借贷关系返还借款。应当注意,在共有物分割的诉讼中,尽管本诉被告与本诉原告基于同一共有关系,但被告对原告主张的否定不能构成反诉。(2)反诉请求与本诉请求基于同一法律关系或同一原因事实。例如,本诉原告在本诉中要求本诉被告给付买卖标的物,而本诉被告则向本诉原告主张支付价款。两种请求受制于同一个法律关系——原告与被告之间的买卖关系。再如,双方之间因斗殴受伤,各自向对方主张赔偿的情形就是基于同一原因事实所发生的本诉与反诉。(3)反诉请求与本诉请求互不相容或其中一个请求为另一个请求的先决问题。例如,本诉原告请求确认某房产为其所有,而本诉被告提起反诉要求确认自己对该房产全部或部分拥有所有权,这两个诉讼请求是不相容的。再如,本诉原告要求离婚,而被告反诉要求确认婚姻关系无效,反诉就成为本诉的前提,如果反诉请求成立,本诉必然不成立。

5. 反诉须由被告向本诉原告提起。

三、反诉的程序

反诉作为一种诉,在程序上与本诉的提起是相同的。提起反诉同样必须符合起诉的条件。提起反诉,须在本诉受理以后,辩论终结之前。反诉也同样要预交案件受理费,诉讼标的相同的应不再就反诉收取案件受理费。

在本诉被告提出反诉后,法院应当对反诉要件进行审查,不具备反诉要件的,应当予以驳回。

从国外的实践来看,尽管反诉要满足起诉的条件,但为了简化程序,并不要求反诉必须像起诉那样提交书面诉状,而是可以在开庭审理(言词辩论)中以口头方式提出,由法庭将反诉的请求记录在案。

法院受理反诉,意味着将本诉与反诉合并审理,但应当注意的是合并审理与合并辩论不是一个概念,合并审理并不等于两诉的辩论合并,合并审理应当是指同一个法院的审判组织同时按照同一种程序审理本诉和反诉。原则上反诉的辩论应当与本诉的辩论合并,但如果合并将使诉讼过于复杂从而导致诉讼迟延的,法院也可以分别辩论。辩论的合并实际上就是开庭审理的合并,即反诉和本诉在同一法庭进行法庭调查和法庭辩论。

反诉和本诉合并审理后,如何进行裁判是实践中经常遇到的技术性问题。由于本诉和反诉毕竟是两个独立的诉,因此法院应当分别对本诉和反诉作出处理。法院处理有三种情形:(1)本诉成立,反诉不成立;(2)本诉不成立,反诉成立;(3)本诉成立,反诉也成立。我国民事诉讼法对不同的情形适用不同的裁判文书——对于驳回起诉的,使用裁定书;承认当事人诉讼请求的,使用判决书。因此,上述第一、二两种情形的裁判就应当分别适用两种不同的裁判文书。本诉或反诉成立的,用判决书;本诉或反诉不成立,应当驳回的,使用裁定书。不管本诉与反诉的辩论是否合并都应当分别裁判。

四、反诉与诉的抵销

诉讼上的抵销,是指在诉讼中,一方当事人以自己的债权抵销对方作为诉讼请求的债权的行为。在诉讼前或诉讼外当事人所实施的债权抵销则称为诉讼外的抵销。诉讼上的抵销以实体法上的抵销权为基础。我国《合同法》第 99 条规定:"当事人互负到期债务,该债务的标的物种类、品质相同的,任何一方可以将自己的债务与对方的债务抵销,但依照法律规定或者按照合同性质不得抵销的除外。"第 100 条规定:"当事人互负债务,标的物种类、品质不相同的,经双方协商一致,也可以抵销。"

既然在实体法上规定了当事人可以抵销债务,那么,在诉讼中当然也可以实施抵销。不过,在实践以及以往的诉讼理论中,往往把被告在诉讼中所实施的债务抵销作为一种反诉来处理。即被告针对原告的债权请求,提出以自己的债权予以抵销时,要求被告以反诉的方式提出。实际上,诉讼上的抵销只是被告提出的一种诉讼上的抗辩,即抵销抗辩,是一种诉讼上的防御方法,而不是一种诉。只要被告在诉讼中提出抵销债权,法院在确认各自债权成立的情况下就可以在判决中将双方债权予以抵销。例如,如果原告要求被告返还 10 万元,诉讼中被告主张原告亦欠自己 5 万元,要求予以抵销。在原告和被告主张的债权成立的情况下,法院将判决被告返还抵销后余下的 5 万元。

第五章 当事人和诉讼代理人

第一节 当事人概述

一、当事人的概念

民事诉讼的当事人，是指以自己的名义，就特定的民事争议要求人民法院行使民事裁判权的人及相对人。要求法院行使民事裁判权的人就是提起诉讼的人，即原告；被诉的相对人即被告。从广义上讲，有独立请求权的第三人虽未引起本诉的发生，但因向本诉原告和被告提出了独立的诉讼请求，因此也是当事人。此外，基于诉讼的目的或法律规定，为他人的权益而行使诉权者，也可称为当事人。[①] 作为诉讼主体的当事人，具有以下三项基本特征：

第一，当事人与案件有着直接的法律上的利害关系。诉讼最直接的目的是要解决权利义务争议，因此，诉讼中的当事人应当也必定与所争议的权利义务关系有直接的法律上的利害关系。换言之，他们是“诉称”的权利的享有者或义务的承担者。说其为“诉称”的权利的享有者或义务的承担者，是因为当事人究竟是否真正享有权利或应承担义务，有赖于诉讼的最终结果，因而在此之前完全根据当事人的诉称而设定如此。如果与案件无法律上的直接利害关系，并非为保护自己的合法权益仅基于道义而支持他人起诉，则不能成为民事诉讼当事人。

第二，当事人以自己的名义参加诉讼。当事人参加诉讼是为维护自己的利益，所以必然以自己的名义参加诉讼，并由自己承担诉讼结果。而以他人的名义进行诉讼的人则不是当事人，如诉讼代理人以被代理人的名义进行诉讼，诉讼行为的后果及诉讼结果均由被代理人承担。

第三，当事人受人民法院裁判的拘束。裁判的内容是确定存在争议的权利义务关系，作为争议主体的当事人必须服从裁判，依照裁判文书所确定的权利义务关系，来行使自己的权利、履行相应的义务。这里所说的裁判，包括人民法院作出的判决、裁定，以及人民法院认可制作的调解书。那些以自己的名义参加诉讼但却并不受裁判拘束的人，如证人、鉴定人等，不是民事诉讼的当事人。

---

① 破产法中的破产管理人即典型的例子。

民事诉讼是因当事人的起诉和应诉而开始的,诉讼的整个过程也主要是由法院和当事人的诉讼行为所构成的,因此,可以说,没有当事人就没有民事诉讼。当事人作为诉讼主体在诉讼中具有十分重要的地位。当事人的概念关系到法院管辖权、回避、当事人能力、当事人诉讼能力、诉讼费用的负担、判决效力的主观范围、强制执行等。

当事人的称谓因诉讼的程序和阶段不同而有所不同:在第一审的普通程序和简单程序中,称为原告和被告;在第二审程序中,称为上诉人和被上诉人;在审判监督程序中,如果适用第一审程序,仍称为原告和被告,如果适用第二审程序,称为上诉人和被上诉人;在执行程序中,称为申请人和被申请人。

当事人的称谓,不仅是表面上的称呼问题,其能够直接反映出当事人在诉讼中所处的地位和角色,进而决定着他们所享有的诉讼权利和应承担的诉讼义务。例如:原告、上诉人享有撤回起诉或上诉的权利,负有提交诉状的义务;申请执行人享有撤回执行申请的权利,负有提交执行文书的义务;被告、被上诉人、被申请执行人享有答辩、反诉或反驳对方请求的权利,同时也承担应诉等义务。

这些都表明当事人的两极对立构造是民事诉讼的基点。正是由于两极对立关系的存在,法院的居中裁判才具有重要的意义。而且,民事诉讼的基本原则,如审判独立、程序保障以及辩论原则等,都在两极对立的诉讼结构中得到充分的适用。

虽然在多数当事人诉讼中,一方当事人出现复数,或者由于第三人参加诉讼,诉讼过程呈现三方当事人的结构,但是,其中的具体对立构造基本呈现为两极对立。因此,从总体上说,两极对立的结构仍然是民事诉讼的基本形态。如果没有该两极对立构造,则诉讼系属必然消失。①

在历史上,基于实体正义观念,对于当事人主要从实体意义上来理解。进入近代以后,由于实体权利义务关系与程序权利义务关系分离,司法和立法开始倾向于从程序意义上理解当事人的概念。

(一) 实体意义上的当事人

我国民事诉讼理论中通常提到的当事人概念应该包含诉讼法和实体法上的含义。正如前文所述,几乎所有的教材都将当事人特征概括为:(1) 以自己的名义进行诉讼;(2) 与案件有利害关系;(3) 受人民法院裁判拘束。其中,与案件有利害关系这一特征中,关于利害关系,有的理解为案件与自己利益的联系或与案件结果的利害关系。遗产管理人、破产财产管理人为维护其财产提起诉讼,是因为与案件有法律上的利害关系。但在《民事诉讼法》的规定中,又往往是在实体上来理解当事人的含义的。例如,《民事诉讼法》第 56 条第 2 款规定:"人民法院判决承担民事责任的第三人,有当事人的诉讼权利义务。"反之,可以认为,没有判决承担民事责任的第三人就不是当事人。显然,《民事诉讼法》在这里采用的是实体法上的当事人概念。以是否与案件审理结果有利害关系和是否客观上或实际上存在权利义务来认定当事人,尽管可以使实际争议的权利义务纠纷得到解决,但由于这种认定往往在诉讼过程中或诉讼结束之时才能作出,因而无助于利用当事人的概念来解决诉讼开始所涉及的一系列问题,如管辖权的问题。

① 参见陈计男:《民事诉讼法论(上)》增订第三版,三民书局 2004 年版,第 88 页。

(二) 程序意义上的当事人

当事人概念是一个纯粹诉讼法上的概念。所谓诉讼法上的概念，是指认定当事人不是依据该当事人是否实体权利义务关系的主体，不是看当事人是否在客观上实际享有实体权利、承担实体义务的主体，而是以其在形式上是否向法院提起诉讼请求和请求人在主观上以谁为相对人为根据。也就是说，只要向法院提起诉讼主张，主张人就是原告当事人，至于该原告在客观上是否确实具有实体上的请求权，与当事人的地位没有关系，这种当事人即所谓形式上的当事人。程序意义上当事人概念的提出，为不是民事权利义务关系主体的当事人进入诉讼程序打开了方便之门，符合我国民事法律关系发展的现状。但是，在我国各地和各级法院中，如何接受该概念，尚未形成司法共识。

在民事诉讼法学理论史上，当事人概念最初并不是诉讼法上的概念。19 世纪末以前，德国诉讼法理论就一直把当事人作为实体法上的概念，即只有诉讼标的权利义务关系的主体才能作为当事人。但由于实体法上的当事人概念不能科学地解释在消极确认之诉(如确认合同关系不存在)中，当事人并没有实体权利义务，何以能成为当事人这一事实，从而被诉讼法上的当事人概念取代。另外，实体法上的当事人概念也不能够妥当地解释在有关财产争议的民事诉讼中，不是该财产主体的人[如遗产管理人、遗嘱执行人、破产管理人(清算组)]为什么可以作为当事人。

确立程序意义当事人概念的意义在于：第一，适应了近代和现代社会发展中出现的实体权利义务关系与程序运作分离的现实，是对宪法关于不能拒绝裁判规定的具体化。如果仍然拘泥于以实体法的规定审视诉讼当事人，势必将一些与实体权利义务存在密切关系的当事人拒于法院的大门之外。第二，随着社会的发展，在民事法律对一些社会关系缺乏明确规定的情况下，如果以实体法规定的要件来要求，也会将可能包含民事权利义务性质的纠纷及其当事人拒于裁判权之外，显然与现代法治社会的要求相背离。第三，民事司法的目的在于解决民事纠纷，民事纠纷的形成与社会经济生活密不可分。允许程序意义上的当事人将纠纷带入民事司法领域，无疑有助于积极司法政策的实现。

二、各种当事人概念之间的关系

不少人把当事人的概念与正当当事人的概念混淆起来。我国民事诉讼法中的当事人实际上应当包括诉讼法概念上的当事人和作为诉讼标的的法律关系主体的正当当事人，即形式上的当事人和实质上的当事人，而诉讼开始的当事人只能是形式上的当事人。

民事诉讼以解决民事纠纷为目的，所以，民事诉讼程序以存在对立的当事人为前提。如果实际并不存在对立的当事人，民事诉讼也就不能成立，原告不可能以自己为被告进行诉讼。诉讼成立后，如果原告和被告因继承或法人合并成为同一主体，诉讼也就此终结。

认定当事人的根据应是原告的起诉状。以口头方式起诉的，应以法院的笔录为准。诉状不明确的，应斟酌诉状的全部内容加以确定，或传唤原告问明请求的相对人。只有在明确当事人的情况下，才谈得上明确该当事人是否有当事人能力的问题。如果查明原告起诉状所列明的原告或被告根本不存在，法院应裁定不予受理。

第二节 当事人的认定

一、当事人认定的概念和意义

当事人的认定是指在一个具体的诉讼案件当中,决定实际上由何人担当诉讼上的当事人。当事人的认定具有重要的诉讼法上的意义。一方面,认定当事人究竟为何人,是决定之后诉讼的同一性、当事人诉讼能力认定、一般地域管辖、审判人员的回避、诉讼进程的终止以及判决的效力所及等一系列问题的前提条件。另一方面,对于特定的诉讼案件而言,只有认定了当事人即原告、被告等为何人,诉讼才能够继续进行而且继续进行才有意义。因此,要顺利进行诉讼活动就必须首先认定当事人。要认定当事人,必然涉及当事人认定的标准问题。在我国的司法实践中,很长一段时间都坚持以是否具有实体法上的利害关系作为认定当事人的标准。在利害关系当事人的概念下,只有判决所认定的与本案诉讼标的有实体法上利害关系的人才是正当的当事人。例如,《民事诉讼法》第 56 条第 2 款规定:"人民法院判决承担民事责任的第三人,有当事人的诉讼权利义务。"这就是说,法院判决中没有认定承担民事责任的第三人没有当事人的地位,也不享有当事人的诉讼权利义务。

以是否与案件审理结果有利害关系和是否具有实体法上的权利义务关系作为认定当事人的标准,尽管有利于实际的权利义务纠纷得到解决,但这样的认定标准并不是没有问题的。因为正当的当事人的认定涉及之后诉讼活动中的许多问题。例如,审判人员回避决定的作出、一般地域管辖的规定等,都必须在认定了当事人之后进行。但是如果采纳利害关系当事人的认定标准,有的时候当事人是无法在诉讼进行之初就予以认定的。因为当事人与案件的实体上的利害关系需要等到案件审理完毕,对案件作出相应的审判结果之后才可以确定。所以,必须采用一种在诉讼活动开始进行的时候就能够认定当事人的标准,即当事人应该在诉讼开始时即已认定,诉讼主体地位不依赖其是否实际的利害关系人而定,是否成为当事人也无须等到法院审理案件之后确定。基于此,一般认为,当事人应该在原告起诉时认定。①

二、有关当事人认定的理论学说

当事人的认定与对当事人概念的界定有密切的关系。关于当事人的认定,过去主要有两种不同的学说——利害关系当事人说和权利保护说。②

(一) 传统利害关系当事人说

传统观点认为,民事诉讼当事人是因民事权利义务关系发生纠纷,以自己的名义进行诉讼并受人民法院裁判约束的实际的利害关系当事人。按照该观点,当事人有三个特征:(1) 以自己的名义进行诉讼;(2) 与案件所涉及的民事法律关系有直接的利害关系;(3) 受人民法

① 参见江伟主编:《民事诉讼法学原理》,中国人民大学出版社 1999 年版,第 384 页。

② 这两种观点源于国外及我国台湾地区,在 20 世纪 80 年代为我国大陆学界所吸收、发展。

院的裁判约束。一方面,以实体法律关系的有无作为认定当事人的标准排除了其他与案件没有直接利害关系的人提起诉讼的可能性,这个标准既不科学也不适当。当事人是否具有实际的利害关系必须等到案件审理结束之后才能确定,在起诉的时候就要求涉讼双方当事人均是直接的利害关系当事人显然不切实际。另一方面,当事人的诉权是实体意义上的诉权与程序意义上的诉权的统一。即使向法院提起诉讼的当事人没有实际的直接的利害关系,没有实体意义上的诉权,只要他具有程序意义上的诉权,人民法院就不能拒绝对有关纠纷的相对方的诉讼进行审理。在狭隘的意义上界定当事人必然会降低对实体权利救济的可能性,从而使实体法律关系的实现受到限制。

(二) 权利保护说

基于利害关系当事人说的局限性,我国学者对该理论进行了一定程度的修正,以适应扩大实体权利救济的需要,这就是权利保护说产生的背景。权利保护说认为,民事诉讼当事人是因为民事权利义务关系发生纠纷,为了保护正当的民事法律权益,以自己的名义参加诉讼,并引起民事诉讼法律程序产生、变更、消灭的人。依此说,凡是以保护实体权利为目的提起诉讼、参加诉讼的人都是民事诉讼的当事人,权利保护说也因此得名。与利害关系当事人说相比,权利保护说最根本的不同在于:它的当事人概念不仅包括那些为了保护自己的民事权益不受侵害而进行诉讼的人,还包括那些为了保护他人的民事权益不受非法侵害而进行诉讼的人。后者主要指对于争议的民事法律关系中的民事权利享有管理权和支配权的人,他们与案件没有直接的利害关系,但是仍然可以成为涉讼案件的当事人参加诉讼活动。

尽管对传统的观点作出修正,权利保护说仍然有一定局限性。该说最直接的后果是承认了诉讼担当,即承认那些对他人权利行使管理权的人为当事人,担当他人的诉讼权利。

此外,国外的一些相关学说[①]也应当引起我们的注意。关于如何认定当事人,有以下五种观点:一是意思说。即以原告的起诉意图为标准确定当事人。例如,原告在起诉时原意是起诉甲公司,但是将甲公司的办事机构误认为乙公司,因而起诉状上写明的被告为乙公司,则该案的被告应当为甲公司。二是表示说。即以原告在诉状中所记载的当事人为本案的诉讼当事人。这一观点与我们将谈到的程序当事人理论相吻合,已经成为日本、德国法律界的通说。我国台湾地区理论界亦以此为通说。三是举动说。即以原告的实际举动作为认定当事人的标准。例如,甲冒充乙提起诉讼并实际进行了诉讼行为,则本案的原告就确定为甲。四是适格说。即认定解决实体法纠纷最恰当的主体为民事诉讼当事人。这一观点认为,当事人的认定应当根据诉讼全过程的所有资料加以考察,而不能仅仅根据诉状的记载来认定当事人,这一观点实际上就是上文所说的利害关系当事人说。五是规范分类说。该说认为,确定当事人应当根据诉讼进程的不同阶段进行考察。在诉讼开始阶段,按照表示说进行认定;在诉讼程序的进行中则应该以评价规范为认定标准。

利害关系当事人说与权利保护说都是把当事人作为正当的当事人来定义的。即使是依据已经修正过的权利保护说,也要对案件的实体民事法律关系进行审理裁判之后才能判定原告是否基于管理权而为保护他人的权利进行诉讼。因此,这两种观点在设计上都存在缺陷。因为起诉的人或者应诉的人是不是民事权利或者法律关系的主体,只有在诉讼开始以

① 指上述两种主要学说之外的非主流观点。

后通过调查庭审活动才能确定。在事实没有查明以前,诉讼活动已经进行,因而在实际上已经承认进行诉讼的人就是本诉的当事人了。基于以上理由,应该将民事诉讼当事人定义为程序当事人,即以自己的名义要求人民法院保护其民事法律权利或解决民事法律关系纠纷的人和相对方。简而言之,就是原告和被告。判断某人是否民事诉讼的当事人只需要看在诉讼程序中实际进行诉讼的人是谁,而不必探询他与实际的民事法律关系如何以及他与案件的诉讼标的关系怎样。

三、我国民事诉讼法对当事人的认定

我国民事诉讼法对当事人认定问题采取的是传统的利害关系当事人说。根据《民事诉讼法》第119条规定,原告是与本案有直接利害关系的公民、法人和其他组织。而对于被告,我国似乎采取了与原告的直接利害关系人不同的认定标准,被告只需明确即可。根据《民事诉讼法》第121条规定,起诉状应当写明当事人的姓名、性别、工作单位、住所等信息。可见对被告的确认采取表示说,只需在诉状中注明。无论是原告的认定还是被告的认定,都应当摒弃适格当事人的判断标准,而依诉状列明的原被告判断某个具体诉讼案件的当事人。现代社会,司法在解决纠纷、保护私权方面功能的扩张是我们不能忽视的普遍趋势。民事诉讼当中只有确立程序当事人概念,扩张对当事人的认定才能适应私权保护的需要。但是,对一些具体情况还可以作具体分析,而不必拘泥于表示说抑或适格说等学说。例如,如果诉状所记载的当事人不明确,法院应当行使阐明权或者进行职权调查。如果调查的结果显示当事人不存在,则应该以诉不合法裁定驳回,如果经过阐明或调查之后能够明确当事人,则可以要求更正当事人。

最高人民法院对我国司法实践中当事人较难认定的情况作出了相关的司法解释。

1. 法人非依法设立的分支机构,或者虽依法设立,但没有领取营业执照的分支机构的,以设立该分支机构的法人为当事人。

2. 法人或者其他组织的工作人员执行工作任务造成他人损害的,该法人或者其他组织为当事人。

3. 以挂靠形式从事民事活动,当事人请求由挂靠人和被挂靠人依法承担民事责任的,该挂靠人和被挂靠人为共同诉讼人。

4. 在诉讼中,一方当事人死亡,需要等待继承人表明是否参加诉讼的,裁定中止诉讼。人民法院应当及时通知继承人作为当事人承担诉讼,被继承人已经进行的诉讼行为对承担诉讼的继承人有效。

5. 提供劳务一方因劳务造成他人损害,受害人提起诉讼的,以接受劳务一方为被告。

6. 在劳务派遣期间,被派遣的工作人员因执行工作任务造成他人损害的,以接受劳务派遣的用工单位为当事人。当事人主张劳务派遣单位承担责任的,该劳务派遣单位为共同被告。

7. 在诉讼中,个体工商户以营业执照上登记的经营者为当事人。有字号的,以营业执照上登记的字号为当事人,但应同时注明该字号经营者的基本信息。

营业执照上登记的经营者与实际经营者不一致的,以登记的经营者和实际经营者为共同诉讼人。

8. 在诉讼中,未依法登记领取营业执照的个人合伙的全体合伙人为共同诉讼人。个人合伙有依法核准登记的字号的,应在法律文书中注明登记的字号。全体合伙人可以推选代表人;被推选的代表人,应由全体合伙人出具推选书。

9. 当事人之间的纠纷经人民调解委员会调解达成协议后,一方当事人不履行调解协议,另一方当事人向人民法院提起诉讼的,应以对方当事人为被告。

10. 下列情形,以行为人为当事人:(1)法人或者其他组织应当登记而未登记,行为人即以该法人或者其他组织名义进行民事活动的;(2)行为人没有代理权、超越代理权或者代理权终止后以被代理人名义进行民事活动的,但相对人有理由相信行为人有代理权的除外;(3)法人或者其他组织依法终止后,行为人仍以其名义进行民事活动的。

11. 企业法人合并的,因合并前的民事活动发生的纠纷,以合并后的企业法人为当事人;企业法人分立的,因分立前的民事活动发生的纠纷,以分立后的企业为共同诉讼人。

12. 企业法人解散的,依法清算并注销前,以该企业法人为当事人;未依法清算即被注销的,以该企业法人的股东、发起人或者出资人为当事人。

13. 村民委员会或者村民小组与他人发生民事纠纷的,村民委员会或者有独立财产的村民小组为当事人。

14. 对侵害死者遗体、遗骨以及姓名、肖像、名誉、荣誉、隐私等行为提起诉讼的,死者的近亲属为当事人。

四、正当当事人(当事人适格)

不少人把当事人与正当当事人这两个概念混淆起来。当事人的认定涉及民事诉讼法理论上的程序当事人概念和正当当事人理论。我国民事诉讼法对当事人的界定就是从适格当事人即具有实体法上直接利害关系当事人的角度出发的。因此,对于正当当事人理论,在这里有必要进行探讨。

(一) 正当当事人的概念和功能

正当当事人是指就特定的诉讼,有资格以自己的名义成为原告或者被告,因而受本案判决拘束的当事人,因此又称为适格当事人。这种以自己的名义为当事人而受本案判决拘束的权能称为诉讼实施权或者诉讼行为权。具有诉讼实施权的原告称为正当原告,具有诉讼实施权的被告称为正当被告。正当当事人的概念在民事诉讼中具有如下功能:

1. 防止滥用诉权,排除不适当的当事人。承认程序当事人的概念,是为了适应并更好地实现司法解决纠纷功能扩张的趋势,保障每一个人充分行使自己的诉权。民事诉讼解决纠纷的过程越来越尊重当事人的主体性,提升纠纷当事人的程序主体地位,使纠纷得以公正、圆满解决。保障公民的诉权,使之与市场主体广泛的意思自治能力相适应,就应当给予当事人提起诉讼的便利,承认原告起诉产生诉讼系属效力。公民自由行使诉权、引致诉讼系属,体现了当事人程序主体的地位,但是,也会产生一些负面影响,比如诉权的滥用会使对方当事人无端陷入诉累。这样不仅对法院人力物力造成浪费,也对对方当事人不公平。利用正当当事人概念排除不适当的诉讼当事人,可以减少人民法院的积案,使司法资源得到充分利用,并保护对方当事人的合法权益。所以,一方面要确立不依赖实体法独立存在的程序当事人概念,认可一切民事纠纷的主体都有当事人的诉讼地位;另一方面,还要确立正当当事人概念,通过肯定起诉、应诉的人是正当当事人,剔除不正当的当事人,以解决承认程序当事人可能引起的诉讼程序事实与实体法事实的分离问题。由于正当当事人侧重于对当事人与实体法律关系或诉的利益关联性层面的描述,所以通过它可以对程序当事人中的非正当当事人予以识别和排除。

2. 在多数人诉讼的场合具有节约诉讼资源的功能。随着现代社会的飞速发展,群体纠纷增多。例如,股权纠纷、环境污染引起的侵权诉讼等涉讼当事人众多,不可能完全到庭参加诉讼,因此,各国纷纷发展本国的群体性诉讼制度。在多数人诉讼的场合,正当当事人具有选定代表人的权利。在群体诉讼中,多数当事人一方一旦选出代表人,该方的诉讼实施权就由选定的代表人代为实施。承担诉讼实施权的代表人是否正当、是否适格对于全体当事人来说意义重大,因为判决的效力是要及于所有当事人的。也只有强调代表人选定的正当性并对适格当事人的定义进行扩张,判决效力才能获得正当性。

3. 实现当事人制度设计的合理性。在程序当事人概念的界定下,正当当事人的概念主要是用实体利害关系来限定的。但是具有直接的实体利害关系当事人概念还不能完全涵盖正当当事人的范畴。例如,在破产案件中,破产清算人具有诉讼实施权,但是破产人本人却不能进行诉讼。这时,实体法上的权利义务主体无法成为民事诉讼中的正当当事人,因为诉讼实施权由他人代为依法行使。还有一种情况是,实体法上的利害关系主体将诉讼实施权授予他人行使以获得诉讼救济,如代表人诉讼的情况等。这些情况表明,正当当事人概念是一个在利害关系人概念之外不断扩张的诉讼范畴。它扩大了权利救济的范围,既为程序当事人概念提供实体法上的支持,又为司法救济功能的扩张提供了可能性。

(二) 正当当事人理论

正当当事人在具体的诉讼中,对于作为诉讼标的的民事权利或法律关系有实施诉讼的权能,即能够以自己的名义起诉或应诉的资格,这种资格,又称诉讼实施权。[①]一个诉讼案件的当事人是否适格,应该从该案原告所主张的诉讼标的(民事权利或者法律关系)在他所起诉的当事人之间予以解决是否适当而且有无意义来判断,当事人适格与法院审理的结果、原告所争执的权利或者法律关系是否确实存在无关。换句话说,确定当事人是否适格,只取决于原告主张的实体法上的权利或者法律关系(诉讼标的)。

正当当事人和诉讼实施权概念起源于德国。不过,直到德国普通法时代,目前所理解的正当当事人概念尚未明确形成。实体法上权利的存在与诉讼法上的权限有密不可分的关系。只有实体法上权利义务关系的主体,才可成为诉讼当事人。针对某一类型的案件,实体法通常规定当事人获得胜诉的要件,这样很容易判断当事人在具体的"事件"中是否"适格"。当事人概念被限定为"实体的当事人"。根据当时的法律规定,为他人进行诉讼的人,如遗嘱执行人、破产管理人,都称为代理人,而不是"实体的当事人"。

诉讼实施权是正当当事人理论的基础,但是学者对何谓诉讼实施权的基础却还没有达成一致的见解。早期学者认为,就诉讼标的所涉权利义务关系而言,凡实体法上的权利义务主体都可以成为本案的正当当事人。实体法上的权利义务主体对财产权一般享有管理或者

① 参见李龙:《民事诉讼当事人适格刍论》,载《现代法学》2000年第4期。

处分的权利。因此,对作为诉讼标的的民事法律关系拥有管理权或者处分权的当事人就是正当当事人。将管理权或者处分权作为诉讼实施权的基础是存在一定缺陷的,因为这一理论并不适用于确认之诉。确认之诉的原告有无诉讼实施权应看其对权利或者法律关系的确认是否有法律上的利益。当就第三人的权益提起诉讼时,其无须拥有管理权即为正当当事人。法律不可能将社会生活中的所有事项一一纳入法律条文当中,因此,正当当事人的认定以实体法上利害关系人为标准时必须考虑到现实生活的多样性。随着社会关系的发展,会出现一些新的社会关系受到侵犯却缺乏法律保护的情况。如果固守利害关系当事人的法律规定,必然会将一些期待司法最终救济的受害者挡在人民法院的大门之外。这样的做法显然是有违司法救济的初衷和社会公平原则的。

在对以管理权或处分权为诉讼实施权基础的观点进行探讨之后,有的学者提出将"诉的利益"作为当事人适格的基础的观点。引进"诉的利益"是大陆法系对判例法的吸收。将"诉的利益"作为当事人适格基础的观点是将当事人适格的基础予以扩大。凡是法律上利益相对立的双方,对于作为诉讼标的的权利义务关系存在争议,当事人对该诉讼即具有"诉的利益",在本案中即为正当当事人。把"诉的利益"的学说运用到司法实践中,将会使一些在无法律明确规定的情况下有"诉的利益"的主体获得胜诉判决。而纯粹由诉讼法拟制的诉讼主体也能因此获得当事人资格。在司法解决纠纷功能不断扩大的现代社会,承认"诉的利益"作为当事人适格的基础具有十分重要的理论意义和现实意义。

(三) 诉讼担当

诉讼担当是指与案件有直接利害关系的当事人因故不能参加诉讼,由与案件无直接利害关系的第三人以当事人的资格,就该涉讼法律关系所产生的纠纷行使诉讼实施权,判决的效力及于原民事法律关系主体。非权利或非义务主体能够获允为他人的利益而享有诉权,往往是基于其与讼争法律关系的真正主体之间具有另一法律关系。在"另一法律关系"存在的情况下,有时实体法会直接赋予非权利主体以具有请求性质的实体权利,如债的保全中的代位权。由于代位权只能通过诉讼方式实现,因而就等于实体法直接赋予非权利主体以诉权。根据"另一法律关系"是否由法律明确规定,可以将诉讼担当分成"法定的诉讼担当"和"任意的诉讼担当"两类。"法定的诉讼担当"是指实体法律关系以外的第三人对他人的法律关系或法律权利的管理权是基于实体法或诉讼法上的明确规定而产生的。"任意的诉讼担当"是指权利主体通过自己的意志授予第三人诉讼实施权。二者的不同之处在于:法定的诉讼担当依照法律的明文规定,而任意的诉讼担当则由原来的权利主体授予担当人以处分权能,以合意的方式,受托方根据直接利害关系主体的意思表示取得诉权。

具体而言,诉讼担当可以分成以下两类:

1. 基于身份权等而引发的诉讼担当。公民基于身份权、继承权等权利,为维护死者或胎儿的民事权益而充当当事人。目前,我国法律规定,死者的名誉权受法律保护,其配偶、父母、子女等近亲属可以原告身份起诉。我国《著作权法》第20条规定,作者的署名权、修改权、保护作品完整权的保护期不受限制。该法第21条规定,公民的作品,其发表权、使用权和获得报酬权的保护期为作者终生及死后50年。依照法律的相关规定,著作权人死后,其上述权利的诉讼保障是由其继承人通过诉讼担当来实现的。这些为维护死者民事权益而以自己的名义进行诉讼的人,就是诉讼担当当事人。此外,在涉及胎儿的继承诉讼中,由于胎儿不是法律意义上的人，故不能成为诉讼当事人。《继承法》规定应当为胎儿保留适当的份额，侵犯胎儿的继承权的，胎儿的母亲有诉讼实施权。

2. 基于财产管理权，为维护财产所有人或财产经营人的民事权益而进行诉讼担当，充任代位当事人。财产管理权是根据实体法的规定或民事法律行为而产生的，前者如破产清算组织、失踪人的财产代管人等，后者如因委托管理合同而产生的代管权。财产管理人因其所管理的财产与他人发生民事纠纷，既可能以自己的名义起诉成为代位原告，也可能被他人起诉而以自己的名义应诉成为代位被告。这类诉讼担当当事人，其进行诉讼所维护的讼争利益不属于自己，而属于被代为管理财产的所有人或经营者。根据我国 2006 年颁布的《企业破产法》第 25 条规定，在企业法人破产程序中，破产管理人即“清算组”负责破产财产的保管、清理、估价、处理和分配，可以依法进行必要的民事活动。破产程序的管理人在因破产财产而发生的诉讼中，可作为当事人进行诉讼。

我国民事诉讼中的诉讼担当都是法定诉讼担当。有学者认为，根据我国的现行立法及司法实践，在以下情形可以认可诉讼担当：(1) 合伙企业执行人的诉讼担当。因为执行人获得概括性的权限授予，在特殊情形下由执行人以自己的名义进行诉讼，便于保护其他合伙人的权益。(2) 租赁房屋管理人的诉讼担当。只要出租人将租赁事务概括性委托他人代行，可以理解为其中含有诉讼权限。(3) 房屋转让人的诉讼担当。(4) 债权转让的诉讼担当。[①]

(四) 非正当当事人及其更换

非正当当事人，即当事人适格有欠缺的诉讼当事人。非正当当事人与本案中的特定诉讼标的没有法律上或者事实上的关系，既不是该诉讼标的的法律关系主体，也不是本案的诉讼担当人，因此对于诉讼的进行根本没有诉讼实施权。非正当当事人与正当当事人是一对互相矛盾的概念，二者外延的总和即为诉讼法上的纯粹的当事人。对于非正当当事人，人民法院可以诉无理由判决驳回其诉讼请求或者以诉不合法而驳回诉讼或者更换非正当当事人。

1982 年《民事诉讼法(试行)》第 90 条规定：“起诉或者应诉的人不符合当事人条件的，人民法院应当通知符合条件的当事人参加诉讼，更换不符合条件的当事人。”在最高人民法院《关于贯彻执行〈民事诉讼法(试行)〉若干问题的意见》中认定：“在诉讼进行中，发现当事人不符合条件的，应当根据民诉法第九十条的规定进行更换。通知更换后，不符合条件的原告不愿意退出诉讼的，以裁定驳回起诉；符合条件的原告全部不愿意参加诉讼的，可终结案件的审理。被告不符合条件，原告不同意更换的，裁定驳回起诉。”但是我国在 1991 年修改《民事诉讼法》时，取消了更换不正当当事人的规定。不过，诉讼法学界的一些学者仍然坚持当事人更换理论。更换不正当的当事人作为一项司法实践不应该简单地加以否定或者取消。更换当事人源于三方面的理论基础：一是非正当当事人的理论。只有承认存在非正当的当事人，司法审判中才有更换非正当当事人的必要。二是诉讼成立要件理论。即正当当事人的存在是诉讼得以存在和进行的必要条件。如果当事人不正当，就没有继续进行诉讼活动的意义。因此只有更换不正当的当事人，才能使诉讼在正当当事人之间进行。三是诉讼的纠纷解决目的理论。民事诉讼是由国家强制力保证实施的，具有终局效力的制度。国家设

① 参见相庆梅：《论诉讼担当》，中国法学会民事诉讼法学研究会 2007 年年会论文集。

立民事诉讼的最终目的固然是维护司法制度和法律制度,据此实现国家的统治力,可是就直接的、具体的目的而言,绝不能简单地将它解决民事纠纷的目的予以排除。[①] 既然诉讼的目的在于彻底解决纠纷,就不能因为当事人不适格而停止,必须更换不正当的当事人,以使诉讼在正当当事人之间顺利进行,以此求得纠纷的解决。

当事人的更换包括法定的当事人的更换和任意的当事人的更换。

1. 法定的当事人的更换。法定的当事人的更换是指依据法律规定,在诉讼程序中出现某种情况时所发生的当事人的变动。法定的当事人的更换包括以下几种情形:(1) 在诉讼中当事人死亡,发生诉讼继承的场合。《民诉法解释》第 55 条规定:"在诉讼中,一方当事人死亡,需要等待继承人表明是否参加诉讼的,裁定中止诉讼。人民法院应当及时通知继承人作为当事人承担诉讼,被继承人已经进行的诉讼行为对承担诉讼的继承人有效。"(2) 企业法人变更时当事人的确定。企业法人合并的,因合并前的民事活动发生的纠纷,以合并后的企业为当事人;企业法人分立的,因分立前的民事活动发生的纠纷,以分立后的企业法人为共同诉讼人,原法人在诉讼中所实施的诉讼行为对新法人具有拘束力。

2. 任意的当事人的更换。任意的当事人的更换是相对于法定的当事人的更换而言的。任意的当事人的更换不是基于法律的规定,而是由于当事人不适格。由于采取程序当事人的理论,在诉讼开始阶段,诉讼当事人是根据诉状的记载而确立的。即使在起诉时,对原告是否正当的当事人进行了一定程度的审查,仍然有可能将与本案没有直接利害关系的人作为当事人而让他继续进行诉讼。特别是被告是否适格的问题在案件没有进入审理之时更加难以发觉。因此,在发现当事人不适格时,就应当更换为正当的当事人。

德国、日本等大陆法系国家在判例上和理论上都承认任意的当事人的更换。在变更当事人时,原当事人与新当事人必须就更换事宜达成一致意见,即经过双方的同意。但是在第一审诉讼程序中,被告的更换则不需要经过新的当事人的同意。原则上,当事人更换之后原当事人之间进行的诉讼对于新的当事人来说仍然有效。

五、当事人的诉讼权利和诉讼义务

当事人的诉讼权利和诉讼义务的内容具有法定性,不可任意确定。一方面,要体现民事诉讼法的基本原则,如当事人双方诉讼权利平等原则、辩论原则、当事人处分原则等;另一方面,要符合诉讼机制的客观规律,每项诉讼权利和诉讼义务都需要服务于诉讼的公正、合理、高效运作这一目标。

法院应当切实有效地保障当事人的诉讼权利充分、顺利行使,其不得擅自剥夺或限制当事人的诉讼权利,否则将构成严重违反诉讼程序的行为。

(一) 当事人的诉讼权利

当事人的诉讼权利内容广泛,贯穿于诉讼的各个阶段。当事人在诉讼中的行为不外乎两种:一种是处分自己实体利益的行为,另一种是处分自己有关诉讼本身的权利义务的行为。不论是对哪一种权利的处分,都是通过行使诉讼权利来具体实现的,也就是说,即使是

① 参见刘荣军:《程序保障的理论视角》,法律出版社 1999 年版,第 121 页。

对实体利益进行处分,也需要通过处分诉讼权利来予以实现。

据此,可以把当事人的诉讼权利分为两大类:

1. 处分实体权利的诉讼权利

(1) 起诉权、反诉权。这是当事人最基本的权利。符合起诉条件的当事人,只要主观上希望通过诉讼获得司法保护,均可行使起诉权、反诉权。

(2) 变更或承认诉讼请求。原告可以改变诉讼请求的数额、范围等,被告可以承认对方的诉讼请求,这样便免去了原告的举证责任。

(3) 请求和接受调解权。无论是哪方当事人,也无论是在哪种诉讼的哪一阶段,都可以请求法院进行调解,以达成调解协议的方式结束诉讼。

(4) 和解权。当事人有权在诉讼中,自行达成和解协议,了结诉讼。

(5) 上诉权。当事人如果认为一审判决有错误,可以在法定上诉期间提起上诉,请求上一级法院对案件继续进行审理。

(6) 请求执行权。义务人拒不履行法院裁判或调解书中规定的义务时,权利人有权请求法院以司法强制的手段迫使义务人履行义务。

(7) 撤回起诉、上诉权。当事人有权决定是否请求国家的司法保护,这不仅表现在当事人有起诉权和反诉权,还表现在诉讼过程中当事人的想法有所改变时,有权申请撤回已提起的诉讼。

上述这些权利的共同特点在于,每种权利的行使,都直接关系到当事人实体权益的存在状态,或反映了当事人请求司法保护的程度、范围。

2. 处分诉讼权利的权利

(1) 委托诉讼代理人的权利。这是保障当事人有效且正确地进行诉讼活动的一种权利。当事人不能亲自进行诉讼,或虽能亲自进行诉讼但需要别人给予法律上的帮助时,都有权委托诉讼代理人。

(2) 申请回避权。只要存在法律规定的情形,当事人就有权向法院申请有关审判人员或者其他有关人员退出诉讼,以保证案件得到公正的审理。

(3) 提供证据权。各方当事人都有权提出相应的证据,来支持和证明自己的事实主张和诉讼请求,或者反驳对方的请求。

(4) 辩论权。当事人可以通过提交诉状、法庭口头辩论等方式,充分发表自己的意见,从事实上和法律上论证自己请求的正确性或反驳对方请求的不正当性。

(5) 查阅庭审材料。当事人无论在诉讼中还是诉讼结束后,都有权在经法院许可后,阅读或复制本案的庭审材料,但涉及国家机密、个人隐私的资料以及法庭的合议笔录除外。

(6) 使用本民族语言文字进行诉讼。

上述这些诉讼权利的共同特点是:行使这些诉讼权利,不止涉及实体权益的处分,尽管其最终目的在于维护实体利益。

(二) 当事人的诉讼义务

权利与义务相适应,是任何法律制度得以真正实施的保障。在诉讼中,各方当事人在享有诉讼权利的同时,必须履行相应的诉讼义务,这样才能保证自己和他人的诉讼权利不受损害,诉讼程序得以顺利进行。

当事人的诉讼义务主要包括：

(1) 依法正确行使诉讼权利，不得滥用权利。当事人必须按照诉讼法规定的方式、时间、程序等要求来行使自己的诉讼权利。

(2) 遵守法庭纪律，服从法庭指挥，尊重对方当事人和其他诉讼参与人的诉讼权利。

(3) 自觉履行发生法律效力的判决、裁定、调解书中所确定的义务。

当事人如果不履行自己的诉讼义务，将承担由此而产生的法律后果。例如，经两次传票传唤仍拒不到庭参加诉讼的，对原告视为撤回起诉，对被告可缺席判决或拘传到庭。又如，不遵守法庭纪律，扰乱法庭秩序的，人民法院可对其实施责令退出法庭、训诫、罚款以及拘留等相应的强制措施。

第三节　当事人主体资格

一、当事人能力

当事人能力，即当事人诉讼权利能力或称为诉讼法上的权利能力，是指能够成为一般民事诉讼当事人所必需的诉讼法上的能力或资格。当事人能力是一种抽象的能力，具有这种资格或能力才能成为诉讼法上各种诉讼行为与诉讼效果的主体。没有当事人能力，人民法院就不能对其行使民事审判权。

当事人能力与正当当事人是有区别的一组概念。当事人能力是相对于一般意义上的诉讼而言抽象出来的一种资格或者能力，它属于诉讼主体要件中的抽象要件。《民事诉讼法》第 48 条关于公民、法人和其他组织可以作为民事诉讼的当事人的规定，指的就是上述自然人或组织具有的当事人能力。而正当当事人是针对具体案件而言的，是在具体的诉讼法律关系中具有利害关系的当事人。正当当事人因具体案件的不同而有所不同。某人可能是某一诉讼案件的正当当事人，在另一诉讼中却未必成为正当当事人。所以，有当事人能力者未必是正当的当事人，还要具体分析诉讼案件的法律关系。

(一) 自然人的当事人能力

自然人的当事人能力与法人或其他组织的当事人能力有所不同。自然人的当事人能力从出生时具有，到死亡时终结。而法人或其他组织的当事人能力从该法人或其他组织成立时起，到该法人或其他组织被撤销或者解散时终结。

(二) 非法人团体的当事人能力

一般认为，我国民事诉讼法规定的其他组织就是指非法人团体。非法人团体是相对于法人而言的概念，是指不具备法人条件，没有法人资格的社会组织。非法人团体要想拥有当事人能力必须具备一定的条件。最高人民法院《民诉法解释》第 52 条规定，《民事诉讼法》第 48 条[①]规定的其他组织具备当事人能力的，必须具有积极和消极两方面的要件。其积极

---

① 《适用意见》第 40 条原条文规定为第 49 条，但 2012 年《民事诉讼法》修正后，第 49 条变更为第 48 条。

要件是:合法成立,有一定的组织机构,有自己的财产。消极要件则指下列组织不具备法人资格:(1) 依法登记领取营业执照的个人独资企业;(2) 依法登记领取营业执照的合伙企业;(3) 依法登记领取我国营业执照的中外合作经营企业、外资企业;(4) 依法成立的社会团体的分支机构、代表机构;(5) 依法设立并领取营业执照的法人的分支机构;(6) 依法设立并领取营业执照的商业银行、政策性银行和非银行金融机构的分支机构;(7) 经依法登记领取营业执照的乡镇企业、街道企业。(8) 其他符合《民诉法解释》第 52 条规定条件的组织。

一般说来,当事人能力源于民事权利能力,有当事人能力者必然同时拥有民事权利能力。两者关系密切,但仍然存在区别。民事权利能力是进行民事活动的资格,当事人能力是进行诉讼活动的资格。诉讼法在作出当事人能力规定的时候还需要考虑诉讼目的和诉讼的独立意义。因此,民事权利能力的规定与诉讼权利能力即当事人能力的规定并不是完全一致的。民事诉讼的目的在于定纷止争,当事人能力是公民、组织进行民事诉讼的基本的前提要件。在现实经济社会生活中,许多社会组织虽然不是法人,却是实际经济交往的一方参与者。一旦发生纠纷,这些非法人组织必然成为纷争的一方当事人。如果不赋予其参加诉讼的资格或能力,不仅不利于保护正常的市场经济活动,保障社会团体的合法权益,也不利于纠纷的正确解决。所以,许多国家的法律规定,非法人团体在一定情况下具备当事人能力,可以进行诉讼活动。早在 1877 年的德国《民事诉讼法》中就规定“无权利能力的社团可以被诉;在诉讼中,该社团具有权利能力社团的地位”。我国民诉法学界的通说受德国、日本传统法学观点的影响,认为非法人虽然有当事人能力,却没有权利能力。非法人团体在实体法和诉讼法上地位的差异造成了很多问题。例如,在非法人团体作为原告提起给付之诉时,给付请求权是无法落实到该团体本身的。如果将给付请求权归属于该团体中的每一个成员,则非法人组织在诉讼中又不能成为正当的当事人。因此,现在理论界的趋势是承认非法人组织的当事人能力。如我国台湾地区“民事诉讼法”第 40 条第 3 项规定:“非法人之团体,设有代表人或管理人者,有当事人能力。”因为法律规定赋予法人以权利能力的同时并不使非法人组织不具备权利能力的命题具备正当性。

二、当事人能力与民事权利能力的关系

当事人能力作为一种资格,是指在诉讼活动进行当中,法律主体所应当具备的资格或者能力。然而,这仅仅是一种资格,并不是拥有资格的人必然成为当事人。要实际成为当事人,还必须在具体的诉讼案件中通过起诉和应诉来实现。如上所述,当事人能力与民事权利能力是一对相互区别又有着密切联系的概念,以下将作具体分析。

(一) 当事人能力与民事权利能力的关联性

当事人能力与民事权利能力的关联性表现在:有民事权利能力者,一定有当事人能力。自然人的民事权利能力始于出生,终于死亡。我国《民法通则》第 9 条规定,公民从出生时起到死亡时止,具有民事权利能力,依法享有民事权利,承担民事义务。源于民事权利能力的当事人能力也因此被平等地赋予每一个公民。各国法律均把公民的权利能力作为其当事人能力产生的依据。

法人具有民事权利能力,当然就具有当事人能力。法人自从设立之日起,就具有独立于

出资人或成员的财产,同时具有独立的法人人格以承担其全部责任。"独立财产和独立承担责任是法人人格的两根基本支柱,而独立责任是独立财产的最终体现。在我国法人制度的实践中,也往往把是否独立承担责任视为一个团体是否具有法人资格的最终标准。"[①]正是由于具有独立的财产和独立的责任能力,法人才获得了完全的民事权利能力,也相应地取得了当事人能力。

(二) 当事人能力与民事权利能力的分离

当事人能力与民事权利能力的分离是指两者的相互独立,无民事权利能力却有当事人能力或无当事人能力却有民事权利能力的现象。

1. 自然人。自然人与法人都是具有实质当事人能力的实体,由于他们的民事权利能力与当事人能力是一致的,因此都属于同时拥有诉讼权利能力与民事权利能力的完全的权利能力者。虽然自然人的民事权利能力始于出生终于死亡,但是存在例外的情况,主要体现在对胎儿的民事权利能力的规定上。从严格意义上说,胎儿尚未出生,并不具有民事权利能力,但是各国和地区法律都采取了有限承认胎儿人格的立法形式。例如,我国台湾地区"民法"为保护胎儿利益,对于法律上的某些权利承认胎儿具有民事权利能力,如损害赔偿权、继承权等权利请求。该法第 7 条规定:"胎儿以将来非死产者为限,关于其个人利益之保护,视为已经出生。"第 1166 条规定:"胎儿为继承人时,非保留其应继份,他继承人不得分割遗产。胎儿关于遗产之分割,以其母为代理人。"我国台湾地区"民事诉讼法"第 40 条第 2 项作出了相应的规定:"胎儿,关于其可享受之利益,有当事人能力。"根据我国台湾地区的法律规定,胎儿的权利能力是受限制的,而当事人能力则完全拥有。关于胎儿当事人能力的规定,我国台湾地区的法律与大陆有着很大不同。后者只承认胎儿的特留份,如《继承法》规定遗产分割时应当给胎儿保留必要的份额,胎儿出生时是死体的,保留的份额按法定继承办理。特留份的规定仍然坚持民事权利能力始于出生的传统,对胎儿的诉讼权利能力问题却没有作出相应的规定,仍然坚持认为,胎儿是不具有任何民事权利能力的实体。

此外,一般规定自然人的民事权利能力自出生始至死亡时终止,但是各国在立法上都赋予死者以人格权。例如,德国法律规定,著作人格权,作者死后70年终止。我国《著作权法》第 20 条规定:"作者的署名权、修改权、保护作品完整权的保护期不受限制。"作者死亡后,其著作权中的署名权、修改权和保护作品完整权由其继承人或受遗赠人保护。在司法实践中,作者的继承人或者受遗赠人可以原告身份提起诉讼。另外,死者的名誉权也受法律保护。法律及司法实践把诉讼实施权授予死者的继承人,因此继承人是享有当事人能力的主体。而死者由于仍然享有人格权,当然具有一定的民事权利能力。但该民事权利能力却不能赋予死者以当事人能力。因此,在死亡作者的著作权保护和死者的名誉权保护中,民事权利能力与当事人能力是相互分离的。

2. 法人。法人的民事权利能力和当事人能力的分离表现为法人的民事权利能力的限定性与当事人能力的普遍性。法人民事权利能力的限定性是指:(1) 性质差异产生的权利能力的限制。与自然人相比,法人性质上的差异引起对其权利能力的限制。例如,法人只享有名称权、名誉权等人格权而不享有姓名权和肖像权等。而自然人固有的性别、年龄、亲属关

① 江平主编:《法人制度论》,中国政法大学出版社 1994 年版,第 32 页。

系的权利义务等，法人也是无法享有的。(2)法律规定的限制。法人的民事权利能力要受到法律规定或者公司章程的限制。在公司超越其章程所限定的经营范围经营时，超出的范围往往不能产生其预期的法律效果，如公司法中有公司不得为他公司的无限责任股东的限制性规定，破产法中有关于清算法人权利能力的限制，等等。(3)法人目的的限制。英国法律规定，根据国王特许命令设立的法人，具有一般的权利能力，而根据议会法令设置的法人只享有和承担为达到章程规定目标所必要的权利义务，超出经营目标的行为无效。

我国《民法通则》规定，法人必须登记其经营范围。《民法通则》第42条规定："企业法人应当在核准登记的经营范围内从事经营。"根据《公司法》第12、25、82条规定，在有限责任公司和股份有限公司的公司章程中，"经营范围"是其必须登记的事项。可见，我国立法对于法人的民事权利能力仍采取法人权利能力限制说。而当事人能力是当事人在民事诉讼上可以作为原告或者被告进行起诉、应诉等诉讼活动的资格和能力。就一切诉讼进程观察，当事人能力只有"有无"问题，而不存在应否受到限制的问题。因此，法人民事权利能力与当事人能力的分离正体现在它有限的权利能力与普遍性的当事人能力之间的差异上。

3. 非法人团体。我国民事诉讼法把"其他组织"与自然人、法人同时视为具备当事人主体资格的诉讼法主体。根据《民诉法解释》第52条规定，"其他组织"是指合法成立、有一定的组织机构和财产，但又不具备法人资格的组织。非法人团体的民事权利能力和诉讼能力的分离体现为民事诉讼法对非法人团体的当事人能力有限的承认与民事立法对非法人团体独立民事主体地位的保留。我国《民法通则》除了对合伙组织、个体工商户和农村承包经营户有所规定以外，对于"其他组织"的法律地位没有涉及。因此，严格来说，"其他组织"在民事实体法中并没有形成与自然人、法人并列的同等民事主体地位。非法人团体不具备民事权利能力而拥有当事人能力的这种矛盾也反映在我国的有关司法实践当中。例如，《民诉法解释》第60条规定："在诉讼中，未依法登记领取营业执照的个人合伙的全体合伙人为共同诉讼人。个人合伙有依法核准登记的字号的，应在法律文书中说明登记的字号。全体合伙人可以推选代表人；被推选的代表人，应由全体合伙人出具推选书。"而最高人民法院《关于贯彻执行〈中华人民共和国民法通则〉若干问题的意见(试行)》第45条规定："起字号的个人合伙，在民事诉讼中，应当以依法核准登记的字号为诉讼当事人，并由合伙负责人为诉讼代表人。合伙负责人的诉讼行为，对全体合伙人发生法律效力。未起字号的个人合伙，合伙人在民事诉讼中为共同诉讼人。"两个司法解释的矛盾之处在于：前者将个人合伙视为一般的共同诉讼人，后者则根据是否具有字号而将个人合伙看成具备独立的当事人能力的组织。人们基于对民事诉讼当事人能力与权利能力分离的不同认识而产生对合伙的当事人能力的不同结论。前一个司法解释更注重保障交易相对人的交易安全，后一个司法解释则更注重合伙组织具有当事人的能力。

包括合伙组织在内的非法人团体的民事权利能力与当事人能力的分离是一个客观的事实。由于非法人组织的责任是由其财产和组成成员或上级单位来共同承担的，所以作为当事人的非法人团体在承担民事责任方面是无法与法人相比较的。民事责任能力是民事权利能力中重要的构成要件，因此非法人团体的当事人能力也就不可避免地表现出不完全性。对于立法与实践中的现实存在，理论上不应该为求得一致而削足适履。如果一定要使有当事人能力的非法人团体具有权利能力，那么民法上既承认合伙人对合伙财产有共同共有的关系,又承认合伙组织的独立财产权,无疑是承认了双重所有权的存在。这是民法理论所难以接受的。

三、当事人的诉讼能力

诉讼能力,又称为诉讼行为能力,是指当事人能够通过自己的行为亲自行使诉讼权利、履行诉讼义务的能力。有当事人能力或者民事权利能力的主体不一定具有诉讼行为能力。可以认为,诉讼能力与当事人能力的关系相当于民法上民事行为能力与民事权利能力的关系。不具有诉讼能力的当事人无法亲自实施诉讼行为,只能通过法定代理人或者法定代理人委托的诉讼代理人进行诉讼活动。

当事人的诉讼行为能力与民事行为能力有着密切的关系,两者都是指当事人亲自进行某种活动的实际能力。有完全民事行为能力的人才具有诉讼行为能力。法人和其他组织的诉讼行为能力从该法人或其他组织合法成立时起具有,到该法人或其他组织被撤销或解散时终止。诉讼行为能力与民事行为能力虽然关系密切,但两者并不是完全对应的关系。公民的诉讼行为能力与其民事行为能力一样,取决于公民的年龄和精神状况。法律规定,只有心智健全、没有任何精神疾病并且年满 18 周岁的成年人或者年满 16 周岁不满 18 周岁但以自己的劳动收入作为主要生活来源的人才具有诉讼行为能力。未成年人和患有精神疾病的成年人是没有诉讼行为能力的。他们一旦涉讼,应由其法定代理人或者法定代理人委托的诉讼代理人代为诉讼。

具有诉讼能力是诉讼行为有效的要件。没有诉讼能力的人实施的诉讼行为和针对无诉讼能力的人所实施的诉讼行为都是无效的。但是无诉讼行为能力的人实施的诉讼行为不能简单地加以撤销。如果其法定代理人对其诉讼行为予以追认,该诉讼行为则从一开始就是有效的。在诉讼进程中,当事人如果丧失诉讼行为能力,法院应当裁定中止诉讼,等待其法定代理人代为诉讼。

法人和其他组织的诉讼行为能力与其诉讼权利能力即当事人能力完全一致时,有诉讼权利能力就有诉讼行为能力。但作为团体的法人和其他组织,其诉讼行为能力必然需要由具体的人来实现。根据我国法律规定,法人和其他组织的诉讼行为能力,由法定代表人或主要负责人具体实现。法人和其他组织一旦涉讼,这些人便顺理成章地成为实现这些团体诉讼行为能力的诉讼代表人。这种诉讼代表权,是基于其特定的职务而获得的,其诉讼行为属于职务行为。因此,他们的诉讼行为就是法人和其他组织的诉讼行为,由这些团体承担一切诉讼后果。关于法定代表人的确定,是采取登记主义,以工商行政机关的登记册为准,还是采取意思主义,以股东决议为准,抑或采取要件主义,以公章归属为准,是司法实践中的一个常见问题。因为谁能够以法定代表人的身份代表法人参加诉讼,不仅涉及当事人地位的确定,也与实体争议息息相关。为此,《民诉法解释》第 50 条结合实践经验,对此问题作出了总结:(1)法人的法定代表人以依法登记的为准,但法律另有规定的除外。(2)依法不需要办理登记的法人,以其正职负责人为法定代表人;没有正职负责人的,以其主持工作的副职负责人为法定代表人。(3)法定代表人已经变更,但未完成登记,变更后的法定代表人要求代表法人参加诉讼的,人民法院可以准许。

第四节 原告与被告

原告与被告是民事诉讼最基本的当事人。任何诉讼都必须有原告和被告,如果因为一方死亡、破产、解散且没有权利义务的继受人,或者双方发生人格混同,导致诉讼只剩下原告或被告一方,则诉讼必须终结。

一、原告的概念与特征

民事诉讼中的原告,是指因民事权利义务发生纠纷,以自己的名义请求法院保护其合法权益,并能引起诉讼程序发生的人,其特征如下:

1. 原告是引起民事诉讼程序发生的人。由司法的被动性所决定,人民法院实行"不告不理",即原告的起诉是人民法院能够立案、决定开始诉讼程序的前提。没有原告的起诉,就没有民事诉讼程序的发生。

2. 原告是主动维护自己民事权益的人。这是与被告相对应而言的,原告通过起诉积极维护自己的民事权益,而被告则是被动应诉。

3. 原告对于民事诉讼程序的结束以及诉讼的审判结果具有重大的影响。原告对实体权利和诉讼权利的处分,如放弃部分诉讼请求或者申请撤诉,会对诉讼进程及结果产生不可忽视的作用。

二、被告的概念与特征

民事诉讼中的被告,是指被原告诉称为民事权利义务关系纠纷的相对人,并经人民法院通知应诉的,与原告利益相对立的另一方当事人。被告具有以下特征:

1. 被告是被人民法院传唤对原告的起诉进行应诉的人。

2. 从形式上看,被告是被动参加诉讼,消极地维护自己民事权益的人。

3. 被告的行为对于民事诉讼程序的发生、变化和消灭同样发生重要的影响。例如:被告对原告诉讼请求的承认,可能导致诉讼结果的重大变化;被告的死亡,可能导致诉讼的中止,甚至终结。

原告和被告是民事诉讼中最基本的当事人。诉讼的本质乃"对簿公堂",原、被告双方当事人的对立,是民事诉讼构造的重要组成部分,也是民事诉讼得以存在和继续的前提。

第五节 诉讼代理人

一、诉讼代理人的概念和特征

诉讼案件的处理结果牵涉到当事人的实体权利,理应由当事人亲自进行。但在法律上,当事人的诉讼权利能力与诉讼行为能力是可以分离的,有诉讼权利能力未必有相应的诉讼行为能力。例如:无诉讼行为能力人和限制诉讼行为能力人,他们就不能亲自参加诉讼;即使有诉讼行为能力的人,由于缺少法律知识、文化水平有限等,也会需要一些精通法律的人的帮助。因此,为维护所有当事人的合法权益,保证诉讼的顺利进行,诉讼法上设置了诉讼代理人制度。

所谓诉讼代理人,是指以当事人一方的名义,在法律规定或者当事人授予的权限范围内代理实施诉讼行为的人。代理人实施诉讼行为的权限,称为诉讼代理权。可见,诉讼代理人有以下几个特点:

1. 有诉讼行为能力。诉讼代理人的职责,是在代理权限范围内代理当事人实施诉讼行为和接受诉讼行为,这就要求诉讼代理人必须有诉讼行为能力,否则,无法履行代为诉讼的职责。可见,具有诉讼行为能力,是担任诉讼代理人最基本的条件。

2. 以被代理人的名义,并且为了维护被代理人的利益进行诉讼活动。诉讼代理人并非案件的一方当事人,其与案件没有直接或间接的利害关系,参加诉讼完全是为了帮助被代理人,为其提供法律服务。因此,诉讼代理人是"替"被代理人打官司的,必须以被代理人的名义进行诉讼活动。诉讼代理人不仅不能以自己的名义进行诉讼,更不能为了维护自己的利益进行诉讼活动。诉讼代理人在诉讼中无自己的利益可言。

3. 在代理权限范围内实施诉讼行为。根据我国民事诉讼法的规定,诉讼代理人的代理权,有的是法律赋予的,有的是当事人授权的,因此,诉讼代理人只有在代理权限范围内实施诉讼行为,才能与被代理人本人的诉讼行为具有同等效力。否则,诉讼代理人超过代理权限实施的诉讼行为无效。而且,由于越权代理而给对方当事人或被代理人造成损失的,还要负赔偿责任。

4. 诉讼代理的法律后果由被代理人承担。诉讼代理的法律后果,包括程序性的后果和实体性的后果。前者如因代理当事人申请撤诉被法院批准而结束诉讼程序,后者如因代理当事人承认对方的诉讼请求而被法院判决承担某种民事义务。诉讼代理行为只要未超越诉讼的代理权限,其法律后果均应由被代理人承担,而非由诉讼代理人承担。如前所述,诉讼代理人超越诉讼代理权实施的诉讼行为不是诉讼代理行为,其法律后果只能由诉讼代理人自己承担,除非被代理人对越权的诉讼代理行为予以追认。

5. 同一诉讼代理人在同一案件中只能代理一方当事人,不能在担任一方当事人的诉讼代理人的同时又是该诉讼的对方当事人。诉讼代理人代理当事人诉讼的目的是维护被代理人的合法权益。由于双方当事人在诉讼中处于利害冲突状态,因此法律禁止双方代理。

在诉讼实务中,成为问题的是:代理人能否代理共同诉讼中的一方当事人进行诉讼?这要看数个共同诉讼人之间的利益是否存在冲突,如果存在着现实的或潜在的冲突,就不得同时代理他们进行诉讼。如在共同侵权的诉讼中,诉讼代理人就不得代理两个或两个以上的被告,因为尽管在反对原告上共同被告的利益具有一致性,但在侵权责任大小问题上,共同被告之间是存在着利益冲突的。如果共同诉讼人之间不存在利益冲突,则应当允许诉讼代理人代理数位共同诉讼人进行诉讼。

根据诉讼代理权发生的原因不同,诉讼代理人可分为两类:法定诉讼代理人和委托诉讼代理人。

二、法定诉讼代理人

（一）法定诉讼代理人的概念及特征

法定诉讼代理人，是指根据法律规定而取得代理权，代理无诉讼行为能力的当事人进行诉讼的人。法定诉讼代理是为无诉讼行为能力的人在法律上设立的一种代理制度，虽然它和民事活动中的法定代理在代理对象和代理人的范围上完全一致，但毕竟仍是两种不同的制度，不能将它们混淆，尤其是名称。民事诉讼中的法定代理是代理当事人为诉讼法律行为民事活动中的法定代理是代理当事人为民事法律行为。前者受民事诉讼法调整，后者受民事实体法调整。这就决定了民事诉讼活动中的法定代理，在代理人的地位、作用、权限以及代理权的发生和消灭等方面，均有区别于民事活动中法定代理的特点。因此，应在称谓上严格将这两种代理人区别开，前者称为法定诉讼代理人，后者称为法定代理人，不能笼统地都称为法定代理人。

法定诉讼代理人具有以下特点：

1. 代理权产生的基础特殊。法定诉讼代理之所以产生，既不是基于当事人本人的意志，也不是基于代理人的意志，而是基于法律的规定。法定诉讼代理权以民事实体法规定的亲权和监护权为基础，即法定诉讼代理权产生于民事实体法规定的亲权和监护权。

2. 代理对象特殊。法定诉讼代理是专门为无诉讼行为能力的人设立的一种诉讼代理制度，因此，法定诉讼代理人只能代理无诉讼行为能力人进行诉讼。有诉讼行为能力的人由于可以表达自己的意志，不需要法定代理人代理诉讼，可以根据自己的意志自行诉讼或者委托诉讼代理人代为诉讼。设立法定诉讼代理制度的目的在于保护无诉讼行为能力人的合法权益，因此，无诉讼行为能力人的监护人担任诉讼中的法定代理人并认真履行职责，不仅是法律赋予他们的一项权利，也是他们对社会应尽的一种义务。

3. 代理人的范围特殊。即法定诉讼代理人的范围只限于对被代理人享有亲权和监护权的人，其他人不能担任法定诉讼代理人。

（二）法定诉讼代理人的范围

我国《民事诉讼法》第 57 条规定："无诉讼行为能力人由他的监护人作为法定代理人代为诉讼。"也就是说，民事诉讼中的法定代理人，必须是对被代理人享有监护权的人。对无诉讼行为能力人享有监护权的人，包括与无诉讼行为能力人有身份关系的亲属和对无诉讼行为能力人有监护责任的监护人。我国《民法通则》第 16 条和第 17 条分别对未成年人和精神病人的监护人的范围作了明确规定。

1. 未成年人的监护人。未成年人的监护人首先是父母，父母死亡或者没有监护能力的，由下列人员中有监护能力的人担任监护人：(1) 祖父母、外祖父母；(2) 兄、姐；(3) 关系密切的其他亲属、朋友愿意承担监护责任，经未成年人的父、母所在单位或者未成年人住所地的居民委员会、村民委员会同意的。

对担任监护人有争议的，由未成年人的父、母所在单位或者未成年人住所地的居民委员会、村民委员会在近亲属中指定。对指定不服提起诉讼的，由人民法院裁决。

没有上述监护人的，由未成年人的父、母所在单位或者未成年人住所地的居民委员会、村民委员会或者民政部门担任监护人。

2. 精神病人的监护人。可以担任无民事行为能力或者限制民事行为能力的精神病人的监护人的顺序是：(1) 配偶；(2) 父母；(3) 成年子女；(4) 其他近亲属；(5) 关系密切的其他亲属、朋友愿意承担监护责任，经精神病人所在单位或者住所地的居民委员会、村民委员会同意的。

对担任监护人有争议的，由精神病人所在单位或者住所地的居民委员会、村民委员会在近亲属中指定。对指定不服提起诉讼的，由人民法院裁决。

没有上述监护人的，由精神病人所在单位或者住所地的居民委员会、村民委员会或者民政部门担任监护人。

从《民法通则》的上述规定看，无民事行为能力人和限制民事行为能力人的监护人的范围是比较广泛的。以法定诉讼代理人身份代理无民事行为能力人和限制民事行为能力人参加诉讼，是监护人的重要职责。

根据最高人民法院的有关司法解释，无民事行为能力和限制民事行为能力人事先没有确定监护人的，可以由有监护资格的人协商确定。协商不成的，由人民法院在他们之中指定诉讼中的法定代理人。

(三) 法定诉讼代理人的权限和诉讼地位

由于法定诉讼代理人代理的对象是无诉讼行为能力的当事人，他们不能正确表达自己的意志，而设立法定诉讼代理制度的目的又在于充分、有效地保护被代理人的合法权益，因此，法定诉讼代理人的代理权不应受到限制，应为全权代理。凡是被代理人享有的诉讼权利，他都有权代为行使；凡是被代理人应履行的诉讼义务，他都应当代为履行。法定诉讼代理人既可以代理当事人处分程序权利，也可以代理当事人处分实体权利。法定诉讼代理人所为的一切诉讼行为，均应视为被代理人本人所为，与被代理人本人所为的诉讼行为具有同等效力。

法定诉讼代理人在诉讼中处于与当事人类似的诉讼地位，即法定诉讼代理人在诉讼中与其所代理的当事人的诉讼地位基本相同。但必须明确，法定诉讼代理人在性质上不是当事人，而是诉讼代理人。这是因为：(1) 法定诉讼代理人不是实体权利义务的承担者，判决的效力不及于法定诉讼代理人，只及于当事人。(2) 当事人的住所地可以作为确定案件管辖法院的依据，而法定诉讼代理人的住所地对确定案件管辖法院没有任何影响。(3) 在诉讼进行中，如果法定诉讼代理人死亡，只能导致诉讼程序的中止，如果当事人死亡，则一般将导致诉讼程序的终结。

(四) 法定诉讼代理权的取得和消灭

法定诉讼代理人的诉讼代理权来源于其监护人的身份，是监护权的内容之一。因此，法定诉讼代理权的取得依赖于监护权的取得。被监护人的民事争议发生前，诉讼代理权便存在于监护权之中，发生争议需要进行诉讼时，监护人即可行使此权利。

诉讼代理权的有无直接关系到代理人诉讼行为的效力，因此人民法院在进入实体审理前就需要调查核实代理人的身份，当发生疑问时，法院还要要求代理人进行证明。

法定诉讼代理权依据法律的规定而取得。而根据法律的规定,法定诉讼代理权的发生基础,是代理人与被代理当事人之间的监护关系,即只有监护人能取得该法定诉讼代理权。那么,当监护权消灭之时,法定诉讼代理权也自然归于消灭。

具体说来,法定诉讼代理权的消灭有以下几种情况:(1) 无诉讼行为能力的人具备或恢复了诉讼行为能力。具备或恢复了诉讼行为能力,意味着有了完全的民事行为能力,监护权随即消灭,而法定诉讼代理权也无依存的基础了。(2) 根据收养关系或婚姻关系而产生的监护权,因这些关系的解除而消灭,其法定诉讼代理权也随之消灭。(3) 法定诉讼代理人本人丧失诉讼行为能力。(4) 被代理人或代理人死亡。(5) 诉讼结束。

三、委托诉讼代理人

(一) 委托诉讼代理人的概念及特征

委托诉讼代理人,是指受当事人、法定代理人委托并以他们的名义在授权范围内进行民事诉讼活动的人。

委托诉讼代理人与法定诉讼代理人相比,主要有以下特点:

1. 委托诉讼代理人基于委托人的授权而产生。一方面,委托人出具的授权委托书是诉讼代理人取得代理权的依据;另一方面,委托人的授权也要为代理人所接受。这表明在委托人与代理人之间存在着一种代理诉讼的约定。这种约定,既有委托人授权委托的意思表示,也有受托人同意接受委托的意思表示,委托诉讼代理权便以此为基础而产生。所以,也可以说,委托诉讼代理权产生于委托人与受托人之间的约定。

2. 诉讼代理事项和诉讼代理权限,除法律有特别规定外,一般由委托人自己决定。即委托人让诉讼代理人代理哪些事项,诉讼代理人就只能代理哪些事项;委托人让诉讼代理人在什么权限范围内代理这些事项,诉讼代理人就只能在这种权限范围内代理这些事项。

3. 代理人和被代理人均有诉讼行为能力。这一点与法定诉讼代理人有很大的区别。法定诉讼代理是专门为无民事行为能力人和限制民事行为能力人设定的诉讼代理制度,因此,法定诉讼代理中的被代理人只能是无诉讼行为能力的人。而委托诉讼代理则建立在被代理人的授权委托的基础之上,因此,被代理人必须具有诉讼行为能力,否则,便无法进行授权委托,从而也就不存在委托诉讼代理。当然,不论是法定诉讼代理还是委托诉讼代理,代理人均应有诉讼行为能力。

(二) 委托诉讼代理人的范围和人数

委托诉讼代理人的范围涉及的是哪些人可以接受委托代理民事诉讼的问题。为了保护被代理人的利益和保证诉讼的顺利进行,各国法律对委托诉讼代理人的资格均有限制,归结起来,有两种立法模式:一种是采用律师强制主义或原则上采用律师强制主义;另一种是对诉讼代理人规定了相当宽的范围,律师和非律师均可以作为委托诉讼代理人。

我国采用的是后一种立法模式,对委托诉讼代理人的范围规定得相当广泛。根据《民事诉讼法》第58条规定,委托诉讼代理人包括:(1) 律师、基层法律服务工作者;(2) 当事人的近亲属或者工作人员;(3)当事人所在社区、单位以及有关社会团体推荐的公民。同时,最高人民法院《民诉法解释》第85~87条进一步对《民事诉讼法》第58条第2款第2、3项中的相关内容进行了明确,第85条规定:“与当事人有夫妻、直系血亲、三代以内旁系血亲、近姻亲关系以及其他有抚养、赡养关系的亲属,可以当事人近亲属的名义作为诉讼代理人。”第86条规定:“与当事人有合法劳动人事关系的职工,可以当事人工作人员的名义作为诉讼代理人。”第87条规定:“有关社会团体推荐公民担任诉讼代理人的,应当符合下列条件:(一)社会团体属于依法登记设立或者依法免于登记设立的非营利性法人组织;(二)被代理人属于该社会团体的成员,或者当事人一方住所地位于该社会团体的活动地域;(三)代理事务属于该社会团体章程载明的业务范围;(四)被推荐的公民是该社会团体的负责人或者与该社会团体有合法劳动人事关系的工作人员。专利代理人经中华全国专利代理人协会推荐,可以在专利纠纷案件中担任诉讼代理人。”法律规定当事人委托其他公民担任诉讼代理人时须经人民法院许可,主要是为了保护当事人的利益和保障诉讼的顺利进行,防止缺乏陈述和辩论能力、不能胜任诉讼的人及其他可能损害当事人利益的人成为诉讼代理人。《民诉法解释》第84条规定:“无民事行为能力人、限制民事行为能力人以及其他依法不能作为诉讼代理人的,当事人不得委托其作为诉讼代理人。”

在我国,当事人、法定代理人可以委托1~2人作为诉讼代理人。如委托2人作为诉讼代理人,各自的代理事项和代理权限应当在授权委托书中分别载明。

(三)委托诉讼代理人的权限和诉讼地位

委托诉讼代理人代理权限的大小,取决于被代理人的授权,当事人、法定代理人授予其多大的权利,其就具有多大的代理权。

当事人在民事诉讼中的权利大体可分为两大类:第一类是纯程序性质的或者与实体权利关系不那么密切的诉讼权利,如申请回避、提出管辖权异议等;第二类是实体权利或与实体权利紧密相关的诉讼权利,如代为承认、变更、放弃诉讼请求,进行和解,提起反诉或者上诉,等等。第二类权利对当事人的利益关系重大,因此民事诉讼法对这类权利持特别慎重的态度,明确规定诉讼代理人除非经过委托人的特别授权,不得在诉讼中实施这类行为。而法定诉讼代理人无须授权,可自由处分当事人的实体权利,这一点与委托诉讼代理人明显不同。

对需要特别授权的事项,当事人在授权委托书中必须一一写明,有的当事人为图方便省事,在授权委托书代理权限一项中只概括地写上“全权代理”。对这种不规范的授权,司法解释明确规定,授权委托书仅写“全权代理”而无具体授权的,诉讼代理人无权代为承认、放弃、变更诉讼请求,进行和解,提起反诉或者上诉。

此外,如果当事人在授权委托书中没有写明代理人在执行程序中有代理权及具体的代理事项,则代理人的代理权仅限于第一审或第二审程序,在执行程序中没有代理权,不能代理当事人直接领取或者处分标的物。

当事人委托诉讼代理人后,本人可以出庭参加诉讼,也可以不出庭。当事人之所以委托代理人进行诉讼,就是为了使自己能够从诉讼中解脱出来,因此允许当事人不再参加诉讼是合理的。但离婚诉讼例外。这类诉讼涉及夫妻的感情是否破裂和哪一方更适合抚养子女等唯有当事人才能说得清楚的问题,尤其是对离与不离的问题,由诉讼代理人表达意见是不合适的。此外,法院通常要对离婚诉讼进行调解,当事人本人如不出庭参加诉讼,调解就无从进行。

因此,《民事诉讼法》第 62 条对离婚诉讼的代理问题作了特别规定。按此规定,委托了诉讼代理人的离婚诉讼的当事人,本人除不能表达意思的外,仍应当出庭参加诉讼。确因特殊情况无法出庭的,必须向法庭提交离与不离的书面意见。

(四) 委托诉讼代理权的取得、变更和消灭

委托诉讼代理权是基于委托人的授权而发生的。《民事诉讼法》第 59 条第 1 款规定:"委托他人代为诉讼,必须向人民法院提交由委托人签名或者盖章的授权委托书。"可见,向法院提交由委托人签名或者盖章的授权委托书,是受托人取得委托诉讼代理权的法定方式。授权委托书是授予代理权的凭证,其真实与否,直接关系到代理权的有无和大小。为保证来自国外的授权委托书的真实性,民事诉讼法还特别规定侨居国外的我国公民从外国寄交或托交的授权委托书,须经我国驻外国的使领馆证明;没有使领馆的,由与我国有外交关系的第三国驻该国的使领馆证明,再转由我国驻该第三国使领馆证明,或者由当地的爱国华侨团体证明。

委托诉讼代理关系成立后,被代理人可以在法律许可的范围内变更或解除代理事项。《民事诉讼法》第 60 条规定:"诉讼代理人的权限如果变更或解除,当事人应当书面告知人民法院,并由人民法院通知对方当事人。"否则,诉讼代理权的变更或解除对人民法院和对方当事人不发生效力。在诉讼代理权变更或解除前,委托诉讼代理人已经实施的诉讼代理行为仍然有效。

委托诉讼代理权可以基于各种原因而消灭。诉讼代理权的消灭不同于诉讼代理权的解除,诉讼代理权的解除是人为的,诉讼代理权的消灭则既有人为的原因,也有非人为的原因。但两者又有一定联系,即诉讼代理权的解除是诉讼代理权消灭的原因之一。委托诉讼代理权消灭的原因有:(1) 诉讼终结。每一项诉讼代理都只针对某一特定的诉讼,诉讼终结,代理也自然结束。(2) 代理人丧失诉讼行为能力或死亡。(3) 被代理人死亡。(4) 委托人解除委托或代理人辞去委托。委托诉讼代理的成立,取决于委托人和受托人双方的意愿,缺一不可。所以,只要其中有一方改变初衷,委托诉讼代理权便不复存在。

(五) 委托诉讼代理中的转委托

《民法通则》对民事代理中的转委托作了明确规定,民事诉讼法未规定委托诉讼代理中是否允许转委托,但在诉讼实务中转委托问题是客观存在的。

我们认为,为了满足诉讼中的实际需要和保护当事人的合法权益,一方面应当允许转委托,另一方面应当对转委托的条件作出如下规定:(1) 转委托须有合法的诉讼代理权。(2) 须是转委托人基于特殊原因不能或者不便履行诉讼代理职责。(3) 须取得委托人的事先同意或者事后认可。(4) 转委托诉讼代理人须具有诉讼行为能力。(5) 转委托代理的权限不得超过委托人原来授予的权限。

此外,在适用转委托诉讼代理时应注意以下几个问题:(1) 在转委托诉讼代理中,转委托诉讼代理人仍然是原委托人的诉讼代理人,而非转委托人的诉讼代理人,因此,诉讼代理人的法律效果仍归属于原委托人,而不能归属于转委托人。(2) 发生转委托诉讼代理时,应由原委托人与转委托诉讼代理人就转委托代理事项另行签订诉讼代理合同。(3) 发生转委托诉讼代理时,应当书面告知法院,即向法院递交转委托代理事项的授权委托书,并由法院通知对方当事人。

第六章　多数当事人

第一节　共同诉讼

一、共同诉讼概述

(一) 共同诉讼的概念

本书第五章关于当事人的阐述中论及诉讼的两极对立形态。在该形态之下，如果当事人双方均为单数，则诉讼又称为单一形态诉讼。但是，由于社会关系错综复杂，多种关系的交叉混合时常发生，反映在民事法律和民事诉讼法律关系之中也呈现关系重叠、交叉及混合的状态。因此，一方或者双方当事人出现复数的情况便屡见不鲜。当事人一方或双方出现复数情形的诉讼，学理上称为复杂型或合并型诉讼形态。

共同诉讼即属于复杂型诉讼形态。它是指当事人一方或者双方为两人以上(含两人，下同)的诉讼。在通常情况下，民事诉讼的原告一方或被告一方都只有一人。但在某些诉讼中，当事人一方或双方为两人以上，这就形成了一种特殊的诉讼形态——共同诉讼。相对于原告和被告为一对一的单独诉讼而言，共同诉讼是一种当事人的人数呈现复数的诉讼形态。

在民事诉讼理论中，原告为两人以上的共同诉讼，称为积极的共同诉讼；被告为两人以上的共同诉讼，称为消极的共同诉讼；原告和被告均为两人以上的共同诉讼，称为混合的共同诉讼。在共同诉讼中，共同起诉或应诉的人，称为共同诉讼人。

共同诉讼作为我国民事诉讼法规定的一个重要诉讼制度，其意义在于简化诉讼程序，实现诉讼经济，并且避免人民法院在同一事件或类似事件的处理上作出不同甚至矛盾的判决。

(二) 共同诉讼的性质

共同诉讼将一方或双方为两人以上的诉讼主体纳入同一诉讼程序，因此属于诉的主体合并，即当事人的合并。它不同于诉的客体合并(一方当事人向另一方提起数个独立的诉讼请求，人民法院将其合并审理)，也不同于第三人参加的诉的合并和因反诉引起的诉的合并。但有些情况下，共同诉讼可能是诉的主体合并与诉的客体合并的竞合。这种情况下，同一诉讼程序不仅纳入了多个诉讼主体，而且一个诉讼主体可能提起数个独立诉讼请求。诉的主体合并与诉的客体合并没有必然的联系，两者都可能独立存在。

(三) 共同诉讼的特征

1. 当事人一方或双方为两人以上。这是共同诉讼的本质特征,也是区分共同诉讼与单独诉讼的基本标准。

2. 一方或双方为两人以上的当事人在同一诉讼程序中进行诉讼。唯其如此,才能称为共同诉讼。

(四) 共同诉讼的分类

共同诉讼一般分为普通共同诉讼和必要共同诉讼两种类型,区分的根据主要在于共同诉讼人争议的诉讼标的的关系。其中,争议的诉讼标的是同一的共同诉讼,为必要共同诉讼;争议的诉讼标的是同种类的共同诉讼,为普通共同诉讼。由此,共同诉讼人也可以分为普通共同诉讼人和必要共同诉讼人。必要共同诉讼的目的主要在于防止矛盾判决,普通共同诉讼的目的则主要在于实现诉讼经济。这两种类型的共同诉讼性质不同,在具体运作时所遵循的规则也多有区别。

二、必要共同诉讼

(一) 必要共同诉讼的概念和特征

必要共同诉讼,是指当事人一方或者双方为两人以上,具有同一诉讼标的,法院必须合并审理并在裁判中对诉讼标的合一确定的共同诉讼。所谓诉讼标的同一,是指共同诉讼人在所争议的实体法律关系中存在着共同的利害关系,即享有共同的权利或承担共同的义务。这种利害关系的共同性和不可分割性,使得共同诉讼成为一种必要,因而是不可分之诉,要求共同诉讼人必须一同起诉或应诉,还要求人民法院合并审理,且作出合一判决,避免分开审理、分别判决而导致分割实体权利义务的内在联系,造成相互矛盾的判决。故此类共同诉讼称为必要共同诉讼。

必要共同诉讼具有以下特征:

1. 当事人一方或双方为两人以上。这是共同诉讼的基本要求。

2. 诉讼标的具有同一性。诉讼标的是同一的,决定了共同诉讼人对共同诉讼的请求有合并的牵连性或共同性。这既是构成必要共同诉讼的主观要件,也是必要共同诉讼的最基本特征。

3. 共同诉讼人必须共同参加诉讼。必要共同诉讼中诉讼标的具有同一性,因此共同诉讼人必须一同起诉或应诉。共同诉讼人未一同起诉或应诉的,法院应当予以追加。

4. 共同诉讼人的行为具有一致性。一人的诉讼行为,只有经全体承认后,才发生效力。

5. 法院必须合并审理、合一判决。这是指对于共同诉讼,法院必须适用同一诉讼程序进行审理,并对共同诉讼人的权利义务作出内容相同的判决。这同样是由必要共同诉讼中诉讼标的的同一性所决定的。

(二) 必要共同诉讼的类型

国外民事诉讼理论将必要共同诉讼分为固有的必要共同诉讼和类似的必要共同诉讼。

前者是指对作为诉讼标的的法律关系，全体共同诉讼人必须合一确定，并且必须一同起诉或应诉，当事人方为适格的必要共同诉讼。这以共同共有人分割共有财产之诉为典型。后者是指对作为诉讼标的的法律关系，各个共同诉讼人既可一同起诉或应诉，也可分别起诉或应诉，但一旦选择一同起诉或应诉，法院对共同诉讼人的诉讼标的就必须作合一确定的必要共同诉讼。这以撤销股东大会之诉、连带债权人对外请求给付之诉、连带债务人被同一债权人提起的给付之诉为典型。也有的学者将类似的必要共同诉讼称为“特殊共同诉讼”“偶然的必要共同诉讼”“非真正必要共同诉讼”。

我国没有固有的必要共同诉讼与类似的必要共同诉讼的区分，而是将所有的必要共同诉讼都视为不可分之诉。只要有一个必要共同诉讼人未参加诉讼，就必然通过当事人申请或人民法院通知的方式追加其参加诉讼。

但是，根据诉讼标的的权利义务本身是共同的，还是形成诉讼的权利义务的原因是共同的，我国将必要共同诉讼分为两种基本类型：权利义务共同型必要共同诉讼和原因共同型必要共同诉讼。这种划分其实源自德国，产生于德国普通法时代。但严格来说，这两类必要共同诉讼作为不同的制度形式并不是同时产生的，而是先有权利义务共同型必要共同诉讼，后有原因共同型必要共同诉讼。

1. 权利义务共同型必要共同诉讼。在这类必要共同诉讼中，各共同诉讼人对于诉讼标的原先就存在共同的权利或义务，这是因为共同诉讼人之间本身就存在着权利义务的共同关系或连带关系，但这种共同关系或连带关系并不是同一事实或同一法律上的原因引起的。

在诉讼实务中，常见的情况主要有两类：(1)共同诉讼人之间存在着权利义务共同关系。共有财产争议所引起的诉讼是最典型的必要共同诉讼。共有财产的情形具体包括：合伙人对合伙财产的共有、夫妻对共同财产的共有、共同继承人对被继承财产的共有、知识产权人对知识产权的共有等。当然，并非全部涉及共有财产权的诉讼都构成必要共同诉讼。(2)共同诉讼人之间存在着连带债权或连带债务。这种债权或债务的连带性使得涉讼时各连带债权人或债务人之间就具有了共同的权利或义务。如承担连带保证责任的保证人与被保证的主债务人之间存在着连带清偿关系，债权人向保证人和被保证人一并主张权利的，二者为共同被告。

2. 原因共同型必要共同诉讼。共同诉讼人之间原本没有共同的权利或义务，而是基于后来发生的同一事实或法律上的原因，才具有了共同的权利或义务。因共同侵权引起的诉讼是这类共同诉讼的典型形态。数人共同致他人损害，受害人起诉要求损害赔偿时，数个加害人应当为共同被告。在损害发生前，数个加害人之间既没有任何共同关系，也没有连带关系，即没有共同的权利义务。只是因为发生了加害的事实，共同诉讼人之间才具有了连带关系，也就具有了共同赔偿的义务。

值得注意的是，基于同一事实或法律上的原因引起的诉讼并不必然构成必要共同诉讼。如一人同时致数人损害引起的诉讼，就不是必要共同诉讼。在这种情形中，同一事实或法律上的原因并没有形成共同的权利义务。

(三) 必要共同诉讼的具体情形

各个民事主体的诉讼标的是否同一，是根据什么来确定的呢？一般来说，主要是由民事实体法来确定的。另外，《民事诉讼法》和相关的司法解释对引起必要共同诉讼的情形也作

了具体的规定。归纳起来,应当作为必要共同诉讼处理的情形主要有:

1. 挂靠。以挂靠形式从事民事活动,当事人请求由挂靠人和被挂靠人依法承担民事责任的,该挂靠人和被挂靠人为共同诉讼人。

2. 营业执照登记的经营者与实际经营者不一致。在诉讼中,个体工商户以营业执照上登记的经营者为当事人。营业执照上登记的经营者与实际经营者不一致的,以登记的经营者和实际经营者为共同诉讼人。

3. 个人合伙涉诉。在诉讼中,未依法登记领取营业执照的个人合伙的全体合伙人为共同诉讼人。个人合伙有依法核准登记的字号的,应在法律文书上注明登记的字号。全体合伙人可以推选代表人;被推选的代表人,应由全体合伙人出具推选书。不过,理论和立法上也有将合伙企业列为当事人的情形。

4. 企业法人分立。企业法人分立的,因分立前的民事活动发生的纠纷,以分立后的企业为共同诉讼人。

5. 借用业务介绍信等。借用业务介绍信、合同专用章、盖章的空白合同书或者银行账户的,出借单位和借用人为共同诉讼人。

6. 遗产继承诉讼。在继承遗产的诉讼中,部分继承人起诉的,人民法院应通知其他继承人作为共同原告参加诉讼;被通知的继承人不愿意参加诉讼又未明确表示放弃实体权利的,人民法院仍应将其列为共同原告。

7. 代理关系的连带责任。原告起诉被代理人和代理人,要求承担连带责任的,被代理人和代理人为共同被告。

8. 共有财产涉诉。共有财产权受到他人侵害,部分共有权人起诉的,应将其他共有权人列为共同诉讼人。

9. 因保证合同纠纷涉诉。因保证合同纠纷提起的诉讼,债权人向保证人和被保证人一并主张权利的,人民法院应当将保证人和被保证人列为共同被告。保证合同约定为一般保证,债权人仅起诉保证人的,人民法院应当通知被保证人作为共同被告参加诉讼;债权人仅起诉被保证人的,可以只列被保证人为被告。

10. 劳务派遣侵权纠纷。在劳务派遣期间,被派遣的工作人员因执行工作任务造成他人损害的,以接受劳务派遣的用工单位为当事人。当事人主张劳务派遣单位承担责任的,该劳务派遣单位为共同被告。

11. 无民事行为能力人、限制民事行为能力人致人损害。无民事行为能力人、限制民事行为能力人造成他人损害的,无民事行为能力人、限制民事能力人和其监护人为共同被告。

(四) 必要共同诉讼人的追加

诉讼标的的同一性决定了必要共同诉讼是一种不可分之诉,法院只能合一审理和判决,当事人只能一同起诉或应诉,否则将被视为当事人不适格。因此,人民法院在受理起诉的案件时,如果发现有部分共同诉讼人没有参加诉讼的,就必须追加当事人。

当事人的追加,可以由法院依职权进行,也可以由法院根据参加诉讼的当事人的申请追加。根据司法解释,如果在起诉阶段法院发现必须进行共同诉讼的当事人没有参加诉讼的,应当通知其参加;当事人也可以向法院申请追加。但应当追加的原告,已明确表示放弃实体权利的,可不予追加;既不愿意参加诉讼,又不放弃实体权利的,仍追加为共同原告,其不参加诉讼,不影响人民法院对案件的审理和依法作出判决。被追加的被告,如果不愿参加诉讼的,法院一般可以对其缺席判决,但对符合拘传条件的被告,则可以通过拘传强制其到庭参加诉讼。

(五) 必要共同诉讼人的内部关系

一对一的单独诉讼,当事人之间只有单一的对外关系,比较简单。必要共同诉讼作为复数诉讼形式,关系则要复杂得多,除了原被告之间的外部关系以外,还涉及共同诉讼人之间的内部关系。在诉讼中,由于各个共同诉讼人都是独立的诉讼主体,都有权独立地实施一定的诉讼行为,而他们相互间的诉讼行为又可能不完全一致,甚至产生分歧,这就产生了如何处理必要共同诉讼人内部关系的问题。要处理好这一问题,必须对共同诉讼人的牵连性和独立性有一个明确的认识。总的来看,必要共同诉讼人在民事诉讼中既有其共同的一面,也有其独立的一面。

1. 必要共同诉讼人的牵连性。由于诉讼标的的同一性,必要共同诉讼人的民事诉讼行为能力具有一定的共同性,因此,必要共同诉讼表现出更强的牵连性。这主要表现在必要共同诉讼人中一人的行为只有有利于全体时才对全体发生效力。而是否有利于全体共同诉讼人,应当是在诉讼人实施行为之时作出的形式判断,而不应是在诉讼人实施行为之后或判决之后才作出的实质判断。

必要共同诉讼人的牵连性一般表现为:

第一,共同诉讼人中一人提出有利于全体的诉讼请求,陈述有利事实,提出有利证据或者提出抗辩、反证的,虽然其他共同诉讼人未作出这些行为,但是这些行为对全体发生效力。共同诉讼人中一人所作的自认、承认对方诉讼请求、放弃诉讼请求等不利行为,对全体共同诉讼人(包括行为人本身)不发生效力。但如果不利行为是由全体共同诉讼人共同作出的,则对全体发生效力。

第二,共同诉讼人中一人遵守诉讼期间的,对全体发生效力。例如,只要一人在上诉期内提起上诉,就视为全体共同诉讼人在上诉期内上诉,而不论其他共同诉讼人是否超过上诉期间。

第三,因共同诉讼人中一人所发生的诉讼中断、诉讼中止,对全体发生效力。

2. 必要共同诉讼人的独立性。各必要共同诉讼人均是有民事诉讼权利能力的独立民事主体,其民事诉讼行为能力也是相对独立的,但其相互独立性受到一定的限制。必要共同诉讼人在行使共同的权利和履行共同的义务时,应当共同一致作出。如果单独作出,单独作出人的诉讼行为只有经其他共同诉讼人承认,才能对他们发生法律效力。

可见,必要共同诉讼人在诉讼中的独立地位是受到一定限制的,其相互独立性与普通共同诉讼人相比要小得多。

我国民事诉讼法对必要共同诉讼人的相互独立性与牵连性的规定还很不完善,偏重于强调其当事人地位的牵连性。《民事诉讼法》第 52 条第 2 款规定:“共同诉讼的一方当事人对诉讼标的有共同权利义务的,其中一人的诉讼行为经其他共同诉讼人承认,对其他共同诉讼人发生效力。”由此我们还是可以看出,我国民事诉讼法是以承认原则来处理必要共同诉讼人的内部关系的。这种承认包括明示承认和默示承认。所谓默示承认,是指只要共同诉讼人未对其他共同诉讼人实施的诉讼行为表示异议,即表明该共同诉讼人已经承认。不过承认原则也有例外,例如,共同诉讼人中的一人对判决不服提起上诉,如果上诉后为不可分之诉,那么不管其他共同诉讼人是否承认该上诉行为,上诉的效力都及于共同诉讼人全体。

三、普通共同诉讼

(一) 普通共同诉讼的概念和特征

普通共同诉讼,又称为一般共同诉讼,是指当事人一方或者双方为两人以上,其诉讼标的是同一种类,经当事人同意,人民法院认为可以合并审理而将其合并审理的共同诉讼。普通共同诉讼是单独诉讼的合并形态。

所谓诉讼标的是同一种类,是指各个共同诉讼人与对方当事人争议的法律关系的性质是相同的,即他们各自享有的权利或承担的义务属于同一类型。如一人对数人实施加害行为造成损害时,数人作为共同诉讼人分别向加害人提出损害赔偿请求。正因为普通共同诉讼人之间的诉讼标的是同一种类而不是同一的,共同诉讼人之间就不存在共同的权利义务关系,对其中一个诉讼标的作出的判决,其效力不及于普通共同诉讼人之间另外的诉讼标的。这决定了普通共同诉讼是可分之诉,究竟是合并审理还是分开审理,取决于法院的决定以及当事人的意见。故此,普通共同诉讼又称为非必要共同诉讼。

与必要共同诉讼相比,普通共同诉讼具有以下特征:

1. 普通共同诉讼的诉讼标的是同一种类。这是普通共同诉讼与必要共同诉讼最基本的区别。

2. 普通共同诉讼中各共同诉讼人与对方当事人之间一定存在两个以上的诉讼请求。

3. 普通共同诉讼是一种可分之诉。普通共同诉讼既可以单独起诉或应诉,也可以共同起诉或应诉。共同起诉或应诉的,法院认为可以合并审理,而当事人又同意的,就形成了普通共同诉讼。

(二) 普通共同诉讼的构成要件

1. 有两个以上属于同一种类的诉讼标的。普通共同诉讼是基于诉讼客体的合并而导致诉讼主体的合并。因此要成为普通共同诉讼,必须有两个以上当事人,就两个以上同一种类的诉讼标的向同一法院起诉或应诉。

2. 同属于一个法院管辖,适用同一诉讼程序。

3. 符合合并审理的目的,即简化程序,节省时间、费用。普通共同诉讼的目的在于实现诉讼经济,节约司法资源。因此即使符合普通共同诉讼的其他构成要件,但如果不符合合并审理的目的,也不能合并审理。

4. 法院认为可以合并审理,当事人也同意。在符合以上三个条件的情况下,是否合并审理,由人民法院决定,但合并审理应征得当事人的同意。如果当事人不同意,法院不能硬性合并为共同诉讼。

(三) 普通共同诉讼与必要共同诉讼的联系与区别

普通共同诉讼与必要共同诉讼的相同点在于:两者都是当事人一方或者双方为二人以

上,同时两者都是全体共同诉讼人必须出庭参加诉讼,法院都在同一诉讼程序中合并处理多数当事人之间的民事争议。

这两种共同诉讼的主要区别在于:

1. 诉讼标的不同。普通共同诉讼的诉讼标的是同一种类的,必要共同诉讼的诉讼标的是同一的。

2. 诉讼请求不同。普通共同诉讼由两个或两个以上的诉讼请求合成,必要共同诉讼只有一个诉讼请求。

3. 法律特征不同。普通共同诉讼是一种可分之诉,必要共同诉讼则是不可分之诉。

4. 是否经当事人同意不同。普通共同诉讼合并审理时须经当事人同意,必要共同诉讼无须经当事人同意。

5. 审理和裁判的方式不同。普通共同诉讼可以共同起诉或应诉,也可以分别起诉或应诉,法院可以合并审理,也可以分开审理,即使合并审理,裁判时也应对各当事人分别作出判决。必要共同诉讼必须一同起诉或应诉,法院必须合并审理、合一判决。

6. 处理内部关系的原则不同。普通共同诉讼中一人的诉讼行为对其他共同诉讼人不发生效力,每个共同诉讼人的诉讼行为只对自己发生效力,某个共同诉讼人的诉讼中止或者终结不影响其他共同诉讼人。必要共同诉讼中一人的诉讼行为,经全体承认后,对全体共同诉讼人均发生效力。

区分必要共同诉讼和普通共同诉讼,原则上以共同诉讼人在实体法律关系上是否存在共同关系或连带关系为基本标准。如果存在共同关系或连带关系,一般是必要共同诉讼;如果不存在,则多为普通共同诉讼。

但是,并不是任何情况下,共同诉讼人之间存在共有或连带关系,或者共同诉讼人对诉讼标的的权利义务是同一事实或法律上的原因所导致的,就必然是必要共同诉讼。如果各共同诉讼人与对方的纠纷能独立解决,其判决不会互相妨碍,仍然可以作为普通诉讼来处理。

(四) 普通共同诉讼人的内部关系

1. 普通共同诉讼人的独立性。由于普通共同诉讼是可分之诉,普通共同诉讼人之间并没有共同的权利义务关系,这从根本上决定了这种类型的诉讼既可以作为共同诉讼合并审理,也可以作为数个独立诉讼分开审理,而且即使合并审理,法院也要对各当事人分别作出判决。因此,普通共同诉讼人各自具有独立性。即使因合并审理而形成了共同诉讼,普通共同诉讼人在诉讼中的地位仍然是各自独立的,他们在诉讼中独立地享有自己的诉讼权利、履行自己的诉讼义务。可以这么说,普通共同诉讼人进行诉讼时,其诉讼权利和诉讼义务与单独诉讼时是一样的。其独立性具体表现在以下几个方面:

第一,各共同诉讼人可以分别委托诉讼代理人代理自己进行诉讼。

第二,对各共同诉讼人是否具备适格要件,法院应分别审查。其中一人缺乏适格要件的,不影响其他共同诉讼人诉讼案件的受理。

第三,任何一个共同诉讼人的诉讼行为均只对自己产生效力,对其他共同诉讼人不发生效力。其中一人自认的效力不及于其他共同诉讼人;共同原告之一撤诉或者放弃诉讼请求的,不影响其他共同原告继续诉讼;共同被告之一同意或承认对方诉讼请求的,不代表其他共同被告不能反驳或否认。

第四，共同诉讼人的对方当事人，对于各共同诉讼人可以采取不同的甚至对立的诉讼行为。例如：与某个共同诉讼人和解，而拒绝与其他共同诉讼人和解；承认某个共同诉讼人的诉讼请求，而反驳其他共同诉讼人性质相同的诉讼请求。

第五，法院在诉讼进行的过程中发现合并审理并不符合诉讼经济原则时，可以将共同诉讼分开。

第六，共同诉讼人中的一人出现诉讼中止、终结的情形时，不影响其他共同诉讼人继续诉讼。

2. 普通共同诉讼人的牵连性。之所以将单独诉讼合并为普通共同诉讼，其目标正在于追求诉讼经济、避免矛盾判决。过度强调共同诉讼人之间的独立性，势必造成共同诉讼人诉讼行为的互相孤立，不利于根本目标的实现。因此，普通共同诉讼人之间的独立性并不是绝对的，必须以其牵连性为前提和约束。各个普通共同诉讼人的行为之间存在一定的联系，其中一人在诉讼中的作为或不作为，在法院认定其他共同诉讼人的请求或答辩时，具有证明作用。这种牵连性主要表现为：

第一，主张共通原则。即共同诉讼人中的一人所提出的主张，如果对其他共同诉讼人有利，而其他共同诉讼人对此又不表示反对的，其效力及于其他人。

第二，证据共通原则。即共同诉讼人中的一人所提出的证据，可以作为对其他共同诉讼人所主张的事实进行认定的证据。也就是说，该证据可以作为共同诉讼人的共同证据。

第三，共同诉讼人中的一人所作的抗辩如果足以否认对方主张的权利的，那么法院对于其他共同诉讼人与对方当事人的关系应仔细加以斟酌，即可以考虑将其中一人的抗辩视为全体共同诉讼人对对方当事人的抗辩。例如，若共同诉讼人中的甲通过抗辩主张的事实和证据能够推翻对方的主张，则法院可以考虑甲的抗辩适用于共同诉讼人中的乙、丙。

第二节　代表人诉讼与民事公益诉讼

一、诉讼代表人制度概述

（一）诉讼代表人的概念

诉讼代表人，是指为了便于进行诉讼，由人数众多的一方当事人推选出来，代表其利益实施诉讼行为的人。

现代社会商品经济飞速发展，拓宽了人们的经济交往领域，增强了经济实体之间的横向联系，从而大大扩展了经济活动的影响范围，由此带来的必然后果是冲突的点和面急剧拓展，纠纷日益大型化、群体化。这些群体化的纠纷主要发生在消费服务领域、集资投资领域、环境污染领域和标准合同领域。为了一并解决这些群体化的大型纠纷，达到诉讼经济的目的，许多国家都建立了群体性纠纷解决制度。

国外的群体诉讼制度主要有三种类型：(1)日本的选定当事人诉讼。即由具有共同利益的全体当事人选定其中一人或数人担当原告或被告，其他当事人退出诉讼，法院的裁判对全体当事人具有约束力。也就是通过委托授权使群体诉讼通过选定的代表人进行,扩大了原有共同诉讼制度的适用范围。(2)德国的团体诉讼。当社会团体的成员或其所保护的主体的民事权益受到侵害时,该社会团体依法以自己的名义提起和进行诉讼。法院的裁判直接针对该团体作出,其判决效力虽不能直接及于团体的成员,但团体的成员却可以援引该裁判对抗对方当事人。(3)美国的集团诉讼。集团诉讼虽发端于英国,却在美国得到极大的发展。它是将人数不确定的具有共同利害关系的众多当事人拟制为一个群体——集团,集团中一人或数人起诉即视为代表集团中全体成员起诉。代表人的诉讼行为无须经全体成员的同意,却对全体发生效力。法院对集团诉讼所作的裁判,效力及于未参加诉讼的集团成员。与前两种群体诉讼相比,集团诉讼更为积极、进取,开拓性更强,是群体诉讼的高级形态。

诉讼代表人制度是我国民事诉讼法为了适应现代社会民事纠纷群体化而建立的一种独特的群体诉讼制度。我国在充分借鉴国外群体诉讼制度经验的基础上,创立了具有我国特色的诉讼代表人制度,丰富和完善了群体纠纷的解决制度,具有十分重要的现实意义。

(二) 诉讼代表人制度的性质

我国的诉讼代表人制度,是以共同诉讼制度为基础,并吸收诉讼代理制度的机能而建立的,兼两者之长而又具有自己的特点。以共同诉讼制度为基础,是指诉讼代表人所进行的诉讼应当符合共同诉讼的基本条件,如果所代表的当事人不能构成共同诉讼人,也就不能在诉讼中推选代表人代为实施诉讼行为。诉讼代表人制度吸收了诉讼代理制度的机能,众多诉讼主体的诉讼行为通过诉讼代表人集中实施,扩大了诉讼的容量,避免了因众多当事人直接参与诉讼所带来的诸多问题。

诉讼代表人制度的基本功能是利用同一诉讼程序解决多数人诉讼的难题,这是它和共同诉讼制度的共性。但是诉讼代表人制度与共同诉讼制度相比仍然有很大的区别,主要表现在以下几个方面:(1)诉讼主体的内涵不同。共同诉讼人一般为 2 人以上 10 人以下,而且全体必须亲自参加诉讼。代表人诉讼一方或双方一般在 10 人以上,由诉讼代表人作为形式上的诉讼主体进行诉讼活动,其他当事人可以不必亲自参加诉讼。(2)诉讼行为的效力不同。共同诉讼人中一人的诉讼行为,在普通共同诉讼中,对其他共同诉讼人不生效;在必要共同诉讼中,原则上只有经过全体当事人的承认,才对全体生效。而诉讼代表人实施的诉讼行为,除法律规定必须经过被代表的当事人同意才对其有效的以外,原则上对全体当事人有效。(3)裁判的效力不同。共同诉讼人作为诉讼主体,人民法院的裁判对其全体都有约束力。而诉讼代表人是形式上的诉讼主体,法院的裁判对被代表的众多当事人有约束力;未参加登记的权利人在诉讼时效内提起诉讼的,可以适用该裁判。

诉讼代表人制度具有通过他人行使诉讼权利、履行诉讼义务的功能,这体现了它和诉讼代理人制度的共性。但是,诉讼代表人具有双重身份,既是诉讼当事人又是代表人,这是其独特之处,也是其与诉讼代理人的区别所在。具体来说,诉讼代表人与诉讼代理人有以下几点区别:(1)诉讼地位不同。诉讼代表人本身是案件当事人,因此其与案件的诉讼结果有利害关系;诉讼代理人不是案件当事人,与案件的诉讼结果没有利害关系。(2)参加诉讼的目的不同。诉讼代表人实施诉讼行为,不仅是为保护被代表人的利益,也是为保护自身的利益;诉讼代理人实施诉讼行为只是为了保护被代理人的合法权益。(3)产生的根据不同。诉讼代表人在人数不确定的情况下,是由部分当事人推选出的,即由部分当事人授权,但其实施的诉讼行为对全体利害关系人有效;诉讼代理人实施诉讼代理行为必须有全体被代理人的授权。(4)诉讼行为的后果不同。诉讼代表人既以被代表人的名义,也以自己的名义参加诉讼,因此诉讼的法律后果由代表人和被代表人一起承担;诉讼代理人是以被代理人的名义在代理权限内进行诉讼,由此带来的法律后果只由被代理人承担。

(三) 诉讼代表人制度的价值

我国的诉讼代表人制度,一方面借鉴了国外群体诉讼制度的立法经验,为不同法系法律制度的融合提供了成功经验;另一方面又从本国实际出发,适应我国市场经济发展的需要,是一种独具特色的群体诉讼制度。实践表明,诉讼代表人制度既为人数众多的共同诉讼人进行诉讼提供了可能,又简化了诉讼程序,具有十分重要的价值和作用。

1. 完善诉讼主体制度,扩大司法解决纠纷的功能。纠纷大型化、群体化的发展趋势,使得诉讼空间越来越难以容纳如此众多的诉讼主体,给人民法院和当事人都带来了诸多不便。诉讼代表人制度将共同利害关系人联合起来,推选或由法院与其商定代表人来行使群体的一切诉讼权利,规定重大事项应得到多数人的同意,有效维护了纠纷群体的合法权益。我国立法通过这一方式,很好地解决了主体众多与诉讼空间相对不足之间的矛盾,完善和发展了我国诉讼主体制度,同时也极大地扩展了司法解决纠纷的功能。

2. 充分体现民诉法“两便”原则,实现诉讼效益。群体纠纷虽然符合共同诉讼的特征,但是共同诉讼制度要求所有利害关系人以自己的名义参与诉讼程序、实施诉讼行为,这必然将极大地提高诉讼成本,耗费大量时间和资源,不利于诉讼效益的实现。而通过诉讼代表人来进行诉讼,既便利了众多当事人,又便利了人民法院审理案件;既简化了诉讼程序,节省人力、物力和财力,又提高了办案效率和办案质量,避免了矛盾判决。

但在我国司法实践中,多数当事人选任诉讼代表人程序不完备,尤其是素不相识的当事人之间缺乏必要的信任合作机制,往往难以就代表的选任达成共识。而法院基于意思自治的原则,在尊重当事人意愿的前提下,又不便依据职权指定,使得代表诉讼的规定在现实中很难实施。应该说,尽管该制度的理论价值很大,现实意义也不同寻常,但是由于配套性制度的欠缺而没有被实际利用起来。

二、诉讼代表人的确定及法律地位

(一) 诉讼代表人的条件与人数

诉讼代表人的基本条件是:(1)诉讼代表人是本案的当事人;(2)诉讼代表人具有诉讼行为能力;(3)诉讼代表人具备与进行该诉讼相适应的能力;(4)须能善意地履行诉讼代表人的职责。

当事人一方人数众多是诉讼代表人产生的前提。根据《民诉法解释》第 75 条规定,一方人数众多一般指 10 人以上。10 人以下就没有必要推选诉讼代表人了。至于诉讼代表人的人数,根据《民诉法解释》第 78 条规定,被推选的诉讼代表人的人数为 2~5 人,每位代表人可以委托 1~2 人作为诉讼代理人。

限制诉讼代表人人数,目的在于更好地进行诉讼,人数太少不利于被代表人利益的保护，而人数太多又使诉讼复杂化，有违诉讼代表人制度设立的初衷。

(二) 诉讼代表人的法律地位

在多数人诉讼中，诉讼代表人的权限相当于未被授予实体权利处分权的诉讼代理人。具体来说，诉讼代表人在诉讼中代表本方当事人进行诉讼，行使当事人的诉讼权利，履行当事人的诉讼义务，其诉讼行为对所代表的当事人发生法律效力。但是在处分涉及被代表人的实体权利时，如变更、放弃诉讼请求或者承认对方当事人的诉讼请求，进行和解等，必须经被代表的当事人同意。这主要是为了更好地维护被代表人的利益，防止诉讼代表人滥用诉讼代表权。

(三) 诉讼代表人的更换

在诉讼中，诉讼代表人如果不能履行职责或者滥用代表权的，可以更换诉讼代表人。在需要更换诉讼代表人时，应由被代表人向人民法院提出更换申请。人民法院认为申请有理由的，应当裁定中止诉讼，然后召集全体被代表人就更换事项进行商议，可以通过被代表人重新推选，也可以由法院与被代表人协商，从而最终确定新的诉讼代表人。新的诉讼代表人产生以后，诉讼恢复。原诉讼代表人实施的诉讼行为，对更换后的诉讼代表人有拘束力。

三、代表人诉讼的种类

根据《民事诉讼法》和司法解释的规定，我国民事诉讼中的代表人诉讼制度，可以分为以下两类：

(一) 人数确定的代表人诉讼

人数确定的代表人诉讼，是指由起诉时人数已经确定的共同诉讼人推选出诉讼代表人，代替全体共同诉讼人参加诉讼的代表人诉讼。它应符合以下四个条件：

1. 当事人一方人数众多。当事人一方人数众多，一般指 10 人以上。

2. 起诉时当事人人数已经确定。这里所指的“确定”，应当是共同诉讼人基本情况的确定。例如，已经明确各共同诉讼人的姓名、身份及其他基本情况，而不仅仅是共同诉讼人人数的确定。

3. 多数当事人之间具有同一的诉讼标的或具有同一种类的诉讼标的。因此人数确定的代表人诉讼，既可以是必要共同诉讼，也可以是普通共同诉讼。

4. 当事人推选出代表人。在人数确定的代表人诉讼中，既可以由全体当事人共同推选代表人，也可以由部分当事人推选出只代表该部分当事人的代表人。如果不能推选出诉讼代表人的，在必要共同诉讼的情况下，当事人可自己直接参加诉讼；在普通共同诉讼的情况下，当事人可以另行起诉，如果人数不多的，也可以直接参加诉讼。

(二) 人数不确定的代表人诉讼

现代社会，大型侵害事件频繁发生，有些大型纠纷源于同一事实或法律上的原因，涉及面非常广泛，但往往会出现这样一种局面，那就是纠纷发生后，只有部分当事人向法院提起诉讼,而当法院对这部分当事人提起的诉讼审理裁判以后,其他利害关系人才再行提起诉讼。如果对后面的诉讼再次进行处理,不仅不利于诉讼经济,而且很可能出现与前一裁判互相矛盾的判决。为了避免这一不利后果,实现诉讼效益,我国民事诉讼法对起诉时人数不确定的情况下适用诉讼代表人制度作出了规定。正是在这种情况下仍然能够适用诉讼代表人制度,才能最大限度地发挥该制度的功用。

人数不确定的代表人诉讼,是指在起诉时如果共同诉讼人的人数不能确定,则由向法院登记的权利人推选出代表人,代替全体共同诉讼人参加诉讼的代表人诉讼。它应符合以下几个条件:

1. 当事人一方人数众多,并且起诉时人数仍未确定。这是与人数确定的代表人诉讼的根本区别。

2. 众多当事人之间的诉讼标的是同一种类。这是当事人不确定时适用代表人诉讼制度的前提条件。也就是说,只有普通共同诉讼,才能适用人数不确定的代表人诉讼。在必要共同诉讼中,如果人数不确定,就不能适用代表人诉讼制度。

3. 当事人推选出代表人。在这类代表人诉讼中,诉讼代表人只能由向人民法院登记了权利的那部分当事人推选出来。其产生方式依次为:(1) 推选。即由向人民法院登记了权利的那部分当事人推选出诉讼代表人。(2) 协商。推选不出诉讼代表人时,可以由人民法院提出人选与当事人协商。(3) 指定。协商不成的,也可以由人民法院在起诉的当事人中指定代表人。

四、人数不确定的代表人诉讼的特殊程序内容

与人数确定的代表人诉讼相比,人数不确定的代表人诉讼具有公告和登记两种特殊程序,在裁判效力上也有特殊之处。

(一) 公告

人民法院在受理多数人诉讼时,发现起诉时一方当事人人数尚未确定的,可以发出公告,说明案件情况和诉讼请求,通知权利人在一定期间向人民法院登记。这里的权利人,是指主观上认为自己享有实体权利的人。公告的方式,可以根据纠纷涉及的范围具体确定,如在法院公告栏张贴公告,或在报纸、电视等媒体上发布公告。公告的期限,由法院根据具体案件的情况确定,但最少不得少于30日。

(二) 登记

登记的目的在于确定当事人的人数,以便为诉讼做准备。在公告期内,权利人应当向发布公告的案件管辖法院登记,提供身份及其他基本情况,并证明其与对方当事人的法律关系,损害赔偿案件中,还应证明所受到的损害状况。证明不了的,不予登记,但当事人可以另行起诉。尽管登记时当事人会提出权利请求,但由于登记并不是起诉行为,登记本身不会引起诉讼的发生和诉讼的系属,只是表明自己为案件当事人的身份,因此权利人未在公告期内登记的,仅表明他不作为本次诉讼的当事人,对他的实体权利并不会产生不利的影响。登记的法律效果在于,已经登记的权利人有权推选诉讼代表人,也可以被推选为诉讼代表人,而

没有登记的权利人则不可以。

(三) 裁判效力

在人数不确定的代表人诉讼中,裁判的效力表现为两个方面:(1)对于已经登记的全体权利人有拘束力。从判决的既判力的角度而言,既判力的主观范围包括已登记的所有权利人,使之不得再向法院就该案重新提起诉讼。(2)对未参加登记的权利人有预决效力。即该案裁判以后,未参加登记的权利人在诉讼时效期间提起诉讼,人民法院认为其诉讼请求成立的,可以裁定适用人民法院已经作出的判决、裁定,而无须另行裁判。这属于法院判决效力的扩张,是间接地把判决的效力扩及有关的利害关系人。

五、民事公益诉讼

近年来,随着社会主义市场经济发展水平的不断提升,法治建设进程随之加快,在社会转型这一特殊时代背景下,民事领域开始呈现出主体多元化、利益多样化、纠纷新型化等特征。在此情形下,加之诸多有关公害、消费者权益保护等问题的典型案例的出现,理论界与实务界对公益诉讼给予了越来越多的关注。依据适用领域的不同,公益诉讼可分为行政公益诉讼和民事公益诉讼两大类,《民事诉讼法》第55条已经为民事公益诉讼提供了最基础的法律依据。

(一) 民事公益诉讼的概念

公益诉讼起源于古罗马,是相对于私益诉讼而言的。在古罗马法中,私益诉讼是为保护个人所有权而设定的诉讼,仅特定人才可提起;公益诉讼乃是保护社会公共利益的诉讼,除法律有特别规定者外,凡罗马市民均可提起。虽在古罗马时期就已经存在,但直到20世纪,公益诉讼才开始引起广泛的关注。随着科学技术水平的飞速发展,人们的生产和生活日益社会化,公害、社会福利、消费者权益侵害等问题日益凸显。为了维护国家利益和社会公共利益,公益诉讼被诸多国家所重视,我国在2012年全面修订《民事诉讼法》时增设了公益诉讼制度,依据该法第55条的规定,民事公益诉讼是指在民事、经济活动中,特定的机关或有关社会团体,根据法律的授权,对违反法律法规损害社会公共利益的行为,向法院提起诉讼,由法院通过审判来追究违法者的法律责任并进而维护社会公共利益的诉讼活动。在实践中,公益诉讼主要是针对环境污染、侵犯众多消费者合法权益等公共性违法行为而设置的诉讼救济机制。

(二) 民事公益诉讼的特征

相较于普通的民事诉讼,民事公益诉讼具有以下特征:

1. 诉讼目的方面的特殊性。民事公益诉讼的目的是维护社会公共利益,不同于普通民事诉讼仅牵涉私人民事纷争,公益诉讼具有重大的社会价值。

2. 起诉主体的法定性、特殊性和广泛性。所谓法定性,是指有权提起民事公益诉讼的主体只能是法律规定的机关或者有关社会团体,但有些国家允许公民个人提起公益诉讼。所谓特殊性和广泛性,是指民事公益诉讼的原告并不限于遭受违法行为侵害的直接利害关系人，与案件没有实体利益关系的机关或者社会团体，在公共利益受到侵害时，可以根据法律的规定提起民事公益诉讼。而在传统民事诉讼领域，原告必须是与案件有直接利害关系的当事人。

3. 当事人双方地位的不均衡性。民事公益诉讼中双方当事人的社会地位通常存在较大差异，民事公益诉讼的原告多为普通民众个人，而被告一方通常是财力雄厚、资源丰富的大型经营实体或特权部门，这就使得原告常常处于弱势地位。

4. 民事公益诉讼的提起并不以存在实际损害为前提条件，可以针对那些给社会公众或不特定多数人造成潜在危害的不法行为提起民事公益诉讼。

(三) 民事公益诉讼的功能

民事公益诉讼的功能与设立该项制度的正当性和必要性密切相关，民事公益诉讼主要包括以下积极功能：

1. 民事公益诉讼有利于保障公众权利的实现。如前所述，民事公益诉讼的原告具有多样性，其赋予特定的机关和社会团体以诉权，即使并非违法行为的直接利害关系人，也可以在公共利益受损的情形下依法提起公益诉讼。这填补了普通民事诉讼无法对公共利益进行有效救济的缺陷，能够更好地保护公共财产利益。

2. 民事公益诉讼是社会主义民主法治的具体体现。我国《宪法》第 2 条规定了公民参与国家各项事业管理的权利，公益诉讼这一制度设计，使法定的机关和社会团体相关权利的行使获得了操作依据和司法保障，是社会主义民主在诉讼领域的制度化、法律化的表现。

3. 民事公益诉讼有益于提升司法的纠纷解决能力，有效回应新型纠纷的诉讼需求。随着法治建设进程的不断推进，社会公众的法律意识随之提升，纠纷的类型也呈现出多样化、新颖化、复杂化的趋势。设置民事公益诉讼这一法律制度，可以使更多的主体通过诉讼程序将违反法律法规而损害社会公共利益的行为诉诸法院，这不仅有助于司法功能的充分发挥，也能够提升社会公共事务的管理能力。

4. 民事公益诉讼能够监督法律的有效实施，并发挥预防功能。通过赋予特定机关和社会团体以原告资格，民事公益诉讼具有了社会监督的功能，能够最大限度地发现和规制危害公共利益的行为。此外，民事公益诉讼不以发生实际损害为提起要件，可以针对那些潜在的危害公共利益的行为提起诉讼，这无疑有助于发挥其事前预防和遏制的功能。

5. 民事公益诉讼具有公共政策引导功能。目前，环境污染、消费者权益保护、劳动者权益保护是公益诉讼的主要适用领域。不同于普通民事诉讼，法官对公益诉讼案件所进行的审理与裁判，在一定程度上可以超越案件的具体情况，而对社会公认的价值作出评判。这就使得公益诉讼的裁判结果能够对公共政策的形成或修正产生一定的影响或压力，使得社会公众和相关机关或团体都在这一社会公共政策的引导下行事。

(四) 我国民事公益诉讼的具体程序设置

2012 年《民事诉讼法》确定了民事公益诉讼的法律地位后，最高人民法院于 2015 年 1 月 6 日公布的《关于审理环境民事公益诉讼案件适用法律若干问题的解释》以及之后的司法解释中规定了起诉资格以及其他相关的程序事项。由于条文较少，目前尚缺乏具有可操作性的系统化的程序实施性规则，有待日后予以完善。根据现行法律和司法解释，目前较为确定的程序内容有：

1. 适用范围

对民事公益诉讼适用范围的界定，需要合理平衡公共利益保护与法院负担之间的关系。我国现行立法采用了不完全列举的方式，将公益诉讼的适用范围限定为“污染环境、侵害众多消费者的合法权益等损害社会公共利益的行为”。该种规定方式较为合理，采用不完全列举的方法来划定公益诉讼的适用范围，既满足了社会与司法实践的现实需要，又为今后公益诉讼机能的发展提供了空间。

2. 起诉主体资格

关于民事公益诉讼提起主体的范围问题，一直是理论界和实务界关注的重点，我国目前的相关立法也在逐步完善中。《民事诉讼法》将公益诉讼的起诉主体资格限定为法律规定的机关和有关组织，而并未赋予公民个人以起诉资格和权能。结合 2014 年修订的《环境保护法》第 58 条的规定，对污染环境、破坏生态，损害社会公共利益的行为，依法在设区的市级以上人民政府民政部门登记，专门从事环境保护公益活动连续 5 年以上且无违法记录的社会组织可以向人民法院提起公益诉讼。最高人民法院《关于审理环境民事公益诉讼案件适用法律若干问题的解释》第 2 条规定：“依照法律、法规的规定，在设区的市级以上人民政府民政部门登记的社会团体、民办非企业单位以及基金会等，可以认定为环境保护法第五十八条规定的社会组织。”除此之外，还对社会组织的宗旨、业务范围以及其他标准做了规定。其他种类的公益诉讼主体还要根据《民诉法解释》第 284 条规定，结合相关的实体法等法律规定确定起诉主体。比如 2013 年修订的《消费者权益保护法》第 47 条规定：“对侵害众多消费者合法权益的行为，中国消费者协会以及在省、自治区、直辖市设立的消费者协会，可以向人民法院提起诉讼。”由此可见，我国的民事公益诉讼的起诉主体门槛较高。

3. 起诉条件

民事公益诉讼的起诉，需要符合《民事诉讼法》第 119 条和第 124 条的一般条件。此外，鉴于其特殊性，《民诉法解释》对起诉的相关条件作了进一步的规范和明晰：

首先，起诉提交的材料。除了起诉状必须列明明确的被告和具体的请求及理由外，起诉主体还必须提供有社会公共利益受到损害的初步证据。

其次，管辖法院。公益诉讼都涉及侵害公共利益，因而主要是侵权诉讼，故而其管辖法院应当参照侵权案件的规则，由侵权行为地或者被告住所地法院管辖。又由于公益诉讼的复杂性，原则上应当由中级人民法院管辖。当然，法律、司法解释另有规定的除外。例如，因污染海洋环境提起的公益诉讼，就应由污染发生地、损害结果地或者采取预防污染措施地海事法院管辖。对同一侵权行为分别向两个以上人民法院提起公益诉讼的，由最先立案的人民法院管辖，必要时由它们的共同上级人民法院指定管辖。

最后，一事不再理的认定。由于公益诉讼无法用传统的民法理论来确定其诉讼标的，而根据司法解释，公益诉讼案件的裁判发生法律效力后，其他依法具有原告资格的机关和有关组织就同一侵权行为另行提起公益诉讼的，人民法院裁定不予受理，但法律、司法解释另有规定的除外。因此，对于公益诉讼，应当以是否是同一侵权行为来辨析其是否构成同一诉讼标的。此外，司法解释专门规定，公益诉讼的提起和受理，不影响相关受害人就其民事权益自行提起私益诉讼。

4. 审理程序

民事公益诉讼在审理程序上也有自己的独立性，有别于通常的民事诉讼：

首先，司法告知义务。人民法院受理公益诉讼案件后，应当在 10 日内书面告知相关行政部门。

其次，合并审理。人民法院受理公益诉讼案件后，依法可以提起诉讼的其他机关和有关组织，可以在开庭前向人民法院申请参加诉讼，人民法院准许参加诉讼的，列为共同原告。

再次，和解调解。对公益诉讼案件，当事人可以和解，人民法院可以调解。但当事人达成和解协议或者调解协议后，人民法院应当将和解或者调解协议进行公告。公告期间不得少于 30 日。公告期满后，人民法院经审查，和解或者调解协议不违反社会公共利益的，应当出具调解书；和解或者调解协议违反社会公共利益的，不予出具调解书，继续对案件进行审理并依法作出裁判。

最后，撤诉限制。公益诉讼案件的原告不得在法庭辩论终结后申请撤诉。

虽然司法解释已经对上述程序事项作出了规定，但民事公益诉讼在举证责任、裁判效力等方面仍然有待确立更为明确的规则，以便这一新兴诉讼程序的适用。

第三节　诉讼第三人

一、第三人的含义和特征

现代民事诉讼法制度，除了“两造”之余还增设了第三人制度。根据我国《民事诉讼法》第 56 条规定，民事诉讼中的第三人是指对原告和被告所争议的诉讼标的认为有独立的请求权，或者虽没有独立的请求权，但与案件的处理结果有法律上的利害关系，而参加到正在进行的诉讼中的人。第三人既可以是法人，也可以是自然人，数量上既可以为 1 人，亦可以为 2 人以上的数人。

民事诉讼中的第三人具有以下特征：

1. 具有独立的诉讼请求，该请求既不同于原告的诉讼请求，也不同于被告的答辩主张；或不具有独立的诉讼请求，但与案件的处理结果有法律上的利害关系。如果对他人之间的诉讼标的没有独立的请求，而是与一方有着共同的权利义务，则不是第三人，应是共同诉讼人。

2. 必须在诉讼开始后，案件审理终结前参加诉讼。第三人是以他人之间已经存在的诉讼为前提的。如果他人之间的诉讼尚未开始或者已经结束，则任何人都不可能通过参加诉讼而成为第三人。

3. 第三人是与案件有利害关系的人。这种利害关系来源于两方面：一是与本诉讼的原告和被告之间的争议，二是法院对诉讼的处理结果。第三人参加诉讼的目的在于简化诉讼程序，彻底解决彼此有联系的纠纷，维护利害关系人的合法权益，在实现全面救济之余减少诉讼成本。

以是否具有独立请求权为标准，第三人分为有独立请求权的第三人和无独立请求权的第三人。

二、有独立请求权的第三人

(一) 有独立请求权的第三人的概念和诉讼地位

1. 有独立请求权的第三人的概念和条件。有独立请求权的第三人,是指对他人之间的诉讼标的,不论全部或部分,以独立的实体权利人的资格,提出诉讼请求而参加诉讼的人。

有独立请求权的第三人作为一种独立的当事人,参加诉讼时必须具备以下三个条件:

一是对原告和被告之间争议的诉讼标的认为有全部或部分的独立请求权。所谓“独立请求权”,是指第三人认为案件中原告和被告之间争议的诉讼标的,其合法权益全部或部分是自己的。而此判断唯有在人民法院对案件进行审理后才能确定。

二是本诉正在进行。有独立请求权的第三人欲参加诉讼须在本诉已经开始而尚未终结之时。

三是以提出诉讼的方式参加。第三人对本诉的双方当事人提出了独立的诉讼请求,提出了与本诉的诉讼标的有紧密关联的新的诉讼,所以应当以起诉方式参加诉讼。

2. 有独立请求权第三人参加诉讼所形成的诉讼构架及其诉讼地位。我国民事诉讼理论一般认为,有独立请求权的第三人在诉讼中的地位相当于原告,即以本诉的原告和被告作为被告的两面诉讼结构。这是因为第三人既不同意本诉原告的主张,也不同意本诉被告的主张。他认为,不论是原告胜诉,还是被告胜诉,都将损害他的民事权益,实际上他是为了维护自己的民事权益,以独立的实体权利人的身份,向人民法院提起一个新的诉讼:诉讼标的是本诉中的诉讼标的的全部或部分,诉讼理由是其主张的事实和理由。人民法院对待有独立请求权的第三人参加的诉讼,实际上是把两个诉讼合并在一个诉讼程序中共同加以审理,这两个诉讼是:原来当事人之间的诉讼,即本诉;第三人和原来当事人之间的诉讼,即参加之诉。而本诉和参加之诉为可分之诉,即有独立请求权的第三人之诉可以与本诉分开单独提起,或在本诉审理终结后另行起诉。所以,有独立请求权的第三人在诉讼中具有很强的独立性,可提出主张、提供证据、开展辩论和提起上诉等,并且本诉原告或被告的任何诉讼行为都不对他发生效力。

正因为有独立请求权的第三人具有独立的诉讼地位,所以在诉讼中,如果原、被告诉讼地位丧失,如撤诉,第三人则可以发生诉讼地位的转换。此时,第三人可以单独提起对原告或被告的诉讼,从而转换成典型的原告。

还有,有独立请求权的第三人在诉讼中应独立承担诉讼结果。不过,除调解结案外,其与本诉原、被告所承担的诉讼结果总是相反的。如果法院的裁判肯定了第三人的主张,确定了有利于第三人的诉讼结果,就必然会同时否定本诉原、被告的相应请求,使其遭受败诉的结局。

(二) 有独立请求权的第三人参加诉讼的程序

1. 参加时间。第三人理应在本诉已经开始而尚未终结时介入诉讼,一般是在一审。作为例外,法院也可以允许第三人直接在第二审程序中参加诉讼,但考虑到两审终审的要求和当事人审级上的利益,二审法院对这类诉讼不能调解结案的,应撤销一审判决,发回重审。

2. 参加方式。通常,有独立请求权的第三人应主动提起诉讼。如果他对本诉的进行并不知情,而法院在审理中发现可能有第三人存在,则应当通知该第三人参加诉讼。如果被通知的人拒绝,法院应尊重当事人的处分权,不宜强制其进行诉讼。正确的做法应当是:

第一,如果案外人明确表示放弃对诉讼中原、被告的独立请求权,法院应当将此事实记入笔录,继续进行案件审理。

第二,如果案外人既不提起参加之诉,又不明确表示放弃其请求权,法院在审理过程中查明原、被告争执的权利全部为案外人所享有,即应在判决中记明诉辩事实,并驳回原、被告的诉讼请求。

第三,如果案外人既不提起参加之诉,又不明确表示放弃其请求权,法院在审理时查明原、被告争执的权利部分为案外人所享有,则应当将此事实记入判决书,并对另一部分权利争议进行裁判。

第四,如果原、被告在案外人的权利上非法设定某一"法律关系",并因该"法律关系"发生争议而形成诉讼,法院应判决原、被告的法律关系无效,并对有关责任人依法进行法律制裁。

3. 有独立请求权的第三人撤诉。有独立请求权的第三人撤诉有两种形式:一是积极撤诉,即向法院提出撤回参加之诉的申请;二是消极撤诉,即经法院传票传唤,无正当理由拒不到庭或未经法院许可中途退庭。一般来讲,有独立请求权的第三人撤诉后视为没有提起诉讼,应分别按前述四种情况处理。但需要指出的是,如果本诉原、被告对有独立请求权的第三人提起了反诉,经法院传票传唤,第三人无正当理由拒不到庭或者中途退庭,法院可以缺席判决。

(三) 有独立请求权的第三人与必要共同诉讼人的区别

两者的共同之处是当事人为多数,但总的来说,它们还是两种不同的诉讼制度,在理论上应当严格区分。

1. 争议的诉讼标的不同。必要共同诉讼人争议的诉讼标的是同一的,即他们之间对其实体权利的认识没有争议,共同享有权利,共同承担义务;而有独立请求权的第三人提起的诉讼,其诉讼标的与本诉的诉讼标的不一致,他的诉讼请求与原、被告的请求相冲突。

2. 争议的对象不一致。必要共同诉讼人在诉讼中,要么为共同原告,要么为共同被告,只能同一方当事人发生争议;有独立请求权的第三人则同本诉的双方当事人都有争议,既不维护原告也不维护被告,只为保障自己的实体权益。

3. 参加诉讼的方式不同。必要共同诉讼是不可分之诉,而如前文所述,有独立请求权的第三人之诉是可分之诉。

4. 诉讼地位不同。必要共同诉讼人在诉讼中,既可以处于原告地位,又可以处于被告地位;有独立请求权的第三人只能处于原告地位。

5. 诉讼行为的效力不同。必要共同诉讼人中一人的诉讼行为,只有经全体承认,才对全体发生效力,但对第三人不发生效力。有独立请求权的第三人地位是独立的,他的诉讼行为不受本诉任何一方当事人的牵制。

三、无独立请求权的第三人

(一) 无独立请求权的第三人的概念和诉讼地位

1. 无独立请求权的第三人的概念。无独立请求权的第三人,是对于已经进行的诉讼,就其当事人之间的诉讼标的,虽然没有独立的请求权利,但是与案件处理的结果有法律上的利害关系,为了维护自己的利益参加到当事人一方进行诉讼的人。

2. 无独立请求权的第三人具有下列特征:(1) 对他人争议的诉讼标的没有独立的请求权。所谓没有独立的请求权,一般是指对本诉当事人之间争议的实体权利不能以实体权利人的资格提出新的诉讼。(2) 案件的处理结果与其有法律上的利害关系,即案件的判决或调解结果可能导致其享有某种民事权利或承担一定的义务。(3) 无独立请求权的第三人具有独立的诉讼地位,但不是完整意义上的当事人,他既不是原告,又不是被告,是为维护自己合法权益而参加诉讼的独特的当事人,有其独立的诉讼地位。

3. 无独立请求权的第三人参加诉讼的根据及在诉讼中的地位。无独立请求权的第三人参加诉讼的根据是与案件处理结果有法律上的利害关系。所谓法律上的利害关系,是指当事人双方争议的诉讼标的涉及的法律关系,与无独立请求权的第三人参加的另一个法律关系有牵连。在后一个法律关系中,无独立请求权的第三人是否行使权利、履行义务,对前一个法律关系中的当事人行使权利、履行义务有直接影响。在原告、被告进行诉讼的法律关系中,因一方当事人不履行或者不适当履行义务给对方造成的损失,直接责任虽应由不履行或不适当履行义务的一方当事人承担,但造成这种损失,则是无独立请求权的第三人的过错。如果法院判决一方当事人败诉,使其承担某种法律责任或履行某种义务,该当事人有权请求无独立请求权的第三人赔偿损失或履行相应的义务;如果法院判决该当事人胜诉,该第三人也就在法律上维护了自己的某种权利。所以,这种法律上的利害关系又可以分为三种情形:一是权利性关系,二是义务性关系,三是权利义务性关系。一般较为常见的是第二种。

无独立请求权的第三人参加到一方当事人进行的诉讼,是为了维护自己的合法权益,为了避免因被参加一方当事人败诉而影响自身的权益,他并未向法院提出任何诉讼请求。因此,无论他参加原告一方进行诉讼,还是参加被告一方进行诉讼,都不具有与当事人完全相同的诉讼地位。而且,他与有独立请求权的第三人不同的是,没有比较明确的角色定位,若该第三人由于本诉处理结果而享有一定的实体权利,则其诉讼地位相当于原告;若该第三人由于本诉处理结果而承担一定的实体义务,则其诉讼地位相当于被告。

无独立请求权的第三人的诉讼地位具有一定的从属性和相对的独立性。一方面,无独立请求权的第三人参加到一方当事人进行的诉讼,目的是帮助被参加一方赢得诉讼,因而不得实施与参加人地位和参加目的相悖的诉讼行为,如不得申请撤回诉讼或放弃诉讼请求、不得提起反诉、不得承认对方当事人的诉讼请求、不得在被参加一方反对的情况下申请调解。另一方面,无独立请求权的第三人作为广义的当事人,又享有一些独立的诉讼权利,如有权委托代理人进行诉讼、有权向法院陈述自己的意见、有权提供证据并参加质证活动、有权参加法庭辩论。

在一定情况下,无独立请求权的第三人还可以取得与参加诉讼的当事人完全相同的诉讼地位，即人民法院判决承担民事责任的第三人，有当事人的诉讼权利义务。然而，如果仅从字面上理解民事诉讼法的这一规定，是存在疑问的，因为是否判决第三人承担民事责任，要到审理终结才能确定，而第三人的诉讼地位，则是在他参与诉讼时就应解决的问题。因此，对民事诉讼法这一规定的正确解释应当是，在法院根据被告的申请或依职权通知第三人是否应当承担民事责任时，就应当依法使该第三人从参加诉讼时起就具有当事人的诉讼权利和义务，使该第三人有权承认诉讼请求、有权进行和解或申请调解、有权提出反诉。

(二) 无独立请求权的第三人参加诉讼的程序

1. 参加时间。理应在本诉已经开始而尚未终结之前参加，通常是在一审结束之前。因为无独立请求权的第三人的参加之诉与本诉并不是不可分之诉，其可另案进行。如果允许无独立请求权的第三人在二审中参加诉讼，反而会造成本诉审理的拖延；若二审判决第三人承担实体义务，还会造成该第三人上诉权的丧失，而考虑到本诉的效益，又不宜将整个案件发回重审。总之，无独立请求权的第三人应当在一审结束之前参加诉讼。

2. 参加方式。无独立请求权的第三人参加诉讼，可以自己申请，也可以由法院通知。如果法院通知其参加诉讼，而被通知人拒绝参加，法院应当尊重他的处分权，不能采用强制手段强迫其参加。况且无独立请求权的第三人的参加之诉与本诉是可分之诉，他并非必须参加，而是还可以在与其有关的当事人败诉之后另行提起诉讼。

不过，为防止一些法院在审判实务中不适当地扩大无独立请求权的第三人的范围，为防止与案件处理结果本无利害关系的人被强行拉入诉讼，最高人民法院于 1994 年 12 月印发了《关于在经济审判工作中严格执行〈中华人民共和国民事诉讼法〉的若干规定》(以下简称《若干规定》)，该规定对无独立请求权的第三人的范围作了限定，明确规定不得将下列人员作为无独立请求权的第三人通知其参加诉讼：

其一，与原、被告双方争议的诉讼标的无直接牵连和不负有返还或赔偿义务的人。

其二，与原告或被告约定仲裁或有约定管辖的案外人，或者专属管辖案件的一方当事人。

其三，产品质量纠纷案件中原、被告法律关系之外的下列人员：一是证据证明已经提供了合同约定或者符合法律规定的产品的人，二是案件中的当事人未在规定的质量异议期内向其提出异议的人，三是案件中的其提供产品的质量已为收货方认可的人。

其四，已经履行其义务，或者依法取得了一方当事人的财产，并支付了相应对价的原、被告之间法律关系以外的人。

此外，根据最高人民法院的批复，在工商行政管理部门进行鉴证、商检局对商品质量进行检验的合同中，当事人以合同纠纷提起诉讼，并以工商行政管理部门、商检局有过错应承担民事责任为由要求将他们列为第三人的，法院不宜将工商行政管理部门、商检局列为第三人。

3. 无独立请求权的第三人的上诉权。由于该第三人在本诉中无独立的请求权，因此对本诉的诉讼结果无任何发言权，不能上诉。但他是参加之诉的当事人，因此对参加之诉的判决、裁定有完全的上诉权。也就是说，当一审判决判定他承担实体义务时，他享有对该判决的上诉权。

四、第三人撤销之诉

(一) 第三人撤销之诉的概念

为了规制恶意诉讼,保护自然人和法人的合法权利,2012年修订的《民事诉讼法》新增了第三人撤销之诉制度,赋予没有参加诉讼的第三人通过提起诉讼的方式,撤销原生效法律文书。《民事诉讼法》第56条第3款规定:“前两款规定的第三人,因不能归责于本人的事由未参加诉讼,但有证据证明发生法律效力的判决、裁定、调解书的部分或者全部内容错误,损害其民事权益的,可以自知道或者应当知道其民事权益受到损害之日起六个月内,向作出该判决、裁定、调解书的人民法院提起诉讼。人民法院经审理,诉讼请求成立的,应当改变或者撤销原判决、裁定、调解书;诉讼请求不成立的,驳回诉讼请求。”该条规定明确了民事诉讼中的第三人,无论是无独立请求权的第三人还是有独立请求权的第三人,只要出现符合上述规定的情形,都可以向作出判决、裁定、调解书的人民法院提起撤销之诉。

在2012年修订《民事诉讼法》之前的制度框架下,对第三人的救济明显存在弊端,即如果第三人非基于自己的原因无法参加原诉讼,但是其权利又受到原诉讼判决、裁定、调解书的影响,只有启动再审程序这一种途径。但是由于其并非原审案件的当事人,在启动再审程序上存在很大的困难。修订后的《民事诉讼法》第56条第3款赋予第三人提起撤销诉讼的诉权,有利于第三人及时通过诉讼保护自己的合法权益,从这一意义上也可以将其理解为特殊的再审程序。

(二) 第三人撤销之诉的特征

我国的第三人撤销之诉有以下几个特征:

1. 属于一种事后救济机制。第三人撤销之诉不同于前述参加之诉,是在原案已经生成具备法律效力的判决、裁定、调解书之后,对非基于自身原因而未能参加到原案诉讼程序中的第三人所提供的事后救济机制,以扭转其合法民事权益受损的局面。

2. 属于一种特殊性、非通常的救济机制。其特殊性主要在于对原裁判之既判力的冲击和挑战。就我国目前的立法来看,在增设第三人撤销之诉制度前,对生效裁判的既判力产生冲击的程序制度只有审判监督程序。鉴于此,在适用第三人撤销之诉的过程中,须有效平衡保护第三人民事权益与维护司法权威和秩序之间的关系,通过适当的程序配置来避免该救济路径被滥用,并进而最大限度地发挥该制度的预设功能。

3. 属于一种以保护第三人的民事实体权益为主要目的的诉讼程序。第三人未能获得充分的事前程序保障并非启动撤销之诉的唯一或核心事由,若第三人的民事权益并未受到原案判决、裁定、调解书的损害,则其无权提起第三人撤销之诉。

4. 第三人撤销之诉的提起主体具有法定性与特定性。法定性是指有权提起第三人撤销之诉的适格主体由民事诉讼法明确规定;而特定性则是指有权提起撤销之诉的只能是前诉当事人以外的第三人(即原本应具有有独立请求权的第三人和无独立请求权的第三人地位的民事主体),并且该当事人还必须满足一定的条件,即非因可归责于本人的事由而未能参加诉讼、与本诉有法律上的利害关系。

综上,第三人要提起撤销之诉必须具备以下要件:

首先,第三人没有参加原来的诉讼,且不能参加的原因不在于第三人自己。

其次,有证据证明生效的判决、裁定或者调解书的部分或全部内容错误,损害其权益的。

最后,应该自知道或应该知道其民事权益受到损害之日起6个月内向作出上述法律文书的法院起诉。

(三) 第三人撤销之诉的程序设置

由于第三人撤销之诉系2012年修订的《民事诉讼法》的新增内容,根据诉讼原理和《民诉法解释》的一些具体规定,对第三人撤销之诉的内容概括如下:

1. 诉讼主体

有权提起第三人撤销之诉的必须是当事人以外的第三人,但并非一切案外人均有权启动该程序,其须对原案的诉讼标的享有独立的请求权或者与原案的裁判结果有法律上的利害关系。

提起撤销之诉的第三人,需要满足以下两个条件:

第一是实质条件,即民事权益受到了原案判决、裁定、调解书的损害。即便第三人与原审有各种法律上的联系,但只要原审裁判或调解书没有直接损害其权益,就不构成撤销。例如,代表人诉讼中未参加登记的权利人对代表人诉讼案件的生效裁判,以及公益诉讼中具体的私益受害人对公益诉讼案件的生效裁判,都不能要求撤销,盖因其并不受裁判效力的约束,因而不会直接受到损害。此外,这种损害,应当仅指相关法律文书的主文对其权益造成了损害,而不能扩展到裁判理由或事实认定。

第二是程序条件,即其未能参加原案的诉讼程序是基于不能归责于己的事由。基于不能归责于己的事由未参加诉讼,是指没有被列为生效判决、裁定、调解书的当事人,且无过错或者无明显过错的情形。包括:(1)不知道诉讼而未参加的;(2)申请参加未获准许的;(3)知道诉讼,但基于客观原因无法参加的;(4)基于其他不能归责于己的事由未参加诉讼的。

根据司法解释,第三人提起撤销之诉,人民法院应当将该第三人列为原告,生效判决、裁定、调解书的当事人列为被告,生效判决、裁定、调解书中没有承担责任的无独立请求权的第三人可以列为第三人。

2. 诉讼客体

依据我国现行法律的规定,第三人撤销之诉的客体为损害了第三人民事权益的发生法律效力的判决、裁定、调解书。这些判决、裁定的主文,调解书中处理当事人民事权利义务的结果损害了第三人的民事权益。

但是,以下情形下的裁判文书,由于并不符合第三人撤销之诉的前提条件,因而不属于撤销的对象:(1)适用特别程序、督促程序、公示催告程序、破产程序等非讼程序处理的案件;(2)婚姻无效、撤销或者解除婚姻关系等判决、裁定、调解书中涉及身份关系的内容。

3. 起诉条件

依据《民事诉讼法》第56条第3款规定,第三人可以自知道或者应当知道其民事权益受到损害之日起6个月内,向作出该判决、裁定、调解书的人民法院提起诉讼。第三人提起第三人撤销之诉,应当提供存在下列情形的证据材料:(1)因不能归责于本人的事由未参加诉讼;(2)发生法律效力的判决、裁定、调解书的全部或者部分内容错误;(3)发生法律效力的判决、裁定、调解书的内容错误损害其民事权益。

人民法院应当在收到起诉状和证据材料之日起5日内送交对方当事人,对方当事人可以自收到起诉状之日起10日内提出书面意见。人民法院应当对第三人提交的起诉状、证据材料以及对方当事人的书面意见进行审查。必要时,可以询问双方当事人。经审查,符合起诉条件的,人民法院应当在收到起诉状之日起30日内立案;不符合起诉条件的,应当在收到起诉状之日起30日内裁定不予受理。同时,《民诉法解释》第297条规定,对下列情形提起第三人撤销之诉的,人民法院也不予受理:(1)适用特别程序、督促程序、公示催告程序、破产程序等非讼程序处理的案件;(2)婚姻无效、撤销或者解除婚姻关系等判决、裁定、调解书中涉及身份关系的内容;(3)《民事诉讼法》第54条规定的未参加登记的权利人对代表人诉讼案件的生效裁判;(4)《民事诉讼法》第55条规定的损害社会公共利益行为的受害人对公益诉讼案件的生效裁判。

4. 审判程序与裁判结果

人民法院对第三人撤销之诉案件,应当组成合议庭开庭审理。

受理第三人撤销之诉案件后,原告提供相应担保,请求中止执行的,人民法院可以准许。

对第三人撤销或者部分撤销发生法律效力的判决、裁定、调解书内容的请求,人民法院经审理,按照下列情形分别处理:

(1) 请求成立且确认其民事权利的主张全部或部分成立的,改变原判决、裁定、调解书内容的错误部分。

(2) 请求成立,但确认其全部或部分民事权利的主张不成立,或者未提出确认其民事权利请求的,撤销原判决、裁定、调解书内容的错误部分。

(3) 请求不成立的,驳回诉讼请求。对法院裁判不服的,当事人可以上诉。原判决、裁定、调解书的内容未改变或者未撤销的部分继续有效。

5. 第三人撤销之诉原审当事人申请再审、案外人执行异议之间的衔接

第三人撤销之诉案件审理期间,人民法院对生效判决、裁定、调解书裁定再审的,受理第三人撤销之诉的人民法院应当裁定将第三人的诉讼请求并入再审程序。但有证据证明原审当事人之间恶意串通损害第三人合法权益的,人民法院应当先行审理第三人撤销之诉案件,裁定中止再审诉讼。

第三人诉讼请求并入再审程序审理的,按照下列情形分别处理:(1)按照第一审程序审理的,人民法院应当对第三人的诉讼请求一并审理,所作出的判决可以上诉。(2)按照第二审程序审理的,人民法院可以调解,调解达不成协议的,应当裁定撤销原判决、裁定、调解书,发回一审法院重审,重审时应当列明第三人。

第三人提起撤销之诉后,未中止生效判决、裁定、调解书执行的,执行法院对第三人依照《民事诉讼法》第227条规定提出的执行异议,应予审查。第三人不服驳回执行异议裁定,申请对原判决、裁定、调解书再审的,人民法院不予受理。

案外人对人民法院驳回其执行异议裁定不服,认为原判决、裁定、调解书内容错误损害其合法权益的,应当根据《民事诉讼法》第227条规定申请再审,提起第三人撤销之诉,人民法院不予受理。

第七章 主管与管辖

第一节 民事诉讼主管

一、民事诉讼主管概述

主管一般是指国家机关的职权范围。在法治国家,国家机关的职权范围由法律规定,各国家机关必须在法律规定的权限范围内行使权力、履行职责。我国的人民法院是国家的审判机关,是统一行使国家审判权的机关。具体地说,人民法院是通过依法审判各类案件,来行使其法定权力和履行其法定职责的。由人民法院审判的案件可分为刑事、民事和行政三大类,人民法院的审判权也可相应地分为刑事审判权、民事审判权和行政审判权。

法院的民事审判权是指受理民事案件并作出裁判的权力。在民事诉讼中,法院的民事审判权具体表现为立案的决定权、诉讼指挥权、调查取证权、事实认定权、法律适用权、主持调解权、裁判权和强制执行权等。

法院在民事诉讼中的主管,是指法院受理民事案件的权限范围。民事纠纷不仅种类多、数量大,而且其中有些相当复杂,既有民事权益因素,又有非民事权益因素。为了迅速、及时地解决纠纷,除法院外,国家行政机关和其他社会组织也负有解决部分民事纠纷的职责,由此便产生了法院和其他国家机关、社会组织在受理民事纠纷上的分工和权限问题。因此,民事诉讼中的主管具有两方面的功能:其一是划定法院在民事诉讼中的受案范围,以确定哪些纠纷属于法院民事审判权的作用范围,哪些纠纷不属于法院民事审判权的作用范围;其二是解决法院和其他国家机关、社会组织在解决民事纠纷上的分工和权限问题,以便它们按照各自职责范围有条不紊地受理和解决民事纠纷。

明确民事诉讼主管有两方面的意义:

一方面,有利于当事人正确行使起诉权。尽管在法治化的社会中,许多矛盾和纠纷都属于法律上的权利义务纠纷,但也并非所有纠纷都是法律纠纷,都适合用诉讼方式解决,即便是法律上的权利义务之争,也不都是通过民事诉讼方式解决的。因此,当事人只有明确法院的民事诉讼主管范围,才能够正确判断哪些纠纷可以通过民事诉讼方式解决,哪些纠纷应当通过其他机关和社会组织解决。

另一方面,有利于法院正确行使审判权。随着我国的法制建设不断向前推进,人民法院在社会生活中的作用越来越重要,需要司法权调节的社会关系和社会矛盾越来越多,当事人也越来越多地将他们的争议提交法院解决。然而,社会矛盾和纠纷是错综复杂的,有的适合作为法院民事审判权的对象,有的则未必适宜用民事审判的方式解决。此外,还存在人民法院与其他机关和社会组织在受理民事纠纷上的分工问题。只有从法律上明确主管问题,人民法院才能够正确地处理这些复杂的问题,各相关国家机关和社会组织也才不会在解决纠纷上出现争抢或推诿。

二、民事诉讼主管的标准

民事纠纷种类繁多,民事诉讼法无法像行政诉讼法那样在受案范围上采用列举的方式,但同样需要用一定的方式来确定法院受理民事诉讼的范围。《民事诉讼法》第3条规定:"人民法院受理公民之间、法人之间、其他组织之间以及他们相互之间因财产关系和人身关系提起的民事诉讼,适用本法的规定。"这一规定是以发生争议的实体法律关系是否属于民事关系为标准来划定民事诉讼主管范围的。民事诉讼法是保证民法实施的程序法,将因民事法律关系发生的争议作为法院民事诉讼主管的对象是理所当然的。

随着我国法治向前推进,我国法院根据这一标准逐步扩大受理民事案件的范围,把那些原来因条件不成熟而未受理但本质上又符合这一标准的案件列入了受理范围。例如,我国法院原先不受理因证券市场虚假陈述引发的损害赔偿纠纷、不受理企业改制过程中引起的民事纠纷,现在已开始受理。

《民事诉讼法》实施以来的实践还表明,这一概括性的标准是行之有效的,为人民法院解决主管有疑难的案件提供了法律依据。

三、法院民事诉讼主管范围

我国人民法院主管的民事案件主要有以下几类:

1. 平等主体之间发生的财产权和人身权纠纷。具体包括:(1)由民法调整的物权关系、债权关系、知识产权关系、人身权关系引起的诉讼,如财产所有权、用益物权、担保物权、合同、无因管理、不当得利、侵权赔偿、著作权、专利权、商标权、人格权和身份权案件等。(2)由婚姻法、继承法、收养法调整的婚姻家庭关系、继承关系、收养关系引起的诉讼,如离婚案件、追索扶养费案件、财产继承案件、解除收养关系案件等。(3)由商法调整的商事关系引起的诉讼,如票据案件、股东权益纠纷案件、海商案件等。(4)由经济法调整的经济关系引起的属于民事性质的诉讼,如因污染引起的相邻关系案件、因不正当竞争行为引起的损害赔偿案件等。

2. 劳动关系发生的纠纷。我国劳动法规定,建立劳动关系应当由用人单位与劳动者订立劳动合同,劳动合同应对合同期限、工作内容、劳动保护和劳动条件、劳动报酬等作出约定。在订立、履行、解除劳动合同的过程中,劳动者和用人单位之间可能会发生这样或那样的劳动争议。依据劳动法的规定,这些劳动争议属于法院民事诉讼受案范围。

劳动争议的受案范围,是一个相当复杂的问题,最高人民法院曾于2001年3月、2006年7月、2010年9月、2012年12月四次出台《关于审理劳动争议案件适用法律若干问题的解释》。这些解释对具体纠纷是否属于劳动争议、劳动争议仲裁委员会作出无管辖权的决定后当事人向法院起诉法院是否受理等问题作出了相关规定。劳动争议纠纷的主管问题,需要根据这些司法解释确定。

3. 法律规定人民法院适用民事诉讼法解决的其他案件。主要有三种情形:一是选举法和民事诉讼法规定的选民资格案件;二是民事诉讼法规定的宣告失踪或宣告死亡案件、认定公民无民事行为能力或限制行为能力案件、认定财产无主案件、确认调解协议案件、实现担保物权案件;三是适用督促程序、公示催告程序、企业法人破产还债程序处理的案件。

四、法院民事诉讼主管与其他国家机关、社会组织处理民事争议的关系

为了有效地解决种类繁多、数量巨大的民事权益纠纷,我国和其他国家一样,建立了多元的解决纠纷的机制。除人民法院外,其他国家机关、社会组织也负有解决一定范围民事权益纠纷的职责。因此,在确定法院主管时,必然会涉及人民法院受理诉讼与其他机关、组织受理纠纷的关系问题。

(一) 人民法院与人民调解委员会主管民事纠纷的关系

人民调解委员会是群众性自治组织,其任务是调解民间的一般民事纠纷,性质特殊、情节复杂、影响重大的民事案件不属于人民调解委员会调解的范围。人民法院主管的民事案件的范围宽于人民调解委员会调解纠纷的范围,但两者在受理纠纷的范围上有相当一部分是重合的。对人民法院和人民调解委员会都有权处理的纠纷,双方当事人都同意交人民调解委员会调解的,由调解委员会调解;一方向调解委员会申请调解,另一方向法院起诉的,由法院主管;调解不成或调解达成协议后反悔,当事人向法院起诉的,由法院主管。不属于人民调解委员会处理的重大复杂的民事纠纷,由法院主管。

(二) 人民法院与乡(镇)人民政府主管民事纠纷的关系

乡(镇)人民政府是我国的基层人民政府,设有司法助理员。司法助理员作为基层人民政府的司法行政工作人员,具体负责处理民间纠纷的工作。1990 年 4 月,司法部发布了《民间纠纷处理办法》,规定基层人民政府处理纠纷的范围为《人民调解委员会组织条例》规定的民间纠纷,即公民之间有关人身、财产权益和其他日常生活中发生的纠纷。

基层人民政府处理民间纠纷与人民调解委员会调解民间纠纷不同,是具有一定强制性的政府行为。基层人民政府可以根据一方当事人的申请受理民间纠纷;对经过调解后仍达不成协议的纠纷,基层人民政府可以作出处理决定;当事人未就原纠纷向法院起诉又不执行决定的,基层人民政府可在其职权范围内采取必要的措施予以执行。这些都说明基层人民政府处理民间纠纷是具有一定强制性的行为。

司法助理员对民间纠纷进行调解后,无论是制作调解书还是制作决定书,加盖的都是乡(镇)人民政府的印章,于是便发生了乡(镇)人民政府的处理行为究竟是与人民调解委员会的调解同质的民间行为,还是与之异质的政府行为,当事人不履行调解协议或者不服处理决定向人民法院提起诉讼究竟是作为民事案件还是作为行政案件受理的问题。为了解决上述问题,最高人民法院于 1993 年 9 月 3 日发布了《关于如何处理经乡(镇)人民政府调处的民间纠纷的通知》。按照《民间纠纷处理办法》和该通知的有关规定,人民法院与乡(镇)人民

政府在民事纠纷主管问题上的关系是:(1)人民法院主管范围宽于乡(镇)人民政府主管范围,后者只能受理一般的民事纠纷。(2)人民法院主管优先于乡(镇)人民政府的主管。在一方当事人申请乡(镇)人民政府处理,另一方当事人直接向人民法院提起诉讼的情况下,由人民法院主管。(3)纠纷经乡(镇)人民政府处理后,当事人起诉到法院的,仍然作为民事案件由人民法院主管。

(三) 人民法院与仲裁机构主管民事纠纷的关系

1. 人民法院与仲裁委员会主管民事纠纷的关系。我国的仲裁机构原先为二元结构,国内仲裁机构为官方性质,涉外仲裁机构为民间性质。1994 年《仲裁法》颁布后,我国将原先官方性质的国内仲裁机构改组成民间性质的仲裁委员会。人民法院与仲裁委员会在民事纠纷主管问题上的关系是:(1)人民法院主管的范围宽于仲裁委员会主管的范围。按照仲裁法的规定,仲裁委员会主管的范围是平等主体的公民、法人和其他组织之间发生的合同纠纷和其他财产权益纠纷,但婚姻、收养、监护、扶养、继承纠纷不属于其主管范围。而上述所有纠纷,均属于人民法院民事诉讼主管的范围。(2)对既属于仲裁委员会又属于人民法院主管的纠纷,具体由谁主管取决于当事人的选择。当事人双方达成仲裁协议的,由仲裁委员会受理,不属于人民法院主管。没有仲裁协议或者仲裁协议无效的,由人民法院主管。我国仲裁委员会实行一裁终局的制度,因此在作出仲裁裁决后当事人就同一纠纷再向人民法院起诉的,人民法院不予受理。(3)当事人在仲裁裁决被人民法院依法撤销或裁定不予执行,又未重新达成仲裁协议的情况下向法院提起民事诉讼,人民法院应当受理。

2. 人民法院与劳动争议仲裁委员会主管民事纠纷的关系。劳动关系中虽然也包含着财产关系,但这种财产关系与民法所调整的平等主体间的财产关系不同,劳动关系专门由劳动法来调整。为了解决劳动争议,我国设立了劳动争议仲裁委员会。劳动争议仲裁委员会不同于民间性质的仲裁委员会,它由劳动行政部门代表、同级工会代表、用人单位方面的代表组成。就对劳动争议主管的范围而言,人民法院与劳动争议仲裁委员会是相同的。但在序位上,劳动争议仲裁委员会主管优先于人民法院主管。劳动法为解决劳动争议设置了先裁后审的模式。劳动争议发生后,当事人可以向本单位劳动争议调解委员会申请调解,也可以直接向劳动争议仲裁委员会申请仲裁,当事人对仲裁裁决不服的,可以自收到裁决书之日起 15 日内向人民法院起诉。但是,若争议属于《劳动争议调解仲裁法》第 47 条规定的特定类型的劳动争议,则仲裁裁决对用人单位来说是终局性裁决,用人单位不服的,只能自收到仲裁裁决书之日起 30 日内向法院申请撤销;对劳动者而言则是非终局性的,可以自收到仲裁裁决书之日起 15 日内提起诉讼。①

(四) 人民法院与其他行政机关主管民事纠纷的关系

其他行政机关,是指乡(镇)人民政府以外的行政机关。行政机关在履行管理社会事务的职能时,也在其职权范围内处理部分民事权益纠纷。

在人民法院和行政机关都有权处理民事争议的情况下,就产生了并行主管问题。在并行主管时,既产生了行政机关主管与人民法院主管的交叉问题,又产生了法院行政诉讼主管

① 参见《劳动争议调解仲裁法》第 47~49 条。

与民事诉讼主管的划分问题。我国是按照以下方式解决这一复杂问题的：

1. 人民法院主管优先，即一方当事人请求行政机关处理，另一方向人民法院提起民事诉讼的，由人民法院主管。

2. 双方当事人均请求行政机关处理的，由行政机关主管。但行政机关的处理要受司法最终解决原则的支配，行政机关的处理不是最终处理，当事人不服的，一般仍可以提起诉讼。

3. 行政机关的处理行为属行政行为性质，当事人不服处理提起诉讼的，属行政诉讼的主管范围。行政机关在法律授权的范围内也会处理一些民事争议或者同当事人的民事权益相关的争议，处理的方式包括调解、仲裁、决定。这三种方式的性质不同，前两种不属于行政行为，第三种属于行政行为。2015年《行政诉讼法》第12条规定的法院应当受理的行政诉讼包括：对行政机关作出的关于确认土地、矿藏、水流、森林、山岭、草原、荒地、滩涂、海域等自然资源的所有权或者使用权的决定不服的；对征收、征用决定及其补偿决定不服的。行政机关作出的上述两类决定，虽然事关当事人的民事权益，但由于在性质上是行政行为，所以当事人不服的，应当提起行政诉讼。例如，房屋征收部门与被征收人在征收补偿方案确定的签约期限内达不成补偿协议的，由房屋征收部门报请作出房屋征收决定的市、县级人民政府作出补偿决定，被征收人对补偿决定不服的，可以依法申请行政复议，也可以依法提起行政诉讼，但不得提起民事诉讼。

4. 行政机关的处理行为非行政行为性质，当事人不服提起诉讼的，不属于法院行政诉讼主管范围。非行政行为性质的处理行为是指行政机关对民事争议的居间调解行为或依法进行的行政仲裁行为。

5. 当事人不服行政机关居间调解提起诉讼的，属人民法院民事诉讼主管范围。例如，根据《著作权法》第55条的规定，著作权侵权纠纷可以由著作权行政管理部门调解，调解不成或者调解达成协议后一方反悔的，可以向人民法院起诉。当事人提起的这类诉讼为民事诉讼。

6. 当事人不服行政机关仲裁裁决提起诉讼的，是否属于人民法院民事诉讼主管范围，要依行政仲裁与民事诉讼的关系而定。凡法律规定先裁后审的，属民事诉讼主管范围。凡法律规定或裁或审的，当事人选择仲裁后，不得再提起诉讼。

第二节　管辖概述

一、管辖的概念和意义

民事诉讼中的管辖，是指各级法院之间和同级法院之间受理第一审民事案件的分工和权限。它是在法院内部具体落实民事审判权的一项制度。

主管只划定了民事审判权作用的范围，只解决了哪些纠纷可以作为民事诉讼受理，而未解决某一纠纷具体应由哪个法院来受理。我国的法院有四级，除最高人民法院外，每一级都有多个法院，因此，在解决了某一纠纷属于法院民事诉讼受案范围的问题后，接着就需要对属于法院民事诉讼受案范围的纠纷作进一步划分，将它们具体分配到各个法院。这意味着需要作两次分配：第一次分配发生在不同级别的法院之间，通过分配明确四级法院各自受理第一审民事案件的分工和权限;第二次分配是在第一次分配基础上进行的,是在同级法院之间进行的,任务是将通过第一次分配划归到本级法院受理的第一审民事案件进一步分配到同一级中的各个法院。管辖制度正是通过这样的分配来使民事审判权得到落实的。

主管与管辖是民事诉讼中具有密切联系的两个概念。主管先于管辖发生,它是确定管辖的前提与基础,只有首先确定某一纠纷属于民事诉讼受案范围后,才有必要通过管辖将它分配到某个法院,而管辖则是对属于法院民事诉讼主管范围案件的具体落实,确定由哪个法院来具体行使审判权。

科学、合理地解决管辖问题,在民事诉讼法中对管辖作出明确、具体的规定,对民事诉讼制度的有效运作具有重要意义:

第一,确定管辖可以使审判权得到落实,使诉讼顺利开始。管辖是诉讼的首要环节之一,管辖确定后,民事案件的审判权才能够具体落实到各个法院,诉讼才能够顺利开始。

第二,确定管辖有利于当事人行使诉讼权利。一方面可以使原告知道应当向哪一级、哪一个法院提起诉讼,正确行使起诉权;另一方面可以使被告据以判断受诉法院对案件有无管辖权,正确行使对管辖权提出异议的权利。

第三,确定管辖可以使各法院明确自己受理第一审民事案件的分工和权限,防止因管辖权不明造成的推诿或者争抢。

第四,确定管辖有利于上级人民法院对下级人民法院实行监督,督促下级人民法院严格执行民事诉讼法关于管辖的规定,纠正违反管辖规定受理案件的程序违法行为。

二、确定管辖的原则

我国民事诉讼法是依据下列原则来确定管辖的:

1. 便于当事人进行诉讼。尽可能为当事人提供诉讼上的便利,是我国民事诉讼立法的指导思想,也是确定管辖应遵循的原则。规定大多数第一审案件由基层人民法院管辖,允许当事人以协议方式选择合同案件的管辖法院,都体现了这一原则。

2. 便于法院审理案件和执行裁判。法院在诉讼中需要实施一系列的诉讼行为,为使诉讼有效率地进行,确定管辖时必须为法院实施诉讼行为提供便利。因此,便于法院行使审判权也应当成为确定管辖必须遵循的原则之一。

3. 保证案件的公正审判。公正是司法的灵魂,民事诉讼中的各项制度均应当体现公正的要求,有利于公正的实现。民事诉讼法在规定管辖时,将保证案件得到公正审判作为重要原则之一,就是充分考虑了公正的要求。例如,为了防止地方保护主义造成的裁判不公,民事诉讼法对合同纠纷规定了协议管辖,允许当事人以协议方式选择双方均信赖的人民法院;为了防止个别法院违法受理诉讼,民事诉讼法规定了管辖权异议。

4. 保证各级法院工作负担的均衡。各级法院的职能不同,任务也不同。基层法院的任务较为单纯,仅负责审理第一审案件。中级以上的法院既要承担部分一审案件的审理,又要审理上诉案件,还要负责指导、监督下级法院的审判工作,级别越高,指导、监督工作的量就越大。因此,在确定管辖时,应考虑各级法院职能和任务上的区别,使它们的工作负担尽可能均衡。民事诉讼法将大多数第一审民事案件划归基层法院管辖,并使中级以上的法院级别越高,管辖的第一审民事案件越少,便反映了这一原则的要求。

5. 确定性与灵活性相结合。为便于当事人行使诉讼权利和便于人民法院受理案件，防止当事人之间、法院之间、当事人与法院之间出现管辖上的争议，对管辖的规定应尽可能具体、明确。但诉讼中可能出现一些特殊情况，为使特殊情况下案件能够得到公正处理，对管辖的规定又必须有一定的灵活性，允许上级法院以裁定方式机动地处理管辖问题。

6. 有利于维护国家主权。司法权是国家主权的重要组成部分，在涉外民事诉讼中，管辖问题与国家主权有密切关系，是国家主权在司法上的具体表现。因此，在规定涉外民事诉讼的管辖时，应尽可能在合理的范围内拓宽我国法院对涉外民事案件的管辖权，以维护国家主权和我国公民的利益。

三、管辖恒定

管辖恒定，是指确定案件的管辖权，以起诉时为标准，起诉时对案件享有管辖权的法院，其管辖权不因确定管辖的事实在诉讼过程中发生变化而受影响。

管辖恒定反映了诉讼经济的要求，它既可以避免因管辖变动造成的司法资源的浪费，又可以减少当事人诉累，使诉讼尽快了结。

管辖恒定包括级别管辖恒定和地域管辖恒定。前者主要指级别管辖按起诉时的诉讼标的额确定后，不因诉讼过程中标的额增加或减少而变动。最高人民法院1996年5月颁布的《关于案件级别管辖几个问题的批复》中规定："当事人在诉讼中增加诉讼请求从而加大诉讼标的金额，致使诉讼标的金额超过受诉法院级别管辖权限的，一般不再变动。但是当事人故意规避有关级别管辖等规定的除外。"这一规定，体现了管辖恒定的要求。后者指地域管辖按起诉时的标准确定后，不因诉讼过程中确定管辖的因素的变动而改变。如管辖依被告住所地确定后，被告住所变更，受诉人民法院的管辖权并不因此而受到影响。

四、管辖的分类

(一) 管辖在法律上的分类

我国《民事诉讼法》第一编第二章专门对管辖作了规定，将管辖分为级别管辖、地域管辖、移送管辖和指定管辖四大类。其中，地域管辖又进一步分为六小类，即一般地域管辖、特殊地域管辖、专属管辖、共同管辖、选择管辖和协议管辖。

(二) 管辖在诉讼理论上的分类

1. 法定管辖和裁定管辖。依管辖是由法律直接规定还是由法院裁定确定为标准，管辖可以分为法定管辖和裁定管辖。级别管辖和地域管辖均是由民事诉讼法直接规定并可直接适用的管辖，故为法定管辖；移送管辖、指定管辖、管辖权转移，民事诉讼法中虽然都有规定，但需要通过法院的裁定来实现，所以被称为裁定管辖。从两者的关系来看，法定管辖是针对诉讼管辖的一般情形作出的，裁定管辖则是针对特殊情形而规定的。设定裁定管辖，或者是为了落实法定管辖的规定，或者是为了对法定管辖进行个别调整。

2. 专属管辖和协议管辖。依管辖是否由法律强制规定，是否允许当事人协商变更为标准，管辖可以分为专属管辖和协议管辖。专属管辖是指法律规定某类案件只能由特定的法院管辖，其他法院无管辖权，当事人也不得以协议方式变更管辖。协议管辖，是指尽管法律已经对管辖作出了规定，但同时又允许当事人以书面协议方式选择其他管辖法院，并以当事人的约定为先。因此，对允许协议管辖的诉讼而言，民事诉讼法关于管辖的规定实际上只是一种任意性规范。

3. 共同管辖和合并管辖。这是以诉讼关系为标准对管辖所作的分类。诉讼关系，是指诉讼主体、诉讼客体与法院辖区存在的联系。两个或两个以上的人民法院对同一案件都有管辖权的，称为共同管辖。共同管辖既可以因诉讼主体的因素而产生，也可以因诉讼客体的因素而产生，前者如同一诉讼的几个被告的住所地在两个或两个以上人民法院辖区内，后者如作为诉讼标的物的不动产在不同人民法院的辖区内。合并管辖，亦称牵连管辖，是指对某一案件有管辖权的人民法院，因另一案件与该案件存在着牵连关系，而对两个案件一并管辖和审理。适用合并管辖的主要情形是原告增加诉讼请求，被告提出反诉，第三人提出与本案有关的诉讼请求。合并管辖的实质是对某案件有管辖权的人民法院基于牵连关系将另一原本无管辖权的案件并归自己管辖。如法院对另一诉讼原来就有管辖权，则不发生合并管辖问题。

第三节 级别管辖

一、级别管辖的概念

级别管辖，是指按照一定的标准，划分上下级法院之间受理第一审民事案件的分工和权限。

国外民事诉讼制度关于第一审案件的管辖大致有两种类型：一种是将所有第一审案件都划归基层法院受理，上级法院原则上不受理一审案件。俄罗斯、美国（联邦法院）均属此种类型。这种类型实际上不存在级别管辖问题。另一种是将第一审案件交给基层法院和其上一级法院审理，通过级别管辖在这两级法院之间确定各自的分工和权限。德国、日本、匈牙利等属第二种类型。这种类型仅在两级法院之间对受理一审案件的权限作出分工，因而级别管辖问题相对来说较为简单。

我国的法院有四级，并且每一级都受理第一审民事案件，因此需要运用级别管辖对四级法院受理第一审民事案件的权限作出规定。相比较而言，我国的级别管辖涉及面宽，也更为复杂。[①]

二、确定级别管辖的标准

民事诉讼法是根据以下三个方面的标准来确定案件的级别管辖的：

1. 案件的性质。案件性质不同，审理起来难易程度也不同。重大涉外案件在性质上不

① 我国一些学者主张改革我国的审级制度，把两审终审制改为三审终审制。同时改革级别管辖制度，第一审民事案件由基层人民法院与中级人民法院管辖，高级人民法院和最高人民法院不再管辖第一审民事案件。参见江伟主持：《中华人民共和国民事诉讼法修改建议稿（第三稿）及立法理由》，人民法院出版社 2005 年版，第 97 页。

同于一般涉外案件。专利、海事、海商案件专业性强，在性质上也不同于一般案件。这些性质特殊的案件，应当由较高级别的法院管辖。

2. 案件的繁简程度。案件情节有简单和复杂之分，简单的案件审理起来相对容易，复杂的案件审理起来有一定的难度，案情越复杂，审理的难度越大。因而，在确定级别管辖时，有必要考虑案件的繁简程度，将简单的案件分配给低级别的法院，将复杂的案件分配给级别较高的法院。

3. 案件的影响范围。案件的处理结果会对社会产生一定的影响。有的案件仅在基层法院的辖区内有一定的影响，有的案件则在全省、自治区、直辖市甚至全国范围内有重大影响。案件影响范围越大，对审判质量要求就越高，所以要根据案件影响范围的大小来划分级别管辖，将影响范围大的案件分配给级别较高的法院。并且，影响范围与法院的级别呈正相关关系，影响范围越大，受理该案件的法院的级别越高。

从各国民事诉讼法关于级别管辖的规定看，一般都是以争议标的的金额作为划分级别管辖的标准。从我国的司法实务看，最高法院也把争议标的的数额作为确定级别管辖的重要标准。2015 年 4 月 30 日最高人民法院发布了《关于调整高级人民法院和中级人民法院管辖第一审民商事案件标准的通知》，该通知再一次提高了高级人民法院、中级人民法院管辖第一审民事案件的数额标准，如北京、上海、江苏、浙江、广东高级人民法院，管辖诉讼标的额 5 亿元以上一审民商事案件，所辖中级人民法院管辖诉讼标的额 1 亿元以上一审民商事案件。通知还规定，婚姻、继承、家庭、物业服务、人身损害赔偿、名誉权、交通事故、劳动争议等案件，以及群体性纠纷案件，一般由基层人民法院管辖。经过此次调整，大部分甚至绝大多数第一审民商事案件都由基层法院管辖，中级法院管辖的一审案件大为减少，高级法院管辖的第一审案件已为数甚少。

三、各级人民法院管辖的第一审民事案件

(一) 基层人民法院管辖的第一审民事案件

《民事诉讼法》第 17 条规定："基层人民法院管辖第一审民事案件，但本法另有规定的除外。"由于民事诉讼法规定由其他各级人民法院管辖的第一审民事案件为数较少，所以这一规定实际上把大多数第一审民事案件都划归基层法院管辖。将大多数第一审民事案件划归基层法院管辖是有充分理由的。基层法院是我国法院系统中最低的一级，不仅数量多，而且遍布各个基层行政区域，当事人的住所地、争议财产所在地、纠纷发生地，一般都处在特定的基层法院的辖区之内。由基层法院管辖第一审民事案件，既便于当事人参与诉讼，又便于法院审理案件。

(二) 中级人民法院管辖的第一审民事案件

依据《民事诉讼法》第 18 条及相关法律规定，中级人民法院管辖的第一审民事案件有三类：

1. 重大涉外案件。涉外案件是指具有涉外因素的民事案件。1982 年 3 月颁布的《民事诉讼法(试行)》曾将所有的涉外民事案件都划归中级人民法院管辖。这是当时根据我国改

革开放初期涉外案件少，人民法院处理涉外案件经验不足的国情作出的规定。随着对外开放的不断扩大，涉外案件逐渐增多，人民法院处理涉外案件的经验越来越丰富，在涉外案件多的经济特区和沿海开放城市，上级人民法院将部分涉外案件交给基层人民法院管辖。根据国情的这一变化，《民事诉讼法》对涉外案件的级别管辖作了相应的修改，将涉外案件分流，一般涉外案件由基层法院管辖，重大涉外案件由中级法院管辖。为明确重大与一般的界限，《民诉法解释》第1条专门作了解释，即“重大涉外案件”包括争议标的额大、案情复杂的案件，或者一方当事人人数众多等具有重大影响的涉外案件。

为了保证涉外民商事案件的审判质量，依法保护中外当事人的合法权益，最高人民法院于2002年2月25日颁布了《关于涉外民商事案件诉讼管辖若干问题的规定》。根据该规定，对部分涉外民商事案件实行集中管辖。

所谓集中管辖，是指对这部分涉外民商事案件不再依据被告住所地、合同履行地等与法院地之间的联系来确定管辖，而是将其集中到由最高法院指定的少数法院管辖。

2. 在本辖区有重大影响的案件。这是指案件的影响超出了基层法院的辖区，在中级法院辖区内产生了重大影响。

3. 撤销仲裁裁决案件。根据《仲裁法》第58条的规定、《劳动争议仲裁调解法》第49条的规定，申请撤销仲裁裁决的案件由仲裁委员会所在地的中级法院管辖。

4. 最高人民法院确定由中级人民法院管辖的案件。这是指最高法院根据审判工作的需要，将某些案件确定由中级法院作为第一审法院。由于最高人民法院陆续作出这方面的司法解释，这类案件的种类不断增多，同时在类别上也会作出调整。目前这类案件主要有：(1)海事、海商案件。这两类案件由海事法院管辖，而海事法院在级别上相当于中级法院；(2)部分专利纠纷案件。我国已成立了若干知识产权法院，因而专利纠纷案件由知识产权法院、最高人民法院确定的中级人民法院和基层人民法院管辖；(3)著作权、商标权民事案件。这两类案件由中级法院和最高人民法院指定的基层法院管辖；(4)重大涉港澳台案件；(5)证券虚假陈述民事赔偿案件；(6)反对不正当竞争民事案件；(7)民事公益诉讼案件。

(三) 高级人民法院管辖的第一审民事案件

高级人民法院的主要任务是对本辖区内中级法院和基层法院的审判活动进行指导和监督，审理不服中级法院判决、裁定的上诉案件。因此，高级人民法院管辖第一审民事案件的数量是相当少的，只管辖在本辖区内有重大影响的第一审民事案件。从当前的情况看，各地一般都是把诉讼标的额大的民事案件作为在本辖区内有重大影响的案件，具体数额原来由各高级法院根据本地的情况作出规定后报最高法院批准，后来改为由最高法院根据各地的具体情况作出规定。

(四) 最高人民法院管辖的第一审民事案件

根据《民事诉讼法》第20条规定，最高人民法院管辖的第一审民事案件有两类：一类是在全国有重大影响的案件；另一类是认为应当由本院审理的案件。

在四级人民法院中，由最高法院管辖的第一审民事案件数量最少。这样分配是考虑到最高法院的特殊性质。最高法院是国家最高审判机关，其主要任务是对地方各级法院和各专门法院的审判工作进行指导、监督，对审判中适用法律遇到的疑难问题作出司法解释，对下级法院的请示作出批复，还要审理因不服高级法院一审裁判而提出上诉的案件。最高法院又是最高级别的法院，实行的是一审终审制。以上种种因素，决定了最高法院管辖的第一审民事案件只能是极少数特别重大的案件。

在审判实务中，最高法院这一权力基本上是备而不用的。

第四节 地域管辖

一、地域管辖的概念

地域管辖，是指按照各法院的辖区和民事案件的隶属关系来划分诉讼管辖。民事诉讼法通过级别管辖将民事案件在四级法院中作了分配，划定了各级法院受理第一审民事案件的权限，但仍然不能确定某一案件具体由哪个法院受理。因为除最高法院外，在其他每一级中仍然有许多个法院，所以还需要进行第二次分配，将已划归同一级法院管辖的第一审案件在各个法院之间进行分配。这一任务是由地域管辖完成的，因此，地域管辖的作用在于确定同级法院在各自辖区内受理第一审民事案件的分工和权限。

二、确定地域管辖的标准

如同级别管辖一样，地域管辖也存在着按何种标准划分的问题。从各国民事诉讼法关于地域管辖的规定看，确定地域管辖的标准主要有两个：一是诉讼当事人的所在地（尤其是被告的住所地）与法院辖区之间的联系，二是诉讼标的、诉讼标的物或法律事实与法院辖区之间的联系。根据以上标准，在当事人的所在地、诉讼标的等在某一法院辖区内时，诉讼就由该地区的法院管辖。

我国民事诉讼法确定地域管辖也采用上述标准。我国法院的辖区同行政区域划分是一致的，在当事人的所在地等在某一行政区域内时，诉讼就由设在该行政区域内的法院管辖。地域管辖实际上是着眼于法院与当事人，与诉讼标的、诉讼标的物或法律事实的隶属关系来确定的。从法院方面说，审理案件是其职权，它应当有权审理发生在它辖区内的案件，在当事人的所在地、诉讼标的物所在地等位于某一法院辖区内时，该法院应当有管辖权。就当事人方面而言，其由于住所、诉讼标的物等处于某一法院辖区内而与该法院产生一种隶属关系，一旦发生诉讼，就应当服从该法院的管辖。德国、日本和我国台湾地区的民事诉讼法均将诉讼当事人因人或物与特定法院的辖区相关联而产生的隶属关系称为审判籍，并规定诉讼由审判籍所在地的法院管辖。

三、一般地域管辖

一般地域管辖，是指以当事人的所在地与法院的隶属关系来确定诉讼管辖。当事人有原告和被告之分。一般地域管辖的通行做法是实行“原告就被告”的原则，即以被告所在地作为确定管辖的标准。实行“原告就被告”原则，一方面在于抑制原告滥用起诉权，使被告免受原告不当诉讼的侵扰;另一方面也有利于法院传唤被告参加诉讼,便于对诉讼标的物进行保全或勘验,有利于判决的执行。

我国民事诉讼法是以被告所在地管辖为原则、原告所在地管辖为例外来确定一般地域管辖的。

(一) 原则规定——被告所在地人民法院管辖

1. 被告为公民。由被告住所地人民法院管辖,被告住所地与经常居住地不一致的,由经常居住地人民法院管辖。公民的住所地是指该公民的户籍所在地,经常居住地是指公民离开住所地至起诉时已连续居住满1年的地方,但公民住院就医的地方除外。

最高人民法院在《民诉法解释》中对下列情况作了补充规定:(1)双方当事人均被注销户籍的,由被告居住地人民法院管辖。(2)双方当事人都被监禁或被采取强制性教育措施的,由被告原住所地人民法院管辖。被告被监禁或被采取强制性教育措施1年以上的,由被告被监禁地或被采取强制性教育措施地人民法院管辖。(3)不服指定监护或者变更监护关系的案件,可以由被监护人住所地人民法院管辖。(4)夫妻双方离开住所地超过1年,一方起诉离婚的案件,由被告经常居住地人民法院管辖;没有经常居住地的,由原告起诉时被告居住地人民法院管辖。

2. 被告为法人或其他组织。由被告住所地法院管辖。这里的住所地是指法人或其他组织的主要办事机构所在地。被告如为没有办事机构的个人合伙、合伙型联营体,则由被告注册登记地法院管辖。没有注册登记,几个被告又不在同一法院辖区的,各被告住所地的法院都有管辖权。

(二) 例外规定——原告所在地人民法院管辖

考虑到实践中存在一些由被告所在地法院管辖会给原告行使诉权和法院审理案件带来诸多不便的情况,民事诉讼法规定某些案件由原告住所地法院管辖,原告住所地与经常居住地不一致的,由原告经常居住地法院管辖。

《民事诉讼法》第22条规定的四种例外情形是:(1)对不在中华人民共和国领域内居住的人提起的有关身份关系的诉讼。(2)对下落不明或者宣告失踪的人提起的有关身份关系的诉讼。(3)对被采取强制性教育措施的人提起的诉讼。(4)对被监禁的人提起的诉讼。上述规定中的身份关系,是指与人的身份相关的各种关系,如婚姻关系、亲子关系、收养关系等。

《民诉法解释》规定的例外情形是:(1)被告被注销户籍的,由原告所在地人民法院管辖。(2)追索赡养费、抚育费、抚养费案件的几个被告住所地不在同一辖区的,可以由原告住所地法院管辖。(3)夫妻一方离开住所地超过1年,另一方起诉离婚的案件,可以由原告住所地法院管辖。夫妻双方离开住所地超过1年,一方起诉离婚的案件,被告无经常居住地的,由原告起诉时被告居住地的法院管辖。

(三) 离婚诉讼管辖的特别规定

《民诉法解释》第13~17条还针对定居国外的华侨、在国外居住的我国公民的离婚诉讼的特殊情况,对管辖问题作出了下列规定:

1. 在国内结婚并定居国外的华侨,如定居国法院以离婚诉讼须由婚姻缔结地法院管辖为由不予受理,当事人向我国法院提出离婚诉讼的,由婚姻缔结地或者一方在国内的最后居住地法院管辖。

2. 在国外结婚并定居国外的华侨,如定居国法院以离婚诉讼须由国籍所属国法院管辖为由不予受理,当事人向我国法院提出离婚诉讼的,由一方原住所地或者在国内的最后居住地法院管辖。

3. 中国公民一方居住在国外,一方居住在国内,不论哪一方向我国法院提起离婚诉讼,国内一方住所地的法院都有权管辖。如国外一方在居住国法院起诉,国内一方向我国法院起诉,受诉人民法院有权管辖。

4. 中国公民双方在国外但未定居,一方向我国法院起诉离婚的,应由原告或者被告原住所地的法院管辖。

5. 已经离婚的中国公民,双方均定居国外,仅就国内财产分割提起诉讼的,由主要财产所在地法院管辖。

四、特殊地域管辖

特殊地域管辖,又称特别管辖,通常指不是以被告所在地,而是以引起诉讼的法律事实的所在地、诉讼标的所在地为标准确定诉讼的管辖法院。《民事诉讼法》第23~32条规定了十种属于特殊地域管辖的诉讼,《民诉法解释》第18~27条,对属于特殊地域管辖的诉讼作了更为具体的规定。

1. 因合同纠纷提起的诉讼[①],由被告住所地或者合同履行地法院管辖。合同履行地,是指合同规定的履行义务的地点。合同履行地具体按照以下规则确定:(1)合同约定履行地点的,以约定的履行地点为合同履行地;(2)合同对履行地点没有约定或者约定不明确,争议标的为给付货币的,接收货币一方所在地为合同履行地;交付不动产的,不动产所在地为合同履行地;其他标的,履行义务一方所在地为合同履行地。即时结清的合同,交易行为地为合同履行地;(3)合同没有实际履行,当事人双方住所地都不在合同约定的履行地的,由被告住所地人民法院管辖。需要注意的是,根据这一规则,合同履行地原则上是以原告诉请被告履行义务的特征来确定的。例如,在买卖合同纠纷中,出卖人诉请买受人支付价金,出卖人所在地为合同履行地。不过,如果买受人主张出卖人迟延交付,请求出卖人支付违约金,则不能视为争议标的为给付货币,因为此种争议实质上还是被告是否迟延交付。此外,当事人请求确认合同无效、解除合同发生的争议,虽然原告在诉讼请求中也会提出返还已经给付的金钱的主张,也不属于争议标的为给付货币的。[②](4)财产租赁合同、融资租赁合同以租赁物使用地为合同履行地。合同对履行地有约定的,从其约定。(5)以信息网络方式订立的买卖合同,通过信息网络交付标的的,以买受人住所地为合同履行地;通过其他方式交付标的的,收货地为合同履行地。合同对履行地有约定的,从其约定。

《合同法》还专门对供用电、水、气、热力合同的履行地点作了规定。根据该法第178、

---

① 这里的“合同”,不包括民事诉讼法专门对其管辖作出规定的保险合同、运输合同。

② 参见王亚新、雷彤:《合同案件管辖之程序规范的新展开》,载《法律适用》2015年第8期。

184条的规定，这类合同的履行地点，按当事人的约定确定；当事人没有约定或约定不明确的，供电、供水、供气、供热力设施的产权分界处为履行地点。

2. 因保险合同纠纷提起的诉讼，由被告住所地或者保险标的物所在地法院管辖。这类诉讼，被告住所地和保险标的物所在地人民法院都有管辖权。因财产保险合同纠纷提起的诉讼，如果保险标的物是运输工具或运输中的货物，可以由运输工具登记注册地、运输目的地、保险事故发生地法院管辖。因人身保险合同纠纷提起的诉讼，可以由被保险人住所地法院管辖。

3. 因票据纠纷提起的诉讼，由票据支付地或者被告住所地法院管辖。票据是指以无条件支付一定金额为基本效能的有价证券。我国《票据法》规定的票据包括汇票、本票和支票三种。在票据关系中，持票人享有向票据债务人请求支付票据金额的权利，票据债务人则负有向持票人支付票据金额的义务。票据纠纷通常是指因票据的签发、取得、使用、转让、承兑、保证等引起的纠纷。票据诉讼由票据支付地或被告住所地人民法院管辖。票据支付地，是指票据上载明的付款地，如未载明付款地，则以票据付款人（包括代理付款人）的住所地或主营业所所在地为票据付款地。

4. 因公司设立、确认股东资格、分配利润、解散等纠纷提起的诉讼，由公司住所地人民法院管辖。这是《民事诉讼法》2012年修订新增加的规定。此类纠纷在性质上属于涉及公司组织法性质的诉讼，根据《民诉法解释》的规定，还包括因股东名册记载、请求变更公司登记、股东知情权、公司决议、公司合并、公司分立、公司减资、公司增资等纠纷。公司的住所，是指公司的主要办事机构所在地。由公司住所地的法院管辖设立、确认股东资格、分配利润、解散等与公司有关的纠纷，不仅便于当事人进行诉讼，也有利于法院对案件的审理和判决的执行。需要注意的是，对此类案件，法律仅规定由公司住所地的法院管辖，而未把被告住所地的法院规定为有管辖权的法院。

5. 因铁路、公路、水上、航空运输和联合运输合同纠纷提起的诉讼，由运输始发地、目的地或者被告住所地人民法院管辖。运输合同包括客运合同与货运合同两大类。运输中的始发地，是指旅客或货物的最初出发地，目的地则是指最终到达地。运输合同纠纷的管辖还需要区分专门法院管辖与普通法院管辖。根据最高人民法院的规定，水上运输或水陆联合运输合同纠纷发生在我国海事法院辖区的，由海事法院管辖。铁路运输合同，由铁路运输法院管辖。其他运输合同纠纷，由始发地、目的地或被告住所地的普通法院管辖。

6. 因侵权行为提起的诉讼，由侵权行为地或者被告住所地法院管辖。侵权行为地，包括侵权行为实施地和侵权结果发生地。一般情况下，侵权行为实施地和结果发生地两者相一致，但也存在不一致的情况。在两地不一致时，针对该侵权行为提起的诉讼可能存在三处管辖法院，即侵权行为实施地、侵权结果发生地和被告住所地的法院都有权管辖。

随着社会信息化，信息网络侵权行为开始出现，该类侵权行为实施地包括实施被诉侵权行为的计算机等信息设备所在地，侵权结果发生地包括被侵权人住所地。

因产品、服务质量不合格造成他人财产、人身损害提起的诉讼，产品制造地、产品销售地、服务提供地、侵权行为地和被告住所地法院都有管辖权。

申请保全也可能造成损害，当事人申请诉前保全后没有在法定期间起诉或者申请仲裁，给被申请人、利害关系人造成损失引起的诉讼，由采取保全措施的法院管辖。当事人申请诉前保全后在法定期间内起诉或者申请仲裁，被申请人、利害关系人因保全受到损失提起的诉讼，由受理起诉的法院或者采取保全措施的法院管辖。

7. 因铁路、公路、水上和航空事故请求损害赔偿提起的诉讼，由事故发生地或者车辆、船舶最先到达地，航空器最先降落地或者被告住所地法院管辖。这是针对车辆、船舶、航空器在运行过程中发生事故造成他人财产或人身损害引起诉讼规定的管辖。航空器泛指一切在天空运行的人造物体，包括飞机、飞艇、热气球、卫星等。航空事故是指航空器在空中碰撞、坠毁，在飞行中抛物、排油而引起的事故。事故通常发生在一定的行政区域内，发生在哪一行政区域内，该行政区域的法院就有管辖权。最先到达地是指车辆、船舶最先到达的车站、港口，最先降落地是指航空器第一次降落的机场或其他地点，或者坠毁的地点。对这类事故引起的侵权赔偿诉讼，包括被告住所地在内的上述地点的法院都有管辖权。

8. 因船舶碰撞或者其他海损事故请求损害赔偿提起的诉讼，由碰撞发生地、碰撞船舶最先到达地、加害船舶被扣留地或者被告住所地法院管辖。船舶碰撞是指船舶在航行过程中因接触和碰撞而造成的损害事故，其他海损事故是指船舶在航行中因触礁、触岸、失火、爆炸、沉没等造成的事故。不论哪国的船舶发生了碰撞或其他海损事故，只要发生在我国领海海域内，我国法院就可以对请求损害赔偿的诉讼行使管辖权。将因海损事故引起的损害赔偿诉讼规定由上述四个地点的法院管辖，充分考虑了这类案件的特殊性，既有利于当事人根据案件的具体情况选择其中一个法院提起诉讼，也有利于法院对案件的审理和判决的执行。

9. 因海难救助费用提起的诉讼，由救助地或者被救助船舶最先到达地法院管辖。海难救助是指对遭遇海难的船舶及船舶上的人员、货物给予的救助。救助行为实施后，救助人有权根据救助的事实和效果要求被救助方支付救助费用。双方对此可能出现纠纷，引起诉讼，这类诉讼由救助行为实施地点的法院或者被救助船舶最先到达地法院管辖是各国的通例。

10. 因共同海损提起的诉讼，由船舶最先到达地、共同海损理算地或者航程终止地法院管辖。共同海损，是指船舶在海运中遭受到海难等意外事故时，为了排除危险，挽救船舶、人员和货物而作出的牺牲或支付的费用。因共同海损作出的牺牲或支付的费用应当根据一定的规则进行理算，并由受益各方分摊。目前国际上通用的理算规则是《约克·安特卫普规则》，我国于 1975 年颁布了《中国国际贸易促进委员会共同海损理算暂行规则》（简称《北京理算规则》），并在北京设立了共同海损理算处。发生共同海损后，如在我国理算，理算地即为北京。航程终止地，是指发生共同海损的船舶航程终止的地点。共同海损发生后，如船舶最先到达我国的某一港口，或者有关当事人同意在北京理算，或者船舶的航程终止地在我国某一港口，上述地点的法院对由此提起的诉讼有管辖权。

五、专属管辖

专属管辖，是指法律规定某些特殊类型的案件专门由特定的法院管辖。专属管辖是排他性管辖，既排除了任何外国法院对诉讼的管辖权，又排除了诉讼当事人以协议方式选择国内的其他法院管辖。非专属管辖的诉讼则不具有这种排他性。专属管辖与一般地域管辖和特殊地域管辖的关系是，凡法律规定为专属管辖的诉讼，均适用专属管辖，不得适用一般或特殊地域管辖。我国民事诉讼法规定的属于专属管辖的诉讼有以下四类：

1. 因不动产纠纷提起的诉讼，专属不动产所在地法院管辖。不动产一般是指不能移动或移动后会降低乃至丧失其价值的财产，如土地及土地上的建筑物、河流、滩涂等。不动产纠纷可分为不动产物权纠纷和不动产债权纠纷，实行专属管辖的主要是不动产物权纠纷，即因不动产的权利确认、分割、相邻关系等引起的物权纠纷。

农村土地承包经营合同纠纷、房屋租赁合同纠纷、建设工程施工合同纠纷、政策性房屋买卖合同纠纷，虽为债权纠纷，但也按照不动产纠纷确定管辖。

不动产又存在已登记和未登记的区别，前者以不动产登记簿记载的所在地为不动产所在地，后者以不动产实际所在地为不动产所在地。

2. 因港口作业发生纠纷提起的诉讼，专属港口所在地法院管辖。在港口作业中，一方面会因为装卸、驳运等发生纠纷，另一方面会因违章作业等行为损坏港口设施或造成其他人身或财产的损害而引起侵权纠纷，这两类纠纷都由港口所在地法院管辖。

3. 因遗产继承纠纷提起的诉讼，由被继承人死亡时住所地或主要遗产所在地法院管辖。遗产继承纠纷相当复杂，既涉及被继承人立遗嘱时有无民事行为能力，被继承人死亡的时间，继承人对被继承人的赡养情况，又涉及遗产的种类、数额等问题。因此，民事诉讼法规定专属于以上两个地点的法院管辖。当遗产有多处且分布在不同人民法院辖区时，还需要区分主要遗产和非主要遗产。遗产既有动产又有不动产的，一般以不动产所在地为主要遗产地，动产有多项的，则以价值高的动产所在地为主要遗产地。由被继承人死亡时住所地或者主要遗产所在地法院管辖遗产继承的诉讼，便于法院查明被继承人、继承人和遗产的有关情况，有利于法院对案件作出正确的处理。

4. 为撤销生效判决、裁定、调解书而提起的诉讼。立法机关 2012 年修订《民事诉讼法》时增加了第三人撤销之诉，规定案外第三人在认为生效判决、裁定、调解书存在错误且损害其利益时，有权向作出生效法律文书的原审法院提起诉讼，请求原审法院撤销生效法律文书(第 56 条第 3 款)。由于此类诉讼只能向原审法院提起，所以可以认为专属于原审法院管辖。生效法律文书由一审法院作出，专属于原一审法院管辖；生效法律文书由二审法院作出，专属于原二审法院管辖。

我国海事诉讼特别程序法还对一些海事诉讼案件作出了专属管辖的规定。[①]《破产法》第 3 条规定“破产案件由债务人住所地人民法院管辖”，这一规定也应当理解为专属管辖。

六、专门管辖

专门管辖是指某些诉讼案件，由依法设立的专门法院管辖。我国目前已设立的专门法院包括军事法院、海事法院、知识产权法院、铁路运输法院等。

最高人民法院相继通过司法解释对上述四类专门法院的管辖问题作出了规定。专门法院也管辖一定的民事案件，如军事法院管辖双方当事人均为军人或者军队单位的民事案件。海事法院管辖海事侵权纠纷、海事商事合同纠纷和其他海事商事纠纷案件。北京、上海、广州知识产权法院管辖的民事案件为：(1) 专利、植物新品种、集成电路布图设计、技术秘密、计算机软件民事案件；(2) 涉及驰名商标认定的民事案件。铁路运输法院管辖涉及铁路运输、铁路安全、铁路财产的民事案件，如铁路旅客和行李、包裹运输合同纠纷，铁路行车事故及其他铁路运营事故造成的人身、财产损害赔偿纠纷等。

① 参见本书第十八章第一节。

司法解释规定由专门法院管辖的案件,普通法院就不再受理。

专门管辖不同于专属管辖,后者是规定某些案件专属于普通法院中的某些地点的法院管辖。但是,专门管辖与专属管辖也有相通之处,如当事人在协议管辖时,不能违反专门管辖的规定。

七、共同管辖与选择管辖

共同管辖与选择管辖实际上是一个问题的两个方面。共同管辖是从法院角度说的,指法律规定两个以上的法院对某类诉讼都有管辖权;选择管辖则是从当事人角度说的,指当两个以上的法院对诉讼都有管辖权时,当事人可以选择其中一个提起诉讼。尽管共同管辖的存在是当事人选择管辖的前提,但法律规定共同管辖和选择管辖的实质在于把管辖选择权赋予当事人。因此,对于共同管辖的诉讼,原告有权从对自己有利的角度在数个有管辖权的法院中进行选择,究竟由哪个法院管辖应当依原告的选择而定,被选中的法院应当尊重当事人的选择,不得将案件移送到另一有管辖权的法院。

对共同管辖的诉讼,原告只能作单一的选择。原告向某一法院提起诉讼后,选择权便因行使而消灭,管辖也因其选择而确定。实践中可能出现原告选择复数法院,先后向有管辖权的几个法院提起诉讼的情况,也可能出现同一纠纷的双方当事人选择不同的有管辖权的法院提起诉讼的情形。为解决上述情形下如何确定管辖的问题,《民事诉讼法》第 35 条规定:“原告向两个以上有管辖权的人民法院起诉的,由最先立案的人民法院管辖。”这一规定将法院立案时间的先后作为确定管辖的标准。为防止法院在受理诉讼时互相推诿或者争抢管辖权,《民诉法解释》第 36 条进一步明确:“两个以上人民法院都有管辖权的诉讼,先立案的人民法院不得将案件移送给另一个有管辖权的人民法院。人民法院在立案前发现其他有管辖权的人民法院已先立案的,不得重复立案;立案后发现其他有管辖权的人民法院已先立案的,裁定将案件移送给先立案的人民法院。”

八、协议管辖

协议管辖,又称合意管辖或约定管辖,是指双方当事人以明示或者默示的方式选择管辖法院。

协议管辖是 1991 年《民事诉讼法》增设的规定,当时针对国内民事诉讼只规定了明示的协议管辖,仅在涉外民事诉讼中规定了两种方式的协议管辖。《民事诉讼法》2012 年的修订对国内民事诉讼增设了默示的协议管辖,将默示协议管辖制度统一适用于涉外与非涉外民事诉讼。协议管辖是民事诉讼中处分原则的体现,它的设立意味着当事人处分权内容的充实和扩大。

(一) 明示协议管辖

《民事诉讼法》第 34 条规定:“合同或者其他财产权益纠纷的当事人可以书面协议选择被告住所地、合同履行地、合同签订地、原告住所地、标的物所在地等与争议有实际联系的地点的人民法院管辖,但不得违反本法对级别管辖和专属管辖的规定。”该规定表明:

1. 协议管辖只适用于合同纠纷案件和其他财产权益纠纷案件，其他民事纠纷不得协议管辖。因解除婚姻关系、收养关系发生的争议，不属于财产权益纠纷，不适用协议管辖，但当事人因同居或者在解除婚姻、收养关系后发生财产争议，约定管辖的，仍然可以适用协议管辖。

2. 协议管辖仅适用于第一审案件，对第二审案件，当事人不得以协议方式选择管辖法院。

3. 协议管辖是要式行为，必须采用书面形式。当事人可以在订立合同时约定管辖，将协议管辖作为合同的内容之一，也可以在合同订立后、诉讼发生前以书面形式约定管辖。如果约定在合同中，有关协议管辖的条款应被视为具有独立性的条款，即使合同被确认为无效，协议管辖条款的效力亦不受影响。

4. 当事人必须在法律规定的范围内对法院进行选择。法律规定的可供当事人选择的法院是被告住所地、合同履行地、合同签订地、原告住所地、标的物所在地的法院，这五个法院与合同纠纷分别有这样或那样的联系。将当事人选择的范围限定于与合同纠纷有实际联系的地点的法院是合理的和必要的。

5. 当事人必须作确定的选择。当事人须在协议中对管辖法院作出明确的约定，不明确则管辖无法依协议而确定。当事人一般只选择上述五个法院中的一个，但有时也可能选择其中的两个甚至两个以上，管辖协议约定两个以上与争议有实际联系的地点的法院管辖，管辖协议并不因此而无效，原告可以向其中一个法院起诉。

6. 当事人选择法院时，不得违反有关级别管辖和专属管辖的规定。当事人在协议时只能变更第一审的地域管辖，不得变更级别管辖。专属管辖是强制性管辖，不允许当事人通过协议改变专属管辖。

在诉讼实务中，协议管辖的条款往往规定在格式合同中，并且约定由经营者所在地的法院管辖，对此类协议管辖条款的解释，应当遵循《合同法》第39~41条确立的格式合同的解释规则。《民诉法解释》第31条规定："经营者使用格式条款与消费者订立管辖协议，未采取合理方式提请消费者注意，消费者主张管辖协议无效的，法院应予支持。"

在诉讼实务中，有时会出现订立管辖协议后当事人住所地变更或者合同转让，针对此情形，《民诉法解释》第32条规定："管辖协议约定由一方当事人住所地人民法院管辖，协议签订后当事人住所地变更的，由签订管辖协议时的住所地人民法院管辖，但当事人另有约定的除外。"第33条规定："合同转让的，合同的管辖协议对合同受让人有效，但转让时受让人不知道有管辖协议，或者转让协议另有约定且原合同相对人同意的除外。"

(二) 默示协议管辖

《民事诉讼法》第127条第2款规定，人民法院受理案件后，"当事人未提出管辖异议，并应诉答辩的，视为受诉人民法院有管辖权，但违反级别管辖和专属管辖规定的除外"。根据这一规定，成立默示协议管辖需具备下列条件：

1. 原告向无管辖权的法院起诉，法院受理了原告的诉讼，向被告送达了起诉状。

2. 被告在答辩期内未向法院提出管辖权异议。即尽管受诉法院对案件无管辖权，原、被告之间也未达成选择受诉法院管辖的书面协议，但被告在答辩期内未就管辖权问题向法院表示不同意见。

3. 被告向受诉法院提交答辩状并应诉。

设置默示协议管辖并不意味着法院可以不再对是否具有管辖权进行审查,相反,规定默示协议管辖并未免除法院的审查义务,法院在受理诉讼时仍然应当按照《民事诉讼法》第119条、第124条的规定进行审查,经审查发现不属于本院管辖的,告知原告向有管辖权的法院起诉。此外,按照第127条的规定,被告仅仅是在答辩期内不提出管辖权异议,还不会成立默示协议管辖,因为能否成立,还取决于被告的下一步行动。被告可能应诉答辩,也可能既不答辩,又不出庭参加诉讼。当被告选择以上消极行动时,受诉法院是不能根据默示协议管辖取得管辖权的。当被告未提出答辩时,受诉法院一般会通知被告出庭参加诉讼,如果此时被告缺席,是否会构成默示协议管辖呢?在德国的民事诉讼中,被告缺席不能满足德国《民事诉讼法》第39条关于默示协议管辖的事实构成,[①]而在日本民事诉讼中,虽然理论上认为被告有权不到无管辖权的法院应诉,但在被告缺席的情况下,原告向法院主张作为管辖权原因的事实,被告不出庭会被法院视为对原告主张的拟制自认,并因此而成立应诉管辖。[②]

我国民事诉讼中应当如何处理这一问题呢?从《民事诉讼法》第127条规定的默示协议管辖的条件来看,由于此种情形并不符合"应诉答辩"这一要件,似还不能认为默示协议管辖的条件已经成就。从学理上说,默示协议管辖既然是从当事人到法院参加诉讼来推断他们同意选择受诉法院作为管辖法院的,那么被告未到庭参加诉讼,双方当事人存在默示合意的前提也就不存在。换言之,在被告既不答辩,又未到庭参加诉讼的情况下,不宜认为默示协议管辖已经成立,进而对被告作出缺席判决。

第五节 裁定管辖

裁定管辖是指依据法院的裁定确定诉讼管辖。管辖的确定主要依据法定管辖,裁定管辖是法定管辖的必要补充。民事诉讼法规定的裁定管辖有三种,即移送管辖、指定管辖和管辖权转移。

一、移送管辖

移送管辖,是指法院在受理民事案件后,发现自己对案件并无管辖权,依法将案件移送给有管辖权的法院审理。移送管辖是为法院受理案件后发现错误时提供的一种纠错办法,它只是案件的移送,而不是管辖权的移送。移送管辖通常发生在同级人民法院之间,用来纠正地域管辖的错误,但有时也发生在上下级法院之间。

《民事诉讼法》第36条规定:"人民法院发现受理的案件不属于本院管辖的,应当移送有管辖权的人民法院,受移送的人民法院应当受理。受移送的人民法院认为受移送的案件依照规定不属于本院管辖的,应当报请上级人民法院指定管辖,不得再自行移送。"这一规定表明移送管辖必须同时具备以下三个条件:

1. 人民法院已经受理案件。对案件有管辖权是人民法院受理案件的必要条件之一。本院对案件有无管辖权,是受诉人民法院在受理前必须查清的问题。因此,通常情况下法院

---

① 参见[德]罗森贝克等:《德国民事诉讼法》(上),李大雪译,中国法制出版社2007年版,第230页。

② 参见[日]新堂幸司:《新民事诉讼法》,林剑锋译,法律出版社2008年版,第83页。

在立案前就能够发现自己对某一案件无管辖权,此时只需告知原告向有管辖权的法院起诉即可,不发生移送问题。只有法院在受理后发现案件不属于自己管辖,才有移送的必要。

2. 移送的法院对案件无管辖权。管辖权是人民法院对案件行使审判权的前提条件,没有管辖权,就不能对案件进行审理和裁判,所以需要将案件移送到有管辖权的法院。

3. 受移送的法院对案件有管辖权。移送的目的在于使民事诉讼法关于管辖的规定得到正确适用,所以只能将案件移送至有管辖权的法院。

法院对符合上述三个条件的案件应当移送,但在下列两种情况下不得移送:

1. 受移送的法院即使认为本院对移送来的案件并无管辖权,也不得再自行将案件移送到其他法院,而只能报请上级法院指定管辖。

2. 有管辖权的法院受理案件后,根据管辖恒定的原则,其管辖权不受行政区域变更、当事人住所地或居所地变更的影响,因此不得以上述理由移送管辖。这表明确定管辖的时间标准为原告向法院提起诉讼之时。

此外,两个以上法院对案件都有管辖权时,应当由先立案的法院具体行使管辖权,先立案的法院不得将案件移送至另一有管辖权的法院。在两个以上法院对案件都有管辖权时,法院如在立案前发现其他有管辖权的法院已先立案的,不得重复立案,如在立案后发现其他有管辖权的人民法院已先立案的,应将案件移送到先立案的法院。当事人基于同一法律关系或同一法律事实而发生纠纷,以不同诉讼请求分别向有管辖权的不同法院起诉的,后立案的法院在得知有关法院先立案的情况后,应当将案件移送至先立案的法院合并审理。

二、指定管辖

指定管辖,是指上级法院以裁定方式指定其下级法院对某一案件行使管辖权。依据《民事诉讼法》第36、37条的规定,指定管辖适用于以下三种情形:

1. 受移送的法院认为自己对移送来的案件无管辖权。

2. 有管辖权的法院基于特殊原因,不能行使管辖权。特殊原因从理论上说包括两种情形:一是法院的全体法官均须回避,二是有管辖权法院所在地发生了严重的自然灾害。但在实践中,法院的全体法官均须回避的情形是极少发生的。

3. 通过协商未能解决管辖权争议。管辖权争议可分为积极争议和消极争议两种情况,前者指两个或两个以上的法院均认为自己对某一案件有管辖权,争着受理这一案件;后者指两个或两个以上的法院认为自己对某一案件无管辖权,均不愿受理该案。

发生管辖权争议后,应尽可能通过协商解决,协商不成的,应报请它们的共同上级法院指定管辖。如双方为同属一市的基层法院,由该市的中级法院指定管辖;为同属一省、自治区、直辖市的两个法院,由该省、自治区、直辖市的高级法院指定管辖;如双方为跨省、自治区、直辖市的法院,先由双方的高级法院协商,协商不成的,由最高法院指定管辖。这意味着,报请上级法院指定管辖时,应当逐级进行。

在审判中,法院之间如果对案件的地域管辖发生争议,有关法院应按照《民诉法解释》第41条的规定,立即停止对案件进行实体审理。在争议解决前,任何一方法院均不得对案件作出判决。违反此要求抢先作出判决的,上级法院应当在裁定指定管辖的同时,一并撤销下级法院的判决、裁定。

上级法院指定管辖后,应通知报送的法院和被指定行使管辖权的法院,后者应及时告知当事人。

三、管辖权转移

管辖权转移,是指依据上级法院的决定或同意,将案件的管辖权从原来有管辖权的法院转移至无管辖权的法院,使无管辖权的法院因此而取得管辖权。管辖权转移在上下级法院之间进行,并且是在直接的上下级法院间进行,是对级别管辖的变通和个别调整。根据《民事诉讼法》第38条的规定,管辖权转移的情形有两种:

1. 向上转移。指管辖权从下级法院转至上级法院。有两种情况:一是上级法院认为下级法院管辖的第一审案件应当由自己审理时,有权决定把案件调上来自己审理;二是下级法院认为自己管辖的第一审案件需要由上级法院审理时,报请上级法院审理。在第一种情况下,上级法院作出决定后,管辖权即发生转移。在第二种情况下,必须经过上级法院同意后,管辖权才能发生转移。

2. 向下转移。指上级法院将自己管辖的第一审案件交给下级法院审理。一般认为,管辖权向下转移应发生在上级法院受理案件后。上级法院对案件作初步审查后,认为案情简单,由下级法院审理更便于当事人参与诉讼和法院调查案情,故将管辖权转移给下级法院。但诉讼实务中还有一种发生在上级法院受理案件前的转移,即下级法院受理了本应由上级法院管辖的第一审案件,然后打报告要求上级法院将管辖权下放给它,上级法院作出同意的决定,将管辖权转移给下级法院。这种发生在上级法院受理案件前的管辖权向下转移,是头足倒置的转移,是少数审判人员违规操作造成的,对这种严重违反民事诉讼法的行为应坚决予以纠正。①

针对审判实务中存在的滥用管辖权向下转移的行为,2012年修订《民事诉讼法》时立法机关对下放性转移作出限制。限制包括两个方面:其一是确有必要时才可以转移,以“确有必要”为条件表明一般不应当作下放性转移。《民诉法解释》第42条对“确有必要”的情形作出了限定,它们是:(1)破产程序中有关债务人的诉讼案件;(2)当事人人数众多且不方便诉讼的案件;(3)最高人民法院确定的其他类型案件。其二是要报请其上一级法院,即作出下放性转移裁定的法院的上一级法院批准,下放性转移关涉上一级法院的终审权,在转移前经过上级法院同意是必要的,这也使得下一级法院作出下放管辖权的决定更为慎重。

管辖权转移与移送管辖虽然都属裁定管辖,但具有本质上的区别。其不同之处表现在三个方面:首先是性质不同。管辖权转移是案件的管辖权发生了移位,而移送管辖移送的仅仅是案件而非管辖权。其次是作用不同。管辖权转移是对级别管辖的变通和微调,是为了使级别管辖有一定的柔性,以更好地适应复杂的案件情况。移送管辖是为了纠正移送法院受理案件的错误,尤其是在地域管辖上的错误,使民事诉讼法关于管辖的规定得到正确执行。最后是程序不同。管辖权转移包括因上级法院的单方决定而转移和因下级法院报请与上级法院同意的双方行为而转移两种情形。移送管辖则仅表现为单方行为,移送的法院作出移送裁定,无须经过受移送法院的同意。

① 参见李浩:《民事诉讼级别管辖存在的问题及其改进》,载《现代法学》1996年第4期。

第六节 管辖权异议

一、管辖权异议的概念

管辖权异议,是指当事人向受诉法院提出的该院对案件无管辖权的主张。

管辖问题的复杂性会使当事人和法院之间产生有关管辖权的争议,法官有时也可能会基于对管辖权的错误判断而受理不属于本院管辖的案件。为了使当事人有机会向法院表达关于管辖权问题的不同意见,同时也为了使法院能够在充分听取当事人意见后对管辖问题作出审慎的决定,使法律关于管辖的规定得到正确适用,各国民事诉讼法一般都对管辖权异议作了规定。我国《民事诉讼法》第 127 条第 1 款规定:“人民法院受理案件后,当事人对管辖权有异议的,应当在提交答辩状期间提出。人民法院对当事人提出的异议,应当审查。异议成立的,裁定将案件移送有管辖权的人民法院;异议不成立的,裁定驳回。”

二、管辖权异议的条件

当事人提出管辖权异议,必须符合下列条件:

1. 提出异议的主体须是本案的当事人。在诉讼实务中,提出管辖权异议的通常为被告。原告通常向他认为有管辖权的法院起诉,一般不会在法院受理后再提出管辖权异议。被告则不同,他是被动应诉的一方,可能认为原告选择的法院并无管辖权。

第三人分为有独立请求权的第三人和无独立请求权的第三人两种。有独立请求权的第三人无权提出管辖权异议。有独立请求权的第三人是参加之诉的当事人,不是本诉的当事人,无权对本诉的管辖权提出异议,如其主动参加他人已开始的诉讼,应视为承认和接受受诉法院的管辖。无独立请求权的第三人,是参加原、被告之间已经开始的诉讼,管辖是根据原、被告之间诉讼的性质和当事人的情况决定的,所以此种第三人也无权提出管辖权异议。

2. 管辖权异议的客体是第一审民事案件的管辖权。管辖制度解决的是不同级别和同一级别的法院对第一审民事案件的分工和权限问题,所以当事人只能针对第一审民事案件的管辖权提出异议。只要是第一审案件,无论是地域管辖还是级别管辖,当事人都有权提出异议。但是,这里的第一审案件,不包括发回重审的第一审案件和按照第一审程序再审的案件,因为从时间上说,这两类案件完全不在法律允许的提出管辖权异议的期间内。对当事人提出的异议,法院审理后应当作出书面裁定。

3. 提出管辖权异议的时间须在提交答辩状期间。根据《民事诉讼法》第 127 条规定,当事人对管辖权有异议的,应当在提交答辩状期间提出,即在被告收到起诉状副本之日起 15 日内提出。按期提出的,法院才审查,逾期提出的,法院便不予审查。

三、法院对管辖权异议的处理

受诉法院收到当事人提出的管辖权异议后,应当认真进行审查。经审查后,认为异议成立的,裁定将案件移送有管辖权的法院审理。当案件属于共同管辖时,在移送前应征求原告的意见，否则会剥夺原告选择管辖的权利。认为异议不能成立的，应当以裁定书驳回异议。裁定书应当送达双方当事人，当事人不服的，可以在10日内向上一级法院提起上诉。当事人未提出上诉或上诉被驳回的，受诉法院应通知当事人参加诉讼。当事人对管辖权问题申诉的，不影响受诉人民法院对案件的审理。法院对管辖异议审查后确定有管辖权的，管辖问题由此而确定，法院不再因当事人提起反诉、增加或者变更诉讼请求等改变管辖，但违反级别管辖、专属管辖规定的除外。

2007年修订《民事诉讼法》时，“违反法律规定，管辖错误的”被增列为再审事由，据此，上诉被驳回后，当事人还有权申请再审。2012年修订《民事诉讼法》取消了这一再审事由，因而对驳回异议的裁定，上诉是唯一的救济途径。

第八章　民事诉讼证据

第一节　民事诉讼证据概述

一、民事诉讼证据与民事诉讼证据材料

民事诉讼证据与民事诉讼证据材料(以下简称证据与证据材料)是证据理论中既有联系又有区别的两个概念。证据是指能够证明民事案件真实情况的各种事实,也是法院认定有争议的案件事实的根据。证据材料,是指民事诉讼中当事人向法院提供的或者法院依职权收集的用以证明案件事实的各种材料。

证据与证据材料的联系表现为:证据来源于证据材料,证据材料是证据的初始形态,离开了诉讼中出现的各种证据材料,证据便成为无源之水、无本之木。它们之间的区别表现为:其一,证据材料只是为了证明目的而提出的各种材料,这些材料中有的符合证据的条件,能够成为法院认定案件事实的根据,有的不具备证据条件,不能作为证据使用。证据材料成为诉讼证据,需经过质证,还要经过法庭的审核和认定。其二,证据材料出现在诉讼中较早的阶段,在起诉与答辩时或者在法庭审理初期,当事人便向法庭提出各种证据材料,而证据则形成于诉讼中较后的阶段,至法庭调查终结或法庭评议阶段,才能确定哪些证据材料可以作为证据。

虽然证据与证据材料之间存在着重大的区别,但我国民事诉讼法在使用“证据”这一概念时未对它们作出区分,因而在“证据”这一概念下包含了证据和证据材料两种情形。在民事诉讼法中,“证据”一词有时是指证据材料,如“证据必须查证属实,才能作为认定事实的根据”“人民法院应当按照法定程序,全面地、客观地审查核实证据”;有时则是指证据本身,如“有新的证据,足以推翻原判决、裁定的”“原判决、裁定认定的基本事实缺乏证据证明的”。我国民事诉讼理论在使用证据这一概念时,同样也是有时指证据材料,有时指证据本身,前者如“提供证据”“调查收集证据”,后者如“证据应具有合法性”“证据应当充分”。

由于理论和实践中已习惯于不加区分地使用“证据”一词,加之区分会造成行文的累赘,因此本书使用“证据”一词时也未作区分。尽管如此,分清“证据”一词具有的不同含义,对正确理解民事诉讼法关于证据的规定和本教材关于证据的阐述仍具有重要意义。

证据是内容与形式的统一体,其内容是与案件事实相关联、对案件事实具有证明作用的

各种事实,其形式表现为书证、物证、视听资料、电子数据、证人证言、当事人陈述、鉴定意见、勘验笔录。证据总是以这八种形式中的某一种作为载体而进入诉讼的。

证据是个多面体,须从不同角度进行观察和认识才能够完整把握。从本体上看,证据是客观存在的一些事实,是与案件事实有联系的事实;从形式上看,证据又是法律规定的各种诉讼材料;从作用上看,证据一方面是当事人向法院展示案件事实的各种方法,另一方面也是法院借以确定案件事实的真实情况,获得裁判事实依据的手段。

二、民事诉讼证据的构成要件

证据材料必须具备一定的条件,才能够成为民事诉讼证据。这些条件是:

1. 必须是客观存在的事实,即具有客观性。客观性是指民事诉讼证据本身必须是客观的、真实的,而不是想象的、虚构的、捏造的。法院在诉讼中的任务是解决当事人之间的民事争议,为此,必须搞清楚民事权利义务关系的真实情况。当事人之间民事权利义务关系的发生、变更和消灭均源于一定的法律事实,这些事实发生在诉讼前,法官无法直接感知,但法律事实发生时会形成并留下一定的材料或物品,会为别人所了解。无论是事实发生时留下的材料或物品,还是证人耳闻目睹的事实,都是客观存在。法院正是通过这些客观存在的证据,才能够切实地把握案件事实的真实情况,作出正确的裁判。反之,如果作为认定事实依据的证据是伪造的、虚假的,裁判就会出现错误。因此,民事诉讼证据必须是客观存在的事实,客观性是它的本质属性。

强调民事诉讼证据具有客观性,并不否认证据的提供、运用具有主观的一面。在诉讼中,无论是收集证据、提供证据,还是审查核实证据、运用证据认定案件事实,都离不开人的活动,而人的这些活动又难免带有主观的成分。所以,证据除了客观性的一面外,还有主观性的一面。但是,在客观性与主观性中,客观性代表了证据的本质属性,主观性必须符合客观性的要求。

强调证据必须具备客观性具有两方面的意义:其一,要求当事人在举证时必须向法院提供真实的证据,不得伪造、篡改证据;要求证人如实作证,不得作伪证;要求鉴定人提供科学、客观的鉴定意见。其二,要求法院在调查收集证据时必须客观、全面,不得先入为主,更不得只收集有利于一方当事人的证据;要求法院在审查核实证据时必须持客观、公正的立场和态度。

2. 必须与待证事实存在联系,即具有关联性。关联性又称相关性,是指证据必须与待证的案件事实存在一定的联系。这一联系可以表现为直接的联系,如借据可以直接证明借贷的事实,医生手术后将纱布留在病人体内的事实可直接证明存在医疗过失行为;也可以表现为间接的联系,如在因交通事故而引起的侵权诉讼中,原告为证明被告是侵权行为人,所提出的被告车辆在事故发生那段时间到过事故发生地、被告车辆在事故发生后就送到修理厂上漆的证据。证据与待证事实的联系可以表现为肯定的联系,也可以表现为否定的联系。如在确认亲子关系的诉讼中,原告提供的孩子出生于夫妻关系存续期间的证据对待证事实具有肯定作用,而被告提供的受孕期间原告与第三者有性关系的事实对待证事实具有否定作用。只要同待证事实存在着联系,无论是哪一种形式的联系,都符合关联性的要求。因此,判断有无关联性的标准应当是:证据的存在,使得待证事实的真实或虚假变得更为清晰,从而有助于证明待证事实的真伪。[①]

从理论上说,关联性在客观性的基础上进一步揭示了证据的特征,因为并非所有客观存在的事实或材料都可以作为诉讼证据,能够作为诉讼证据的,只有那些与待证事实存在一定联系的事实或材料。明确证据须具备关联性的意义在于:(1)使当事人、诉讼代理人在收集、提供证据时将注意力集中于那些与案件事实有关联的材料;(2)帮助法院排除无关联性的材料,以限定和缩小调查和审核证据的范围。

3. 必须符合法律的要求,不为法律所禁止,即具有合法性。合法性是指证据必须按照法定程序收集和提供,必须符合法律规定的条件。

合法性包括以下三个方面的内容:(1)收集证据的合法性。这主要是指当事人、诉讼代理人和法院在收集证据时应符合法律的要求,不得违反法律的规定。例如,当事人在制作录音、录像资料这类证据时,不得采用法律禁止的在他人住所安装窃听器或摄像探头进行偷录偷拍的方式;法院调查收集证据,应由两人以上共同进行,不得由一名审判员或书记员前去调查,也不得由具有法定应当回避情形而未回避的法官去调查。(2)证据形式的合法性。主要有两层意思:一是证据的形式应当符合法律的要求,必须以法律规定的存在形式表现出来。例如,单位向法院提交的证明文书,应由单位负责人签名或盖章,并加盖单位印章。二是当法律规定某些事实或法律行为须用特定形式的证据来证明时,应当使用特定形式的证据。例如,婚姻状况需要用结婚证、离婚证来证明,票据权利需要用书面形式的票据来证明,保证合同、抵押合同等需要用书面形式的合同来证明。(3)证据材料转化为诉讼证据的合法性。这是指证据材料成为证据必须经过法律规定的质证程序,未经质证,无论是当事人提供的证据材料,还是法院依职权调查收集的证据材料,都不得作为法院认定事实的根据。法院如果在裁判中使用了未经质证的证据材料,在运用证据上就违反了合法性的要求。

合法性在客观性和关联性基础上进一步揭示了证据的特征,它告诉人们,仅仅是真实的和与案件事实有关联的材料还不能成为诉讼证据,只有同时具备合法性,才能成为诉讼证据。明确证据应具有合法性的意义在于:使当事人和法院在收集和运用证据的过程中始终注意合法性的要求。

三、民事诉讼证据的证据能力与证明力

(一) 证据能力

证据能力,是指一定的事实材料作为诉讼证据的法律上的资格,故又称为证据资格。具备证据能力,是作为民事诉讼证据的先决条件,当事人提供的事实材料只有具备证据能力,法院才能够将它作为认定案件事实的依据。证据材料具备合法性,才具备证据能力。

证据能力,涉及的是有还是无的问题,是否具有证据能力,要由法律作出规定或者由最高法院通过司法解释、判例来确定。从证明的过程看,证据能力的有无是法院认证时首先需要解决的问题,因为从逻辑上说,事实材料只有具备证据能力,才有资格进入诉讼发挥证明

① 美国《联邦证据规则》第401条对“关联性”所下的定义是:“关联性证据是指具有下述盖然性的证据,即任何一项对诉讼裁判有影响的事实的存在,若有此证据将比缺乏此证据时更有可能或者更无可能。”

作用。在证据收集的方式、手段上,合法性问题同证据的排除问题紧密相关。合法性与证据能力、证据排除的关系是:事实材料若不具备合法性,即无证据能力,无证据能力,就应当予以排除。

查明发生在过去的有争议的案件事实是一项相当困难的任务。为完成这一任务,法庭需要收集与案件事实有关的各种信息。一般而言,与案件有关联的事实材料越多,案件事实就越容易得到准确认定,因而法律对进入诉讼的事实材料一般不预先加以排除,尤其是实行自由心证的大陆法系国家的证据制度,对证据能力是很少加以限制的。我国也是如此。对大多数与案件事实有关的事实材料来说,获得证据资格并无任何问题,证据能力的有无,仅在少数情况下才会发生,因而对于诉讼实务来说,重要的问题不是哪些事实材料有证据能力,而是哪些事实材料无证据能力,也就是说,哪些事实材料不符合合法性的要求从而不得作为证据提出和应予以排除,才是需要关注的。诉讼中非法证据排除问题,一般都是专指排除采用违法方式、手段收集的证据。

收集证据是当事人依法享有的诉讼权利,也是当事人维护自己合法民事权益的重要手段。我国民事诉讼法在赋予当事人广泛权利的同时,也要求当事人依法行使诉讼权利。当事人在向他人收集证据时,采用的方式、手段可能会违反法律的禁止性规定或者侵害他人的合法权益,由此便产生了民事诉讼中的非法证据问题。

对非法取得的事实材料能否作为证据采信,我国理论界存在着意见分歧,有主张只要材料的内容具有客观性和关联性,能够反映案件的真实情况,就应当把它们作为证据的,也有主张因取证手段不合法而应将其排除的。从我国审判实务看,原先是把证据的内容与取证的手段区别对待的,只要事实材料的内容本身是真实的,对案件事实有证明作用,一般不予排除。这种状况一直延续到1995年3月。

1995年3月6日,最高人民法院针对河北省高级人民法院的一则请示,作出《关于未经对方当事人同意私自录制其谈话取得的资料不能作为证据使用的批复》(以下称《批复》)。该《批复》认为:“证据的取得必须合法,只有经过合法途径取得的证据才能作为定案的根据。未经对方当事人同意私自录制其谈话,系不合法行为,以这种手段取得的录音资料,不能作为证据使用。”批复是司法解释的一种形式,因此,该《批复》确定了一条证据规则——录制时取得对方当事人的同意,是视听资料具有合法性的必要条件,不具备此要件的,无证据能力,应当在诉讼中排除。

最高法院之所以作出以上批复,一方面是为了强调当事人必须以合法方式收集证据,另一方面则是为了使社会上的一般人免受偷录偷拍行为的侵扰,以加强对人权的保护。从多年来实施的效果看,该《批复》虽然对禁止当事人以偷录偷拍方式收集证据起到了积极作用,但也带来了影响实体公正的实现、不利于保护合法民事权益、放纵违法行为人等负面效应。

此外,《批复》将取得对方当事人的同意作为录音资料具有合法性的要件是否具有合理性也是存有疑问的。法律为人们设定义务应当符合期待可能性的要求,即法律要求人们做的,应当是一个通情达理的人能够做得到的,而录制时取得对方同意,恰恰是无法做到的。由于制作音像资料的一方与对方当事人之间存在着对立的利害关系,要求对方同意录制在今后针对自己的诉讼中必定对己不利的证据,无论是事前同意还是事后追认,均有悖人之常情,根本不具备可能性。并且,以这种方式收集证据只能是偷偷地进行或采取突然袭击的方式,如果事先告知对方,请求对方同意,对方在谈话中就根本不会讲出真情,不会让你录到违法内容。因而,这一合法性要件的设置是脱离实际的,无法满足的。坚持将对方当事人的同意作为获得证据能力的前置条件,无异于闭塞了当事人以录音、录像方式将对方当事人在诉讼外对案件事实的承认,所实施的违法行为固定下来作为证据的道路。

最高人民法院也意识到了该《批复》存在的问题,于是在 2001 年 12 月颁发的《证据规定》第 68 条中重新设置了非法证据排除规则,即"以侵害他人合法权益或者违反法律禁止性规定的方法取得的证据,不能作为认定案件事实的依据"。

《证据规定》提出了新的民事诉讼非法证据的判断标准,与《批复》确立的标准相比,新标准更为合理,非法证据的范围也大为缩小。但是,新标准仍然只是一个相对明确的判断标准,其中仍有模糊的部分。例如,"侵害他人合法权益"依然是相当笼统的规定。"合法权益"是一个非常宽泛的概念,它究竟包括哪些权益,是仅指严格意义上法律明文规定的权利,还是也包括法律上值得保护的利益?合法权益有无大小之分?侵权造成的后果是否区分严重程度,是否只要侵犯了他人的合法权益,不论其大小,也不管后果是否严重,均应作为非法证据排除?"违反法律禁止性规定"也存在相似的问题。"法律"是仅指全国人大及其常务委员会制定的规范性文件,还是也包括行政法规、地方性法规、行政规章?它是指违反法律对某一具体行为所作的禁止性规定呢,还是也包括对法律中基本原则的违反?是以违反法律禁止性规定的方法收集的证据一律排除呢,还是允许有例外存在?

《民诉法解释》对《证据规定》中的排除标准作出了修订。《民诉法解释》第 106 条规定:"对以严重侵害他人合法权益、违反法律禁止性规定或者严重违背公序良俗的方法形成或者获取的证据,不得作为认定案件事实的根据。"新标准一方面增加了违背公序良俗这一情形,另一方面对"侵害他人合法权益""违背公序良俗"都强调需达到严重程度才能予以排除。

(二)证明力

证据的证明力,是指证据证明案件事实的能力。虽然各类证据对待证的案件事实都具有一定的证明作用,但证明作用的大小却不尽相同。有的证据具有很强的证明力,有的证据具有较强的证明力,有的证据只有相当弱的证明力。证据证明力之间的差异是客观存在的。例如,就单个直接证据与单个间接证据而言,直接证据具有强证明力而间接证据只有弱证明力。就原始证据和传来证据而言,原始证据的证明力明显强于传来证据。

证据证明力的大小虽然是一种客观存在,但由于诉讼是法官依据法律规定运用证据判断事实真伪、认定案件事实的活动,因此对证明力大小的判断离不开法律的规定和法官的认识活动。依据证据的证明力由法律统一作出规定还是委诸法官内心的判断,大陆法系国家的证据理论把证据制度分为法定证据制度和自由心证证据制度。

法定证据制度源于古日耳曼法,盛行于中世纪的德意志、意大利。这一证据制度的特点是法律预先对证据的证明力作出规定,法官运用证据和对证据证明力的判断受到法律的约束。法定证据制度将证据分为完善的证据和不完善的证据。完善的证据具有强证明力,可以作为认定案件事实的充分根据;不完善的证据虽然也有一定的证明作用,但只有弱的证明力,不得作为定案的充分根据。

法定证据制度是建立在对法官不信任的基础上的。立法者认为法官的素质参差不齐,如果不在法律中预先对证据的证明力作出规定,而把运用、判断证据的权力完全交给法官,法官就难以正确地运用这一权力,甚至可能滥用权力。在诉讼制度发展史上,法定证据制度对防止审判权的滥用,对司法活动中认定事实的统一性和适用法律的平等性起到了积极的作用,但这种证据制度过分注重证明活动的一般情形而忽略了个案证明的特殊情形,并且捆住了法官的手脚,反倒使法官难以根据证明活动的具体情况,合理地运用证据来认定案件事实。

进入19世纪后,大陆法系国家中的自由心证证据制度逐渐取代了法定证据制度。自由心证证据制度的基本特征是:对证据的取舍与运用及证明力的大小,法律不预先作出规定,而是让法官凭借"良心"和"理性"自主作出判断,并依据心证形成的内心确信对案件事实作出认定。自由心证证据制度的进步意义在于,它使得法官摆脱了形式主义的束缚,能够自主地运用和判断证据,并使法官可以根据证明活动的具体情况和从证据材料中得出的结论,对案件事实作出符合客观实际的认定。

自由心证证据制度并不是对法定证据制度的全盘否定,而是对法定证据制度的扬弃。法定证据制度中的有些规定,是根据长期诉讼活动获得的经验性认识而作出的,有其合理性。对法定证据制度中的合理成分,自由心证证据制度是予以继承的。因此,实行自由心证证据制度并不意味着法律对证据的运用和证明力的大小一概不再作出规定。实行自由心证证据制度后,大陆法系国家的民事诉讼法和民事实体法中仍有一些关于证据能力及证明力的规定,法官在运用和判断证据时,自然要受到这些规定的约束。

我国民事诉讼法没有规定对证据的运用和判断实行自由心证证据制度,但从审判实务看,法官也获允基于审理活动获得的一切证据资料和法庭调查与辩论的全部情况,形成对案件事实的确信,并依据这一确信去认定案件事实。《民诉法解释》第105条规定:"人民法院应当按照法定程序,全面、客观地审核证据,依照法律规定,运用逻辑推理和日常生活经验法则,对证据有无证明力和证明力大小进行判断,并公开判断的理由和结果。"该规定实际上肯定了自由心证。当然,自由心证并不意味着法官对证据证明力的判断可以不受法律的约束,当法律对此作出规定时,法官仍然需要遵循法律的规定。如《民事诉讼法》第69条规定:"经过法定程序公证证明的法律事实和文书,人民法院应当作为认定事实的根据,但有相反证据足以推翻公证证明的除外。"再如,根据《民事诉讼法》第78条规定,在当事人对鉴定意见有异议的情况下,鉴定人应当出庭作证。经法院通知,鉴定人拒不出庭作证的,鉴定意见不得作为认定事实的根据。法官在审查判断证据时,不得违反法律的上述规定。

四、民事诉讼证据的作用

(一) 证据是当事人维护自己民事权益的武器

对进入诉讼的当事人来说,证据是至关重要的,是否掌握着充分的证据,常常直接决定诉讼的胜负。在发生民事纠纷时,当事人要使自己的权利主张得到法院的支持,需要用证据证明权利主张所依据的事实。如果当事人未掌握充分的证据,或者重要的证据丢失了,那么即使其主张的案件事实本身是真实的,法院也无法从法律上予以确认。

(二) 证据是法院查明案件事实真相的手段

法院判案需要"以事实为根据",而诉讼中的"以事实为根据",说到底是以证据为根据。

有争议的案件事实发生在诉讼前,法院事先并不了解这些事实,这些事实也不会重现于法庭。在诉讼中,由于利害关系的对立,当事人对案件事实的陈述往往各执一词,截然相反。要查明案件事实的真相,法院必须凭借证明活动,因此证据又是法院确定案件事实真相的手段。

(三) 证据是使裁判具有公信力的基础

在法治社会中,公众信赖法院作出的裁判,不是由于法院是拥有裁判大权的国家司法机关,也不是仅仅出于对法官所具有的智慧和品格的信赖,而是因为法官认定事实是以证据为依据的,诉讼中认定事实是严格按证据规则运作的。

第二节　民事诉讼证据在理论上的分类

民事诉讼证据在理论上可以作如下分类:

一、本证和反证

按照证据与证明责任的关系,证据可以分为本证和反证。本证是指对待证事实负有证明责任的一方当事人提出的,用于证明待证事实的证据。反证则是指对待证事实不负证明责任的一方当事人,为证明该事实不存在或不真实而提供的证据。

区分本证与反证的标准是举证人与证明责任的关系,它与举证人在诉讼中处于原告还是被告的诉讼地位无关。原告和被告在诉讼中都可能提出本证。例如,在原告要求被告清偿借款的诉讼中,原告主张存在借贷关系而被告予以否认,原告对与被告存在借贷关系负证明责任,故原告提出的用于证明借贷关系发生的借据为本证;如被告一方面承认借款的事实,另一方面主张借款已还清,则应由被告对债务已清偿的事实负证明责任,被告提出的原告出具的还款收据同样为本证。

反证的作用在于削弱、动摇本证的证明力。因此,在负有证明责任一方当事人提出本证,并使事实的认定发生不利于对方当事人的变化时,对方当事人才有提出反证的必要。反证通常在本证之后提出,但也不排除先行提出的可能。对先行提出的反证,一般无调查的必要。反证不同于对本证的反驳。证据反驳是指一方当事人针对对方所提出的证据,指出该证据不真实、不合法或与待证事实不具有关联性,不能作为认定事实的依据,或者指出该证据证明力很弱,不能据此认定案件事实。当事人在对证据进行反驳时,既未主张新的事实,又未提出新的证据。反证则不同,提供反证是为了证明对方当事人主张的事实不存在。

区分本证与反证的实践意义在于:(1)说明这两种证据在证明标准上存在重大区别。本证是负有证明责任的一方当事人提出的,为了使所主张的待证事实被法院确认,本证一般必须达到使法官确信该事实很可能存在的程度。反证则不同,只要能动摇法官对待证事实的确信,使待证事实陷于真伪不明的状态,就可以达到目的。(2)明确调查证据的顺序。在本证与反证都已提出的情况下,法官应先调查本证,如果本证的证明力很弱,明显达不到证明标准,就没有必要再对反证进行调查。

二、直接证据和间接证据

根据证据与待证事实之间联系的不同,证据可以分为直接证据和间接证据。直接证据是指与待证的案件事实具有直接联系,能够单独证明案件事实的证据。如合伙协议书可直接证明合伙关系的存在,授权委托书可直接证明代理权的授予及代理权限。间接证据是指与待证的案件事实之间具有间接联系,不能单独证明案件事实,因而需要与其他证据结合起来才能证明案件事实的证据。

直接证据能够单独证明案件事实,其证明力一般强于间接证据,运用它来认定案件事实也较为便捷。间接证据虽然不能单独用来证明案件事实,但也具有重要的证明作用:一方面,可以用来补充直接证据的效力,对案件事实起辅助性的证明作用;另一方面,可以在缺乏直接证据的情况下,运用多个间接证据,形成证据链条,证明案件事实。

运用间接证据认定案件事实须遵循如下的证明规则:(1)各个间接证据本身必须真实可靠;(2)间接证据须具备一定的数量,并构成完整的证据链条;(3)间接证据本身须具有一致性,相互之间不存在矛盾。

区分直接证据与间接证据的实践意义在于:(1)使各诉讼主体认识证据与案件事实之间存在不同的联系及直接证据所具有的直接的证明作用,以便尽量收集和运用直接证据,用直接证据来证明或认定案件事实。(2)在无法获得直接证据,必须借助间接证据认定案件事实时,应当遵守有关间接证据的证明规则。

三、原始证据和传来证据

按照证据来源的不同,即按照是否来自原始出处,证据可以分为原始证据和传来证据。原始证据是直接来源于案件原始事实的证据,是第一手证据材料。当事人建立合同关系时制作的合同书、立遗嘱人亲笔所书的遗嘱、证人亲眼所见的侵权事实等,都属于原始证据。

传来证据又称派生证据,是指由原始证据衍生出来的证据,是经过复制、转述等中间环节而形成的证据。相对于原始证据而言,传来证据是第二手证据材料。合同的抄本、物证的复制品、证人转述他人所见的案件事实等,都属于传来证据。

原始证据直接来源于案件事实,未经过任何中间环节,因而其可靠性和证明力优于传来证据。传来证据与案件事实之间存在着中间环节,在复制、转述的过程中可能发生信息衰减或失真,与原始证据相比,其证明力较弱。传来证据在诉讼中的作用表现在两个方面:其一是将其作为获得原始证据的线索,通过传来证据获取原始证据;其二是在获得原始证据确有困难的情况下,用传来证据来证明和认定案件事实。运用传来证据认定案件事实须具备一定的条件,传来证据要能够同原始证据核对并查证属实。无法与原始证据核对的复印件、复制品,因其本身是否真实难以确定,不得单独作为认定案件事实的依据。

区分原始证据与传来证据的实践意义主要在于:(1)确立原始证据的证明力优于传来证据的证据规则,使人们尽可能收集和提供原始证据。《民事诉讼法》第70条规定:“书证应当提交原件。物证应当提交原物。提交原件或者原物确有困难的,可以提交复制品、照片、副本、节录本。”《证据规定》第22条规定:“调查人员调查收集计算机数据或者录音、录像等视听资料的,应当要求被调查人提供有关资料的原始载体。提供原始载体确有困难的,可以提供复制件。提供复制件的,调查人员应当在调查笔录中说明其来源和制作经过。”以上规定正是反映了这一证据规则。(2)确立使用传来证据须极为谨慎的证据规则。证据在经过中间环节时可能出现信息衰减或失真,因此对传来证据应格外慎重,须将它与原始证据核对无误后才能使用。

第三节　民事诉讼证据的种类

一、书证

(一) 书证的概念与特征

书证是指以文字、符号、图形等所记载的内容或表达的思想来证明案件事实的证据。书证的主要形式是各种书面文件,如合同书、信函、电报、电传、图纸、图表等,但书证有时也可能表现为一定的物品,如刻有文字或图案的石碑、竹木等。

书证的特点在于:(1)书证以其表达的思想内容证明案件事实。书证将一定的民事法律行为或其他案件事实以文字等形式记载下来,在发生诉讼时用来证明争议事实。(2)书证往往能够直接证明案件的主要事实。有相当一部分书证是在当事人实施民事法律行为的过程中形成的,是对民事权利和义务关系的记载,在日后因法律行为的内容发生争议时,这些书证可以直接起到证明作用。(3)书证的真实性强,即使经过伪造或变造,也易于发现。书证一般形成于诉讼前,是对案件事实的客观记载,只要内容后来未被篡改,就具有很强的真实性。书证虽然也可能被伪造、篡改,但伪造的书证、经篡改的书证一般可以通过笔迹鉴定等方式来发现。

(二) 书证的证明作用

书证在民事诉讼中具有十分重要的证明作用。有的国家在民事诉讼中实行书证优先主义,使书证具有优于其他证据的证明力。[①] 有些国家虽未实行书证优先主义,但由于规定某些法律行为只能以书证方式证明,所以也使书证具有比其他形式的证据更为重要的作用。我国法律虽未作上述规定,但也规定了当事人应当以书面形式实施某些法律行为,如订立书面合伙协议、保证合同、抵押合同等。在法律未要求采用书面形式的情况下,当事人为了防止日后发生争议时口说无凭,也往往主动选择书面形式实施法律行为。因此,在我国民事诉讼中,书证的作用也是十分显著的。我国一些学者曾对四个中级法院审理的案件进行过调查,结果发现在抽查的所有样本中都有书证。[②]

---

① 法国是实行书证优先主义的国家。关于书证优先主义,参见张卫平、陈刚:《法国民事诉讼法导论》,中国政法大学出版社1997年版,第81页。

② 参见王亚新等:《法律程序运作的实证分析》,法律出版社2005年版,第33页。

(三) 书证的分类

书证的种类繁多,形式多样,对书证可以从不同的角度、以不同的标准作如下分类:

1. 公文书和私文书。这是以制作书证的主体为标准进行的分类。公文书一般是指国家公务人员在其职权范围内制作的文书。在我国,除了国家机关制作的文书为公文书外,企业事业单位、社会团体在其权限范围内制作的文书也被称为公文书。私文书是指个人制作的文书。

区分公文书与私文书的意义主要在于判断文书是否真实的方式不同。对公文书,主要是看该文书是否为有关单位及其公职人员在其职权范围内制作。而对于私文书,则主要看文书是否由制作者本人签名或盖章。对公文书的真伪发生疑问时,可采用向制作文书的单位调查的方式解决。而对私文书的真伪发生疑问时,则通过核对笔迹、印章或进行文书鉴定的方式解决。

2. 处分性书证与报道性书证。这是以文书的内容和所产生的法律效果为标准进行的分类。处分性书证是记载一定的民事法律行为的内容,以设立、变更或终止一定的民事法律关系为目的的书证,如合同、变更合同的协议书、遗嘱、授权委托书等。报道性书证,是指记载一定的事实,不以产生一定的民事权利义务关系为目的的书证,如记载案件事实的日记、信件等。处分性书证能够直接证明有争议的民事权利义务关系,因而一般具有较强的证明力。报道性书证对待证事实虽然也具有证明作用,但一般不具有直接的证明作用。

3. 普通书证与特别书证。这是以书证的制作是否必须采用特定形式或履行特定手续为标准进行的分类。对普通书证,只要求其内容记载一定的案件事实即可,在制作方式和程序上无特别要求,如书信、日记、借条、收据都属普通书证。特别书证是指法律规定必须采用某种特定形式或履行某种特定手续制作的书证,如土地使用权证、房产证、经公证证明的合同书。特别书证的制作经过严格的程序,其内容比较完善,真实性也较强,所以在诉讼中具有较强的证明力。例如,经过公证、登记的书证,其证明力一般高于其他书证。

4. 原本、正本、副本、影印本、节录本。这是以文书制作方式为标准进行的分类。原本是文书制作人最初制作的原始文本。书证的其他文本都来源于原本。正本是指依原本全文制作,对外具有与原本同样效力的书证。正本与副本的区别在于,正本是给主收件人保存和使用的,副本则是给主收件人以外的其他需要了解书证内容的人的。副本也是按原本全文制作的,是与正本具有同样效力的书证。影印本是指采用复印、摄影等方式复制而成的书证。节录本则是摘抄文书原本、正本等部分内容的书证。

(四) 书证的提出

当事人提交书证,需提交原件,只有在提交原件确有困难的情况下,才允许提交书证的复制品。根据《民诉法解释》第 111 条规定,确有困难的情形包括:(1) 书证原件遗失、灭失或者毁损的;(2) 原件在对方当事人控制之下,经合法通知提交而拒不提交的;(3) 原件在他人控制之下,而其有权不提交的;(4) 原件因篇幅或者体积过大而不便提交的;(5) 承担举证证明责任的当事人通过申请人民法院调查收集或者其他方式无法获得书证原件的。在允许提交复制品的上述情形下,法院应当结合其他证据和案件具体情况,审查判断书证复制品等能否作为认定案件事实的根据。

当书证为举证的一方当事人持有时，举证人只需把书证提交法庭即可。但当书证为对方当事人或第三人持有时，如何才能使举证人得到书证便成为问题。德、日两国的民事诉讼法是采用以下方法解决这一棘手问题的：当文书为他人所持有时，举证人可以向法院提出申请，请求法院命令文书持有人提出文书。在申请时，应载明文书的形式、内容、持有人、文书能证明的事实以及持有人有提出文书义务的缘由。法院认为申请有理由时，可以裁定方式命令持有人提出。对方当事人接到法院命令后，如拒不提出，法院就可以据此认为举证人关于文书的主张是真实的。对方当事人为妨害举证人使用而故意销毁文书时亦同。第三人如不服从法院提出文书的命令，法院以罚款予以制裁。

《民诉法解释》就如何处置书证为对方当事人控制作出了规定，根据第 112 条规定，处理此问题的规则是：首先由承担举证证明责任的当事人在举证期限届满前以书面方式向法院提出责令对方提交的申请，然后由法院进行审查理由是否成立，理由成立的，责令对方提交，因此而产生的费用，由申请人负担。无正当理由拒不提交的，法院可以认定申请人主张的书证内容为真实。

在诉讼实务中，持有书证的当事人为妨碍对方当事人使用该书证，还会毁灭有关书证或者实施其他致使书证不能使用行为，针对此种行为，法院可以依照《民事诉讼法》第 111 条规定，对其处以罚款、拘留。

（五）书证的证据效力

书证的证据效力，是指书证所具有的证明待证事实的能力和效果。书证欲具有证据效力，须满足两个条件：一是书证本身是真实的；二是书证所表达的内容对待证事实能够起到证明作用。据此，可以把书证的证据效力区分为形式上的证据效力和实质上的证据效力。判断书证有无形式上的证据效力的标准是书证本身是否具有真实性，是否为当事人主张的文书的制作者所作。判断书证有无实质上的证据效力的标准则是书证所记载的内容是否真实可靠，与待证事实有无关联性。书证形式上的证据效力与实质上的证据效力的关系是：形式上的证据效力是实质上的证据效力的前提，有形式上的证据效力，才可能有实质上的证据效力，无形式上的证据效力就不可能有实质上的证据效力。但有形式上的证据效力，未必有实质上的证据效力，当书证记载的内容不真实或是与待证事实无关联时，就不具有实质上的证据效力。作为法院认定待证事实根据的书证，必须既有形式上的证据效力又有实质上的证据效力，是两种证据效力的统一。

从证明的过程看，书证形式上的证据效力问题先于实质上的证据效力而发生，因此书证有无形式上的证据效力是诉讼中首先需要解决的问题。为了简化对此问题的证明，德、日等国的民事诉讼法中设有公文书真实的推定，即从文书的形式和内容上可以看出该文书确系国家公务人员在其职务范围内所作时，法官便应推定文书本身是真实的。《民诉法解释》亦对公文书推定为真实作出规定。《民诉法解释》第 114 条规定：“国家机关或者其他依法具有社会管理职能的组织，在其职权范围内制作的文书所记载的事项推定为真实，但有相反证据足以推翻的除外。必要时，法院可以要求制作文书的机关或者组织对文书的真实性予以说明。”第 115 条规定：“人民法院就单位出具的证明材料，可以向单位及制作证明材料的人员进行调查核实。必要时，可以要求制作证明材料的人员出庭作证。”对于私文书，则要求提供文书者对文书的真实性进行证明。但如果私文书有本人或其代理人的签名或盖章时，也推定其为真实。书证形式上的证据效力被确认后,法院还要进一步对实质上的证据效力进行审查,在审查过程中,允许当事人提供证据证明文书所载的内容不真实、不全面。书证实质上的证据效力的大小,由法院依据书证内容的具体情形作出判断。

二、物证

(一) 物证的概念与特征

物证是指以其形状、质量、规格、受损坏的程度等来证明案件事实的物品。物证也是民事诉讼中的一类重要证据。常见的物证包括所有权、使用权有争议的物品,买卖合同、承揽合同纠纷中质量存在争议的标的物,侵权纠纷中受到损坏的物品等。

物证具有以下特点:(1)可靠性较强。物证是以自身的形状、质量、规格等证明案件事实的,只要物证不是伪造的,它就不会受到人们主观因素的影响,就能够相当可靠地证明案件事实。(2)稳定性较强。除那些易腐、易变质的物品外,物证形成后,不会在短时间内发生变化,所以具有较强的稳定性。(3)需要结合举证人的说明发挥证明作用。物证虽然被称为"不动嘴的证据",但在发挥证明作用时,往往需要举证人对物证本身及物证与待证事实之间的关系作出解释和说明。

以是否原件为标准,可以将物证分为原始的物证和复制的物证。一般而言,原始物证比经复制的物证更为可靠,并可以作为勘验、鉴定的材料。所以民事诉讼法要求物证必须提交原物,只有在提交原物确有困难的情况下,才允许提交复制品或照片。

(二) 物证与书证的区别

物证和书证虽然都属于以实物形态表现出来的证据,但二者有明显的不同。主要区别在于:(1)物证是以其存在、外形、特征证明案件事实,书证则是以文书或物品所记载的内容证明案件事实。(2)法律对物证无形式上的特定要求,只要能以其存在、外形、特征证明案件事实,就可以作为物证;对书证则不同,法律有时规定书证必须具备特定形式才具有证据效力。

在实务中,也存在某一实物证据既是书证又是物证的情形。当以刻在该物品上的文字所反映的思想内容证明案件事实时,它是书证;当以该物品的外部特征证明案件事实时,它又是物证。

三、视听资料

(一) 视听资料的概念与特征

视听资料是指利用录音、录像来证明案件事实的证据。视听资料一般包括录音资料和影像资料。

视听资料是随着微电子技术的发展而出现,并被广泛运用于诉讼的一种新型证据。录音机、摄像机、电子显示器、电视机等的发明,使人们可以把当事人进行意思表示和其他具有法律意义的行为或事件录制下来。电子计算机出现后,人们可以将许多信息储存在软盘中,刻在光盘上。日后一旦发生诉讼,便把它们作为证据来使用。视听资料已被各国广泛运用于民事诉讼,但外国民事诉讼法或证据法一般不把它们作为一类独立的证据,而是将它们归入书证或物证。我国民事诉讼法鉴于视听资料具有书证、物证不能包容的特点,将其规定为一类独立的证据。与传统的各类证据相比,视听资料具有下列特点:(1)生动逼真。视听资料或者记录了当事人进行民事活动时的情况,或者记录了具有法律意义的事件发生时的情况。一些视听资料对人们的形象、动作、表情、声音等作了连续性的录制。将其在法庭上播放,可以生动逼真地再现当时的情况,有力地证明案件事实。(2)不易制作,便于保管。视听资料的制作需要相应的技术设备,没有相应的设备就无法制作。与制作不同,视听资料的保管是相当便利的。视听资料的体积小、重量轻、易于保存,只要妥善保管,即使经过很长时间,也不会丢失,而且能像当初一样清晰地再现案件的真实情况。(3)易于伪造。视听资料是运用技术手段制作的,在制作过程中如果能够如实录制,则能够真实地记载案件事实。但视听资料也很容易通过技术手段篡改或伪造,如可以通过消磁、剪辑等方式改变录音、录像带的内容。正是由于视听资料具有易于伪造的特点,《民事诉讼法》第 71 条规定:“人民法院对视听资料,应当辨别真伪,并结合本案的其他证据,审查确定能否作为认定事实的根据。”《证据规定》第 69 条第 3 款进一步规定,存有疑点的视听资料,不能单独作为认定案件事实的依据。视听资料可能存在于电子介质之中,对这样的视听资料,法院审查判断时,应当适用电子数据的规定。

(二) 视听资料与书证、物证的区别

视听资料是实物证据的一种,它与同属于实物证据的书证、物证虽然有一定的关系,但明显地不同于这两种证据:

1. 视听资料与书证。视听资料与书证的相同之处在于它们都以一定的思想内容来证明案件事实。但视听资料是以音响、图像、数据反映的内容,而不是以文字、符号表达的内容证明案件事实;视听资料是以动态而不是静态的方式证明案件事实。在这两点上,视听资料与书证存在明显的区别。

2. 视听资料与物证。视听资料与物证的区别是显而易见的,物证以其外部特征证明案件事实,视听资料则是以资料中的内容发挥证明作用。

四、电子数据[①]

(一) 电子数据的概念与特征

电子数据,是指以电子形式存在的,作为证据使用的一切材料及其派生物,是通过电子技术和设备而形成的证据。[②]电子则是指含有电的、数据的、磁性的、光学的、电磁的、无线的技术或具有类似性能的技术。[③]

---

① 这是 2012 年修订《民事诉讼法》时新增加的一种独立的证据类型。

② 参见何家弘主编:《电子证据法研究》,法律出版社 2002 年版,第 5 页。

③ 参见美国的《国际与国内商务电子签章法》第 106 条和《统一电子交易法》第 1 条关于电子的定义。

电子数据种类繁多,常见的有电子邮件、电子数据交换、网上聊天记录、博客、微博客、手机短信、电子签名、域名等。

电子数据是随着微电子技术,尤其是计算机、互联网及其相关设备、软件的出现而产生的一种新证据。随着数字化时代的来临,电子证据将日益频繁地出现在民事诉讼中,发挥越来越重要的作用。

与传统的非电子形态的证据相比,电子数据具有以下特征:(1)储存在一定的介质上。电子证据离不开一定的电子介质,电子证据的各种信息储存在软盘、光盘、硬盘等电子介质上,这些介质是信息的载体。(2)须通过一定的电子设备来显现。电子介质中储存的信息须借助计算机等电子设备来播放、显现,否则无法用来证明案件事实。(3)信息量大,传播速度快。电子数据包含的信息量大,如一张光盘、一个硬盘中储存的信息是传统书证中一张纸、一本书无法比拟的。电子数据中的信息还可以通过因特网传播,其速度也是传统证据所不及的。

(二) 关于电子数据的立法

电子数据出现后,许多国家用立法对这类新型的证据进行规制,规制的方式大致有三种。第一种是单独立法,如南非的《1983年计算机证据法》、加拿大的《1998年统一电子证据法》;第二种是在电子商务法或电子交易法中规定电子证据,如美国的《国际与国内商务电子签章法》《统一计算机信息交易法》,新加坡的《电子交易法》;第三种是在证据法中对电子数据作出规定,如英国《1995年民事证据法》中关于电子数据的规定。

电子数据已被运用于我国的民事诉讼,我国同样也需要对电子数据作出规制。2004年8月,我国颁布了《中华人民共和国电子签名法》,对电子签名、数据电文的法律效力作出规定。2012年对《民事诉讼法》修订时,立法机关增加了“电子数据”这一新的证据种类。

五、证人证言

(一) 证人证言的概念与特征

证人是指知晓案件事实并应当事人的要求和法院的传唤到法庭作证的人。证人具有不可替代性。证人就案件事实向法院所作的陈述称为证人证言。

证人证言也是民事诉讼中的一项重要证据。有些案件事实,如突发性和非持续性的民事侵权行为,受害人往往难以用其他证据来证明谁是加害人和加害人具有过错,但只要该侵权行为为他人所见,就可通过证人证言来证明。

证人证言具有如下特点:(1)它是了解案件事实的人以言词形式提供的证明。(2)证人证言只包括证人就案件事实所作的陈述。证人在作证时,有时除了陈述案件事实外,还向法庭说明他对案件事实的评论和推测。这些评论和推测不属于证人证言的范围。证人有时还会发表对案件所涉及的法律问题的看法,这些看法同样不属于证人证言的范围。(3)证人证言的真实性、可靠性受到多种因素的影响。证人证言的形成要经过了解、记忆、叙述三个阶段,在每个阶段都可能出现影响证人证言准确性的因素,如了解得不全面、部分忘记、叙述时有遗漏等。此外,证人如果与诉讼当事人有亲友关系或仇恨关系,也可能会影响证言的真实性。正是由于有多种因素会导致证言失真，所以一位德国学者称“证人是最经常的证据，并且——除了询问当事人外——是最差的证据”[①]。此外，证人证言在例外情况下也可以表现为书面陈述。

(二) 证人的范围

我国民事诉讼中的证人，包括单位和个人两大类。凡是知道案件情况的单位和个人都有义务出庭作证。单位因业务关系而了解案件事实，应由单位的法定代表人、负责人或他们授权的人代表单位作证。个人作为证人，除了解案件事实外，还须能够正确表达自己的意思。

在我国，下列人员不得作为证人：

1. 不能正确表达意思的人。能够向法庭正确表达自己的意思，是作为证人的必备条件。精神病人、生理上有缺陷的人、年幼的人，如果不具备这一条件，就不能作为证人。他们如果为与其年龄、智力状况或者精神状况相适应的待证事实提供证据，可以作为证人。

2. 诉讼代理人。对同一案件，诉讼代理人的身份与证人的身份是相互冲突的，因而不能既担任诉讼代理人又做证人。诉讼代理人如了解案件的重要事实，有出庭作证的必要，可在取消委托或辞去委托后，以证人身份出庭作证。

3. 办理本案的法官、书记员、鉴定人、翻译人员和勘验人员。办理本案的上述人员如同时作为案件的证人，就有可能影响到司法的公正，所以不得作为本案的证人。与当事人有亲属关系和其他密切关系的人如果了解案件事实，可以作为证人出庭作证，但他们所提供的对该当事人有利的证言，可信度和证明力较低，一般低于其他证人提供的证言，在缺乏其他证据印证的情况下，不得单独将其作为认定案件事实的依据。

(三) 证人的权利和义务

证人是民事诉讼参与人之一。证人参与诉讼，在法律上应享有一定的权利和承担一定的义务。证人享有的权利有：

1. 补充、更正权。证人出庭作证时，书记员须将证人陈述的内容如实记入笔录。证人对笔录误记或漏记的，有权要求更正。

2. 获得保护权。证人提供不利于一方当事人的证言后，该当事人事后可能会以各种手段伤害证人。证人因作证而人身安全受到威胁的，有权要求法院给予保护。

3. 损失补偿权。证人出庭作证难免会耽搁其工作，还会增加相应的开支，如差旅费、住宿费等。对误工减少的收入和出庭引起的合理开支，证人有权要求获得补偿。2012 年修订的《民事诉讼法》第 74 条对这一权利作了明确的规定：“证人因履行出庭作证义务而支出的交通、住宿、就餐等必要费用以及误工损失，由败诉一方当事人负担。当事人申请证人作证的，由该当事人先行垫付；当事人没有申请，人民法院通知证人作证的，由人民法院先行垫付。”《民诉法解释》第 118 条对上述费用的数额和预缴的方式作出了规定，即“交通、住宿、就餐等必要费用，按照机关事业单位工作人员差旅费用和补贴标准计算；误工损失按照国家上年度职工日平均工资标准计算。人民法院准许证人出庭作证申请的，应当通知申请人预缴证人出庭作证费用”。

① [德]奥特马·尧厄尼希：《民事诉讼法》(第 27 版)，周翠译，法律出版社 2003 年版，第 287 页。

证人承担的义务包括：

1. 出庭义务。按照法院的通知出庭是证人的基本义务。证人出庭，才能向法庭提供证言，才能接受当事人和法官的询问。因此各国民事诉讼法都把出庭规定为证人的义务，并对违反该项义务的证人规定了罚款、拘传等制裁措施。我国民事诉讼法虽然也规定了证人有义务出庭，但对拒不出庭的证人未设定任何制裁措施。这在实务中导致许多证人无视法院的传唤，拒不出庭作证。

作为例外，证人确有困难时经法院许可也可以不出庭。可以不出庭的例外情形有：(1)因健康原因不能出庭的；(2)因路途遥远，交通不便不能出庭的；(3)因自然灾害等不可抗力不能出庭的；(4)其他有正当理由不能出庭的。

证人因上述情形不出庭时，可采用以下方式替代出庭作证：(1)提供书面证言；(2)利用视听传输技术作证；(3)将证人在庭外作证的内容制作成视听资料。在上述三种替代出庭的作证方式中，视听传输技术是最佳的替代方式，因为采用这种方式，不仅法官可以看到证人作证时的神态与表情，而且当事人、诉讼代理人、法官均可以向证人提问。

2. 如实陈述的义务。证人出庭后，应如实向法庭陈述所了解的案件事实，如实回答法官、当事人、诉讼代理人向他提出的问题，不得对事实进行增减，更不得作伪证。为促使证人如实作证，《民诉法解释》第119条规定："人民法院在证人出庭作证前应当告知其如实作证的义务以及作伪证的法律后果，并责令其签署保证书，但无民事行为能力人和限制民事行为能力人除外。"签署保证书是作证的前提条件，《民诉法解释》第120条规定："证人拒绝签署保证书的，不得作证，并自行承担相关费用。"对违反此项义务作伪证的证人，各国法律都规定了包括刑事责任在内的制裁措施。

我国法律既未对经法院传唤后拒不到庭的证人规定处罚措施，刑法中的伪证罪也不适用于在民事诉讼中作伪证的人，这些都是将来立法需要解决的问题。

六、当事人的陈述

(一) 当事人的陈述的概念与特征

当事人的陈述是指当事人在诉讼中就与本案有关的事实，尤其是作为诉讼请求根据或反驳诉讼请求根据的事实，向法院所作的陈述。在诉讼中，当事人向法院所作的陈述往往包含多方面的内容，如关于诉讼请求的陈述，关于诉讼请求或反驳诉讼请求所依据的事实的陈述，关于与案件有关的其他事实的陈述，关于证据来源的陈述，关于案件的性质和法律问题的陈述，等等。在上述内容中，可能成为诉讼证据的，只是当事人关于案件事实的陈述。

当事人陈述的显著特征是：实与虚同在，真与伪并存。当事人通常是发生争议的权利或法律关系的承担者，亲身经历了引起法律关系发生、变更或消灭的事实，对案件事实了解得最清楚。但另一方面，当事人与诉讼结果有直接利害关系，受利害关系的驱使，当事人很有可能作出不真实的、对自己有利的陈述。例如，为了获得胜诉，当事人可能故意夸大或缩小事实，甚至主张根本不存在的事实。正是当事人在诉讼中所处的特殊地位及其与事实关系的两面性，决定了当事人陈述具有真实与虚假并存的特点。

(二) 当事人陈述的立法例

对于当事人陈述,民事诉讼法中大体上有两种立法例:(1)将当事人陈述作为补充性的证据。该立法例将当事人陈述区分为不利于自己的和有利于自己的陈述。当事人如在法庭上承认了对方主张的不利于自己的事实,这一陈述属于诉讼上的自认,具有免除对方当事人证明的效力。而对于当事人的有利于自己的陈述,一般是作为证明的对象,而不是作为证据。只有在不得已的情况下,才把询问当事人作为获取证据的方法。即只有当法官已用尽其他证据方法仍然无法就待证事实获得心证时,才可以询问当事人,把询问当事人的结果作为证据。在询问时,为了保证当事人如实陈述,法院可以命令当事人宣誓。(2)把当事人陈述作为诉讼证据之一。该立法例一方面把当事人陈述作为证据的一种,与其他证据并列;另一方面鉴于当事人陈述真假并存的特点,要求法院通过其他证据审查核实其真伪。

这两种立法例,各有其理由。前者的理由是:其一,当事人与案件有直接利害关系,他们的陈述一般来说缺乏可靠性;其二,要求当事人陈述与自己有利害关系的不利的事实,未免强人所难。[①] 后者的理由是:其一,当事人最了解案件事实,听取当事人的陈述,有利于法院发现案件事实的真实情况;其二,虽然当事人因同案件有利害关系,可能作出虚假的陈述,但法院可以用其他证据鉴别其真伪。

采用第一种立法例的,主要是德国、日本等大陆法系国家;采用第二种立法例的,主要是苏联和东欧一些国家。我国《民事诉讼法》第 75 条规定:“人民法院对当事人的陈述,应当结合本案的其他证据,审查确定能否作为认定事实的根据。当事人拒绝陈述的,不影响人民法院根据证据认定案件事实。”从上述规定的内容看,我国基本上采用后一种立法例。

(三) 当事人陈述的证据效力

当事人对案件事实陈述的情况不同,证据效力也有所不同,具体而言,可分为以下三种情形:

1. 具有免除对方当事人证明的效力。当事人如在诉讼中以承认对方当事人所主张的事实的方式作出了不利于己的陈述,该陈述一般具有免除对方当事人证明的效力。

2. 具有证据效力。当事人所作的对自己有利的陈述,经其他证据证明为真实后,法院可以把它作为认定案件事实的根据之一。

3. 不具有证据效力。当事人所作的有利于己的陈述,如果未得到其他证据证实,法院不得将该陈述作为认定案件事实的根据,该陈述也就无任何证据效力。关于这一点,最高法院《证据规定》中曾予以强调,即第 76 条规定:“当事人对自己的主张,只有本人陈述而不能提出其他相关证据的,其主张不予支持,但对方当事人认可的除外。”

由于有些案件需要通过到庭陈述来查明事实,《民诉法解释》第 110 条规定:“人民法院认为有必要的,可以要求当事人本人到庭,就案件有关事实接受询问。在询问当事人之前,可以要求其签署保证书。保证书应当载明据实陈述、如有虚假陈述愿意接受处罚等内容。当事人应当在保证书上签名或者捺印。负有举证证明责任的当事人拒绝到庭、拒绝接受询问或者拒绝签署保证书,待证事实又欠缺其他证据证明的,人民法院对其主张的事实不予认定。”

---

① 参见[日]兼子一、竹下守夫:《民事诉讼法》,白绿铉译,法律出版社 1995 年版,第 122 页。

七、鉴定意见[①]

(一) 鉴定意见的概念与特征

鉴定意见,是指鉴定人运用专业知识、专门技术对案件中的专门性问题进行分析、鉴别、判断后作出的意见。鉴定人须是对所需要鉴定的问题具有专门的科学技术知识的人。民事诉讼中的鉴定主要包括文书鉴定、医学鉴定、工程质量鉴定、产品质量鉴定、会计鉴定等。

鉴定意见以鉴定书的形式表现出来,鉴定书的内容主要包括鉴定对象、鉴定方法、鉴定意见和依据。鉴定书制作完成后,鉴定人须在鉴定书上签名或盖章,然后加盖证明鉴定人身份的鉴定部门的公章。

鉴定意见在民事诉讼中具有重要作用:一方面可以帮助法官判断那些需要具备专门的技术知识和经验才能够作出正确判断的问题;另一方面可以帮助法官审查其他证据材料,以确定当事人提供证据材料的真伪,如对有争议的借据、收条等进行文书鉴定。

鉴定意见作为民事证据之一,具有以下特点:(1) 它是针对诉讼中有待查明的事实问题作出的,鉴定过程中即使涉及法律问题,也不属于鉴定人的工作范围。(2) 它是对专门性问题作出的结论性意见。鉴定意见虽然也叙述作为鉴定对象的案件事实,但其核心是鉴定人利用其专业知识和经验对鉴定对象进行分析鉴别后得出的结论性意见。

鉴定意见虽然是鉴定人作出的结论性意见,但并不能束缚法官,或者说法官对鉴定意见仍然有审查判断的职责和权力。鉴定意见也要经过质证,当事人在质证时可以对鉴定意见提出质疑。这正是2012年修订《民事诉讼法》时立法机关把“鉴定结论”改为“鉴定意见”的原因。

(二) 鉴定人与证人的区别

在英美法系国家的证据法中,对证人与鉴定人不作区别,鉴定人属于证人的范畴,只是由于这类证人具有专业知识,被称为专家证人。大陆法系国家的民事诉讼法将证人与鉴定人区别开来,证人证言与鉴定意见是两种不同的证据。我国民事诉讼法鉴于证人证言和鉴定意见有许多不同之处,将它们规定为两种独立的证据形式。

鉴定人与证人的区别表现为:

1. 是否需要专业知识不同。鉴定人是对案件中的专门性问题分析研究后提出结论性意见的人,因此,必须具备相应的专业知识和技能,否则就难以胜任。证人是就其了解的案件事实向法庭作证的人,这些事实是诉讼中的一般性的问题,因而证人无须具备专业知识。

2. 能否申请回避不同。鉴定人与诉讼当事人和案件处理结果无利害关系,是保证鉴定意见客观公正的必要条件之一,因此,民事诉讼法关于审判人员回避的规定也适用于鉴定人。能否成为证人,取决于是否了解案件的情况,证人即使与案件有利害关系或者是当事人的近亲属,也不发生回避问题。

3. 能否更换不同。鉴定人不具有唯一性和不可替换性。对同一专门性问题,通常存在若干可以鉴定的部门,因而鉴定部门是可以选择和替换的,凡是符合条件的鉴定部门都可以

① 2012年《民事诉讼法》修订前,这类证据为“鉴定结论”。

被指定为鉴定人。证人则不同，对证人既无法选择，也不能更换。

4. 向法庭提供的信息不同。鉴定人向法庭提供的，是对专门性问题进行鉴定后提出的意见。证人向法庭提供的是案件事实，只需将所了解的案件事实原原本本地向法庭陈述，不需要对案件事实进行分析判断。

(三) 鉴定人与专家辅助人的区别

专家辅助人，是指由当事人聘请，帮助当事人向审判人员说明案件事实中的专门性问题，协助当事人对案件中的专门性问题进行质证的人。《证据规定》第61条第1款规定："当事人可以向人民法院申请由一至二名具有专门知识的人员出庭就案件的专门性问题进行说明。人民法院准许其申请的，有关费用由提出申请的当事人负担。"这是我国首次对专家辅助人作出规定。在2012年修订《民事诉讼法》时，专家辅助人正式写入了法律，该法第79条规定："当事人可以申请人民法院通知有专门知识的人出庭，就鉴定人作出的鉴定意见或者专业问题提出意见。"

在民事诉讼中，有时会遇到一些专门性问题，对这些问题，不仅当事人自己不清楚，而且代理诉讼的律师也说不清楚，因而聘请具有专门知识、专门技能的人帮助其进行诉讼很有必要。被聘请的专家可以利用其专业知识就案件中的专门性问题向法院解释、说明，可以帮助当事人审查对方当事人提交的鉴定意见。

专家辅助人在诉讼中的主要权利是：(1) 询问权。为了进一步了解需要说明的专门性问题，专家辅助人有权对包括鉴定人在内的诉讼参与人进行发问。(2) 说明权。即就需要澄清的专门性问题向法庭陈述说明的权利。(3) 对质权。即专家辅助人有权要求同对方当事人聘请的专家进行对质。(4) 报酬请求权。专家辅助人一般是提供有偿服务的，并且专家辅助人出庭也难免会发生差旅费等费用。专家鉴定人的报酬和费用实行谁聘请谁负担的原则，即由向法院提出申请，要求聘请专家辅助人的一方负担。双方当事人均聘请的，则各自负担。

专家辅助人的主要义务是：(1) 出庭义务。接受聘请后，专家辅助人应当到庭参加诉讼，进行说明和接受询问。(2) 公正陈述义务。专家辅助人虽然是由一方当事人聘请、辅助一方当事人进行诉讼的，但他们的任务是用其专业知识、专门经验分析、说明诉讼中的专门性问题。对专门性问题应作客观、公正的说明，不得为自己一方当事人的利益而故意作虚假的、不真实的说明。

专家辅助人也是由具有专门知识的人担任的，也要对专门性问题进行分析说明，这使得他们在某些方面类似于鉴定人。但专家辅助人与鉴定人是不同的，他们之间的主要区别在于：一方面，产生的方式不同。鉴定人主要是由法院指定或双方当事人协商确定的，一方当事人单方面委托鉴定是比较少见的。[①] 专家辅助人则不同，虽然是否需要使用专家辅助人要由法院决定，但法院同意后，由双方当事人各自聘请专家辅助人。因而，鉴定人一般不存在原告方的鉴定人或被告方的鉴定人之分，但专家辅助人则可以分为原告方的专家辅助人和被告方的专家辅助人。正因为如此，《民诉法解释》第122条规定："具有专门知识的人在法庭上就专业问题提出的意见，视为当事人的陈述。"另一方面，所起的作用不同。鉴定人的作

---

① 实务中也存在一方当事人委托鉴定，但对这样的鉴定意见，另一方当事人通常会提出异议，要求重新进行鉴定。

用在于运用专业知识、专门技能对鉴定对象进行分析鉴别后得出结论性意见，鉴定人所作的鉴定意见是诉讼证据之一。专家辅助人只是帮助当事人对一些专门性问题作出解释、说明，或者是在涉及专门性问题的质证中协助当事人。

（四）鉴定人的确定

当事人申请鉴定，可在举证期限届满前向法院提出申请，只要存在鉴定的必要，法院就应当准许鉴定，但如果申请鉴定的事项与待证事实无关联，或者对证明待证事实无意义的，法院将不予准许。2012年修订前的《民事诉讼法》采用由法院指定鉴定人的方法，2012年修订后，根据《民事诉讼法》第76条规定，在当事人申请鉴定的情况下，首先由双方当事人通过协商确定具备资格的鉴定人。当事人经过协商不能取得一致意见时，才由人民法院指定。在当事人未申请而法院认为有必要鉴定时，法院应当依职权委托鉴定，在询问当事人的意见后，指定具备相应资格的鉴定人。

我国关于鉴定人的规定有两种情况：一种是法律明确规定鉴定人，另一种是法律和行政法规未对鉴定人作出规定。在前一种情况下，无论是当事人商定还是法院指定，都必须是法定的鉴定人。

（五）鉴定人的权利和义务

作为诉讼参与人，鉴定人也享有一定的诉讼权利和承担一定的诉讼义务。

鉴定人的主要权利是：(1)了解情况权。鉴定人有权了解进行鉴定所必需的案件材料，有权通过询问当事人和证人了解有关情况，有权参加现场勘验。(2)自主鉴定权。同时有几个鉴定人时，相互之间可以进行讨论，在意见一致时可以共同出具鉴定意见，意见不一致时由各人写出自己的鉴定意见；如认为提供鉴定的材料有问题，还可以拒绝鉴定。(3)报酬请求权。鉴定人的工作一般是有偿的，鉴定人有权请求委托人给付规定或约定的鉴定费、差旅费和其他必要的费用。(4)请求保护权。鉴定人当因鉴定而受到当事人打击报复时，有权请求法院给予保护。鉴定人的主要义务是：(1)按时鉴定义务。鉴定人受委托后，应当及时、科学地作出鉴定意见。(2)公正鉴定义务。鉴定人不得接受他人的请托，不得收受当事人贿赂，故意作虚假鉴定。(3) 出庭义务。鉴定人应当按照人民法院的通知出庭，接受当事人、诉讼代理人和审判人员的询问，回答与鉴定有关的各种问题。在实务中，鉴定人一般是把鉴定意见交给法院，由法官在质证过程中宣读，鉴定人很少出庭接受询问。这严重影响了质证的效果，甚至无从开展有实际意义的质证。针对这一问题，2012年修订的《民事诉讼法》第78条规定："当事人对鉴定意见有异议或者人民法院认为鉴定人有必要出庭的，鉴定人应当出庭作证。经人民法院通知，鉴定人拒不出庭作证的，鉴定意见不得作为认定事实的根据；支付鉴定费用的当事人可以要求返还鉴定费用。"

八、勘验笔录

（一）勘验笔录的概念与特征

勘验笔录是指审判人员在诉讼过程中对与争议有关的现场、物品等进行查验、测量、拍照后制作的笔录，是通过勘查、检验等方法形成的证据。民事诉讼中的勘验笔录主要包括现场勘验笔录、物证勘验笔录和人身检查笔录。勘验笔录既是一种独立的证据，也是一种固定和保全证据的方法。

勘验笔录是审判人员以查看、检验等方式亲自认知现场、物品等，并将认知结果记录下来后形成的证据。这一特点使它既不同于物证，也不同于书证。勘验的对象可能是物品，勘验过程中也要对物证进行拍照，但照片是作为笔录的一部分发挥证明作用的。它既不是物证本身，也不是物证的复制品。在用文字、图表等记载的内容证明案件事实这一点上，勘验笔录与书证不无共同之处，但它们之间有许多不同点：首先，制作的时间不同。书证通常形成于诉讼前，而勘验笔录一般是进入诉讼后才制作的。其次，制作的主体不同。书证一般由审判人员以外的人制作，而勘验笔录则是由审判人员制作或在审判人员的参与、指导下制作。再次，反映的内容不同。书证的内容可以反映制作人的主观意志。而勘验笔录则必须是对勘验对象的客观记载，不得掺入勘验人的主观意志。最后，能否重新制作不同。书证一旦提交法庭后，即使制作当初内容有遗漏，或者某些重要的问题表述得不清楚，也不存在重新制作的问题。勘验笔录则不同，必要时可以根据当事人提出的申请或者由法院依职权重新勘验并制作新的勘验笔录。[①]

(二) 勘验笔录的制作

制作勘验笔录，我国有两种情形：一是法院依据当事人的申请而制作；二是法院在认为有必要时依职权而制作。在前一种情形下，当事人应以书面或口头方式向法院提出申请，并在申请中表明勘验对象和通过勘验可以证明的案件事实。如果需勘验的物品为对方当事人或第三人占有，应在申请中说明。对于当事人提出的申请，法院如果认为确有必要，应当及时进行勘验。

法院在对现场或物品进行勘验时，应严格按照法定程序进行。勘验人必须以出示人民法院证件的方式表明身份，并邀请当地基层组织或者当事人所在单位派人参加。还应通知当事人或当事人的成年家属到场，目的是让他们了解勘验的情况，以维护其正当权益，但如果他们拒不到场，不影响勘验的进行。必要时，法院还可以通知有关单位或个人保护现场，并协助进行勘验，有关单位和个人接到通知后，有保护和协助的义务。法院在勘验时应当保护他人的隐私和尊严。法院可以要求鉴定人参与勘验，必要时，可以要求鉴定人在勘验中进行鉴定。

勘验笔录应记载勘验的时间、地点和场所，勘验人、记录人的基本情况，在场的当事人或其成年家属（如他们拒不到场，也应将情况记入笔录），被邀请参加人，勘验对象，勘验情况和勘验结果。还应由勘验人、记录人、当事人或其成年家属、被邀请参加人在笔录结尾处签名或盖章。

制作勘验笔录以文字记载方式为主，以拍照、摄像、测量、绘图等方式为辅。勘验过程中如遇到技术上的专门性问题，人民法院可以通知鉴定人参加。制作勘验笔录，最重要的是要客观、全面地记载勘验对象的情况，切不可把勘验人主观上的分析判断写入笔录。

---

① 以上四点区别参见常怡主编：《民事诉讼法学》（修订本），中国政法大学出版社 1996 年版，第 171 页。

第四节　证据的收集与保全

一、证据的收集

（一）证据收集概述

收集证据是当事人、诉讼代理人享有的一项重要的诉讼权利。当事人可以自己收集证据，也可以请诉讼代理人帮助收集证据。在必要时，还可以通过法院收集证据。

收集证据对法院来说是其职权。[①]为了查明有争议的案件事实，法院同样需要收集证据。法院收集证据首先是向诉讼当事人收集，要求当事人对提出的主张和抗辩所依据的事实提供证据；其次，根据当事人的申请收集证据；最后，在法律规定的情形下，法院也可以依职权收集证据。

收集证据包括直接向证据持有者收集和通过法院向证据持有者收集两种情形。收集证据一般是指收集书证、物证、视听资料、电子数据。勘验笔录须在诉讼中请求法院前去勘验而形成，当事人事前无法收集，也无法独自去收集这样的证据。证人证言在诉讼中通常表现为言词状态，要求证人出庭作证，在法庭上陈述所了解的案件事实和接受当事人、法官的询问，因而当事人也无须事先收集，只需把证人的情况告知法院，请求法院传唤证人出庭即可。只有在允许证人用书面证词替代出庭作证的例外情形下，才有必要采用走访证人，请求证人出具书面证言或者记录证人谈话的方式来获得书面证言。鉴定意见一般也无须事先收集，因为对一方当事人事先取得的鉴定意见，另一方当事人通常抱有强烈的不信任感，会提出异议并请求法院重新鉴定。当事人陈述尤其是当事人的承认，一种是在诉讼外所作的陈述，另一种是在诉讼过程中所作的陈述。对前一种陈述，存在着收集的问题，如一方当事人为了获得对方对事实的承认，采用偷录方式，把对方谈话的内容录制下来，而后一种陈述，由于是在诉、辩状中作出或者当庭陈述时作出，同样不发生收集问题。

有些证据，由对方当事人或第三人占有或控制，举证一方当事人无法获得，因而只能在提供证据线索后申请人民法院调取，或请求法院协助自己去获得证据（如律师请求法院发出调查令）。申请调取证据时，应向人民法院说明证据的种类、通过该证据可证明的案件事实、该证据由谁占有或控制以及自己无法收集的原因。对方当事人一般不愿意交出对自己不利的证据，此时就构成了证明妨碍。当有证据证明对方当事人无正当理由拒不提供，而收集证据的一方当事人又主张该证据内容不利于持有证据的对方当事人时，法院可以推定收集证据的当事人的主张成立（《证据规定》第75条）。

（二）当事人收集证据

当事人通常是发生争议的民事活动的参与者，一般会或多或少地保留着或掌握着与纠纷相关的证据，但证据由对方当事人占有或者在第三人处也是常有的事，所以当事人为了准

① 《民事诉讼法》第67条第1款规定："人民法院有权向有关单位和个人调查取证，有关单位和个人不得拒绝。"

备诉讼,常常需要收集对自己有利的证据。

对已经形成的证据,当事人可以直接向证据持有人收集,也可以聘请诉讼代理人收集,后者如为证明被告企业的性质和出资状况,可请代理诉讼的律师到工商行政管理部门查阅、复印企业登记资料。当事人还可以通过自己的活动来形成有关证据,如为了证明被告侵犯了著作权,到新华书店购买被告出版、发行的侵权书籍。

(三) 法院收集证据

1. 向当事人收集

民事诉讼中的证据主要来源于当事人。一般而言,当事人为了证明其主张的事实是真实的,会积极主动地把对自己有利的证据提交给法院,所以法院没有必要特地向当事人收集证据。但是,也存在当事人对提供证据的责任发生误解或者由于对证明的状态发生误解,本该提供证据或者进一步提供证据却未提供的情形,此时就需要提示该当事人举证,向当事人收集证据。

2. 根据当事人申请收集

民事诉讼中的证据虽然主要由当事人自己负责收集,但由于当事人和诉讼代理人收集证据的能力有限,为了帮助他们收集证据,《民事诉讼法》第 64 条第 2 款规定,对"当事人及其诉讼代理人因客观原因不能自行收集的证据",人民法院应当调查收集。根据这一规定,只要是"因客观原因不能自行收集的证据",当事人就可以向法院申请调查收集。

为了防止当事人把本该由自己收集的证据推给法院,同时也为了防止法院不去收集当事人无力收集的证据,需要明确哪些属于"因客观原因不能自行收集的证据"。《民诉法解释》第 94 条对此的界定是:(1) 证据由国家有关部门保存,当事人及其诉讼代理人无权查阅调取的;(2) 涉及国家秘密、商业秘密或者个人隐私的;(3) 当事人及其诉讼代理人因客观原因不能自行收集的其他证据。第三种情形如由对方当事人或者第三人占有或控制的重要书证、物证、视听资料。

申请法院收集证据,是当事人实施的重要诉讼行为,因此应当采用书面方式,向法院提交申请书。申请书应当载明被调查人的姓名或者单位名称、住所地等基本情况,所要调查收集的证据的内容,需要由人民法院调查收集证据的原因及其要证明的事实。提出申请的时间应在举证期限届满前。对当事人提出的申请,法院要对其必要性进行审查,如果法院审查后认为当事人申请调查收集的证据,与待证事实无关联、对证明待证事实无意义或者其他无调查收集必要的,就会不予准许。

申请法院收集证据,又是当事人的一项重要诉讼权利,所以如果法院认为当事人申请的证据不属于法院调查收集范围而不予收集的,要书面通知当事人,当事人可书面请求法院复议一次。根据《民事诉讼法》第 200、208 条规定,对审理案件需要的主要证据,当事人因客观原因不能自行收集,书面申请法院调查收集而法院未调查收集的,可作为申请再审的事由和检察机关提出检察建议或抗诉的事由。

3. 依职权调查收集

依职权调查收集,是指法院无须当事人申请,就主动进行证据的收集和调查。

关于法院依职权调查收集证据的范围,1998 年 6 月,最高法院在总结审判实践经验的基础上曾作出过界定:(1) 应当由人民法院勘验或者委托鉴定的;(2) 当事人双方提出的影响查明案件主要事实的证据材料相互矛盾,经过庭审质证无法认定其效力的;(3)人民法院认为需要自行调查收集的其他证据(《审改规定》第3条第1款)。

2001年12月,最高法院在《证据规定》第15条中重新界定了"人民法院认为审理案件需要的证据"的范围,这类证据包括以下两类:(1)涉及可能有损国家利益、社会公共利益或者他人合法权益的事实。在民事活动中,当事人可能恶意串通,实施损害国家利益、社会公共利益或第三人合法权益的民事行为,也可能实施以合法形式掩盖非法目的的民事行为。当诉讼涉及这类行为时,双方当事人都竭力掩盖事实的真相,都不会把证明自己行为违法的证据提交给法院,因而人民法院为揭露上述违法行为,只有自己去收集证据。(2)涉及依职权追加当事人、中止诉讼、终结诉讼、回避等与实体争议无关的程序事项。这些事项都属于与当事人之间实体权利义务争议无关的程序性事项,属于诉讼法上的要件事实。诉讼法属于公法,诉讼程序的进行事关公益,因而,即便在实行辩论主义的大陆法系国家,这些事项也不属于辩论主义的范围,法律要求法官依职权主动查明一定范围的程序性事实,而不必等到当事人提出申请。要求法院通过职权调查确定程序性事实,也是由于这些事实与当事人的实体权利无关,不能由当事人任意处分。

《民诉法解释》第96条再次对"法院认为审理案件需要的证据"作出界定,与《证据规定》确定的类别相比,新的司法解释增加了三种类别:(1)涉及身份关系的;(2)涉及民事诉讼法第55条规定诉讼的;(3)当事人有恶意串通损害他人合法权益可能的。这三种情形,都与公益相关。

二、证据的保全

(一)证据保全的概念

证据保全,是指法院在起诉前或在对证据进行调查前,依据利害关系人、当事人的请求,或依职权对可能灭失或今后难以取得的证据,予以调查收集和固定保存的行为。

从起诉、受理到法院开庭调查证据,需要经过一段时间。在这段时间内,有些证据可能出现重大变化,到开庭时再收集,将无法或难以收集到。这将会给当事人举证证明自己所主张的事实和法院查明案件事实真相造成无法弥补的损失。为防止出现这种情况,需要事先对证据进行固定和保存。证据保全正是这样一种事先固定和保存证据的制度。

(二)证据保全的条件

证据只要具备下列条件之一,诉讼参加人即可以申请法院采取证据保全措施,法院也可以主动进行证据保全:

1. 证据与待证事实存在关联性。申请保全的证据与待证事实存在关联性,具有证明作用,才有保全的必要。是否具有关联性,申请人最清楚,在申请人需要负担保全的费用、提供担保的情况下,申请人也会慎重地考虑关联性问题。申请人向法院申请保全时,应当说明关联性问题。

2. 证据可能灭失或者在将来难以取得。灭失是指如不及时收集,不对其采取保全措施,证据就会丧失,如证人因年迈、患有重病等原因可能死亡,物证将会变质、腐烂或被销毁等。

将来难以取得是指证据将来虽然不至于灭失,但要获取它们将会遇到相当大的困难,如证人将去外省打工、将出国留学,物证将由他人带出国等。诉前由法院进行的证据保全,还须符合情况紧急的条件。

3. 在开庭前进行。这是证据保全时间方面的条件。之所以将时间定在开庭之前,是因为开庭后已进入调查证据的程序,已无进行证据保全的必要。进行证据保全的时间,应当在起诉之前或者起诉后开庭审理前。当事人起诉后申请证据保全的,提出申请的时间不得迟于举证时限届满前 7 日。

(三) 证据保全的类型

1. 诉前证据保全与诉讼证据保全

这是以申请保全时间为标准所作的分类。

诉前证据保全,是指利害关系人在提起诉讼前申请证据保全。在诉前申请证据保全,一方面有利于打算起诉的利害关系人收集证据,另一方面也有利于避免诉讼。通过保全收集到证据,增加了利害关系人同对方协商解决纠纷的可能,而在未保全到证据或者未保全到所预期的对自己有利的证据时,利害关系人不会贸然起诉。

我国在 1999 年颁布的《海事诉讼特别程序法》中首次规定了诉前的证据保全,其后又在修订《专利法》《商标法》《著作权法》时增加了证据保全的内容。2012 年修订《民事诉讼法》时,立法机关增设了诉前的证据保全,第 81 条第 2 款规定:"因情况紧急,在证据可能灭失或者以后难以取得的情况下,利害关系人可以在提起诉讼或者申请仲裁前向证据所在地、被申请人住所地或者对案件有管辖权的人民法院申请保全证据。"从此,诉前由法院进行的证据保全,成为适用于各类民事案件的一项制度。

诉讼证据保全,是指当事人在诉讼中提出的证据保全。当事人可以在提起诉讼的同时向法院申请证据保全,也可以在法院受理案件后直至法院开始证据调查前申请证据保全。诉讼证据保全一般在第一审程序中提出。

诉前证据保全与诉讼证据保全除了采取保全措施的时间不同外,还存在以下区别:首先,申请人的称谓不同。诉讼证据保全,提出申请的人称为当事人,而诉前申请保全的人,将来既可能提起诉讼,又可能申请仲裁,即使欲提起诉讼,也还未起诉,所以只能称为利害关系人。其次,申请的条件不同。诉讼证据保全,以证据可能灭失或者以后难以取得为条件,诉前证据保全,除了具备上述条件外,还需要满足情况紧急的条件,因为如果不是情况紧急,可以等到起诉后再申请保全。再次,法院是否依职权进行不同。诉讼证据保全,虽然一般情况下依当事人申请而实施,但法院认为有必要时也可以依职权进行,但诉前证据保全只能够依照利害关系人的申请而进行。最后,是否会被解除不同。诉讼证据保全,在法院采取保全措施后,不发生被解除的问题,但诉前证据保全,则存在采取后又被解除的可能,如果利害关系人在法院采取保全措施后的 30 日内既不提起诉讼又不申请仲裁,法院将依法解除已采取的保全措施。

2. 依申请保全和依职权保全

这是以保全是由法院被动进行还是主动进行为标准所作的分类。

依申请保全,是指法院根据利害关系人或者当事人的申请采取证据保全措施。证明权是当事人的一项重要诉讼权利,申请证据保全,是证明权的内容之一。证据保全,也是当事人收集证据的方式之一。一般而言,在当事人或者利害关系人向法院提出申请后,法院才会采取证据保全措施。有权向法院申请证据保全的,既包括已经提起诉讼的和将要提起诉讼的人,又包括仲裁案件的当事人。

依职权保全,是指法院主动采取证据保全措施。与依申请保全相比,依职权保全在民事诉讼中较少发生。民诉法并未具体规定在何种情况下法院应当依职权采取证据保全措施,但从解释论看,法院依职权保全证据的范围应当与法院依职权收集证据的范围相一致,如当该项证据涉及国家利益或者社会公共利益时。依职权保全,只有在诉讼中才有可能出现。

3. 由公证机关保全和由法院保全

这是以采取保全的主体为标准所作的分类。

保全证据,是公证机关的业务之一。① 由于公证机关不是司法机关,所以在保全中无权采取强制性手段,往往只能用拍照、录音、录像、现场记录等方式进行,为了防止被保全人的对抗,保全行为往往采取隐蔽的方式进行。诉前证据保全,既可以申请法院进行,也可以由公证机关进行。

法院对证据进行保全,是法院的职权之一,是法院为了查明案件事实依申请或者依职权实施的收集证据的行为。

(四) 证据保全的程序

证据保全一般因利害关系人、当事人提出申请而采取。

向公证机关申请保全,应向证人住所地、物证所在地的公证机关提出申请。利害关系人诉前向法院申请保全,应向证据所在地、被申请人住所地或者对案件有管辖权的法院提出。

申请证据保全一般应采用书面形式。申请人提出申请时,应向法院表明需要保全的证据的种类、该证据能够证明的案件事实,以及要求采取证据保全措施的理由。法院收到申请后,如果认为符合采取证据保全措施的条件,应裁定采取证据保全;如认为不符合条件,应裁定驳回。法院在必要时,还可以要求申请人提供相应的担保,申请人拒绝提供担保的,法院可裁定驳回。

法院采取证据保全措施,是由法官单方面进行,还是要通知申请人及对方当事人到场后进行,《民事诉讼法》未作规定,但《证据规定》第 24 条第 2 款规定:"人民法院进行证据保全,可以要求当事人或者诉讼代理人到场。"证据保全实质上是因出现特殊情况而将本应开庭后进行的法庭调查活动移到开庭前进行,并且,保全下来的证据在以后开庭时可能因证人死亡、物证变质等原因而无法像一般证据材料那样进行质证,因此,证据保全不宜仅仅作为法院单方面固定和保存证据的行为。除非通知当事人反而会影响甚至阻碍证据保全的进行,法院应通知双方当事人于实施保全行为的期日到场。

(五) 证据保全的方法

法院采取证据保全措施,需要根据不同证据的特点,采用不同的方法。对书证,可采用

① 根据我国《公证法》第 11 条规定,保全证据是公证事项之一,公证机构可以根据自然人、法人或者其他组织的申请,进行证据保全。

扣押或者复印的方法;对物证,可根据具体情况,采用查封、扣押的方法,采用制作勘验笔录的方法、提取保存的方法,也可以采用拍照、摄像、绘图的方法;对证人证言,可采用制作证言笔录或者录音录像的方法。不论采用哪种方法进行保全,都应当做到客观、全面、真实地反映证据的本来面目。经保全获得的证据,应当由采取保全措施的法院存卷保管。

第九章　民事诉讼中的证明

第一节　证明对象

一、证明对象概述

民事诉讼中的证明，是法院和当事人运用证据确定案件事实的活动。证明是诉讼活动的重要组成部分。对于诉讼当事人来说，证明的目的是说服法官，使法官相信其关于案件事实的主张，从而作出有利于自己的裁判；对于法院来说，证明的目的是确定有争议的案件事实的真伪，获得裁判的事实根据。

法院在诉讼中是以三段论的方法作出裁判的，即以法律为大前提，以事实为小前提，然后通过推论作出裁判。三段论中的事实是指由实体法规范规定的法律要件事实。实体法规范将这些事实与一定的民事权利义务关系联系起来，规定当存在一定的法律要件事实时，就引起民事权利义务关系的发生、变更或消灭。因此，尽管有争议的民事权利义务关系是法院裁判的对象，但法院必须首先确定案件事实，然后才能对权利义务关系作出裁判。

案件事实发生在诉讼前，当事人无法将它们重现于法庭，欲使法官相信其主张的事实，通常只能采用提出证据证明的办法。对发生在诉讼前、双方各执一词的案件事实，法官事先无从知晓其真伪，在诉讼中也不得凭空推测和认定，只能运用证据，通过证明活动予以查明。民事权利义务纠纷常常涉及多方面的事实，法院在裁判中对民事权利义务关系的确认也依赖于对多种事实的确定。但是，在具体的诉讼中，并非所有的案件事实都需要借助证据来认定。需要运用证据加以证明的，往往只是其中一部分案件事实。在诸案件事实中决定哪些需要证明、哪些不必证明，是证明对象的确定问题。

诉讼中的证明过程包括证明对象的确定、证明责任的分配、证据的提供、证据调查、确立证明标准、运用证据认定案件事实等环节和步骤。证明对象的确定是证明过程的第一个环节，也是整个证明活动的起点。

明确证明对象对当事人和法院都具有重要意义。对当事人来说，确定了证明对象，就可以围绕着证明对象收集、提供证据，进行质证和辩论；对法院来说，证明对象的确定意味着证据调查范围的划定和审理对象的明晰。

一般而言，作为民事诉讼的证明对象应符合以下条件：(1) 该事实系当事人在诉讼中主张的事实。民事诉讼实行诉审分离。作为法院审理对象的，通常是当事人在诉讼中提出的事实,法院一般不能将当事人未提出的实体法事实作为调查的对象。但是,如果该事实系法院应当依职权主动查明的事实,则不受这一条件的限制。(2)该事实具有实体法或程序法的意义。法院在诉讼中需要查明的,是那些对正确适用民事实体法和民事诉讼法具有重要意义的案件事实。这些事实主要包括原告提出的作为诉讼请求根据的事实,被告提出的作为反驳诉讼请求或反诉根据的事实,具有重要程序法意义的事实。(3)双方当事人对该事实存有争议。无争议的事实法院可以径行认定,无须通过证明来确定。(4)该事实处于真伪不明的状态。有些事实,当事人之间虽存有争议,但对于法院来说,其真伪已经明了,因而同样不必证明,如法院可以通过推定等证明以外的方式来确定的事实。

二、证明对象的范围

民事诉讼中的证明对象通常包括以下几个方面:

(一) 实体法事实

在民事实体法中,法律事实是指引起民事法律关系发生、变更或消灭及阻碍其发生、变更或消灭的事实或者事实的组合。在民事诉讼法学中,从分配证明责任的角度考虑,可以把实体法上的要件事实分为以下四类:(1)产生权利或法律关系的事实;(2)变更或者消灭权利或法律关系的事实;(3)妨碍权利或法律关系产生、变更或消灭的事实;(4)排除权利的事实。[①]

民事实体法确定的作为证明对象的事实一般是以抽象的法律概念或术语表现出来的,如行为能力、代理权、欺诈、不可抗力、过失、因果关系等。在证明过程中,这些抽象的事实必须转化为具体的生活事实。这是由于在实际诉讼中,当事人是通过主张并证明具体的事实来证明抽象事实的,法院也是通过具体的事实来认定抽象事实的。例如,当不可抗力成为合同诉讼中的证明对象时,被告方主张的不可抗力可能是洪水淹没了工厂,也可能是因地震造成交通运输中断。

实体法事实关系到诉讼当事人的实体权利义务,也关系到法院对案件的实体处理,因此是民事诉讼中主要的证明对象。研究民事诉讼中的证明对象及与证明对象有关的问题,如证明责任问题、证明标准问题,也是围绕着实体法事实展开的。

作为证明对象的实体法事实,可以分为三个层次:

1. 主要事实(法律要件事实)。这是指由民事实体法规范规定的作为形成特定民事权利义务关系基本要素的事实。例如,在一般的侵权诉讼中,构成侵权责任须具备客观和主观两方面的要件,属于客观要件的事实为损害事实、加害行为和因果关系,属于主观要件的事实为加害人的责任能力和主观过错。在诉讼中,法院是通过确定主要事实存在与否来确定民事权利义务关系是否存在的。

2. 间接事实。指用来推断主要事实是否存在的事实。在一些情况下,主要事实本身难以用直接方式证明,需要通过先证明与主要事实有关的另一些事实,来间接地推断主要事实存在与否。例如,主要事实是被告排放的污染物致使原告患上某种疾病,但对此难以用直接证据证明,于是原告主张在该种污染物到达的区域内,还有若干人像他一样患了此种疾病。

---

① 参见本章第二节关于我国民事诉讼证明责任分配原则的说明。

原告主张的这一事实，便是间接事实。

3. 辅助事实。指与证据能力和证明力有关的事实。证据能力，又称证据资格。证据能力的有无，直接关系到证据材料能否作为证据来使用。证明力，是指证据证明待证事实的能力。证据能力与证明力常常会成为质证和法庭辩论的主要问题，而证据能力的有无、证明力的大小又与一些事实紧密相关。如录音资料在录制时是否采用在他人住所安装窃听器的方式，直接关系到该录音资料能否作为证据使用；证人与当事人之间是否存在亲属关系，直接关系到证言证明力的大小。

（二）程序法事实

程序法事实，是指能够引起民事诉讼法律关系发生、变更或消灭的事实，即诉讼上的法律事实。程序法事实对民事诉讼程序的开始、进行和终止具有重要意义。

程序法事实有两种情况：一种是需要当事人向法院主张后，才予以证明的，如关于存在仲裁协议或协议管辖的事实，关于耽误期限有正当理由的事实等；另一种是不需当事人主张，法院应主动予以查明的，如提起诉讼的原告是否本案的正当当事人，受诉法院是否对案件有管辖权，是否存在应当采取民事强制措施的法定情形等。我们认为，前一种程序法事实，需要主张事实的当事人提出证据来证明，应当作为证明对象；后一种程序法事实，虽然应由法院主动查明，但确定这些事实存在与否，对正确适用民事诉讼法具有重要意义，因而它们也应当成为证明对象。[①]

程序法事实也可以分为主要事实、间接事实和辅助事实三个层次。

（三）外国法律和地方性法规、习惯

法官应当知悉本国的法律，因此本国法律不应成为诉讼中的证明对象，但外国法律不属于法官职务上应当知悉的范围。地方性法规数量多、变化快，一地的法官往往不了解外地制定的地方性法规。存在于某一地方的习惯一般只为当地人所知悉，审理案件的法官并不清楚。所以，在当事人主张适用外国法、地方性法规或要求尊重习惯时，它们也成为证明的对象。

证据事实是否应当成为证明对象，是证据理论中颇具争议的问题。我国的民事诉讼法教材一般都认为证据事实也应当成为证明对象，理由是：其一，证据必须查证属实，才能作为认定事实的根据，而查证属实的过程也就是证明的过程；其二，审判实务中常把证据事实作为证明对象。我们倾向于不把证据列入证明对象的范围，虽然证据材料本身也存在着审查核实的问题，但证据不应等同于证据材料。证据是用来证明案件事实的，如果把证据本身也作为证明对象，就很难划清证明对象与证据之间的界线，必然会造成二者关系的混淆。

三、无须证明的事实

有些案件事实，当事人虽然将其作为诉讼请求或者反驳诉讼请求的根据提出，并且为对方当事人所争议，但在诉讼中却不必证明。有些国家的民事诉讼法对哪些事实是无须证明

① 法院在主动查明程序法事实时，可以要求当事人提供相关的证据。

的事实作了明确的规定，而我国民事诉讼法对此未作规定。《民诉法解释》第92、93条明确规定了免于证明的事实。

(一) 诉讼上自认的事实

1. 诉讼上自认的概念

诉讼上自认，是指一方当事人在诉讼中向法院承认对方当事人所主张的不利于自己的案件主要事实。

诉讼上自认的对象必须是案件事实，对方当事人关于适用或解释法律的陈述不能成为自认的对象。因为如何适用和解释法律，是法官职权范围内的事，当事人对法律的认同不能拘束法院，在诉讼中没有实际意义。自认的对象还必须是具体化了的案件的主要事实，间接事实一般不能成为自认的对象，辅助事实不能成为自认的对象。

诉讼上自认不同于对诉讼请求的承认。尽管对诉讼请求的承认也会发生作为诉讼请求根据的事实无须证明的效果，但二者在对象上和法律后果上还是存在区别的。前者的对象为诉讼请求或反驳诉讼请求所依据的事实，后者为诉讼请求本身；前者未必导致作出自认的一方当事人败诉，因为在自认的同时往往会提出新的事实进行抗辩，后者可直接导致法院根据承认作出被告败诉的判决。

诉讼上自认也不同于附加理由的否认。在附加理由的否认中，一方当事人虽然也承认对方主张的部分事实，却提出另一个法律关系来否定对方主张的法律关系。例如，原告主张曾将一幅名画交给被告保管，要求被告返还，被告虽然承认收到画，但主张原告已将画卖给他。附理由的否认其实质为否认对方的主张，因而对方当事人仍应就所主张的事实负证明责任。

诉讼上自认也不同于诉讼外的自认。诉讼外的自认是指当事人在本案诉讼过程以外作出的承认，包括在诉讼外向对方当事人或其他人作出的承认和在其他诉讼过程中作出的承认。诉讼外的承认得到证明后，虽然可以作为证据来使用，但不具有免于证明的效力。在民事诉讼理论中，自认一般是指诉讼上的自认。

2. 诉讼上自认的构成要件

构成诉讼上的自认，须具备以下四个条件：(1) 自认是当事人对事实的陈述，并且是对能够直接引起法律效果发生的主要事实的陈述。当事人对间接事实的承认一般不能构成自认，对辅助事实的承认不能成立自认。因为如果间接事实、辅助事实也能够成为自认的对象，就会与法院有权通过自由心证来认定事实的原则相抵触。(2) 自认须在诉讼过程中作出，一般是在证据交换和法庭审理过程中作出。证据交换具有固定争点和固定证据的作用，当事人在主持证据交换的法官面前作出的承认可构成自认，通过这样的自认可缩小争议事实的范围，明晰法院审理的对象。未实行证据交换时，当事人在开庭审理时对事实作出的陈述亦可能构成自认。此外，当事人在起诉状、答辩状、法庭陈述及委托代理人的代理词中承认的对己方不利的事实，除当事人反悔并有相反证据足以推翻外，法院亦将确认此种承认的效力(《证据规定》第74条)，因而我国民事诉讼中诉讼上的自认，也包括通过以上方式作出的承认。[①] (3) 与对方当事人对事实的陈述相一致。自认通常是一方当事人陈述对另一方不利

① 德国和日本的民事诉讼强调言词原则，因而把诉讼上的自认限定在当事人在口头辩论程序中作出的对己不利的陈述，当事人在诉讼中其他场合，即便对事实作出了于己不利的陈述，也不能构成诉讼上的自认，但这样的陈述可构成诉讼外的自认。

的事实在前，另一方承认对己不利的事实在后，但也可以是一方当事人在陈述中先承认对自己不利的事实，然后再由对方当事人援引该陈述。后一种情形在诉讼理论中称为先行自认。只要双方当事人对事实的陈述是一致的，便可构成自认，至于先陈述还是后陈述，主动作出还是被动作出，并不重要。(4)当事人所作的是对己不利的陈述。当事人所作的陈述可能对自己有利，也可能对自己不利，对自己有利的事实上的陈述当然不能构成自认，只有不利于自己的陈述才可能成立自认。判断事实上的陈述对自己是否不利，要看这一陈述是否有可能带来败诉的后果。对自己不利的陈述，一般表现为一方当事人承认对方当事人负证明责任的事实。

3. 诉讼上自认的分类

依据不同的标准，诉讼上的自认可以分为以下几类：(1)完全自认与限制自认。依据当事人作出自认时是否有附加或限制，可分为完全自认与限制自认。前者指当事人完全承认对方主张的不利于自己的事实。如原告主张借款10 000元给被告，被告承认这一事实。后者指当事人在承认不利于己的事实的同时，提出新的事实进行抗辩或者仅承认对方主张的部分事实。如在承认借款的同时，提出后来该款已作为对方付给自己的货款或者只承认借款3 000元。(2)明示自认与默示自认。依据作出自认的方式不同，可分为明示自认与默示自认。前者指当事人以口头或书面方式明确表示承认，后者则是对不利于自己的事实保持沉默，不予争执与反驳。多数国家民事诉讼法规定的诉讼上自认都包括明示或默示两种。我国司法实务中原来只承认明示的诉讼上自认，《证据规定》第8条第2款增设了默示自认的规定，即"对一方当事人陈述的事实，另一方当事人既未表示承认也未否认，经审判人员充分说明并询问后，其仍不明确表示肯定或者否定的，视为对该项事实的承认"。(3)当事人自认与诉讼代理人自认。依据自认的主体不同，可分为当事人自认与诉讼代理人自认。前者为当事人和法定代理人作出的自认，后者为委托代理人作出的自认。在当事人与诉讼代理人共同出庭时，当事人认为诉讼代理人自认有误时，有权及时予以更正。《证据规定》第8条第3款关于诉讼代理人自认的规定是："当事人委托代理人参加诉讼的，代理人的承认视为当事人的承认。但未经特别授权的代理人对事实的承认直接导致承认对方诉讼请求的除外；当事人在场但对其代理人的承认不作否认表示的，视为当事人的承认。"对事实的承认有时会产生承认诉讼请求的效果，代理人在未经特别授权的情况下作出这样的承认，既超越了代理权限的范围，又有悖于代理人的职责，损害了被代理的诉讼当事人的利益，因而最高法院在司法解释中将这类承认从诉讼上自认中排除出去是很有必要的。

4. 诉讼上自认的效力

大陆法系国家的民事诉讼法一般都对自认及其效力作出规定，如德国《民事诉讼法》第288条规定："当事人一方所主张的事实，在诉讼中经对方当事人于言词辩论中自认，或者在受命法官或受托法官前自认而作成记录时，无需再要证据。"我国《民事诉讼法》在证据中规定了当事人陈述，未专门对自认作出规定。《民诉法解释》第92条对此作了规定，该条确立的规则是：首先，自认具有免除对方当事人证明的效力，即一方当事人在法庭审理中，或者在起诉状、答辩状、代理词等书面材料中，对于己不利的事实明确表示承认的，另一方当事人无须举证证明；其次，对于涉及身份关系、国家利益、社会公共利益等应当由法院依职权调查的事实，不适用自认的规定；最后，自认的事实与查明的事实不符的，法院不予确认。该规定表明，对于主张被自认事实的当事人来说，自认具有免除证明的效力。当事人作出完全自认后，对方主张的事实全部不必证明；当事人作出限制自认后，也具有全部或部分免除证明的效果。前者如承认借款10 000元的事实，但同时主张这10 000元借款后来又转变为对方付给自己的货款。后者如只承认对方主张的10 000元借款中的3 000元，仅3 000元部分免于证明。自认不适用于身份关系、不适用于涉及国家利益、社会公共利益等应当由法院依职权调查的事实的原因在于：法院之所以不再审查被自认的事实是否真实，是由于与这些事实相关的权利是当事人的私权，权利人在诉讼中有权处分这些权利。但涉及公共利益的纠纷也关系到社会的公共利益，这类案件中的权利是不允许当事人任意处分的。为了维护社会的公益，为了使裁判建立在客观真实的基础之上，对涉及公共利益的事实，只要法院认为有必要，就应当调查当事人未主张的事实，要求当事人对已作出自认的事实进行证明，依职权主动调查收集证据。自认对作出承认的一方当事人亦产生拘束力，具体表现为一旦作出了自认，便不得任意撤回。

自认一般应具有拘束法院的效力，法院应当以自认的事实作为裁判的基础。但是，当法院怀疑当事人为规避法律或达到其他非法目的，恶意串通作出自认时，可不顾自认而继续对事实进行调查。

自认的事实免予证明的理由是：(1)对于对方主张的不利于自己的事实，另一方当事人会加以否认或反驳。未否认而予以承认，说明该事实是真实的。(2)法院在诉讼中应审理当事人之间有争议的案件事实，作出自认说明双方对该事实无争议，所以不必再证明。

5. 自认的撤回

在通常情况下，当事人在诉讼中作出自认后，是不允许撤回的。因为如果允许随意撤回自认，既有悖于诚实信用原则，又会破坏诉讼程序的安定和造成审判的延滞。但作为例外，在当事人具有充分而正当的理由时，允许将自认撤回。从外国法的规定看，撤回自认的理由限于自认与真实不符且出于错误而为自认、受对方当事人或第三人的胁迫而为自认、经对方当事人同意撤销等。《证据规定》第8条第4款专门对自认的撤回作了规定："当事人在法庭辩论终结前撤回承认并经对方当事人同意，或者有充分证据证明其承认行为是在受胁迫或者重大误解情况下作出且与事实不符的，不能免除对方当事人的举证责任。"

(二) 众所周知的事实和自然规律及定理

众所周知的事实，又称为周知的事实，是指一定区域内大多数人都知道的事实。众所周知的事实不必证明，是因为该事实为当地的人普遍知晓，审理案件的法官作为当地社区的成员，也知道这一事实。对于被法官认为周知的事实，一些国家的学说和判例允许当事人提出不同主张，并允许提供反证。这实际上意味着将周知事实排除出证明对象范围之外是有条件的，在当事人未提出异议的情况下才免予证明。这种处置办法既有利于保护当事人的权益，又有利于准确认定案件事实。因此，我国民事诉讼中也允许当事人对被人民法院认为周知的事实提出异议，用相反的证据推翻被认为众所周知的事实。自然规律与科学定理不必证明，是由于它们的科学性与正确性早已被反复验证。

(三) 推定的事实

推定的事实，是指经过推论从已知事实中推断出的另一事实。推定的事实不必证明，是由于法官可以从已知事实中推断出作为证明对象的另一事实存在与否。

将推定事实列为无须证明的事实,有两点需要说明:

第一,当作为推定事实前提的事实处于不明状态时,主张推定事实存在的当事人虽然不必证明推定事实,但需要对前提事实的存在进行证明。

第二,推定事实并非都是不可争议的事实,在法律允许当事人提出相反的证据推翻推定事实的情况下,当事人提出反证推翻推定后,推定事实将重新成为证明的对象。

(四) 预决的事实

预决的事实一般是指为生效判决所确定的事实。生效判决分为刑事判决、行政判决与民事判决。因而预决关系可分为刑事判决对民事诉讼的预决关系、行政判决对民事诉讼的预决关系和民事判决对后一民事诉讼的预决关系。

《民诉法解释》第 11 条把"已为人民法院发生法律效力的裁判所确认的事实"和"已为仲裁机构的生效裁决所确认的事实"作为当事人无须举证的事实。

预决的事实不必证明的理由在于,该事实在前一诉讼中已经经过法院审理并为法院的生效判决所确认,如果允许法官在后一诉讼中再次对事实进行认定,不仅不利于提高诉讼效率,而且可能出现互相矛盾的事实认定。规定前诉生效裁判中认定的事实在后诉中不必证明,实际上是赋予前诉裁判中事实的认定具有既判力,即具有拘束后诉法官的效力。①

在适用这一规定时,须注意以下问题:

1. 特别程序判决对事实的认定。特别程序是一种非讼程序,在特别程序中,法官是根据事实的当时状态进行认定的,随着时间的经过,事实状态可能会发生变化,如未成年人成为成年人、精神病被治愈等,因而法官对这类判决中事实认定的预决效力需慎重对待。

2. 刑事判决对民事诉讼的预决关系。刑事判决对民事诉讼的预决关系,应具体分析,不宜一概而论。刑事判决可分为有罪判决和无罪判决,法院在有罪判决中认定被告实施了伤害、诽谤等犯罪行为,受害人如今后单独对犯罪人提起民事诉讼,民事被告人是否对原告实施了伤害、诽谤行为因刑事判决的存在可以不必再证明。法院作出的判决如果是无罪判决,无罪判决对今后的民事诉讼是否具有预决效力则需要作进一步的分析。法院作出无罪判决有两种情形:一种是指控的犯罪事实已被否定,法院在诉讼中已查明犯罪行为并非被告人所为;另一种是由于案件事实不清、证据不足,不能认定被告人有罪,而作出证据不足、指控犯罪不能成立的无罪判决。第一种情形的无罪判决对民事诉讼应具有预决效力,被告否认实施侵权行为,并提出无罪判决的刑事判决书副本的,审理民事侵权纠纷的法院应当据此认定被告人未实施伤害、诽谤等侵害人身权的行为。第二种情形的无罪判决对民事诉讼不应具有预决效力,因为这种无罪判决是建立在证据不足、不能认定被告人有罪的基础上的。由于民事诉讼实行与刑事诉讼不同的证明标准,民事诉讼的证明标准可低于刑事诉讼,在证

① 判决的预决效力,实质上涉及的是既判力的客观范围,即判决对哪些事项的判断有既判力的问题。大陆法系民事诉讼理论中的主流观点认为,既判力的客观范围一般应限于判决的主文,而不包括判决的理由。外国民事诉讼理论也有主张判决的效力不只限于判决主文的,如美国民事诉讼理论中关于争点排除效力的学说。该说认为,对当事人在前诉争执过的事实,法院在判决理由中作出实质性判断后,应产生在后诉中不得再进行争执的效果。日本学者中也有主张争点排除效力的,但这一主张尚未被法院接受。关于这一问题,请参阅白绿铉:《美国民事诉讼法》,经济日报出版社 1996 年版,第 155~161 页;[日]兼子一、竹下守夫著,白绿铉译:《民事诉讼法》,法律出版社 1995 年版,第 164~165 页。

据相同的情况下,被告人在刑事诉讼中因证据不足被认定为无罪,不等于在民事诉讼中也一定被认定为侵权行为不能成立而无责。

3. 前诉与后诉的当事人需相同。前诉判决中认定的事实对后诉有预决效力,也是由于双方当事人在前诉中已经对该事实进行过质证和辩论,如果后诉当事人与前诉当事人不同,则不宜把事实认定的预决效力扩大到未参加前诉的后诉当事人,否则无异于让一个从未参加诉讼的人去承担他人诉讼所引起的不利后果,有违程序公正的基本要求。①

4. 当事人在前诉中已经得到了充分的程序保障。这是指当事人在前诉中已被赋予对争议事实陈述、举证、质证、辩论的权利,法院已为当事人提供了充分的程序保障,如果当事人并未被提供充分的程序保障,如生效判决是在被告缺席的情形下作出的,或者前诉判决之所以认定该事实是由于当事人作出了自认,就不宜简单地认可前诉判决的预决效力。

5. 当事人可以提出证据来推翻预决事实。当事人如果认为前诉判决中认定的事实不正确,有权提出证据来推翻这一认定,在当事人已经提出充分证据的情况下,法院应当根据新的证据重新对事实进行认定。

(五) 公证证明的事实

各国的法律都赋予经公证证明的法律行为、法律事实和文书很强的证据效力。我国《民事诉讼法》第 69 条规定:"经过法定程序公证证明的法律事实和文书,人民法院应当作为认定事实的根据,但有相反证据足以推翻公证证明的除外。"根据这一规定,当事人主张的事实如经过公证证明,便成为无需证明的事实。

经公证证明的事实无须证明不是绝对的,当事人可以提出反证对该事实进行争议。公证证明的事实一旦被反证推翻,主张该事实的当事人仍要承担证明责任。

第二节 证明责任

一、证明责任概述

(一) 证明责任的含义

民事诉讼中的"证明责任",又称"举证责任"。我国学术界一般用"证明责任"这个概念。我国的法律、最高法院以往的司法解释中用的则是"举证责任"这一概念。在《民诉法解释》中,最高法院首次用了"举证证明责任"这一新概念。之所以要用这一概念,是想要把当事人所负担的提供证据的责任(行为意义上的责任),与证明失败、待证事实处于真伪不明状态时承担不利裁判结果的责任(结果意义上的责任)统一起来。但即便使用了这一新概念,也不能改变证明责任的本质乃在于结果意义上的责任。证明责任,是指作为裁判基础的法律要件事实在作出裁判前处于真伪不明状态时,当事人一方因此而承担的裁判上的不利后果。

① 这一问题需要与既判力的主观范围联系起来考虑。

对当事人来说,证明责任实质上是败诉的风险,哪一方当事人对要件事实负证明责任,哪一方当事人就负担因事实真伪不明引起的败诉风险。

自罗马法以来,人们一直从行为责任的角度理解和说明证明责任,把证明责任解释为当事人就自己主张的事实向法院提供证据的责任,“谁主张,谁举证”这一法谚便是这种解释的表现。在德国,将这种从当事人提供证据的负担的角度解释证明责任的理论称为“主观的证明责任”学说。到了19世纪末,德国学者才把证明责任同诉讼中的事实真伪不明状态联系起来,才把证明责任解释为事实无法确定时一方当事人负担的一种不利的裁判后果。由于证明责任的本质是事实真伪不明所引起的不利裁判后果,所以分配证明责任就是在双方当事人之间分配这一不利的裁判后果。这种从新的角度解说证明责任的理论被称为“客观证明责任”学说。客观证明责任学说提出后,很快在德国成为主导性的学说。这一新理论传到日本后,也很快成为日本的通说。我国原先也是从提供证据责任的角度理解证明责任,但到了20世纪90年代后期,客观证明责任学说也逐渐成为有力的观点。

(二) 理解证明责任的含义应当注意的问题

第一,证明责任是裁判规范,是指示法官在事实真伪不明情形下如何作出裁判的规范。法官是依据实体法对当事人的请求与抗辩进行裁判的。实体法就事实与法律后果的关系只规定了两种模式;其一是事实(一个或一组事实)存在,发生一定的法律后果;其二是事实不存在,法律后果不发生。在诉讼中,事实存在与否往往需要通过证明这个环节来确定,而在证明中,会出现三种结果:其一是该事实已被证明为真;其二是该事实被证明为假;其三是该事实真伪未获得证明。对于前两种情形,法官适用法律不会存在困难,问题恰恰在于第三种情况。对于第三种情形,法官须将“真伪不明”拟制为“真”(事实存在)或“伪”(事实不存在)才能适用法律作出裁判。例如,在侵权诉讼中,双方当事人对“因果关系”这一要件事实发生了争执,而证明的结果却是“真伪不明”,此时便须通过拟制把“真伪不明”转化为“因果关系存在或不存在”作出判决。通常,在“真伪不明”的情形下应拟制为“伪”(不存在),因而法官应确认因果关系不存在,适用实体法驳回原告的诉讼请求。

证明责任虽然是裁判规范,但由于承担裁判结果的是当事人,所以诉讼理论一直是从当事人的角度说明和解释证明责任。当待证事实真伪不明,法官判决负证明责任的一方当事人败诉时,法官就会告诉当事人,该事实的存在是你获得胜诉所必须证明的,你对该事实负有证明责任,却未能举证证明,所以才会判决你败诉。

第二,证明责任是在作为裁判基础的法律要件事实处于真伪不明状态时发挥裁判依据的作用。诉讼证明涉及的事实包括作为裁判基础的要件事实(又称主要事实)和用来帮助澄清和确定要件事实的间接事实和辅助性事实。证明责任发生的原因是要件事实真伪不明。尽管在某些情况下,要件事实真伪不明是由间接事实、辅助事实未被证明而引起的,但间接事实、辅助事实未被证明不是发生证明责任的直接原因。

第三,对同一事实的证明责任只能由一方当事人负担,而不能由双方当事人负担。否则,在该事实真伪不明时,证明责任引导法官作出裁判的功能就会丧失殆尽,法院就无法根据证明责任作出裁判。只有在极为例外的情形下,才会出现双方当事人对同一个待证事实负证明责任的情形。例如,原告依据买卖合同提起诉讼,请求被告支付价款,被告则提起反诉,请求原告交付买卖标的物，由于原、被告的诉讼请求均建立在买卖合同成立这一事实上，所以在各自的诉讼中，双方当事人都要对合同成立这一事实负证明责任。[①]

(三) 证明责任的作用

证明责任在民事诉讼中的主要作用是引导法院在事实真伪不明的状态下作出裁判。在诉讼中，当事人能够利用的证据手段有时非常有限，法官也是常人，在证据不足的情况下常常难以确定当事人争议的案件事实到底存在与否，但法官又不能以事实查不清楚为理由而拒绝裁判。既然事实真伪不明时仍然需要作出裁判，就需要为法官在这种困难的情况下作出裁判提供指引和依据，这也是保证法官裁判的整齐划一和使裁判具有正当性所必需的，证明责任正是这样的指引和依据。

证明责任的主要功能是解决事实真伪不明时法官如何裁判的问题，但如果仅仅从这一视角来认识证明责任，是相当不全面的。证明责任在民事诉讼中发挥多方面的作用，如为当事人在诉讼中展开攻击和防御提供依据，为划分本证与反证提供依据，为在当事人之间分配主张责任提供依据等。

正是由于证明责任在整个民事诉讼过程中都发挥着重要的作用，所以国外有些学者称之为“民事诉讼的脊椎”。

(四) 证明责任与主张责任和提供证据的责任

1. 主张责任与证明责任

主张责任，是指当事人为了获得对自己有利的裁判，所承担的向法院主张对自己有利的案件事实的责任。当事人未主张的事实，即使的确存在或者的确发生过，但由于根据辩论原则的要求，法官不能够以当事人未在诉讼中提出的事实作为判决的事实依据，所以当事人须承担因其未主张而产生的不利裁判后果。从这个意义上说，当事人在诉讼中不仅有证明的负担，而且也有主张的负担。

在实行辩论原则的民事诉讼中，法院不主动调查当事人未主张的案件事实，也不得以当事人未主张的事实作为裁判的依据。因此对当事人来说，客观上就需要向法院主张对自己有利的案件事实，如果有对自己有利的事实而不向法院主张，就存在承担败诉后果的危险。

我国民事审判方式进行改革后，实行辩论式诉讼，在辩论式诉讼中，为了保证程序的公正和法官的中立，法院一般不主动调查那些当事人在诉讼中未主张的事实，因而当事人在诉讼中同样负担着主张责任。

主张责任也存在着在双方当事人之间如何分配的问题。主张责任的分配取决于证明责任的分配，是按照分配证明责任的同一标准进行分配的。这就是说，原告对其负有证明责任的事实同时也负有主张责任，被告对其负有证明责任的事实同样也负有主张责任。

2. 提供证据的责任与证明责任

提供证据的责任，是指当事人在诉讼过程中，为避免败诉危险而向法院提供证据的必

① 参见［日］新堂幸司：《新民事诉讼法》，林剑锋译，法律出版社 2008 年版，第 393 页。

要。[①] 提供证据的责任与法官的心证状态密切相关,会随着法官心证的变化而转移。

提供证据的责任与证明责任既有联系又有区别。其联系表现为负有证明责任的一方当事人通常负有首先向法院提供证据的责任。其区别主要在于:一方面,提供证据的责任随着诉讼的进行可能发生转移,而证明责任不会发生转移;另一方面,不负证明责任的当事人也可能负担提供证据的责任,即提供反证的责任。

二、证明责任的分配

(一) 证明责任分配的含义

证明责任分配,是指按照一定的标准,将事实真伪不明的败诉风险,在双方当事人之间进行分配,使原告、被告各自负担一些事实真伪不明的风险。

在证明责任的分配问题上,民事诉讼明显地不同于刑事诉讼和行政诉讼。在后两种诉讼中,证明责任是一边倒的,不发生在双方当事人之间分配的问题。在刑事诉讼中,证明责任几乎全部是由控诉方承担的,只有在刑法有明文规定的极其例外的情况下,被告才需要负担证明责任。在行政诉讼中,证明责任原则上由作为被告的行政机关承担,行政机关需要提供证据证明作出具体行政行为所依据的事实,原告承担证明责任亦仅限于少数例外情形。民事诉讼则不同,不仅双方当事人均负担证明责任,而且要尽可能合理地、均衡地在双方当事人之间分配证明责任。

证明责任分配的核心问题是应当按照什么样的标准来分配,如何分配才既符合公平、正义的要求,又能使诉讼较为迅速地完成。证明责任的分配,既要从宏观上确立适用于各类民事诉讼的分配原则,又要从微观上解决具体个案中的证明责任的公平分配。

研究证明责任分配,需注意下列问题:

1. 证明责任分配属于实体法问题。证明责任分配,实际上是分配事实真伪不明时的败诉风险,尽管这一问题发生在诉讼过程中,并且要等到法官无法形成内心确信时才凸显其重要性,但它本质上仍然是一个实体法问题而非程序法问题。在少数情形下,实体法直接规定证明责任由哪一方当事人负担,而在多数场合中,需要研究实体法的立法宗旨、实体法的结构、实体法条文之间的关系,寻找分配证明责任的答案。

2. 证明责任与当事人所处的诉讼地位无关,是按照主张权利还是否认权利的标准分配的。为了便于分析和说明问题,在探讨证明责任分配时,我们常常说原告对一些事实负证明责任,被告对另一些事实负证明责任。但实际上,证明责任不是依据当事人处于原告地位还是被告地位分配的,分配的标准是当事人是主张权利的一方还是否认权利的一方。确认之诉中的证明责任分配就充分说明了这一问题。确认之诉分为积极的确认之诉和消极的确认之诉。在积极的确认之诉中,原告是主张并要求法院以判决确认权利或法律关系存在的一方当事人,被告则是否认其存在的一方,因此要由原告对产生权利或法律关系的事实负证明

① 这里的“责任”与证明责任中的“责任”具有不同的含义,这里的“责任”实际上指的是负担,而后者指的是风险。在诉讼法中,如果某种行为的负担悉听尊便,由当事人选择是承受负担实施该种行为还是拒绝实施该行为并承担不利后果,便称作责任。参见[德]汉斯-约阿希姆·穆泽拉克:《德国民事诉讼法基础教程》,周翠译,中国政法大学出版社2005年版,第243页。

责任。而在消极的确认之诉中,原告成为主张并要求法院以判决确认权利或法律关系不存在的一方当事人,被告则成为主张其存在的一方,原、被告主张的置换决定了要由被告对产生权利或法律关系的事实负证明责任。例如,甲要求法院确认乙欠其10万元借款,甲须对产生借贷关系的事实负证明责任。而假如由乙对甲提起诉讼,要求法院确认不存在10万元借款,则仍要由甲对产生借贷关系的事实负证明责任,与甲作原告还是作被告无关。

3. 证明责任是脱离每一具体诉讼而抽象分配的。证明责任分配关心的是抽象的法律要件事实的证明责任如何在当事人之间分配的问题,如侵权诉讼中的过失、因果关系这样的要件事实。抽象的证明责任是确定每一具体诉讼中具体事实证明责任分配的依据。在具体诉讼中,抽象的要件事实经过当事人的主张会转化为具体的案件事实,例如,在合同纠纷中,履行合同债务的事实通常由债务人负担证明责任,而履行合同的具体事实既可能是交付出卖的货物,也可能是支付价款,又可能是交付出租的房屋或租金,这要依据具体诉讼中当事人的主张而定。因此,研究证明责任分配问题,实质上是研究每一类型诉讼中抽象的证明责任是如何在双方当事人之间分配的。既然抽象的证明责任与具体诉讼无关,既然具体事实的证明责任要根据抽象证明责任进行分配,那么,抽象的证明责任的分配必然先于具体证明责任而发生,这就是说,在每个具体诉讼发生之前,抽象证明责任已经按照一定的标准在双方当事人之间分配完毕。以什么样的标准分配抽象的证明责任,是证明责任理论要解决的核心问题。[①]

(二) 证明责任分配的学说

证明责任的分配,是民事诉讼证据制度的核心问题,也是民事诉讼理论中最具争议的问题之一。

国外诉讼理论对证明责任分配问题的认识,大致有两种情形:一种认为,具体诉讼中的证明责任分配错综复杂、情况各异,因而事先很难制定一套分配证明责任的统一标准,而只能针对案件事实的具体情况个别地作出判断。在确定具体事实的证明责任应由哪一方当事人承担时,法官应综合考虑各种相关因素,包括政策(policy)、公平(fairness)、证据之保持(possession of proof)及证据之距离(distance of proof)、盖然性(probability)、经验法则(ordinary human experience)、便利(convenience),请求改变现状者应就有关事实负证明责任。也有学者认为分配证明责任,是实体法的功能,而实体法在分配证明责任时,主要以政策(policy)、盖然性(probability)、证据之保持(possession of proof)这三P要素为基准。[②]持这种观点的,主要是英美法系的学者。另一种则认为,尽管证明责任分配问题异常复杂,但仍然有规律可循。通过研究,找出分配证明责任的统一标准,不仅是必要的,而且是可能的。持这种观点的,主要是大陆法系国家,尤其是德、日两国的学者。这类学者提出了众多的分担证明责任的学说,这些学说基本上可以归结为两大类——规范说与反规范说。

1. 规范说,又称法律要件分类说。规范说包括多种学说,在德国长期居通说地位的是罗森贝克的学说,在日本居通说地位的是特别要件说。罗森贝克将民法规范分为四大类:(1)权利发生规范,指能够引起某一权利发生的规范,这类规范又被称为"请求权规范""基

① 参见骆永家:《民事证明责任论》,台湾商务印书馆股份有限公司1972年版,第106~107页。

② 参见雷万来:《民事证据法论》,瑞兴图书股份有限公司1997年版,第203页。

本规范”“通常规范”;(2)权利妨碍规范,指在权利欲发生之初,便与之对抗,使之不得发生的规范;(3)权利消灭规范,指在权利发生后与之对抗,将已发生权利消灭的规范,如债务的履行、免除等;(4)权利排除规范,指权利发生之后,权利人欲行使权利之际始发生对抗作用将权利排除的规范,如意思表示错误。在对法律规范作上述分类后,罗森贝克提出的分配证明责任的原则是:主张权利存在的人,应就权利发生的法律要件事实负证明责任;否认权利存在的人,应对存在权利妨碍要件、权利消灭要件或权利排除要件事实负证明责任。[①]

特别要件说将民事实体法中引起权利发生、变更、消灭的事实分为特别要件与一般要件两大类。前者指与权利发生、变更、消灭有直接重要关系的事实,如订立合同、立遗嘱、变更合同、免除债务等;后者则指普遍存在于权利发生与变动时的事实,如有相应的民事行为能力、意思表示真实等。该说在此基础上提出的分配证明责任的原则是:主张权利发生或者主张已发生的权利变更或消灭的当事人,只需就引起权利发生、变更或消灭的特别要件事实负证明责任,一般要件事实则由否认权利发生、变更或消灭的对方当事人负证明责任。

从证明责任分配的结果看,特别要件说与规范说并无不同,因此,与其说它们是不同的学说,倒不如说它们形异而实同。

2. 反规范说。反规范说是在修正或否定规范说的基础上提出的分配证明责任的新学说。反规范说主要包括以下三种学说:(1)危险领域说。该说以待证事实属哪一方当事人控制的危险领域为标准,决定证明责任的分担,即当事人应当对其所能控制的危险领域中的事实负证明责任。在具体确定待证事实属哪一方当事人控制的危险领域时,应考量事实本身举证的难易、当事人与证据的距离、有利于损害的防范和救济三个因素。(2)盖然性说。该说主张以待证事实发生的盖然性的高低作为分配证明责任的主要依据,把待证事实证明的难易作为分配证明责任的辅助性依据。按此学说,如某事实的发生率高,主张的一方不承担证明责任,而要由主张该事实未发生的一方负证明责任。(3)损害归属说。该说主张以实体法确定的责任归属或损害归属作为分配证明责任的标准。在实际运用中,该说又具体化为盖然性原则、保护原则、担保原则、信赖原则和惩罚原则,并依据这些原则来确定损害的归属。[②]

反规范说虽然指出了法律要件分类说的缺陷,并启迪了分配证明责任的新思维,但它们本身也存在这样或那样的缺陷。分配标准的多元化是该说的主要缺陷,多元化意味着缺乏统一的分配标准,要由法官根据具体情形来决定适用何种分配标准,而这样做又难免会使证明责任的分配失去安定性和可预见性。

上述各种分配证明责任的学说中,法律要件分类说合理成分更多一些。因此,德国的规范说、日本的特别要件说长期处于通说地位。

(三) 我国民事诉讼证明责任的分配

1. 证明责任分配的规则

证明责任分配有一般规则与特殊规则之分。一般规则是当事人须对法律规范中对其有利的要件事实承担证明责任。其理由在于:一方面,当事人依据该规范来主张权利

---

① 参见[德]罗森贝克:《证明责任论》,庄敬华译,中国法制出版社 2002 年版,第 103~124 页。

② 参见陈荣宗:《举证责任分配与民事程序法》,台湾大学法学丛书(十七)1984 年版,第 50 页。

或提出抗辩，而法院只在该规范中的构成要件得到确认的情况下才适用该规范。另一方面，当与构成要件相对应的事实处于真伪不明状态时，证明责任规范一般会拟制该事实不存在。

证明责任分配的特殊规则是，当要件事实真伪不明时，作出异乎寻常的相反拟制，即不是将其拟制为不存在，而是拟制为存在。如在“因果关系”这一要件真伪不明时拟制为有因果关系，在“过错”这一要件真伪不明时拟制为存在过错。不同寻常的拟制直接改变了裁判的结果，所以也改变了证明责任的分配。诉讼理论中常把这种异乎寻常的分配称为“证明责任的倒置”。

我国民诉理论界的主流观点是按照罗森贝克的理论来分配证明责任。《民诉法解释》第91条对证明责任分配所作的规定，也是以该理论为基础的。第91条规定：“人民法院应当依照下列原则确定举证证明责任的承担，但法律另有规定的除外：(1) 主张法律关系存在的当事人，应当对产生该法律关系的基本事实承担举证证明责任；(2) 主张法律关系变更、消灭或者权利受到妨害的当事人，应当对该法律关系变更、消灭或者权利受到妨害的基本事实承担举证证明责任。”

在大多数案件中，按照以上标准分配证明责任能够获得公平合理的结果，但有时难免也会出现少数与公平正义要求相背离的例外情形，对少数属于例外情形的案件，需要参照反规范说，对证明责任实行倒置。

2. 证明责任分配的体系

(1) 依据实体法分配证明责任。如前所述，证明责任的分配，本质上是实体法所决定的，因此依据实体法的规定确定证明责任的归属乃理所当然。有时候实体法会对证明责任作出相当明确的规定，如《民法通则》第126条，《合同法》第68条、第152条，《专利法》第57条第2款，《著作权法》第53条，《海商法》第51条、第52条、第59条，《劳动争议调解仲裁法》第6条，等等。但是，实体法明文规定证明责任终究是少数情况，在多数情况下，需要运用法律要件分类说分析实体法的逻辑结构及实体法条文之间的关系，来辨别哪些事实属于产生权利的事实，哪些事实属于阻碍权利发生的事实，哪些事实属于变更或消灭权利的事实。例如，《民法通则》第106条第2款关于“公民、法人由于过错侵害国家的、集体的财产，侵害他人财产、人身的，应当承担民事责任”的规定，属损害赔偿请求权发生的要件事实的规定，而第107条、第128条、第129条规定为免责事由的不可抗力、正当防卫、紧急避险，则属于阻碍损害赔偿请求权发生的要件事实，前者应由请求赔偿的受害人负证明责任，后者则由主张不承担责任的加害人负证明责任。再如，《收养法》第30条第2款规定：“生父母要求解除收养关系的，养父母可以要求生父母适当补偿收养期间支出的生活费和教育费，但因养父母虐待、遗弃养子女而解除收养关系的除外。”稍作分析便可得知，该款前半部分是原则规定，是关于补偿请求权发生的要件事实的规定，应由主张补偿的养父母负证明责任；后半部分的但书是例外规定，是关于阻碍补偿请求权发生的要件事实的规定，应由不同意补偿的生父母负证明责任。

(2) 依据司法解释分配证明责任。除了在《民诉法解释》中设定分配证明责任的原则外，最高法院还针对民商事实体法的适用，不断就证明责任分配问题作出解释。例如，2000年2月颁布的《关于审理票据纠纷案件若干问题的规定》第9条规定：“票据诉讼的举证责任由提出主张的一方当事人承担。……该票据的出票、承兑、交付、背书转让涉嫌欺诈、偷盗、胁迫、恐吓、暴力等非法行为的，持票人对持票的合法性应当负举证责任。”2001 年 12 月颁布的《关于适用〈中华人民共和国婚姻法〉若干问题的解释(一)》第 18 条规定：“婚姻法第十九条所称‘第三人知道该约定的’，夫妻一方对此负有举证责任。”2013 年 5 月 31 日发布的《关于适用〈中华人民共和国保险法〉若干问题的解释(二)》第 6 条规定：“当事人对询问范围及内容有争议的，保险人负举证责任。”第 13 条规定：“保险人对其履行了明确说明义务负举证责任。”这些规定与《民诉法解释》第 91 条的规定之间的关系是特别规定与一般规定的关系，在司法解释中对证明责任的分配作出特别规定时，应当优先适用特别规定。

最高法院的司法解释，是我国民诉法的渊源之一，属于实质意义上的民诉法。当司法解释对证明责任分配作出规定时，理应根据其规定确定证明责任的承担。

(3) 通过证据契约分配证明责任。证据契约，是指当事人订立的有关诉讼确定事实方法的契约。证据契约有狭义和广义之分，狭义指自认契约、鉴定契约、证据方法契约等，广义还包括分配证明责任的契约。分配证明责任的契约一般与合同有关，考虑到举证的难易、证明的风险，当事人有时会在订立合同之时便对某个要件事实的证明责任由哪一方负担作出约定。只要约定是公平的，不会给承担证明责任的一方造成举证上的不合理负担，法院在诉讼中会乐意按照双方当事人事先的安排分配证明责任。

《证据规定》曾在第 7 条中授权法官裁量分配证明责任，即“在法律没有具体规定，依本规定及其他司法解释无法确定举证责任承担时，人民法院可以根据公平原则和诚实信用原则，综合当事人举证能力等因素确定举证责任的承担”。鉴于该规定的实施效果不好，不利于法院依法裁判，《民诉法解释》在规定证明责任分配时，不再授权法院依据个案的具体情形裁量分配。

3. 合同诉讼证明责任分配

(1) 主张合同关系成立并生效的一方当事人对合同订立和生效的事实承担证明责任。

(2) 主张合同关系变更、解除、终止、撤销的一方当事人，对引起合同关系变动的事实承担证明责任。

(3) 主张合同已履行的一方当事人，对履行合同义务事实承担证明责任。

(4) 对代理权发生争议的，由主张有代理权一方当事人承担证明责任。

对上述分配证明责任的规定，有下列问题需要作进一步探讨：

第一，行为能力发生争议时的证明责任。当事人具有相应的民事行为能力是作为产生合同权利的事实，由主张合同关系成立并生效的一方负证明责任，还是作为妨碍权利产生的事实，由主张合同无效的一方负证明责任？我们主张把行为能力作为妨碍合同生效的事实，由否认合同权利的一方当事人负主张和证明责任。

第二，合同义务为不作为义务时的证明责任。在合同约定的义务为不作为义务时是否也由债务人负证明责任，是有疑问的。此时债务人主张已履行合同义务实际上主张的是消极事实，即主张自己并未实施合同禁止的行为，这样的主张通常无法证明，因而由主张合同义务未履行的债权人负证明责任才符合公平的要求。①

① 《德国民法典》中直接规定证明责任的条文极少，但针对债务履行为不作为义务的情形，却规定了两个条文，即“债务人因认为其已履行债务而对违约金的有效有争议的，应证明履行；负担的给付为不作为的除外”(第 345 条)；“一方对另一方不履行其债务的情形保留解除权，并且另一方因认为其已履行而对所表示的解除的准许性有异议的，另一方应证明履行，负担的给付为不作为的除外”(第 358 条)。

4. 侵权诉讼证明责任分配

(1) 侵权诉讼中证明责任分配的一般规则

侵权诉讼是指受害人要求加害人承担侵权民事责任的诉讼。侵权民事责任的构成,必须具备法律规定的一定条件。侵权民事责任有一般侵权责任与特殊侵权责任之分,两者的构成要件不完全相同,证明责任分配的情况也有所不同。

构成一般侵权民事责任,必须同时具备以下四个要件:①损害事实;②加害行为;③因果关系;④行为人有过错。受害人请求赔偿,须对上述四个方面的要件事实负证明责任。

特殊的侵权责任,一般是指无过错责任,个别属于过错推定责任。我国《民法通则》规定的特殊侵权责任绝大多数都是无过错责任。对于无过错责任,由于过错不再是责任的构成要件,所以受害人只须对除过错以外的其余三个要件负证明责任。

在侵权诉讼中,加害人将之作为抗辩依据的事实通常有:其行为是合法行为,如职务授权行为、正当防卫行为、紧急避险行为;被害人对损害的发生或扩大有过错,如损害发生主要是由被害人的故意或重大过失造成的;损害是不可抗力引起或者是第三人的过错造成的等。加害人只要在诉讼中主张这些事实,就应当负证明责任。

(2) 侵权诉讼证明责任的倒置

证明责任的倒置,是指将依据法律要件分类说应当由主张权利的一方当事人负担的证明责任,改为由否认权利的另一方当事人就法律要件事实的不存在负证明责任。证明责任的倒置主要发生在侵权诉讼中。在侵权诉讼中,被告有过失、被告的违法行为与原告所受损害有因果关系,是产生损害赔偿请求权的要件事实。按照法律要件分类说,本应当由主张赔偿请求权的原告负证明责任,但实行证明责任倒置后,否认损害赔偿请求权的被告须对自己无过失、对原告所受损害与自己的违法行为不存在因果关系负证明责任。

证明责任的倒置,是以法律要件分类说为分配证明责任的标准为前提的,是对依该说分配证明责任所获得结果的局部修正。证明责任的倒置意味着特定要件事实的主张负担、提供证据负担、承担败诉风险负担从一方当事人转移至另外一方当事人。

证明责任的分配本质上是一个实体法问题。有关实体法有时也会对证明责任倒置作出规定。规定证明责任倒置的实体法包括但不限于:《专利法》第 61 条;《侵权责任法》第 10 条、第 38 条、第 66 条、第 81 条、第 85 条、第 87 条、第 88 条、第 90 条、第 91 条第 2 款。

《证据规定》还把高度危险作业致人损害的侵权诉讼、饲养动物致人损害的侵权诉讼、产品缺陷致人损害的侵权诉讼规定为实行证明责任倒置的诉讼,但其实这三类诉讼并未实行证明责任倒置。这三类侵权责任均属于特殊侵权责任中的无过错责任。在诉讼中,原告欲实现其损害赔偿请求权,须对损害事实、违法行为、因果关系进行证明;而被告欲免责,应对损害为原告故意引起等抗辩事由和免责事由进行证明。而这正是按法律要件分类说分担证明责任的结果,因果关系的证明责任并未由被告负担,因此,将这三类诉讼也解释为实行证明责任倒置是有疑问的。此外,《证据规定》对医疗侵权诉讼中"过错"和"因果关系"这两个要件规定了证明责任倒置,但 2009 年 12 月颁布的《侵权责任法》并未对医疗侵权诉讼中这两个要件规定证明责任倒置,因此仍然要由患者对医疗机构存在过错以及该过错同患者所受的损害存在因果关系负担证明责任。

5. 劳动争议诉讼证明责任分配

劳动争议是指劳动者与用人单位发生的争议,包括:因确认劳动关系发生的争议;因订立、履行、变更、解除和终止劳动合同发生的争议；因除名、辞退和辞职、离职发生的争议；因工作时间、休息休假、社会保险、福利、培训以及劳动保护发生的争议；因劳动报酬、工伤医疗费、经济补偿或者赔偿金等发生的争议，等等。

针对劳动争议，《证据规定》设置了证明责任分配的规则，即第6条规定的"在劳动争议纠纷案件中，因用人单位作出开除、除名、辞退、解除劳动合同、减少劳动报酬、计算劳动者工作年限等决定而发生劳动争议的，由用人单位负举证责任"。《劳动争议调解仲裁法》第6条规定："发生劳动争议，当事人对自己提出的主张，有责任提供证据。与争议事项有关的证据属于用人单位掌握管理的，用人单位应当提供；用人单位不提供的，应当承担不利后果。"

在劳动争议引起的诉讼中，证明责任的分配与一般民事诉讼并无本质差别，当事人要求法院适用对其有利的法律规范，需对该规范规定的要件事实负证明责任。就《证据规定》第6条而言，用人单位作出不利于劳动者的决定，是用人单位要求适用《劳动法》中对其有利的规定，证明责任本来就应当由用人单位承担，所以该条并非关于证明责任分配的特殊规定。《劳动争议调解仲裁法》第6条是关于证明妨碍的规定。该条是在确认证明责任分配的一般规则的基础上，对仲裁中因证明妨碍导致的证明责任倒置作出规定。即某一要件事实，依证明责任的分配应当由劳动者承担证明责任，但证明该事实的证据又恰恰在用人单位手中，此时用人单位依法需承担提供证据的责任，用人单位拒不提供导致劳动者主张的事实处于真伪不明状态的，要由用人单位承担不利后果。如果用人单位履行了法律规定的义务，但该争议事实最终还是处于真伪不明状态，则败诉的仍然是劳动者。

三、推定与证明责任

推定与证明责任有着密切的关系。推定的类别不同，对证明责任的影响也不同。有的推定会引起证明责任的转移，有的推定直接表明了特定事实的证明责任由哪一方当事人负担，有的推定则仅仅使负担证明责任的当事人易于证明推定事实和使法官易于从推论中作出关于案件事实的结论。

（一）法律上的推定

法律上的推定是由法律明文规定的推定，它是事实上推定的对称。法律上的推定可以分为推论推定和直接推定两种：

1. 法律上的推论推定。这是指法律规定应当从某一已知事实的存在作出与之相关的另一未知事实存在（或不存在）的假定。这种推定存在着已知事实甲和未知事实乙，已知事实是作出推论所依据的事实，所以被称为"基础事实"或"前提事实"，未知事实是从已知事实中推断出的事实，所以被称为"推定事实"。

这种推定是各类推定中最具有典型性的。在提及推定时，一般是指这种推定。它广泛存在于各国的民事法律中，有些推定几乎为各国法律所共有，如关于失踪达一定年限的人被假定为死亡的推定、关于夫妻关系存续期间所出生的子女被假定为婚生子女的推定等。我国法律中也有一些这种推定，如《民法通则》第23条关于失踪人死亡的推定、《著作权法》第11条关于作者的推定、《侵权责任法》第58条关于医疗机构存在过错的推定等。

法律上的推论推定对证明责任的影响表现在两个方面：

(1) 减轻了主张推定事实的一方当事人证明上的困难。主张推定事实的一方当事人,本来对推定事实负有证明责任。推定事实证明起来相当困难,但由于推定的存在,证明的困难被缓解了。主张推定事实存在的当事人只需要证明那些相对较为容易证明的基础事实,基础事实一旦得到证明,法官就会依照法律的规定作出推定事实的假定。这实际上是通过变更证明主题,使当事人较容易地完成对推定事实的证明。

(2) 将不存在推定事实的证明责任转移于对方当事人。当推定事实因基础事实得到证明被假定存在后,否认推定事实的一方要推翻该推定事实,就需要对不存在推定事实负证明责任。对不存在推定事实,该当事人负有提供本证的责任,即该当事人必须提出充分证据证明不存在推定事实。如果仅仅提出一些证据,使推定事实存在与否陷于真伪不明状态,仍然会承担不利的诉讼结果。

2. 法律上的直接推定。这是指法律不依赖于任何基础事实便直接假定某一法律要件事实存在。侵权民事责任中的过错推定,是这种推定在民事法律中的典型代表。例如,《侵权责任法》第 85 条关于建筑物等设施倒塌、脱落、坠落致人损害时其所有人、管理人或使用人有过错的推定。

直接推定是一种暂定的真实,它与推论推定的共同之处是因推定而处于不利地位的一方当事人可以提供证据推翻这一推定,并且该方当事人对不存在推定事实负证明责任。直接推定与推论推定的区别在于:一方面,是否依赖基础事实不同。作出直接推定不依赖于任何基础事实,而作出推论推定则以基础事实的存在被确认为前提。另一方面,对证明责任的影响不同。直接推定的作用在于确定推定事实不存在的证明责任由哪一方当事人负担,而推论推定的作用是缓解证明困难和转换证明责任。

(二) 事实上的推定

事实上的推定,是指法官依据经验法则,从已知事实推断推定事实存在的假定。如根据某人在事故发生后的瞬间正驾驶着某辆汽车这一事实,法官可以推断该人在事故发生时正驾驶着这辆汽车。

事实上的推定与法律上的推论推定具有共同之处:一方面,它们都是从基础事实推断推定事实;另一方面,它们都缓解了推定事实证明上的困难。它们之间的区别在于:事实上的推定未被法律规定,而法律上的推论推定由法律规定;事实上的推定不具有转换证明责任的作用,而法律上的推论推定具有转换证明责任的作用。

(三) 法律拟制与推定

法律拟制,是指法律中用“视为”二字,将甲事实看作乙事实,使甲事实产生与乙事实相同的法律效果。我国法律中有关于拟制的规定。如《民法通则》第 66 条规定:“本人知道他人以本人名义实施民事行为而不作否认表示的,视为同意。”《继承法》第 25 条规定:“受遗赠人应当在知道受遗赠后两个月内,作出接受或者放弃受遗赠的表示。到期没有表示的,视为放弃受遗赠。”

从构造上看,拟制与法律上的推论推定十分相似,它同样涉及甲、乙两项事实,并且只要甲事实存在,法律就使它产生与乙事实相同的效果。如一旦受遗赠人在两个月内未作出表示的事实得到证明,法院就会认定“放弃受遗赠”这一事实。但拟制在实质上不同于推定,它们之间的区别在于:(1)性质不同。拟制是立法上的一种文字表述技巧,将甲事实视为乙事实,是立法者为避免法律条文文字重复而采用的一种表达方式,它并非由甲事实的存在而推论出与之相关的乙事实的存在。推定具有推论性质,拟制无推论性质。(2)能否用反证推翻不同。拟制的目的是使甲事实产生与乙事实相同的法律后果,因此在甲事实的存在得到证明后,不允许用反证来推翻乙事实。推论推定则不同,它仅仅是法律上的假定,只有在缺乏相反证据的情况下,推定事实才会被认定,所以可以用证据来推翻推定。(3)对证明责任的影响不同。拟制不具有转换证明责任的作用。法律上的推论推定具有转换证明责任的效果。

四、间接反证与证明责任

根据证据与证明责任的关系及其与待证事实之间联系的不同,证据可以分为间接本证与间接反证。

在证明活动中,有些案件的主要事实难以用直接证据证明,因而主张待证事实存在的一方当事人只得提出若干间接事实来证明其主张。而对方当事人则通过提出并证明另一些间接事实,来推翻关于存在待证事实的主张。以上证明中双方用的都是间接证据,一方用的是间接本证,另一方用的是间接反证。

运用间接证据证明案件的主要事实离不开经验法则的适用。经验法则是人们从长期的实践中获得的关于事物之间联系的知识,为人们所普遍接受和认同。经验法则也被运用于诉讼中案件事实的认定。

当事人用间接证据证明案件主要事实时,实际上是通过证明若干间接事实,然后运用经验法则,来推断所主张的主要事实存在。例如,待证的主要事实为X,负有证明责任的当事人为证明X存在,提出并证明间接事实a、b、c,再运用经验法则推断X存在。对方当事人为阻止证明成功,可以采用直接反证的方法,提出a、b、c不存在的证据,也可以采用间接反证的方式,提出并证明另外一些间接事实d、e、f,然后运用经验法则得出主要事实存在疑问的结论。在采用直接反证方法时,不负证明责任的一方当事人只要能够用反证推翻或动摇本证的证明力,使间接事实a、b、c处于存否不明的状态,就能够实现举证的目的。而在采用间接反证时,该当事人需确切证明d、e、f的存在,因为如果不能使法官确信存在上述间接事实,法官就不会适用经验法则作出有利于该当事人的认定。从这个意义上说,不负证明责任的当事人对其主张的d、e、f这些间接事实,负的是本证而不是反证的责任。例如,原告A以被告B于某日21时左右用铁棒砸坏了停放在A家屋外的汽车为理由请求赔偿。A提供了以下间接证据证明B砸汽车这一主要事实:(1)B与自己有过节,曾扬言要报复;(2)B于该日21时前后到过A家附近;(3)砸车人匆忙中丢下的铁棒是B家的。B则提出下列证据证明自己未砸汽车:(1)A为人刻薄,与A有过节者甚多;(2)C也曾扬言要报复A;(3)B该日晚是去A的邻居家借录像带;(4)B家中的铁棒在汽车被砸前已丢失。在A提出上述间接证据后,B若不提供反证,法官将根据经验法则推断侵权事实成立。而在B提出以上反证后,法官将依据另外的经验法则得出侵权事实存否不明的结论。总之,在双方当事人运用间接证据进行进攻和防御时,证明责任的负担按以下规则确定:主张案件主要事实存在的一方当事人对主要事实和为证明主要事实而提出的间接事实负证明责任;否认案件主要事实存在的对方当事人对其主张的相反的间接事实负证明责任。

五、证明责任的适用

依据证明责任作出裁判，是法官不得已而为之的做法，这一裁判方法不可不用，更不可滥用，法官一定要慎重地运用这一裁判方法。

适用证明责任作出裁判的条件是：(1) 双方当事人对裁判上的要件事实存在着争议；(2) 该争议事实需要证明（该事实不属于诉讼上自认的事实、众所周知的事实等免于证明的事实）；(3) 已经为当事人举证提供了充分的程序保障，已用尽了程序上许可的证明手段，法官在法庭辩论终结后仍然不能就事实的真伪获得心证。

第三节　证明标准

一、证明标准的概念与作用

证明标准，是指法官在诉讼中认定案件事实所要达到的证明程度。证明标准确定以后，一旦证据的证明力达到这一标准，待证事实的真实就算已得到证明，法官就应当认定该事实，以该事实的存在作为裁判的依据；反之，就应当认为待证事实未被证明为真或者仍处于真伪不明状态。

对于当事人来说，只有了解了证明标准，才不至于因为对证明标准估计过低而在证据明显不足时贸然提起诉讼，同时也不至于由于对证明标准估计过高而在证据已经具备的情况下迟迟不敢起诉。在证明过程中，提供反证的必要性也同证明标准有关。因为只有当负担证明责任的一方当事人提出的本证已达到证明标准，法官将作出有利于该当事人的认定时，另一方当事人才有提供反证的必要。对于法官来说，只有明确了证明标准，才能够正确把握认定案件事实需要具备何种程度的证据，才能以之去衡量待证事实已经得到证明还是仍然处于真伪不明状态，才能决定是否有必要要求当事人进一步补充证据。

二、民事诉讼证明标准的选择与确定

我国的证据学理论原先认为，刑事诉讼、民事诉讼、行政诉讼这三大诉讼应当实行同样的、无差别的证明标准，在认定案件事实时都应当达到事实清楚，证据确实、充分的标准。确实、充分既包括对证据质的要求，又包括对证据量的要求。具体而言，它要求：(1) 据以定案的各种证据均已查证属实；(2) 案件事实都有必要的证据予以证明；(3) 证据之间、证据与案件事实之间的矛盾已得到合理排除；(4) 得出的结论是唯一的，排除了其他可能性。这四点必须同时具备，才能认为证据已达到确实、充分的程度。

后来，民事诉讼法学者基于对民事诉讼证明的特殊性的认识，提出了民事诉讼的证明标准可以低于刑事诉讼。理由是：

1. 民事诉讼在性质上不同于刑事诉讼。刑事诉讼所要解决的问题是被告人的行为是

否构成犯罪和应当受到什么样的刑事处罚。在刑事诉讼中,惩罚犯罪分子与保障无罪的人不受刑事追究同等重要。一旦认定被告有罪并处以刑罚,就会带来极其严重的后果。刑事责任的严厉性和难以补救性,要求对犯罪行为的认定应极为慎重,要达到相当高的证明标准后才能认定犯罪事实。民事诉讼是为了解决当事人之间的民事权利义务纠纷,民事责任主要是财产责任,其严厉性远低于刑事责任,即使不当追究,给当事人带来的损害也会比刑事责任小得多,且一般是可以补救的,因此证明标准可低于刑事诉讼。

2. 诉讼法对证据和证明的要求不同。从我国法律对刑事证据与民事证据的规定看,它们之间的显著差别是:(1)对调查收集证据的要求不同。刑事诉讼法要求审判人员、检察人员、侦查人员必须按照法定程序,收集能够证实犯罪嫌疑人、被告人有罪或者无罪、犯罪情节轻重的各种证据。民事诉讼法的规定已从过去的责成人民法院全面调查取证改为只要求人民法院有限调查取证。(2)实行推定的情况不同。在诉讼中,证明案件事实的方法有两种:一种是通过实际取得证据的方法来证明,另一种是以推定方式来证明。后一种证明方法相对容易,但同时又是不太精确的证明方法。在刑事诉讼中,由于证明标准既高又严,所以一般都要求通过实际获得证据来证明犯罪事实,允许以推定方式认定犯罪事实的是个别情形。民事诉讼则不同,证明过程中使用推定的情形相当多。(3)承认能否成为免予证明的理由不同。为了防止轻信口供、单凭被告的口供定罪,《刑事诉讼法》第53条规定只有被告人供述,没有其他证据的,不能认定被告人有罪和处以刑罚。在民事诉讼中,一方当事人主张的于对方不利的事实经对方当事人在诉讼上承认后,该事实一般就不必再证明。[①]

刑事诉讼中的证明标准应当是达到一种确然的证明程度,即只有当法官从证据中获得犯罪事实确系被告人所为的心证时,才能够认定犯罪事实。民事诉讼中的证明标准应是当法官从证据中得到待证事实很可能像一方当事人主张的那样的心证时,就可以认定该事实。

上述证明标准的差别在于对证据分量的要求不同。“确实”是对证据质的要求,是指一切证据材料都必须经查证属实后才能作为认定案件事实的根据。这是民事与刑事诉讼共同要求的,不应有任何区别。“充分”是对证据量的要求,刑事诉讼中的“充分”必须达到通过证据得出的结论是唯一的、排除了其他可能性的高度。民事诉讼中的“充分”则不必非达到确然性证明不可。只要证据表明事实极可能如此,即使不能排除其他可能性存在,也不妨碍法院认定这一事实。

民事诉讼实行这种证明标准的原因还在于:它有利于提高诉讼的效率和法官认知案件事实的能力,减少法官对证明责任的依赖。

《民诉法解释》第108、109条对民事诉讼适用的证明标准作出了规定——高度盖然性和排除合理怀疑,前者适用于民事诉讼中的通常情形,后者适用于欺诈、胁迫、恶意串通、口头遗嘱、赠与这些特定事实的证明。高度盖然性,是指法官从证据中虽然尚未形成事实必定如此的确信,但在内心中形成了事实极有可能或非常可能如此的判断。高度盖然性的证明标准低于刑事诉讼的证明标准,高于盖然性占优的较高程度盖然性的证明标准。较高程度的盖然性是指证明已达到了事实可能如此的程度。如果法官从证据中获得的心证为事实存在

① 法院认为该案件可能为虚假诉讼案件时,仍然会要求当事人证明。

的可能性大于不存在的可能性，该心证就满足了较高程度盖然性的要求。[①]《证据规定》第73条第1款规定："双方当事人对同一事实分别举出相反的证据，但都没有足够的依据否定对方证据的，人民法院应当结合案件情况，判断一方提供证据的证明力是否明显大于另一方提供证据的证明力，并对证明力较大的证据予以确认。"这一规定实际上就是对高度盖然性证明标准的表述。也有学者认为，应当用"内心确信"，即审理案件的法官内心对待证事实的真伪形成了确信，来表述民事诉讼中的证明标准，高度盖然性只是达到内心确信的途径。[②]

除了上述两种证明标准外，在民事诉讼的实务中还存在着第三种证明标准——盖然性占优势的证明标准。该种证明标准要求达到的证明程度低于高度盖然性，只要证据表明事实可能如此，或者说证据表明事实存在的可能性大于不存在的可能性，就满足了这一证明标准。对程序性事实的证明，如回避事由，只要达到盖然性占优势的证明标准即可。此外，对一些举证特别困难的实体法事实，为了缓和负担证明责任一方当事人的举证困难，法院也会在不倒置证明责任的前提下，适当降低证明标准。

第四节　证明过程

一、证据的提供

（一）提供证据的性质

对当事人来说，提供证据是其享有的一项重要的诉讼权利，同时，又是诉讼上的负担。[③]当事人在诉讼中享有证明权，提供证据的权利，是证明权的重要组成部分。当事人为了使法院相信自己主张的事实是真实的，为了获得对自己有利的事实认定，对所主张的作为诉讼请求依据的事实或者反驳诉讼请求依据的事实又负有提供证据的责任。

（二）提供证据的方式

当事人向人民法院提供证据，主要有以下两种方式：

1. 实际提交证据。当证据为当事人占有或控制，而又能够提交给人民法院时，应采用实际提交的方式。证据对当事人诉讼的胜败关系重大，因而人民法院在收到当事人提供的证据材料后，应当出具收据，注明证据的名称、页数、份数、原件或者复印件以及收到的时间，并由承办人员在收据上签名或盖章。

2. 提供证据来源或线索。有的证据虽然由举证一方当事人占有，但由于体积庞大或固定于某一地点而无法实际提交。对这样的证据，当事人只能在向人民法院说明证据的基本情况后申请进行勘验。有的证据，从性质上无法采用实际提交的方式，如当事人欲用证人证

① 较高程度盖然性的证明标准，又称优势证据的证明标准，关于优势的典型表述是51%：49%。

② 参见吴泽勇：《中国法上的民事诉讼证明标准》，载《清华法学》2013年第1期。

③ 把提供证据称为当事人的负担，是由于提供证据还是不提供证据并容忍由此产生的不利后果是由当事人自己决定的，法律并未把提供证据设定为义务，对不提供证据的当事人进行训诫或者罚款。参见汉斯－约阿希姆·穆泽拉克：《德国民事诉讼法基础教程》，周翠译，中国政法大学出版社2005年版，第243页。

言作为证据时，只能向人民法院表明证人的姓名、单位、住址、证人能够证明的案件事实。

（三）举证期限[①]

1. 举证期限的概念

举证期限，是指民事诉讼当事人向法院提供证据的期限。当事人必须在规定的时间期限内提供证据，逾期提供证据，将承担对其不利的法律后果。举证期限由以下两个要素构成：

（1）一定的期间。举证期限的存在必定依赖于一定的期间，期间的长短可以由法律规定、法院指定，也可以由当事人协商确定。期间一旦确定，对双方当事人便产生约束力，当事人须在该期限内完成举证行为。

（2）无正当理由逾期举证的法律后果。设定逾期举证的法律后果，是为了促使当事人遵守已确定的举证期限，因为如果不对无正当理由逾期提供证据的行为规定法律后果，举证期限将变得毫无约束力。逾期举证的法律后果相当复杂，将在本部分第5个问题中再详细说明。

2. 设置举证期限的理由

2012年修订前的《民事诉讼法》并未规定举证期限，对证据的提供实行的是“随时提出主义”，因此当事人不仅在第一审中可以在法庭上提供新的证据，而且在上诉审和再审中，还可以通过提出新证据来推翻原判决（2012年修订前的《民事诉讼法》第125条、179条）。

未规定举证期限给法院的民事审判工作带来了一系列的问题。首先，影响了法院的办案率。举证无时限造成部分当事人拖延举证，使法院迟迟不能下判，而法院办案又有审限方面的要求，举证无期限、办案有审限的矛盾变得相当突出。其次，使得诉讼中常常出现“证据突袭”。一些当事人或诉讼代理人为了对对方实施意外打击，以收到出奇制胜的效果，在提起诉讼或进行答辩时将关键性的证据藏而不露，等到开庭审理时作为杀手锏，突然抛出，使对方当事人措手不及，无法进行有效的质证。再次，增加了诉讼成本，浪费了司法资源。一方突然提出证据后，另一方当事人往往要求给时间进行准备，以便认真审查对方提出的证据或者收集相反的证据进行反驳。法院也需要时间来审核新提出的证据。因此，法官往往不得不将正在进行的审理活动停下来，择日再次开庭。多次开庭势必增加当事人和法院的诉讼成本。最后，有损于裁判的稳定性。有的当事人因故意或重大过失，在一审中不积极提供证据，等到败诉后再来收集证据，甚至将重要的证据留到二审时提出，而二审法院只好依据新提出的证据将一审判决撤销，发回重审或改判；有的当事人甚至拖到再审时才将关键性的证据抛出，使已发生法律效力的判决因出现新的证据而被推翻。这对法院裁判的稳定性构成了相当大的威胁。

为了解决上述问题，最高人民法院在其颁布的《证据规定》中设置了举证期限。2012年修订《民事诉讼法》时，立法机关通过新增的第65条，一方面为当事人设定了及时举证的义务，另一方面授权法院为当事人确定举证期限，并对无正当理由逾期举证规定了法律后果。

3. 举证期限的确定

举证期限通过以下两种方式确定：

第一，法院指定。在审判实务中，举证期限一般由人民法院指定。法院为当事人指定举

① 《民事诉讼法》对举证期限只作了原则性规定，关于举证期限的具体内容，要结合《民诉法解释》和《证据规定》来确定。

证期限的时间为审理前的准备阶段,通过审理前的准备,法院已了解了双方的争议焦点,可以围绕争议焦点组织当事人举证,所以在该阶段为当事人指定举证期限是适当的。

举证期限的长短,与案件所适用的程序存在密切的关系,适用的程序不同,在举证期限上也应当有所区别。根据《民诉法解释》第99、266、277条规定:人民法院确定举证期限,第一审普通程序案件不得少于15日,当事人提供新的证据的第二审案件不得少于10日;举证期限届满后,当事人对已经提供的证据,申请提供反驳证据或者对证据来源、形式等方面的瑕疵进行补正的,法院可以酌情再次确定举证期限,该期限不受不得少于15日、10日的限制。适用简易程序案件的举证期限不得超过15日,当事人双方均表示不需要举证期限、答辩期间的,人民法院可以立即开庭审理或者确定开庭日期。小额诉讼案件的举证期限一般不超过7日。

第二,当事人协商确定。为了充分尊重当事人的意愿和充实程序选择权的内容,举证期限也可以由双方当事人协商确定。当事人协商确定的期限,须经人民法院认可。人民法院一般应认可当事人协商确定的举证期限,除非该期限太长,会导致诉讼迟延。

4. 举证期限的延长与重新指定

举证期限确定后,当事人应当抓紧时间收集和准备证据,以便在期限届满前完成举证。当事人在举证期限内提交证据确有困难的,可以在举证期限内向法院申请延期举证。当事人申请延长举证期限的,应当在举证期限届满前向法院提出书面申请。申请理由成立的,法院应当准许,适当延长举证期限,并通知其他当事人。延长的举证期限适用于其他当事人。申请理由不成立的,人民法院不予准许,并通知申请人。

重新指定举证期限是指法院指定举证期限后,因出现了特殊情形,法院为当事人重新指定举证期限。重新指定举证期限一般发生于第一次指定的举证期限届满之后。根据《证据规定》第35条的规定,人民法院须在以下两种情形下为当事人重新指定举证期限:(1)当事人因法院认定的法律关系的性质与自己主张的不一致而申请变更诉讼请求;(2)当事人因法院认定的民事行为的效力与自己主张的不一致而变更诉讼请求。诉讼请求一旦变更,对方当事人须针对新的诉讼请求进行答辩,双方当事人所需要的证据也会与原来有所不同,因此,当事人变更诉讼请求的,人民法院应当重新指定举证期限。

5. 逾期举证的法律后果

当事人提交证据,可能超过了举证期限,如何设定超过举证期限的法律后果是举证期限制度的核心内容之一,《民事诉讼法》第65条和《民诉法解释》第101、102条对此作出了规定。根据上述规定,对逾期提交证据,法院首先要责令当事人说明理由,在必要时还可以要求当事人提供相应的证据来证明其主张的理由。设置这一程序的目的首先是搞清楚当事人因何逾期,其次是根据不同情况对逾期举证进行处理。如果是客观方面的原因造成了逾期举证,如该证据系举证期限届满后新出现的证据,或者证据虽然在举证期限届满前就存在,但客观原因当事人无法获取这一证据,该证据视为未逾期,依然可以提交。如果对方当事人对逾期提供证据未提出异议的,也视为未逾期。假如逾期举证并非客观原因造成,也就是当事人存在过错,则要区分过错的形态和程度。如果仅为一般过错,法院应当采纳该证据并对当事人进行训诫;如果当事人存在故意或重大过失,法院原则上不予采纳。但作为例外,如果该证据与案件基本事实有关的,法院应当采纳,并予以训诫、罚款。这一例外的存在,表明最高法院在进行司法解释时对查明案件事实的重视。民事诉讼制度的目的是法院在发现真实的基础上适用实体法的相关规定对案件作出公正的裁判,是保护存在于诉讼前的当事人的合法的民事权益,如果排除能够证明案件基本事实的逾期提交的证据,就会严重妨碍法院查明案件事实的真相,阻碍实体公正的实现。这正是司法解释设定例外的原因。

逾期举证可能会造成对方当事人的损失,如增加交通、住宿、就餐、误工、证人出庭作证等费用的支出,对方当事人所蒙受的这些损失,有权要求逾期举证且存在过错的当事人赔偿。

二、质证

(一) 质证概述

1. 质证的概念及其构成。质证是指诉讼当事人、诉讼代理人在法庭的主持下,对所提供的证据进行宣读、展示、辨认、质疑、说明、辩驳等活动。质证既是当事人、诉讼代理人之间相互审验对方提供的证据,又是帮助法庭鉴别、判断证据。

质证的主体是当事人和诉讼代理人。当事人包括原告、被告、第三人等。审判人员虽然主持质证活动,而且也需要将自己调查收集的材料在质证中出示,有时也会向当事人发问,但不是质证的主体。其在质证中的任务是引导当事人进行质证,维持质证活动的秩序和听证。

质证的客体是进入诉讼程序的各种证据,既包括当事人向法庭提供的证据,又包括法院依职权调查收集的证据。前者由双方当事人互相质证,后者则在审判人员出示后,由当事人进行质证。

质证的内容是审查诉讼材料是否具备证据的特征,即是否具有客观性、关联性、合法性,以向法庭表明哪些材料可以作为认定案件事实的依据,哪些材料不得作为认定案件事实的根据。

2. 质证的意义。质证在民事诉讼中具有重要作用。对当事人来说,它是维护自身合法权益的一种手段。当事人通过质证,一方面可以向法庭说明自己提供的证据是真实可靠的和这些证据所具有的证明力,另一方面可以向法庭揭露对方当事人提供的虚假的证据、违法取得的证据,或者说明对方提供的证据只有很弱的证明力。对于人民法院来说,它既是将证据材料转化为证据的一个必经环节,也是审查核实证据的法定方式。《民事诉讼法》第68条规定:“证据应当在法庭上出示,并由当事人互相质证。”最高人民法院在《民诉法解释》第103条中进一步明确:“未经当事人质证的证据,不能作为认定案件事实的根据。”这些规定表明质证是人民法院审查核实证据的基础性程序。

(二) 质证的程序

质证的程序一般包括以下三个步骤:

1. 出示证据。质证开始于一方当事人向法庭和对方当事人出示证据。出示的方式包括宣读、展示、播放等。出示证据的顺序为首先由原告出示,被告进行质证,然后由被告出示,原告进行质证。第三人参加诉讼时,可以对原告或被告出示的证据进行质证。对第三人出示的证据,原告和被告可进行质证。人民法院调查收集的证据,在当事人出示证据后出示,由原告、被告和第三人进行质证。

当质询的对象为书证、物证、视听资料时,举证的一方当事人一般应当出示证据的原件或原物,对方当事人也有权要求其出示原件或原物。只有在以下两种情况下,作为例外,当事人才可以出示复制品、复制件:(1)出示原件或原物确有困难并经人民法院准许出示复制件或复制品的;(2)原件或者原物已不存在,但有证据证明复制件、复制品与原件、原物一致的。

当质询的对象为证人证言时,证人原则上应当出庭接受双方当事人的询问。只有在确有困难不能出庭时,才能够经法院许可后,用提交书面证言或视听资料替代出庭。证人确有困难不能出庭的情形主要包括:(1)年迈体弱或者行动不便无法出庭的;(2)特殊岗位确实无法离开的;(3)路途特别遥远,交通不便难以出庭的;(4)因自然灾害等不可抗力的原因无法出庭的。

在条件许可的地方,可以让未能出庭的证人通过双向视听传输技术手段作证。

关于质证,还有三个问题需要注意:第一,质证时法院应当组织当事人围绕证据的真实性、合法性以及与待证事实的关联性进行质证,并针对证据有无证明力和证明力大小进行说明和辩论。第二,质证一般应公开进行,但涉及国家秘密、商业秘密、个人隐私或者法律规定应当保密的证据,不得公开质证。第三,当事人在审理前的准备阶段认可的证据,经审判人员在庭审中说明后,应当视为质证过的证据。

2. 辨认证据。一方当事人出示证据后,由另一方进行辨认。辨认的意义在于了解另一方当事人对所出示证据的态度,以便决定是否需要继续进行质证。辨认的结果分为认可和不予认可两种。认可一般以明示方式进行,如承认对方宣读的书证的内容是真实的,但也可以表现为不予反驳的默示方式。对已经为另一方当事人认可的证据,人民法院可以直接确认其证明力,无需作进一步质证。

3. 质询和辩驳证据。一方出示的证据为另一方否认后,否认的一方当事人就要向法庭说明否认的理由。否认的理由包括指出对方出示的证据是伪造或变造的、对方出示的证据是采用非法手段收集的,说明对方提出的证人与该当事人有亲属关系或其他密切关系等。质证方陈述完否认的理由后,出示方还可以针对否认的理由进行反辩,然后再由质证方对反驳的理由进行辩驳,直至法庭认为该证据已审查核实清楚。在质证过程中,质证方经法庭许可后还可以向出示方提出各种问题,除非所提问题与质证目的无关,否则出示方应作出回答。必要时审判人员也可以向当事人发问。

质证一般采用一证一质、逐个进行的方法,也可以采用其他灵活的方法。当案件具有两个以上独立存在的事实或诉讼请求时,法庭可以要求当事人逐项陈述,逐个出示证据并分别进行质证。

三、认证

(一) 认证的概念和意义

认证是指法庭对经过质证的各种证据材料作出判断和决定,确认其能否作为认定案件事实的根据。

认证不同于对案件事实的认定。首先,认证一般发生在法庭调查阶段,而对案件事实的认定往往发生在法庭辩论终结后的评议阶段。其次,认证是对证据材料是否具有三性的确认,是对证据能力的认定,而不是对证据证明力大小的最终判断;而对案件事实的认定,势必涉及对证明力的判断。最后,认证是对单个证据的认定,而对案件事实的认定,需要对全部证据的证明力进行综合判断。

认证在庭审中具有重要意义,具体表现为:(1)认证是举证、质证目的的实现。(2)认证为认定案件事实奠定了基础。通过认证,从当事人提供的证据材料中鉴别出哪些可以作为证据、哪些不得作为证据,从而为认定案件事实奠定了基础。

(二)认证的标准与方法

1. 认证的标准。这是指法庭评价证据材料能否成为证据的标准。由于证据材料成为证据须具备客观性、关联性和合法性,这三性也就成为认证的标准。

2. 认证的方法。主要包括对单个证据进行审查认定和综合若干证据进行审查认定,按照最高人民法院的规定,对单个证据,可以从以下几个方面进行审查:(1)证据是否原件、原物,复印件、复制品与原件、原物是否相符;(2)证据与本案事实是否相关;(3)证据的形式、来源是否符合法律规定;(4)证据的内容是否真实;(5)证人或者提供证据的人,与当事人有无利害关系。有时候,仅对单个证据进行审查无法或难以作出能否认定的结论,因此需要将若干证据综合在一起,通过比较、对照,确定它们能否作为认定案件事实的根据。对案件的全部证据还应当进行综合审查判断,即应当从各证据与案件事实的关联程度、证据与证据之间的联系等方面进行审查判断。认证的时间视具体情形而定,经质证后能够当即认证的,应当即予以认定;当即难以认定的,可以在休庭后经过合议再作出认定;合议后认为仍存有疑问,需要继续举证或进行鉴定、勘验等工作的,可以在下次开庭质证后认定。

四、对事实的认定

对事实的认定是指审判人员在法庭辩论终结后,综合本案全部证据的证明力,对当事人争议的实体法或者程序法上的事实存在与否作出判断。对事实的认定包括认定争议事实存在(真),认定争议事实不存在(伪),以及对争议事实的存在与否不予认定三种情形。当审判人员认为本证的证明力已符合证明标准,心中已产生了争议事实为真的确信后,就可以认定这一事实存在;反之,如果认为本证的证明力弱,不足以使审判人员相信事实为真时,就会以证据不足为理由作出事实不存在的认定;而当反证证明力与本证的证明力不相上下,审判人员难以判断当事人主张的事实的真伪时,会对存在争议事实的主张不予认定。第三种情形下法院所作的判决,便是根据证明责任作出的判决。

第十章　法院诉讼调解与非讼化调解

第一节　法院调解概述

一、法院调解的概念与性质

按照传统的观念，所谓法院调解，是指在法院审判人员的主持下，双方当事人就民事权益争议自愿、平等地进行协商，达成协议，解决纠纷的诉讼活动和结案方式。从过去《民事诉讼法》的规定来看，我国传统的法院调解与诉讼调解是等同的。2012年《民事诉讼法》修改尽管确立了法院非讼化调解制度，法院调解也因此应当包括诉讼调解和非讼调解两方面内容，但是从“调解”一章的内容来看，仍然仅对诉讼调解作出了系统的规定，非讼调解则分别规定在特别程序和普通程序中，处于含混不清的地位。[①] 所以，如无特别说明，本章中的法院调解仍指诉讼调解。

关于法院调解（即诉讼调解）的性质，我国民事诉讼法学界主要有三种观点：第一种观点认为，它是法院对民事案件行使审判权的一种诉讼活动。第二种观点认为，法院调解尽管是在法院主持下进行的，但它不同于法院运用审判权以判决方式解决争议的活动，它本质上是当事人在法院的指导下自律地解决纠纷的活动。第三种观点认为，它是法院对民事案件行使审判权以及当事人对自己的民事诉讼权利和民事权利行使处分权的结合。

我们赞同法院调解制度的性质是审判权与处分权相结合的观点。从当事人角度讲，是否用法院调解的方式解决纠纷取决于双方当事人的自愿。调解程序的进行、调解协议的达成也都必须以双方当事人的自愿为前提，调解协议的基础实质上是双方当事人的合意，这种合意包含了当事人一方或双方处分自己的实体权利并以此换取纠纷解决的意思。从人民法院角度讲，法院调解又不仅仅是当事人之间私权的合意，而是在审判人员的主持下，通过审判人员的说服教育，使双方当事人明了法理、知晓是非，从而达成解决纠纷的协议。[②]

与诉讼外的调解相比，法院调解具有以下特征：

1. 法院调解是在法院审判人员的主持下依法进行的。在整个调解过程中，审判人员都

---

① 此次《民事诉讼法》修改，新增设的司法确认的调解规定在特别程序（实际上应是非讼程序）中，根据司法解释在法院试点10余年的委托调解，我们认为包括在普通程序的先行调解中，先行调解包括法官调解和委托调解两方面内容。至于诉讼调解与非讼调解的关系，《民事诉讼法》未作规定。

② 参见张卫平：《程序公正实现中的冲突与衡平》，成都出版社1993年版，第294页。

居于主导的地位。调解要依照民事诉讼法规定的程序进行。

2. 法院调解贯穿于民事审判程序的全过程。人民法院审理民事案件时,根据案件的具体情况,能够调解的,随时都可以进行调解。

3. 法院调解是人民法院行使审判权的方式之一。凡经法院调解达成协议并生效的,即产生与生效判决相同的法律效力。

二、其他国家和地区的法院调解

虽然像我国大陆这样的完全与审判过程融为一体的法院调解在其他国家和地区很难找到,但在法院内以促成当事人达成协议为目的的纠纷解决程序却是常见的,如日本的民事调停、我国台湾地区的诉前调停和美国的"附设在法院的调停"等。

1. 日本的民事调停。在日本,有专门的民事调停法对民事调停作出规定。当事人之间发生争议,可以向法院申请调停,调停在法院的调停室进行。在诉讼进行中,当事人也可以申请调停,法院认为有必要的,可停止民事诉讼程序,交给调停机关调停。[①] 主持调停的组织——调停委员会,通常由1名法官(担任调停委员会主任)和2名民间选出的调停委员组成。调停委员主要从以下三类人中选出:具有律师资格的人;对解决民事和家事争端有专门知识和经验的人;40~70岁的具有丰富的社会经验、知识和较好人品的人。调停委员任期2年,可以连任。[②] 由于调停程序比较灵活、简便,而且不公开、不伤和气,又省钱,所以利用率很高。这一制度的价值还在于它提供了国民参与司法活动的机会[③],因而对于民主政治的建设具有深远的意义。

2. 我国台湾地区的诉前调解。我国台湾地区的法院调解发生在起诉前,其目的是通过调解解决纠纷,把案件从诉讼中排除出去,故虽规定在民事诉讼中,但是许多学者仍将其看作"非讼行为"。[④] 调解有强制调解与任意调解之分。前者指在简易诉讼程序事件与部分人事诉讼程序事件中,起诉前必须经过调解,否则,或以其起诉为不合法,或视其起诉为调解申请;[⑤] 后者指除指定必须调解的案件外,当事人可自行决定是否申请调解。诉讼程序开始后,不再进行调解。调解达成协议的,其结果与判决具有同等效力;调解不成的,当事人可另行起诉。调解成立后,有无效或可撤销的原因,当事人可在法定期间内向法院提出宣告调解无效或撤销调解之诉。

3. 美国的"附设在法院的调停"(mediation)。这种调停是美国"替代诉讼纠纷解决程序"(ADR)中的一种。由双方从调停人员名册中选出原告一方的调停员和被告一方的调停员,再选出中立的调停员,共3人担任调停委员。调停委员会在听取双方的说明、主张并进行一定的询问、协商后拟定调停方案。当事人在接到调停方案的通知后,于一定期限内答复同意

---

① [日]兼子一、竹下守夫:《民事诉讼法》,白绿铉译,法律出版社1995年版,译序,第7页。

② 参见龚刃韧:《现代日本司法透视》,世界知识出版社1993年版,第37页。

③ "据日本司法当局称,这一制度在日本国民参与司法活动中取得的成果最大。"转引自龚刃韧:《现代日本司法透视》,世界知识出版社1993年版,第37页。

④ 参见杨建华:《大陆民事诉讼法比较与评析》,台湾三民书局1991年版,第83页;另见陈计男报告,杨建华发言:《民事诉讼法之检讨》(三),台湾三民书局1990年版,第690、714页。

⑤ 参见杨建华:《大陆民事诉讼法比较与评析》,台湾三民书局1991年版,第83页。

或反对。如果一方当事人拒绝,案件就转入法庭审理。[①]

纵观这些调解程序,我们发现其与我国传统法院调解制度的主要区别在于:它们都是独立运作于法院审判程序之外的替代诉讼的纠纷解决程序。例如,日本和我国台湾地区的民事调解均由设置在法院的专门的调解委员会进行,适用专门的法律,调解程序与民事诉讼程序是分开进行的。这样,就避免了我国调审合一所产生的种种弊端。

三、我国传统法院调解与相关制度的关系

(一) 我国传统法院调解与审判的关系

在我国的民事诉讼程序中,法院调解与审判的关系可概括为以下几个方面:

1. 调解程序与审判程序是合二为一的。例如,没有专门的调解程序,法院调解在整个审判过程中都可以进行;调解人员与审判人员在身份上是竞合的,没有专门的调解法官;调解不成可立即判决——这意味着调解获得的有关案件的信息可直接作为判决依据,并不区分两种纠纷解决方式在性质和正当化依据上的差别。

2. 调解是法院民事审判权的主导性运作方式。现行《民事诉讼法》虽取消了偏重调解的条文,但现实中调解仍是人民法院审理民事案件的主要结案方式。

3. 偏重调解构成了我国民事审判程序的主要特征,使我国的民事审判方式呈现为“调解型”。现行调解制度,已经严重影响了我国民事审判程序的规范运作:因为调解与审判本来就是混同不分的,所以法官总是可以以调解为由不遵守有关的程序规则,达到软化程序法与实体法约束的目的。此外,即使是民事诉讼法规定的判决程序,在其指导思想上,也呈现出某些类似调解的痕迹。与西方国家相比,我国的民事审判程序具有这样的特征:不强调程序的严密性,不关注当事人参与程序的主体性,也不追求法院审判权与当事人诉讼权利的互相制约,而是把推动诉讼程序运作的大部分权力委诸法官,期望以法官的政治素养、品质和法院内部民主集中制的工作方式来保证审判的公正。在某种程度上,这种程序的目的并不是获得一个“非黑即白”的判决,而是迅速、妥善地解决当事人的纠纷,维持安定团结的社会程序。从这个意义上讲,即使是我国民事诉讼法规定的判决程序本身,也可看作“调解型”的。判决程序与调解程序在指导思想上的这种相通之处,是我国民事诉讼立法上长期重视调解,以及民事司法实践中调解扩张、判决萎缩的深层次原因。

(二) 西方国家诉讼和解与审判的关系

在主要西方国家民事审判程序中,诉讼和解只是审判程序的补充性、辅助性制度。不管和解的结案率多高,民事审判程序的运作首先以判决的形成为目标,主要表现在:一方面,是否自行和解或让法官试行和解,以及是否接受和解方案,完全取决于双方当事人的意志,因此和解程序的开始和和解协议的达成是任意的。另一方面,如果当事人要求试行和解,所谓的“和解程序”也只是在法官主持下进行交流、协商以及决定是否接受和解方案的一个过程。这一过程在程序上是灵活的,在时间上是短暂的,如果和解不成,马上继续原来的审判

① 参见白绿铉:《美国民事诉讼法》,经济日报出版社 1997 年版,第 116 页。

程序,基本上不影响诉讼进程的正常推进。因此,相对于审判程序来说,和解程序是辅助性的。具备了这两个特征,诉讼和解在民事诉讼程序中的地位必定不是主导性的。[①]

(三)我国法院调解、和解与审判的关系的调整

调解与审判混同不分,调解作为民事审判权的主导性运作方式的民事审判模式,是特定历史条件下的产物,这种审判模式曾在很长一段时间内适应了社会的需要,因而保持了高度的稳定性,但改革开放带来的深刻变化却在很大程度上改变了原来适合"调解型"审判方式的社会条件。例如,随着商品经济的发展,纠纷处理的重心已不在于恢复当事人关系,而在于保持一般规则的普遍性、明确性,以便给参加商品交换的人提供一种可预测性。同时,随着上述变化,纠纷处理目的从维持社会治安转移到形成和保护新的经济秩序,于是审判中的效率问题日益浮现:首先,纠纷数量的迅速增多,使国家承担大部分纠纷解决费用的做法难以为继。其次,由于纠纷解决对当事人、对社会有重大影响,法院为了节约费用而拒绝受理或拖延审理造成了社会心理的高度紧张。最后,随着社会价值的多元化和各种社会主体独立地位的确立,历来靠法院较高权威地位保持纠纷解决正当性的策略很难维持下去。在新的社会条件下,"调解型"审判模式的根本问题在于,审判人员总是能以每个案件的处理根据具体情况,都可有其独特性的过程和结果为由,对抗一切怀疑和批评。同时,审判人员对任何一个案件的处理也总是有可能不断地受到怀疑和批评。[②]近年来,社会上对司法腐败、司法不公、地方保护主义等的激烈批评,正是上述深层次问题的外在表现。

因此,为了适应新的社会条件,必须依据一种新的正当化策略来重构我国的民事审判程序。新的民事审判方式应是"判决型"的,其区别于"调解型"审判方式之处在于:在程序的目的上,它是以获得判决而不是以调解结案为出发点的;在程序的运作上,应是固定、严格的,而不是具体、灵活的;在纠纷解决的途径上,是以明确划分双方权利义务关系为途径,谋求纠纷强制性解决,而不是说服当事人,从而在心理上完全解决纠纷。因此,以诉讼和解重塑现行的法院调解制度,建立附设于法院的非讼化的民事调解机制应是改革的方向。我国法院非讼化调解制度已经开始建立(将在本章最后一节专门论述),今后的任务主要是完善非讼化调解制度,弱化直至取消诉讼调解制度,建立国际上通行的诉讼和解制度,如此一来,民事诉讼中两种纠纷解决方式的关系可基本理顺,我国民事审判方式的改革也就可以循着正确的轨道顺利展开。

第二节 法院调解的原则

法院调解的原则是指人民法院和当事人在法院调解的过程中,应当共同遵守的准则。根据我国民事诉讼法的规定,法院调解必须遵循三个原则。

① 在大多数国家,法官对当事人和解的态度是比较超脱的,主要是为当事人提供一种对话、协商的渠道,而不是主动地向当事人提议和解或者积极地促成当事人间的和解。尽管近几十年来,这些戒律逐步被打破,法官积极促进和解受到了越来越多国家的鼓励和提倡,但即使在法官介入和解较多的德国和日本等国家,也从未出现我国诉讼调解中如此突出的强制调解问题。

② 参见王亚新:《论民事、经济审判方式的改革》,载《中国社会科学》1994年第2期。

一、双方当事人自愿的原则

自愿原则，是指人民法院必须在双方当事人自愿的基础上进行调解。《民事诉讼法》第93条规定：“人民法院审理民事案件，根据当事人自愿的原则，在事实清楚的基础上，分清是非，进行调解。”第96条规定：“调解达成协议，必须双方自愿，不得强迫。”由此看出，自愿原则既包括程序意义上的自愿，也包括实体意义上的自愿。前者指用调解的方式解决纠纷，应出于双方当事人的意愿或取得双方的同意，人民法院不能强制进行。后者指调解达成的协议，也要出于当事人双方的意愿，协议的内容必须是双方真实意志的表示，不带任何勉强的成分。这也是它与民事判决的主要区别。按此原则，一个民事案件能不能用调解的方式处理，除了要看有没有调解解决的可能外，更主要的是还要看当事人愿不愿意调解，凡当事人一方或双方坚持不愿调解的，人民法院不能强行调解。当事人同意调解的，在调解过程中，人民法院居于主持者地位，既要尽量说服双方当事人互谅互让，达成协议，同时也要尊重当事人的意见，按当事人的意愿达成调解协议。当事人不愿调解或调解无效的，应当及时判决，不能久调不决。审判人员在审判实践中，不能片面追求调解结案率，不管当事人是否愿意就进行调解；还要避免在调解不成的情况下不及时判决，拖延诉讼时日；更不能对当事人施加压力，强迫或变相强迫当事人达成协议，侵犯当事人的合法权益。

二、事实清楚、是非分明的原则

根据《民事诉讼法》第93条规定，人民法院审理民事案件，必须在事实清楚的基础上，分清是非，进行调解。以事实为根据、以法律为准绳，是法院调解必须遵守的原则之一。查明案件事实是分清当事人之间是非责任的前提，又是对当事人进行说服教育，做好调解工作，正确解决纠纷的基础和依据。民事案件的事实，包括双方当事人之间的民事法律关系发生、变更或消灭的事实以及双方对此关系发生争议的事实。人民法院的审判人员在调解时必须查明事实，做到心中有数，才能抓住当事人争执的焦点，分清是非，对当事人进行有理有据的调解工作。如果事实不清，是非不明，盲目调解，只能事倍功半，不能达到调解的目的，甚至使案件久拖不决。

三、合法原则

《民事诉讼法》第96条规定：“调解协议的内容不得违反法律规定。”人民法院是国家审判机关，其一切活动都应该符合法律规定。法院调解是人民法院的审判活动之一。一方面，在程序上要合法，要依照民事诉讼法的规定进行。另一方面，调解协议的内容也要合法，要符合实体法的规定，不得损害国家、集体和他人的合法权益。但这里的“合法”，应理解为不违反法律的有关禁止性规定，而不是像判决那样严格按照法律规定对双方当事人的权利义务作出判定。这是由调解的性质决定的。调解的达成主要靠当事人自主协商、达成合意，调解协议即使与实际的法律关系状况有所差异，也应看作当事人行使处分权的结果，一般不宜干涉。但对当事人达成的调解协议，人民法院仍有审查的必要，发现有违反法律禁止性规定，损害国家、集体和他人合法权益的情形的,不能批准。

第三节　法院调解的程序

法院调解的程序是指调解的过程。根据民事诉讼法的精神,调解与判决的审理过程是合为一体的。人民法院在案件的审理过程中进行调解,在调解的过程中对案件进行审理,调解贯穿于审理程序的始终,没有与审理程序截然分开的法院调解程序。这一点与许多国家和地区的法院调解不同。

根据立法精神和司法实践,我国法院调解有开始、进行和结束三个阶段。

一、调解的开始

法院调解既可以依当事人申请而开始,也可以由人民法院依职权主动开始。在审判实践中,人民法院依职权主动进行调解的居多数。人民法院受理民事案件后,一般首先考虑有无调解解决的可能,如果认为有可能调解解决,即可在征得当事人同意的前提下,由合议庭或独任审判员进行调解。凡不能调解解决,或当事人一方或双方不同意的,人民法院不能强迫调解。

最高人民法院《关于人民法院民事调解工作若干问题的规定》(以下简称《民事调解规定》)[①] 进一步强调了人民法院审理民事案件必须全面贯彻调解工作的基本原则。这体现在两个方面:一是明确规定了调解适用的诉讼阶段。人民法院对受理的第一审、第二审和再审民事案件都适用调解。在受理案件之后到庭审结束作出裁判之前,人民法院都可以对民事案件进行调解(《民事调解规定》第1条)。二是明确规定了人民法院调解民事案件的范围。对于有可能通过调解解决的民事案件,人民法院应当进行调解。但适用特别程序、督促程序、公示催告程序、破产还债程序的案件,婚姻关系、身份关系确认案件以及其他依案件性质不能进行调解的民事案件,人民法院不予调解(《民事调解规定》第2条)。

为了更好地全面贯彻调解工作的基本原则,《民事调解规定》还设立了答辩期满前进行调解的规则。在征得当事人各方同意后,人民法院可以在答辩期满前进行调解。答辩期满前的调解有两种启动方式:一是当事人申请调解的,可以立即进入调解程序。二是由法院主动征得各方当事人同意进行调解。为避免答辩期满前的调解时间过长拖延诉讼,《民事调解规定》对这一阶段的调解时间作了限制,适用普通程序的案件在当事人同意调解之日起15天内,适用简易程序的案件在当事人同意调解之日起7天内。在此期间未达成调解协议的,经各方当事人同意,可以继续调解。延长的调解期间不计入审限(《民事调解规定》第6条)。

二、调解的进行

法院调解的进行通常要按照开庭审理的方式和步骤。调解开始前,审判人员要告知当

---

① 最高人民法院《关于人民法院民事调解工作若干问题的规定》(共24个条文)于2004年8月18日由最高人民法院审判委员会第1321次会议通过,自2004年11月1日起施行。

事人有关诉讼权利和诉讼义务、主持调解人员和书记员的姓名，询问当事人是否申请回避。人民法院审理民事案件，调解过程不公开，但当事人同意公开的除外。调解协议内容不公开，但为保护国家利益、社会公共利益、他人合法权益，人民法院认为确有必要公开的除外。调解时当事人各方应同时在场，根据需要也可以对当事人分别做调解工作（《民事调解规定》第5条、第7条）。

调解开始后，首先由双方当事人陈述案件的事实和理由，并出示有关的证据或要求证人出庭作证，双方当事人可以进行辩论、质证。然后，再由审判人员根据已查明的事实，针对当事人之间争议的焦点，有的放矢地对当事人进行法制宣传教育工作。在进行法制宣传和教育后，即由双方当事人自行协商，双方当事人协商可在法庭内进行，也可在法庭外进行，但审判人员和调解人员应当参加。调解协议一般由双方当事人协商提出，必要时审判人员也可提出意见和方案供当事人参考，但不能强加于当事人。“人民法院调解民事案件，需由无独立请求权的第三人承担责任的，应当经其同意。”① 调解协议的内容如有不符合法律规定之处，审判人员可以让当事人重新协商。

《民事调解规定》在法院调解组织、调解协议内容和调解协议执行的保障机制等方面都有新发展：

1. 调解组织适度社会化。为解决审判力量的严重不足，以提高诉讼效率，确保司法公正，《民事调解规定》对调解人员的范围作了扩大性规定。调解组织的社会化主要通过两种方式实现，一是邀请协助调解，就是人民法院依法可以邀请与当事人有特定关系或者与案件有一定联系的企业事业单位、社会团体或者其他组织，和具有专门知识、特定社会经验，与当事人有特定关系并有利于促成调解的个人协助调解工作。二是邀请主持调解，即经各方当事人同意，人民法院可以委托上述单位和个人如技术专家、居委会、人民调解组织、行业主管部门等，对案件进行调解。经调解达成调解协议的，由人民法院依法予以确认（《民事调解规定》第3条）。

2. 调解协议内容可以超出诉讼请求范围。允许调解协议的内容超出诉讼请求的范围，是因为当事人协商解决的纠纷往往不止一个，对这些纠纷达成一揽子协议，有助于彻底解决他们之间的争议。所以，调解协议只要不违反法律、行政法规的禁止性规定，不侵害国家、社会、他人的合法权益，法院就可以确认其效力（《民事调解规定》第9条、第12条）。

3. 建立调解协议执行的保障机制。尽管多数调解协议能够得到当事人的自觉履行，需要强制执行的调解案件较少，但一旦发生不履行调解协议或者调解书的情况，债权人则往往会为自己在调解时作出的让步感到后悔。这种顾虑也直接影响了当事人进行调解的积极性。为消除当事人这种顾虑，促进当事人达成调解协议，《民事调解规定》建立了两种调解协议执行的保障机制：一是当事人可以在调解协议中约定一方不履行调解协议时承担额外的民事责任，经人民法院确认后，在一方不履行调解协议时，另一方当事人可以直接申请人民法院强制执行。二是当事人可以为履行调解协议设定担保，一旦发生一方不履行调解协议的情况，另一方可以向法院申请强制执行担保人的财产或者担保物，以保证其债权能够及时地实现（《民事调解规定》第10条、第11条）。

---

①《民诉法解释》第150条。

三、调解的结束

法院调解的结束有两种情况:第一种是因调解无效而结束。即经过调解,双方当事人不能达成协议,或虽已达成协议,但协议内容不合法,当事人又不愿修改以及在调解书送达前一方反悔的,人民法院应当及时判决。第二种是因调解成立而结束。即双方当事人经法院调解后,达成了调解协议,经过人民法院审查,协议内容符合国家法律、政策的,应予以批准。需制作调解书的,应制作调解书并发给双方当事人。不需要制作调解书的,协议内容应记入笔录,并由双方当事人、审判人员和书记员签名盖章,从而结束案件的审理程序。

四、法院调解书的制作

调解书是人民法院根据双方当事人达成的调解协议制作的法律文书。调解书与调解协议既有联系又有区别。调解协议是当事人双方的意思表示,是诉讼文书的一种。调解书则是以调解协议为根据,并对其进行确认的法律文书。调解书既是对双方当事人协商结果的记载,又是对人民法院批准当事人调解协议的证明。

调解书由首部、正文和尾部三个部分组成。

首部除依法写明制作调解书的人民法院的全称、标题、案件编号外,还要写明当事人(包括第三人)及诉讼代理人的基本情况、案由和主持调解的审判人员的姓名。

正文是调解书的主要部分。要写明诉讼请求、案件事实和调解的理由及协议的内容。其中,诉讼请求是原告的主张。案件事实包括当事人双方争议的事实和人民法院查明的事实。写法可采取归纳式,力求简略而概括,不必像判决书那样详细。调解的理由是在事实清楚的基础之上,根据法律规定对当事人之间的过错和责任大小,进行公正、合理的评定。调解理由一般可以不写,或从简,与事实写在一段里。协议内容是该部分的核心,也是整个调解书的核心部分。协议内容必须明确、具体,便于履行,同时还要符合国家法律、政策。在协议内容之后,另起一行,写明诉讼费用的负担。

尾部是调解书的最后部分,要写明调解书经双方当事人签收后即具有法律效力,由审判人员署名,写明签发的年、月、日并加盖人民法院的印章,最后由书记员署名。

第四节　法院调解的效力

一、法院调解发生效力的时间

依照民事诉讼法的规定,法院调解发生效力的时间,因是否制作调解书而有所不同。

(一) 调解书生效的时间

《民事诉讼法》第 97 条第 3 款规定:“调解书经双方当事人签收后,即具有法律效力。”这说明如果当事人没有选择调解协议的生效方式,那么凡是需要制作调解书的案件,必须将调解书送达当事人，并经当事人包括第三人签收后，才产生法律效力。签收是指受送达人在送达回证上签名或盖章，并记明签收的日期。调解书签收与否是该调解书生效与否的标志。签收之前，一方当事人反悔的，调解书不发生法律效力。所以，送达调解书应采用直接送达的方式，如果当事人拒绝签收，应视为调解不成立，调解书不发生法律效力。人民法院应将此情况及时通知对方当事人，并根据案件的具体情况继续审理或者进行判决，而不得采取留置送达的方式，否则就违背了自愿调解的原则。

(二) 不需制作调解书的调解协议生效的时间

依照《民事诉讼法》第 98 条规定，下列案件在调解协议达成后，人民法院可以不制作调解书：(1) 调解和好的离婚案件；(2) 调解维持收养关系的案件；(3) 能够及时履行的案件；(4) 其他不需要制作调解书的案件。

对不需要制作调解书的案件，书记员应当将当事人协议的条款记入笔录，由双方当事人、审判人员、书记员签名或盖章后，即产生法律效力。

实践中存在当事人一方在签收调解书之前无故反悔，以此拖延诉讼时间的情形。这不仅违背了诉讼诚信原则，而且浪费了审判资源，增加了当事人的诉讼成本。为此，《民事调解规定》第 13 条明确当事人可以选择调解协议的生效方式："根据《民事诉讼法》第 90 条第 1 款第(四)项[①]规定，当事人各方同意在调解协议上签名或者盖章后生效，经人民法院审查确认后，应当记入笔录或者将协议附卷，并由当事人、审判人员、书记员签名或者盖章后即具有法律效力。当事人请求制作调解书的，人民法院应当制作调解书送交当事人。当事人拒收调解书的，不影响调解协议的效力。一方不履行调解协议的，另一方可以持调解书向人民法院申请执行。"上述规定，有助于培养当事人的诚信意识，避免当事人随意反悔，保障法院调解工作取得良好的效果。

二、法院调解的效力

法院调解是人民法院审理民事案件、结束诉讼程序的一种方式，所以它与生效的法院判决具有同等的法律效力。主要表现在：

1. 结束诉讼程序。这是法院调解在程序方面的法律效力。它和法院判决一样，都是正常结束诉讼程序的方式。凡经调解结案的，人民法院不得再行审理和另行判决。

2. 确认当事人之间的权利义务关系。这是法院调解在实体方面的法律效力。法院调解生效，即表明当事人之间的实体权利义务争议已经得到了解决和确认，双方当事人不得就同一诉讼标的和以同一诉讼理由再向人民法院提起诉讼。

3. 不得提起上诉。由于调解协议是双方当事人自愿达成的，所以不产生对调解不服的问题，法律也不允许当事人对调解提起上诉。

4. 具有强制执行效力。调解书生效后，即产生与生效判决一样的强制执行效力，负有义务的一方当事人不自觉履行调解书中确定的义务的，对方当事人可向人民法院申请强制执行。

---

① 《民事诉讼法》2012 年修订后，该规定为第 98 条第 1 款第 4 项。

第五节　司法ADR与我国法院调解的新发展

一、司法ADR的域外考察

司法ADR是在ADR的基础上发展起来的。ADR即英文Alternative Dispute Resolution的缩写,这一概念既可以根据字面意义译为“替代性(或代替性、选择性)纠纷解决方式”,亦可根据其实质意义译为“审判外(诉讼外)纠纷解决方式”或“非诉讼纠纷解决方式”“法院外纠纷解决方式”等。ADR概念源于美国,原指各种诉讼外纠纷解决方式的总称,现在已引申为对世界各国普遍存在着的、民事诉讼制度以外的非诉讼纠纷解决方式或机制的称谓。ADR技术被广泛地运用,是因为当事人、律师以及法院认识到ADR可以比传统的诉讼程序更快、更节省,更利于保护个人秘密,还可以更有效地解决问题,不像诉讼程序那样完全建立在双方“对立”的基础上。ADR原来指民间解决纠纷的办法,与在法院进行的诉讼无关。但是,20世纪70年代以来,在英美法系国家特别是美国,一些州法院在法院内设置仲裁和调解等第三人解决纠纷的制度,实际上是把ADR当作了诉讼程序的一环,这种ADR叫作司法ADR,或称附设在法院的ADR(Court Annexed ADR)。附设在法院的ADR,虽然是诉讼程序的一环,但按照法院解决纠纷的传统方法来说,ADR仍然被视为诉讼外的即不经过判决解决纠纷的程序。

司法ADR具有准司法性质,这种准司法性质可以从两个角度来分析。(1)与传统诉讼程序相比,司法ADR具有非司法性质。这主要表现在以下三个方面:其一,对于传统的审判程序而言,法官必须严格按照实体法和程序法认定事实,作出裁判。而司法ADR程序从本质上说属于合意解决纠纷的机制,解决纠纷的根据可以是当事人自主选择的地方习惯和行业惯例或其他社会规范,而不必然要遵从法律规范,同时解决纠纷的程序简便快捷、灵活多样。其二,主持传统审判程序的是法官或陪审团。在司法ADR程序中,无论是促进双方和解的中立人还是作出评价性判断或假定性裁决的“法官”,通常都是来自于法院之外的律师、退休法官、相关行业专家或法院的辅助人员。而且在司法ADR程序进行中,法官通常不直接介入双方交涉的过程。其三,传统审判程序的判决裁定生效后具有终局性,这是司法最终解决原则的要求。但通过司法ADR程序获得的调解结果、仲裁裁决通常是非约束性的,或者司法ADR程序只是为当事人提供了评价性判断或参考性意见,当事人可以拒绝接受并要求法院重新审理。(2)与法院外ADR相比,司法ADR又具有一定的司法性质,这主要表现在以下两方面:第一,法院对于司法ADR程序的管理、监督甚至主持。根据美国1998年ADR法,每个联邦法院应当指派在ADR程序方面富有经验的雇员或一位司法官员来执行、管理、监督和评价法院的ADR程序,他们还负责招收、考察和培训在司法ADR程序中充当中立人和仲裁人的律师。[①] 在日本、韩国和我国台湾地区,调解这种司法ADR的主持者即为法官。第二,司法ADR程序与法院的诉讼程序有一种制度上的联系,在某些法定条件下,可作为诉讼程序的前置阶段,法院还可对其进行司法审查。在此意义上,它们也就构成了司法

① 参见28 U.S.C.&651(d)。

系统的组成部分。同时,司法 ADR 也可以被看作案件进入法院之后的非审判的纠纷解决途径,这种途径与审判途径相辅相成,共同承担着解决纠纷的司法职能。[①]

二、我国法院调解制度的新发展

通过上述考察,我们不难看出,司法 ADR 是一种以法院为管理、监督甚至主持机构,与诉讼程序相关联但又与审判程序截然不同的裁判外纠纷解决制度。

像我国这样与审判过程完全融合的法院调解,在国外很难找到。我国民事诉讼法规定的法院调解,从严格意义上讲不属于司法 ADR 的范畴。因为司法 ADR 的目的在于替代诉讼,节约司法资源。而我国的法院调解,与判决一样是法院行使审判权的一种方式,不存在替代诉讼的问题。

面对我国日益增多的案件和国际上司法 ADR 的蓬勃发展,我国的司法 ADR 近年来也开始起步并有了较大发展。

首先,通过最高法院的司法解释,增设了国际上通行的法院非讼化调解制度——委托调解。2004 年 11 月施行的《民事调解规定》率先确立了委托调解。所谓委托调解,是指对起诉到法院的民事案件,法院在征得当事人的同意后,委托人民调解委员会、退休法官、律师等组织或个人进行调解,对达成协议的调解案件,经法官审查后由法院出具法律文书确认该调解协议具有法律效力的制度。委托调解是我国法院努力构建多元化纠纷解决机制的结果,是法院借助社会力量调处民事纠纷的新举措。根据司法解释的精神,我国许多地方的法院在委托调解方面进行了有益的探索。从试点法院运行的情况来看,委托调解大致有以下三种模式:(1)法院自己组建调解员队伍的模式。法院的调解员由法院聘请,在法院从事非讼化调解工作。调解人员主要由退休法官、优秀人民调解员、律师等人员组成。这种模式在一些地区已发展为附设在法院内的规模较大的诉调对接中心。[②] 如在上海的浦东法院,诉调对接中心根据案件特点和调解人员的专业特长,成立了婚姻家庭、房产、物业借贷、金融、商事、知识产权、交通事故、劳动争议等业务组,非讼化调解已进入专业化分工阶段。(2)由司法局选派优秀的调解员在法院或交通事故处理中心等同类纠纷集中的地方设立人民调解窗口,接受法院委托对民商事纠纷进行调解。(3)委托有群众工作经验的组织(如工会、妇联等)进行调解的模式。上述调解一旦成功,法院通常指定相关法官对调解协议进行审核,以保证当事人达成的调解协议的公正性和权威性。经审核符合要求的,法院便为当事人出具调解书。如果调解不成,案件进入诉讼程序。

> **拓展阅读**
>
> 上海市浦东新区法院诉前调解(委托调解)流程和情况简介
>
> http://2d.hep.cn/1322465/2

① 参见杨严炎:《美国的司法 ADR》,载《政治与法律》2002 年第 6 期。

② 上海大部分基层法院已建成具有上千平方米办公用房的"诉调对接中心",并投人使用。许多法院还制定了诉调对接中心工作规则,对诉调对接中心的具体运作作出了规定。诉调对接中心通常由法官负责接待当事人。法官在立案接待时,要对纠纷非讼解决的可能性进行判断,对于纠纷有可能通过诉前调解解决的,引导当事人通过诉前调解途径解决。当事人同意进行诉前调解的,由诉调对接中心及时委托调解员进行诉前调解。当事人坚持进行诉讼的,法院应当及时进行立案审查,依法处理。诉前调解成功后,当事人申请对调解协议书进行司法确认的,由诉调对接中心的法官进行确认。

从上述委托调解运作的基本情况来看,其与国际上作为司法 ADR 主要形式的非讼化调解在很多方面都是一致的。我国委托调解的一个主要特色,或者说与国际上同类制度的一个明显的不同点,主要在于其同时是大调解格局的一个重要组成部分,并注重与法院外调解,特别是与人民调解的衔接。

其次,通过最高法院的司法解释,人民调解法和民事诉讼法增设了具有中国特色的法院非讼化调解制度——司法确认的调解。所谓司法确认的调解,是指当事人经人民调解委员会等法院外具有调解职能的组织调解就纠纷达成协议后,共同向调解组织所在地的基层人民法院申请,经法官审查,认为协议内容符合法律规定的,由法院出具法律文书确认该调解协议具有法律效力的制度。

法院外调解特别是人民调解在我国有着广泛的社会基础,具有调解方式灵活,意思自治充分,节省时间和费用,便利人民群众就地解决纠纷和和谐解决纠纷等特点。其在处理一般的民商事纠纷特别是邻里纠纷、熟人纠纷中发挥着其他纠纷解决方式不可替代的重要作用。然而,伴随着我国经济的发展和民众诉讼意识的提高,再加上法院外调解协议的效力局限等多方面的原因,自 20 世纪 80 年代以来,与法院受案数量成倍增长、不堪重负形成鲜明对比的是,法院外调解组织调解案件的数量却呈不断下降趋势,而且许多经过法院外调解组织调解达成协议的案件,由于当事人反悔,最终又起诉到了法院。这既挫伤了调解员的积极性,又动摇了当事人对调解组织的信任。实际上,早在 1988 年,就有学者主张应赋予调解协议以约束力,调解协议的当事人双方应负有履行契约义务,因为通过调解委员会达成的调解协议为宪法所认可。[①] 支持该主张的学者指出,调解员要花费相当多的时间和精力帮助争执者达成协议,但因为人民调解不具有法律约束力,协议经常是“一纸空文”。[②] 结果,争执者不仅被调解拖得筋疲力尽,而且也会对调解委员会失望至极。[③] 法院外调解协议司法确认制度的建立,[④] 较好地解决了这一问题。它使人民调解和其他法院外调解制度重新焕发出了活力,实现了传统的法院外调解制度与现代司法制度的有机衔接,有效解决了法院外调解协议缺少权威性、确定性和强制性的问题。

以上两种非讼化调解,前者与国外的同类制度大体相同,都是法院委托法院外的相关人员进行的调解。后者作为对诉讼外达成的调解协议的司法确认程序,是力度更大的法院借助社会力量调处民事纠纷的新举措,在国外尚未看到类似制度,其对我国的民商事纠纷解决结构和方式都将产生深远的影响,将其视为近年来我国司法改革取得的一项重大成果并不为过。这两种非讼化调解制度尽管都刚刚起步,也存在包括强制调解在内的诸多问题,但代表了我国法院调解制度改革的方向,应当不断充实和完善,使其在我国纠纷解决制度中发挥更加重要的作用。

最后,最高法院颁布的一系列司法解释,也使我国的诉讼调解在制度层面有了较大的发展和完善。自 2004 年以来,最高人民法院先后出台了《民事调解规定》《关于进一步发挥诉

---

① 参见林义全:《新中国人民调解研究综述》,载《法学研究》1988 年第 1 期。

② 参见潘树成、黄长久:《试论人民调解的科学管理》,载《法学研究》1988 年第 2 期。

③ 参见王红岩、杨元忠:《试论人民调解制度的发展》,载《法学研究》1987 年第 3 期。

④ 2009 年颁布的最高人民法院《关于建立健全诉讼与非诉讼相衔接的矛盾纠纷解决机制的若干意见》的司法解释、2010 年通过的《中华人民共和国人民调解法》第 33 条、2012 年修改的《民事诉讼法》第 194 条和 195 条确立了具有中国特色的司法确认的调解制度。

讼调解在构建社会主义和谐社会中积极作用的若干意见》《关于建立健全诉讼与非诉讼相衔接的矛盾纠纷解决机制的若干意见》《关于进一步贯彻"调解优先、调判结合"工作原则的若干意见》四个司法解释,使诉讼调解的内容更加丰富和完善。

整体上看,上述一系列司法解释和 2012 年修改的《民事诉讼法》对非讼化调解的确认,不仅丰富和完善了我国的法院调解制度,改变了我国仅有诉讼调解缺乏非讼化法院调解的状况,而且有许多创新性规定,使我国的非讼化法院调解在制度层面走在了世界的前列,诉讼调解也在许多方面有了长足的进步。

不过,应该看到,我国法院调解在迅速发展的同时,亦存有不少问题。但最突出的还是诉讼调解中的问题,特别是对调解优先原则的错误理解和运用,调解与判决关系的不当处理等,还需要在深入研究的基础上予以解决。

第十一章　诉讼保障制度与程序

所谓诉讼保障制度与程序，是指保障民事诉讼程序得以顺利进行以及诉讼任务得以圆满完成的有关制度与程序，包括期间制度、送达制度、保全程序、先予执行程序以及对妨害民事诉讼的强制措施。其中，期间制度是从时间维度来保障诉讼行为的有效实施和诉讼程序的顺利进行，送达制度是从诉讼行为的衔接与贯通的角度来保障诉讼活动的有序进行，保全程序是从确保将来的生效裁判得以切实实现的层面来保障诉讼任务的圆满完成，先予执行程序是从不待给付判决发生法律效力便预先实现当事人主张的民事权利的角度来保障诉讼任务的圆满完成，对妨害民事诉讼的强制措施则是直接从“排除妨害”的角度来发挥其对诉讼秩序的维护和保障作用。

第一节　期间

一、期间的概念和意义

民事诉讼中的期间，是指人民法院、当事人或者其他诉讼参与人各自单独进行或者完成某种诉讼行为的时限。[①]

期间既是对当事人和其他诉讼参与人实施诉讼行为的时间要求，也是对人民法院进行审判活动和执行活动的时间要求。我国《民事诉讼法》确立期间制度的目的，对于当事人和其他诉讼参与人而言，在于为他们实施诉讼行为提供时间上的保障，同时也有督促他们及时行使诉讼权利、履行诉讼义务的功能预设；对于人民法院而言，则在于保证并督促其及时审结和执结民事案件，提高审判与执行的效率，以切实维护当事人的合法权益。

二、期间的种类

根据我国《民事诉讼法》第 82 条第 1 款和《民诉法解释》第 99 条第 1 款规定，民事诉讼中的期间包括法定期间、指定期间和商定期间。

---

① 2006 年 12 月 31 日，最高人民法院下发了《关于人民法院办理执行案件若干期限的规定》(2007 年 1 月 1 日起施行)，从而以司法解释的形式丰富和完善了期间制度。而在此之前，由于我国《民事诉讼法》和相关司法解释均未就执行程序中的期间问题作出专门的系统规定，故期间制度的适用空间主要是在审判程序。期间制度适用空间的狭窄对于人民法院及时、高效、公正地办理执行案件以及维护当事人的合法权益显然是不利的。

(一) 法定期间

严格意义上的法定期间，是指由法律明确规定的诉讼期间。从广义上讲，由于我国最高人民法院有关民事诉讼程序问题的司法解释通常被视为广义民事诉讼法的组成部分[①]，因此其中直接规定的有关期间，亦可认为法定期间。就我国民事诉讼而言，法定期间的种类较多，如登记立案期间、提出答辩状期间、公告期间、各类案件的审结期限、不服一审裁判的上诉期间等。在法定期间内的任何时候，有关主体都可以实施相关的诉讼行为，也只有在法定期间内所进行或完成的相关诉讼行为才是有效的诉讼行为，可以产生相应的诉讼上的法律效果。

对于法定期间，除法律另有规定外，人民法院不得依职权或者依当事人、其他诉讼参与人的申请而予以变更。因此，法定期间又称不变期间[②]，具有较强的适用刚性，必须恪守。所谓法律另有规定，在此是指法律针对诉讼中的某些特殊情况对法定期间所作的调节性规定。例如，我国《民事诉讼法》第 149 条规定："人民法院适用普通程序审理的案件，应当在立案之日起六个月内审结。有特殊情况需要延长的，由本院院长批准，可以延长六个月；还需要延长的，报请上级人民法院批准。"[③]

(二) 指定期间

严格意义上的指定期间，是指法律明确授权人民法院根据审理和执行案件的具体情况和实际需要，依职权决定当事人或其他诉讼参与人实施或完成某种诉讼行为的期间。与法定期间的情况相似，从广义上讲，我国最高人民法院有关民事诉讼程序问题的司法解释中概括规定人民法院可以依职权加以指定的有关期间，亦可认为指定期间，如根据《民诉法解释》第 99 条第 1 款中前段的规定为当事人指定("确定")的举证期限。[④]另外，在审判和执行实践中，在既没有法律的明确授权，又无司法解释的概括规定的情况下，人民法院根据审理和执行案件的具体情况和实际需要而酌情指定的期间，虽然在具体操作依据上似有欠缺，但只要是为了满足审判活动和执行活动的正常需要，且不会因此而损及当事人或其他诉讼参与人的相关权益，同样应当认为合理而正当的指定期间。[⑤]

指定期间是法定期间的必要补充，是一种可变期间。因此，其在适用刚性上显然不像法定期间那样强。例如，根据《民诉法解释》第 99 条第 3 款，"举证期限届满后，当事人对已经提供的证据，申请提供反驳证据或者对证据来源、形式等方面的瑕疵进行补正的，人民法院可以酌情再次确定举证期限，该期限不受前款规定的限制"。另据《证据规定》第 36 条，当

---

① 有学者对此亦有不同看法。

② 例如，《民诉法解释》第 127 条规定："民事诉讼法第五十六条第三款、第二百零五条以及本解释第三百七十四条、第三百八十四条、第四百零一条、第四百二十二条、第四百二十三条规定的六个月，民事诉讼法第二百二十三条规定的一年，为不变期间，不适用诉讼时效中止、中断、延长的规定。

③ 根据最高人民法院于 2000 年 9 月 14 日通过并于同月 28 日起施行的《关于严格执行案件审理期限制度的若干规定》(以下简称《审限规定》)第 2 条第 1 款，再次延长的审结期限最长为 3 个月。因此，除了按照规定应予剔除的有关时间不予计算以外，适用普通程序审理的第一审民事案件的最长审限为 15 个月。

④ 该条第 2 款规定，"人民法院确定举证期限，第一审普通程序案件不得少于 15 日，当事人提供新的证据的第二审案件不得少于 10 日。"

⑤ 在我国，此类指定期间虽然将会随着民事诉讼立法的进一步健全和司法解释的日趋周密而逐渐减少，但是由于诉讼实践的复杂性，其不会从根本上消失。

事人若在受诉法院指定的(或双方当事人协商一致确定并经受诉法院认可的)举证期限内提交证据材料确有困难,即可经由申请、批准程序而适当延长和再次延长举证期限。当然,基于严肃诉讼活动、维护诉讼秩序、提高诉讼效率、避免诉讼迟延之考量,期间的指定亦应当慎重,即应尽可能处理好时间紧凑和充裕的相互关系,且指定期间一经确定就不应轻易改变,更不能随意变更,否则不论是延长还是缩短,都将不利于当事人或其他诉讼参与人,同时也有损于人民法院职权行为应有的严肃性和权威性。

(三) 商定期间

所谓商定期间,是指根据相关法律或司法解释所确立的合意机制,由各方当事人协商一致,并经人民法院认可的诉讼期间。我国《民事诉讼法》第 82 条第 1 款仅规定"期间包括法定期间和人民法院指定的期间"。由此可见,现行《民事诉讼法》中尚无商定期间的任何规定。但据《民诉法解释》第 99 条第 1 款后段的规定,"举证期限可以由当事人协商,并经人民法院准许"。《证据规定》第 33 条第 2 款亦规定,"举证期限可以由当事人协商一致,并经人民法院认可"。其实,从充分实现诉讼民主的应然价值目标来看,我国的民事诉讼应在坚持以法定期间为原则的前提下,适当缩小指定期间的适用范围而相应扩大商定期间的适用场合。

三、期间的计算与剔除

(一) 期间的计算

我国《民事诉讼法》第 82 条第 2 款规定:"期间以时、日、月、年计算。"在实际计算时,应依该条第 2~4 款,遵循以下 3 项规则:

1. 期间开始的时和日,不计算在期间内。据此,期间以小时为单位计算的,应当从下一个小时起算。例如,根据《民事诉讼法》第 100 条第 3 款规定,人民法院接受当事人关于保全的申请后,对情况紧急的,必须在 48 小时内作出裁定。在计算该 48 小时时,即不应将人民法院接受当事人申请的那一个小时计算在内,而应该从下一个小时开始计算。期间以日为单位计算的,应当从次日起算。例如,《民事诉讼法》第 164 条第 1 款规定:"当事人不服地方人民法院第一审判决的,有权在判决书送达之日起十五日内向上一级人民法院提起上诉。"在计算 15 日的上诉期间时,不应将收到判决书之日计算在内,而应该从次日开始计算。[①] 期间以月和年为单位计算的,由于它们实际上仍然都是由日组成的,因此同样应从次日开始计算,并以期间届满月的相对日为期间届满日;期间届满月没有相对日的,则应以该月的最后一日为期间届满日。例如,一个适用简易程序审理的案件,按照《民事诉讼法》第 161 条规定,其应在立案之日起 3 个月内审结,若立案之日是 11 月 29 日,即应从第 2 日即 11 月 30 日开始计算期间,且应至第 2 年的 2 月 30 日为期间届满日,但因 2 月没有 30 日,

① 就字面逻辑而言,我国《民事诉讼法》第 164 条第 1 款所表述的"之日起"之计算方法,显然有违"总则"中"期间开始的时和日,不计算在期间内"的上位规制,以致审判实践中大多将一审判决书送达之日作为 15 日上诉期间的第 1 日,从而使当事人行使上诉权的上诉期间普遍"缩水"为 14 日。此外,《民事诉讼法》和有关司法解释中亦有不少期间的计算是从"之日起"而非"次日起",故失当之处显然比比皆是。鉴此,《民诉法解释》第 125 条明释:"依照民事诉讼法第八十二条第二款规定,民事诉讼中以时起算的期间从次时起算;以日、月、年计算的期间从次日起算。"

则实际应以2月的最后一日即28日(或29日)为期间届满日。又如,一个适用特别程序审理的宣告死亡案件,按照《民事诉讼法》第185条第1款规定,宣告死亡的公告期间为一年,若发出公告之日是2月28日,即应从第2日即2月29日开始计算公告期间,且应至第二年的2月29日为期间届满日,但因第二年的2月只有28日,则实际应以2月的最后一日即28日为期间届满日。

2. 期间届满的最后一日是节假日的,以节假日后的第一日为期间届满的日期。此处所说的"节假日",是指国家法定的全国性节假日,如元旦、春节(长假)、"五一"劳动节、"十一"国庆节(长假)、周末(含周六和周日)以及少数民族的传统性节日,而不包括某些地区或单位自定的"节假日",如"啤酒节"、"荔枝节"、厂庆日、校庆日等。应当注意的是,节假日在期间当中的,则不予扣除。

3. 期间不包括在途时间,诉讼文书在期满前交邮的,不算过期。此处所说的在途时间,是指诉讼文书在邮寄途中所花费的时间。例如,当事人不服一审判决而在上诉期间的最后一日即第15日将上诉状交付邮寄,即使法院收到上诉状时已逾上诉期限,也不影响上诉的效力。确定诉讼文书交邮的具体时间,以邮寄地邮局所盖的邮戳为准。之所以要将在途时间加以剔除,一方面是因为当事人等在诉讼期间届满前的任何时间都可以实施相关诉讼行为,另一方面是因为当事人等虽然可以预计诉讼文书的在途时间,但却无法控制,故若不剔除在途时间,将会直接影响当事人等有效地行使诉讼权利,甚至有可能最终损及其实体利益。

(二) 期间的剔除

所谓期间的剔除,是指人民法院按照规定,不将期间进行中虽然用于某些必要事项或活动但却难以精确控制的时间计入该项期间。期间剔除制度的意义在于合理减少诉讼期间的"虚耗",保证诉讼期间能够得到实际、充分、有效的利用。

我国《民事诉讼法》中除了上述"期间不包括在途时间"的规定尚可算作期间的剔除以外,再无其他规定属于期间的剔除。但是,按照《审限规定》[①]第9条、《关于人民法院办理执行案件若干期限的规定》第13条以及《民诉法解释》第129条,下列期间不计入审理、执行期限:

1. 因当事人、诉讼代理人申请通知新的证人到庭、调取新的证据、申请重新鉴定或者勘验,人民法院决定延期审理1个月之内的期间;延期审理超过1个月的时间,仍须计入案件的审结期限;

2. 民事案件公告(包括公告送达执行法律文书)、鉴定的期间;

3. 审理当事人提出的管辖权异议和处理人民法院之间的管辖争议的期间;

4. 民事(审判)、执行案件由有关专业机构进行审计、评估、资产清理的期间;

5. 中止诉讼(审理)或中止执行至恢复诉讼(审理)或恢复执行的期间;

6. 当事人达成执行和解或者提供执行担保后,执行法院决定暂缓执行的期间;

7. 上级人民法院通知暂缓执行的期间;

---

①《审限规定》并非专门适用于民事诉讼案件,而是涉及三大诉讼。其第9条列有共计12项应予剔除的期间,同样涉及三大诉讼。但是,从其具体内容来看,用于规制民事诉讼的期间剔除事项即达8项。

8. 执行中拍卖、变卖被查封、扣押财产的期间；

9. 执行过程中就法律适用问题向上级人民法院请示的期间；

10. 与其他法院发生执行争议报请共同的上级人民法院协调处理的期间；[①]

11. 对申请再审的案件，人民法院应当自受理之日起 3 个月内审查完毕，但公告期间、当事人和解期间等不计入审查期限。有特殊情况需要延长的，由本院院长批准。

四、期间的耽误及其补救

所谓期间的耽误，是指当事人或者其他诉讼参与人未能在要求的期间内实施或者完成某项诉讼行为的状态。这种状态的出现，不仅有可能使当事人或者其他诉讼参与人丧失行使诉讼权利的机会，而且有可能最终损及当事人的合法权益。因此，为求补救，我国《民事诉讼法》第 83 条规定："当事人因不可抗拒的事由或者其他正当理由耽误期限的，在障碍消除后的 10 日内，可以申请顺延期限，是否准许，由人民法院决定。"[②] 此处所谓"不可抗拒的事由"，是指当事人在主观上无法预见、客观上无法避免和克服的各种情况。例如，因洪水、火灾、地震或大规模突发性传染病等紧急情况的发生，当事人无法在预定的期间内实施或完成某项诉讼行为。至于"其他正当理由"，则是指以上不可抗拒的事由以外，且不属于因当事人的故意或者过失而导致期间耽误的各种情况。如果当事人是因为自己的故意或者过失而造成了期间的耽误，则丧失了实施或者完成该项诉讼行为的权利。

五、期日

所谓期日，是指人民法院和当事人等会合一起进行诉讼活动的特定的某一日，如证据交换期日、开庭审理期日、判决宣告期日等。由于期日必须根据个案诉讼活动及其进程的实际情况加以具体确定，故不可能预先在立法中一一作出安排，通常只能由人民法院依职权直接加以指定，在相关规则明确允许的特定情形下，则可由各方当事人协商一致并经人民法院认可。例如，《证据规定》第 38 条第 1 款规定："交换证据的时间可以由当事人协商一致并经人民法院认可，也可以由人民法院指定。"

期日是与期间既相联系又有区别的一个概念。就它们之间的联系而言，期日总是表现为期间（尤其是案件的审结期限）中的某一日，不可能脱离期间（尤其是案件的审结期限）而存在。就它们之间的区别而言，首先，期间表现为有开始日和届满日的持续的一段时间；而期日则仅为特定的某一日。其次，期间有法定期间、指定期间和商定期间之分，期日则只有指定期日和商定期日之别，并无法定期日的存在。再次，期间是人民法院、当事人或者其他诉讼参与人各自单独进行或者完成某种诉讼行为的期限，期日则是他们会合一起进行诉讼

---

① 根据诉讼法理，以上若干期间剔除事项似有欠妥之处。例如，执行中拍卖、变卖被查封、扣押的财产，本身即属典型的强制执行措施，故不同于其他具有"边缘性"或曰辅助性色彩的诉讼和执行行为（活动），且只要操作得当，所需时间并非绝对不可控制。因此，此项期间是否应予剔除，值得斟酌。又如，将执行法院"就法律适用问题向上级法院请示的期间"予以剔除并公开宣示，是否与强制执行程序所应秉持之价值取向存在不尽协调之处？同样值得再作考量。

② 我国《民事诉讼法》第 83 条仅将期间耽误后的补救机制适用于当事人，而将其他诉讼参与人排除在适用主体之外，显然是有欠妥当的。

活动的特定的某一日。最后,期间开始后,人民法院、当事人或者其他诉讼参与人并非必须立即实施或者完成某种诉讼行为,只要是在该项期间内所实施或者完成的诉讼行为,均为有效的诉讼行为。而期日到来后,上述主体必须会合一起着手实施或者完成某种诉讼活动。

第二节　送达

一、送达的概念和意义

民事诉讼中的送达,是指人民法院依照法定的方式和程序,将诉讼文书送交当事人和其他诉讼参与人的行为。送达作为一项诉讼行为,具有以下特点:

1. 送达是人民法院向当事人和其他诉讼参与人实施的一项诉讼行为,它既是人民法院的职权,也是人民法院的职责。因此,当事人之间、当事人和其他诉讼参与人之间、人民法院之间以及当事人和其他诉讼参与人向人民法院递交或传送诉讼文书的行为,均不属于送达,不能适用《民事诉讼法》和司法解释中关于送达的规定。

2. 送达必须按照法律和司法解释规定的方式与程序来进行。我国《民事诉讼法》第七章第二节和《民诉法解释》等司法解释对送达的方式与程序作了明确的规定,人民法院实施送达行为必须严格依照这些规定来办理,否则不能产生送达的法律效力。

3. 送达的文件是所有需要交给当事人和其他诉讼参与人的诉讼文书,主要包括:起诉状副本,答辩状副本,反诉状副本,上诉状副本,各类通知书如案件受理通知书、应诉通知书、举证通知书、出庭通知书等,风险提示书[①],传票,判决书,裁定书,决定书,调解书,支付令,等等。

送达是民事诉讼中的一项重要制度,它直接关系到民事诉讼程序能否顺利进行及能否完成预定的诉讼任务。送达的意义不仅在于将诉讼文书交给受送达的当事人和其他诉讼参与人,让他们了解诉讼文书的内容,以便他们据此参加诉讼活动,行使诉讼权利,履行诉讼义务,而且更重要的是送达行为本身即包含并进一步预设了一定的法律后果:人民法院依法定方式和程序送达诉讼文书后,即产生了诉讼法上的效力,受送达人若无正当理由而耽误诉讼期间或者未按人民法院的要求为一定的诉讼行为,则须就此承担诉讼法上的相应后果。例如,传票一经依法送达,受传唤的被告即有按时到庭的义务;必须到庭的被告,经两次传票传唤,无正当理由而拒不到庭的,人民法院即可对其适用拘传措施,强制其到庭;非必须到庭的被告,经传票传唤,无正当理由而拒不到庭的,或者未经法庭许可而中途退庭的,则可缺席判决。

① 为贯彻"三个代表"的重要思想,落实最高人民法院提出的司法为民措施,进一步方便人民群众进行诉讼,促使当事人依法行使诉讼权利、履行相应的诉讼义务,避免因行使权利或履行义务不当而带来不利的裁判后果,充分保护当事人的合法权益,最高人民法院在总结各级人民法院诉讼风险提示经验和充分听取社会各界意见的基础上,制订、印发了全国各级人民法院统一适用的《人民法院民事诉讼风险提示书》(以下简称《风险提示书》)文本,纳入了 17 种常见的民事诉讼风险提示事项,并于 2003 年 12 月 24 日发出通知,要求各级人民法院自 2004 年 1 月 1 日起贯彻执行。

二、送达的方式

根据《民事诉讼法》第85~92条和《民诉法解释》[①]等司法解释的有关规定，在我国民事诉讼中，送达诉讼文书的方式有以下七种：[②]

（一）直接送达

直接送达是指人民法院指派专人将诉讼文书直接面交受送达人本人或法律明确规定的相关人等的送达方式。在民事诉讼中的诸种送达方式中，直接送达是首选方式。只有在直接送达确有困难时，方可酌情使用其他适宜的送达方式。依照《民事诉讼法》第85条和《民诉法解释》的相关规定，直接送达具体分为以下几种情形：

1. 受送达人是公民的，应送交其本人签收；若其本人不在，则应交其同住的成年家属签收。

2. 受送达人是法人或者其他组织的，应当由法人的法定代表人，其他组织的主要负责人或者该法人、其他组织的办公室、收发室、值班室等负责收件的人签收或者盖章。

3. 受送达人有诉讼代理人的，人民法院既可以向受送达人送达，也可以送交其代理人签收。

4. 受送达人已经向人民法院指定代收人的，送交其代收人签收。

受送达人或者受送达人的同住成年家属，法人或者其他组织的负责收件的人，诉讼代理人或者代收人在送达回证上签收的日期为送达日期。

根据《民诉法解释》第131条规定，人民法院直接送达诉讼文书的，可以通知当事人到人民法院领取。当事人到达人民法院，拒绝签署送达回证的，视为送达。审判人员、书记员应当在送达回证上注明送达情况并签名。人民法院可以在当事人住所地以外向当事人直接

---

① 其中第130~141条即送达方式之专门规定。

② 涉外民事诉讼中的送达方式应依我国《民事诉讼法》第267条和最高人民法院于2006年8月10日公布的《关于涉外民事或商事案件司法文书送达问题若干规定》（自2006年8月22日起施行）加以确定。涉港、澳特别行政区民事诉讼中的送达方式应分别依最高人民法院于1998年12月30日通过的《关于内地与香港特别行政区法院相互委托送达民商事司法文书的安排》（自1999年3月30日起施行）、2001年8月7日通过的《关于内地与澳门特别行政区法院就民商事案件相互委托送达司法文书和调取证据的安排》（自2001年9月15日起施行）以及2009年2月16日通过的《关于涉港澳民商事案件司法文书送达问题若干规定》（自2009年3月16日起施行）加以确定。涉台（即我国台湾地区）民事诉讼中的送达应按最高人民法院于2008年4月17日通过的《关于涉台民事诉讼文书送达的若干规定》（自2008年4月23日起施行）的要求办理。2011年6月14日，最高人民法院又发布了《关于人民法院办理海峡两岸送达文书和调查取证司法互助案件的规定》，其第三个大部分即"送达文书司法互助"，其中第七条中规定，"人民法院向住所地在台湾地区的当事人送达民事和行政诉讼司法文书，可以采用下列方式：（一）受送达人居住在大陆的，直接送达。受送达人是自然人，本人不在的，可以交其同住成年家属签收；受送达人是法人或者其他组织的，应当由法人的法定代表人、其他组织的主要负责人或者该法人、其他组织负责收件的人签收。受送达人不在大陆居住，但送达时在大陆的，可以直接送达。（二）受送达人在大陆有诉讼代理人的，向诉讼代理人送达。但受送达人在授权委托书中明确表明其诉讼代理人无权代为接收的除外。（三）受送达人有指定代收人的，向代收人送达。（四）受送达人在大陆有代表机构、分支机构、业务代办人的，向其代表机构或者经受送达人明确授权接受送达的分支机构、业务代办人送达。（五）通过协议确定的海峡两岸司法互助方式，请求台湾地区送达。（六）受送达人在台湾地区的地址明确的，可以邮寄送达。（七）有明确的传真号码、电子信箱地址的，可以通过传真、电子邮件方式向受送达人送达。采用上述方式均不能送达或者台湾地区当事人下落不明的，可以公告送达。"

送达诉讼文书。当事人拒绝签署送达回证的，采用拍照、录像等方式记录送达过程即视为送达。审判人员、书记员应当在送达回证上注明送达情况并签名。

(二) 留置送达

留置送达是指受送达人拒绝签收向其送达的诉讼文书时，送达人依法将诉讼文书放置在受送达人的住所并履行相应手续即视为完成送达的送达方式。依照《民事诉讼法》第86条和《民诉法解释》第130条规定，受送达人或者他的同住成年家属拒绝接收诉讼文书的，送达人可以邀请有关基层组织或者所在单位的代表[①]到场，说明情况，在送达回证上记明拒收事由和日期，由送达人、见证人签名或者盖章，把诉讼文书留在受送达人的住所；也可以把诉讼文书留在受送达人的住所，并采用拍照、录像等方式记录送达过程，即视为送达。此外，法人的法定代表人或者其他组织的主要负责人或其办公室、收发室、值班室等负责收件的人拒绝签收或者盖章的，适用留置送达。受送达人指定诉讼代理人为代收人的，向诉讼代理人送达时，若其拒绝签收，适用留置送达。但应注意，根据《民诉法解释》第133条规定，调解书应当直接送达当事人本人，不适用留置送达。当事人本人因故不能签收的，可由其指定的代收人签收。

(三) 电子送达

电子送达是指利用传真、电子邮件等现代技术手段完成的送达。此种送达方式，直接反映了近些年来科学技术的发展对于诉讼活动的辐射和促进。根据《民事诉讼法》第87条和《民诉法解释》第135~136条规定，经受送达人同意[②]，人民法院可采用以传真、电子邮件、移动通信等能够确认其即时收悉的特定系统作为送达媒介且以此方式完成诉讼文书之送达，但判决书、裁定书、调解书除外。采用此种方式送达的，以传真、电子邮件等到达受送达人特定系统的日期为送达日期。所谓“到达受送达人特定系统的日期”，乃指人民法院的对应系统显示发送成功的日期，但受送达人证明到达其特定系统的日期与人民法院对应系统显示发送成功的日期不一致的，以受送达人证明到达其特定系统的日期为准。

(四) 委托送达

委托送达是指受诉法院直接送达诉讼文书确有困难时(如路途遥远)，委托其他人民法院代为送达的送达方式。根据《民事诉讼法》第88条和《民诉法解释》第134条规定，委托其他人民法院代为送达的，委托法院应当出具委托函，并附需要送达的诉讼文书和送达回证。受送达人在送达回证上签收的日期为送达日期。委托送达的，受委托人民法院应当自收到委托函及相关诉讼文书之日起10日内代为送达。

(五) 邮寄送达

邮寄送达是指人民法院将需要送达的诉讼文书通过邮局邮寄给受送达人的送达方式。邮寄送达与委托送达之间是平行选择关系，它们的适用前提均为受诉法院“直接送达诉讼

① 这些代表可以是受送达人住所地的居民委员会、村民委员会的工作人员以及受送达人所在单位的工作人员。

② 受送达人同意采用电子方式送达的，应当在送达地址确认书中予以确认。

文书确有困难”,因此,受诉法院既可以选择委托送达,也可以选择邮寄送达,而且在实践中大都选择邮寄送达。

鉴于以往以普通挂号信邮寄送达诉讼文书的方式难以保证送达的及时完成,且常因发生信件遗失而影响到当事人等依法行使诉讼权利,故最高人民法院于2004年9月7日通过了《关于以法院专递方式邮寄送达民事诉讼文书的若干规定》(以下简称《法院专递规定》),并于2005年1月1日起开始施行。

根据《法院专递规定》第1条,人民法院直接送达诉讼文书有困难的,可以交由国家邮政机构(以下简称邮政机构)以法院专递方式邮寄送达,但有下列情形之一的除外:

1. 受送达人或者其诉讼代理人、受送达人指定的代收人同意在指定的期间内到人民法院接受送达的。

2. 受送达人下落不明的。

3. 法律规定或者我国缔结或者参加的国际条约中约定有特别送达方式的。①

当事人起诉或者答辩时应当向人民法院提供或者确认自己准确的送达地址,并填写送达地址确认书。当事人拒绝提供的,人民法院应当告知其拒不提供送达地址的不利后果,并记入笔录。送达地址确认书的内容应当包括送达地址的邮政编码、详细地址以及受送达人的联系电话等内容。当事人要求对送达地址确认书中的内容保密的,人民法院应当为其保密。当事人在第一审、第二审和执行终结前变更送达地址的,应当及时以书面方式告知人民法院。当事人拒绝提供自己的送达地址,经人民法院告知后仍不提供的,自然人以其户籍登记中的住所地或者经常居住地为送达地址;法人或者其他组织以其工商登记或者其他依法登记、备案中的住所地为送达地址。

邮政机构按照当事人提供或者确认的送达地址送达的,应当在规定的日期内将回执退回人民法院。邮政机构按照当事人提供或者确认的送达地址在5日内投送三次以上未能送达,通过电话或者其他联系方式又无法告知受送达人的,应当将邮件在规定的日期内退回人民法院,并说明退回的理由。

受送达人指定了代收人的,指定代收人的签收视为受送达人本人的签收。邮政机构在受送达人提供或者确认的送达地址未能见到受送达人的,可以将邮件交给与受送达人同住的成年家属代收,但代收人是同一案件中另一方当事人的除外。受送达人及其代收人应当在邮件回执上签名、盖章或者捺印。受送达人及其代收人在签收时应当出示其有效身份证件并在回执上填写该证件的号码;受送达人及其代收人拒绝签收的,由邮政机构的投递员记明情况后将邮件退回人民法院。

有下列情形之一的,即为送达:

1. 受送达人在邮件回执上签名、盖章或者捺印的。

2. 受送达人是无民事行为能力或者限制民事行为能力的自然人,其法定代理人签收的。

3. 受送达人是法人或者其他组织,该法人的法定代表人,该组织的主要负责人或者办公室、收发室、值班室的工作人员签收的。

4. 受送达人的诉讼代理人签收的。

① 此种情形并不适用于国内民事诉讼。

5. 受送达人指定的代收人签收的。

6. 受送达人的同住成年家属签收的。

签收人是受送达人本人或者是受送达人的法定代表人、主要负责人、法定代理人、诉讼代理人的，签收人应当当场核对邮件内容。签收人发现邮件内容与回执上的文书名称不一致的，应当当场向邮政机构的投递员提出，由投递员在回执上记明情况后将邮件退回人民法院。签收人是受送达人办公室、收发室和值班室的工作人员或者是与受送达人同住的成年家属，受送达人发现邮件内容与回执上的文书名称不一致的，应当在收到邮件后的3日内将该邮件退回人民法院，并以书面方式说明退回的理由。

根据《民事诉讼法》第88条规定，邮寄送达的，以回执上注明的收件日期为送达日期。但因受送达人自己提供或者确认的送达地址不准确、拒不提供送达地址、送达地址变更后未及时告知人民法院、受送达人本人或者受送达人指定的代收人拒绝签收，导致诉讼文书未能被受送达人实际接收的，文书退回之日即视为送达之日。但受送达人能够证明自己在诉讼文书送达的过程中没有过错的，不适用这一规定。

以法院专递方式邮寄送达民事诉讼文书的，其送达与人民法院送达具有同等的法律效力。

(六) 转交送达

转交送达是指人民法院将诉讼文书交受送达人所在部队或有关单位代收后转交给受送达人的送达方式。根据《民事诉讼法》第89~91条规定，转交送达分为以下三种情形：

1. 受送达人是军人的，通过其所在部队团以上单位的政治机关转交。

2. 受送达人被监禁的，通过其所在监所转交。

3. 受送达人被采取强制性教育措施的，通过其所在强制性教育机构转交。

代为转交的机关、单位收到诉讼文书后，必须立即交受送达人签收。受送达人在送达回证上签收的日期为送达日期。

(七) 公告送达

公告送达是指在受送达人下落不明或者用上述方法无法送达的情况下所采取的一种特殊送达方式。根据《民事诉讼法》第92条和最高人民法院的相关规定，公告可以在法院的公告栏、受送达人原住所地张贴，也可以在报纸上刊登。[①] 自公告发出次日起，经过60日，即视为送达。公告送达，应当在案卷中记明原因和经过。对公告送达方式有特殊要求的，应按要求的方式进行公告。公告送达起诉状或上诉状副本的，应说明起诉或上诉要点，受送达人答辩的期限及逾期不答辩的法律后果；公告送达传票的，应说明出庭地点、时间以及逾期不出庭的法律后果；公告送达判决书、裁定书的，应说明裁判的主要内容，属于一审的，还应说明上诉权利、上诉期限和上诉的法院。

---

① 实践证明，由于在法院的公告栏和受送达人原住所地张贴公告的送达效果并不理想，故目前公告送达大多采用在报纸尤其是全国性的专业报纸（如《中国法院报》《法制日报》等）上刊登公告的方式。

三、送达的效力和送达回证

(一) 送达的效力

送达的效力是指人民法院依法将诉讼文书送达给受送达人后所产生的相应法律效果。送达的效力因诉讼文书种类的不同而有所区别。主要有以下几种:

1. 受送达人实施有关诉讼行为、行使诉讼权利、履行诉讼义务的起始日期得以确定。例如,起诉状副本的送达,导致被告提出答辩状的15日期限开始计算。又如,受诉法院已指定举证期限的举证通知书的送达,导致当事人举证的期限开始计算。

2. 受送达人接受送达的诉讼文书后,若未依法律规定或诉讼文书的要求实施一定的诉讼行为,将承担程序法上的相应后果。例如,受诉法院依法向原告送达传票后,若其无正当理由而拒不到庭,即可按撤诉处理。

3. 引起某些诉讼法律关系的发生或消灭。例如,人民法院登记立案后,依法将起诉状副本送达给被告,即导致受诉法院与被告之间自此发生民事诉讼法律关系。又如,在诉讼进行中,原告申请撤诉,若受诉法院准许其撤诉并将裁定书依法送达给有关当事人,则其与当事人之间的民事诉讼法律关系即告终结。

4. 送达是某些诉讼文书发生法律效力的条件之一。例如,一审判决书依法送达后,若双方当事人均未在法定期限内提起上诉,判决书即发生法律效力。又如,受诉法院依法送达之调解书经双方当事人签收后,即发生法律效力。

(二) 送达回证

送达回证是指人民法院统一制作并用于证明受送达人已收到人民法院所送达的诉讼文书的书面凭证。根据《民事诉讼法》第84条规定,人民法院送达诉讼文书必须有送达回证,由受送达人在送达回证上记明收到的日期,并签名或者盖章。受送达人在送达回证上的签收日期为送达日期。

第三节 保全程序

一、保全程序的概念和意义

所谓保全程序,是指人民法院在诉讼开始后,或者诉讼开始前,为保证日后给付判决的顺利执行,依法作出裁定,对当事人请求范围内的财产或者与本案有关的财物依法采取的各种强制性保护措施,以及责令一方当事人作出一定行为或者禁止其作出一定行为的程序的总称。由此可见,保全程序可以进一步划分为两种,即对财产的保全程序和对行为的保全程序。

之所以要在立法中设置并在诉讼实践中依法适用保全程序,目的就是保证给付判决作出继而依法生效以后能够顺利地得到全部执行,并以此维护人民法院生效判决的权威性和严肃性，切实实现胜诉一方当事人的合法权益。这也是保全程序的意义之所在。反之，如果没有保全程序的保障作用，人民法院的生效判决便有可能在相当多的情况下成为无法执行的一纸空文，当事人因胜诉而赢得的利益也就根本无法得到实现。

在当今世界各个国家和地区的民事诉讼立法中，一般均有保全程序或类似设置，尽管它们在具体叫法上并不相同，内容安排上亦有所区别。

在美国，《联邦民事诉讼规则》[①]第八章规定了"临时性和终局性财产救济方法"，其中第64条"对人和财产的扣押"，即为保全程序之设置。依该条规定，"在诉讼开始时或在诉讼进行中，为保证该诉讼终局性登记的判决执行，根据地区法院所在州的法律规定的条件和方式，对人或财产进行扣押的救济方法，应符合以下条件：(1)联邦现行制定法规定其适用的范围；(2)使用上述救济方法的诉讼应依本规则规定开始和进行，或如果是从州法院移送的案件，移送后应依本规则进行。用于上述规定的救济方法包括逮捕、扣押财产、扣押债权、收回动产诉讼、临时强制管理以及其他相应或同等的救济方法。这些救济方法不管其名称是什么，也不管是否应根据州的诉讼程序附带于一个诉讼中，还是应以独立诉讼取得的"[②]。

在日本，由于采取了分别立法的体例，因此其《民事诉讼法》中并无保全程序的专门设置，而是在《民事保全法》[③]中就保全程序作了系统、完备的规定。根据日本《民事保全法》第1条"宗旨"的规定，"关于为保全实现民事诉讼的本案权利的假扣押、有关系争事物的假处分以及为确定民事诉讼的本案权利关系临时地位的假处分（以下统称为"民事保全"），除其他法律规定外，应依本法之规定"。由此可见，日本民事诉讼中的保全措施分为两类，即假扣押与假处分。[④]

在我国台湾地区，其"民事诉讼法"第七编即为保全程序之规定。依该编规定，其保全程序亦分为假扣押程序和假处分程序，前者是指对金钱请求或得易为金钱请求之请求的保全程序，后者则是对金钱请求以外之请求的保全程序。假扣押和假处分均因当事人（债权人）声请而开始，且其声请于本案尚未系属于法院之时或于诉讼系属中均可以提出。[⑤]

二、保全程序的适用范围和适用前提

就我国的民事诉讼而言，保全程序的适用范围与适用前提，是指保全程序所适用的案件种类和适用保全程序所需具备的特定事由。

（一）保全程序的适用范围

尽管我国《民事诉讼法》并没有对保全程序的适用范围作出直接明定，但只要仔细分析这项制度的全部规定，便可得知，其中的财产保全可以适用于具有财产给付内容的所有案件。这是因为，不具有财产给付内容的案件，其判决生效以后不存在财产执行问题，所以不

---

① 1938年9月16日生效，1997年1月6日修改，共计11章86条。

② 白绿铉、卞建林译：《美国联邦民事诉讼规则·美国联邦证据规则》，中国法制出版社2000年版，第102页。

③ 该法属于广义民事诉讼法的范畴。1989年12月20日颁布，1991年1月1日起施行，共计四章65条，即第一章"总则"，第二章"关于保全命令的程序"，第三章"关于保全执行的程序"，第四章"假处分的效力"。另有附则1条。

④ 参见白绿铉编译：《日本新民事诉讼法》，中国法制出版社2000年版，第267~286页。

⑤ 参见陶百川：《最新六法全书》，台湾三民书局股份有限公司1981年版，第274~275页；何孝元主编：《云五社会科学大词典》第六册《法律学》，台湾商务印书馆股份有限公司1976年版，第272~273页。

得适用也没有必要适用财产保全。而其中的行为保全,则既可以适用于具有行为给付内容的所有案件,也可以在确有必要时适用于具有财产给付内容的案件。

应当明确,具有财产给付内容的案件并非仅仅局限于直接以财产作为诉讼标的物的给付案件,二者的外延并非等同一致,因此不能简单地将确认之诉和变更之诉这两类案件排斥在财产保全制度的适用范围之外。具体来讲,确认之诉和变更之诉虽然均不以财产的给付作为诉讼请求的直接内容,但其最终处理同样可能存在财产的给付问题。例如,离婚之诉乃典型的变更之诉,但在法院判决双方当事人离婚之后,夫妻共有财产的分割、子女抚育费的负担等,都存在具体给付的问题。因此,也就存在着生效判决中财产的执行问题。既然存在着生效判决中财产的执行问题,当然也就存在着财产保全问题,准确地说是存在着适用财产保全措施的潜在可能性。

(二) 保全程序的适用前提

我国《民事诉讼法》第100条第1款规定:"人民法院对于可能因当事人一方的行为或者其他原因,使判决难以执行或者造成当事人其他损害的案件,根据对方当事人的申请,可以裁定对其财产进行保全、责令其作出一定行为或者禁止其作出一定行为;当事人没有提出申请的,人民法院在必要时也可以裁定采取保全措施。"由此可见,保全措施的适用前提是:可能因当事人一方的行为或者其他原因,使判决难以执行或者造成当事人其他损害。因此,如果不具备这一前提,那么,即便是具有给付内容的案件,也不得适用保全程序。应当明确,这里所说的"当事人一方的行为",通常是指某方当事人[①]出于恶意而转移、变卖、挥霍、隐匿、毁损处于其占有、管理之下的争议财产或者与本案有关的财产,或者继续实施侵权行为,从而给对方当事人造成进一步的损害。而所谓"其他原因",则是指当事人上述行为以外的各种人为的或者自然的因素,其中主要是指由于客观上的原因(如缺乏必要的条件),使争议中的诉讼标的物无法长期保存,或者长期保存将可能会使其腐烂、变质、丧失原有品质(或功能)等。总之,不论是什么样的具体原因,只要在客观上有可能使日后的生效判决难以执行或者给当事人造成其他损害,便具备了保全程序的适用前提。

三、保全的对象和方法

(一) 保全的对象

我国《民事诉讼法》第102条规定:"保全限于请求的范围,或者与本案有关的财物。"[②]

从诉讼理论上的通常解释来看,所谓"限于请求的范围",是指所保全的财产或行为应当在价值或者对象上与当事人所提诉讼请求的内容相符或者相等。因此,不论是当事人申

---

① 诉讼实践中大多表现为被告(包括本诉被告和反诉被告),但在有独立请求权的第三人参加诉讼的情况下,也有可能表现为参加之诉的被告(即原诉的原告和/或被告)。

②《民诉法解释》第167条规定:"财产保全的被保全人提供其他等值担保财产且有利于执行的,人民法院可以裁定变更保全标的物为被保全人提供的担保财产。"然而,这一规定似与《民事诉讼法》第104条"财产纠纷案件,被申请人提供担保的,人民法院应当裁定解除保全"之规定存在抵牾。因为在"应当解除保全"的法定要求下,实际上已无"裁定变更保全标的物"之必要。

请保全，还是受诉法院依职权主动采取保全措施，都应当遵守这一规定。据此，在当事人申请保全的情况下，如果其保全请求的范围与其诉讼请求的范围重合，或者其保全请求的范围小于其诉讼请求的范围，均可直接以其保全请求的范围为准；如果其保全请求的范围大于其诉讼请求的范围，则应对超过其诉讼请求范围的那部分保全请求不予支持。所谓"与本案有关的财物"，是指当事人在诉讼请求中没有直接提及，但是与日后本案生效判决的强制执行相牵连的财物。譬如，离婚案件中应当加以分割的夫妻共有财产以及金钱借贷纠纷案件中原告没有直接主张的被告财产等，即属此类之典型。

此外，根据《民诉法解释》第 157~159 条规定，对于保全的对象，尤其是财产保全的对象，应当明确以下三点：

1. 人民法院对抵押物、质押物、留置物可以采取财产保全措施，但不影响抵押权人、质权人、留置权人的优先受偿权。

2. 人民法院对债务人到期应得的收益，可以采取财产保全措施，限制其支取，通知有关单位协助执行。

3. 债务人的财产不能满足保全请求，但对他人有到期债权的，人民法院可以依债权人的申请裁定该他人不得对本案债务人清偿。该他人要求偿付的，由人民法院提存财物或者价款。

早先，最高人民法院《若干规定》第 14 条规定："人民法院采取财产保全措施时，保全的范围应当限于当事人争议的财产，或者被告的财产。对案外人的财产不得采取保全措施。对案外人善意取得的与案件有关的财产，一般也不得采取财产保全措施。"

为进一步推动我国对外经济贸易事业的发展，最高人民法院曾于 2000 年 1 月 10 日发布了《关于执行〈封闭贷款管理暂行办法〉和〈外经贸企业封闭贷款管理暂行办法〉中应注意的几个问题的通知》，其中第 1 条明确规定："人民法院审理民事经济纠纷案件，不得对债务人的封闭贷款结算专户采取财产保全措施或者先予执行。"①

鉴于一个时期以来，少数法院在审理（和执行）社会保险机构原下属企业（现已全部脱钩）与其他企业、单位的经济纠纷案件时，查封社会保险机构开设的社会保险基金账户，影响了社会保险基金的正常发放，不利于社会的稳定。为了杜绝此类情况，最高人民法院在有关通知②中指出：社会保险基金是由社会保险机构代参保人员管理，并最终由参保人员享用的公共基金，不属于社会保险机构所有。社会保险机构对该项基金设立专户管理，专款专用，专项用于保障企业退休职工、失业人员的基本生活需要，属专项基金，不得挪作他用。因此，各地人民法院在审理（和执行）民事、经济纠纷案件时，不得查封、冻结（或扣划）社会保险基金；不得用社会保险基金偿还社会保险机构及其原下属企业的债务。为此，各地人民法院如果发现有违反上述规定的，应当及时依法予以纠正。

（二）保全的方法

关于保全的方法，我国《民事诉讼法》第 103 条第 1 款前段规定得非常概括，即"财产保全采取查封、扣押、冻结或者法律规定的其他方法"③。除此以外，该条还规定："人民法院保全

① 封闭贷款是商业银行根据国家政策向特定企业发放的具有特定用途的贷款。

② 即 2000 年 2 月 18 日《关于在审理和执行民事、经济纠纷案件时不得查封、冻结和扣划社会保险基金的通知》。

③《民诉法解释》第 156 条亦仅仅规定，"人民法院采取财产保全的方法和措施，依照执行程序相关规定办理"。

财产后，应当立即通知被保全财产的人。财产已被查封、冻结的，不得重复查封、冻结。”

从诉讼理论上的通常解释来看，所谓查封，是指人民法院依法对需要保全的财产进行盘查清点并加贴封条以后，就地予以封存。这种方法主要是针对不动产和庞大笨重的动产等采取的。所谓扣押，是指人民法院依法对需要保全的财产予以强制扣留，以使保全对象脱离当事人等的控制。这种方法主要是针对一般动产采取的。所谓冻结，是指人民法院依法限制当事人等对其在银行等有储蓄业务的单位的存款加以提取或者转账。至于“法律规定的其他方法”，则泛指上述三种方法以外由我国确定有效的有关法律规范（以及司法解释）明确规定的其他保全方法，如变卖财物、保存价款等。

另外，《民诉法解释》第 153 条规定：“人民法院对季节性商品、鲜活、易腐烂变质以及其他不宜长期保存的物品采取保全措施时，可以责令当事人及时处理，由人民法院保存价款；必要时，人民法院可予以变卖，保存价款。”第 154 条规定：“人民法院在财产保全中采取查封、扣押、冻结财产措施时，应当妥善保管被查封、扣押、冻结的财产。不宜由人民法院保管的，人民法院可以指定被保全人负责保管；不宜由被保全人保管的，可以委托他人或者申请保全人保管。查封、扣押、冻结担保物权人占有的担保财产，一般由担保物权人保管；由人民法院保管的，质权、留置权不因采取保全措施而消灭。”第 155 条规定：“由人民法院指定被保全人保管的财产，如果继续使用对该财产的价值无重大影响，可以允许被保全人继续使用；由人民法院保管或者委托他人、申请保全人保管的财产，人民法院和其他保管人不得使用。”

早先，《若干规定》第 15 条规定：“人民法院对有偿还能力的企业法人，一般不得采取查封、冻结的保全措施。已采取查封、冻结保全措施的，如该企业法人提供了可供执行的财产担保，或者可以采取其他方式保全的，应当及时予以解封、解冻。”

四、保全程序的操作步骤

如前所述，人民法院对于有可能因当事人一方的行为或者其他原因而使判决难以执行或者造成当事人其他损害的案件，根据对方当事人的申请，可以裁定对其财产进行保全、责令其作出一定行为或者禁止其作出一定行为；当事人没有提出申请的，人民法院在必要时也可以裁定采取保全措施。据此可知，保全措施的适用实际上是以当事人申请为主，即人民法院采取保全措施，一般应当由当事人提出符合法定条件的书面申请，而人民法院依职权主动采取只是一种必要时的补充，即只有在诉讼争议的财产或有关财产有毁损、灭失等危险，或者有证据表明当事人一方可能采取隐匿、转移、出卖其占有、管理的财产的行为时，人民法院方可依职权主动采取保全措施。①

民事诉讼中的保全措施，既可于第一审程序中采取，也可于第二审程序和再审程序中采取。而且，《民诉法解释》第 161 条规定：“对当事人不服一审判决提起上诉的案件，在第二审人民法院接到报送的案件之前，当事人有转移、隐匿、出卖或者毁损财产等行为，必须采取保全措施的，由第一审人民法院依当事人申请或者依职权采取。第一审人民法院的保全裁定，应及时报送第二审人民法院。”第 162 条规定：“第二审人民法院裁定对第一审人民法院采取的保全措施予以续保或者采取新的保全措施的，可以自行实施，也可以委托第一审人民

① 参见《若干规定》第 13 条。

法院实施。再审人民法院裁定对原保全措施予以续保或者采取新的保全措施的，可以自行实施，也可以委托原审人民法院或者执行法院实施。”第163条规定：“法律文书生效后，进入执行程序前，债权人因对方当事人转移财产等紧急情况，不申请保全将可能导致生效法律文书不能执行或者难以执行的，可以向执行法院申请采取保全措施。债权人在法律文书指定的履行期间届满后5日内不申请执行的，人民法院应当解除保全。”

人民法院在接到当事人关于保全的申请后，应按以下步骤具体操作：

首先，依照《民事诉讼法》第100条第2款规定，“人民法院采取保全措施，可以责令申请人提供担保，申请人不提供担保的，裁定驳回申请”。这一要求，明显地体现出对被申请人合法权益的特别保护。因为，保全措施的申请权只能依法正当行使而不得滥用，否则将有可能使被申请人的相关权益遭受损害。《民事诉讼法》第105条规定：“申请有错误的，申请人应当赔偿被申请人因保全所遭受的损失。”为了使这种赔偿届时不致落空，申请人事先就应当通过提供担保来证实自己确有这种赔偿能力。与此同时，要求申请人提供担保亦有以此证实其保全申请事由之正当性的意义。根据《民诉法解释》第152、164条的规定，“人民法院依照民事诉讼法第一百条……规定，在采取……诉讼保全措施时，责令……当事人提供担保的，应当书面通知。……在诉讼中，人民法院依申请或者依职权采取保全措施的，应当根据案件的具体情况，决定当事人是否应当提供担保以及担保的数额。”“对申请保全人或者他人提供的担保财产，人民法院应当依法办理查封、扣押、冻结等手续。”

其次，保全措施，贵在及时，稍有延误，便有可能造成难以弥补的损失。因此，《民事诉讼法》第100条第3款规定：“人民法院接受申请后，对情况紧急的，必须在四十八小时内作出裁定；裁定采取保全措施的，应当立即开始执行。”

再次，依照《民事诉讼法》第104条规定，“财产纠纷案件，被申请人提供担保的，人民法院应当裁定解除保全”。这是因为，被申请人一旦提供担保，日后生效裁判难以执行的可能性便不复存在，因此，继续保全已无必要。此种机制的设置与适用，同时具有双重意义：既可使日后生效判决的执行顺利进行，又可避免因继续保全而给被申请人财产功能的有效发挥造成客观障碍。在此应当明确，根据《民诉法解释》第165条规定，“人民法院裁定采取保全措施后，除作出保全裁定的人民法院自行解除或者其上级人民法院决定解除外，在保全期限内，任何单位不得解除保全措施”①。另外，《民诉法解释》第168条规定：“保全裁定未经人民法院依法撤销或者解除，进入执行程序后，自动转为执行中的查封、扣押、冻结措施，期限连续计算，执行法院无需重新制作裁定书，但查封、扣押、冻结期限届满的除外。”②

最后，依照《民事诉讼法》第108条和《民诉法解释》第171、172条规定，当事人对保全的裁定不服的，可以自收到裁定书之日起5日内向作出裁定的人民法院申请复议一次。复议期间不停止裁定的执行。对当事人不服保全裁定提出的复议申请，人民法院应当在收到后10日内及时完成审查。裁定正确的，驳回当事人的申请；裁定不当的，变更或者撤销原裁

① 《民诉法解释》第166条规定：“裁定采取保全措施后，有下列情形之一的，人民法院应当作出解除保全裁定：(一)保全错误的；(二)申请人撤回保全申请的；(三)申请人的起诉或者诉讼请求被生效裁判驳回的；(四)人民法院认为应当解除保全的其他情形。解除以登记方式实施的保全措施的，应当向登记机关发出协助执行通知书。”

② 其实，通观《民事诉讼法》和《民诉法解释》关于保全之规定，其中皆仅有“解除”保全之安排，而无“撤销”保全之表述，更无其适用情形之明示。

定。利害关系人对保全裁定不服申请复议的,由作出裁定的人民法院依照《民事诉讼法》第108条规定处理。上述“复议期间不停止裁定的执行”之规定旨在防止当事人滥用复议申请权而致使保全时机丧失或保全功效衰减。

五、诉前保全及其特别规定

所谓诉前保全,是相对于诉讼保全或曰诉中保全而言的,具体是指在诉讼程序(或者仲裁程序)开始之前,在紧急情况下,经利害关系人申请,并以其提供担保为必备之前提,由人民法院依法实施的保全措施,包括诉前财产保全和诉前行为保全。

与诉中保全相比,诉前保全无疑具有更强的“预警”功能,并可使日后胜诉的一方当事人债权的实现具有更大的保险系数。

依照我国《民事诉讼法》第101条和《民诉法解释》第152、160条相关要求,诉前保全应当符合以下特别规定:

1. 从适用的时间来看,诉前保全适用于诉讼程序(或者仲裁程序)开始以前,此时当事人(确切地说是利害关系人)尚未向人民法院起诉(或者向仲裁机构申请仲裁),更不存在人民法院(或者仲裁机构)的立案受理。

2. 从适用的前提来看,必须存在紧急情况,如果不立即申请并由人民法院依法采取保全措施将会使利害关系人的合法权益受到难以弥补的损害。从理论上讲,此类紧急情况大致相当于如前所述之人民法院依职权主动采取诉中保全措施的各种情形。

3. 人民法院只能依利害关系人的申请而不得依职权主动采取诉前保全措施。

4. 诉前保全,应当由利害关系人向被保全财产所在地、被申请人住所地或者对案件有管辖权的人民法院提出申请。

5. 申请人一律应当提供担保。人民法院依照《民事诉讼法》第101条规定,在采取诉前保全时,责令利害关系人提供担保的,应当书面通知。利害关系人申请诉前保全的,应当提供担保。申请诉前财产保全的,应当提供相当于请求保全数额的担保;情况特殊的,人民法院可以酌情处理。申请诉前行为保全的,担保的数额由人民法院根据案件的具体情况决定。不提供担保的,一概裁定驳回申请。

6. 人民法院接受诉前保全的申请后,均须在48小时内作出裁定;裁定采取诉前保全措施的,应当立即开始执行。

7. 申请人应当在人民法院采取诉前保全措施后的30日内依法起诉(或申请仲裁),否则人民法院应当解除诉前保全①。其中申请人起诉的,应当向有管辖权的人民法院提起。采取诉前保全措施的人民法院对该案有管辖权的,应当依法受理;当事人向采取诉前保全措施以外的其他有管辖权的人民法院起诉的,采取诉前保全措施的人民法院应当将保全手续移送受理案件的人民法院。诉前保全裁定视为受移送人民法院作出的裁定。

除应符合以上特别规定外,诉前保全与诉中保全相比,再无其他不同。

---

①《民诉法解释》第166条第1款规定:“裁定采取保全措施后,有下列情形之一的,人民法院应当作出解除保全裁定:(一)保全错误的;(二)申请撤回保全申请的;(三)申请人的起诉或者诉讼请求被生效裁判驳回的;(四)人民法院认为应当解除保全的其他情形。”

六、保全措施的救济程序

从广义上讲，保全措施的救济程序本应包括当事人不服人民法院关于保全的裁定而申请复议的程序，但因此种复议程序乃"事中"（即保全程序进行中）之救济，其适用并不导致保全裁定执行的停止，故就严格意义上救济程序的"事后性"特征而言，则指审判监督程序与损失赔偿程序，即：受诉人民法院院长或者上级人民法院发现采取保全措施确有错误的，应当按照审判监督程序立即纠正。因申请错误造成被申请人损失的，由申请人予以赔偿；因人民法院依职权采取保全措施错误造成损失的，由人民法院依法予以赔偿。[①]

另据有关司法解释的规定[②]，当事人申请保全错误造成案外人损失的，亦应依法承担赔偿责任。

第四节　先予执行程序

一、先予执行程序的概念和意义

所谓先予执行，是指人民法院在受理案件后、终审判决作出前，根据一方当事人的申请，裁定对方当事人向申请一方当事人给付一定数额的金钱或其他财物，或者实施或停止某种行为，并立即付诸执行的一种程序。

先予执行，是相对于根据生效判决所进行的强制执行而言的。在通常情况下，债务人的给付义务（包括财物的给付和行为的给付）应由判决来加以确定，并在判决发生法律效力后自动履行或者强制执行。但是，案件的审判是需要时间的，尽管《民事诉讼法》中有"及时审理"的原则要求和明确具体的审结期限，但毕竟不可能做到数日即毕。因此，如果不加区别地一概按照通常的情况来实现给付，那么对于某些当事人来说，即会因此而给他们的生活或者生产经营造成无法克服的严重影响。为了使这部分当事人在诉讼期间能够维持最起码的生活，或使其生产经营活动不至于陷入停顿状态，就有必要打破常规，确立一种应急措施，这种应急措施就是先予执行。由此可见，先予执行程序的意义即在于解决当事人生活、生产经营上的燃眉之急，从而使诉讼活动得以顺利进行。

二、先予执行程序的适用范围和适用条件

（一）先予执行程序的适用范围

依照《民事诉讼法》第106条规定，人民法院对下列案件，根据当事人的申请，可以裁定

① 见《若干规定》第19条。另请参见1994年5月12日通过并公布、1995年1月1日起施行，并于2010年4月29日修正的《中华人民共和国国家赔偿法》第38条。

② 即最高人民法院于2005年7月4日通过、同年8月24日起施行的《关于当事人申请财产保全错误造成案外人损失应否承担赔偿责任问题的解释》。

先予执行：

1. 追索赡养费、扶养费、抚育费、抚恤金、医疗费用的。

2. 追索劳动报酬的。

3. 因情况紧急需要先予执行的。根据《民诉法解释》第170条规定，所谓“情况紧急”，具体包括以下5种情形：(1)需要立即停止侵害、排除妨碍的；(2)需要立即制止某项行为的；(3)追索恢复生产、经营急需的保险理赔费的；(4)需要立即返还社会保险金、社会救助资金的；(5)不立即返还款项，将严重影响权利人生活和生产经营的。

（二）先予执行程序的适用条件

对属于上述范围的案件，即便当事人提出了先予执行的申请，受诉法院也并非均应无条件地裁定先予执行。依照《民事诉讼法》第107条第1款规定，人民法院裁定先予执行的，应当符合下列条件：

1. 当事人之间权利义务关系明确，不先予执行将严重影响申请人的生活或者生产经营的。也就是说，人民法院对当事人申请先予执行的案件，只有在案件的基本事实清楚，当事人间的权利义务关系明确，被申请人负有给付、返还或者赔偿义务，先予执行的财产为申请人生产、生活所急需，不先予执行会造成更大损失的情况下，才能采取先予执行的措施。

2. 被申请人有履行能力。这是先予执行得以实施的必备基础。

三、先予执行程序的基本要求

根据《民事诉讼法》和相关司法解释的有关规定，先予执行的基本要求大致包括以下几个方面：

1. 人民法院先予执行的裁定，应当由当事人提出书面申请，并经开庭审理后作出。在管辖权尚未确定的情况下，不得裁定先予执行。[①] 诉讼理论上通常认为，此处所谓之“开庭审理”，特指针对当事人先予执行的申请而进行的开庭审理，而非针对整个案件而进行的开庭审理，否则将不可避免地造成先予执行措施在适用场合上的大幅“缩水”及自身功能的明显衰减。

2. 当事人先予执行的申请范围应当限于其诉讼请求的范围，并以其生活、生产经营的急需为限。[②]

3.《民事诉讼法》规定的先予执行，人民法院应当在受理案件后终审判决作出前采取。[③]

4. 人民法院可以责令申请人提供担保，申请人不提供担保的，驳回申请。申请人败诉的，应当赔偿被申请人因先予执行所遭受的财产损失。[④]

5. 人民法院采取先予执行措施后，申请先予执行的当事人申请撤诉的，人民法院应当及时通知对方当事人、第三人或有关的案外人。在接到通知至准予撤诉的裁定送达前，对方

---

①《若干规定》第16条。
②《民诉法解释》第169条。
③《民诉法解释》第169条。
④《民事诉讼法》第107条第2款。

当事人、第三人及有关的案外人，对撤诉提出异议的，应当裁定驳回撤诉申请。[①]

6. 当事人对先予执行的裁定不服的，可以自收到裁定书之日起5日内向作出裁定的人民法院申请复议一次。复议期间不停止裁定的执行。对当事人不服先予执行的裁定提出的复议申请，人民法院应当在收到后10日内及时完成审查。裁定正确的，驳回当事人的申请；裁定不当的，变更或者撤销原裁定。[②]利害关系人对先予执行的裁定不服申请复议的，由作出裁定的人民法院依照《民事诉讼法》第108条规定处理。[③]

四、先予执行措施的救济程序

从广义上讲，先予执行措施的救济程序本应包括如上所述之当事人不服人民法院先予执行的裁定而申请复议的程序，但因此种复议程序乃"事中"（即先予执行措施实施中）之救济，其适用并不导致先予执行的停止，故就严格意义上救济程序的"事后性"特征而言，则指审判监督程序、损失赔偿程序和执行回转程序，即：受诉人民法院院长或者上级人民法院发现采取先予执行措施确有错误的，应当按照审判监督程序立即纠正。因先予执行申请错误造成被申请人损失的，由败诉的申请人予以赔偿。[④]人民法院先予执行后，依发生法律效力的判决，申请人应当返还因先予执行所取得的利益的，适用《民事诉讼法》第233条规定。[⑤]依该条规定，"执行完毕后，据以执行的判决、裁定和其他法律文书确有错误，被人民法院撤销的，对已被执行的财产，人民法院应当作出裁定，责令取得财产的人返还；拒不返还的，强制执行"。此即民事诉讼理论上的执行回转。

第五节　对妨害民事诉讼的强制措施

一、对妨害民事诉讼的强制措施的概念和意义

对妨害民事诉讼的强制措施，是指人民法院在民事诉讼中，[⑥]为了制止和排除诉讼参与人或案外人对民事诉讼的妨害，维护正常的诉讼秩序，保证审判和执行活动的顺利进行，而依法对妨害人所采取的各种强制手段的总称。

对妨害民事诉讼的强制措施的意义，具体体现在以下几个方面：

1. 维护正常的诉讼秩序和社会主义法制的尊严。良好的诉讼秩序，既是诉讼活动得以顺利进行的重要保障，同时也是体现社会主义法制尊严的重要一环。因此，必须依法对妨害民事诉讼的行为人采取必要的强制措施。

2. 保障当事人和其他诉讼参与人充分行使诉讼权利，并使他们的合法权益免受侵害。

①《若干规定》第18条。

②《民事诉讼法》第108条、《民诉法解释》第171条。

③《民诉法解释》第172条。

④《民事诉讼法》第107条第2款。

⑤《民诉法解释》第173条。

⑥ 此处所谓之"民事诉讼"，应从广义上加以理解，即包括审判活动和强制执行活动。

妨害民事诉讼的行为,不仅直接干扰了诉讼活动的正常进行,而且还会影响到当事人和其他诉讼参与人对诉讼权利的充分行使,使他们的合法权益受到侵害,甚至有可能会危及他们的人身安全。因此,人民法院必须依法对妨害民事诉讼的行为人采取必要的强制措施,在维护正常的诉讼秩序的同时,保障当事人和其他诉讼参与人能够充分行使诉讼权利,确保他们的合法权益在诉讼过程中免受侵害,或使所受到的侵害得到及时的制止和排除。

3. 保证人民法院顺利完成审判和执行任务。在民事诉讼中,人民法院行使审判权处理案件和依法强制执行,均有赖于良好的诉讼秩序,而任何妨害民事诉讼的行为,在破坏诉讼秩序的同时,都将会在客观上干扰和妨碍人民法院对案件的审判和执行。因此,必须依法对妨害民事诉讼的行为人采取必要的强制措施,以保证人民法院顺利地完成审判和执行任务。

4. 教育公民自觉遵守法律。依法对妨害民事诉讼的行为人采取必要的强制措施,不仅可以使行为人本人受到有效的约束和深刻的教育,同时对其他人来讲,也具有普遍的教育意义和警示作用,从而促使他们自觉遵守国家法律,维护诉讼秩序,进而优化社会的诉讼环境乃至整个社会的法治环境。

在当今世界各个国家和地区的民事诉讼立法中,都有对妨害民事诉讼的强制措施的规定。例如,法国《民事诉讼法》第207条规定:"对不出庭作证的证人,如听取其证言实有必要,得传唤其到庭,费用由其自负。对不出庭作证的人以及无合法理由拒绝作证或拒绝宣誓的人,得科处100法郎以上、10 000法郎以下的罚款。能证明自己在确定的期日不能出庭作证的人,得免受罚款与免付传唤费用。"[①] 又如,德国《民事诉讼法》第390条"强制作证"规定:"(1)证人并无提出理由,或者经宣誓确定其理由不充分时,而仍拒绝作证或拒绝履行宣誓手续,即可不经过申请,命证人负担因其拒绝所生的诉讼费用。同时对证人处以违警罚款,不能缴纳罚款时,处以违警拘留。(2)证人再次拒绝作证时,依申请,命令拘留之,以强制其作证,但不得超过在该审级中诉讼终结之时刻。强制执行程序中关于拘留的规定于此准用之。(3)对此项裁定,可以提起抗告。"[②] 再如,我国澳门特别行政区《民事诉讼法》第385条"恶意诉讼"规定:"一、当事人出于恶意进行诉讼者,须判处罚款。二、因故意或严重过失而作出下列行为者,为恶意诉讼人:a)提出无依据之主张或反对,而其不应不知该主张或反对并无依据;b)歪曲对案件裁判属重要之事实之真相,或隐瞒对案件裁判属重要之事实;c)严重不履行合作义务;d)以明显可受非议之方式采用诉讼程序或诉讼手段,以达致违法目的,或妨碍发现事实真相、阻碍法院工作,或无充分理由而拖延裁判之确定。"[③]

二、对妨害民事诉讼的强制措施的性质

从法律性质上来讲,对妨害民事诉讼的强制措施,虽然也是民事诉讼法律规范的重要组成部分,但其本身并非属于民事诉讼程序,而是对民事诉讼程序的必要保障。它突出地体现了国家强制力在维护民事诉讼秩序(包括审判秩序和执行秩序)方面的重要作用。对于妨害民事诉讼的行为人而言,它是一种直接带有强制性的约束、教育手段。

---

① 罗结珍译:《法国新民事诉讼法典》,中国法制出版社1999年版,第44页。

② 谢怀栻译:《德意志联邦共和国民事诉讼法》,中国法制出版社2001年版,第97页。

③ 中国政法大学澳门研究中心、澳门政府法律翻译办公室编:《澳门民事诉讼法》,中国政法大学出版社1999年版,第123页。

对妨害民事诉讼的强制措施,不同于法律制裁(包括刑事制裁、民事制裁和行政制裁)。法律制裁是根据有关实体法的规定,对违反了某项实体法规范的行为人所采取的追究法律责任(刑事责任、民事责任或行政责任)的处罚措施。而对妨害民事诉讼的强制措施,则是根据程序法的规定,为保证诉讼活动的正常进行而对行为人采取的排除妨害的强制手段。

对妨害民事诉讼的强制措施,也不同于刑事诉讼中的强制措施,二者之间具有如下几个方面的主要区别:

1. 适用的主体不同。在刑事诉讼中,强制措施的适用主体比较广泛,包括公安机关、国家安全机关、人民检察院和人民法院;而对妨害民事诉讼的强制措施则只能由人民法院依法适用。

2. 适用的对象不同。刑事诉讼中的强制措施,其适用对象为犯罪嫌疑人、被告人、现行犯或者重大嫌疑分子[①],他们均是有可能被追究刑事责任的人;而对妨害民事诉讼的强制措施的适用对象则比较广泛,既可以是当事人、诉讼代理人、其他诉讼参与人,也可以是原本与案件无关但却对诉讼造成了实际妨害的案外人。

3. 适用的诉讼阶段不同。在刑事诉讼中,强制措施适用于案件的侦查(既包括由公安机关和国家安全机关进行的侦查,也包括由人民检察院自行进行的侦查)、起诉和审判阶段;而对妨害民事诉讼的强制措施则适用于民事诉讼的审判阶段和执行阶段。

4. 适用的效能不同。刑事诉讼中的强制措施多为预防性措施,其适用的效能在于防止适用对象逃跑、毁灭罪证或者继续犯罪,故其适用不以前述行为的实际发生为前提;而对妨害民事诉讼的强制措施则是排除性措施,其适用效能在于清除诉讼过程中的障碍,故其适用必须以妨害民事诉讼的行为已经实际发生为前提。

5. 与判决结果的关系不同。在刑事诉讼中,最为严厉的强制措施是逮捕,其次是拘留,因为二者均要将适用对象依法羁押以限制其人身自由,但是经过审理,被告人一旦被判决有罪并被处以死刑和无期徒刑以外的主刑时,判决前的羁押期间即可依照法定标准计算在刑期以内,以折抵刑期;但在民事诉讼中,不论何种强制措施的适用,都不与判决结果发生任何关系,因此,败诉的一方当事人不得以曾受强制措施为由,要求抵消或者减轻判决中确定由其负担的实体义务。

6. 适用的法律依据不同。在刑事诉讼中,强制措施的适用依据是刑事诉讼法;而对妨害民事诉讼的强制措施的适用依据则是民事诉讼法。

三、妨害民事诉讼的行为构成和行为种类

(一) 妨害民事诉讼的行为构成

所谓妨害民事诉讼的行为,是指当事人、其他诉讼参与人或案外人在诉讼过程中故意实施的扰乱民事诉讼秩序、阻挠民事诉讼进程的行为。同时具备下列要件的,即构成妨害民事诉讼的行为:

1. 行为必须已经实际发生,并在客观上妨害了诉讼活动的正常进行。这是构成妨害行

---

① 参见《刑事诉讼法》第一编第六章“强制措施”。

为的首要客观要件。因此,如果仅有妨害诉讼的意图而没有付诸行为,或者开始实施后又自动中止,故而尚未造成妨害诉讼的实际后果的,则均不能被认定为妨害民事诉讼的行为。妨害民事诉讼的行为包括作为和不作为两种表现形态:前者是指公然实施法律明文禁止的行为,如哄闹、冲击法庭以及伪造、毁灭重要的证据等;后者是指拒不实施法律要求实施的行为,如必须到庭而无正当理由拒不到庭以及拒不履行协助调查、执行的义务等。不论是作为还是不作为,只要在客观上妨害了诉讼活动的正常进行,即构成了妨害民事诉讼的行为。

2. 必须是在诉讼期间实施的行为。这是构成妨害民事诉讼的行为的另一客观要件,也即对其在所处时间区段上的要求。这里所讲的诉讼期间,是指从受理起诉到执行终了的整个期间,包括审判程序和执行程序两大阶段,贯通了民事诉讼的全过程。在这个过程中,不论行为人是在法庭内还是法庭外实施扰乱诉讼秩序、阻挠诉讼进程的行为,均构成妨害民事诉讼的行为。反之,如果行为人是在诉讼开始前或者诉讼结束后实施的类似行为,则不能被认定为妨害民事诉讼的行为,故此应当由其他机关依照有关法律、法规加以处理。

3. 行为人在主观上必须出于故意。这是构成妨害民事诉讼的行为的主观要件。因此,如果某一行为的实施不是出于行为人的故意,而是出于过失,则不能将其认定为妨害民事诉讼的行为,即使这一行为在客观上有可能会给民事诉讼的正常进行造成一定程度的不便。

(二) 妨害民事诉讼的行为种类

依照《民事诉讼法》第109~114条以及《民诉法解释》有关规定,下列行为均为妨害民事诉讼的行为:

1. 必须到庭的被告,经两次传票传唤,无正当理由拒不到庭。[①]《民诉法解释》第174条第1款规定:"民事诉讼法第一百零九条规定的必须到庭的被告,是指负有赡养、抚育、扶养义务和不到庭就无法查清案情的被告。"另外,该条第2款规定:"人民法院对必须到庭才能查清案件基本事实的原告,经两次传票传唤,无正当理由拒不到庭的,可以拘传。"[②]在审判实践中,给国家、集体或他人造成损害的未成年人被告的法定代理人,如其必须到庭,经两次传票传唤,无正当理由拒不到庭的,也被认为是妨害民事诉讼的行为。在执行程序中,对必须到人民法院接受询问的被执行人或被执行人的法定代表人或负责人,经两次传票传唤,无正当理由拒不到场的,同样被认为是妨害诉讼的行为。[③] 所谓经两次传票传唤,是指前述各种人等经人民法院先后两次依法定方式向其正式送达传票并已产生预定的法律效力之传唤。所谓无正当理由,通常是指客观上并不存在不可抗力、意外事件等足以使前述各种人等无法到庭或到场的特殊情况。

---

① 见《民事诉讼法》第109条。

② 在本案原告没有成为反诉被告的情况下,司法解释竟然规定可以对其实施拘传措施,实属明显不妥!因为这样既有违基本的诉讼法理,又是对现行法上已作明文限定之拘传适用对象的任性乃至粗暴"扩军"。其实,在此种情形下,根据私权自治和处分原则,以及相关的法律规定,仅仅应当按照撤诉处理。

③ 见1998年7月18日最高人民法院《关于人民法院执行工作若干问题的规定(试行)》(以下简称《执行规定(试行)》)第97条。

2. 诉讼参与人和其他人违反法庭规则的行为。如哄闹、冲击法庭,侮辱、诽谤、威胁、殴打审判人员,扰乱法庭秩序,但情节较轻的行为。若是情节严重的此类行为,则不属妨害民事诉讼的行为而属应当依法追究行为人刑事责任的违法犯罪行为。[①] 另《民诉法解释》第176条第1款规定:"诉讼参与人或者其他人有下列行为之一的,人民法院可以适用民事诉讼法第一百一十条规定处理:(一)未经准许进行录音、录像、摄影的;(二)未经准许以移动通信等方式现场传播审判活动的;(三)其他扰乱法庭秩序,妨害审判活动进行的。"[②]

3. 诉讼参与人或者其他人伪造、毁灭重要证据,妨碍人民法院审理案件,但情节较轻而尚未构成犯罪的行为。[③] 此处所谓重要证据,是指对案件事实具有重要证明作用的证据,或曰对证明案件事实不可或缺的证据。另《民诉法解释》第113条规定:"持有书证的当事人以妨碍对方当事人使用为目的,毁灭有关书证或者实施其他致使书证不能使用行为的,人民法院可以依照民事诉讼法第一百一十一条规定,对其处以罚款拘留。"

4. 诉讼参与人或者其他人以暴力、威胁、贿买方法阻止证人作证或者指使、贿买、胁迫他人作伪证,但情节较轻而尚未构成犯罪的行为。[④]

5. 诉讼参与人或者其他人隐藏、转移、变卖、毁损已被查封、扣押的财产,或者已被清点并责令其保管的财产,转移已被冻结的财产,但情节较轻而尚未构成犯罪的行为。[⑤]

6. 诉讼参与人或者其他人对司法工作人员、诉讼参加人、证人、翻译人员、鉴定人、勘验人、协助执行的人,进行侮辱、诽谤、诬陷、殴打或者打击报复,但情节较轻而尚未构成犯罪的行为。[⑥]

7. 诉讼参与人或者其他人以暴力、威胁或者其他方法阻碍司法工作人员执行职务,但情节较轻而尚未构成犯罪的行为。[⑦] 此处所谓司法工作人员,是指审判人员、执行员、书记员、司法警察等。此外,在由人民检察院按照审判监督程序提出抗诉并派员出席法庭的再审案件中,出席法庭的检察人员亦属司法工作人员。前述司法工作人员执行职务的行为,泛指他们在整个民事诉讼过程中依法执行各自职务的所有行为。《民诉法解释》第187条规定:"民事诉讼法第一百一十一条第一款第五项规定的以暴力、威胁或者其他方法阻碍司法工作人员执行职务的行为,包括:(一)在人民法院哄闹、滞留,不听从司法工作人员劝阻的;(二)故意毁损、抢夺人民法院法律文书、查封标志的;(三)哄闹、冲击执行公务现场,围困、扣押执行或者协助执行公务人员的;(四)毁损、抢夺、扣留案件材料、执行公务车辆、其他执行公务器械、执行公务人员服装和执行公务证件的;(五)以暴力、威胁或者其他方法阻碍司法工作人员查询、查封、扣押、冻结、划拨、拍卖、变卖财产的;(六)以暴力、威胁或者其他方法阻碍司法工作人员执行职务的其他行为。"

8. 当事人拒不履行人民法院已经发生法律效力的判决、裁定等法律文书,但情节较轻

① 见《民事诉讼法》第110条。

②《民诉法解释》第176条第2款规定:"有前款规定情形的,人民法院可以暂扣诉讼参与人或者其他人进行录音、录像、摄影、传播审判活动的器材,并责令其删除有关内容;拒不删除的,人民法院可以采取必要手段强制删除。"

③ 见《民事诉讼法》第111条第1款第1项。

④ 见《民事诉讼法》第111条第1款第2项。

⑤ 见《民事诉讼法》第111条第1款第3项。

⑥ 见《民事诉讼法》第111条第1款第4项。

⑦ 见《民事诉讼法》第111条第1款第5项。

而尚未构成犯罪的行为。[①]《民诉法解释》第188条规定:"民事诉讼法第一百一十一条第一款第六项规定的拒不履行人民法院已经发生法律效力的判决、裁定的行为,包括:(一)在法律文书发生法律效力后隐藏、转移、变卖、毁损财产或者无偿转让财产、以明显不合理的价格交易财产、放弃到期债权、无偿为他人提供担保等,致使人民法院无法执行的;(二)隐藏、转移、毁损或者未经人民法院允许处分已向人民法院提供担保的财产的;(三)违反人民法院限制高消费令进行消费的;(四)有履行能力而拒不按照人民法院执行通知履行生效法律文书确定的义务的;(五)有义务协助执行的个人接到人民法院协助执行通知书后,拒不协助执行的。"

9. 当事人之间恶意串通,企图通过诉讼、调解等方式侵害他人合法权益,尚未构成犯罪的行为。[②]《民诉法解释》第190条规定:"民事诉讼法第112条规定的他人合法权益,包括案外人的合法权益、国家利益、社会公共利益。第三人根据民事诉讼法第五十六条第三款规定提起撤销之诉,经审查,原案当事人之间恶意串通进行虚假诉讼的,适用民事诉讼法第一百一十二条规定处理。"

10. 被执行人与他人恶意串通,通过诉讼、仲裁、调解等方式逃避履行法律文书确定的义务,尚未构成犯罪的行为。[③]

11. 负有协助调查、执行义务的有关单位拒绝履行协助义务等的下列行为:[④](1)有关单位拒绝或者妨碍人民法院调查取证的;(2)有关单位接到人民法院协助执行通知书后,拒不协助查询、扣押、冻结、划拨、变价财产的;(3)有关单位接到人民法院协助执行通知书后,拒不协助扣留被执行人的收入、办理有关财产权证照转移手续、转交有关票证、证照或者其他财产的;(4)其他拒绝协助执行的。另《民诉法解释》第192条规定:"有关单位接到人民法院协助执行通知书后,有下列行为之一的,人民法院可以适用民事诉讼法第一百一十四条规定处理:(一)允许被执行人高消费的;(二)允许被执行人出境的;(三)拒不停止办理有关财产权证照转移手续、权属变更登记、规划审批等手续的;(四)以需要内部请示、内部审批,有内部规定等为由拖延办理的。"

四、强制措施的种类及其适用

依照我国《民事诉讼法》第10章的规定,对妨害民事诉讼的强制措施分为5种,即:拘传、训诫、责令退出法庭、罚款、拘留。

---

① 见《民事诉讼法》第111条第1款第6项。除了《民事诉讼法》第111条第1款所列6种妨害行为之外,根据《民诉法解释》第189条规定,诉讼参与人或者其他人有下列行为之一的,人民法院亦可适用《民事诉讼法》第111条的规定处理:(1)冒充他人提起诉讼或者参加诉讼的;(2)证人签署保证书后作虚假证言,妨碍人民法院审理案件的;(3)伪造、隐藏、毁灭或者拒绝交出有关被执行人履行能力的重要证据,妨碍人民法院查明被执行人财产状况的;(4)擅自解冻已被人民法院冻结的财产的;(5)接到人民法院协助执行通知书后,给当事人通风报信,协助其转移、隐匿财产的。

② 见《民事诉讼法》第112条。另《民诉法解释》第191条规定:"单位有民事诉讼法第一百一十二条或者一百一十三条规定行为的,人民法院应当对该单位进行罚款,并可以对其主要负责人或者直接责任人员予以罚款、拘留;构成犯罪的,依法追究刑事责任。"

③ 见《民事诉讼法》第113条。另《民诉法解释》第191条规定:"单位有民事诉讼法……第一百一十三条规定行为的,人民法院应当对该单位进行罚款,并可以对其主要负责人或者直接责任人员予以罚款、拘留;构成犯罪的,依法追究刑事责任。"

④ 见《民事诉讼法》第114条第1款。

（一）拘传

所谓拘传，也即强制到庭或强制到场，具体是指人民法院派出司法警察依法强制有关人员到庭诉讼或到场接受询问的措施。拘传的适用对象，限于前述必须到庭的被告、法定代理人和必须到场的被执行人、被执行人的法定代表人或负责人。拘传的适用前提，必须是上述人员确有经两次传票传唤无正当理由拒不到庭或拒不到场的妨害行为。应当明确，依照《民事诉讼法》和司法解释的有关规定，在具备适用前提的情况下，人民法院只是"可以"拘传，而非"应当"拘传，更非"必须"拘传。此外，拘传必须经院长批准，而且必须用拘传票，并直接送达被拘传人；在拘传前，应向被拘传人说明拒不到庭或拒不到场的后果，经批评教育仍不到庭或不到场的，方可拘传其到庭或到场。对被拘传人的调查询问不得超过 24 小时，调查询问后不得限制被拘传人的人身自由。在本辖区以外采取拘传措施时，应当将被拘传人拘传到当地法院，当地法院应予以协助。①

（二）训诫

所谓训诫，就其直接的字面含义而言，是教导和告诫的合称。②作为民事诉讼中强制措施的一种，则指人民法院以批评教育的方式指出妨害民事诉讼的行为人所施行为的违法之处，并责令其改正或不再重犯的措施。由于训诫措施的强制性在所有强制措施中是最弱的，故其仅适用于违反法庭规则且情节显著轻微，尚不需适用责令退出法庭、罚款、拘留措施者。适用训诫措施，由合议庭或者独任审判员决定。训诫的内容应当记入庭审笔录。③

（三）责令退出法庭

所谓责令退出法庭，是指对于违反法庭规则的人，由人民法院的审判人员要求其离开法庭或交司法警察依法强制其离开法庭，以防止其继续实施妨害诉讼的行为的措施。责令退出法庭的强制力度重于训诫而轻于罚款、拘留，故其适用于具有前述第 2 种妨害民事诉讼的行为，且情节虽非显著轻微，但尚不需适用罚款、拘留者。适用责令退出法庭之强制措施，由合议庭或者独任审判员决定。被责令退出法庭者的违法事实应当记入庭审笔录。④

（四）罚款

所谓罚款，即由人民法院依法决定由妨害民事诉讼者缴纳一定数额的金钱，以便以此约束行为人并防止妨害行为继续发生的强制措施。通常来讲，罚款措施的强制力度重于训诫和责令退出法庭，但轻于拘留。罚款措施的适用范围较广，具体包括：

1. 前述第 2 种妨害民事诉讼的行为中，适用训诫、责令退出法庭尚不足以约束妨害人，但又不宜或不需要适用拘留措施时，即应适用罚款措施。

2. 前述第 3 种至第 10 种妨害民事诉讼的行为中，情节较轻，尚不需要对妨害人适用拘

---

① 见《执行规定（试行）》第 98、99 条。

② 见中国社会科学院语言研究所词典编辑室编：《现代汉语词典》，商务印书馆 2012 年 6 月第 6 版，第 1485 页。

③ 见《民诉法解释》第 177 条。

④ 见《民诉法解释》第 177 条。

留措施时,均应适用罚款措施。①

3. 对前述第11种妨害民事诉讼的行为,人民法院除应责令行为人履行协助义务外,均可适用罚款措施。②

此外,关于罚款措施的适用,还包括下文拘留适用范围中的3、4两种情形。

依照《民事诉讼法》第115条第1款和第116条第1、3款规定,对个人的罚款金额,为人民币10万元以下。对单位的罚款金额,为人民币5万元以上100万元以下③。适用罚款措施,必须经院长批准。罚款应当用决定书。对决定不服的,可以向上一级人民法院申请复议一次。复议期间不停止执行。

另据《民诉法解释》第183~186条规定,罚款、拘留,可以单独适用,也可以合并适用。对同一妨害民事诉讼行为的罚款、拘留不得连续适用。但发生了新的妨害民事诉讼的行为,人民法院可以重新予以罚款、拘留。被罚款的人不服罚款决定申请复议的,应当自收到决定书之日起3日内提出。上级人民法院应在收到复议申请后5日内作出决定,并将复议结果通知下级人民法院和当事人。上级人民法院经复议认为强制措施不当的,应当制作决定书,撤销或变更下级人民法院作出的罚款决定。情况紧急的,可以在口头通知后3日内发出决定书。

依照《民事诉讼法》第117条规定,人民法院对非法拘禁他人或者非法私自扣押他人财产追索债务的单位和个人予以罚款的,适用该法第115条和第116条的规定。④

(五) 拘留

所谓拘留,即依法在一定期间内限制行为人的人身自由,以防止其继续实施妨害民事诉讼的行为的强制措施。在所有对妨害民事诉讼的强制措施中,拘留措施的强制力度最大。根据《民事诉讼法》第110~113条规定,其适用范围如下:

1. 对前述第2种妨害民事诉讼的行为,适用训诫、责令退出法庭、罚款措施尚不足以约束妨害人时,即应适用拘留措施。

2. 对前述第3种至第10种妨害民事诉讼、情节较重的行为,适用罚款措施尚不足以约束妨害人时,均应适用拘留措施。⑤

根据《民事诉讼法》第115条第2、3款和第116条第1、3款规定,拘留的期限,为15日

---

① 另《民事诉讼法》第111条第2款规定:"人民法院对有前款规定的行为之一的单位,可以对其主要负责人或者直接责任人员予以罚款、拘留;构成犯罪的,依法追究刑事责任。"

② 另《民事诉讼法》第114条第2款规定:"人民法院对有前款规定的行为之一的单位,可以对其主要负责人或者直接责任人员予以罚款;对仍不履行协助义务的,可以予以拘留;并可以向监察机关或者有关机关提出予以纪律处分的司法建议。"

③ 另《民诉法解释》第193条规定:"人民法院对个人或者单位采取罚款措施时,应当根据其实施妨害民事诉讼行为的性质、情节、后果,当地的经济发展水平,以及诉讼标的额等因素,在民事诉讼法第一百一十五条第一款规定的限额内确定相应的罚款金额。"

④《民事诉讼法》第117条的具体规定是:"采取对妨害民事诉讼的强制措施必须由人民法院决定。任何单位和个人采取非法拘禁他人或者非法私自扣押他人财产追索债务的,应当依法追究刑事责任,或者予以拘留罚款。"

⑤ 另《民事诉讼法》第111条第2款规定:"人民法院对有前款规定的行为之一的单位,可以对其主要负责人或者直接责任人员予以罚款、拘留;构成犯罪的,依法追究刑事责任"。《民事诉讼法》第114条第2款规定:"人民法院对有前款规定的行为之一的单位,可以对其主要负责人或者直接责任人员予以罚款;对仍不履行协助义务的,可以予以拘留;并可以向监察机关或者有关机关提出予以纪律处分的司法建议。"

以下。适用拘留措施,必须经院长批准。拘留应当用决定书。对决定不服的,可以向上一级人民法院申请复议一次。复议期间不停止执行。被拘留的人,由人民法院交公安机关看管。在拘留期间,被拘留人承认并改正错误的,人民法院可以决定提前解除拘留。

另据《民诉法解释》第178~186条规定,人民法院依照《民事诉讼法》第110~113条以及第114条第2款的规定采取拘留措施的,应经院长批准,作出拘留决定书,由司法警察将被拘留人送交当地公安机关看管。被拘留人不在本辖区的,作出拘留决定的人民法院应当派员到被拘留人所在地的人民法院,请该院协助执行,受委托的人民法院应当及时派员协助执行。被拘留人申请复议或者在拘留期间承认并改正错误,需要提前解除拘留的,受委托人民法院应当向委托人民法院转达或者提出建议,由委托人民法院审查决定。人民法院对被拘留人采取拘留措施后,应当在24小时内通知其家属;确实无法按时通知或者通知不到的,应当记录在案。因哄闹、冲击法庭,用暴力、威胁等方法抗拒执行公务等紧急情况,必须立即采取拘留措施的,可以在拘留后,立即报告院长补办批准手续。院长认为拘留不当的,应当解除拘留。被拘留人在拘留期间认错悔改的,可以责令其具结悔过,提前解除拘留。提前解除拘留,应报经院长批准,并作出提前解除拘留决定书,交负责看管的公安机关执行。《民事诉讼法》第110~113条规定的拘留,可以单独适用,也可以与罚款合并适用。[①] 对同一妨害民事诉讼行为的拘留,不得连续适用。发生新的妨害民事诉讼行为的,人民法院可以重新予以拘留。被拘留的人不服拘留决定申请复议的,应当自收到决定书之日起3日内提出。上级人民法院应当在收到复议申请后5日内作出决定,并将复议结果通知下级人民法院和当事人。上级人民法院复议时认为强制措施不当的,应当制作决定书,撤销或者变更下级人民法院作出的拘留决定。情况紧急的,可以在口头通知后3日内发出决定书。

人民法院依照《民事诉讼法》第117条规定对非法拘禁他人或者非法私自扣押他人财产追索债务的单位和个人予以拘留的,适用该法第115、116条的有关规定。[②]

① 其实,《民事诉讼法》第114条第2款中规定的拘留,似乎同样可按这一规定加以适用。

②《民事诉讼法》第117条的具体规定是:"采取对妨害民事诉讼的强制措施必须由人民法院决定。任何单位和个人采取非法拘禁他人或者非法私自扣押他人财产追索债务的,应当依法追究刑事责任,或者予以拘留、罚款。"

第十二章 诉讼费用与司法救助

第一节 诉讼费用

一、诉讼费用的概念与征收诉讼费用的意义

(一) 诉讼费用的概念

所谓诉讼费用,是指当事人进行民事诉讼,依法应向受诉法院交纳和支付的费用。在民事诉讼中征收诉讼费用,是当今世界上大多数国家和地区的民事诉讼立法所普遍确立的一项法律制度。[①] 我国现行《民事诉讼法》第 118 条第 1 款规定:"当事人进行民事诉讼,应当按照规定交纳案件受理费。财产案件除交纳案件受理费外,并按照规定交纳其他诉讼费用。"目前,我国关于民事诉讼费用问题的基本操作规范是此前由国务院于 2006 年 12 月 19 日公布,并自 2007 年 4 月 1 日起施行至今的《诉讼费用交纳办法》(以下简称《交纳办法》)[②]。此外,最高人民法院还在《民诉法解释》的第 9 个大部分"诉讼费用"(即第 194~207 条)对相关问题作了较为具体的规定。

(二) 征收诉讼费用的意义

在民事诉讼中,征收诉讼费用具有如下几个方面的重要意义:

1. 制裁民事违法行为。诉讼费用负担的基本原则是由败诉的一方当事人承担,而败诉一方当事人之所以会败诉,通常都是由于其违反了法律规定或合同约定,或滥用权利,或不履行义务,从而给对方当事人的合法权益造成了一定的损害。对其施以民事制裁的具体方

---

① 不过,在各个国家和地区,关于民事诉讼费用的法律规范在立法体例上并不相同,大多数国家和地区将其规定在民事诉讼法典中,但也有一些国家和地区将其单独立法,而在它们的民事诉讼法典中则仅对诉讼费用问题作原则规定,譬如德国《民事诉讼法》第一编"总则"第 2 章"当事人"的第 5 节,即关于诉讼费用的规定,另外德国还有施行于 1975 年 12 月 5 日、最后修正于 1998 年 12 月 9 日的《诉讼费用法》;又如日本,除在其现行《民事诉讼法》第一编"总则"的第 4 章对"诉讼费用"作了原则规定之外,另有《关于民事诉讼费用等的法律》,此前则有制定于 1971 年的《民事诉讼费用法》。

② 其实,由国务院制定行政法规性质的《交纳办法》明显是有违《立法法》相关规定的。基于法治原则,应由国家立法机关来制定关于民事诉讼费用问题的立法。具体可参见赵钢:《讼费规则制定权的再次旁落》,载《法学》2007 年第 3 期。

式虽然主要是依照有关实体法的规定,在判决书中确定由其承担相应的实体责任[①],但就诉讼费用的负担而言,由于其也是由同一份判决书所确定的具体义务,故实质上同具有一定的制裁性质。

2. 减少纳税人的负担和国家的财政开支。民事诉讼案件是特定的公民之间、法人之间、其他组织之间或者他们相互之间因财产关系和人身关系方面的权益之争所引起的,具有相当的"个体性"特征,与其他社会成员并不存在直接的利害关系。人民法院为了解决这些纠纷,必须支出相应的成本,其中必然包括一定的费用。若当事人为了维护自己的利益而利用诉讼机制,但却由全体纳税人来承担其诉讼开支,显然不具有合理性。因此,依法向当事人收取适当的诉讼费用,有利于减少国家的财政支出,减轻纳税人的负担。

3. 防止当事人滥用诉权,促进民事纠纷在各种解决机制上的合理分流,减轻人民法院的审判负担。在现实生活中,有少数当事人动辄为了一些琐事而诉诸法院,甚至无理取闹,缠讼不休,从而造成了司法资源的无谓运作和明显浪费。鉴此,诉讼费用制度的确立和适用,有助于促使当事人在起诉前慎重考虑、仔细斟酌,避免轻率地行使诉权提起诉讼,且尽可能理智地选择诉讼外调解、和解等经济而适当的纠纷解决方式,从而既可以使纠纷得到妥善的解决,达到维护自身合法权益的既定目的,同时也有利于减轻人民法院的审判负担。

4. 有利于维护国家的司法主权和经济利益。我国自实行改革开放政策以来,对外交往日益频繁和广泛,相伴而生的各类涉外民商事纠纷不时发生,诉至法院的涉外案件更是逐年增多。在这种背景下,如果我国不考虑当今世界上大多数国家和地区的法院在民事诉讼中普遍征收诉讼费用的现实情况,"独具特色"地实行免费诉讼制度,则必然会对国家的司法主权和经济利益造成负面的影响,同时也不符合对外交往中所应遵循的平等互利原则。因此,在民事诉讼中确立并实行征收诉讼费用的制度,对于维护国家的司法主权和经济利益显然都是十分必要的。

二、征收诉讼费用的基本原则

根据《交纳办法》第一章"总则"的规定,人民法院向当事人征收诉讼费用,应当遵循以下基本原则。

(一) 依法收费原则

根据《交纳办法》第 2 条和第 3 条规定,依法收费原则包括以下两项要求:

1. 当事人进行民事诉讼,应当依照《交纳办法》交纳诉讼费用。但《交纳办法》规定可以不交纳或者免予交纳诉讼费用的除外。[②]

2. 人民法院在诉讼过程中不得违反《交纳办法》规定的范围和标准向当事人收取任何费用。此项要求意味着不仅在个案的审判和执行过程中人民法院不得超范围、超标准向当事人收取任何费用,而且最高人民法院也不得以司法解释或其他规范性文件的方式制定超

① 依照《民法通则》第 134 条第 1 款的规定,承担民事责任的方式主要有:(1)停止侵害;(2)排除妨碍;(3)消除危险;(4)返还财产;(5)恢复原状;(6)修理、重作、更换;(7)赔偿损失;(8)支付违约金;(9)消除影响、恢复名誉;(10)赔礼道歉。

② 例如,《交纳办法》第 8 条和第 9 条所列案件即属此类。

出《交纳办法》所定范围和标准的收费规范。

依法收费原则的确立和贯彻,有助于在讼费征收领域落实法治原则,同时也有助于促进人民法院自身的法制化建设,杜绝超范围、超标准收费的违规操作。

(二) 司法救助原则

根据《交纳办法》第 4 条规定,国家对交纳诉讼费用确有困难的当事人提供司法救助,保障其依法行使诉讼权利,维护其合法权益。①

(三) 国民待遇和对等原则

根据《交纳办法》第 5 条规定,此项基本原则包括紧密联系的以下两项内容:

1. 外国人、无国籍人、外国企业或者组织在人民法院进行诉讼,适用《交纳办法》的规定。这就意味着,从一般原则上讲,在诉讼费用的征收与交纳问题上,中外当事人享受同等的待遇,在同样的范围内,按照同样的标准,交纳诉讼费用,享受司法救助。换言之,即对外国当事人实行国民待遇。

2. 外国法院对中华人民共和国公民、法人或者其他组织,与其本国公民、法人或者其他组织在诉讼费用交纳上实行差别对待的,按照对等原则处理。也就是说,如果外国法院对我国当事人在诉讼费用的交纳上确定不一样的范围,实行不一样的标准,或者在给予司法救助的条件上有额外要求的,我国人民法院即对该国当事人予以完全相同的对待。

国民待遇和对等原则,已在世界各国得到普遍奉行而成为通例。确立与贯彻国民待遇和对等原则,有助于在涉外民事诉讼中,体现我国的司法公正和程序正义,维护我国的司法主权和经济利益,同时也有助于维护我国当事人的合法权益。

三、诉讼费用的交纳范围

根据《交纳办法》第 6 条规定,当事人应当向人民法院交纳的诉讼费用包括以下三类:

(一) 案件受理费

所谓案件受理费,是指当事人行使诉权寻求司法保护而向人民法院依法交纳的、具有国家规费性质的诉讼费用。除《交纳办法》明文规定可以不交纳受理费的案件以外,其他案件均应交纳案件受理费。

根据《交纳办法》第 7 条规定,案件受理费包括:(1) 第一审案件受理费②;(2) 第二审案件受理费;(3) 再审案件中,依照《交纳办法》的规定需要交纳的案件受理费。

根据《交纳办法》第 8 条规定,下列案件不交纳案件受理费:(1) 依照我国《民事诉讼法》

---

① 具体参见本章第二节“司法救助”。

② 除原告起诉应交纳案件受理费以外,如果被告提出反诉、有独立请求权的第三人提出与本案有关的诉讼请求,且人民法院决定合并审理的,亦应分别(减半)交纳案件受理费(参见《交纳办法》第 18 条)。与此同时,根据《交纳办法》第 13 条第 1 款第 6 项规定,当事人提出案件管辖权异议,在异议不成立的情况下,每件应交纳 50 元至 100 元的案件受理费。由此可见,“第一审案件受理费”的具体构成是相对复杂的。其实,从审判实践来看,被告提出反诉和有独立请求权的第三人提起参加之诉且被人民法院合并审理的情况也有可能存在于第二审程序(甚至再审程序)中。

规定的特别程序审理的案件；(2)裁定不予受理、驳回起诉、驳回上诉的案件；(3)对不予受理、驳回起诉和管辖权异议裁定不服，提起上诉的案件。[①] 与此同时，依照《交纳办法》第9条规定，根据我国《民事诉讼法》规定的审判监督程序审理的案件，当事人也不用交纳案件受理费，但是下列情形除外：(1)当事人有新的证据，足以推翻原判决、裁定，向人民法院申请再审，人民法院经审查决定再审的案件；(2)当事人对人民法院第一审判决或者裁定未提出上诉，第一审判决、裁定或者调解书发生法律效力后又申请再审，人民法院经审查决定再审的案件。这两种例外情形即属于上述需要交纳案件受理费的再审案件。另外还须明确，依照《交纳办法》第14条第1项所列第3种情形的规定，符合《民事诉讼法》第54条第4款规定，未参加登记的权利人向人民法院提起诉讼的，按照本项规定的标准交纳申请费后，即不再交纳案件受理费，从而明显减轻了当事人的讼费负担。与此同时，《民诉法解释》第194规定："依照民事诉讼法第五十四条审理的案件不预交案件受理费，结案后按照诉讼标的额由败诉方交纳。"[②]

(二) 申请费

所谓申请费，是指当事人因申请人民法院为特定诉讼事项或开启相关程序而依法向法院交纳的、具有国家规费性质的诉讼费用。

根据《交纳办法》第10条规定，当事人依法向人民法院申请下列事项，应当交纳申请费：(1)申请执行人民法院发生法律效力的判决、裁定、调解书，仲裁机构依法作出的裁决和调解书，公证机关依法赋予强制执行效力的债权文书；(2)申请保全措施；(3)申请支付令[③]；(4)申请公示催告；(5)申请撤销仲裁裁决或者认定仲裁协议效力；(6)申请破产；(7)申请海事强制令、共同海损理算、设立海事赔偿责任限制基金、海事债权登记、船舶优先权催告[④]；(8)申请承认和执行外国法院判决、裁定和外国仲裁机构裁决。

(三) 证人、鉴定人、翻译人员、理算人员(如共同海损理算人员等)在人民法院指定日期出庭所发生的交通费、住宿费、生活费和误工补贴[⑤]

除上述三类诉讼费用外，当事人复制案件卷宗材料和法律文书应当按实际成本向人民法院交纳工本费。[⑥] 但应指出，根据《交纳办法》第12条第1款规定，在诉讼过程中，因鉴定、

① 此外，行政赔偿案件的当事人也不交纳案件受理费。见《交纳办法》第8条第(四)项。

② 这两项规定看似抵牾，其实不然。因为《民诉法解释》在此所说的是"起诉时人数尚未确定的代表人诉讼"之本身，而《交纳办法》所讲的则是其后"未参加登记的权利人在诉讼时效期间提起诉讼的"情形。

③ 依照《民诉法解释》第195条规定，支付令失效后转入诉讼程序的，债权人应当按照《交纳办法》补交案件受理费。支付令被撤销后，债权人另行起诉的，按照《交纳办法》交纳诉讼费用。

④ 关于申请海事强制令、共同海损理算、设立海事赔偿责任限制基金、海事债权登记、船舶优先权催告，均请参见《中华人民共和国海事诉讼特别程序法》(1999年12月25日通过并公布，自2000年7月1日起施行，以下简称《海诉法》)和最高人民法院《关于适用〈中华人民共和国海事诉讼特别程序法〉若干问题的解释》(2002年12月3日通过，自2003年2月1日起实施，以下简称《海诉法解释》)的相关规定。

⑤ 根据《交纳办法》第11条第1款规定，此类费用由人民法院按照国家规定的标准代为收取，然后分别转交证人、鉴定人、翻译人员、理算人员。

⑥ 见《交纳办法》第11条第2款。

公告、勘验、翻译[①]、评估、拍卖、变卖、仓储、保管、运输、船舶监管等发生的依法应当由当事人负担的费用，人民法院应根据“谁主张、谁负担”的原则，决定由当事人直接支付给有关机构或单位，人民法院不得代收代付。

四、诉讼费用的交纳标准

（一）案件受理费的交纳标准

由于案件的类别不同会造成实际诉讼活动上的差异，因此，根据《交纳办法》的相关规定，应分别不同情况，按下列标准交纳案件受理费：

1. 财产案件受理费的交纳标准。根据《交纳办法》第13条第1款第1项规定，财产案件应根据诉讼请求的金额或者价额，按照下列比例分段累计交纳：(1)不超过1万元的，每件交纳50元；(2)超过1万元至10万元的部分，按2.5%交纳；(3)超过10万元至20万元的部分，按2%交纳；(4)超过20万元至50万元的部分，按1.5%交纳；(5)超过50万元至100万元的部分，按1%交纳；(6)超过100万元至200万元的部分，按0.9%交纳；(7)超过200万元至500万元的部分，按0.8%交纳；(8)超过500万元至1 000万元的部分，按0.7%交纳；(9)超过1 000万元至2 000万元的部分，按0.6%交纳；(10)超过2 000万元的部分，均按0.5%交纳。另据《民诉法解释》第200、201条规定，破产程序中有关债务人的民事诉讼案件，按照财产案件标准交纳诉讼费，但劳动争议案件除外。即有财产性诉讼请求，又有非财产性诉讼请求的，按照财产性诉讼请求的标准交纳诉讼费。有多个财产性诉讼请求的，合并计算交纳诉讼费。

2. 非财产案件受理费的交纳标准。根据《交纳办法》第13条第1款第2项规定，非财产案件按照下列标准交纳受理费：(1)离婚案件每件交纳50元至300元。涉及财产分割，财产总额不超过20万元的，不另行交纳；超过20万元的部分，按0.5%交纳。(2)侵害姓名权、名称权、肖像权、名誉权、荣誉权以及其他人格权的案件，每件交纳100元至500元。涉及损害赔偿，赔偿金额不超过5万元的，不另行交纳；超过5万元至10万元的部分，按1%交纳；超过10万元的部分，均按0.5%交纳。(3)其他非财产案件每件交纳50元至100元。另据《民诉法解释》第201条第2款后段规定，诉讼请求中有多个非财产性诉讼请求的，按一件交纳诉讼费。

3. 知识产权民事案件受理费的交纳标准。根据《交纳办法》第13条第1款第3项规定，知识产权民事案件，没有争议金额或者价额的，每件交纳500元至1 000元；有争议金额或者价额的，按财产案件受理费的标准交纳。

4. 劳动争议案件受理费的交纳标准。根据《交纳办法》第13条第1款第4项规定，每件交纳10元。

5. 管辖权异议案件受理费的交纳标准。根据《交纳办法》第13条第1款第6项规定，

---

① 根据《交纳办法》第12条第2款规定，人民法院依照《民事诉讼法》第11条第3款规定，提供当地民族通用语言、文字翻译的，不收取费用。因此，此处所说的翻译费用是指在涉外民事诉讼中，人民法院应外国当事人的要求而为其提供外语、外文翻译所发生的费用。

当事人提出案件管辖权异议，异议不成立的，每件交纳 50 元至 100 元。[①]

由于我国各地经济发展水平存在较大差异，故根据《交纳办法》第 13 条第 2 款规定，各省、自治区、直辖市人民政府可以结合本地实际情况，在上述第 2 点、第 3 点及第 5 点规定的幅度内制定具体的交纳标准。

另外，基于诉讼经济之考量和诉讼程序的实际运作成本，为减轻当事人的讼费负担，《交纳办法》第 15、16 和第 18 条规定，在下列三种情况下，应分别对当事人减半收取案件受理费：(1) 以调解方式结案或者当事人申请撤诉的案件；(2) 适用简易程序审理的案件；(3) 被告提起反诉、有独立请求权的第三人提出与本案有关的诉讼请求，人民法院决定与本案合并审理的案件。另据《民诉法解释》第 206 条规定，人民法院决定减半收取案件受理费的，只能减半一次。

最后，基于与上述"减半交纳"大致相同的考虑，《交纳办法》第 17 条、第 19 条规定，在下列两种情况下，应分别按当事人的请求数额交纳案件受理费：(1) 对财产案件提起上诉的，按不服一审判决部分的上诉请求数额交纳案件受理费[②]；(2) 依照《交纳办法》第 9 条规定需要交纳案件受理费的再审案件，按不服原判决部分的再审请求数额交纳案件受理费。同理，《民诉法解释》第 198 条规定："诉讼标的物是房屋、土地、林木、车辆、船舶、文物等特定物或者知识产权，起诉时价值难以确定的，人民法院应向原告释明主张过高或者过低的诉讼风险，以原告主张的价值确定诉讼标的金额。"并据此收取案件受理费。[③]

（二）申请费的交纳标准

根据《交纳办法》第 14 条的规定，申请费应分别按照下列标准交纳：

1. 依法向人民法院申请执行人民法院发生法律效力的判决、裁定、调解书，仲裁机构依法作出的裁决和调解书，公证机关依法赋予强制执行效力的债权文书，申请承认和执行外国法院判决、裁定以及国外仲裁机构裁决的，按照下列标准交纳申请费：(1) 没有执行金额或者价额的，每件交纳 50 元至 500 元。(2) 执行金额或者价额不超过 1 万元的，每件交纳 50 元；超过 1 万元至 50 万元的部分，按 1.5% 交纳；超过 50 万元至 500 万元的部分，按 1% 交纳；超过 500 万元至 1 000 万元的部分，按 0.5 交纳；超过 1 000 万元的部分，均按 0.1% 交纳。(3) 符合《民事诉讼法》第 54 条第 4 款规定，未参加登记的权利人向人民法院提起诉讼的，按上述规定的标准交纳申请费，不再交纳案件受理费。

另据《民诉法解释》第 205 条规定，拍卖、变卖担保财产的裁定作出后，人民法院强制执行的，按照执行金额收取执行申请费。当然，执行申请费并不需由执行申请人预交，而是应在实际执行后由人民法院直接向被执行人收取。

2. 申请保全措施的，根据实际保全的财产数额按照下列标准交纳申请费：财产数额不超过 1 000 元或者不涉及财产数额的，每件交纳 30 元；超过 1 000 元至 10 万元的部分，按 1%

---

① 除以上 5 类案件受理费的交纳标准外，行政案件应按下列标准交纳案件受理费：(1) 商标、专利、海事行政案件每件交纳 100 元；(2) 其他行政案件每件交纳 50 元。见《交纳办法》第 13 条第 1 款第 5 项。

② 对非财产案件和依照《交纳办法》应当交纳案件受理费的其他案件提起上诉的，当事人应按前述标准全额交纳案件受理费。

③ 另据《民诉法解释》第 197 条规定，诉讼标的物是证券的，按照证券交易规则并根据当事人起诉之日前最后一个交易日的收盘价、当日的市场价或者其载明的金额计算诉讼标的金额。并据此收取案件受理费。

交纳；超过 10 万元的部分，均按 0.5% 交纳。但是，当事人申请保全措施交纳的费用最多不超过 5 000 元。

3. 依法申请支付令的，比照财产案件受理费标准的 1/3 交纳申请费。

4. 依法申请公示催告的，每件交纳 100 元申请费。

5. 申请撤销仲裁裁决或者认定仲裁协议效力的，每件交纳 400 元申请费。

6. 破产案件依据破产财产总额计算，按照财产案件受理费的标准减半交纳，但是，最高不超过 30 万元。

7. 海事案件的申请费按照下列标准交纳：(1) 申请设立海事赔偿责任限制基金的，每件交纳 1 000 元至 1 万元；(2) 申请海事强制令的，每件交纳 1 000 元至 5 000 元；(3) 申请船舶优先权催告的，每件交纳 1 000 元至 5 000 元；(4) 申请海事债权登记的，每件交纳 1 000 元；(5) 申请共同海损理算的，每件交纳 1 000 元。

五、诉讼费用的交纳和退还

所谓诉讼费用的交纳，主要是指诉讼费用的预交，即诉讼费用的预先交纳。预交诉讼费用的当事人最终并不一定实际负担诉讼费用。预先交纳诉讼费用是为了实现前述收费目的，满足诉讼活动的实际需要，并避免因"事后"交纳而可能造成的"法院垫支"和讼费纠纷。所谓诉讼费用的退还，则指因为特定情形的发生，人民法院将已经预收的诉讼费用退还给预交该项费用的当事人。

根据《交纳办法》第 4 章（即第 20~28 条）规定，诉讼费用的交纳和退还应按以下规则办理：

1. 案件受理费分别应由原告、有独立请求权的第三人、上诉人预交。被告提起反诉，依照《交纳办法》的规定需要交纳案件受理费的，由被告预交。具体来讲，(1) 原告应自接到人民法院交纳诉讼费用通知的次日起 7 日内交纳案件受理费[①]；(2) 反诉案件应由提起反诉的当事人自提起反诉的次日起 7 日内交纳案件受理费；(3) 上诉案件的案件受理费应由上诉人向人民法院提交上诉状时预交，双方当事人都提起上诉的，分别预交[②]，上诉人在上诉期内未预交诉讼费用的，人民法院应当通知其在 7 日内预交；(4) 依照《交纳办法》第 9 条规定需要交纳案件受理费的再审案件，由申请再审的当事人预交，双方当事人都申请再审的，分别预交。

在上述案件中，如果是追索劳动报酬的案件，则可不预交案件受理费，这样可以最大限度地减轻此类原告的讼费负担，维护劳动者的合法权益。

当事人在诉讼中变更诉讼请求数额，案件受理费应依下列规定处理：(1) 当事人增加诉

① 可能是因为有独立请求权的第三人在诉讼地位上类似于原告，故《交纳办法》第 22 条第 1、2 款在历数原告、提起反诉的被告和上诉人分别应如何具体交纳案件受理费外，没有再就有独立请求权的第三人具体应该如何交纳案件受理费作出专门的规定，鉴此，有独立请求权的第三人似应与原告一样，自接到人民法院交纳诉讼费用通知的次日起 7 日内交纳案件受理费。另据《民诉法解释》第 199 条规定，适用简易程序审理的案件转为普通程序的，原告自接到人民法院交纳诉讼费用通知之日起 7 日内补交案件受理费。原告无正当理由未按期足额补交的，按撤诉处理，已经收取的诉讼费用退还一半。

②《民诉法解释》第 202 条规定："原告、被告、第三人分别上诉的，按照上诉请求分别预交二审案件受理费。同一方多人共同上诉的，只预交一份二审案件受理费；分别上诉的，按照上诉请求分别预交二审案件受理费。"

讼请求数额的，按照增加后的诉讼请求数额计算补交；(2) 当事人在法庭调查终结前提出减少诉讼请求数额的，按照减少后的诉讼请求数额计算退还。[①]

2. 申请费由申请人预交。具体应由申请人在提出申请时或在人民法院指定的期限内预交。但是，《交纳办法》第 10 条第 1 项规定的申请执行事项[②]和该条第 6 项规定的申请破产事项的申请费不由申请人预交。其中，执行申请费应待执行后再交纳，破产申请费应待清算后再交纳，从而可以大大地减轻申请人的讼费负担。

3. 依照《交纳办法》第 11 条应由人民法院按照国家规定的标准代为收取的证人、鉴定人、翻译人员、理算人员在人民法院指定日期出庭而发生的交通费、住宿费、生活费和误工补贴，以及当事人因复制案件卷宗材料和法律文书应按实际成本向人民法院交纳的工本费，均须待实际发生后再交纳。

4. 在上述情况下，当事人逾期不交纳诉讼费用又未提出司法救助申请，或者申请司法救助未获批准，在人民法院指定期限内仍未交纳诉讼费用的，由人民法院依照有关规定处理。

5. 依照《民事诉讼法》第 36~38 条以及第 127 条规定移送、移交的案件，原受理人民法院应将当事人预交的诉讼费用随案移交接收案件的人民法院。

6. 在下列情形下，当事人交纳的诉讼费用应按不同情况予以退还或不予退还：(1) 人民法院审理民事案件过程中发现涉嫌刑事犯罪并将案件移送有关部门处理的，当事人交纳的案件受理费应予以退还；移送后民事案件需要继续审理的，当事人已交纳的案件受理费则不予退还。(2) 中止诉讼、中止执行的案件，已交纳的案件受理费、申请费不予退还。中止诉讼、中止执行的原因消除，恢复诉讼、执行的，不再交纳案件受理费、申请费。(3) 第二审人民法院决定将案件发回重审的，应退还上诉人已交纳的第二审案件受理费。(4) 第一审人民法院裁定不予受理或者驳回起诉的，应退还当事人已交纳的案件受理费；当事人对第一审人民法院不予受理、驳回起诉的裁定提起上诉，第二审人民法院维持第一审人民法院作出的裁定的，第一审人民法院亦应退还当事人已交纳的案件受理费。(5) 依照《民事诉讼法》第 151 条规定终结诉讼的案件，依照《交纳办法》已交纳的案件受理费不予退还。另据《民诉法解释》第 207 条规定，判决生效后，胜诉方预交但不应负担的诉讼费用，人民法院应当退还，由败诉方向人民法院交纳，但胜诉方自愿承担或者同意败诉方直接向其支付的除外。当事人拒不交纳诉讼费用的，人民法院可以强制执行。

六、诉讼费用的负担

所谓诉讼费用的负担，是指在案件审判终了和执行完毕后，当事人对诉讼费用的实际承担。由于诉讼费用制度的前述功能和意义所致，在我国的民事诉讼中，实行的是“败诉人负担”的一般原则，同时辅之以“当事人协商负担”“法院直接决定负担”和“自行负担”等其他讼费负担规则。

---

① 这一规定并非意味着当事人在法庭调查终结后就不能减少诉讼请求的数额。《交纳办法》第 35 条规定：“当事人在法庭调查终结后提出减少诉讼请求数额的，减少请求数额部分的案件受理费由变更诉讼请求的当事人负担。”由此可见，法庭调查终结后并不禁止当事人减少诉讼请求的数额。

② 即申请执行人民法院发生法律效力的判决、裁定、调解书，仲裁机构依法作出的裁决和调解书，公证机关依法赋予强制执行效力的债权文书，但不包括申请承认和执行外国法院的判决、裁定和国外仲裁机构的裁决。

(一) 败诉人负担

根据《交纳办法》第 29 条规定,诉讼费用由败诉方负担,但胜诉方自愿负担的除外。当事人部分胜诉部分败诉的,人民法院应根据案件的具体情况决定他们各自负担的诉讼费用数额。共同诉讼当事人败诉的,人民法院应根据他们对诉讼标的的利害关系,决定当事人各自负担的诉讼费用数额。别据《民诉法解释》第 203 条规定,承担连带责任的当事人败诉的,应当共同负担诉讼费用。

此外,有些情形虽非属于典型的败诉,但其诉讼费用的负担大致也是比照当事人败诉的情形来确定的。具体包括:

1.《交纳办法》第 32 条规定:"依照本办法第九条第(一)项、第(二)项的规定应当交纳案件受理费的再审案件……双方当事人都申请再审的,诉讼费用依照本办法第二十九条的规定负担。原审诉讼费用的负担由人民法院根据诉讼费用负担原则重新确定。"此处所说的两类再审案件,一类是指当事人有新的证据,足以推翻原判决、裁定,向人民法院申请再审,人民法院经审查决定再审的案件;另一类是指当事人对人民法院第一审判决或者裁定未提出上诉,第一审判决、裁定或者调解书发生法律效力后又申请再审,人民法院经审查决定再审的案件。

2.《交纳办法》第 36 条规定:"债务人对督促程序未提出异议的,申请费由债务人负担。债务人对督促程序提出异议致使督促程序终结的,申请费由申请人负担;申请人另行起诉的,可以将申请费列入诉讼请求。"

3.《交纳办法》第 38 条第 1 款规定:"本办法第十条第(一)项、第(八)项规定的申请费由被执行人负担。"此处所说的两项申请费,一是指申请执行人民法院发生法律效力的判决、裁定、调解书,仲裁机构依法作出的裁决和调解书,公证机关依法赋予强制执行效力的债权文书所发生的申请费;二是指申请承认和执行外国法院判决、裁定和国外仲裁机构的裁决所发生的申请费。

4.《交纳办法》第 38 条第 4 款规定:"本办法第十条第(五)项规定的申请费,由人民法院依照本办法第二十九条规定决定申请费的负担。"此处所说的申请费,是指申请撤销仲裁裁决或者认定仲裁协议效力所发生的申请费。

5.《交纳办法》第 39 条第 3 项规定:"诉讼中拍卖、变卖被扣押船舶、船载货物、船用燃油、船用物料发生的合理费用,由申请人预付,从拍卖、变卖价款中先行扣除,退还申请人。"

6.《交纳办法》第 42 条规定:"依法向人民法院申请破产的,诉讼费用依照有关法律规定从破产财产中拨付。"

7.《民诉法解释》第 204 条规定:"实现担保物权案件,人民法院裁定拍卖、变卖担保财产的,申请费由债务人、担保人负担;人民法院裁定驳回申请的,申请费由申请人负担。申请人另行起诉的,其已经交纳的申请费可以从案件受理费中扣除。"

(二) 当事人协商负担

由当事人自行协商诉讼费用的负担,既能在最大限度上尊重双方当事人的合意,又有助于彻底地解决纠纷。根据《交纳办法》有关规定,在以下情形下,应由当事人协商解决诉讼费用的负担:

1.《交纳办法》第 31 条规定:"经人民法院调解达成协议的案件,诉讼费用的负担由双方当事人协商解决;协商不成的,由人民法院决定。"①

2.《交纳办法》第 33 条规定:"离婚案件诉讼费用的负担由双方当事人协商解决;协商不成的,由人民法院决定。"②

3.《交纳办法》第 38 条第 2 款规定:"执行中当事人达成和解协议的,申请费的负担由双方当事人协商解决;协商不成的,由人民法院决定。"

(三) 法院直接决定负担

《交纳办法》第 30 条规定:"第二审人民法院改变第一审人民法院作出的判决、裁定的,应当相应变更第一审人民法院对诉讼费用负担的决定。"另据《民诉法解释》第 196 规定,人民法院改变原判决、裁定、调解结果的应当在裁判文书中对原审诉讼费用的负担一并作出处理。这一规定,显然比前述规定的涵盖面更大,不仅包括了二审改判(以及改裁改调),而且包括了再审改判(以及改裁、改调)。

(四) 自行负担

所谓自行负担,是指不论诉讼的结果如何(即胜诉、败诉与否),也不考虑其他任何情况,在诉讼费用的负担问题上,既不适用"败诉人负担"的一般原则,也不适用"当事人协商负担"和"法院直接决定负担"的辅助性规则,而一律由特定的当事人自己负担。根据《交纳办法》有关规定,在以下情形下,应由当事人自行负担相关诉讼费用:

1.《交纳办法》第 32 条规定:"依照本办法第九条第(一)项、第(二)项的规定应当交纳案件受理费的再审案件,诉讼费用由申请再审的当事人负担。"此处所说的两类再审案件,与前述"败诉人负担"第一种情形中所说的两类再审案件完全相同。由此可见,就这两类再审案件而言,是仅有一方当事人申请再审,还是双方当事人都申请再审,在诉讼费用的负担上是存在明显差异的。

2.《交纳办法》第 34 条第 1 款规定:"民事案件的原告或者上诉人申请撤诉,人民法院裁定准许的,案件受理费由原告或者上诉人负担。"其实,在有独立请求权的第三人撤回参加之诉和被告撤回反诉的情况下,亦应由他们分别自行负担相关的案件受理费。

3.《交纳办法》第 35 条规定:"当事人在法庭调查终结后提出减少诉讼请求数额的,减少请求数额部分的案件受理费由变更诉讼请求的当事人负担。"

4.《交纳办法》第 37 条规定:"公示催告的申请费由申请人负担。"

5.《交纳办法》第 38 条第 3 款规定:"本办法第十条第(二)项规定的申请费由申请人负担,申请人提起诉讼的,可以将该申请费列入诉讼请求。"此处所说的申请费,是指当事人因申请保全措施(包括诉前保全措施)而应交纳的申请费。

---

① 另据《调解规定》第 14 条,当事人不能对诉讼费用如何承担达成协议的,不影响调解协议的效力。人民法院可以直接决定当事人承担诉讼费用的比例,并将决定记入调解书。

② 之所以这样规定,并非因为离婚案件无"胜诉""败诉"之分,而是由于离婚案件直接涉及双方当事人之间的"感情"是否确已破裂之敏感问题,且离婚与否不仅决定特定家庭能否存续,而且往往间接影响一定范围内社会稳定之大局,故其确实具有独特之处。鉴此,离婚案件诉讼费用的负担,概不适用"败诉人负担"的一般原则。

6. 根据《交纳办法》第 39 条第 1、2、4、5 项规定[①]，海事案件中的有关诉讼费用依照下列规定分别由各该当事人自行负担：(1) 诉前申请海事请求保全[②]、海事强制令的，申请费由申请人负担；申请人就有关海事请求提起诉讼的，可将申请费列入诉讼请求；(2) 诉前申请海事证据保全的[③]，申请费由申请人负担；(3) 申请设立海事赔偿责任限制基金、申请海事债权登记与受偿、申请船舶优先权催告案件的申请费，由申请人负担；(4) 设立海事赔偿责任限制基金、船舶优先权催告程序中的公告费用由申请人负担。

7.《交纳办法》第 40 条规定："当事人因自身原因未能在举证期限内举证，在二审或者再审期间提出新的证据致使诉讼费用增加的，增加的诉讼费用由该当事人负担。"

8.《交纳办法》第 41 条规定："依照特别程序审理案件的公告费，由起诉人或者申请人负担。"

(五) 诉讼费用负担的救济机制

诉讼费用的负担本身并非属于案件所涉之初始争议，而是随着纠纷的解决所"派生"出来的问题，因此，为避免第二审程序的无谓开启和司法资源的低效运作，《交纳办法》第 43 条第 1 款明确规定"当事人不得单独对人民法院关于诉讼费用的决定提起上诉"(即只能随其他请求一并提起上诉)。但是，由于诉讼费用的负担问题毕竟直接涉及相关当事人的经济利益，且往往折射出当事人之间的胜败关系，故完全不予以单独救济也是不尽合理的。鉴此，《交纳办法》第 43 条第 2、3 款规定："当事人单独对人民法院关于诉讼费用的决定有异议的，可以向作出决定的人民法院院长申请复核。复核决定应当自收到当事人申请之日起 15 日内作出。当事人对人民法院决定诉讼费用的计算有异议的，可以向作出决定的人民法院请求复核。计算确有错误的，作出决定的人民法院应当予以更正。"

七、诉讼费用的管理、监督和计算单位

诉讼费用的严格管理和有效监督，对于确保人民法院依法收费、清正廉洁乃至司法公正，均具有重要的意义。为此，《交纳办法》第 7 章作了如下专门规定：

1.《交纳办法》第 52 条第 1 款规定："诉讼费用的交纳和收取制度应当公示。人民法院收取诉讼费用按照其财务隶属关系使用国务院财政部门或者省级人民政府财政部门印制的财政票据。案件受理费、申请费全额上缴财政，纳入预算，实行收支两条线管理。"

2.《交纳办法》第 52 条第 2 款规定："人民法院收取诉讼费用应当向当事人开具缴费凭证，当事人持缴费凭证到指定代理银行交费。依法应当向当事人退费的，人民法院应当按照国家有关规定办理。诉讼费用缴库和退费的具体办法由国务院财政部门商最高人民法院另行制定。"

3.《交纳办法》第 52 条第 3 款规定："在边远、水上、交通不便地区，基层巡回法庭当场审理案件，当事人提出向指定代理银行交纳诉讼费用确有困难的，基层巡回法庭可以当场收取诉讼费用，并向当事人出具省级人民政府财政部门印制的财政票据；不出具省级人民政府

---

① 前述"败诉人负担"中第 5 种情形已经提及的《交纳办法》第 39 条第 3 项除外。

② 关于诉前申请海事请求保全，请参见《海诉法》和《海诉法解释》的相关规定。

③ 关于诉前申请海事证据保全，请参见《海诉法》和《海诉法解释》的相关规定。

财政部门印制的财政票据的，当事人有权拒绝交纳。”

4.《交纳办法》第 53 条规定：“案件审结后，人民法院应当将诉讼费用的详细清单和当事人应当负担的数额书面通知当事人，同时在判决书、裁定书或者调解书中写明当事人各方应当负担的数额。需要向当事人退回诉讼费用的，人民法院应当自法律文书生效之日起 15 日内退还有关当事人。”

5.《交纳办法》第 54 条规定：“价格主管部门、财政部门按照收费管理的职责分工，对诉讼费用进行管理和监督；对违反本办法规定的乱收费行为，依照法律、法规和国务院相关规定予以查处。”

6.《交纳办法》第 55 条规定：“诉讼费用以人民币为计算单位。以外币为计算单位的[①]，依照人民法院决定受理案件之日国家公布的汇率换算成人民币计算交纳；上诉案件和申请再审案件的诉讼费用，按照第一审人民法院决定受理案件之日国家公布的汇率换算。”

第二节　司法救助

一、司法救助的概念与意义

（一）司法救助的概念

司法救助，亦称诉讼救助。就我国的民事诉讼而言，所谓司法救助，是指人民法院对于交纳诉讼费用确有困难的当事人，根据其申请，予以缓交、减交或者免交诉讼费用的制度。

司法救助不同于法律援助。就我国而言，所谓法律援助，是指在各级司法行政部门的监督管理下，在各级律师协会的协助下，由国家设立的法律援助机构，安排其工作人员，或指派律师事务所安排律师，为经济困难的公民和特殊案件的当事人提供法律咨询、代理、刑事辩护等无偿法律服务的一项法律制度。[②] 由此可见，(1) 法律援助是政府的责任，具体表现为各级司法行政部门的监督与管理责任和法律援助机构本身的组织实施责任。此外，各级律师协会对法律援助应负协助责任。[③] 而司法救助则是人民法院的责任。(2) 接受法律援助的对象也不同于接受司法救助的对象，前者是经济困难的公民和特殊案件中经济困难的当事人[④]，所涉范围比较大，后者则是民事诉讼中交纳诉讼费用确有困难的当事人，所涉范围相对

① 既然已经明确规定“诉讼费用以人民币为计算单位”，就不应再在其后作出“以外币为计算单位”之表述，而应作“当事人持外币交纳诉讼费用”的行文。

② 参见国务院于 2003 年 7 月 16 日通过、同月 21 日公布、同年 9 月 1 日起实施的《法律援助条例》（以下简称《援助条例》）第 4~6 条规定。另外，根据《援助条例》第 8 条的规定，国家也支持和鼓励社会团体、事业单位等社会组织利用自身的资源为经济困难的公民提供法律援助。

③ 对于律师而言，则应依照《律师法》和《援助条例》的规定履行法律援助义务，为受援人提供符合标准的法律服务，依法维护受援人的合法权益，接受律师协会和司法行政部门的监督。参见《援助条例》第 6 条。

④ 具体范围可参见《援助条例》第 10~12 条规定。其中，根据《援助条例》第 12 条第 2 款规定，在刑事诉讼中，“被告人是盲、聋、哑人或者未成年人而没有委托辩护人的，或者被告人可能被判处死刑而没有委托辩护人的，人民法院为被告人指定辩护时，法律援助机构应当提供法律援助，无须对被告人进行经济状况的审查”。除此之外，法律援助的提供均须以受援人经济困难为前提。

较小。(3)法律援助的事项范围不同于司法救助的事项范围,前者包括提供法律咨询、代理、刑事辩护等,涉及非讼与诉讼事项[①],后者则仅涉及民事诉讼(以及行政诉讼)中诉讼费用的缓交、减交与免交。(4)法律援助的提供完全是无偿的,受援人无须为此负担任何费用,而司法救助中除免交诉讼费用以外,就诉讼费用的缓交和减交而言,当事人仍须交纳相应的诉讼费用。

当然,法律援助有时也会和司法救助发生一定的联系。譬如,根据《交纳办法》第47条第(三)项的规定,正在接受有关部门法律援助的当事人申请缓交诉讼费用的,人民法院应当准予其缓交诉讼费用。

司法救助也不同于“不交诉讼费用”的规定。这是因为,司法救助虽然包括缓交、减交与免交诉讼费用之不同类别,但其中的“免交”是以“原本应交”为前提的,而“不交诉讼费用”则是以“本不应交”为基础的。根据《交纳办法》有关规定,我国民事诉讼中的“不交诉讼费用”具体表现为“不交纳案件受理费”。[②]

从当今世界各个国家和地区(尤其是大陆法系国家和地区)民事诉讼立法的情况来看,尽管司法救助制度的名称和具体内容安排并不完全相同,但却往往是其民事诉讼制度具体说是诉讼费用制度中一个不可缺少的组成部分。例如,德国《民事诉讼法》第1编(“总则”)第2章(“当事人”)的第7节,就是对“诉讼费用的救助与诉讼费用的预交”的规定[③];日本《民事诉讼法》第1编(“总则”)第4章(“诉讼费用”)的第3节,就是关于“诉讼救助”的专门规定;我国台湾地区“民事诉讼法”第1编(“总则”)第3章(“诉讼费用”)的第3节,也是关于“诉讼救助”的专门规定。

就我国情况而言,从时间先后来看,最高人民法院在1984年的《民事诉讼收费办法(试行)》第12条即已规定了“自然人交纳诉讼费用确有困难,申请缓交、减交或免交的,由人民法院审查决定”,1989年的《收费办法》第27条亦规定了“当事人交纳诉讼费用确有困难的,可向人民法院申请缓交、减交或者免交,是否缓、减、免,由人民法院审查决定”。1991年的《民事诉讼法》第107条[④]第2款同样规定了“当事人交纳诉讼费用确有困难的,可以按照规定向人民法院申请缓交、减交或者免交”。但是,直到1999年7月28日,随着《补充规定》的施行,才算有了“司法救助”概念的首次使用和救助程序的初步设置。[⑤]在此前长达15年的时间内,诉讼费用的缓、减、免则基本上停留在“宣言”层面而少有实际运作,更谈不上普遍适用。此后,在确立“依法治国、建设社会主义法治国家”基本方略的背景下,在法院制度和民事审判制度改革的促进和推动下,2000年7月27日,最高人民法院终于公布并施行了《关于对经济确有困难的当事人予以司法救助的规定》。[⑥]自此,我国的司法救助制度开始在民事(以及行政)诉讼实践中发挥其“使经济确有困难的当事人能够依法行使诉讼权利,维护其合法权益,确保司法公正”的重要作用。2005年4月5日,最高人民法院又公布并施行

---

① 参见《援助条例》第2条。

② 具体参见《交纳办法》第8、9条和第14条第1项所列第3种情形。

③ 有必要特别指出的是,从“救助”在先、“预交”在后的逻辑安排,可以窥见德国立法的合理之处。

④ 现为第118条。

⑤ 参见《补充规定》第4条。

⑥ 以下简称《救助规定》。

了经过修订的《关于对经济确有困难的当事人提供司法救助的规定》。①

自2007年4月1日起，由于《交纳办法》的施行以及其中第6章对司法救助的专门规定，我国司法救助的适用规则亦一改由最高人民法院自行制定的旧制而进入了一个新的阶段。②

（二）司法救助的意义

在民事诉讼中确立并适用司法救助制度，具有以下两个方面的重要意义：

1. 可以借此确保当事人不至于因为经济上的困难而失去利用诉讼机制、行使诉讼权利、维护自身合法权益的机会。诉讼费用的征收与交纳固然具有前述重要意义，但若不考虑经济上确有困难的当事人的实际情况，过于绝对地（即一概、足额、限时）征收诉讼费用，必将会使这些当事人失去利用诉讼机制、充分行使诉讼权利、维护自身合法权益的机会，从而使他们成为无法享受司法保护的“边缘性”社会成员。而这种情况的出现，既不利于实现“公民在法律面前一律平等”的宪法原则，与建设社会主义法治国家的目标相悖，也不利于国家的长治久安与和谐社会的构建。因此，司法救助，势在必行，且须做到行之有效。

2. 可以借此确保司法公正的切实实现。司法能否做到公正，固然取决于诸多因素，如诉讼程序的科学性（包括可参与性、可操作性、可预测性以及完备性和经济性等），审判人员的高素质和严格的中立性、独立性以及当事人诉讼权利的广泛性和充分性等，均是不可或缺之要件。但是，如果当事人在经济上存在自己无法克服的困难，则根本不可能迈进法院的大门，寻求司法保护；即使勉强为之，也谈不上及时、有效地利用各种诉讼手段(如申请保全等)。在这种情况下，审判人员要想对案件进行公正、有效的审判，确保司法公正的切实实现，显然亦属强人所难。因为在民事诉讼中，法院不可能也不应该事事均依职权主动介入（否则便会显失公正），而应充分尊重当事人的自由处分。因此，要想确保司法公正的切实实现，司法救助不可或缺。

二、司法救助的适用对象与具体适用情形

（一）司法救助的适用对象

所谓司法救助的适用对象，即在民事诉讼中有权接受司法救助的当事人。根据《交纳办法》第44条规定，司法救助的适用对象限于“交纳诉讼费用确有困难”的当事人。具体就司法救助中的免交诉讼费用而言，仅可适用于交纳诉讼费用确有困难的自然人形态之当事人③；而诉讼费用的减交与缓交，则可一体适用于交纳诉讼费用确有困难的所有形态之当事人，包括自然人、法人和其他组织。

① 以下简称《新救助规定》。比较《救助规定》而言，《新救助规定》在救助的前提条件上去掉了经济确有困难的当事人同时还要“有充分理由证明自己合法权益受到侵害”才能申请司法救助的原有规定。

② 与讼费征收规则的制定权相类似的是，司法救助规则的制定权究竟应当由最高人民法院或国务院还是应当由全国人大或其常委会来行使，也是一个值得认真思考的问题。当然，就讼费征收规则与司法救助规则而言，二者并不一定要分别制定。

③ 有观点认为，在低费率征收诉讼费用的情况下，非自然人形态的当事人（即法人和其他组织）一般不存在需要完全免交诉讼费用的经济困难。其实，这种看法并不一定符合实际情况，且似有违当事人在诉讼地位和诉讼权利上一律平等的基本原则。

《交纳办法》第6章(“司法救助”)并没有就外国人、无国籍人、外国企业和组织在我国法院进行民事诉讼能否享受司法救助作出正面的直接规定,但是根据我国《民事诉讼法》第5条第1款和《交纳办法》第5条第1款所确立的同等原则,既然外国当事人在我国法院是享有国民待遇的,那么在他们交纳诉讼费用确有困难的情况下,应该也可以依照《交纳办法》的有关规定,申请诉讼费用的减交、缓交或免交。当然,如果外国法院对我国公民、法人或其他组织,与其本国公民、法人或其他组织在享受司法救助上实行差别待遇,即应按照《民事诉讼法》第5条第2款和《交纳办法》第5条第2款所确立的对等原则处理。

(二) 司法救助的具体适用情形

司法救助的具体适用情形,是指“当事人交纳诉讼费用确有困难”的具体表现形态。根据《交纳办法》的有关规定,司法救助的具体适用情形因救助类别的不同而有所区别。

1. 免交诉讼费用的具体适用情形

根据《交纳办法》第45条规定,当事人申请司法救助,符合下列情形之一的,人民法院应当准予免交诉讼费用:(1)残疾人无固定生活来源的;(2)追索赡养费、扶养费、抚育费、抚恤金的;(3)最低生活保障对象、农村特困定期救济对象、农村五保供养对象或者领取失业保险金人员,无其他收入的;(4)因见义勇为或者为保护社会公共利益致使自身合法权益受到损害,本人或者其近亲属请求赔偿或者补偿的[①];(5)确实需要免交的其他情形。

2. 减交诉讼费用的具体适用情形

根据《交纳办法》第46条第1款规定,当事人申请司法救助,符合下列情形之一的,人民法院应当准予减交诉讼费用:(1)因自然灾害等不可抗力造成生活困难,正在接受社会救济,或者家庭生产经营难以为继的;(2)属于国家规定的优抚、安置对象的;(3)社会福利机构和救助管理站作为当事人申请减交的;(4)确实需要减交的其他情形。

根据《交纳办法》第46条第2款规定,人民法院准予减交诉讼费用的,减交比例不得低于30%。

3. 缓交诉讼费用的具体适用情形

根据《交纳办法》第47条规定,当事人申请司法救助,符合下列情形之一的,人民法院应当准予缓交诉讼费用:(1)追索社会保险金、经济补偿金的;(2)海上事故、交通事故、医疗事故、工伤事故、产品质量事故或者其他人身伤害事故的受害人请求赔偿的;(3)正在接受有关部门法律援助的;(4)确实需要缓交的其他情形。

三、司法救助的申请与审批

人民法院提供司法救助,须以当事人提出申请为前提。根据《交纳办法》第48条第1、2款规定,当事人申请司法救助,应当在起诉或者上诉时提交书面申请和足以证明其确有经济困难的证明材料以及其他相关证明材料。因生活困难或者追索基本生活费用申请免交、减交诉讼费用的,还应当提供本人及其家庭经济状况符合当地民政、劳动保障等部门规定的公

① 为扶正祛邪、伸张社会正义,避免出现“英雄流血又流泪”的现象,在此种情形下,不必考虑该当事人是否“交纳诉讼费用确有困难”之通常前提,而应一律准予免交诉讼费用。

民经济困难标准的证明。

人民法院接到当事人关于司法救助的书面申请和相关证明材料后，应当进行审查。经审查合格的，应当批准并予以司法救助。其中，当事人申请缓交诉讼费用且经审查符合前述适用情形的，人民法院应当在决定立案之前作出准予缓交的决定[①]；人民法院准予当事人减交、免交诉讼费用的，应当在此后的法律文书中载明[②]。人民法院对当事人的司法救助申请不予批准的，应当向当事人书面说明理由[③]。

另外，根据《交纳办法》第50条规定，人民法院对一方当事人提供司法救助，对方当事人败诉的，诉讼费用由对方当事人负担；对方当事人胜诉的，可以视申请司法救助的当事人的经济状况决定其减交、免交诉讼费用。由此可见，人民法院对当事人提供司法救助，仅仅以其经济确有困难为前提，而不以其胜诉、败诉为转移。[④]

① 见《交纳办法》第49条。
② 见《交纳办法》第51条。
③ 见《交纳办法》第48条第3款。
④ 这样虽然有可能使极少数无理缠讼且最终败诉的当事人获得司法救助，从而进一步"鼓励"其滥用诉权，但从社会整体层面来看，对于保障交纳诉讼费用确有困难的当事人依法行使诉讼权利、维护其合法权益而言，仍然具有积极意义。

第十三章　第一审普通程序

在我国的民事诉讼中，第一审普通程序既为第一审程序之主干，又系整个审判程序之基本。普通程序兼具内容系统、完整和适用广泛之特征。从《民事诉讼法》第12章"第一审普通程序"的基本结构来看，包括"起诉和受理""审理前的准备""开庭审理""诉讼中止和终结""判决和裁定"，共计5节。由于本书专门设有"民事诉讼中的裁判"一章，故经整合，本章不再正面述及"判决和裁定"问题，但对"撤诉与缺席判决"之重要制度，则以专节予以阐述。

第一节　普通程序概述

一、普通程序的概念

就我国的民事诉讼而言，所谓普通程序，是指人民法院审判第一审民事案件所适用的基本程序。

依照法律规定，我国人民法院审判民事案件实行四级两审终审制，所以民事案件的审判程序便有了第一审程序和第二审程序的分别设置。在第一审程序中，又有普通程序和简易程序[①]之不同安排。但是，在第一审程序中，普通程序乃为主干程序；在全部审判程序中，普通程序亦为基本程序。

除了《民事诉讼法》第12章"第一审普通程序"以外，在我国的民事审判实践中，尚有最高人民法院先后制定、出台的一系列有关普通程序的司法解释，它们一同规范着普通程序的实际运作。[②]

二、普通程序的特征

在第一审程序中，普通程序相对于简易程序而言，具有以下两个基本特征：

1. 在内容安排上，普通程序具有明显的系统性和完整性。我国《民事诉讼法》对普通程序，自起诉和受理开始，其间经过审理前的准备和开庭审理，一直到宣告判决，以及审判过程中可能出现的各种问题及其处理方式(譬如诉讼中止和诉讼终结)，都作出了比较明确、具体、

---

① 简易程序中含小额审判机制。

② 目前关于普通程序最为集中、系统的司法解释乃《民诉法解释》的第10个大部分"第一审普通程序"，即第208~255条。

全面的规定，囊括了第一审程序的各个大小环节，展示出了第一审程序应有的整体概貌。而简易程序在内容安排上则不具有这样的系统性和完整性。[①]

2. 在适用范围上，普通程序具有广泛性和通用性。普通程序的这一特征，是由其内容安排上的系统性和完整性所决定的。具体来讲：(1)凡是基层人民法院管辖的第一审民事案件，都可以适用普通程序进行审判。这是因为，基层人民法院及其派出的法庭虽然都可以适用简易程序来审判其所受理的简单的第一审民事案件，但从我国《民事诉讼法》的有关规定来看，简易程序的适用并非强制性的而只是选择性的[②]。(2)基层人民法院及其派出的法庭，按照简易程序审理其所受理的简单的第一审民事案件，在简易程序本身未作规定而案件的审判确有需要时，仍需参照适用第一审普通程序中的有关规定。(3)凡是中级或中级以上的各级人民法院管辖的第一审民事案件，都必须适用普通程序进行审判。(4)第二审人民法院审判上诉案件，除了应当依照第二审程序的规定以外，还应当参照适用第一审普通程序中的有关规定。(5)第二审人民法院发回重审的案件以及由第一审人民法院按照审判监督程序进行再审的案件，均须适用普通程序进行审判。此外，在依照特别程序审理选民资格案件、宣告失踪或宣告死亡案件、认定公民无民事行为能力或限制民事行为能力案件、认定财产无主案件、确认调解协议案件以及实现担保物权案件时，首先应适用《民事诉讼法》第15章"特别程序"的规定；该章没有规定的，则应适用我国《民事诉讼法》和其他法律的有关规定，而《民事诉讼法》的"有关规定"中当然应当包括普通程序的有关规定。

综上所述，可以看出，就内容安排上的系统性、完整性和适用范围上的广泛性、通用性而言，不仅简易程序，而且其他任何一种民事审判程序，都不能与普通程序相提并论。因此，普通程序既是第一审程序中的主干程序，同时也是整个民事审判程序中的基本程序，具有其他审判程序不可比拟的重要地位和作用。

曾有学者认为，普通程序还具有"相对独立性"与"适用上的排他性"这两个特征。[③]其实，就前者而言，任何审判程序之所以能够称为一种审判程序，皆因其具有相对独立性，这是一个共性的问题，并非普通程序所独有；就后者而言，亦非专属于普通程序，因为在适用其他各种审判程序时，虽然常常需要参照适用普通程序中的有关规定，但并不等于是在完整地同时适用两种审判程序，所以它们仍然各自具有适用上的排他性。

第二节 起诉和受理

一、起诉

(一) 起诉的概念和条件

民事诉讼中的起诉，是指公民、法人或者其他组织，认为自己所享有的或者依法由自己

① 这并非意味着简易程序可以不具有程序结构上的完整性而处于残缺不全的状态。参见赵钢：《略论民事诉讼简易程序之结构》，载《法商研究》1998年第1期。

② 不过其中的小额审判机制之适用则是非选择性的。

③ 参见柴发邦主编：《民事诉讼法学新编》，法律出版社1992年版，第291~292页。

支配、管理的民事权益受到侵害，或者与他人发生民事权益的争议，以自己的名义请求法院通过审判给予司法保护的诉讼行为。从法律性质上讲，起诉是公民、法人或者其他组织行使诉权的具体体现，是一种民事诉讼法律行为，故在符合法定条件的前提下，均会引起民事诉讼程序的发生与进行。当然，由于当事人的起诉并非总是能够符合法定的条件，因此从严格意义上讲，在我国的民事诉讼范畴内，当事人的起诉尚不能被笼统地看成诉讼的起点。[①]

根据我国《民事诉讼法》第 119 条规定，起诉必须同时符合下列 4 个条件：

1. 原告是与本案有直接利害关系的公民、法人和其他组织。[②] 根据《民事诉讼法》第 48 条第 1 款规定，公民、法人和其他组织可以作为民事诉讼的当事人。据此，从主动发起"攻击"的角度而言，上述主体均可依法以自己的名义起诉，从而由非讼状态下的纠纷一方当事人"转换"成为民事诉讼中的原告。但是，就具体案件而言，不论是公民、法人还是其他组织，要想成为合格的原告，则必须与本案有直接的利害关系。所谓"与本案有直接的利害关系"，是指原告必须是发生争议的民事法律关系的双方主体之一。例如，就离婚案件而言，原告必须是配偶双方之一（或夫或妻）；就合同纠纷案件而言，原告必须是该合同的签约双方之一。因此，如果原告与本案没有直接的利害关系，即为不合格的原告，不能就此特定争议提起民事诉讼。从表现形态来看，与本案有直接利害关系的原告可以分为两种类型：一种是权利主体当事人，即其所请求人民法院予以司法保护的、受到侵害或者发生争议的民事权益系其自己直接享有，或其认为应当由自己直接享有；另外一种是非权利主体当事人，即其所请求人民法院予以司法保护的、受到侵害或者发生争议的民事权益，虽然不是由其自己直接享有，而且其也不认为应由自己直接享有，但是按照法律规定，其有权对这种民事权益加以支配或进行管理，在这种情况下，也应当认为其是与本案有直接利害关系的合格原告。但应明确，虽然非权利主体当事人也可以成为合格的原告，但与权利主体当事人相比，其所适用的场合要少得多，而且必须有法律的明确规定。

2. 有明确的被告。所谓"有明确的被告"，即要求原告须将其起诉的对象加以特定化、具体化，以使受诉人民法院能够明确原告所告的是谁，并能够向其有效地实施相关的诉讼行为（如诉讼文书的送达等）。这是民事诉讼程序得以开启和正常进行的必备前提之一。明确的被告，在此不仅是指被告的称谓要明确，而且被告的有关简况也应当明确。因此，在被告是公民的情况下，必须要由原告向受诉人民法院明确其姓名、性别、工作单位、住所等信息；在被告是法人或者其他组织的情况下，则必须由原告向受诉人民法院明确其名称、住所等信息。这些信息资料都是构成"明确的被告"所不可缺少的要素。依据《民诉法解释》第 209 条规定，原告提供被告的姓名或者名称、住所等信息具体明确，足以使被告与他人相区别的，可以认定为有明确的被告。起诉状列写被告信息不足以认定明确的被告的，人民法院可以告知原告补正。原告补正后仍不能确定明确的被告的，人民法院裁定不予受理。

3. 有具体的诉讼请求和事实、理由。就民事诉讼的第一审程序而言，诉讼请求是指原告以起诉的方式，通过受诉人民法院向被告所提出的实体权利的主张。所谓"有具体的诉

① 符合法定条件且得到法院登记立案或曰受理的起诉（即有效的起诉），可以看成诉讼的起点；不符合法定条件而没有得到法院登记立案或曰受理的起诉（即无效的起诉），则不能看成诉讼的起点。

② 在关于我国民事诉讼制度改革的理论探讨中，有观点认为：原告必须"与本案有直接利害关系"的要求过于严苛，在相当程度上阻碍了当事人行使诉权、提起诉讼，故主张对这一要求重新进行审视。但须明确，在现行《民事诉讼法》尚未对此作出修订前，不能将这一理论探讨作为诉讼实践中擅自"弃用"这一法定条件的根据。

讼请求”，是指原告所提出的实体权利的主张，在内容和所涉及的范围上，必须具体化，能够界定，否则便无实际意义，且人民法院也无法对案件进行审理和作出裁判。所谓有“事实、理由”，是指原告要有用来支持其所提出的诉讼请求的基础和根据。如果没有这种基础和根据，原告的诉讼请求便会成为“无源之水”“无本之木”，从而处于不攻自破的境地，完全没有得到人民法院裁判确认其成立的任何可能。从它们的构成来看，所谓事实，主要是指原告与被告之间发生争议的民事法律关系产生、变更、消灭的事实；所谓理由，主要是指原告用来证明前述事实并最终证明自己实体权利主张的证据材料，其次也指有关的法律规定。应当注意的是，对于起诉条件中有“事实、理由”的要求，不能将其理解为“事实、理由必须确实、充分”，而仅应将其理解为“诉讼请求的提出并非毫无根据”或者“原告应为其诉讼请求提供相应的证据材料”，至于这些“根据”或“材料”（即“事实、理由”）是否能够支撑原告的诉讼请求，则有待案件审理以后，方得在判决中加以认定。

4. 属于人民法院受理民事诉讼的范围和受诉人民法院管辖。所谓“属于人民法院受理民事诉讼的范围”，是指双方当事人之间的争议事项必须属于人民法院行使民事审判权的职权范围，即通常所说的民事主管范围。如果原告通过起诉请求人民法院加以解决的争议事项根本不属于人民法院行使审判权的职权范围，而是属于其他机关行使职权的法定范围，人民法院即无权受理原告的起诉；如果虽然属于人民法院行使审判权的职权范围，但却不属于人民法院行使民事审判权的职权范围，即不属于“公民之间、法人之间、其他组织之间以及他们相互之间因财产关系和人身关系”而发生的争议事项，人民法院仍然不得按照民事诉讼程序受理原告的起诉。所谓“属于受诉人民法院管辖”，是指在双方当事人之间的争议事项属于人民法院行使民事审判权的职权范围的前提下，原告的起诉还必须向依法对该案件享有管辖权的特定人民法院提起，而不能任意地向其他人民法院提起。这是因为，对于任一具体的民事案件而言，人民法院如欲对其行使审判权，首先必须对其享有管辖权，没有管辖权也就谈不上行使审判权。由此可见，管辖权的科学划分与正确确定，是民事诉讼程序得以顺利开启和有效进行的首要前提。

(二) 起诉的方式和起诉状的内容

由于起诉是当事人行使诉权的一项严肃而重要的诉讼行为，因此理应对其方式有所规范。根据我国《民事诉讼法》第120条规定，在普通程序中，起诉的方式应以书面起诉为原则，以口头起诉为例外。即“起诉应当向人民法院递交起诉状，并按照被告人数提出副本。书写起诉状确有困难的，可以口头起诉，由人民法院记入笔录，并告知对方当事人”。此处所说的“书写起诉状确有困难”，主要是指原告本人因文化水平或法律知识等欠缺所造成的自行书写起诉状确有困难的情形，其次也包括原告无诉讼行为能力时，其法定代理人因类似原因所造成的书写起诉状确有困难的情形。在这两种情形下，都可以口头起诉。

起诉状是原告向受诉人民法院提出诉讼请求的书面依据，也是原告为了通过诉讼程序寻求司法保护而向受诉人民法院提出的首要诉讼材料。根据《民事诉讼法》第121条规定，起诉状应当记明下列事项：

1. 原告的基本情况。具体包括：原告是公民的，应当记明姓名、性别、年龄、民族、职业、工作单位、住所和联系方式；原告是法人或者其他组织的，应当记明名称、住所和法定代表人或者主要负责人的姓名、职务和联系方式。

2. 被告的基本情况。具体包括:被告是公民的,应当记明姓名、性别、工作单位、住所等信息;被告是法人或者其他组织的,应当记明名称、住所等信息。

3. 诉讼请求和所根据的事实与理由。这既是原告起诉时必须符合的法定条件之一,也是起诉状中应当记明的法定事项。原告应当在起诉状中载明自己提出的诉讼请求,即实体权利的主张,以便受诉人民法院明确其在诉讼上的要求以及通过此次诉讼所欲达到的具体目的;原告还应当在起诉状中同时载明自己提出诉讼请求的客观基础以及为什么提出这样的诉讼请求,这样才能使受诉人民法院了解其起诉的具体原因和所持依据,并在此基础上依法对案件进行审理和作出裁判。

4. 证据和证据来源,证人姓名和住所。之所以要求原告在起诉状中记明这些证据事项,是因为按照我国《民事诉讼法》第 64 条第 1 款的规定,当事人对自己提出的主张,有责任提供证据、加以证明。而原告所提出的诉讼请求就是一种最主要、最典型的主张。从广义上来讲,其提出诉讼请求所根据的事实与理由,也属于主张的范畴。因此,原告应在起诉状中一一记明证据事项,且一并提供相关的证据材料[①],以供受诉人民法院日后审查核实。应当明确的是,此处要求原告记明并提供的"证据和证据来源",仅仅是指原告用来证明自己的诉讼请求与案件事实的证据材料及其获取途径。至于它们是否具有证据资格和证明力,以及在多大程度上具有证明力,最终能否作为认定案件事实的根据,则有待于案件开庭审理后,受诉人民法院来审核认定。因此,起诉时即不可对原告作预先的苛求。否则,将会对当事人行使诉权形成障碍。

原告起诉时,除了应当向受诉人民法院递交符合上述要求的起诉状以外,还应当按照被告人数一并提出副本,以便受诉人民法院按期发送被告,使被告了解被诉的内容,并有针对性地作好应诉答辩的准备。[②] 在原告以口头方式起诉的情况下,也应一一陈明上述内容,由受诉人民法院逐项记入笔录,以便届时告知对方当事人。

二、先行调解

我国现行《民事诉讼法》第 122 条规定:"当事人起诉到人民法院的民事纠纷,适宜调解的,先行调解,但当事人拒绝调解的除外。"

此处所谓之"先行调解",主要是指人民法院立案受理前的调解,即当事人向人民法院递交起诉状或者口头起诉之后,人民法院尚未立案受理,此时,根据案件的具体情况,人民法院认为适宜调解的,可以先行调解。当事人不同意调解或者在商定、指定时间内不能达成调解协议的,人民法院仍须依法及时立案。[③]

先行调解的适用条件主要有两项,二者缺一不可:一是人民法院认为"适宜调解"。"适宜"的判断标准由人民法院根据案件的具体情况具体掌握。一般来说,家庭纠纷、邻里纠纷

① 从诉讼实践来看,我国《民事诉讼法》所规定的 8 种证据形态,并非在每一个具体案件中都会同时存在,因此不能机械地把记明"证人姓名和住所"看成是对所有案件中原告书写起诉状的硬性要求。此外,由于鉴定意见和勘验笔录这两种证据只能是在诉讼进行过程中形成的,因此亦不属于原告在起诉状中即应记明的证据材料。

② 根据《民诉法解释》第 210 条规定,原告在起诉状中有谩骂和人身攻击之辞的,人民法院应当告知其修改后提起诉讼。

③ 参见全国人大常委会法制工作委员会民法室编:《中华人民共和国民事诉讼法条文说明、立法理由及相关规定》,北京大学出版社 2012 年版,第 203 页。

等民间纠纷适宜先行调解，其他纠纷如果事实基本清楚、当事人之间争议不大，也适宜先行调解。二是当事人不拒绝。调解的一项基本原则乃当事人自愿，故如果当事人明确表示不同意调解，尚未立案的，人民法院应当依法及时立案。应当明确的是，“当事人不拒绝”不仅包括当事人明示的同意，也包括其默示的同意，即在调解过程中，当事人未明确拒绝调解的，可以视为其同意调解。①

从我国现行《民事诉讼法》第122条所蕴含的逻辑关系来看，“先行调解”的主体应该主要是指人民法院，其次也不排除人民调解委员会等调解组织。

三、受理

(一) 受理的概念和意义

民事诉讼中的受理，是指人民法院通过对原告起诉的审查，认为符合法定条件，决定登记立案，或曰受理起诉并拟进行审理，从而引起诉讼程序开始进行的职权行为。②

起诉和受理是性质相异的两种行为，前者是当事人行使诉权的诉讼行为，后者则是人民法院行使管辖权的职权行为。所有民事诉讼程序的开启，都须基于这两个方面行为的具体结合。没有原告的起诉，也就谈不上人民法院的受理；但仅有原告的起诉，没有人民法院的受理，民事诉讼程序仍然无从开启。由此可见，不论是对行使诉权寻求司法保护的当事人来讲，还是对行使审判权的人民法院自身来说，受理行为的意义都是至关重大的，它直接决定着诉讼程序的开启，并关系到人民法院对其审判权的正确行使，更涉及对当事人合法权益的保护。因此，如果应当受理的起诉没有受理，当事人行使诉权的行为就会因此而受阻，保护其合法权益就会成为一句空话；反之，如果不应受理的起诉得到了受理，则会使人民法院从根本上失去正确行使审判权的基础，导致错案的发生。故为避免这些问题的出现，必须严格依照法律的规定，把好案件受理这一关，以保证民事诉讼程序的正确开启与顺利进行。

(二) 审查起诉和登记立案

受理程序具体包括两个基本环节，即审查起诉和登记立案。

人民法院在收到起诉状或者口头起诉后，应严格依照《民事诉讼法》规定的各项起诉条件逐项地进行全面审查。也就是说，审查起诉主要应当围绕起诉是否符合法定的4个条件来进行。与此同时，还应当对原告递交的起诉状进行审查，以判断其内容是否有欠缺；如果有欠缺，则应当限期原告加以补正。

对当事人的起诉进行审查后，人民法院应当根据审查的结果，决定是否登记立案，即是否予以受理。根据《民事诉讼法》第123条规定，人民法院应当保障当事人依照法律规定享有的起诉权利。对于同时符合《民事诉讼法》第119条所规定的4个条件的起诉，人民法院

---

① 参见全国人大常委会法制工作委员会民法室编：《中华人民共和国民事诉讼法条文说明、立法理由及相关规定》，北京大学出版社2012年版，第203~204页。

② 从广义上讲，民事诉讼范畴内的受理还应该包括人民法院对被告提起的反诉、有独立请求权的第三人提起的参加之诉以及上诉人提起的上诉的受理。

必须予以受理[①]，不得以任何理由加以拒绝或者推诿。符合起诉条件的，应当在7日内立案，并通知当事人；不符合起诉条件的，应当在7日内作出裁定书，不予受理；原告对裁定不服的，可以提起上诉。

《民诉法解释》第208条规定："人民法院接到当事人提交的民事起诉状时，对符合民事诉讼法第一百一十九条的规定，且不属于第一百二十四条规定情形的，应当登记立案；对当场不能判定是否符合起诉条件的，应当接收起诉材料，并出具注明收到日期的书面凭证。需要补充必要相关材料的，人民法院应当及时告知当事人。在补齐相关材料后，应当在7日内决定是否立案。立案后发现不符合起诉条件或者属于民事诉讼法第一百二十四条规定情形的，裁定驳回起诉。"[②]

为了保护公民、法人和其他组织依法行使诉权，实现人民法院依法、及时受理案件，根据《民事诉讼法》等诉讼立法之规定，最高人民法院在《登记立案规定》[③]中对一体适用于"一审民事起诉、行政起诉和刑事自诉"的"立案登记制"之具体适用作出了进一步的细致安排。其中涉及一审民事起诉的要求主要包括以下内容：

1. 人民法院对依法应该受理的一审民事起诉，实行立案登记制。

2. 对于原告的起诉，人民法院应当一律接收诉状，出具书面凭证并注明收到日期。对符合法律规定的起诉，人民法院应当当场予以登记立案。对不符合法律规定的起诉，人民法院应当予以释明。

3. 人民法院应当提供诉状样本，为当事人书写诉状提供示范和指引。当事人书写诉状确有困难的，可以口头提出，由人民法院记入笔录。符合法律规定的，予以登记立案。

4. 民事起诉状应当记明以下事项：(1)原告的姓名、性别、年龄、民族、职业、工作单位、住所、联系方式，法人或者其他组织的名称、住所和法定代表人或者主要负责人的姓名、职务、联系方式；(2)被告的姓名、性别、工作单位、住所等信息，法人或者其他组织的名称、住所等信息；(3)诉讼请求和所根据的事实与理由；(4)证据和证据来源；(5)有证人的，载明证人姓名和住所。

5. 当事人提出起诉的，应当提交以下材料：(1)起诉人是自然人的，提交身份证明复印件；起诉人是法人或者其他组织的，提交营业执照或者组织机构代码证复印件、法定代表人

---

① 其实，《民事诉讼法》第119条规定的仅仅是起诉必须具备的"积极条件"，而第124条尚有起诉必须避开的诸项"消极条件"之设置。因此，所谓在起诉仅仅具备"积极条件"的情况下"必须受理"的硬性要求是颇不严谨的。当然，其正面意义在于试图以此解决一度存在的"起诉难"问题(参见赵钢、占善刚:《试析起诉的消极条件》，载《法商研究》1997年第5期)。

② 在此需要明确的是，自党的十八届四中全会以后，随着民事司法改革的深入，原有的"立案审查制"向"立案登记制"的转换，明显地方便了当事人行使诉权、提起诉讼，加快了诉讼进程，提高了诉讼效率。但是，"立案登记制"的实行绝非意味着彻底取消了法定的"起诉门槛"受理之前依然要严格依照法定的起诉条件进行审查，有所改变的只是将原来"僵硬划一"且形同虚设的法定审查期限，分类设计为"当场审查、当场登记立案"和"当场接收起诉材料、限期完成审查并决定是否立案"这样两种不同情形，从而满足了诉讼实践的客观需要。

③ 其全称为《最高人民法院关于人民法院登记立案若干问题的规定》，最高人民法院审判委员会第1647次会议于2015年4月13日通过，4月15日公布，并于同年5月1日起施行，全文共计20条。

稍早之前，曾有中央全面深化改革领导小组第十一次会议于2015年4月1日审议通过的《关于人民法院推行立案登记制改革的意见》(以下简称《立案登记意见》)，其同样于2015年5月1日起施行。《立案登记意见》共分为六个大部分：(1)立案登记制改革的指导思想；(2)登记立案范围；(3)登记立案程序；(4)健全配套机制；(5)制裁违法滥诉；(6)切实加强立案监督。

或者主要负责人身份证明书;法人或者其他组织不能提供组织机构代码的,应当提供组织机构被注销的情况说明;(2)委托起诉的,应当提交授权委托书、代理人身份证明等相关材料;(3)具体明确的足以使被告与他人相区别的姓名或者名称、住所等信息;(4)起诉状原本和与被告及其他当事人人数相符的副本;(5)与诉请相关的证据或者证明材料。

6. 当事人提交的诉状和材料不符合要求的,人民法院应当一次性书面告知在指定期限内补正。当事人在指定期限内补正的,人民法院决定是否立案的期间,自收到补正材料之日起计算。当事人在指定期限内没有补正的,退回诉状并记录在册;坚持起诉的,裁定不予受理。经补正仍不符合要求的,裁定不予受理。

7. 对当事人提出的起诉,人民法院当场不能判定是否符合法律规定的,应当作出以下处理:(1)对于起诉,应当在收到起诉状之日起 7 日内决定是否立案;(2)对第三人撤销之诉,应当在收到起诉状之日起 30 日内决定是否立案;(3)对执行异议之诉,应当在收到起诉状之日起 15 日内决定是否立案。人民法院在法定期间内不能判定起诉是否符合法律规定的,应当先行立案。

8. 人民法院对起诉不予受理的,应当出具书面裁定,并载明理由。

9. 人民法院对下列起诉不予登记立案:(1)违法起诉或者不符合法律规定的;(2)涉及危害国家主权和领土完整的;(3)危害国家安全的;(4)破坏国家统一和民族团结的;(5)破坏国家宗教政策的;(6)所诉事项不属于人民法院主管的。

10. 登记立案后,当事人未在法定期限内交纳诉讼费的,按撤诉处理,但符合法律规定的缓、减、免交诉讼费条件的除外。

11. 登记立案后,人民法院立案庭应当及时将案件移送审判庭审理。

12. 对立案工作中存在的不接收诉状、接收诉状后不出具书面凭证,不一次性告知当事人补正诉状内容,以及有案不立、拖延立案、干扰立案、即不立案又不作出裁定等违法违纪情形,当事人可以向受诉人民法院或者上级人民法院投诉。人民法院应当在受理投诉之日起 15 日内,查明事实,并将情况反馈当事人。发现违法违纪行为的,依法依纪追究相关人员责任;构成犯罪的,依法追究刑事责任。

另据《民诉法解释》第 212 条规定,裁定不予受理、驳回起诉的案件,原告再次起诉,符合起诉条件且不属于民事诉讼法第 124 条规定情形的,人民法院应予受理。

立案手续的完成,标志着人民法院对原告起诉的受理,民事诉讼程序自此正式开启,民事诉讼法律关系自此正式发生,诉讼系属自此得以确立。

(三) 对几种特殊案件的受理

根据《民诉法解释》第 217~219 条规定,对于下列三种案件,人民法院应当予以受理,并须分别不同情况,作出相应处理:

1. 夫妻一方下落不明,另一方诉至人民法院只要求离婚,不申请宣告下落不明人失踪或者死亡的案件,人民法院应当受理,对下落不明人公告送达诉讼文书。

2. 赡养费、扶养费、抚育费案件,裁判发生法律效力后,因新情况、新理由,一方当事人再行起诉要求增加或者减少费用的,人民法院应作为新案受理。

3. 当事人超过诉讼时效期间起诉的,人民法院应予受理。受理后对方当事人提出诉讼时效抗辩,人民法院经审理认为抗辩事由成立的,判决驳回原告的诉讼请求。

(四) 受理的法律效果

人民法院受理原告的起诉后,同时产生如下 3 个方面的法律效果:

1. 就受诉人民法院而言,在依法受理了原告的起诉后,既实现了对该案件的管辖权,取得了对该案件的专有审判权,同时也担负起了对该案件进行审理并依法作出裁判的职责,且非有法定原因,不得中途停止对该案件的审判。

2. 就双方当事人而言,由于原告的起诉得到了受诉人民法院的受理,故而取得了原告和被告的诉讼地位,分别享有了法定的诉讼权利并依法承担相应的诉讼义务,他们分别与受诉人民法院之间的民事诉讼法律关系亦自此发生。此外,在受诉人民法院依法受理原告的起诉以后,双方当事人均不得再就同一纠纷向其他任何法院起诉,这也是受理所产生的法律效果的一个重要组成部分。

3. 受诉人民法院依法受理原告的起诉以后,除了会产生以上两个方面的程序法上的效果以外,同时还具有实体法上的效果,即诉讼时效因提起诉讼而就此中断。从中断时起,诉讼时效期间应当重新开始计算。① 法律对诉讼时效另有规定的,依照法律的规定。②

(五) 对不符合法定条件的起诉的处理

依照我国《民事诉讼法》第 124 条规定,人民法院对于下列不符合法定条件的起诉,应当分别情形予以处理:

1. 依照行政诉讼法的规定,属于行政诉讼受案范围的,告知原告提起行政诉讼。

2. 依照法律规定,双方当事人达成书面仲裁协议申请仲裁、不得向人民法院起诉的,告知原告向仲裁机构申请仲裁。这是因为有效的仲裁协议和仲裁条款具有排除人民法院司法管辖权的法律效力。《民诉法解释》第 215 条规定:“依照民事诉讼法第一百二十四条第二项的规定,当事人在书面合同中订有仲裁条款,或者在发生纠纷后达成书面仲裁协议,一方向人民法院起诉的,人民法院应当告知原告向仲裁机构申请仲裁,其坚持起诉的,裁定不予受理,但仲裁条款或者仲裁协议不成立、无效、失效、内容不明确无法执行的除外。”③ 另据《民诉法解释》第 216 条规定,立案后,在人民法院首次开庭前,被告以有书面仲裁协议为由对受理民事案件提出异议的,人民法院应当进行审查。经审查符合下列情形之一的,人民法院应当裁定驳回起诉:(1) 仲裁机构或者人民法院已经确认仲裁协议有效的;(2) 当事人没有在仲裁庭首次开庭前对仲裁协议的效力提出异议的;(3) 仲裁协议符合仲裁法第 16 条规定且不具有仲裁法第 17 条规定情形的。④

3. 依照法律规定,应当由其他机关处理的争议,告知原告向有关机关申请解决。这种争议不属于人民法院受理民事诉讼的范围。

---

①《民法通则》第 140 条。

②《民法通则》第 141 条。

③ 另外,最高人民法院于 2005 年 12 月 26 日通过的《关于适用〈中华人民共和国仲裁法〉若干问题的解释》(自 2006 年 9 月 8 日起施行,以下简称《仲裁法解释》)中就“仲裁协议无效”等导致人民法院有管辖权的情形作出了规定。

④《仲裁法》第 16 条规定:“仲裁协议包括合同中订立的仲裁条款和以其他书面方式在纠纷发生前或者纠纷发生后达成的请求仲裁的协议。仲裁协议应当具有下列内容:(一) 请求仲裁的意思表示;(二) 仲裁事项;(三) 选定的仲裁委员会。”《仲裁法》第 17 条规定:“有下列情形之一的,仲裁协议无效:(一) 约定的仲裁事项超出法律规定的仲裁范围的;(二) 无民事行为能力人或者限制民事行为能力人订立的仲裁协议;(三) 一方采取胁迫手段,迫使对方订立仲裁协议的。”

4. 对不属于本院管辖的案件，告知原告向有管辖权的人民法院起诉。《民诉法解释》第211条规定："对本院没有管辖权的案件，告知原告向有管辖权的人民法院起诉；原告坚持起诉的，裁定不予受理；立案后发现本院没有管辖权的，应当将案件移送有管辖权的人民法院。"

5. 对判决、裁定、调解书已经发生法律效力的案件，当事人又起诉的，告知原告申请再审，但人民法院准许撤诉的裁定除外。这是因为，为了避免没有任何实际意义的重复诉讼，控制诉讼成本的无谓支出与司法资源的无谓投入，同时也是为了维护审判机关生效裁判等的应有权威，各国和地区民事诉讼中普遍确立并实行了"一事不再理"的原则。我国《民事诉讼法》虽然没有对这一原则加以正面的直接明定，但在第124条第5项的规定中也是有所体现的。据此，人民法院的判决、裁定、调解书发生法律效力以后，当事人即不得再次起诉；如果其对生效裁判等仍有不服，可以依法向人民法院申请再审。与此同时，由于撤诉被视为自始即未起诉，因此作为一种例外，《民诉法解释》第214条规定，原告撤诉或者人民法院按撤诉处理后，原告以同一诉讼请求再次起诉的，人民法院应予受理[①]。原告撤诉或者按撤诉处理的离婚案件，没有新情况、新理由，6个月内又起诉的，比照《民事诉讼法》第124条第7项的规定不予受理。

6. 依照法律规定，在一定期限内不得起诉的案件，在不得起诉的期限内起诉的，不予受理。从原则上讲，当事人行使诉权提起诉讼原本不应受到初始时间上的限制，但在某些情况下，为了体现对相对一方当事人合法权益的特殊保护，便需要从法律上对行使诉权提起诉讼的初始时间作合理的限制，这种限制便是规定在一定期限内不得起诉的"禁诉期"。例如，我国《婚姻法》第34条规定："女方在怀孕期间、分娩后一年内或终止妊娠后六个月内，男方不得提出离婚。"此项规定的立法宗旨在于为女方及其胎儿或者婴儿的合法权益提供特殊保护。不过，这一禁诉期的适用并非绝对。出于对女方意愿的尊重和对男方合理要求的应有考量，我国《婚姻法》第34条同时还规定："女方提出离婚的，或人民法院认为确有必要受理男方离婚请求的，不在此限。"此外，我国现行《妇女权益保障法》第45条亦有类似的规定。[②]

7. 判决不准离婚和调解和好的离婚案件，判决、调解维持收养关系的案件，没有新情况、新理由，原告在6个月内又起诉的，不予受理。这样规定的目的，在于防止原告在案件情况与诉讼理由均未发生变化的情况下于短时间内再次起诉而造成无谓诉讼的发生和司法资源的浪费，同时基于此类案件的自身特点（即均属于公民之间因人身关系所发生的纠纷，故而不可能像财产权益纠纷案件那样"一次诉讼定终身"），又使原告有了再次起诉要求离婚的可能。基于此理，原告撤诉或者按撤诉处理的离婚案件，没有新情况、新理由，6个月内又起诉的，可以比照上述规定不予受理。[③]与此同时，应当明确：上述案件，有了新情况、新理由，原告在6个月内又起诉的，人民法院应当予以受理；没有新情况、新理由，原告在6个月后又起诉的，人民法院也应当予以受理；没有新情况、新理由，被告在6个月内向人民法院起诉的，人民法院同样应当予以受理。

① 从诉讼理论上讲，对于此处所谓之"原告"，似应作扩大的或广义的解释，即包括本诉的原告、反诉的原告（本诉被告）和参加之诉的原告（有独立请求权的第三人）。

② 即"女方在怀孕期间、分娩后一年内或者终止妊娠后六个月内，男方不得提出离婚。女方提出离婚的，或者人民法院认为确有必要受理男方离婚请求的，不在此限"（该法原通过于1992年4月3日，于2005年8月28日修订重颁，并自同年12月1日起施行）。

③《民诉法解释》第214条第2款。

应当明确，在以上 7 种情形中，第 1、3、4 种情形不过是从反面对《民事诉讼法》第 119 条规定的起诉条件第 4 项即“属于人民法院受理民事诉讼的范围和受诉人民法院管辖”的要求所作的进一步阐述，而其余四种情形（即第 2、5、6、7 四种情形）则均属在《民事诉讼法》第 119 条所定 4 项起诉条件之外对原告起诉附加的要求。所不同的是，《民事诉讼法》第 119 条所定 4 项起诉条件，为每一起诉必须同时具备的条件，缺一不可；而《民事诉讼法》第 124 条第 2、5、6、7 项所定 4 项起诉条件，则为每一起诉必须加以避免的情形，有其一则不行。因此，前者为起诉的积极条件，后者则为起诉的消极条件。据此，在我国民事诉讼的第一审普通程序范畴内[①]，起诉条件实际上乃积极条件与消极条件的有机结合。

根据《民事诉讼法》第 123 条和第 164 条第 2 款规定，人民法院收到起诉状或者口头起诉，经审查，认为不符合起诉条件的，应当在 7 日内作出裁定书，不予受理；原告对裁定不服的，可以在裁定书送达次日起 10 日内向上一级人民法院提起上诉。另据《民诉法解释》第 208 条第 3 款规定，如果人民法院在立案后才发现起诉不符合起诉条件或者属于《民事诉讼法》第 124 条规定情形的，则应以裁定驳回起诉。[②] 此外，根据《民诉法解释》第 212 条规定，裁定不予受理、驳回起诉的案件，原告再次起诉的，如果符合起诉条件且不属于《民事诉讼法》第 124 条规定情形的，人民法院应予受理。

另据《立案规定》第 12 条的要求，不予受理和驳回起诉的裁定书由负责审查起诉的审判人员制作，报庭长或者院长审批。裁定书由负责审查起诉的审判员、书记员署名，并加盖人民法院印章。

第三节　审理前的准备

一、审理前准备的概念和意义

就我国现行《民事诉讼法》中第一审普通程序现有的程序结构而言，所谓审理前的准备，是指人民法院受理原告的起诉以后到开庭审理之前，由案件承办人员依法进行的一系列准备工作（包括案件的分流处理）的总称。它是普通程序开庭审理之前的一个必经阶段。

从立法的初衷来看，“审理前的准备”阶段的设置，是保证庭审质量、提高庭审效率必不可少的基础，是民事诉讼中的庭审活动乃至整个诉讼活动得以顺利进行的必备前提，同时也是根据案件的不同情况对其加以分流，以期依照不同程序进行分类处理的节点设置，对于保护当事人充分行使诉讼权利，保证人民法院正确行使民事审判权，切实维护当事人的合法权益，均具有十分重要的意义。

从当今世界各个国家和地区的民事诉讼立法来看，都有关于审（理）前准备的规定，尽管各个国家和地区对此项程序在叫法、具体内容甚至诉讼功能上都有所区别。例如，日本《民

① 其实，在简易程序范畴内，起诉条件同样须为积极条件和消极条件的有机结合。

② 在此有必要指出的是，《民诉法解释》第 208 条第 3 款即“立案后发现不符合起诉条件或者属于民事诉讼法第一百二十四条规定情形的，裁定驳回起诉”之规定，似乎与其第 211 条后段即，“立案后发现本院没有管辖权的，应当将案件移送有管辖权的人民法院”之处理方式抵牾，因为“本院没有管辖权”是“不符合受理条件”的具体表现形态之一。

事诉讼法》第168条“辩论准备程序的开始”规定:“法院认为有必要整理争点及证据时,在听取当事人的意见后,可以将案件交付辩论准备程序。”[①] 又如,美国《联邦民事诉讼规则》在第6章“开庭审理”之前,设置了“诉答文书和申请书”(即第3章)以及“庭外证言与发现程序”(即第5章),其中分别就审(理)前会议和当事人向对方收集证据与案件情况等问题作出了规定。由于这些程序所涉及的诉讼事项极为广泛,其诉讼功能也已经大大地超出了“审(理)前准备”的原有含义,促进了审前和解的普遍实现,常常使大量的案件在这些程序中便得到了解决,因此在美国,“只有极少数的案件才进入开庭审理阶段”。[②] 这样也就实现了案件处理方式和途径上的合理分流,达到了缩短诉讼周期、降低诉讼成本等一系列预定目的。

二、审理前准备阶段的工作内容

依照我国现行《民事诉讼法》第125~133条及《民诉法解释》的相关规定,审理前的准备阶段有以下几项工作内容:

1. 在法定期限内将起诉状副本发送被告,限期被告提出答辩状,并在法定期限内将答辩状副本发送原告。此项工作的完成,有助于双方当事人在完整了解对方主张的前提下有准备地进行庭审活动,并在充分行使诉讼权利的基础上,有效地维护自己的合法权益。对人民法院来讲,则有助于借此了解、掌握双方当事人的争议焦点,以便正确地指挥庭审活动,保证庭审质量,提高庭审效率。依照规定,人民法院应当在立案次日起5日内将起诉状副本发送被告;原告口头起诉的案件,也应当在相同期限内将记入笔录的口诉内容告知对方当事人。

限期被告提出答辩状的准确含义,是指受诉人民法院应告知被告,如欲提出答辩状,即应在法定期限内完成这一行为。这是出于防止诉讼滞延的客观需要,而非意味着按期提出答辩状是被告必须履行的法定义务。被告有权选择进行答辩的具体方式。选择书面方式答辩的,依照规定,被告应在收到起诉状副本次日起15日内提出答辩状。答辩状应当记明被告的姓名、性别、年龄、民族、职业、工作单位、住所、联系方式;法人或者其他组织的名称、住所和法定代表人或者主要负责人的姓名、职务、联系方式。被告按期提出答辩状的,人民法院应在收到次日起5日内将答辩状副本发送原告;被告不提出答辩状的,不影响人民法院对案件的审理。

从我国以往的民事诉讼实践来看,被告一般均不按期向受诉人民法院提出答辩状。这样虽然并未违反《民事诉讼法》的任何规定,但在实际上却使原告因此而丧失了作为诉讼当事人所应享有的对对方当事人诉讼主张的了解权,处于与被告相比显然并非公平的诉讼境地,极易遭受来自被告一方的“诉讼偷袭”。鉴此,《证据规定》第32条要求:“被告应当在答辩期届满前提出书面答辩,阐明其对原告诉讼请求及所依据的事实和理由的意见。”自此,在司法解释层面,按期提出答辩状似已成为被告的一项诉讼义务。[③]

2. 向当事人告知有关的诉讼权利义务与合议庭的具体组成人员。依照规定,人民法院

---

① 白绿铉编译:《日本新民事诉讼法》,中国法制出版社2000年版,第76页。

② 白绿铉:《美国民事诉讼法》,经济日报出版社1996年版,第84页。

③ 当然,此项义务的确立显然已经超出了《民事诉讼法》的现有规定,且其实际履行亦缺乏有效的制度保障。因为《证据规定》并没有为被告拒不按期提出答辩状的“不作为”提供任何否定性的评价机制,故从相当意义上说,此种义务的确立实际上处于“形同虚设”的尴尬状态,迄今为止的诉讼实践已经充分证明了这一点。

对决定受理的案件，应当在受理案件通知书和应诉通知书中向当事人告知有关的诉讼权利义务，或者口头予以告知，如果已经确定开庭日期的，应当一并告知当事人及其诉讼代理人开庭的时间、地点，以便其按时参加庭审活动。合议庭组成人员确定后，人民法院应当在3日内将合议庭的具体组成人员告知当事人，以便其在必要时依法充分、有效地行使回避申请权。告知后，若因情事变化，必须调整合议庭组成人员的，应当于调整后3日内告知当事人。在开庭前3日内决定调整合议庭组成人员的，原定的开庭日期则应当予以顺延。①

3. 处理管辖权异议事项。依照我国《民事诉讼法》第127条规定，人民法院受理案件后，当事人对管辖权有异议的，应当在提交答辩状期间提出。人民法院对当事人提出的异议，应当进行审查。异议成立的，裁定将案件移送有管辖权的人民法院；异议不成立的，裁定驳回。当事人未提出管辖异议，并应诉答辩的，视为受诉人民法院有管辖权，但违反级别管辖和专属管辖规定的除外。此类"除外"事项，即"应诉管辖"（或曰"默示管辖"）的除外事项。另据《民诉法解释》第223条规定，当事人在提交答辩状期间提出管辖异议，又针对起诉状的内容进行答辩的，人民法院应当依照《民事诉讼法》第127条第1款的规定，对管辖异议进行审查。当事人未提出管辖异议，就案件实体内容进行答辩、陈述或者反诉的，可以认定为《民事诉讼法》第127条第2款规定的应诉答辩。

4. 认真审核诉讼材料，调查收集必要的证据。此处所说的诉讼材料，是指原、被告双方向受诉人民法院提交的起诉状、答辩状，以及他们各自提交的有关证据材料；必要的证据，是指当事人及其诉讼代理人因客观原因不能自行收集（且按规定向受诉人民法院提出了查证申请）的证据，或者受诉人民法院认为审理案件所需要的证据。② 进行此项工作的目的，并非在开庭审理前即让审判人员对案件事实及其认定根据形成结论性的意见，否则将会造成审判人员认识上的先入为主，使日后进行的开庭审理失去其应有的功能而流于形式。进行此项工作的目的仅仅在于使审判人员通过认真审核诉讼材料和调查收集必要的证据来了解案情，审查证据，以便掌握双方当事人争议的焦点和需要庭审调查、辩论的主要问题，③ 为在庭审活动中正确地指挥诉讼做好前期准备工作。从性质上讲，此项工作只是一种程序性的准备而非实体性审理的预演。

依照规定，受诉人民法院派出人员进行调查时，应当向被调查人员出示证件，以证明自己的身份，取得被调查人的配合。调查时应当制作调查笔录。调查笔录经被调查人校阅后，由被调查人、调查人签名或者盖章。受诉法院除自行调查以外，在必要时可以委托外地法院调查，这样可以在保证调查质量的前提下降低调查成本，提高调查效率。委托调查，必须提出明确的项目和要求，以使受委托法院杜绝调查工作的盲目性。为了保证调查事项的完整性并以此满足诉讼活动的客观要求，受委托法院可以主动补充调查而不必拘泥于委托法院的委托范围。为了防止调查滞延，受委托法院收到委托书后，应当在30日内完成调查。因

① 《开庭规定》第1条。

② 根据《证据规定》第15~17条的规定，我国《民事诉讼法》第64条第2款规定的"人民法院认为审理案件需要的证据"，是指以下情形：(1) 涉及可能有损国家利益、社会公共利益或者他人合法权益的事实；(2) 涉及依职权追加当事人、中止诉讼、终结诉讼、回避等与实体争议无关的程序事项。除前述规定的情形外，人民法院如欲调查收集证据，均应依当事人的申请进行。符合下列条件之一的，当事人及其诉讼代理人可以申请人民法院调查收集证据：(1) 申请调查收集的证据属于国家有关部门保存并须人民法院依职权调取的档案材料；(2) 涉及国家秘密、商业秘密、个人隐私的材料；(3) 当事人及其诉讼代理人确系客观原因不能自行收集的其他材料。

③ 《开庭规定》第2条。

故不能完成调查的，则应当在上述期限内函告委托法院。

5. 追加当事人。此项工作并非每一个案件在审理前的准备过程中都必须完成的活动内容。受诉人民法院通过审核诉讼材料和审前调查，如果发现必须共同进行诉讼的当事人没有参加诉讼时，则应当通知其参加诉讼。依法追加当事人，可以使人民法院实现解决争议的全面性与彻底性，防止因当事人不齐全而造成诉讼上的偏差。依照规定，必须共同进行诉讼的当事人没有参加诉讼的，除受诉人民法院有权通知其参加诉讼以外，当事人也可以向受诉人民法院申请追加。人民法院对当事人提出的申请，应当进行审查，申请无理的，裁定驳回；申请有理的，书面通知被追加的当事人参加诉讼。人民法院依法追加共同诉讼的当事人时，应当通知其他当事人。另据《民诉法解释》第 222 条规定，原告在起诉状中直接列写第三人的，视为其申请人民法院追加该第三人参加诉讼。是否通知第三人参加诉讼，由人民法院审查决定。

人民法院依法追加原告时，如果应当追加的原告已经明确表示放弃实体权利，可不予追加；既不愿意参加诉讼，又不放弃实体权利的，仍应追加为共同原告，即便其不参加诉讼，也不影响人民法院对案件的审理和依法作出判决。人民法院依法追加被告时，不以其本人和案内所有其他诉讼当事人的主观意愿为转移，均应通知追加，即便其不来参加诉讼，也不影响人民法院对案件的审理和判决，且判决生效以后，对其同样具有约束力。但是，如果应当追加的被告属于依法必须到庭的被告，在其经人民法院通知追加后仍拒不到庭参加诉讼时，可依法对其适用拘传措施，强制其到庭，以保证庭审活动的顺利进行。

6. 处理案件分流事项。依照我国《民事诉讼法》第 133 条规定，人民法院对受理的案件，应当分别情形，予以处理：(1) 当事人没有争议，符合督促程序规定条件的，可以转入督促程序；(2) 开庭前可以调解的，采取调解方式及时解决纠纷；(3) 根据案件情况，确定适用简易程序或者普通程序[①]；(4) 需要开庭审理的，通过要求当事人交换证据等方式，明确争议焦点。根据《民诉法解释》第 224 条规定，依照《民事诉讼法》第 133 条第 4 项规定，人民法院可以在答辩期届满后，通过组织证据交换、召集庭前会议等方式，作好审理前的准备。另据《民诉法解释》第 225 规定，根据案件具体情况，庭前会议可以包括下列内容：(1) 明确原告的诉讼请求和被告的答辩意见；(2) 审查处理当事人增加、变更诉讼请求的申请和提出的反诉，以及第三人提出的与本案有关的诉讼请求[②]；(3) 根据当事人的申请决定调查收集证据，委托鉴定，要求当事人提供证据，进行勘验，进行证据保全；(4) 组织交换证据；(5) 归纳争议焦点[③]；(6) 进行调解。

案件分流机制的设置与运用，改变了以往“审理前的准备”阶段专以其后的开庭审理为目的的单向运作。通过对案件分流事项的恰当处理，可以使案件在具体处理方式上各得其所，并以此实现繁简分流，加快诉讼进程，提高诉讼效率。

除以上几项准备工作以外，根据《民事诉讼法》第 135~136 条规定，人民法院审理民事

---

① 从“确定适用简易程序或者普通程序”的法条表述方式分析，似有优先适用简易程序之暗示。

② 根据《民事诉讼法》第 140 条规定，原告增加诉讼请求，被告提出反诉，第三人提出与本案有关的诉讼请求，可以合并审理。另据《民诉法解释》第 221 条规定，基于同一事实发生的纠纷，当事人分别向同一人民法院起诉的，人民法院可以合并审理。

③ 根据《民诉法解释》第 226 条规定，人民法院应当根据当事人的诉讼请求、答辩意见以及证据交换的情况，归纳争议焦点，并就归纳的争议焦点征求当事人的意见。

案件,根据需要进行巡回审理,就地办案。人民法院审理民事案件,应当在开庭3日前通知当事人和其他诉讼参与人。公开审理的,应当公告当事人姓名、案由和开庭的时间、地点。另据《民诉法解释》第227条规定,人民法院适用普通程序审理案件,应当在开庭3日前用传票传唤当事人。对诉讼代理人、证人、鉴定人、勘验人、翻译人员应当用通知书通知其到庭。当事人或者其他诉讼参与人在外地的,应当留有必要的在途时间。这两个事项虽然规定在"开庭审理"这一节中,但实际上应该完成于审理前的准备阶段。

第四节 开庭审理

一、开庭审理的概念和形式

所谓开庭审理,是指受诉人民法院在完成审理前的各项准备后,于确定的期日,在双方当事人及其他诉讼参与人的参加下,依照法定的形式和程序,在法庭上对民事案件进行实体审理的诉讼活动。

依照《审改规定》第7条的要求,按普通程序审理的案件,开庭审理应当在答辩期届满并做好必要的准备工作后进行。当事人明确表示不提交答辩状,或者在答辩期届满前已经答辩,或者同意在答辩期间开庭的,也可以在答辩期限届满前开庭审理。

根据《民诉法解释》第228条规定,法庭审理应当围绕当事人争议的事实、证据和法律适用等焦点问题进行。由此可见,开庭审理的主要任务是,通过法庭调查和法庭辩论,审查核实证据,查明案件事实,分清是非责任,并在此基础上,通过合议庭评议,确定法律适用,形成裁判结果,以确认当事人之间的民事权利义务关系,制裁民事违法行为,保护当事人的合法权益。在这一过程中,民事诉讼法律关系的所有主体将汇聚一起,同时参加诉讼活动,《民事诉讼法》的各项基本原则也将得到集中的体现,双方当事人将面对面地直接交锋,得以充分行使所享有的诸多诉讼权利,案件所涉及的所有事实和全部的证据材料亦将通过审查而得到最大限度的核实。因此,开庭审理既是人民法院按普通程序审理案件的必经阶段,又是普通程序中最基本、最重要的诉讼阶段,更是保证人民法院完成审判任务的中心环节。

开庭审理必须严格依照法定形式来进行。对于开庭审理的形式,应从以下几个方面作全面理解:

首先,开庭审理必须采取法庭审理的形式。也就是说,开庭审理必须在法庭上进行。在普通程序中,所谓法庭,既指由审判人员组成的合议庭,即开庭审理的审判组织形式,也指用于审判的特定空间,即开庭审理的具体场所。后一意义上的法庭主要是指专门设置于人民法院内的大小法庭,其次也指在巡回审理、就地办案情况下临时被用于开庭审理的各类场所(如礼堂、影剧院、体育馆等)。①

其次,开庭审理原则上应当采取公开审理的形式。换言之,开庭审理的形式应以公开审理为原则,以不公开审理为例外。依照《民事诉讼法》第134条规定,人民法院审理民事案

① 《关于严格执行公开审判制度的若干规定》第8条规定:"人民法院公开审理案件,庭审活动应当在审判法庭进行。需要巡回依法公开审理的,应当选择适当的场所进行。"

件，除涉及国家秘密、个人隐私或者法律另有规定的以外，应当公开进行。离婚案件，涉及商业秘密的案件[①]，当事人申请不公开审理的，可以不公开审理。公开审判是我国宪法、法院组织法以及民事诉讼法等一致确立的一项基本制度。为了严格执行公开审判制度，最高人民法院不仅先后在有关的司法解释中就公开审判的有关问题作了相关的阐述，而且于1999年3月8日还专门制定并印发了《关于严格执行公开审判制度的若干规定》（以下简称《公审规定》）[②]。应当明确，所谓公开审理，并非是指在对双方当事人及其他诉讼参与人公开的情况下开庭审理，而是指在对社会公开，即允许群众到庭旁听[③]、允许媒体现场采访报道[④]的情况下对案件进行开庭审理。因为凡是开庭审理，即便是依法不公开进行，也必须传唤双方当事人并通知其他诉讼参与人到庭诉讼。所以，仅对当事人等的公开，并非公开审理的应有含义。

最后，开庭审理必须采取言词审理的形式。言词审理是相对于书面审理而言的，它是指在开庭审理的整个过程中，受诉人民法院的所有职权行为和双方当事人以及其他诉讼参与人的一切诉讼行为，均须直接以言词的方式来进行。与书面审理相比，由于言词审理更便于当事人充分行使辩论权和其他诉讼权利，便于其他诉讼参与人参与诉讼，便于受诉人民法院直接审理案件并在此基础上查明全部事实，同时也便于到庭旁听者和新闻媒体对庭审活动进行监督，因此，它是人民法院审理民事案件保证庭审质量、提高庭审效率的最佳形式。我国《民事诉讼法》虽然并未直接将言词审理明定为一项基本原则，但从普通程序中"开庭审理"的各项具体规定来看，言词审理的要求也是客观存在并贯穿始终的。

二、开庭审理的基本程序

开庭审理必须严格依照法定程序来进行。依照《民事诉讼法》规定，开庭审理的基本程序，依序分为开庭准备、法庭调查、法庭辩论[⑤]、案件评议和宣告判决这样几个诉讼阶段。以下逐一对这几个阶段及有关问题加以详述。

（一）开庭准备

开庭准备不同于"审理前的准备"，它是开庭审理的预备阶段，具体是指在事先确定的开庭期日到来时，在正式进入实体审理前，为了保证案件审理的顺利进行而应当由受诉人民法院进行并完成的准备工作。依照《民事诉讼法》第137条规定，开庭准备的具体内容包括以下两项：

① 根据《民诉法解释》第220条规定，《民事诉讼法》第68条、第134条、第156条规定的商业秘密，是指生产工艺、配方、贸易联系、购销渠道等当事人不愿公开的技术秘密、商业情报及信息。

② 共计11条，涉及民事、刑事、行政三大类诉讼案件的公开审判问题。

③ 根据《公审规定》第10条，依法公开审理案件，公民可以旁听，但精神病人、酗酒的人和未经人民法院批准的未成年人除外。根据法庭场所和参加旁听的人数等情况，旁听人需要持旁听证进入法庭的，旁听证由人民法院制发。外国人和无国籍人持有效证件要求旁听的，参照中国公民旁听的规定办理。旁听人员必须遵守《中华人民共和国人民法院法庭规则》的要求，并应当接受安全检查。

④ 根据《公审规定》第11条，依法公开审理案件，经人民法院许可，新闻记者可以记录、录音、录像、摄影、转播庭审实况。外国记者的旁听按照我国有关外事管理规定办理。

⑤ 依照《民诉法解释》第230条规定，人民法院根据案件具体情况并征得当事人同意，可以将法庭调查和法庭辩论合并进行。

1. 查明当事人和其他诉讼参与人是否到庭,宣布法庭纪律。依照规定,开庭审理前,书记员应当查明当事人和其他诉讼参与人是否到庭。当事人或其他诉讼参与人没有到庭的,应将情况及时报告审判长,并由合议庭确定是否需要延期开庭审理或者中止诉讼。决定延期开庭审理的,应当及时通知当事人和其他诉讼参与人;决定中止诉讼的,应当制作裁定书,发给当事人。原告经传票传唤,无正当理由拒不到庭的,可以按撤诉处理;被告经传票传唤,无正当理由拒不到庭的,可以缺席判决。[①] 当事人提供的证人在人民法院通知的开庭期日,没有正当理由而拒不出庭的,由提供该证人的当事人承担举证不能的责任。[②] 当事人和其他诉讼参与人均已按时到庭的,或者虽有未按时到庭的当事人或其他诉讼参与人,但合议庭确定不需要延期审理、中止诉讼或按撤诉处理的,即应由书记员宣布当事人及其诉讼代理人入庭,并向他们和旁听人员宣布法庭纪律。[③]

依照规定[④],书记员应予宣布的法庭纪律主要包括:诉讼参与人应当遵守法庭规则,维护法庭秩序,不得喧哗、吵闹;发言、陈述和辩论,须经审判长许可。旁听人员不得录音、录像和摄影(新闻记者未经审判长许可,亦不得在庭审过程中录音、录像和摄影),不得随意走动和进入审判区,不得发言、提问,不得鼓掌、喧哗、哄闹和实施其他妨害审判活动的行为。

2. 核对当事人,宣布案由,宣布审判人员、书记员名单,告知当事人有关的诉讼权利义务,询问当事人是否提出回避申请。依照规定,书记员在宣布完法庭纪律后,即应宣布全体起立,请审判长、审判员、陪审员[⑤]入庭。然后,书记员应向审判长报告当事人及其诉讼代理人的出庭情况,由审判长逐一核对当事人及其诉讼代理人的身份,并询问各方当事人对于对方的出庭人员有无异议。当事人的身份经审判长核对无误,且当事人对对方的出庭人员没有异议,审判长即应宣布各方当事人及其诉讼代理人符合法律规定,可以参加本案诉讼。接下来,应由审判长宣布案由及开始庭审,对依法不公开审理的案件应同时说明不公开审理的理由。被告经人民法院传票传唤,无正当理由拒不到庭的,审判长可以宣布缺席审理,并说明传票送达合法和缺席审理的依据。无独立请求权的第三人经人民法院传票传唤,无正当理由拒不到庭的,不影响案件的审理。此后,审判长应宣布合议庭组成人员、书记员名单,告知当事人有关的诉讼权利义务,并询问各方当事人是否申请回避。当事人提出回避申请的,合议庭应当宣布休庭。院长担任审判长时的回避,由审判委员会决定;审判人员的回避,由院长决定;其他人员的回避,由审判长决定。当事人申请回避的理由不能成立的,由审判长在重新开庭时宣布予以驳回,记入笔录;当事人申请回避的理由成立,因而决定回避的,由审判长宣布延期审理。当事人对驳回回避申请的决定不服而申请复议的,不影响案件的开庭。人民法院对复议申请,应当在3日内作出复议决定并通知复议申请人,也可以在开庭时当庭作出复议决定并告知复议申请人。[⑥]

在完成以上开庭准备工作后,审判长即应宣布进入法庭调查阶段。

---

①《开庭规定》第9条。

②《审改规定》第29条。另据《证据规定》第55条第2款,证人在人民法院组织双方当事人交换证据时出席陈述证言的,可视为出庭作证。

③《开庭规定》第10~11条。

④ 即1993年12月1日颁布的《中华人民共和国人民法院法庭规则》第7、9、10条。

⑤ 如果合议庭组成人员中有陪审员的话。

⑥《开庭规定》第12~18条。

(二) 法庭调查

法庭调查是开庭审理的首要中心环节,是对案件进行实体性审理的重要阶段。这一阶段的主要任务是围绕双方当事人争议的事实,通过当事人的陈述和证人作证,出示书证、物证、视听资料和电子数据,宣读鉴定意见和勘验笔录,并就每一证据材料进行质证,以查明案件事实,审查核实证据,从而为下一步的法庭辩论奠定基础。

依照规定,审判长宣布进入法庭调查阶段后,应当告知当事人法庭调查的重点是双方当事人争议的事实。当事人对自己提出的主张,有责任提供证据;反驳对方主张的,也应当提供证据或说明理由。①

根据我国《民事诉讼法》第 138 条规定,法庭调查应按下列顺序进行:

1. 当事人陈述。当事人陈述是法庭调查的第一步骤。依照规定,当事人陈述的顺序是先原告,后被告,再第三人。原告陈述时,应当简要地叙述其起诉的请求和理由,或者宣读起诉状;被告陈述时,应当针对原告起诉中的请求和理由作出承认或者否定的答辩,对双方当事人确认的事实,应当记入笔录,法庭对此无须再作调查;第三人陈述或者答辩时,有独立请求权的第三人应当陈述其诉讼请求及理由,无独立请求权的第三人应当针对原、被告的陈述提出承认或者否定的答辩意见。案件中有多个诉讼请求或多个独立存在的事实的,可按每个诉讼请求、每段事实争议的问题由当事人依次陈述。② 审判人员在听取各方当事人的陈述时,不得随意打断,但可适时要求当事人就有关问题作补充陈述,同时亦应注意引导各方当事人围绕案件所涉及的争议事实进行陈述。当事人的陈述明显偏离案情的,审判人员应当及时予以制止。

2. 告知证人的权利义务,证人作证③,宣读未到庭的证人证言。证人出庭作证时,法庭应首先查明证人的身份,并告知证人作证的义务以及作伪证应负的法律责任。证人作证后,应征询双方当事人对证人证言的意见。经法庭许可,当事人及其诉讼代理人可以向证人发问。证人具有法定情形之一的,经人民法院许可,可以通过书面证言、视听传输技术或者视听资料等方式作证。④ 其中,其所提交的书面证言应当当庭宣读。当事人自己调查取得的证人证言,由当事人宣读后提交法庭,对方当事人可以质询;人民法院调查取得的证人证言,由书记员宣读,双方当事人可以质询。⑤ 另据《证据规定》第 54 条第 1~2 款和第 57~58 条以及第 60 条第 2 款规定,当事人申请证人出庭作证,应当在举证期限届满 10 日前提出,并经人民法院许可。人民法院对当事人的申请予以许可的,应当在开庭审理前通知证人出庭作证,并告知其应当如实作证及作伪证的法律后果。出庭作证的证人应当客观陈述其亲身感知的事实。证人为聋哑人的,可以其他表达方式作证。证人作证时,不得使用猜测、推断或者评

①《开庭规定》第 19 条。

②《开庭规定》第 20~23 条。

③ 根据《民事诉讼法》第 74 条规定,证人因履行出庭作证义务而支出的交通、住宿、就餐等必要费用以及误工损失,由败诉一方当事人负担。当事人申请证人作证的,由该当事人先行垫付;当事人没有申请,人民法院通知证人作证的,由人民法院先行垫付。

④ 根据《民事诉讼法》第 73 条规定,经人民法院通知,证人应当出庭作证。有下列情形之一的,经人民法院许可,可以通过书面证言、视听传输技术或者视听资料等方式作证:(1) 因健康原因不能出庭的;(2) 因路途遥远,交通不便不能出庭的;(3) 因自然灾害等不可抗力不能出庭的;(4) 其他有正当理由不能出庭的。

⑤《开庭规定》第 25 条。

论性的语言。审判人员和当事人可以对证人进行询问。询问证人不得使用威胁、侮辱及不适当引导证人的言语和方式。证人不得旁听法庭审理；询问证人时，其他证人不得在场。人民法院认为有必要的，可以让证人进行对质。

3. 出示书证、物证、视听资料和电子数据。依照规定，不论是当事人提交的证据，还是人民法院调查收集的证据，都应当在法庭上出示，并由当事人互相质证。对涉及国家秘密、商业秘密和个人隐私的证据应当保密，需要在法庭出示的，不得在公开开庭时出示。双方当事人就争议的事实所提供的书证、物证、视听资料和电子数据，应经对方辨认，互相质证。涉及国家秘密、商业秘密和个人隐私的证据，当事人提交法庭的，法庭不能公开出示，但可以适当提示。经过庭审质证的证据，能够当即认定的，应当当即认定；当即不能认定的，可以休庭合议后再予以认定；合议之后认为需要继续举证或者进行鉴定、勘验等工作的，可以在下次开庭质证后认定。未经庭审质证的证据，不能作为定案的根据。同样，案件中如果有两个以上独立的诉讼请求，当事人可以逐个出示书证、物证、视听资料和电子数据并进行质证。①

4. 宣读鉴定意见。根据《民事诉讼法》第 78 条规定，宣读以后，如果当事人对鉴定意见有异议或者人民法院认为鉴定人有必要出庭的，鉴定人应当出庭作证。经人民法院通知，鉴定人拒不出庭作证的，鉴定意见不得作为认定事实的根据；支付鉴定费用的当事人可以要求返还鉴定费用。另据《民事诉讼法》第 79 条规定，当事人可以申请人民法院通知有专门知识的人②出庭，就鉴定人作出的鉴定意见或者专业问题提出意见。

5. 宣读勘验笔录。如果受诉人民法院在审前调查中对物证或者现场进行过勘验，即应由勘验人当庭宣读勘验笔录。宣读后，由双方当事人发表意见。

根据《民事诉讼法》第 139 条规定，当事人在法庭上可以提出新的证据。当事人经法庭许可，可以向证人、鉴定人、勘验人发问。当事人要求重新进行调查、鉴定或者勘验的，是否准许，由人民法院决定。一方当事人要求提供新的证据或者申请重新鉴定、勘验，如果符合有关要求，且人民法院亦认为确有必要的，可以准许。提供的新证据或者重新进行鉴定、勘验的结论，必须再次开庭质证。③根据《民诉法解释》第 231 条规定，当事人在法庭上提出新的证据的，人民法院应当依照《民事诉讼法》第 65 条第 2 款规定和《民诉法解释》相关规定处理。

在此需要注意的是，根据《民诉法解释》第 229 条规定，当事人在庭审中对其在审理前的准备阶段认可的事实和证据提出不同意见的，人民法院应当责令其说明理由。必要时，可以责令其提供相应证据。人民法院应当结合当事人的诉讼能力、证据和案件的具体情况进行审查。理由成立的，可以列入争议焦点进行审理。

按照上列顺序，经过法庭调查，双方当事人争议的事实查清后，审判长应询问双方当事人有无新的证据提出，原告的诉讼请求或被告的反诉请求有无变更。当事人重复陈述的，审

---

①《民事诉讼法》第 68 条、《开庭规定》第 24 条、《审改规定》第 12 条、《证据规定》第 52 条。

② 在诉讼理论上，此种具有专门知识并据当事人申请、人民法院准许而出庭就案件中的鉴定意见或者专业问题提出意见的人员，通常被称为"专家辅助人"。本书第八章第三节有相关论述。

③《证据规定》第 41 条第 1 项及《审改规定》第 13 条。另据《审改规定》第 14~15 条的要求，法庭决定再次开庭的，审判长应当对本次开庭的情况进行小结，指出庭审已经确认的证据，并指明下次开庭调查的重点。第二次开庭审理时，只就未经调查的事项进行调查和审理，对已经调查、质证并已认定的证据不再重复审理。

判长应及时提醒或者制止，然后宣布法庭调查结束。法庭调查结束前，审判长应就法庭调查认定的事实和当事人争议的问题进行归纳总结。当事人要求提供新的证据或者合议庭认为事实尚未查清，确需人民法院补充调查、收集证据或者通知新的证人到庭，重新鉴定、勘验，因而需要延期审理的，可以宣布延期审理。需要当事人补充证据的，应告知其在限定期间内提供。[①]

为了进一步加强法庭调查程序的可操作性，提高法庭调查的效率，保证法庭调查的质量，最高人民法院曾在《审改规定》第8条将法庭调查的顺序进一步细化为8个步骤。另外，由于质证活动是法庭调查的中心环节，具有十分重要的意义，故《证据规定》第47~62条专门就此问题作了规定，为法庭调查的程序运作提供了进一步的操作依据。

（三）法庭辩论

所谓法庭辩论，是指在合议庭的主持下，双方当事人根据此前法庭调查已经基本查明的案件事实和证据材料，各自阐明自己的观点，论述自己的意见，反驳对方的主张，相互进行言词辩论的诉讼活动。法庭辩论的主要任务，是通过双方当事人及其诉讼代理人之间的口头辩论，来达到进一步查明案件事实，核实有关证据材料，分清是非责任，奠定裁判基础的目的。在法庭辩论中，审判人员始终处于指挥者和组织者的地位，当事人及其诉讼代理人应当服从审判人员的调度，审判人员则应当为双方当事人及其诉讼代理人提供尽可能平等的辩论机会，保障他们充分地行使辩论权。审判人员应当引导当事人围绕争议的焦点进行辩论。当事人及其诉讼代理人的发言与本案无关，或者重复（此前经法庭调查）未被法庭认定的事实，审判人员应当予以制止。但应明确，当事人进行法庭辩论时，审判人员不得对案件性质、是非责任发表意见，不得与当事人辩论。[②]法庭辩论应在完成法庭调查的基础上进行，但当事人如果在法庭辩论中提出了符合规定的新的事实和证据，合议庭则应适时停止法庭辩论，恢复法庭调查。[③]

依照规定，审判长宣布法庭辩论开始，当事人及其诉讼代理人即可就本案争议的问题进行辩论。辩论应当实事求是，以理服人。必要时，审判长可以根据案情限定当事人及其诉讼代理人每次发表意见的时间[④]，以便法庭辩论能够公平、有序、高效地进行。

根据《民事诉讼法》第141条第1款规定，法庭辩论按照下列顺序进行：(1)原告及其诉讼代理人发言；(2)被告及其诉讼代理人答辩；(3)第三人及其诉讼代理人发言或者答辩；(4)互相辩论。

第一轮辩论结束后，审判长应当询问当事人是否还有补充意见。当事人要求继续发言的，应当允许，但要提醒不可重复。当事人没有补充意见的，审判长即应宣布法庭辩论终结，并按照原告、被告、第三人的顺序征询各方最后意见。[⑤]

根据《民事诉讼法》第142条规定，法庭辩论终结，应当依法作出判决。判决前能够调

---

① 《开庭规定》第27~29条及《审改规定》第16条。

② 《审改规定》第17条和第19条第1款。

③ 当然，如前所述，根据《民诉法解释》第230条规定，人民法院根据案件具体情况并征得当事人同意，也可以将法庭调查和法庭辩论合并进行。

④ 《开庭规定》第30条。

⑤ 《民事诉讼法》第141条第2款、《开庭规定》第34~36条。

解的,还可以进行调解,调解不成的,应当及时判决。有关司法解释亦规定,经过法庭调查和辩论,事实清楚的,审判长应按原告、被告和有独立请求权的第三人的顺序询问当事人是否愿意调解。无独立请求权的第三人需要承担义务的,在询问原告、被告之后,还应询问其是否愿意调解。当事人愿意调解的,可以当庭进行调解,也可以休庭后进行调解。调解时,可以先由各方当事人提出调解方案。当事人意见不一致的,合议庭要讲清法律规定,分清责任,促使双方当事人达成协议。必要时,合议庭可以根据双方当事人的请求提出调解方案,供双方当事人考虑;也可以先分别征询各方当事人的意见,然后进行调解。经过调解,双方当事人达成协议的,应当在调解协议上签字盖章。人民法院应当根据双方当事人达成的调解协议制作调解书,并送达当事人。双方当事人达成协议后当即履行完毕,不需要发给调解书的,应当记入笔录,在双方当事人、合议庭成员、书记员签名或盖章后,即具有法律效力。双方当事人当庭达成调解协议的,合议庭应当宣布调解结果,告知当事人调解书经双方当事人签收后,即具有法律效力。①

另外,需要明确一个问题,即根据《民事诉讼法》第140条规定,在"开庭审理"中,原告增加诉讼请求,被告提出反诉,第三人提出与本案有关的诉讼请求,可以合并审理。②《民诉法解释》第232条亦规定,在案件受理后,法庭辩论结束前,原告增加诉讼请求,被告提出反诉,第三人提出与本案有关的诉讼请求,可以合并审理的,人民法院应当合并审理。但是,根据《证据规定》第34条第3款,当事人增加、变更诉讼请求或者提起反诉的,应当在举证期限届满前提出。由此可见,就原告增加诉讼请求和被告提出反诉这两项诉讼行为而言,它们得以实施的时间区段均已由"开庭审理"(过程中)或"案件受理后、法庭辩论结束前"被强力"压缩"至"举证期限届满前"的"狭小空间"。这样一来,虽然有可能在诉讼法理上更趋"合理"(譬如借此加快诉讼进程,避免诉讼滞延),但以司法解释来直接"校正"现行《民事诉讼法》的"失当",则显然极为不妥。

(四) 案件评议和宣告判决

经过开庭审理当事人不愿意调解或者调解不成的,合议庭即应当休庭进行评议,就案件的性质、认定的事实、适用的法律、是非责任和处理结果等作出结论。评议中如果发现案件事实尚未查清,需要当事人补充证据或者由人民法院自行调查收集证据的,可以决定延期审理,由审判长在继续开庭时宣布延期审理的理由和时间,以及当事人提供补充证据的期限。合议庭评议案件,应当秘密进行,并实行少数服从多数的原则。评议应当制作笔录,由合议庭成员签名。评议中的不同意见,书记员必须如实记入笔录,归档备查。③

合议庭评议后,应当由审判长宣布继续开庭并宣读裁判。宣判时,当事人及其诉讼代理人、旁听人员均应起立。宣读的内容包括:认定的事实、适用的法律、判决的结果和理由、诉讼费用的负担、当事人的上诉权利、上诉期限和上诉的法院。不能当庭宣判的,审判长应当宣布另定期日宣判。④

---

①《开庭规定》第37~40条。

② 另据《民诉法解释》第221条规定,基于同一事实发生的纠纷,当事人分别向同一人民法院起诉的,人民法院可以合并审理。

③《开庭规定》第41~43条。

④《开庭规定》第44~45条。

根据《民事诉讼法》第 148 条规定,人民法院宣告判决时,必须严格遵循后列规定:(1)人民法院对公开审理或者依法不公开审理的案件,一律应当公开宣告判决。(2)当庭宣判的,应当在 10 日内发送判决书[①];定期宣判的,宣判后立即发给判决书。(3)宣告判决时,必须告知当事人上诉权利、上诉期限[②]和上诉的法院。(4)宣告离婚判决,必须告知当事人在判决发生法律效力前不得另行结婚。另外,根据最高人民法院于 2007 年 2 月 7 日下发的《关于在民事判决书中增加向当事人告知民事诉讼法第二百三十二条规定内容的通知》,为使胜诉的当事人及时获得诉讼成果,促使败诉的当事人及时履行义务,在具有金钱给付内容的民事判决书中增加向当事人告知《民事诉讼法》第 232 条规定的内容。因此,在宣告此类判决时,即须一并向当事人作此事项之告知。[③]此外,根据《公审规定》第 6 条的要求,人民法院审理的所有案件应当一律公开宣告判决。宣告判决,应当对案件事实和证据进行认定,并在此基础上正确适用法律。

根据《民诉法解释》第 242 条规定,一审宣判后,原审人民法院若发现判决有错误,当事人在上诉期内提出上诉的,原审人民法院可以提出原判决有错误的意见,报送第二审人民法院,由第二审人民法院按照第二审程序进行审理;当事人不上诉的,按照审判监督程序处理。根据《民诉法解释》第 254、255 条规定,公民、法人或者其他组织申请查阅发生法律效力的判决书、裁定书的,应当向作出该生效裁判的人民法院提出。申请应当以书面形式提出,并提供具体的案号或者当事人姓名、名称。对于查阅判决书、裁定书的申请,人民法院根据下列情形分别处理:(1)判决书、裁定书已经通过信息网络向社会公开的,应当引导申请人自行查阅;(2)判决书、裁定书未通过信息网络向社会公开,且申请符合要求的,应当及时提供便捷的查阅服务;(3)判决书、裁定书尚未发生法律效力,或者已失去法律效力的,不提供查阅并告知申请人;(4)发生法律效力的判决书、裁定书不是本院作出的,应当告知申请人向作出生效裁判的人民法院申请查阅;(5)申请查阅的内容涉及国家秘密、商业秘密、个人隐私的,不予准许并告知申请人。

三、法庭笔录

在开庭审理过程中,人民法院的书记员对法庭审理的全部活动所作的书面记录,谓之法庭笔录。法庭笔录是极为重要的诉讼文书。通过法庭笔录,人民法院得以将开庭审理的全部活动和整个过程固定下来,将认定的案件事实与核实的诉讼证据固定下来,从而使其对案件的处理有了依据和记载,同时也为第二审法院的审理和日后可能进行的再审以及上级人民法院检查案件质量、总结审判经验提供了基础性的材料。因此,人民法院必须认真做好法庭笔录工作。

从技术要求上来讲,法庭笔录必须全面、真实、准确、清晰、规范,如实反映开庭审理的全部活动和整个过程。制作法庭笔录,应按庭审活动各个阶段的先后顺序,逐项记载。记载时,

---

① 根据《民诉法解释》第 253 条规定,当庭宣判的案件,除当事人当庭要求邮寄发送裁判文书的外,人民法院应当告知当事人或者诉讼代理人领取裁判文书的时间和地点以及逾期不领取的法律后果。上述情况,应当记入笔录。

② 根据《民诉法解释》第 244 条规定,可以上诉的判决书、裁定书不能同时送达双方当事人的,上诉期从各自收到判决书、裁定书之日计算。

③《民事诉讼法》第 232 条已改为第 253 条。

书记员必须忠实于庭审的实际情况，不得任意发挥。对审判人员的发问，各方当事人的陈述以及其他诉讼参与人的发言，均应尽量记录原话，以免发生误解或者曲解。法庭笔录的用语应在忠实于原意的基础上尽可能规范，不得使用方言土语。

依照《民事诉讼法》第147条规定，书记员应当将法庭审理的全部活动记入笔录，由审判人员和书记员签名。法庭笔录应当当庭宣读，也可以告知当事人和其他诉讼参与人当庭或者在5日内阅读。当事人和其他诉讼参与人认为对自己的陈述记录有遗漏或者差错的，有权申请补正。不予补正的，应当将申请记录在案。法庭笔录由当事人和其他诉讼参与人签名或者盖章。拒绝签名盖章的，记明情况附卷。

应当看到，采取文字书写的方式记载法庭审理的全部活动，往往难以完全满足诉讼实践的客观需要。因为在案件的庭审过程中，尤其是在激烈的法庭辩论过程中，书记员事实上很难及时地将全部活动完整地记录下来，故而常常发生"偷工减料"的"浓缩处理"，从而影响到法庭笔录应有的完整性与准确性，并给案件的处理带来一定程度的负面影响。鉴此，有必要在继续保留现有的文字书写的记录方式的同时，将高效便捷的录音录像等现代化记录手段逐步引入法庭，以便整个庭审活动得到客观、完整的记录，并易于直观地再现。①

四、延期审理

在开庭期日到来时，或者在开庭审理进行中，由于出现了法律规定的某些特殊情况，致使开庭审理无法按期进行或者无法继续进行，因而必须推延开庭审理期日的，谓之延期审理。

人民法院一经确定开庭审理的期日并依法通知了当事人和其他诉讼参与人后，当事人和其他诉讼参与人即必须按期出庭参加诉讼，人民法院亦必须严格遵守，且开庭审理一经启动即应持续进行而不得任意推延。但是，如果出现了法律规定的某些特殊情况，致使开庭审理无法按期进行或者无法继续进行时，人民法院则不得不推延开庭审理的期日或者另定期日继续审理。

延期审理不同于休庭。休庭是指在案件开始庭审后，为满足特定诉讼活动的需要（如合议庭评议案件）和有关人员在工作日的不同时段（如上午和下午）之间以及工作日与工作日之间的生理需要（如进餐、休息等）而正常留出的必要间歇时间。

依照《民事诉讼法》第146条规定，有下列情形之一的，可以延期开庭审理：

1. 必须到庭的当事人和其他诉讼参与人有正当理由没有到庭的。综合《民事诉讼法》和《民诉法解释》等的有关规定来看，所谓必须到庭的当事人主要有两种：其一为能够正确表达意志的离婚案件的当事人；其二为负有赡养、扶养、抚育义务和不到庭就无法查清案情的被告。所谓必须到庭的其他诉讼参与人，则泛指如果其不到庭就无法查清案情甚至无法进行庭审的其他诉讼参与人，前者如无诉讼行为能力当事人的法定代理人，后者如庭审活动

① 为此，最高人民法院已根据有关法律规定，结合人民法院的工作实际，于2010年8月16日出台了《关于庭审活动录音录像的若干规定》。其中规定：人民法院开庭审理第一审普通程序和第二审程序的刑事、民事和行政案件，应当对庭审活动全程同步录音或者录像；简易程序及其他程序案件，应当根据需要对庭审活动录音或者录像。

所不可缺少的翻译人员等。上述人员必须要有不能到庭的正当理由,否则也不能够延期开庭审理。

2. 当事人临时提出回避申请的。在审理前的准备阶段,合议庭的组成人员确定以后,即应当在3日内告知当事人,以便当事人有较为充裕的时间来考虑是否申请回避。但是,如果当事人在案件开始审理时没有及时提出回避申请而是此后才临时提出的,或者由于回避事由在案件开始审理后才知道,故而当事人在法庭辩论终结前才临时提出回避申请的,人民法院均可延期开庭审理,以便加以研究,作出被申请人是否应予回避的决定。

3. 需要通知新的证人到庭,调取新的证据,重新鉴定、勘验,或者需要补充调查的。在这些情形下,庭审活动均无法继续进行,故受诉人民法院都可以决定延期开庭审理。

4. 其他应当延期的情形。这是一项概括性的规定,应由受诉人民法院根据具体情况,灵活地加以掌握,并将之适用于上述三种法定情形以外所有应当延期开庭审理的场合。

受诉人民法院不论在何种具体情形下决定延期开庭审理,均应及时通知当事人和其他诉讼参与人。

五、审结期限

受诉人民法院在一个审级范围内办结民事案件的法定时间要求,谓之审结期限。确立并适用案件的审结期限,有助于防止诉讼滞延,控制诉讼成本,提高诉讼效率,促使受诉人民法院及时审结民事案件,保护当事人的合法权益。因此,人民法院必须严格遵守案件的审结期限。

依照《民事诉讼法》第149条规定,人民法院适用普通程序审理的案件,应当在立案次日起6个月内审结。有特殊情况需要延长的,由本院院长批准,可以延长6个月;还需要延长的,报请上级人民法院批准。根据《民诉法解释》第243条规定,《民事诉讼法》第149条规定的审结期限,是指从立案的次日起至裁判宣告、调解书送达之日止的期间,但公告期间、鉴定期间、双方当事人和解期间、审理当事人提出的管辖权异议以及处理人民法院之间的管辖争议期间不应计算在内。除此以外,根据《审限规定》第9条规定,因当事人、诉讼代理人申请通知新的证人到庭、调取新的证据、申请重新鉴定或者勘验,法院决定延期审理1个月之内的期间,案件审理过程中由有关专业机构进行审计、评估、资产清理的期间,中止诉讼至恢复诉讼的期间,亦不应计算在内。

另据《审限规定》第2条第1款和第12条规定,适用普通程序审理的第一审民事案件,期限为6个月;有特殊情况需要延长的,经本院院长批准,可以延长6个月,还需要延长的,报请上一级人民法院批准,可以再延长3个月。延长案件审结期限的报批程序是:应当在审结期限届满10日前向本院院长提出申请;还需要延长的,应当在审结期限届满10日前向上一级人民法院提出申请。应当明确,由于如前所述之期间剔除制度所致,因此某些案件的实际审结时间往往会超过15个月。

第五节　撤诉与缺席判决

一、撤诉

（一）撤诉的概念和类别划分

民事诉讼中的撤诉，又称诉之撤回。从狭义上讲，仅指法院受理起诉后[①]，原告撤回起诉；从广义上说，则泛指当事人向法院撤回诉之请求，不再要求法院继续对案件进行审判的行为。

撤诉是当事人一项重要的诉讼权利。当事人基于处分原则，有权在法律规定的范围内处分自己的民事权利和诉讼权利，撤诉便是他们行使处分权，对自己的诉讼权利加以处分的具体体现。人民法院应当充分尊重并切实保障当事人对这一权利的正当行使，对符合法律规定的撤诉行为，应予准许。与此同时，当事人的撤诉行为也应当依法正当进行，否则受诉人民法院将不予准许。

对于受诉人民法院来说，当事人撤诉是其了结民事案件的法定方式之一。撤诉效果发生后，本案诉讼程序即告终结，法院此前受理的案件同时亦告了结。由此可见，撤诉制度的确立与适用，不仅使当事人对其诉讼权利的处分有了相应的制度保障，而且也使人民法院得以在充分尊重当事人意愿的基础上合理地利用司法资源，从而避免无谓诉讼的继续进行。

综观我国《民事诉讼法》有关规定，根据不同的标准，可以把撤诉划分为以下几种：

1. 根据撤诉是否由当事人主动提出，可将其划分为申请撤诉和按撤诉处理。前者是指当事人主动向受诉人民法院提出撤诉申请，不再要求人民法院对案件继续进行审判，它是当事人对自己诉讼权利的积极处分；后者是指受诉人民法院依照法律的明确规定，针对当事人的某些行为（绝大多数表现为不作为），比照当事人申请撤诉的情况来对案件作出处理，这通常被视为当事人对自己诉讼权利的消极处分。

2. 根据撤诉所处审级的不同，可将其划分为撤回起诉和撤回上诉。前者通常发生于第一审程序，此时其效果仅仅是导致第一审程序的完结；[②]后者仅能发生于第二审程序，其效果不仅是导致第二审程序的完结，而且意味着当事人对第一审裁判在事实上的接受[③]。

3. 根据撤诉具体主体的不同，可将其划分为原告撤回起诉、被告撤回反诉、有独立请求权的第三人撤回参加之诉。

---

① 法院受理起诉也即正式立案以前，“原告”（精确地说其实仅为纠纷的一方当事人）取回此前递交给法院的起诉状与相关证据材料之行为，不属于撤诉制度的调整范围。

② 当然，作为一种例外，《民诉法解释》第338条规定：“在第二审程序中，原审原告申请撤回起诉，经其他当事人同意，且不损害国家利益、社会公共利益、他人合法权益的，人民法院可以准许。准许撤诉的，应当一并裁定撤销一审裁判。”此外，《民诉法解释》第339条规定：“当事人在第二审程序中达成和解协议的，人民法院可以根据当事人的请求，对双方达成的和解协议进行审查并制作调解书送达当事人；因和解而申请撤诉，经审查符合撤诉条件的，人民法院应予准许。”

③ 并非所有的撤回上诉的申请都能得到人民法院的准许。比如，《民诉法解释》第337条规定：“在第二审程序中，当事人申请撤回上诉，人民法院经审查认为一审判决确有错误，或者当事人之间恶意串通损害国家利益、社会公共利益、他人合法权益的，不应准许。”

我国《民事诉讼法》在“第一审普通程序”这一章中，仅对狭义的撤诉（包括申请撤诉和按撤诉处理）作了简要的规定。与此同时，《民诉法解释》中则有若干条文涉及撤诉问题。

（二）申请撤诉的条件

《民事诉讼法》第 145 条第 1 款规定：“宣判前，原告申请撤诉的，是否准许，由人民法院裁定。”

在我国的民事诉讼中，原告申请撤诉，应当同时符合以下条件：

1. 原告申请撤诉，必须以书面或者口头方式向受诉人民法院提出内容明确的申请。申请撤诉是当事人行使处分权对自己的诉讼权利加以处分的具体体现，故需有内容明确的意思表示，才有可能产生相应的法律效果。

2. 原告申请撤诉，必须基于自己真实的意思表示。所谓基于自己真实的意思表示，是指申请撤诉必须是原告主动、自愿所为，而不能是被动、违心所致。因此，任何人（包括审判人员）既不得强迫或者变相强迫原告撤诉，也不得说服、动员原告撤诉。

3. 原告申请撤诉的目的必须正当、合法。依照处分原则的要求，当事人的处分行为必须在法律规定的范围内实施方为有效。因此，原告申请撤诉亦须以正当、合法为前提。鉴此，原告撤诉的申请并不会当然地产生撤诉的效果，而需由受诉人民法院进行审查，并在此基础上裁定是否准许原告撤诉。

4. 原告撤诉的申请最迟应在受诉人民法院宣告判决前提出。[①] 不论是当庭宣判，还是定期宣判，均应如此。这样既可使原告有较为充裕的斟酌时间，慎重地适时实施撤诉行为，同时又可避免因原告于宣判后再提出撤诉申请而损及受诉人民法院所作判决的严肃性和权威性。因为判决一经宣告，即便尚未发生法律效力，非经法定程序，亦不得随意撤销。

接到原告撤诉的申请以后，受诉人民法院应当依法进行审查（重点是审查原告申请撤诉的目的是否正当、合法）。经过审查，如果认为其申请符合上述所有条件，人民法院即应作出裁定，准许原告撤诉；经过审查，如果认为其撤诉申请所应符合的条件有所欠缺，则可不准许其撤诉。此外，根据《民诉法解释》第 238 条第 1 款规定，当事人申请撤诉的案件，如果当事人有违反法律的行为需要依法处理的，人民法院可以不准许撤诉。

根据《民诉法解释》第 237 条规定，有独立请求权的第三人参加诉讼后，原告申请撤诉，人民法院在准许原告撤诉后，有独立请求权的第三人作为另案原告，原案原告、被告作为另案被告，诉讼继续进行。

在被告已经提起反诉的情况下，根据《民诉法解释》第 239 条规定，人民法院准许本诉原告撤诉的，应当对反诉继续审理；被告申请撤回反诉的，人民法院应予准许。

（三）按撤诉处理的概念及其具体适用

所谓按撤诉处理，是指受诉人民法院依照法律和司法解释的明确规定，针对原告等的某

① 虽然《民事诉讼法》第 145 条第 1 款已明确将原告申请撤诉的最后时限规定为“宣判前”，但是《民诉法解释》第 238 条第 2 款规定：“法庭辩论终结后原告申请撤诉，被告不同意的，人民法院可以不予准许。”由此可见，这一规定实际上对原告的撤诉附加了新的条件（即在“法庭辩论终结后”至“宣判前”这一时间区段内，原告提出的撤诉申请要想得到法庭的裁定许可，往往须以被告同意为前提），显然意在以此体现对被告一方当事人意愿的尊重，故而具有一定的合理性。但这一司法解释条文也明显突破了其之上位规范即《民事诉讼法》设定的撤诉条件。

些行为，比照申请撤诉的情况来对案件作出处理。其法律效果与申请撤诉的法律效果完全相同。

根据《民事诉讼法》第 143 条前段和《民诉法解释》的有关规定，在以下几种情形下，受诉人民法院可以按撤诉处理：

1. 根据《民事诉讼法》第 143 条前段规定，原告经传票传唤，无正当理由拒不到庭的，或者未经法庭许可中途退庭的，可以按撤诉处理。这是因为，前述两种情况已足以显示原告意在以此放弃其所提起的诉讼，故受诉人民法院已无必要继续对案件进行审理。应当注意，在此种情形下，法律仅是规定“可以”按撤诉处理，而非“应当”，更非“必须”按撤诉处理。因此，在审判实践中，遇有此种情形时，不应简单轻率地一概按撤诉处理，而应慎重从事，区别对待，以是否有利于全面维护当事人的合法权益为标准来具体决定是否按撤诉处理。

2. 根据《民诉法解释》第 199 条规定，适用简易程序审理的案件转为普通程序的，原告应自接到人民法院交纳诉讼费用通知之日起 7 日内补交案件受理费。原告无正当理由未按期足额补交的，按撤诉处理，已经收取的诉讼费用退还一半。

3. 根据《民诉法解释》第 235 条前段规定，无民事行为能力的当事人的法定代理人，经传票传唤无正当理由拒不到庭，属于原告方的，比照《民事诉讼法》第 143 条（前段）的规定，按撤诉处理。

4. 根据《民诉法解释》第 236 条规定，有独立请求权的第三人经人民法院传票传唤，无正当理由拒不到庭的，或者未经法庭许可中途退庭的，比照《民事诉讼法》第 143 条（前段）的规定，按撤诉处理。

应当注意，根据《民诉法解释》第 238 条第 1 款规定，依法可以按撤诉处理的案件，如果当事人有违反法律的行为需要依法处理的，人民法院可以不按撤诉处理。

（四）撤诉的法律效果

仅就狭义的撤诉而言，对其法律效果，应从以下两个方面加以把握：

第一，通常来讲，不论是原告申请而得到受诉人民法院裁定准许的撤诉，还是按撤诉处理，其直接的法律效果都只是导致本案诉讼程序的完结，对原告所主张的实体权利并无任何影响。但是，就原告自身而言，如果其同时明确表示放弃此前所主张的实体权利，则另当别论。不过，明确表示放弃此前所主张的实体权利，已经超出了撤诉本身的原有含义。前已述及，在被告此前已经提起反诉的情况下，原告撤诉的直接法律效果只是导致本诉程序的完结，反诉程序不受影响，应当继续进行；但是，在有独立请求权的第三人此前已经提起参加之诉的情况下，原告撤诉的直接法律效果，不仅是导致原诉程序的完结，而且还会使参加之诉无所依托，在这种情况下，有独立请求权的第三人作为另案原告，原案的原告和被告作为另案（共同）被告，诉讼另行进行。

第二，原告撤诉以后，通常被视为自始即未起诉[①]，因此其仍然有权提起诉讼。我国《民

① 例如，日本《新民事诉讼法》第 262 条“撤回诉讼的效力”第 1 款规定：“对撤回诉讼的部分，视为自始未系属。”又如，我国台湾地区“民事诉讼法”第 263 条“诉之撤回效力”第 1 款规定：“诉经撤回者，视同未起诉，但反诉不因本诉撤回而失效力。”

事诉讼法》第124条第5项规定："对判决、裁定、调解书已经发生法律效力的案件，当事人又起诉的，告知原告申请再审，但人民法院准许撤诉的裁定除外。"所谓"除外"，即不受此限而可以再次起诉。对此，《民诉法解释》第214条第1款明确规定："原告撤诉或者人民法院按撤诉处理后，原告以同一诉讼请求再次起诉的，人民法院应予受理。"[①]与此同时，《民诉法解释》第247条亦规定："当事人就已经提起诉讼的事项在诉讼过程中或者裁判生效后再次起诉，同时符合下列条件的，构成重复起诉：(一)后诉与前诉的当事人相同；(二)后诉与前诉的诉讼标的相同；(三)后诉与前诉的诉讼请求相同，或者后诉的诉讼请求实质上否定前诉裁判结果。当事人重复起诉的，裁定不予受理；已经受理的，裁定驳回起诉；但法律、司法解释另有规定的除外。"由此可见，当事人撤诉以后又起诉的，并不构成重复起诉；其中符合法定起诉条件的，人民法院应予受理[②]。

此外，有学者认为，撤诉的法律效果除了以上两个方面以外，还应当包括诉讼时效期间的重新开始计算，即认为从受诉人民法院裁定准许撤诉之日起，诉讼时效重新开始。[③]其实，由于撤诉之后被视为自始即未起诉，因此诉讼时效期间不应重新开始计算，而应继续进行。

二、缺席判决

(一) 缺席判决的概念和意义

所谓缺席判决，是与对席判决相对而言的，具体是指在某一方当事人无正当理由而拒不到庭或者未经法庭许可中途退庭的情况下，受诉人民法院经过开庭审理后，依法对案件所作出的判决。

缺席判决的意义并非在于以此惩罚缺席一方当事人，而是为了全面维护各方当事人的诉讼权利与合法权益，不使诉讼因一方当事人的随意缺席半途而废。因此，受诉人民法院在缺席判决时，仍应以事实为根据，以法律为准绳，对缺席一方当事人提交的诉讼文书和证据材料进行认真的审核，以充分了解其诉讼请求和所持的理由，注意使缺席一方当事人的合法权益得到应有的保护。

缺席判决的适用对象较为广泛，既可适用于原告和被告，也可适用于法定代理人，还可适用于诉讼中的第三人，包括有独立请求权的第三人和无独立请求权的第三人。

缺席判决作出前，受诉人民法院仍须依法对案件开庭审理，但是由于某一方当事人的缺席，故法庭调查与法庭辩论均会有所变化，即缺席一方当事人未在法庭调查中作出陈述或只是作出了部分陈述，亦未参加质证或只是参加了部分质证，有时还会因某一方当事人的缺席而造成法庭辩论无法正常进行。在此类情形下，无疑会增加受诉人民法院的工作难度，但受诉人民法院不能因此而忽视审判质量。无论在何种情形下的缺席判决，均须以案件事实已

① 当然，该条第2款还规定："原告撤诉或者按撤诉处理的离婚案件，没有新情况、新理由，六个月内又起诉的，比照民事诉讼法第一百二十四条第七项的规定不予受理。"

② 另外，《民诉法解释》第248条规定："裁判发生法律效力后，发生新的事实，当事人再次提起诉讼的，人民法院应当依法受理。"新的事实的发生，使其并不构成重复起诉。

③ 柴发邦主编：《民事诉讼法学新编》，法律出版社1992年版，第326页。

经查清并有充分的证据可供认定作为必备的前提。

尽管缺席判决在判决的形式上与对席判决存在差异,但是二者具有完全相同的法律效力。

(二) 缺席判决的具体适用

根据我国《民事诉讼法》第143~145条和《民诉法解释》的有关规定,在以下几种情形下,受诉人民法院可以缺席判决:

1. 在被告提出反诉并已由受诉人民法院将其与本诉合并审理的情况下,原告经传票传唤,无正当理由拒不到庭,或者未经法庭许可中途退庭的,除可按撤诉处理来终结本诉程序以外,可以就反诉程序缺席判决。

2. 非必须到庭的被告经传票传唤,无正当理由拒不到庭,或者未经法庭许可中途退庭的,可以缺席判决。据此,《民诉法解释》第241条规定,非必须到庭的"被告经传票传唤无正当理由拒不到庭,或者未经法庭许可中途退庭的,人民法院应当按期开庭或者继续开庭审理,对到庭的当事人诉讼请求,双方的诉辩理由以及已经提交的证据及其他诉讼材料进行审理后,可以依法缺席判决"。

3. 受诉人民法院裁定不准许撤诉的,原告经传票传唤,无正当理由拒不到庭的,可以缺席判决。

4. 无民事行为能力人的离婚诉讼,当事人的法定代理人应当到庭;法定代理人不能到庭的,受诉人民法院应当在查清事实的基础上,依法作出判决。[①] 这种判决,实际上也就是缺席判决。

5. 无民事行为能力的被告的法定代理人,经传票传唤,无正当理由拒不到庭的,可以比照《民事诉讼法》第144条规定,缺席判决。必要时,人民法院可以拘传其到庭[②]。

6. 无独立请求权的第三人经人民法院传票传唤,无正当理由拒不到庭,或者未经法庭许可中途退庭的,不影响案件的审理。[③] 所谓"不影响案件的审理",也就意味着可以缺席审理,缺席判决。

此外,在审判实践中,遇有以下两种情形时,受诉人民法院亦可缺席判决:

其一,在受送达人下落不明而采取公告方式送达传票时,如果公告期间届满,受送达人(一般为被告)仍未到庭应诉的,可以缺席审理,缺席判决。

其二,有独立请求权的第三人申请撤回参加之诉,人民法院裁定不准许撤诉的,如其经传票传唤,无正当理由拒不到庭,或者未经法庭许可而中途退庭,则就参加之诉而言,可以缺席审理,缺席判决。

---

① 《民诉法解释》第234条。其实,在这种情况下,尽管是离婚诉讼,但仍应区分原告方和被告方,作出不同的处理:如果是原告的法定代理人不能到庭,似宜按撤诉处理,人民法院不能以作出(缺席)判决的方式来"强制"其续行离婚诉讼,况且按撤诉处理后,其仍可代理当事人提起离婚诉讼;如果是被告的法定代理人不能到庭,方可依法作出(缺席)判决。总之,一概作出缺席判决的做法并非总是能够切实维护离婚案件中无民事行为能力当事人的合法权益。

② 《民诉法解释》第235条后段。其实,在该法定代理人未经法庭许可而中途退庭的情况下,亦应可以比照《民事诉讼法》第144条的规定,缺席判决。

③ 《民诉法解释》第240条。

第六节 诉讼中止和诉讼终结

一、诉讼中止

(一) 诉讼中止的概念及其与延期审理的区别

在通常情况下,民事诉讼一经开始,便应依照法定程序不停顿地进行下去,直至最终判决(或者调解)结案。但在有些情况下,由于特定情形的出现,诉讼程序无法照常进行而不得不中途搁置,为此立法上便确立了诉讼中止制度,以作规范。

所谓诉讼中止,即诉讼程序的中途搁置,具体是指在诉讼进行过程中,由于某些法定情形的出现而使本案诉讼活动难以继续进行时,受诉法院据此裁定暂停本案诉讼程序的制度。

诉讼中止不同于延期审理,二者之间的区别主要有以下几点:

1. 二者的适用场合不同。诉讼中止可以发生于诉讼程序开始以后一直到判决作出以前的任何诉讼阶段;而延期审理则只能适用于开庭审理阶段,适用的诉讼场合相对较小。

2. 二者的适用前提不同。即导致诉讼中止的法定情形与导致延期审理的法定情形各不相同。前者主要来源于诉讼以外,后者大多产生于诉讼之中。

3. 二者适用的法律文书不同。诉讼中止须用裁定书,且应送达当事人;而延期审理则应用决定书。[①]

4. 二者的适用效果不同。诉讼中止将造成本案诉讼程序的中途搁置,法院和当事人以及其他诉讼参与人的一切诉讼活动都应当停止进行,事实上也无法继续进行;而延期审理只是对本案开庭审理期日的推移,有关的诉讼活动并不因此而停止,譬如,通知新的证人到庭,调取新的证据,重新鉴定、勘验,以及补充调查等项诉讼活动,仍须依法进行,事实上,往往正是为了进行这些诉讼活动才需要延期开庭审理。

5. 由于导致诉讼中止的法定情形主要来源于诉讼以外,因此中止诉讼后,何时恢复诉讼,受诉法院往往是无能为力的,只能静候造成诉讼中止的原因的消除;但是由于导致延期审理的法定情形大多产生于诉讼之中,所以恢复审理的期日则可以由受诉法院根据案件的具体情况确定。

6. 是否完全适用诉讼期间的剔除制度不同。根据《审限规定》第 9 条,中止诉讼至恢复诉讼的期间,不论实际有多长,均应剔除于案件的审结期限。而因当事人、诉讼代理人申请通知新的证人到庭、调取新的证据、申请重新鉴定或者勘验,受诉法院决定延期审理的期间,如果在 1 个月以内,亦应完全剔除于案件的审结期限;如果超过 1 个月,则超过部分仍应计入审结期限,不得予以剔除。

---

① 从我国《民事诉讼法》第 146 条的规定来看,延期审理应当采用何种法律文书并未被(直接或间接地)提及,然而,从有关司法解释(即《开庭规定》第 9 条)来看,延期审理应当采用"决定"方式,并要求"及时通知当事人和其他诉讼参与人"。不过,在诉讼实践中,受诉法院往往采取口头方式决定延期审理并通知当事人和其他诉讼参与人。由此观之,这一问题显然有待《民事诉讼法》或相关司法解释作出进一步的明确规定。

（二）诉讼中止的具体适用

根据我国《民事诉讼法》第150条第1款规定，有下列情形之一的，受诉人民法院即应裁定中止诉讼：

1. 一方当事人死亡，需要等待继承人表明是否参加诉讼的。在诉讼进行过程中，不论是原告死亡还是被告死亡[①]，均须等待其继承人表明是否参加诉讼。由于受诉法院对此无权自行决定，故只能裁定中止诉讼，等待该继承人表明态度。事实上，在被告死亡的情况下，只要其继承人继承了其遗产[②]，就必须参加诉讼，在此问题上，并不以该继承人的主观意志为转移。由此可见，我国《民事诉讼法》的现有规定显然并没有仔细斟酌这种情况，故未能将原告死亡和被告死亡的不同情况区分开来。另外，此种情况下的诉讼中止，只能适用于财产争议之诉，而不能适用于因人身关系提起的民事诉讼。因为人身关系只能存在于特定的自然人之间，任何一方当事人死亡，这种特定自然人之间的人身关系均会就此消灭，而不可能随继承的完成转而存在于其他自然人之间（即死亡一方当事人的继承人与对方当事人之间）。就此而言，我国《民事诉讼法》的现有规定同样没有能够给予充分的注意和恰当的表述，这一点，从后述诉讼终结的第三种适用情形中即可直接得到明确的印证。

2. 一方当事人丧失诉讼行为能力，尚未确定法定代理人的。当事人是自然人的，必须具有诉讼行为能力，才能亲自进行诉讼活动。故在诉讼程序进行中，如果一方当事人丧失了诉讼行为能力（通常表现为神智的丧失），即须由其法定代理人代为诉讼。如果法定代理人尚未确定，则受诉人民法院只能裁定中止诉讼，等待这一确定过程的完成。

3. 作为一方当事人的法人或者其他组织终止，尚未确定权利义务承受人的。在诉讼进行过程中，法人或者其他组织的终止，意味着主体资格的消灭，同时也就导致了其诉讼权利能力的消灭，使其不能作为本案当事人继续进行诉讼。在这种情况下，如果其有权利义务承受人的，即可由其权利义务承受人承担诉讼。如果其权利义务承受人尚未确定的，则受诉人民法院只能裁定中止诉讼，等待这一确定过程的完成。

4. 一方当事人因不可抗拒的事由，不能参加诉讼的。在诉讼进行过程中，如果当事人非因主观上的原因而是由于客观上不可抗拒的事由不能参加诉讼，如突患重病、交通阻断、战争爆发等，受诉人民法院即应裁定中止诉讼，等待不可抗拒的事由的消除。

5. 本案必须以另一案的审理结果为依据，而另一案尚未审结的。在这种情况下，如果不待另一案件审结即对本案进行审判，必将会在认定事实和适用法律上遇到难以逾越的障碍，可能导致相互抵触的裁判结果，进而危及对当事人合法权益的应有保护和人民法院民事审判权的正确行使。鉴此，受诉人民法院即应当裁定中止本案的诉讼程序，等待另一案件的审结。应当明确，需要等待其审结的另一案件，既有可能是民事案件，也有可能是刑事案件。[③]

6. 其他应当中止诉讼的情形。这是一项概括性的规定，应由受诉人民法院根据案件的具体情况，灵活地加以掌握，适用于上述5种法定情形以外所有需要中止诉讼的情形。

中止诉讼的裁定一经作出，立即发生法律效力，当事人既不得对之提起上诉，亦不得申

① 均包括自然死亡和依法被宣告死亡。

② 其中包括债权和债务。

③ 分别参见最高人民法院1995年4月2日《关于审理科技纠纷案件的若干问题的规定》第11条、1993年8月7日《关于审理名誉权案件若干问题的解答》第3条、1997年12月13日《关于审理存单纠纷案件的若干规定》第3条第2款。

请复议。[①] 中止诉讼的裁定的法律效力,表现为暂停本案诉讼程序,因此不论是当事人和其他诉讼参与人的诉讼活动,还是受诉人民法院行使审判权的职权活动,均须暂停进行。

有学者认为,中止诉讼的裁定生效以后,在中止诉讼期间,已经作出的财产保全和先予执行的裁定仍需继续执行。[②] 其实,这种观点是没有任何法律根据的。单纯从理论上分析,在中止诉讼期间继续执行此前已经作出的财产保全和先予执行的裁定,似乎可以借此保证日后生效判决的顺利执行,或满足当事人(申请人)诉讼期间在生活或生产经营上的急需,但是由于中止诉讼的案件在中止诉讼的原因消除以后并非都会恢复诉讼,而且有时还会进而发生诉讼程序的终结,因此,从诉讼实践考虑,上述观点显然有可能给人民法院的审判活动造成被动,因而是不足取的。

中止诉讼的原因消除以后,除了那些进而发生诉讼程序终结的案件以外,应当及时恢复诉讼。恢复诉讼程序时,不必撤销原裁定,从受诉人民法院通知或者准许当事人双方继续进行诉讼时起,中止诉讼的裁定即失去效力。[③] 诉讼程序恢复后,受诉人民法院和当事人等原来已经进行的一切诉讼活动依然有效,非有必要,不得再次进行。

二、诉讼终结

(一) 诉讼终结的概念及其与诉讼中止的区别

所谓诉讼终结,并非诉讼在完成预定活动后的自然结束(譬如判决结案和调解结案等),而是指在诉讼进行过程中,由于一方当事人死亡,[④] 致使本案诉讼程序的继续进行已无可能或已无必要时,由受诉人民法院据此裁定结束本案诉讼程序的一种制度。

诉讼终结不同于诉讼中止,二者之间最主要的区别在于它们的法律效果不相同,即诉讼终结直接导致本案诉讼程序的结束,是受诉法院了结案件的一种方式;而诉讼中止则是案件诉讼程序的中途搁置,在通常情况下,中止诉讼的原因消除后,诉讼程序即得以恢复。此外,二者分别适用的法定情形亦相去甚远,这不仅表现为诉讼终结仅以一方当事人的死亡作为适用的前提,诉讼中止的适用情形则要复杂得多,而且表现为诉讼终结没有可供适用的概括性规定,故受诉法院只能严格地照章行事,不得自行酌情适用。

有学者在论及诉讼终结与诉讼中止的区别时认为,在诉讼中止的原因消除以后,必须恢复诉讼程序,且受诉人民法院仍要对当事人之间的争议作出裁判。[⑤] 这显然是一种过于绝对的观点。该观点没有看到诉讼中止与诉讼终结之间的相互衔接与过渡关系,而是完全孤立、割裂地看待二者,故此是有欠科学的。事实上,在作为原告的自然人死亡而需要等待继承人表明是否参加诉讼的情况下,如果其尚未表明,受诉人民法院自然应当裁定中止诉讼;中止诉讼后,如果该继承人明确放弃诉讼权利,人民法院则应当裁定终结诉讼。此外,在作为原告的法人或其他组织终止而尚未确定权利义务承受人的情况下,受诉人民法院同样应当裁

---

① 就此而言,似乎显得过于绝对,且从当事人之程序主体地位与程序参与权的角度考量,亦有过于"霸道"之嫌。

② 柴发邦主编:《民事诉讼法学新编》,法律出版社 1992 年版,第 329~330 页。

③《民诉法解释》第 246 条。

④ 包括自然死亡和被依法宣告死亡。以下均同。

⑤ 柴发邦主编:《民事诉讼法学新编》,法律出版社 1992 年版,第 332 页。

定中止诉讼，等待权利义务承受人的确定；权利义务承受人确定以后，如果其明确表示放弃诉讼权利，人民法院亦应当裁定终结诉讼。[①] 由此可见，诉讼中止的案件在中止诉讼的原因消除以后并非都会恢复诉讼。因此，我国《民事诉讼法》第 150 条第 2 款“中止诉讼的原因消除后，恢复诉讼”的规定显然是有欠周全的。

(二) 诉讼终结的具体适用

根据我国《民事诉讼法》第 151 条规定，有下列情形之一的，受诉人民法院即应裁定终结诉讼：

1. 原告死亡，没有继承人，或者继承人放弃诉讼权利的。任何民事诉讼，皆因原告的起诉而开始，没有原告也就没有民事诉讼。因此，在诉讼进行过程中，如果作为原告的自然人死亡，又没有继承人，在这种情况下，便会出现没有权利主体(或实体权利主张者)的状况，继续进行诉讼已无任何可能，故受诉人民法院只能裁定终结诉讼。同样，如果作为原告的自然人死亡，虽然有继承人，但该继承人明确表示放弃诉讼权利时，受诉人民法院基于对其合法处分行为的尊重和认可，亦只得裁定终结诉讼。如前所述，在诉讼进行过程中，如果作为原告的法人或者其他组织终止，其权利义务承受人明确表示放弃诉讼权利时，受诉人民法院基于对其合法处分行为的尊重和认可，同样应当裁定终结诉讼。我国《民事诉讼法》第 151 条关于诉讼终结适用情形的现有规定显然未将这种情况考虑在内。

2. 被告死亡，没有遗产，也没有应当承担义务的人的。在财产权益争议案件的诉讼过程中，如果被告死亡，在其有遗产可供继承的情况下，即应由其继承人在继承其遗产后依法承担诉讼，并依人民法院的生效裁判，由其继承人向原告(即权利人)履行财产给付义务。此时，即便继承人放弃继承，也还可以用被告的遗产来直接满足原告的诉讼请求。退一步说，如果被告死亡时，虽然没有留下遗产，但却有依法应当承担义务的人，也不至于使原告的诉讼请求落空。但是，被告死亡后，如果既没有遗产，也没有依法应当承担义务的人，则会使原告的诉讼请求从根本上失去得到满足的任何可能。此时，继续进行诉讼显然已经没有任何实际意义。在这种情况下，受诉人民法院只能裁定终结诉讼。

3. 离婚案件一方当事人死亡的。婚姻关系存在于配偶双方之间，故在离婚案件的诉讼进行过程中，任何一方当事人死亡，均会直接导致婚姻关系的自然消灭。此时，未成年子女的抚养问题已无需(事实上也不可能)再作其他确定，夫妻共有财产的分割更是被死亡一方当事人的遗产继承问题所取代，但这需要依照法律规定的继承程序另作处理。因此，继续进行离婚诉讼已无任何实际意义，受诉人民法院自应裁定终结诉讼。

4. 追索赡养费、扶养费、抚育费以及解除收养关系案件的一方当事人死亡的。这些案件都是基于特定的人身关系而引起的争议，所涉权利义务关系的双方主体总是特定的，不可能由别的主体来取代，即这些特定的权利义务关系均不可能转移给别的主体。因此，案件的任何一方当事人死亡，都会直接导致实体权利义务关系的自然消灭。在这种情况下，继续进

① 尽管我国《民事诉讼法》第 151 条未将此确定为诉讼终结的适用情形之一，但这只能说明立法的粗陋和程序设计的不周全，而不能说明不存在终结诉讼的必要性与合理性。因为，在此种情况下，与其让权利义务承受人承担诉讼以后再撤回诉讼，不如将诉讼中止与诉讼终结衔接起来，实现“平稳过渡”，这显然更能符合诉讼经济原则的理性要求。另外，诉讼中止与诉讼终结的相互衔接还需要明确前者的期间限制，即中止持续一定时间，便应“自动”产生终结的效果，否则即有可能造成程序的拖延或法官的恣意。

行诉讼既无必要也无可能，故应裁定终结诉讼。

终结诉讼的裁定一经作出，立即发生法律效力，当事人既不得提起上诉，也不得申请复议。终结诉讼的裁定的效力，仅仅表现为结束本案诉讼程序，对于案件中所涉及的实体争议问题，则不能作出任何处理。因此，在终结诉讼的裁定中不得同时确定死亡一方当事人财产(遗产)的法律归属。

第十四章　简易程序

第一节　简易程序的概念和分类

一、简易程序的概念

（一）我国简易程序的含义和范围的考察

1. 关于简易程序的观念。简易程序是民事诉讼程序中的一个重要组成部分。但是，目前人们关于简易程序的观念，为立法规定所局限。在人们的观念中，往往把简易程序理解为民事诉讼法专章规定的简易程序。无论民事诉讼法教科书，还是民事诉讼法理论专著或普及读物，凡论及简易程序，大都反映了这种观念。形成这种观念的原因，正是我国民事诉讼立法对简易程序范围的界定。

2. 理论界对简易程序概念的研究概览。在立法的影响下，民事诉讼法学理论对简易程序这一概念的解释又如何呢？为便于评述，在此先将理论上对简易程序的不同理解和表述列举如下：(1) 基层法院审理简单的或某些特殊类型的民事案件所适用的一种程序，是简化的普通程序。[①](2) 简易程序是第一审程序中普通程序的简化，是基层人民法院和它派出的法庭审理简单的民事案件时所适用的程序。简易程序不是普通程序的附庸，也不是普通程序的一个分支程序，而是与普通程序并存的一种独立的诉讼程序。但简易程序不是一种完整的诉讼程序，简易程序没有规定的，要适用普通程序的有关规定。[②](3) 简易程序，是指基层人民法院及其派出法庭审理简单民事案件所适用的一种简便易行的诉讼程序。它与普通程序相对立，是在普通程序基础上的简化，具有简便易行的基本特点。[③](4) 所谓简易程序，是指专供基层人民法院和它派出的法庭审理简单的民事案件时所适用的审判程序，简易程序不是普通程序的附属程序，也不是其分支程序，而是一种与普通程序相对而言、并列而存的独立的第一审程序。[④] 上述观点有些侧重于揭示适用简易程序的法院的范围，有些侧重于说明简易程序与普通程序的关系和适用简易程序审理的案件的范围，有些在界定简易程序

---

① 参见《中国大百科全书》（法学），中国大百科全书出版社 1984 年版，第 314 页。

② 参见柴发邦主编：《民事诉讼法新编》，法律出版社 1992 年版，第 333 页。

③ 参见谭兵主编：《中国民事诉讼法要论》，西南财经大学出版社 1991 年版，第 327 页。

④ 参见江伟主编：《民事诉讼法》，高等教育出版社、北京大学出版社 2000 年版，第 263 页。

概念时认为还应揭示其在第一审程序中的地位。从以上关于简易程序概念的表述可以看出，尽管表述的方法或内容不尽相同，但一个共同的特点是：受民事诉讼法立法的影响，仅根据民事诉讼法中的规定来界定简易程序的范围，把简易程序理解为基层法院和它派出的法庭审理简单的民事案件所适用的诉讼程序，这种观念形成后又反过来影响着理论的发展和立法的完善。

3. 简单的结论。综上所述，可以看出：以往形成的对简易程序的观念，已经束缚了简易程序理论的发展。简易程序理论体系的建立，涉及突破原有的“简易程序”的结构形式，拓宽简易程序的存在领域，乃至调整民事诉讼的结构。为此，首先需要有一个理论前提上的突破，这就是：重新估价简易程序在民事诉讼程序体系中的地位，弄清简易程序的真正含义及其存在的范围。

（二）对民事简易程序概念的理解

国外对民事简易程序的概念有多种不同理解，且有些理解之间差距很大。笔者认为，对简易程序的概念可以从以下四个方面理解：

1. 传统意义上的民事简易程序。即简易与小额事件合一，简易事件中包括小额事件，两者均适用简易程序。我国2012年修订前的《民事诉讼法》即属这种类型。目前世界上许多国家（包括我国在内）传统意义上的民事简易程序已经分化为狭义的民事简易程序和小额诉讼的简易程序两种类型。

2. 狭义的民事简易程序，也称普通意义上的民事简易程序。它不仅排除了民事诉讼中的其他简易化程序，如督促程序、缺席判决等，而且也排除了小额诉讼这种更为简易化的简易程序，日本和我国台湾地区现行民事诉讼法中专章规定的简易程序就是在这个意义上使用的。

3. 小额诉讼的简易程序，习惯上又称为小额诉讼程序。通常是指从民事简易程序中分离出来的对诉讼标的额更小的案件所适用的更加简易化的程序。日本、韩国等国家的民事诉讼法修改后新增加的小额诉讼程序，我国2012年《民事诉讼法》增加的小额诉讼程序，就是在这个意义上使用的。需要注意的是，有些地方、有些场合使用的小额诉讼程序一词与传统意义上的简易程序的含义是相同的。

4. 最广泛意义上的民事简易程序。这种简易程序是民事诉讼中所有简易化程序的总称，它既包括通常程序中的简易程序，也包括特别程序中的简易程序；既包括整体的简易程序，也包括局部适用的简易程序；既包括初审程序中的简易程序，也包括上诉审和再审程序中的简易程序。对此，我们将在下面简易程序的分类部分作详细阐述。

二、简易程序的分类

世界各国和各地的简易程序可以说呈现出五彩缤纷的景象。从不同的角度对简易程序可以作不同的分类。择其要者，主要有以下几种分类：

1. 从程序的性质划分，可以分为通常程序中的简易程序和非讼程序中的简易程序。通常程序与非讼程序是对民事诉讼程序的最基本的分类，在理论上，首先可以将狭义的民事诉讼程序即审判程序作这样的划分：一是在民事诉讼中通常适用，即适用于一般的民事案件的程序，包括民事诉讼法中规定的普通程序、简易程序、第二审程序及再审程序，可以称为“通常程序”或“一般程序”。二是适用于非讼案件的程序（督促程序等）。通常程序中的简易程序只是简化或省略了通常程序中的某些手续或行为方式，但程序的走向和步骤大体上是一致的，除了简化的因素外，所适用的程序原则及证据方法基本上是一致的（某些方面有变通或较大的变通）。非讼程序中的简易程序，则是在通常程序之外，另设一种在程序原则、步骤、证据方法上都有较大区别以达到简易和迅速目的的程序，如督促程序和证书诉讼程序。前者在程序步骤上与通常程序不同，如不需要经过言词辩论；后者在证据方法上注重书证方法。这种简易程序来源于西方的法律，传至日本称为“略式诉讼”程序，我国也有学者将其译成“略式诉讼”，这一类简易程序应归类为非讼程序。我们通常所说的简易程序仅指前一类。

2. 从争议标的的金额来划分，可分为普通的简易程序（习惯上称为简易程序）和小额诉讼的简易程序（习惯上称为小额诉讼程序）。世界各国和各地的简易程序大都有一个发展的过程。早期的简易程序只有一种形式，其内部不再有什么区分，随着商品经济的不断发展，单一的简易程序已不能满足司法实践的要求，简易程序内部需要再作进一步的区分，且两个层次的简易程序在救济的方式、程序原则、证据方法以及简易化的程度等方面均应有较大的差别。为适应司法实践的要求，许多国家和地区纷纷修改立法，增设新类型的简易程序，其方法有两种：一种是规定一定金额以下的争议适用比普通的简易程序更为简化的程序，如法国和德国。另一种是在简易程序之外增设单独的小额诉讼程序。韩国、日本和我国台湾地区近些年在简易程序之外纷纷增设了（或者说划分出了）小额诉讼程序。

3. 从适用简易程序的法院来划分，可分为简易法院适用的简易程序、普通法院适用的简易程序和专门法院适用的简易程序。为适应审理不同案件的需要，许多国家和地区都设立了简易法院和简易审判庭，专门处理简易民事案件。人们通常说的简易程序，主要是在这个意义上使用的。如前所述，除简易法院或简易审判庭适用简易程序处理民事案件外，普通法院和专门法院亦存在适用简易程序处理民事案件的情况，只是简易的程度不尽相同。法国的商事法院、劳动法院等专门法院处理案件与简易法院的诉讼程序最为接近。正如《法国民事诉讼法导论》一书中所说：“在商事法院所进行的商事诉讼程序与小审法院所进行的民事诉讼程序有很多相似之处。例如，简易、迅速、低费用；实行本人诉讼，当事人可以委托律师诉讼也可以不委托律师进行诉讼，重视和解等，商事诉讼程序较之大审法院的民事诉讼程序更为灵活。”[①]“在法国，农事法院进行的诉讼与其他诉讼不同，更强调诉讼程序的简易和低成本。例如，当事人起诉就不需要原告亲自到法院递交起诉状，而是通过带有领受回执的挂号信将起诉状直接寄给农事法院即可，也可以通过执行官将起诉状送给法院的书记室。法院一旦收到就认可当事人的起诉行为。”[②]各国的普通法院也在不同程度上适用简易程序。如世界各国普遍存在的缺席判决、英美法系国家的简易判决，德国、法国等大陆法系国家初审普通案件中的独任法官审判，等等。

4. 从适用简易程序的审级划分，可以分为初审法院适用的简易程序和上诉审法院适用的简易程序。初审法院适用的简易程序在上文中已有论述，就不再赘述，这里需要讨论的是上诉审法院是否存在简易程序。传统民事诉讼理论认为，简易诉讼程序仅存在于审理简单民事案件的初审法院中，在审理普通案件的初审法院中是不存在的，至于上诉审法院就更不

① 张卫平、陈刚编著：《法国民事诉讼法导论》，中国政法大学出版社 1997 年版，第 18 页。
② 张卫平、陈刚编著：《法国民事诉讼法导论》，中国政法大学出版社 1997 年版，第 22 页。

存在简易程序了。我们认为，传统上对简易程序适用范围的理解值得商榷，实际上，我们应对简易程序作更宽泛的理解，普通程序和上诉审程序中，都存在案件简单并应适用简易程序的情况。各国上诉审程序中普遍存在的“书面审”就是简易程序的形式之一。

5. 从简易程序的审理形式来划分，可分为口头审理的简易程序和书面审理的简易程序。一般认为，口头审理方式更有利于发现客观事实、追求实体利益，因为遇到真伪不明的情况，可以询问当事人、证人，当事人也可以通过辩论来澄清案件事实。各国民事诉讼法大都规定，进行证据调查应尽量以口头方式进行，应直接询问证人而不是让证人提供书面证言。但对于特定类型的案件，如案情简单、争议不大或标的额较小的案件，即使法院不开庭，不询问当事人、证人，只通过审查案卷材料也能作出正确裁判的话，如果仍固守口头审理的方式，那么对当事人和法院而言，都是不必要的成本耗费。而在当事人居住偏远的情况下，要求当事人必须到庭，很可能导致其权衡利弊后，放弃诉讼，因而灵活采用书面审理方式，可以避免因程序规则的僵化阻碍人们接近司法。因此，为平衡追求实体利益与程序利益，也为了贯彻审理方式与诉讼费用相当的原则，简易案件有必要采用书面审理的方式。然而，书面审理方式也有不容回避的问题，完全凭案卷材料作出裁判，难免会有望文生义、不尽客观的嫌疑，可见书面审理和口头审理各有优劣。一些国家的民事诉讼法规定，在口头审理的方式以外，允许当事人合意选择书面方式审理简易案件。如德国《民事诉讼法》第 128 条第 2 款规定：“法院在得到双方当事人同意后，可以不经言词辩论而为裁判”，或由法院依职权决定对某些简易案件实行书面审理。又如德国《民事诉讼法》第 128 条第 3 款规定：“关于财产权的诉讼，如果不必要律师代理诉讼，而诉讼标的价额在起诉时未超过 600 欧元，并且当事人一方由于距离遥远或由于其他重要原因而不能到法院出庭时，法院可以依职权命令以书面进行辩论。”法国民事诉讼法规定，法院审理一方当事人有理由不经传唤对方当事人，不经对席审理即可作出临时决定的案件，可以采用书面审理。[①]日本的简易程序中实行口头审理和书面审理并用。

6. 从适用简易程序的案件来划分，可分为法律规定的简易程序和当事人选择适用的简易程序。大多数国家的法律在规定何种案件适用简易程序的同时，还赋予了应适用普通程序案件的当事人选择适用简易程序的权利以及应适用简易程序的案件的当事人选择适用小额诉讼程序的权利。

以上是对简易程序相对宽泛的界定和分类。本章主要论述狭义的简易程序和小额诉讼程序。上述分类中我国已有的督促程序、缺席判决等其他形式的简易程序，将在本书的其他章节中论述。

第二节　我国狭义上的民事简易程序

一、简易、小额诉讼程序的确立和意义

便利人民群众诉讼和便利人民法院办案，是我国民事诉讼法的重要立法原则，也是我国司法制度的显著特点。我国历来十分重视诉讼程序的简便易行。早在新民主主义革命时期，

---

① Mare Jobort, Summary proceedings, p.149.

民事审判工作就坚持“两便”原则。陕甘宁边区提倡的“马锡五审判方式”，集中体现了这一精神。新中国成立后，1950年中央人民政府政务院发布的《关于加强人民司法工作的指示》明确指出：人民法院审理民事案件，一方面应尽量采取群众调解的方法，以减少人民讼争；另一方面，司法机关在工作中应力求贯彻群众路线，推行便利人民，联系人民和依靠人民的诉讼程序和各种审判制度。我国1982年颁行的《民事诉讼法（试行）》总结了长期以来审判工作的经验，专章规定了简易程序。2003年7月4日最高人民法院《关于适用简易程序审理民事案件的若干规定》（以下简称《简易程序规定》）进一步完善了简易程序的规定。[①]2012年修订后的《民事诉讼法》增设了小额诉讼程序，实现了民事简易事件与小额事件的分立，使民事一审程序制度更加合理。2015年颁布的《民诉法解释》，使简易小额诉讼程序的规定更加具体和完善。

在审判实践中简单、小额的民事案件大量存在，民事诉讼法规定简易、小额诉讼程序，有利于“两便”原则的贯彻执行。同时，适用简易、小额诉讼程序及时审结简单、小额民事案件，还可以使人民法院抽出更多的时间和人力，更好地审结其他案件。因此，民事诉讼法规定的简易程序，在理论上和实践上都具有重要的意义。

二、简易程序的适用范围

简易程序的适用范围，是指简易程序适用的法院和适用的案件。

（一）适用简易程序的人民法院

简易程序是第一审程序的一种，人民法院只有在审理第一审民事案件时，才能适用简易程序。依照第二审程序审理的上诉案件，以及依照再审程序审理的案件，均不能适用简易程序。根据民事诉讼法关于级别管辖的规定，我国的四级人民法院都有权审理第一审民事案件。但是，在四级法院中，只有基层人民法院及其派出的法庭能够适用简易程序。所谓派出的法庭，包括固定的人民法庭和巡回审理就地办案时临时组成的审判组织。中级以上的人民法院均不得适用简易程序审理案件。

（二）适用简易程序的案件

根据《民事诉讼法》第157条规定，简易程序只适用于审理事实清楚、权利义务关系明确、争议不大的简单的民事案件。所谓“事实清楚”，是指双方当事人对争议的事实陈述基本一致，并能提供相应的证据，人民法院无须调查收集证据即可查明事实；“权利义务关系明确”，是指谁是责任的承担者，谁是权利的享有者，关系明确；“争议不大”，是指当事人对案件的是非、责任以及诉讼标的的争执无原则分歧。[②]这些是构成简单民事案件的三个必须具备的条件，缺少其中任何一个条件，都不能作为简单的民事案件适用简易程序审理。

拓 展 阅 读

徐平华与唐学林装饰装修合同纠纷一审民事判决书

http://2d.hep.cn/1322465/3

① 最高人民法院《关于适用简易程序审理民事案件的若干规定》（共34个条文）于2003年7月4日由最高人民法院审判委员会第1280次会议通过，自2003年12月1日起施行。

②《民诉法解释》第256条。

此外,《民事诉讼法》第157条第2款规定:"基层人民法院和它派出的法庭审理前款规定以外的民事案件,当事人双方也可以约定适用简易程序。"该规定明确了当事人的程序选择权,体现了诉讼民主和对当事人处分权的尊重,具有非常重要的意义。为了保证当事人正确行使程序选择权,该规定对程序选择权行使的条件、范围等作了必要的限制。首先,当事人行使程序选择权适用简易程序,以当事人双方共同约定为前提。未经当事人一致同意,人民法院不得以职权将普通程序转为简易程序。其次,当事人的程序选择权只适用于基层法院和它派出的法庭审理的民事案件,不适用于中级以上人民法院审理的民事案件。最后,当事人的程序选择权限于对依据《民事诉讼法》的规定适用普通程序的民事案件约定选择适用简易程序,而不能对依据规定适用简易程序的民事案件约定选择适用普通程序。因为,这会违反诉讼经济原则,浪费国家有限的司法资源。

《民诉法解释》第257条还明确了不能适用简易程序的几种案件:(1)起诉时被告下落不明的;(2)发回重审的;(3)当事人一方人数众多的;(4)适用审判监督程序的;(5)涉及国家利益、社会公共利益的;(6)第三人起诉请求改变或者撤销生效判决、裁定、调解书的;(7)其他不宜适用简易程序的案件。

三、简易程序的特点

从《民事诉讼法》和司法解释的规定来看,简易程序具有以下几个方面的特点,这些特点也是简易程序与普通程序的区别所在。

(一) 起诉方式简便

依照《民事诉讼法》规定,对简单的民事案件,原告可以口头起诉。即适用简易程序的案件,原告起诉时不需要向人民法院递交起诉状和起诉状副本。人民法院将原告起诉的内容记录在案,并告知被告,被告可以口头答辩。而适用普通程序审理的案件,以原告书面起诉为原则,以口头起诉为例外。只有在原告书写起诉状确有困难的情况下,才允许口头起诉。

(二) 受理案件的程序简便

依照民事诉讼法规定,适用简易程序审理的案件,当事人双方可以同时到基层人民法院或者派出法庭请求解决纠纷。基层人民法院和它派出的法庭可以当即审理,也可以另定日期审理。① 当即审理,可将起诉、审查起诉、受理和审理案件一并进行。而适用普通程序审理的案件,必须按照法定的程序和方式进行。人民法院必须在法定期限内立案、送达起诉状副本等。适用简易程序受理案件的程序简便,有利于及时审结简单的民事案件。

(三) 传唤当事人和通知其他诉讼参与人的方式简便

适用简易程序审理案件时,可以根据《民事诉讼法》第159条规定,用简便的方式传唤

① 《简易程序规定》第7条规定,双方当事人到庭后,被告同意口头答辩的,人民法院可以当即开庭审理;被告要求书面答辩的,人民法院应当将提交答辩状的期限和开庭的具体日期告知各方当事人,并向当事人说明逾期举证以及拒不到庭的法律后果,由各方当事人在笔录和开庭传票的送达回证上签名或者捺印。司法解释的这一规定,实际上进一步明确了法院对双方当事人到庭的案件的具体处理程序,同时扩大了被告对是否当即开庭的程序选择权。

当事人和通知其他诉讼参与人。《民诉法解释》第 261 条明确了简便传唤的具体方式,即人民法院可以采取捎口信、电话、短信、传真、电子邮件等简便方式传唤双方当事人、证人。同时不受普通程序开庭前 3 日通知当事人和其他诉讼参与人规定的限制,可以随时传唤当事人和通知其他诉讼参与人。而适用普通程序审理案件时,必须依照法定的程序和方式传唤当事人和通知其他诉讼参与人。以简便方式送达的开庭通知,未经当事人确认或者没有其他证据证明当事人已经收到的,人民法院不得缺席判决。

(四) 实行独任审判

根据《民事诉讼法》第 160 条规定,按照简易程序审理简单的民事案件,由审判员一人独任审理,书记员担任记录。而适用普通程序审理案件时,要采用合议制的审判组织形式,即由审判员和陪审员共同组成合议庭,或者由审判员组成合议庭审理。在适用简易程序审理案件的过程中,如果发现案情复杂,需要转为普通程序审理的,可以转为普通程序,由合议庭进行审理,并将合议庭组成人员及相关事项书面通知双方当事人。[①]

(五) 对部分民事案件设立了调解前置程序

《简易程序规定》第 14 条将六类民事案件确定为调解前置案件,这是由这六类民事案件自身的性质决定的。首先,《简易程序规定》将婚姻家庭纠纷和继承纠纷列入调解前置程序,主要是这类案件内含着丰富的伦理道德内容,如果单纯用法律规范去调整,用很机械的、过于程式化的方式去解决,不利于纠纷的彻底和妥善处理,难以取得良好的社会效果。其次,《简易程序规定》将劳务纠纷、宅基地和相邻关系纠纷以及合伙协议纠纷列入调解前置程序,主要是因为这些纠纷关系到当事人最基本的生活秩序和生活环境,如果以调解方式化解矛盾,便于当事人在未来的合作与生活中和睦相处,符合"和为贵"的民族传统。再次,《简易程序规定》将交通事故和工伤事故引起的权利义务关系明确的损害赔偿纠纷列入调解前置程序,主要是为了使受害一方的当事人能尽快获得赔偿。在司法实践中,如果通过正常的诉讼程序解决因交通事故或工伤事故引起的损害赔偿纠纷,因常常涉及鉴定等问题,甚至要经过一、二审才了结诉讼,费时费力。如果一开始就能够通过调解解决纠纷,既可以缩短获赔的期限,又能降低诉讼成本,也有利于当事人对调解协议的自觉履行。最后,《简易程序规定》将诉讼标的额较小的纠纷列入调解前置程序,是因为通过调解方式解决这类纠纷的可能性较大,也符合国家司法资源合理配置的原则。但是,根据案件的性质和当事人的实际情况不能调解或者显然没有调解必要的除外。

(六) 开庭审理的程序简便

适用简易程序审理案件,也应当开庭审理。但是,法庭审理的方式和步骤比普通程序简便。依照普通程序审理案件,必须按照法律规定的程序进行,通常情况下不能打乱法律规定的诉讼阶段。按照简易程序审理案件,审判人员可以根据案件的具体情况,灵活掌握案件审理的进程,不受《民事诉讼法》第 136 条、第 138 条、第 141 条规定的限制。《民事诉讼法》第 136 条规定:"人民法院审理民事案件,应当在开庭三日前通知当事人和其他诉讼参与人。

① 《民诉法解释》第 258 条。

公开审理的,应当公告当事人姓名、案由和开庭的时间、地点。”适用简易程序审理案件,可以不拘于这些要求,基层人民法院和它派出的法庭,可以当即审理,也可以另定日期审理,不受开庭前3日通知当事人和其他诉讼参与人的限制。《民事诉讼法》第138条和第141条分别对法庭调查和法庭辩论的顺序作出了规定。适用简易程序审理的案件,可以打乱法庭调查和法庭辩论的顺序,法庭调查和法庭辩论两个阶段可以合并进行,也可以穿插进行,由独任审判员根据案件的具体情况灵活掌握。而普通程序,人民法院根据案件具体情况并征得当事人同意,才可以将法庭调查和法庭辩论合并进行。

除《民事诉讼法》和《民诉法解释》对简易程序开庭审理有简化规定外,《简易程序规定》在该部分亦有较多的简化规定。主要有:适用简易程序审理的民事案件,应当一次开庭审结,但人民法院认为确有必要再次开庭的除外(第23条)。适用简易程序审理的民事案件,除人民法院认为不宜当庭宣判的以外,应当当庭宣判(第27条)。当庭宣判的案件,除当事人当庭要求邮寄送达的以外,人民法院应当告知当事人或者诉讼代理人领取裁判文书的期间和地点以及逾期不领取的法律后果。人民法院已经告知当事人领取裁判文书的期间和地点的,当事人在指定期间内领取裁判文书之日即为送达之日;当事人在指定期间内未领取的,指定领取裁判文书期间届满之日即为送达之日,当事人的上诉期从人民法院指定领取裁判文书期间届满之日的次日起开始计算(第28条)。定期宣判的案件,定期宣判之日即为送达之日,当事人的上诉期自定期宣判的次日起开始计算。当事人在定期宣判的日期无正当理由未到庭的,不影响该裁判上诉期间的计算(第31条)。适用简易程序审理的民事案件,有下列情形之一的,人民法院在制作裁判文书时对认定事实或者判决理由部分可以适当简化:(1)当事人达成调解协议并需要制作民事调解书的;(2)一方当事人在诉讼过程中明确表示承认对方全部诉讼请求或者部分诉讼请求的;(3)当事人对案件事实没有争议或者争议不大的;(4)涉及个人隐私或者商业秘密的案件,当事人一方要求简化裁判文书中的相关内容,人民法院认为理由正当的;(5)当事人双方一致同意简化裁判文书的(第32条)。

(七)审结案件的期限较短

《民事诉讼法》第161条规定:“人民法院适用简易程序审理案件,应当在立案之日起3个月内审结。”这一审理期限是法定期间,通常情况下不得延长。但审理期限届满后,双方当事人同意继续适用简易程序,由本院院长批准,可以延长审理期限。延长后的审理期限累计不得超过6个月。[①]适用普通程序审结案件的期限为6个月,有特殊情况需要延长的,由本院院长或上级人民法院批准,可以延长。

从以上规定可以看出,简易程序是简化了的普通程序,其特点在于简、便、易三方面。所谓简,是指程序简单,从当事人起诉的方式到人民法院审理案件的方式和审结案件的期限,都有所简化;便是指便于群众诉讼和便于人民法院办案;易是指易于人民法院执行。但是,在适用简易程序时,不能将简易程序与普通程序混用,不能任意扩大简易程序的适用范围。适用简易程序审理案件,尽管简化了诉讼程序,但同样要保证办案质量。

①《民诉法解释》第258条。

第三节 我国的小额诉讼程序

一、小额诉讼程序的概念和特征

小额诉讼程序有广义和狭义两种理解,前者与传统的简易程序并无严格区别,我们这里所研究的小额诉讼程序是指狭义的小额诉讼程序,这种小额诉讼程序是近几十年来发展起来的新型程序,所以称为当代小额诉讼程序。它是指基层法院的小额诉讼法庭或专门的小额法院审理数额甚小的案件所适用的一种比普通简易程序更加简易化的诉讼程序,与普通的简易程序比较而言,小额诉讼程序具有以下特征:

1. 小额诉讼程序是一种比传统简易程序更加简易化的诉讼程序。从性质上看,小额诉讼程序仍属于法院实行的一种民事诉讼程序。传统的简易程序比起普通程序有许多简易之处。但对小额诉讼案件的当事人来说,适用传统简易程序所需要的时间和费用仍然是无法承受的。他们需要一种更为简易化的程序,当今世界许多国家和地区在司法改革中所建立的新理念基础上的小额诉讼程序正是适应了这种需要。其程序的简便体现在诉讼过程的每一个环节:起诉状、答辩状和判决书多采用表格化形式;开庭时间可以放在休息日甚至晚上;判决通常只宣布结果,而不必说明理由。由于程序简便,当事人通常不需要律师即可操作。其建立不仅是基于对民事案件的分流处理,减轻法院的负担,而主要目的在于实现司法的大众化,“通过简易化的努力使一般国民普遍能够得到具体的有程序保障的司法服务”,“使当事者和国家完全能够消化提起诉讼和进行审判的成本”。

2. 审理形式的非正式化。“小额诉讼请求程序所追寻的理想是不需要法律技巧的简易和效率。”其程序的简便体现在诉讼过程的每一个环节。[①] 例如,在审理中不适用严格的证据规则,作证时可以不经过宣誓,法院可以限制交叉询问,等等。这旨在通过灵活的方式迅速地解决纠纷。

3. 职权裁量法理的适用。小额事件的审理程序应酌采职权裁量法理即所谓非讼法理之一部分,以促进作成简速裁判。在小额诉讼程序中,法官更为主动地介入诉讼,而当事人双方的对抗则受到一定的限制。这旨在通过法官的职权指挥和职权裁量来缩短诉讼周期,以节省时间、费用和人力。

4. 支持当事人本人诉讼。为了节省费用,小额诉讼程序对当事人聘用律师诉讼持消极态度,有些国家甚至干脆禁止律师代理诉讼。由于审判多是以普通大众可以接受的简便方式进行,当事人本人不依靠律师的帮助也完全可以胜任。

5. 注重调解。小额诉讼一般采取调解与审判一体化,法官在审理过程中可通过谈话的方式,让原、被告直接对话,不使用晦涩难懂的“法言法语”,而且循循善诱、积极规劝,促成当事人和解,在听取了双方当事人的主张之后,往往会在他们争执不下时,直接提出赔偿建议。即使是美国的法官,在小额诉讼程序中也往往一反其在普通程序中的消极态度,主动提

① [美]杰弗里·C. 哈泽德、米歇尔·塔鲁伊:《美国民事诉讼法导论》,张茂译,中国政法大学出版社 1998 年版,第 173 页。

问并提出和解方案。还有一些小额法院则专门设置独立的调解程序,采取调解前置主义。[①]

二、小额诉讼程序的价值与功能

1. 小额诉讼程序为普通公民通过诉讼实现自己的权利提供了保障。小额诉讼程序是国家提供的一种廉价司法救济的途径。一方面,为普通人接近和使用诉讼制度提供了机会,减少了人们走向纷争解决机构的困难或障碍,使需要司法救济的人不至于因程序上花费过大,而不得不放弃诉讼权利;另一方面,它又尽可能地使国家的司法资源得到合理应用,不致使社会因过多的诉讼消耗大量的资源,或导致对司法资源的投入无限制地攀升。

2. 小额诉讼程序的设立是提高人们法律意识甚至整个国家的法制水平的重要途径。在复杂的现代生活中,数额不大的纷争和零星权利受侵害后需要得到救济的情况相当普遍,社会上每一个人均为消费者,其在消费过程中都可能因商品的品质发生纷争。正如我国台湾地区学者邱联恭所言,此类问题占整个社会纷争问题的绝大部分,倘不能合理解决,想使法制在一个社会中生根是相当困难的,因为人们难以将诉讼制度、司法裁判或法律制度当成生活的一部分。亦即小额事件如何处理是直接决定人民信赖司法与否的关键。实际上,这种现象在无形中已渐渐对人们的守法观念或法律意识的健全造成负面影响。[②]这段话虽主要谈的是我国台湾简易小额纷争的司法救济问题,但我国大陆也同样存在这类问题,而且问题更为突出。很多人在权利受到侵害后难以利用现有诉讼制度;很多简单的案件到法院不能及时解决,所谓"赢了官司赔了钱"的情形屡见不鲜。其后果是,违法者得不到制裁,其侵权行为会得到进一步助长。权利受侵害者得不到司法救济,人们的法律意识由此更加淡薄。而小额诉讼程序的设立和正常运行会在很大程度上改变这种状况,使人们能够自觉地用法律规范来约束自己的行为,养成依法办事的习惯。可以说,小额诉讼程序对有效地提高人们的法律意识水平和对法律的信仰程度均具有重要意义。

3. 小额诉讼程序的设立是为了对诉讼程序乃至整个法制体系进行补偏救弊。第二次世界大战以来,世界的司法改革潮流实际上反映着现代法制自身的一种重组和变革。[③]小额诉讼程序的价值正是在此背景下得到普遍重视的。它除了针对诉讼的高成本、迟延等痼疾,具有提高效益和效率方面的显著功效之外,还体现着当代司法改革的另一种动向或理想,即如何从当事人的角度出发,减少纠纷解决程序的对抗性,减少法律的高度专门化、技术化程度,使当事人本人诉讼成为现实。这两种目标成为当代世界司法改革的共同归宿。一些小额诉讼程序规定禁止当事人聘用律师作代理人,并开始对原告的资格或提起小额诉讼的次数作特殊限制,以使这种程序向保护普通民众的方向倾斜。美国在20世纪70年代以后,为了减轻当事人的负担,在建立小额审判制度方面进行了多种改革,如在晚间或休息日开庭、把小额诉讼法院建立在社区内、开展免费法律咨询等。在较成功的地区,通过小额诉讼法院

---

① 如美国克利夫兰(Cleveland)的小额法院,参见小岛武司:《美国小额法院现状》,林剑锋译,载前引陈刚主编:《比较民事诉讼法》(第一卷),第62页以下。我国台湾地区的民事诉讼中使用小额诉讼程序的案件,一般也属于强制调解即调解前置的范围。转引自范愉:《关于小额诉讼程序的思考》,2001年2月在北京举办的"民事诉讼简易程序研讨会"论文。

② 参见邱联恭:《司法之现代化与程序法》,三民书局1992年版,第262~263页。

③ 参见范愉:《世界司法改革的潮流、趋势与中国的司法改革》,载《法学家》1998年第2期。

的审判,一方面大幅度地降低了当事人的诉讼成本,为当事人提供了及时和有效的司法救济,同时通过基层司法的积极活动,维护了整个司法系统的地位和权威。[①]

三、我国小额诉讼程序的建构

我国2012年修订后的《民事诉讼法》第162条规定:"基层人民法院和它派出的法庭审理符合本法第一百五十七条第一款规定的简单的民事案件,标的额为各省、自治区、直辖市上年度就业人员年平均工资百分之三十以下的,实行一审终审。"该条是此次《民事诉讼法》修改新增加的小额诉讼程序的规定,并对"小额"的数额和审级作了较为明确的规定。

小额诉讼程序设计中如何确定"小额"的数额是一个重要的技术性问题,因为小额诉讼程序把诉讼效率置于更为优先考虑的地位,如果数额太大,权利救济的成本与救济权利大小就会不相适应。在2012年《民事诉讼法》修订审议过程中,一审稿曾将"小额"确定为6 000元,二次审议改为10 000元以下,最后第三次审议稿确定为相对弹性数额。这种对"小额"的相对弹性的规定比固定数额规定更为妥当,因为其能够根据年度变化进行调整。根据国家统计局提供的数据,2011年全国城镇单位就业人员年平均工资为41 799元,按《民事诉讼法》第162条规定的30%计算,全国大多数省区市为12 000多元。具体的适用数额,由最高人民法院根据以上标准每年公布。

除小额诉讼程序的标的额和审级外,我国大陆民事诉讼法对小额诉讼相对于简易程序更为方便、快捷的程序特点未作规定。我们认为,该制度的增设无疑具有重要意义,但规定得过于原则,对小额诉讼程序应当作出较为系统的专章规定。从其他国家和地区的立法实践来看,小额诉讼程序是与普通程序并列的(在大陆法系国家和地区也和简易程序并列)有其自身的一套体系和运行原理的程序,并在民事诉讼法中有专章规定或单行立法。如美国各州对小额诉讼程序通常是单独立法。日本小额诉讼程序是单独规定一编,共24个条文(第368~381条)。我国台湾地区对小额诉讼程序是专章规定(第436-8条~第436-32条),一个条文中实际上容纳了相当于25个条文的内容。而我国大陆《民事诉讼法》对小额诉讼程序的规定仅有一个简单的条文,由于一个简单的条文无法形成"章",只好将其规定在简易程序中,使其性质究竟是简易程序还是与简易程序并列的小额诉讼程序含混不清。当然,从立法机关的意图看,小额诉讼程序是简易程序的一个组成部分。实际上,这样处理不仅与国际上通行的做法(简易程序与小额诉讼程序是并列关系,而非包含关系)相悖,而且表达上也有许多不便和容易误解之处。

为了改变民事诉讼法对小额诉讼程序规定过于原则的问题,《民诉法解释》专章规定了简易程序中的小额诉讼,从而在一定程度上改变了民事诉讼法对小额诉讼程序规定过于原则的状况。

根据《民诉法解释》相关规定[②],不适用小额诉讼程序审理的案件包括:(1)人身关系、财产确权纠纷;(2)涉外民事纠纷;(3)知识产权纠纷;(4)需要评估、鉴定或者对诉前评估、鉴定结果有异议的纠纷;(5)其他不宜适用一审终审的纠纷。

---

① 参见范愉:《关于小额诉讼程序的思考》,2001年2月在北京举办的"民事诉讼简易程序研讨会"论文。

② 以下至本章结束,为《民诉法解释》第275~283条规定。

人民法院受理小额诉讼案件后，发现起诉不符合《民事诉讼法》第 119 条规定的起诉条件的，裁定驳回起诉。裁定一经作出即生效。

因当事人申请增加或者变更诉讼请求、提出反诉、追加当事人等，致使案件不符合小额诉讼案件条件的，应当适用简易程序的其他规定审理。

人民法院受理小额诉讼案件，应当向当事人告知该类案件的审判组织、一审终审、审理期限、诉讼费用交纳标准等相关事项。

小额诉讼案件的举证期限由人民法院确定，也可以由当事人协商一致并经人民法院准许，但一般不超过 7 日。被告要求书面答辩的，人民法院可以在征得其同意的基础上合理确定答辩期间，但最长不得超过 15 日。当事人到庭后表示不需要举证期限和答辩期间的，人民法院可立即开庭审理。

当事人对按照小额诉讼案件审理有异议的，应当在开庭前提出。人民法院经审查，异议成立的，适用简易程序的其他规定审理；异议不成立的，告知当事人，并记入笔录。

小额诉讼案件的裁判文书可以简化，主要记载当事人基本信息、诉讼请求、裁判主文等内容。

人民法院审理小额诉讼案件，《民诉法解释》没有规定的地方，适用简易程序的其他规定。

第十五章　民事诉讼中的裁判

第一节　裁判概述

一、裁判的概念及含义

裁判,一般是指由法律规定行使司法审判权的机构为解决法律上的纠纷所作出的有关实体问题和程序问题的具有公权性质的判断或表示。在我国,行使司法裁判权的机构是各级人民法院,因此,人民法院在诉讼中对实体问题和程序问题的判断或表示就是裁判。法律上的纠纷可以分为三大类:民事纠纷、刑事纠纷和行政纠纷。在我国,解决三类纠纷又分别适用三种诉讼程序:民事诉讼程序、刑事诉讼程序和行政诉讼程序。人民法院在三类诉讼程序中所作出的裁判,便相应地称为民事裁判、刑事裁判和行政裁判。

在人民法院的裁判中,大部分裁判是一种法律上的判定,但法院在诉讼中为解决纠纷所实施的裁判行为中有一些(尽管数量不多)并不是判定性的行为,而是要求当事人履行一定行为的命令性行为,属于裁判机关对某一事项的表示。例如,支付令,这类行为在今后民事诉讼法的完善过程中将可能增加。

裁判是由特定的司法机构作出的。因此,裁判不同于其他非司法机构作出的具有强制力的判断,如仲裁机构对争议所作出的判断。

法院实施裁判行为的权力称为裁判权,是司法权的具体权能,是人们通常所说的审判权的一个组成部分。审判权比裁判权的含义更广一些,包括了管辖权、审理权和裁判权。如果承认执行程序也是广义上的诉讼程序或审判程序,则法院的执行权也应被纳入审判权的范畴之中。

在理论上,裁判是法院实施的诉讼行为,是法官行使其审判职务的行为,因此,书记员、执行员以及其他非法官的职务行为都不能视为裁判行为,这些人在诉讼中的行为只能是一种处分,如对证据资料的清点、执行标的物的清查。

法院的裁判可以分为四大类:(1)对实体问题的结局性判定,如一审判决、二审判决;(2)对诉讼程序中派生的或附随事项的判断,如关于回避的决定、对管辖的指定;(3)为指挥和控制诉讼程序所作出的判断和决定,如举证期限的指定,证据交换时间的确定,诉的合并、分离,诉讼的终止、中止;(4)执行处分,如关于财产保全、先行给付以及执行中各种执行处分方面的表示。

二、判决、裁定、决定、命令的区别

法院的裁判行为总是以某种形式体现的，有的形式是法定的，有的形式则是法院按照审判习惯适用的。前者如民事诉讼法规定的判决、裁定和决定。在我国民事诉讼法中，裁判实际存在着四种形式：判决、裁定、决定和命令。

1. 关于判决与裁定、决定的区别。人们通常认为主要有两点：其一，判决解决的是纠纷的实体问题，而裁定和决定不解决纠纷的实体问题。其二，判决是在实体问题审理终结（包括全部终结或部分终结）之后作出的，而裁定和决定则可能在诉讼程序中作出，如关于财产保全的裁定、关于审判人员的回避的决定。其三，所有判决一旦确定就具有既判力，裁定则只有极少数具有既判力。这一区别与裁定的对象有关。

2. 关于裁定与决定的区别。裁定与决定在处理对象方面比较难以从逻辑层次上加以区分，两者所处理的都是涉及诉讼程序的事项。对裁定和决定在处理对象上的区分主要是从法律和司法解释的已有规定出发的，并从这些规定中归纳出某些倾向和特征。一般认为，决定处理的是那些阻碍诉讼程序正常进行的特殊事项。从法律规定来看，这些事项的处理往往具有紧迫性。

民事决定与民事裁定在制度上的最大区别在于：(1) 所有的民事决定均不能上诉，但民事裁定有一部分是可以上诉的，这一点与民事决定处理问题的紧迫性有关。(2) 民事决定在形式上与民事裁定一样，既可以是口头的，也可以是书面的。(3) 总体上讲，裁定处理的事项相对而言更为重要，对当事人的诉讼权利影响更大。

3. 命令是以往教科书很少涉及的一种裁判形式。民事诉讼法中规定的法院在督促程序中向债务人发出的支付令应当属于一种命令形式。在司法改革实践中，一些法院曾经试行过的搜查令、执行令等也可以算命令，不过这些裁判形式因没有法律根据，现在已经不再使用。因此，在通常诉讼程序中命令这种形式几乎不存在。支付令是法院发出的要求债务人在一定条件下必须支付债务的命令。在作为执行根据这一点上与具有执行内容的判决书和裁定书具有相同的性质，但支付令不具有一般裁判形式对争议事项进行裁决的特点，这是命令与判决、裁定之间的主要区别。

从完善民事诉讼法的角度来看，除了判决、裁定、决定以外，在通常程序中也应当增加命令这一裁判形式，作为单纯要求特定主体履行某种行为的命令有着十分重要的意义，例如，要求证据持有者提出证据的命令、收集证据的命令，虽然这些事项也可以使用决定的形式，但不如命令那样准确。

在其他国家的诉讼程序中，裁判的形式也是多种多样的，也具有与我国判决、裁定、决定类似的裁判形式。应当注意的是，日本、韩国的法律规定中虽然也有判决、决定、命令这样的法律术语，并且也是常用的裁判形式，但与我国的裁判形式不能简单地对应。例如，日本法律中的决定与我国法律中的决定在处理对象上就有很大的不同，判决、决定、命令之间的区别也与我国有所不同。在日本，判决与决定、命令的区别主要在于裁判的主体以及程序方面的差异。命令是由审判长或受托法官作出的，而判决和决定是以法院或合议庭的名义作出的（在实行独任制审理时，这种区别就不那么明确了，因为在独任制审理时独任法官也代表法院行使法院的职权）。

第二节　判决

一、判决的概念

判决是人民法院在诉讼中所作出的裁判的一种类型，在我国，是指人民法院在民事案件和非讼案件审理程序终结时对案件的实体问题作出的权威性判定。

判决是人民法院代表国家对争议的民事实体问题所作出的判定。其他任何机关都无权审理和作出判决，也不能干涉法院进行审理和作出判决。

判决是人民法院对案件审理之后作出的终局性判定。判决以事实为根据，以法律为准绳，因此，只有在经过法庭调查、法庭辩论等阶段之后才能作出最后的判定。

判决是人民法院具体行使国家审判权的体现，具有法律的权威性，对社会具有普遍的约束力，任何人都不得推翻判决所认定的事实和法律关系。判决是对当事人之间争议的最终裁决，一旦人民法院对争议的权利义务关系作出判决，当事人便不能再对已经确定的权利义务进行争议。

二、判决的种类

判决可以根据不同的标准进行分类。对判决进行划分的意义在于进一步认识和把握判决，正确地运用判决。

(一) 给付判决、确认判决和形成判决

根据所裁决的诉的不同种类或不同性质，判决可以分为给付判决、确认判决和形成判决。这种划分与诉的种类是一致的。

给付判决是在认定原告请求权存在的基础上，判令对方履行义务的判决。

确认判决是单纯确认当事人之间法律关系存在或不存在的判决。

形成判决是指变动现存法律关系的判决。形成判决确定时，不需要通过强制执行便自动发生法律效果，一般情况下形成判决的效果是使已经存在的法律关系不再存在，如解除或撤销合同，解除婚姻关系、收养关系。形成判决在法律效力方面具有形成力，这种形成力与给付判决、确认判决相比较，具有绝对效力，即不仅及于当事人，也及于一般第三人。

(二) 对席判决和缺席判决

根据是否当事人双方出庭之后作出，判决可分为对席判决和缺席判决。对席判决是在双方当事人都出庭进行诉讼后所作出的判决。这里所指的当事人出庭进行诉讼，也包括当事人未到庭，而由其诉讼代理人出庭代为进行诉讼的情形。大多数情况下，人民法院所作出的判决都是对席判决。

缺席判决是在一方当事人没有出庭进行诉讼的情况下所作出的判决。民事诉讼以当事人双方对席进行诉讼为原则，因此，人民法院在当事人一方缺席时作出的判决就是一种例外

情况。只有在有法律明确规定的情形时,法院才能作出缺席判决。《民事诉讼法》第 143 条规定:“原告经传票传唤,无正当理由拒不到庭的,或者未经法庭许可中途退庭的,可以按撤诉处理;被告反诉的,可以缺席判决。”第 144 条规定:“被告经传票传唤,无正当理由拒不到庭的,或者未经法庭许可中途退庭的,可以缺席判决。”第 145 条规定:“人民法院裁定不准许撤诉的,原告经传票传唤,无正当理由拒不到庭的,可以缺席判决。”

(三) 原判决和补充判决

根据作出的不同时间,判决可以分为原判决和补充判决(又称追加判决)。

原判决是指人民法院在案件审理终结时最初作出的判决。

补充判决是指,法院对于应当裁判的事项没有判决,而在一部分判决宣告或送达之后予以补充的判决。作为一项制度又称为判决的补充。应当注意,判决的补充与判决的更正有所不同,判决更正是法院已经存在裁判的意思表示,只是判决书存在误写、误算以及遗漏的情形。判决的补充则是应当判决的事项根本就没有判决,由于没有判决的意思表示,判决书上自然也不会有所记载。

按照大陆法系民事诉讼法的规定,法院在判决时遗漏当事人提出的部分诉讼标的以及对应当判决的声明而没有裁判的(包括假执行宣告),可以采用判决更正的方法加以补救。在我国的诉讼实践中,判决遗漏的情形也同样存在,如关于诉讼费用的承担(诉讼费用虽然不属于案件纠纷的实体部分,但有时也属于应当由法院决定的事项,因此应当在判决书中一并记载)以及部分请求事项的遗漏。由于没有法律的明确规定,实践中通常是收回原判决书以更改的方式加以补充。大陆法系国家的做法是法院不能够以职权加以补充,只能根据当事人的申请,并且应当在判决书送达后 20 日之内提出。对应当判决的诉讼标的的一部分,只有该请求事项已经经过辩论程序,才能作出补充判决,如果没有经过辩论程序,就不能直接作出补充判决,须待法院另行指定辩论期间,经过辩论程序后,才能补充判决。对遗漏的请求,当事人如果没有对规定期间内提出申请要求补充判决的,还可以就请求另行提起诉讼。遗漏诉讼费用裁判的,当事人提出补充判决申请后,法院可直接作出补充判决,无须经过辩论程序。诉讼费用不是案件的实体争议,因此当事人不能就诉讼费用另行诉讼。

(四) 诉讼判决和非讼判决

根据内容是否涉及民事权益争议,判决可以分为诉讼判决[①]和非讼判决。

民事案件通常是指涉及民事权利义务争议的案件,民事诉讼一般也是指涉及民事权利义务争议的程序和制度,对民事案件实体争议的裁判称为民事诉讼判决如判令履行义务的给付判决、确认法律关系是否存在的确认判决、变更原有法律关系的判决等。与此不同,人民法院对某些不直接涉及民事权利义务争议的案件通过非讼程序(如特别程序)作出的裁判,这种判决就称为非讼判决,如宣告失踪的判决、认定公民无民事行为能力的判决、认定财产无主的判决。由于所处理案件的性质不同,非讼判决与诉讼判决在许多方面都有差异,如非讼判决均为不得上诉的判决。

---

① 在大陆法系国家如日本,也有“诉讼判决”的概念,但其含义与本文所指的“诉讼判决”不同,是指法院对诉讼要件的裁判,如对是否属于法院主管的判断。

(五) 全部判决和部分判决

根据是否对案件所有须判决事项所作出的,判决可分为全部判决和部分判决。

全部判决是指当案件辩论终结时法院对所有应判定的事项一并作出终局裁判的判决。

部分判决是指,在诉讼过程中,法院对一诉中可分的数个请求或实体请求的一部分所作出的判决。前者通常是在诉讼请求合并审理的情况下就部分请求作出部分判决。由于诉讼请求的独立性,所以允许作出部分判决。但在有的场合,如果各请求相互之间不能独立,则不允许作出部分判决,对其中一个请求作出判决会使其他请求的判决变得毫无意义。后者是指一个请求中,对于金钱或替代物的一部分所作出的判决,如对于一定数额的金钱债务中事实已审理清楚的那部分所作出的判决。我国《民事诉讼法》第 153 条规定:"人民法院审理案件,其中一部分事实已经清楚,可以就该部分先行判决。"我国的民事诉讼实践中很少有作出部分判决的情形。

全部判决与部分判决在上诉的处理上有所不同。原则上全部判决的事项在上诉时须统一处理,即当事人就判决的一部分上诉时,其效力及于所有被判决事项。也就是说,判决中没有上诉的事项同样因为整个判决的上诉而不发生法律效力。但应当注意,这里并不意味着没有上诉的事项也被纳入上诉的审理范围。相反,部分判决之间在上诉效力方面没有牵连性。当事人没有上诉的部分判决在当事人放弃上诉后即发生法律效力。

(六) 终局判决和中间判决

在大陆法系国家以及我国台湾地区的民事诉讼理论中,判决还可分为终局判决和中间判决。终局判决具有终局其审级程序的效力,是法院在审理完结时对争议问题的裁决。与此相对,中间判决是法院在诉讼程序中对某些事项所作的裁决,仅仅是为终局判决做准备,不具有终结诉讼程序的效力。应当注意的是,这里所说的中间判决并不具有我国大陆民事诉讼理论中关于判决的基本性质。准确地讲,所谓中间判决不过是诉讼程序中的一种中间裁决。在大陆法系民事诉讼法中,其判决的含义比我国判决的含义更广,它包括了我国判决概念以外的裁决。关于中间判决的裁决对象、中间判决效力等的有关规定构成了中间判决制度。我国民事诉讼法中没有规定中间判决制度。鉴于中间裁决制度的作用,国内已有学者主张应在裁判制度中予以肯定。

中间判决具有这样几个特点:(1)是一种确认性裁决。中间判决是对某些争议事项的确认,不具有给付内容。(2)裁决事项具有特定性。裁决的事项一般限于三类。一是有争议的独立的攻击和防御方法。所谓独立的攻击和防御方法,是指作为诉讼中的攻击和防御方法能够与当事人提出的其他主张和抗辩分开。如当事人双方在诉讼中提出的证据的合法性问题。二是中间争点。如诉的合法性问题、诉的变更合法性问题。三是有关请求原因及数额的争议。(3)中间判决对法院作出终局判决具有拘束力,终局判决不能与中间判决的确认相冲突。(4)中间判决没有终结性,也没有既判力,不能对中间判决提出上诉。但终局判决作出后,可在对终局判决上诉时一并对中间判决主张不服。[①]

此外,判决还有多种划分和分类方法,如根据是否已经生效,判决可分为生效判决和未

① 参见[日]兼子一等:《条解民事诉讼法》,弘文堂 1986 年版,第 494~504 页。

生效判决；根据诉讼程序的不同，判决可分为一审判决、二审判决和再审判决；根据是否满足原告的诉讼请求，判决可分为胜诉判决和败诉判决，等等。

三、判决书的内容

判决书是判决内容的载体。制作判决书的主要目的是让当事人确切地了解法院的裁决和裁决的理由。判决书一般应包括以下内容：

1. 诉讼参加人的基本情况。

2. 案由、诉讼请求、争议的事实和理由。案由是指案件的性质，如货物运输合同运费纠纷案、专利权属纠纷案、安装调试协议纠纷案。最高法院2008年出台了规范案由的有关规定——《民事案件案由规定》[①]，这一规定是各级法院确定案由的根据。案由在法院立案时就应加以明确。案由应当准确地反映出该案的争议性质和焦点。

3. 判决认定的事实和理由、适用的法律和理由。判决认定的事实是判决的基础。因此，在判决书（适用普通程序、上诉和再审程序）中不仅要写明认定的事实，而且必须写明如此认定的理由。案件事实的认定依据主要是证据，因此，对事实的认定也应当包括对主要证据的认定及其理由。判决书最重要的内容之一是适用法律，为了加强判决的说理性，民事诉讼法还明确在判决书中必须写明如此适用法律的理由。

在我国判决书中，其理由部分一般不引用法律理论和学说，这一点与国外的判决书不同。但从合理性出发，引用主流理论或通说有助于加强判决的说理性和正当性。

4. 判决结果。判决结果即判决结论，是判决的主文部分。判决结果是法院经过审理后对当事人诉讼请求或上诉请求的答复。这部分内容应当单独列出，加以明确。因为，就既判力制度而言，只有判决结果才有既判力，判决理由没有既判力。国外（大陆法系国家）通常以"判决主文"明示。判决结果既可能是全部或部分承认当事人的诉讼请求，也可能是全部或部分否定（驳回）当事人的诉讼请求。

5. 诉讼费用的负担。法院在案件审理终结后还应根据案件审理的具体情况，按照诉讼费用负担的原则对诉讼费用的负担作出裁判。

6. 上诉期间和上诉法院。除了最高人民法院作出的一审判决、适用小额诉讼程序作出的判决以及适用特别程序作出的判决外，地方各级人民法院作出的一审判决均是可以上诉的判决，因此，在制作这些判决的判决书时，就必须写明上诉的有效期间和相应的上诉法院，以便当事人行使上诉权。

四、判决书的补正

判决书一旦送达给当事人，判决便发生对法院自身的约束力，法院不能随意改变判决的内容，这就是所谓判决的"自缚性"。但实践中又不能排除法院疏漏致使判决发生误写、误算或遗漏现象，判决结果与法院的意思表示不一致，在这种情形下就应当允许法院对判决进行更正。

---

① 2011年2月18日，最高人民法院发布了《关于修改〈民事案件案由规定〉的决定》。

判决书是法院裁判意思的载体。因为判决书出现误写、误算或其他明显错误,从而发生与法院裁判意思不一致(包括应当写入而遗漏)的情形时,就必须对判决书加以补正。误写是指判决书中有关当事人、案件事实的内容书写有错误,如将李某某误写为张某某。误算是指判决书中数额计算错误,如将应赔偿数额 25 000 元错误计算为 15 000 元。其他明显错误是指判决书表示存在明显的矛盾、不清楚之处。判决补正的基本要件是判决书所记载的内容与法院已经作出的判决意思不一致。关于判决书的补正,《民事诉讼法》没有具体的规定,仅规定以裁定补正判决书中的笔误。大陆法系国家将类似制度称为"判决的更正"。

在美国和日本的民事诉讼中还存在所谓"判决变更制度",因此应当注意判决变更与判决补正的不同之处。判决的变更,是指在判决宣告后一段时间内,法院发现原判决的内容违反法律的,可以依职权加以改变的制度。根据日本的判决变更制度,当作出判决的法院自己发现其判决违反法令时,可以在判决宣告后一周内予以变更。应当注意,关于事实认定的错误,即使发现也不能变更认定。因为事实认定的变更涉及事实认定的程序问题。

法院对已经送达的判决书发现有错误的,可以要求收回判决书加以补正。为了强调补正的严肃性,法院应当以特定的形式作出更正的意思表示,不得直接更改原判决书。根据《民事诉讼法》规定,以裁定方式加以更正。裁定书中写明关于某判决书中某一内容的更正。直接改动判决书的做法是错误的。

补正判决书的裁定应当与原判决书一并再送达给当事人。法院认为原判决书没有错误的,应以何种形式驳回,法律没有明确规定,我们认为以裁定驳回为宜。

五、判决的成立与确定

(一) 判决的成立

判决的成立,是指经过一定程序后,法院对民事案件所作出的判断得以确立的一种法律状态。判决一旦成立将产生一定的法律效力——羁束力。

我国《民事诉讼法》第 148 条第 1 款规定:"人民法院对公开审理或者不公开审理的案件,一律公开宣告判决。"宣告判决是法院将判决内容向当事人宣示的一种事实行为。按照民事诉讼法的规定,所有判决都必须予以宣告。判决一旦宣告便得以成立。反之,未经宣告的判决,即使在法院内部已经确定其内容,仍然没有成立,不会发生成立的效力。我国民事诉讼法没有规定宣告判决是否应当按照判决的原本进行。原理上法院应当依照判决原本进行宣告,只有通过简易程序和小额诉讼程序审理的案件可以在没有判决原本的情况下作出口头宣判。

判决一旦成立便发生一定的法律效力,对作出判决的法院和其他法院产生拘束力,任何法院包括作出判决的法院也不得撤销或改变,除非通过上诉或再审途径。过去,曾发生过法院将宣告或送达以后的判决予以撤销或改变的情形。这些都是违反判决成立效力规范的行为,是不恰当的。

特殊情况下,判决成立之后也将对当事人产生一定约束力。例如,《民事诉讼法》第 148 条第 4 款规定:"宣告离婚判决,必须告知当事人在判决发生法律效力前不得另行结婚。"

实践中,人们往往以为只有判决书送达之后判决才会成立,实际上,判决书的送达并不是判决成立的条件。送达行为会产生一定的法律效果,例如上诉有效期间的计算。

(二) 判决的确定

判决的确定是指判决成立之后已不能通过上诉途径加以改变的状态。判决一旦确定会产生与判决成立不同的法律效力,如既判力、形成力、执行力。因此,正确区分判决的成立和判决的确定是非常必要的。在我国民事诉讼法中,对于已经确定的判决一般使用的表述是"已经发生法律效力"的判决。这种表述的不足之处在于,容易使人误解为似乎已经宣告成立的判决并没有法律效力。因此,为了避免这种误解,最好将不能通过上诉途径加以改变的判决称为"已确定判决"。以上面提到的《民事诉讼法》第148条第4款的表述为例,如果改为"宣告离婚判决,必须告知当事人在判决确定前不得另行结婚",似乎更为妥当。

六、判决的事实效力

判决的事实效力主要是指判决的事实上存在的证明作用。已经确定的判决在前诉中所认定的事实在后诉中具有类似证据的作用,对法官在后诉中认定事实方面有影响法官心证的作用,即法院在前诉判决中所认定的事实在后诉中可能影响法官对后诉事实的认定。

根据《民诉法解释》第93条规定,已为人民法院发生法律效力的裁判所确认的事实,无需当事人举证证明。在《证据规定》尚未出台之前,我国民事诉讼理论上已经承认对生效判决所认定的事实免除当事人证明的效力。即当事人在后诉中所主张的事实,如果已经被生效判决所认定,当事人就不需要再就该事实加以证明,前诉判决所认定的事实被作为无需证明的对象。在诉讼实务中,通常是在法院要求当事人证明所主张的事实,或对方当事人反驳当事人主张的事实时,一方当事人便向法院援引已经生效判决以说明无需证明的理由,法官一旦认可该判决对该事实的认定,便视为该当事人所主张事实存在或不存在。

前诉判决对前诉中当事人提出的事实的认定,一般反映在判决书的"本院认为"的内容当中。法院的判决书中,通常会将原告和被告或上诉人和被上诉人对案件事实的陈述加以表述,然后是法院对案件的事实认定。法院对案件事实的认定包括了当事人之间自认的事实、法院推定的事实、当事人证明的事实以及法院自己调查认定的事实四种。当事人之间自认的事实、法院推定的事实是无需证明的事实,也不需要在当事人之间进行质证。实际上,只有当事人提出的,需要证明的事实,法院才会在实质上予以认定或否定。因此,是否所有生效判决中所确认的事实都具有免除当事人证明的效果,不能一概而论。

七、判决的既判力

(一) 既判力的含义

判决确定后即具有确定力。在判决理论上,判决的确定力又分为形式上的确定力和实质上的确定力。法院作出的判决如果属于可以通过上诉途径加以撤销或变更的,就是不确定的判决。在当事人放弃上诉,判决已经确定时,除非通过特别途径,如提起审判监督程序,否则是不能撤销或变更判决的。这种确定判决的不可撤销性就称为形式上的确定力或外部确定力。

判决实质上的确定力,是指法院作出的终局判决一旦生效,当事人和法院都应当受该判决内容的拘束,当事人不得在以后的诉讼中主张与该判决相反的内容,法院也不得在以后的诉讼中作出与该判决冲突的判断。

既判力的拘束作用主要是针对以后的诉讼。对后诉的作用包括两个方面:其一,当事人不得在后诉中提出与前诉有既判力的判断相反的主张。后诉法院也不得作出与前诉有既判力的判断相反的判决。[①] 例如,前诉中,法院已经判决被告应当给付原告 10 万元,在后诉中被告就不得再主张返还,或者主张诉讼时效已经消灭等。即使被告在后诉中提出,法院也不会理睬。其二,后诉法院的裁判必须以前诉法院判决的内容作为前提。例如,在确认所有权的诉讼中,原告 A 获得了胜诉。在后诉中 A 提出转让登记要求时,后诉法院就必须以 A 有所有权的裁判为前提,认可后诉中 A 的请求。前者为既判力的消极作用,即禁止作为的消极性;后者为既判力的积极作用,即要求积极作为。

判决的既判力与判决的羁束力不同,判决的羁束力为在同一诉讼程序中,作出判决的法院要受自己判决的拘束,不得在作出判决后改变该判决。而判决的既判力则是作用于其他诉讼,生效判决诉讼以外的诉讼,即后诉。在前诉判决确定后,后诉的诉讼标的与确定判决的诉讼标的可能存在以下三种情况:

1. 后诉的诉讼标的与前诉的诉讼标的相同(这里所谓的诉讼标的是指传统诉讼标的理论含义上的诉讼标的)。通常发生的情形是前诉中败诉的当事人一方又以该诉讼标的向该法院或其他法院起诉。有时在形式上看是不同的诉讼,但实际上针对同一权利,诉讼标的是同一的。例如,原告起诉要求确认所有权存在,是积极的确认之诉。在后诉中,前诉败诉的被告又提起要求确认该所有权不存在的消极之诉。当后诉的诉讼标的与前诉诉讼标的相同时,后诉法院应当驳回后诉原告的请求。在特殊情形下,也有前诉原告虽然胜诉,但该原告又在后诉中以同一诉讼标的提起诉讼。遇此种情形,在我国,后诉法院在驳回原告的起诉时,通常考虑的是"一事不再理"的原则。但实际上,如果从诉的利益角度考虑,作为胜诉者在后诉中是没有诉的利益的。

2. 前诉的诉讼标的的裁判成为后诉诉讼标的裁判的前提。例如,前诉是所有权确认之诉,后诉是他人给付所有物的诉讼,则前诉中的所有权确认对于后诉的裁判就具有前提作用。前诉原告要求确认所有权的请求没有得到法院认可时,后诉法院不能在后诉中认定原告对该所有物拥有所有权。

3. 后诉的诉讼请求与前诉的判决相矛盾。典型的例子是,前诉中原告要求确认对某房屋拥有所有权,认可所有权的判决确定后,前诉被告又另行起诉要求法院确认自己对该房屋拥有所有权。基于物权"一物一权"的原则,当前诉法院已经判决前诉原告拥有所有权后,后诉法院就不可能再判决前诉被告即后诉原告对该房屋拥有所有权。后诉法院如果在后诉中确认后诉的原告有所有权就将导致前后判决的矛盾。再如,前诉原告要求被告给付 10 万元,前诉被告败诉后,又提起要求确认前诉中债务不存在或以不当得利为由提起要求前诉原告返还其 10 万元的诉讼。

---

① 参见江伟主编:《中国民事诉讼法专论》,中国政法大学出版社 1998 年版,第 173 页。

(二) 既判力的客观范围

1. 既判力客观范围概述

既判力的客观范围是既判力制度实践和理论中最重要的问题。既判力既然是对后诉的拘束,实际上就是对后诉诉讼标的的拘束,因此,就存在着对哪些法律关系或实体请求权有拘束力的问题,也就是既判力客观范围的问题。[①]

既判力客观范围的原则是:对终局判决中已经确定的诉讼标的有既判力。既判力客观范围适用的原则既然是限于已裁判的法律关系,那么,未经裁判的法律关系就不发生判决的既判力。即使当事人已经起诉,法院就其审理的法律关系作出中间判决的,对该判决的法律关系也不产生既判力。诉讼已经系属,当事人不得再就已经诉讼系属的法律关系再行起诉,不是因为既判力对后诉的拘束作用,而是"一事不再理"原则的要求。判断某法律关系是否已经裁判过的法律关系或者另行起诉的法律关系与已裁判过的法律关系是否统一,是既判力客观范围界定的关键点。而如何确定是否属同一法律关系,就涉及新旧诉讼标的的理论问题。(见本书第四章有关诉讼标的的理论。)

判决对已经裁判的权利或法律关系有既判力,还必须是指原告在言词辩论程序中所主张的权利或法律关系。如果法院对当事人未在辩论中主张的权利或法律关系作出了裁判,不仅法院的裁判违反辩论原则,法院的判决对该裁判的权利或法律关系也不产生既判力。也就是说,既判力的发生以言词辩论终结前当事人主张的权利或法律关系为基础,对言词辩论终结后主张的权利或法律关系不发生既判力。在日本,既判力以判决主文中所判示的内容为限。在判决主文中除了关于权利或法律关系的判断,还涉及诉讼费用负担的裁判。因此,既判力不仅涉及已判断的权利或法律关系,也涉及诉讼费用的负担。[②]

既判力不及于判决的理由是划定既判力客观范围的基本要求。判决的主要内容是两个:一个是被裁判的诉讼标的,另一个是裁判的理由。判决的理由当中涉及法官对案件事实上的判断和法律上的判断。而法官的这些判断原则上没有既判力效果。法院在本案中的裁判只限于诉讼标的,既判力也只能及于该诉讼标的。例如,基于不法行为的存在而认可损害赔偿请求的判决,其既判力只及于损害赔偿请求,而对于不法行为已经成立的事实判断和法律判断就没有既判力。再如,法院对原告要求确认房屋所有权的诉讼请求作出驳回请求的判决,该判决对房屋所有权确认请求有既判力,但对被告在答辩中主张的所有权应属于自己的理由,以及法院对该理由的判断没有既判力。如果判决的理由有既判力效果的话,被告就不能在另一侵权人或争执人对自己房产实施侵权行为或争执时,向法院陈述自己对房屋享有所有权这样的理由了。由于判决理由中的判断没有既判力,因此,即使在判决确定之后,当事人也仍然可以对判决理由中的判断事项提起诉讼。例如,法院对原告与被告之间有关所有权归属争议作出了确认判决,确认原告有所有权。其理由是基于赠与关系获得所有权。由于赠与关系的成立属于法院判决的理由,因此关于赠与关系成立的判断就没有既判力。在后诉中,当事人还可以针对赠与关系提起诉讼,如要求确认该赠与关系不成立。

另外,当事人主张或抗辩的事实以及法律效果也没有既判力,如法院的确定判决确认被

① 参见江伟主编:《民事诉讼法》,高等教育出版社、北京大学出版社 2000 年版,第 277 页。

② 也可以认为判决的效力涉及判决的全部范围,而诉讼费用的负担亦属其范围之内。因此,关于诉讼费用的裁判亦有既判力。

告已经清偿债务,并驳回原告的请求,对于被告抗辩已经清偿的事实本身并没有既判力。这就意味着被告可以在其他诉讼中主张与本案主张不同的事实。如被告在另一诉讼中主张,与原告的债权债务关系从来就不存在或不能成立,而要求原告在该诉讼中返还自己对原告清偿的标的物。在前诉中,裁判的诉讼标的是有争议的债权债务关系。在后诉中,裁判的诉讼标的是所有权法律关系。后诉的主张理由是债权债务关系不成立,而前诉中被告却以为债权债务关系已经成立,并在前诉之前已经实施清偿行为。前诉原告的主张是要求被告清偿,不涉及债权债务关系是否成立。如果被告主张债权债务关系不成立,那么,法院确定判决关于债权债务关系是否成立的判断有既判力,被告也就不可能在另一诉讼中再就债权债务关系是否成立提出质疑。

2. 既判力客观范围适用的例外情形

关于判决既判力客观范围的适用也允许有例外情况。即关于主张抵消对方请求的请求是否成立的判断,只对主张抵消的那一部分有既判力。被告在诉讼中以抵消来抗辩原告的给付请求,但判决否认了抵消的抗辩,使被告败诉,此种情况下,按既判力发生的一般原则,判决的诉讼标的有既判力,而判决的理由没有既判力。被告以抵消抗辩原告的给付请求,显然,被告抗辩的事实是原告对被告有给付义务。但这不过是判决的理由,作为抗辩的事实存在与否的判断本身是不发生既判力效果的。不过,在被告主张以抵消来抗辩原告给付请求的案件中,就会存在这样的矛盾:原告排斥了被告的抵消主张,如原告提出证据证明被告的主张不能成立,原告就没有义务对被告给付。假设对被告抗辩的理由没有既判力,则被告还可以另行起诉请求原诉的原告给付,或者被告的抗辩成立,原告因抵消而败诉后,被告仍可另行起诉要求原告给付在前诉中抵消的标的物。也就是说,在前一种情况下,对原告胜诉所得到的 10 万元,被告在另一个诉讼中还可以取回来。在后一种情况下,被告实际可得到两次给付。要避免这种矛盾,就要求作为抗辩的抵消主张具有既判力。而且,主张抵消的抗辩即使不经过言词辩论程序,而是在言词辩论程序之外进行的,也同样有既判力。通常认为,并非只要提出抵消的主张,作为抵消根据的法律关系就一定有既判力。只有作为抵消根据的法律关系成立与否经法院裁判并载于判决主文中,才具有既判力(这种判断就本案来讲,属于抗辩的事实或判决的理由,并非本案直接判决的诉讼标的)。如果原告的请求根本不能成立,即使被告提出抵消抗辩,因原告主张不成立,抵消也没有意义,法院也不会对其裁判,故无既判力。法院不能在尚未确定原告请求的法律关系是否存在之前,就直接判断被告的抗辩所依据的法律关系是否存在。被告可在另一诉讼中再提出要求前诉原告给付的请求。

既判力应限于主张抵消的数额,这是指既判力的效力不得超过本诉请求的金额。例如,原告在本诉中要求被告给付 10 万元,被告以原告曾欠被告 10 万元,以图抵消原告的请求。本诉判决排斥了被告的抵消抗辩,原告胜诉获得 10 万元。而被告在另一诉讼中,还可以就前诉中未主张抵消的那部分债权再行请求前诉的原告给付,例如,被告还以租赁关系的存在为由,主张原告欠其租金 10 万元。

3. 后发损害赔偿请求与既判力的客观范围

所谓后发损害赔偿请求,是指在前诉判决中没有被认定,而在后诉中受害人提出的基于伤害后遗症的赔偿请求。例如,在交通事故中,受害人于前诉提出了 3 000 元赔偿请求,法院判决承认了原告的请求。但后来由于出现了后遗症,受害人又起诉要求再赔偿 2 000 元。

要求赔偿这 2 000 元的请求就是后发损害赔偿请求。这种场合，前诉请求是被特定的，所以前诉的判决对后诉的请求没有既判力。除了后发的损害赔偿请求外，实践中还常常遇到其他后发性请求的情形。例如，关于离婚后子女抚养费的判决生效后，由于物价上涨因素，一方当事人提起要求增加抚养费的诉讼请求的场合。在我国民事诉讼实务中，此种情况均作为另案受理，不受前诉关于抚养费判决的拘束。

(三) 既判力的主观范围

按照既判力理论，既判力不仅是对某一裁判的诉讼标的的拘束力，同时是对某些主体的拘束力。因为，判决对哪些主体之间的法律关系有实质确定力，实际上就包括了主观范围和客观范围两方面。判决对哪些主体有既判力就是既判力的主观范围。[①]

根据划定既判力主观范围的原则，既判力只对提出请求及相对的当事人有拘束力。这一原则也称为既判力相对性原则。大陆法系国家一般都持这一原则。这一原则表明，判决对被裁判的请求(或诉讼标的)所涉及的对立当事人以外的人不发生既判力。划定既判力主观范围的这一原则是基于如下理由：依据辩论主义(原则)的要求，法院的裁判须以当事人双方在言词辩论程序中所主张的内容为基础。根据这一前提，既判力的主观范围一般情况下就只能限制在当事人之间，不允许扩大到当事人以外的人。因为其他人没有参加诉讼，也就没有机会在言词辩论中声明自己的主张，判决也就不能对其有既判力。况且，诉讼也是以解决当事人双方之间的纷争为目的的，没有必要将既判力扩大到当事人以外的人。

既判力相对性原则的例外情况，被概括地称为既判力对第三人的扩张。具体包括以下几种人：

1. 脱离诉讼系属后当事人的承继人(也有的称为继受人)

脱离诉讼系属后，因当事人死亡等，当事人的实体权利义务转移给了诉讼当事人以外的其他人，该实体权利义务的承担者，承担了当事人的实体地位。承担当事人实体地位的人在理论上也就称为承继人。承继人应理解为广义上承担作为诉讼标的权利或法律关系主体地位的人，不问这些承继人是基于何种原因而承继其权利主体地位的，即不管是通过继承还是通过转让、时效取得、设定抵押权等方式承继权利主体地位。例如，原告 A1 诉 B 请求返还借贷物，诉讼系属后，A1 死亡，其实体权利义务由其子 A2 继承。确定判决对 A2 有既判力。A2 不得以该裁判的法律关系再行起诉。

承继人依其承继的原因不同，可分为一般承继人和特定承继人两种。一般承继人是作为自然人的当事人死亡、作为法人的当事人消灭时，承担当事人权利义务的人。应当注意，这里所指的一般承继人与我国民事诉讼理论中所指的诉讼承担人是两个完全不同的概念。诉讼系属后的承继人是指判决确定后产生的权利义务承担人。我国民事诉讼法理论中的诉讼承担人是在诉讼过程中(相当于诉讼系属中)承担原当事人权利义务的人，而不是指诉讼结束后承担其权利主体地位的人。诉讼系属后，就是诉讼结束后或判决确定后。诉讼系属后的承继人当然不是当事人，而诉讼承担人却是当事人。

特定的承继人是指因法律行为或法律规定的原因，在判决确定后承担当事人权利义务

① 参见江伟主编：《民事诉讼法》，高等教育出版社、北京大学出版社 2000 年版，第 278 页。

的主体,如通过转让借贷债权而取得债权的人。

2. 为当事人或其承继人利益占有诉讼标的物的人

为当事人或其承继人的利益而占有诉讼标的物,是指因保管等利于当事人或其承继人而占有诉讼标的物,如保管作为争执物的房产而占有该房产。这种占有与法定代理人占有无行为能力人的财物等不同,法定代理人属占有机关,占有人仍然是所有人本人。

上述人可以说是诉讼当事人以外的第三人,既判力对上述第三人起作用是既判力主观范围适用原则的例外。因判决或诉讼的性质不同,既判力在主观范围上的扩张也有所不同。

对于形成判决,其既判力有对世的效力,也就是说,形成判决对于当事人以外的一般第三人都有既判力。典型的例子是关于分割共有物的确定判决,任何第三人都不得再就共有物的争议另行起诉。关于人身关系诉讼的判决也同样对一般的第三人有既判力。例如,对于婚姻无效的判决,当事人以及当事人以外的第三人都不得再就该婚姻关系存在与否另行起诉。

(四) 既判力的时间范围

既判力的时间范围,是指已确定判决的既判力作用的时间界限,也称为既判力的时间界限或既判力标准时。既判力的时间范围是指从时间的维度观察既判力。既判力的时间范围作为一个法学概念是既判力理论的重要组成部分。不了解这一概念也就无法全面掌握既判力理论和制度。

确定判决是对争议的权利义务关系的确认,但该判决确认的权利义务关系是哪一个时段的权利义务关系呢?因为权利义务关系往往是在不断变化之中的,法院的判决所确认的只能是某一个时间点上的权利义务关系。也就是说,既判力的概念本身是一个具有一定时间维度的概念。因此,从时间维度上讲,既判力的时间范围涉及这样一个法律问题:既判力标准时以后发生的关于该法律关系的事实,能否在后诉中主张?法律关系的变化总是基于某一些特定法律事实的出现才发生的。那么在前诉已经终结的情况下,当事人还能否在后诉中主张这些新出现的事实?

如果说既判力标准时之前已经存在的事实,当事人在后诉中不能加以主张,就意味着既判力具有使当事人无法在后诉中再提出标准时以前存在的事实主张的效果。这种法律上的效力被称为“失权效”。因为既判力具有阻挡当事人在后诉中提出该事实的权利,因此又称为“阻断效”或“遮断效”。这里既判力所阻断的是作为诉讼攻击防御方法的事实,即作为诉讼攻击防御方法的主张和事实不能在后诉中提出。作为攻击防御方法的主张与作为诉讼标的的诉讼请求主张是不同的,而既判力的标准时阻断的是作为攻击防御方法的主张和事实。当事人不得就已经发生既判力的诉讼标的提出诉讼,法院也不得对该诉讼标的作出相反的判断,是既判力约束的客观范围。

辩论终结之时应为判决既判力的标准时。将事实审言词辩论终结之时作为既判力的标准时,其理由在于法院裁判总是以事实审言词辩论终结以前的事实作为裁判的事实依据,来确认有争议的权利义务关系。

既判力的时间界限对后诉的作用包括消极作用和积极作用两个方面。从消极作用方面看,凡是与前诉法院在既判力标准时作出的判断相抵触的主张都将在后诉中被排除。从积极作用方面看,后诉法院在裁判中必须以前诉法院在既判力标准时作出的判断为前提。

例如,前诉法院作出了被告应当给付原告10万元的确定判决,法院认定的原告存在10万元的给付请求权是在既判力标准时作出的判断,这一判断具有判决拘束力。因此,在后诉中,当事人就不得再提出与该判断相抵触的主张,如"义务人已经在该标准时之前清偿了债务""已过诉讼时效""合同无效"等。

既判力时间界限的法律意义在于,由于法院的判断是对既判力标准时权利义务关系的判断,因此只有该标准时之前的事实才具有排斥作用,而该标准时之后出现的事实便不具有排斥作用,不发生既判力效果。这种不发生既判力排斥作用的标准时以后出现的事实,在理论上统称为"新事由"。既判力标准时之后发生的事实,可以在后诉中为当事人所主张,尽管这与前诉判决的法律关系有关。

第三节 裁定

一、裁定的概念

裁定,是指人民法院对民事诉讼和执行程序中的程序问题以及个别实体问题所作出的权威性判定。程序问题是指不直接涉及实体权利义务的问题。裁定主要用于解决程序问题,如中止诉讼或终结诉讼的裁定。对程序问题的裁定不仅在审判程序中使用,在执行程序中也要使用,如中止或终结执行的裁定;不仅在诉讼程序中使用,在非讼程序中也使用。裁定是人民法院保障诉讼程序正常进行,实现诉讼目的的重要手段和方法。

裁定不同于判决,与判决的主要区别是:(1)处理的对象不同。裁定主要用于对程序问题的处理,判决则用于对实体争议的处理。(2)适用的阶段不同。裁定既可在诉讼程序中适用,也可在执行程序中适用。判决只有在诉讼程序中才能适用,并且绝大多数是在诉讼结束时使用。(3)上诉的期间不同。不服裁定的上诉期间为10天,不服判决的上诉期间为15天。(4)形式要求不同。裁定既可用书面的形式,又可以用口头的形式,而判决必须用书面的形式。

二、裁定的适用对象

民事诉讼法对于必须适用裁定的某些事项作出了明确的规定。这些事项可称为"法定适用对象"。其中有的事项,《民事诉讼法》作了集中规定(第154条)。有的事项则分散地规定在不同的诉讼阶段中,如二审、再审、执行等,这些事项可以理解为《民事诉讼法》第154条第11项所规定的"其他需要裁定解决的事项"。如在二审中,原判决、裁定认定事实错误或者适用法律错误的,以判决、裁定方式依法改判、撤销或者变更;在再审中,人民法院应当自收到再审申请书之日起3个月内审查,符合《民事诉讼法》规定的,裁定再审;在执行阶段,法院对于不予执行的判断使用裁定。还有一些事项虽然法律没有明确规定,但实践中也适用裁定,如在执行中,追加和变更执行主体的情形,也使用裁定。

《民事诉讼法》第154条集中规定了以下适用裁定的法定情形:(1)不予受理;(2)对管辖权有异议的;(3)驳回起诉;(4)保全和先予执行;(5)准许或者不准许撤诉;(6)中止或者终结诉

讼;(7)补正判决书中的笔误;(8)中止或者终结执行;(9)撤销或者不予执行仲裁裁决;(10)不予执行公证机关赋予强制执行效力的债权文书。在上诉裁定中,前三项裁定都是可以上诉的裁定。当事人不服该裁定的,可以在裁定作出后10日内提起上诉。

三、裁定的成立与确定

(一) 裁定的成立

如果裁定是须经宣告的,则裁定从宣告之时起成立;如果裁定无须宣告,则从送达之时起成立。

(二) 裁定的确定

有的裁定一旦成立便已经确定,但有的裁定在成立之后还不能确定,因为这些裁定是可以上诉的裁定,需要等待上诉期限届满或上诉法院作出终审裁决,才能确定。

四、裁定的效力

(一) 裁定效力概述

裁定效力是指裁定成立和确定之后所具有的法律效力。由于裁定的对象不同,裁定的效力也有所不同。有的裁定具有执行力,如关于财产保全、先予执行的裁定;有的裁定具有既判力;有的裁定既无执行力,也无既判力。所有裁定对其他法院都具有羁束力,但是否一律具有自我羁束力,则应当根据情况而定。

(二) 裁定的羁束力

1. 裁定羁束力的概念

裁定的羁束力是指裁定对法院的约束力。对作出裁定以外的法院的约束力,可称为对外羁束力;对作出裁定的法院的约束力,可称为自我约束力或自我羁束力。裁定的羁束力体现为,一旦裁定成立,则法院不能予以撤销或改变。

2. 裁定的对外羁束力

作出裁定以外的法院,即使是上级法院,如果不经过上诉审程序,也不能撤销或改变裁定。根据裁判权分级行使的原则,一级审判机关只能在自己管辖审理的案件中行使相应的裁判权,上级法院只能在上诉审程序中对下一级可上诉的裁定或判决予以撤销、改变。现实中经常出现上级法院撤销下级法院裁定的情形,这反映了司法行政化或审判行政化思维,是不正确的。

3. 裁定的自我羁束力

裁定的自我羁束力,是指裁定一旦成立,作出裁定的法院也不能予以撤销或改变。对于裁定的自我羁束力不可一概而论。有的裁定具有自我羁束力,作出裁定的法院在裁定成立后,不得予以任意撤销或改变,如不予受理、驳回起诉、驳回管辖权异议、撤销或者不予执行仲裁裁决、不予执行公证机关赋予强制执行效力的债权文书的裁定。有的裁定则因为适用对象的特殊性质，而没有自我羁束力。法院对属于诉讼指挥方面的事项所作的裁定就没有羁束力，原因在于法院必须根据诉讼的具体情形灵活加以使用，如果赋予羁束力，法院便很难根据情况加以调整、处置。属于诉讼指挥事项的，如诉讼中止、证据保全、财产保全、原判决是否中止执行。

(三) 关于裁定的既判力问题

裁定的既判力概念借用了判决既判力的概念，也是从判决既判力的含义上来理解的。如果承认裁定具有既判力，则法院对适用裁定事项所作的判断对后诉法院具有实质上的拘束力，即后诉法院对同一事项不得作出相反的判断。一般而言，只有对实体问题的裁决才具有既判力，对程序问题的处理通常只有羁束力，而没有既判力。在国外，日本对于诉讼要件的判断有条件承认其判断的既判力。所谓有条件，即这些事项须经过当事人双方充分的辩论，否则造成对当事人的突然袭击。对于诉讼要件的裁决，日本使用的裁判术语为"诉讼判决"，与"本案判决"的概念对应。

从我国的情形来看，对于诉讼要件，如法院审判权、管辖权、当事人适格、一事不再理，通常是作为不予受理或驳回起诉的具体事由，而不会针对具体的事项单独作出裁决。如此，就难于肯定不予受理或驳回起诉的裁定具有既判力。对于不予受理或驳回起诉的，如果原告再次起诉符合起诉条件，法院还是应当予以受理，前诉法院的裁定对后诉法院没有拘束力。因此，一般而言，在我国裁定是没有既判力的。

第四节 决定

一、决定的含义

决定，是指人民法院对诉讼中某些特殊的事项作出的权威性判定。

决定所解决的事项不涉及案件的实体问题。这一点是区别决定与判决的根本点。决定所解决的事项一般不直接涉及诉讼程序的变化，但又是与诉讼程序的发展相关的，具有一定紧迫性的事项，主要与诉讼过程中发生的妨碍或者阻却诉讼活动正常进行的事项有关。

决定与裁定的最大区别是，所有的决定均不能上诉，但裁定有一部分是可以上诉的，这一点与决定处理问题的紧迫性有关。从《民事诉讼法》关于决定使用范围的规定看，决定的对象主要与处理诉讼障碍和消除诉讼阻却事项有关。这是决定不同于裁定的地方。

决定虽不能上诉，但有一部分决定可以申请复议。从维护当事人的正当权益出发，对直接涉及人身自由和财产的决定，有的可以申请复议。例如，对妨害民事诉讼的人实施罚款、拘留的决定，被罚款或被拘留的人对决定不服的，可以申请复议。复议与上诉不同，复议期间民事决定并不停止执行。

决定在形式上虽与裁定一样，既可以是口头的，也可以是书面的，但裁定应以书面形式为原则，以口头为例外。重要的民事决定应采用书面的形式。

二、决定适用的范围

决定在实践中适用的范围是比较广泛的，各地法院在适用上也有相当的灵活性。根据民事诉讼法的规定，以下事项的处理应当使用决定：

1. 回避。当事人申请回避的，应审查该申请是否符合回避的条件，不管应否回避，都应当以决定的形式加以明确。

2. 对妨害民事诉讼的人采取强制措施。妨害民事诉讼的行为是一种违反民事诉讼法的不法行为，为了制止这种行为和防止这种行为的再发生，人民法院可以根据具体情况予以处理。人民法院在处理时应当用决定的形式，采取重大措施时（如罚款、拘留），还必须制作决定书。

3. 当事人申请诉讼费用的减、免、缓的问题。根据民事诉讼法的规定，当事人交纳诉讼费用有困难的，法院可以根据当事人申请进行审查，认为符合条件的，决定少交、免交、缓交诉讼费用。

4. 对某些重大疑难问题的处理。适用这类决定的主体一般是人民法院的审判委员会，所处理的问题不直接作用于当事人。例如，关于审判监督程序的提起就要使用决定，作出决定的主体是该法院的审判委员会。

5. 对当事人提出顺延诉讼期限申请的处理。《民事诉讼法》第 83 条规定："当事人因不可抗拒的事由或者其他正当理由耽误期限的，在障碍消除后的 10 日内，可以申请顺延期限，是否准许，由人民法院决定。"

三、决定的效力

决定一经送达或作出，便立即发生法律效力。对于可以申请复议的决定，即使当事人已经申请复议也不影响该决定法律效力的发生。

第十六章　第二审程序

第一节　第二审程序概述

一、第二审程序的概念

我国民事诉讼实行两审终审制。当事人不服第一审法院作出的未生效裁判，有权提起上诉，从而引起第二审程序的发生。第二审程序是指民事诉讼当事人不服地方各级法院未生效的第一审裁判，在法定期限内向上一级法院提起上诉，上一级法院对案件进行审理所适用的程序。第二审程序既是上诉审程序，又是终审程序。第二审法院所作的判决为终审判决，一经宣判或送达，即发生法律效力，当事人不得再提起上诉。

第二审程序与第一审程序同属于审判程序。从某种意义上说，第一审程序是第二审程序的前提与基础，第二审程序是第一审程序的继续与发展。二者的主要区别在于：(1)程序发生的原因不同。第一审程序的发生，是基于当事人的起诉权和法院的管辖权；第二审程序的发生，是基于当事人的上诉权和法院审判上的监督权。(2)审理对象不同。第一审程序以原告的起诉状和被告的答辩状为基点，展开对案件事实的审理；第二审程序则以第一审裁判为基点，对上诉请求的有关事实和适用法律进行审查。(3)审判任务不同。第一审程序的任务主要是通过对案件的审理，查明事实，确认当事人之间的民事权利义务关系；第二审程序不仅要确认当事人之间的民事权利义务关系，而且担负监督检查下级法院审判工作的任务。

上诉作为一种司法上的救济方法，具有以下几个特点：(1)上诉是当事人的一种诉讼行为，其目的在于引起上诉审程序的发生。(2)上诉的对象是未生效(或曰未确定)的民事裁判。(3)上诉的内容是请求上级法院审查下级法院的裁判，并撤销或变更该裁判。(4)相对于起诉和初审而言，法律对上诉行为和上诉审程序有一些特别的限制。(5)在实行三审终审制的国家和地区，上诉可分为第一次上诉(又称第二审上诉或控诉)和第二次上诉(又称第三审上诉或上告)，分别适用不同的规则。一般而言，当事人提起第三审上诉应当提出申请，获得许可后方可进行；第三审法院通常只审查法律问题，而不审查事实问题。

关于第二审程序的性质，有以下三种不同的学说：

一是复审制说。该学说认为，第二审是对案件的重新审理，它与第一审无关，第一审中的一切诉讼资料于第二审无效。当事人可不受限制地提出新事实、新证据；第二审法院应重新收集、调查诉讼资料，并在此基础上作出裁判。

二是续审制说。该学说认为,第二审是第一审的继续和发展,当事人在第一审中提出的诉讼资料,于第二审仍然有效;当事人在第一审没有提出,或虽然提出但未经审理的诉讼资料,可以在第二审中提出。

三是事后审制说。该学说认为,第二审只能以当事人在第一审中提出的诉讼资料为依据,不允许当事人在第二审中提出新的诉讼资料;第二审只能就第一审适用法律是否恰当进行审查,而不审查第一审法院所认定的事实。

目前世界上大多数国家的第二审程序采用续审制,但对当事人在第二审程序中提出的新证据是否加以限制则有不同的规定。大多数大陆法系国家原则上允许向上诉法院提出新证据,少数大陆法系国家则对向上诉法院提出新证据加以限制。例如,德国2002年1月1日起施行的新《民事诉讼法》,对于当事人在第二审中提出新证据予以更加严格的限制。修正前的《民事诉讼法》原则上允许当事人在第二审中提出新的攻击或防御方法(包括事实与证据),只要法官依自由心证,认为不致拖延诉讼的终结,或者当事人非因过失而逾期时,即准其提出(见第528条)。依修正后的德国《民事诉讼法》第531条,当事人因过失而未于第一审提出的攻击或防御方法,在第二审中不得提出。据此,新法对第二审中提出新证据的限制比旧法更为严格,只要当事人因过失未于第一审提出即已失权,不必考虑是否有延滞诉讼的可能性。[①]

英国判例法对于在上诉审中提出新的证据(fresh evidence)逐渐予以限制,其中最具代表性的是通过1954年的Ladd v. Marshall案所形成的"Ladd v. Marshall规则"。根据该规则,在上诉审中,新证据只有符合下列情形时才可以被接受:(1)在下级法院的听审中虽经合理的努力仍难以获得;(2)将很有可能对案件结果产生重大的影响;(3)具有明显的可信性。[②]这样做的目的主要是督促当事人在一审中尽可能地提出全部证据,防止当事人有意将争点留到上诉审,以期获得证据突袭的效果。在美国,上诉法院不会考虑新的证据,当事人在上诉中不会提出新的证据,不会传召证人作证。上诉法院通常遵循一审法院作出的事实认定。[③]美国《联邦民事诉讼规则》第52条第2款规定:"对法院的事实认定,无论基于口头或书面证据,除非有明显错误,都不应被撤销。应当重视给予初审法院判定证人可信度的机会。"

在我国,民事诉讼法对当事人在二审中提出新证据并没有任何限制。[④]最高人民法院在总结审判实践经验的基础上,对此作了一定的限制。《证据规定》第41条第2项规定:"二审程序中的新的证据包括:一审庭审结束后新发现的证据;当事人在一审举证期限届满前申请人民法院调查取证未获准许,二审法院经审查认为应当准许当事人申请调取的证据。"第42条第2款规定了二审中当事人的举证时限:"当事人在二审程序中提供新的证据的,应当在二审开庭前或者开庭审理时提出;二审不需要开庭审理的,应当在人民法院指定的期限内提出。"应当肯定,该规定对二审中当事人提出新证据范围和时限的明文限制,与一审中的举证时限制度相衔接,对于提高二审程序的效率,防止当事人利用上诉制度进行诉讼投机具有积

---

① 参见姜炳俊:《2002年德国民事诉讼法改革——上诉制度》,载《月旦法学教室》2002年创刊号。

② 参见 *Blackstone's Civil Practice*, edited by Charles Plant, Blackstone Press Limited, 2001, p.786。

③ 参见汤维建主编:《美国民事诉讼规则》,中国检察出版社2003年版,第359页。

④ 参见我国《民事诉讼法》第12章(第一审普通程序)第139条第1款规定:"当事人在法庭上可以提出新的证据。"在第二审程序中虽无类似的明文规定,但由于第二审程序准用第一审程序的规定(见第174条),当事人在第二审的法庭上仍然可以提出新的证据。据此,学界普遍认为,我国民事诉讼法采取的是"证据随时提出主义"。参见程春华主编:《民事证据法专论》,厦门大学出版社2002年版,第102页。

极的意义。

二、第二审程序的意义

作为一种对错误裁判的救济途径，上诉制度古已有之。据史料记载，我国在西周时期就建立了上诉制度。[①] 在现代社会，上诉制度是司法制度的重要构成部分，担负着多样化的司法功能。[②] 一般认为，上诉审制度的功能包括吸收不满、纠正事实错误、促进法律适用的统一以及巩固司法体系的合法性等，并且需要在不同的价值目标之间进行平衡与取舍。[③] 在我国两审终审的司法体制下，第二审程序具有纠正错误裁判、保障司法公正等方面的功能。

1. 有利于保护当事人的合法权益。通过第二审程序，当事人对第一审裁判认定事实及适用法律的错误提出意见，并可再次向人民法院陈述自己的请求，要求人民法院对第一审裁判是否正确进行审查，以维护自己的合法权益。

2. 有利于上级人民法院监督和检查下级人民法院的审判工作。上级人民法院通过对上诉案件的审理来审查第一审裁判，可以发现下级人民法院审判工作中的问题，加强审判监督，保证人民法院正确行使审判权。

3. 有利于维护法律的统一适用。上级人民法院通过第二审程序，维持正确的第一审裁判，纠正错误的第一审裁判，有助于严肃执法，维护司法权威和法律的统一适用，并可在一定程度上促进法律的发展（further development of law）。

三、外国三审终审制的借鉴意义

当代各国的诉讼制度受其历史传统影响，在审级结构上存在诸多差异，大体上可分为以英、美为代表的“上诉制”，以法、意为代表的“撤销制”和以德、奥为代表的“更审制”三种类型。这些模式源头各异，却最终都形成了三级审判的司法结构。这种殊途同归的演进过程蕴含了审级制度建构的一些共同原理。当代典型的司法结构是由三个审级构成的司法金字塔。塔底很宽，由数量众多的一审法院组成，对初审案件进行全面的事实审查并在此基础上适用法律；相对宽阔的塔腰由多个中级上诉法院构成，以审查事实问题和法律问题的方式监督一审司法权，同时受终审法院的监督；位于金字塔顶部的是独一无二的最高法院，对部分上诉案件中的法律事项行使许可上诉管辖权，以此实现制约下级司法权并维护法律适用的统一的功能。[④]

我国在20世纪50年代初曾实行过有条件的三审终审制。1954年公布的《人民法院组织法》确立了四级两审终审制，此后沿用至今。几十年来的司法实践表明，现行两审终审制在便利人民诉讼、便利法院审判的同时，也存在如下一些不足：由于少了一个复审程序，上诉

---

① 参见李交发：《中国诉讼法史》，中国检察出版社2002年版，第184页。

② 参见[美]罗杰·科特威尔：《法律社会学导论》，张文显等译，华夏出版社1989年版，第269~271页。

③ 根据英国学者Stuart Sime的解释，这种矛盾是在鼓励判决的终局性与纠正判决的错误之间求得平衡（balance between encouraging finality and correcting mistakes）。参见Stuart Sime, *A Practical Approach to Civil Procedure*, Blackstone Press Limited, 2000, p.489。

④ 参见江伟主编：《中国民事审判改革研究》，中国政法大学出版社2003年版，第305页。

审的功能难以充分发挥;终审法院的审级较低,对于保证审判质量和统一法律适用均有不利的影响;对上诉的不加限制和二审程序构造的不明确,造成了诸多弊端。近年来,不少学者主张,我国应借鉴国外民事上诉制度,以两审终审制为基础,以有条件的一审终审和三审终审为必要的补充,通过对诉讼金额和审理对象的限制进行合理控制,使审级制度能够适应民事诉讼多层次的需要。[①]

第二节　上诉的提起与受理

一、上诉的概念

上诉是指当事人不服第一审法院所作的尚未生效的裁判,在法定期限内声明不服,要求上级法院撤销或变更该裁判的诉讼行为。上诉作为当事人的重要诉讼权利之一,是对一审错误裁判的一种救济手段。诉权是宪法和法律所保护的一项基本权利,上诉权是诉权的延伸。当事人不服第一审法院所作的裁判,除法律另有规定的以外,均可在法定期限内向上一级法院提起上诉。

上诉与起诉都是当事人请求法院通过审理和裁判,保护自己民事权益的诉讼行为,其区别在于:(1)起诉的发生是因为当事人之间存在民事权利义务关系的争议,一方当事人请求法院予以司法保护;上诉的发生是因为当事人(一方或双方)不服第一审法院所作出的未生效的民事裁判,请求上级法院予以审查,撤销或变更该裁判。(2)起诉应遵守诉讼时效,上诉应遵守上诉期限。(3)起诉应当向有管辖权的法院提出,上诉应当向作出第一审裁判的法院的上一级法院提出。(4)起诉如符合法定条件,即引起第一审程序的发生;上诉如符合法定条件,即引起第二审程序的发生。

由于实行三审终审制以及不同的法律传统等,西方国家对上诉有不同的分类。例如,德国、日本的民事诉讼法将上诉分为两类:(1)对判决的上诉。包括为重新审查案件事实和法律适用而提起的上诉,即控诉;只就法律适用问题提起的上诉,即上告。所谓控诉,亦称首次上诉,是指上诉人请求第二审法院对下级法院的终局判决认定事实和适用法律两个方面重新审查的诉讼行为。所谓上告,亦称二次上诉,是指上告人请求第三审法院对控诉审法院的终局判决中适用法律的错误进行审查的诉讼行为。(2)对裁定的上诉。对裁定的上诉称为抗告,并设立专门的抗告程序。美国法将“上诉”分为“基于权利的上诉”(appeal by right,通常指第一次上诉)和“基于申请的上诉”(appeal by application,通常指第二次上诉,即向最高法院的上诉)。前者在提起前无须取得许可,后者在提起前必须获得上诉审法院的许可。

二、提起上诉的条件

根据我国民事诉讼法的规定,提起上诉应具备以下条件:

① 参见齐树洁:《论我国民事上诉制度的改革与完善》,载《法学评论》2004年第4期;章武生:《民事司法现代化的探索》,中国人民公安大学出版社2005年版,第470页。

1. 提起上诉的主体必须合格。根据《民事诉讼法》的规定及最高人民法院的司法解释，第一审程序中的原告、被告、共同诉讼人、有独立请求权的第三人，由于对诉讼标的具有实体上的权利或义务而享有上诉权，可以作为上诉人。经第一审法院判决承担民事责任的无独立请求权的第三人因对诉讼标的负有义务而享有上诉权。双方当事人和第三人都提出上诉的，均为上诉人。无民事行为能力、限制民事行为能力人的法定代理人，可以代理当事人提起上诉。委托代理人代为提起上诉，必须经过当事人的特别授权。

上诉案件的当事人死亡或者终止的，法院应依法通知其权利义务承继者参加诉讼。在第二审程序中，作为当事人的法人或其他组织分立的，法院可以直接将分立后的法人或其他组织列为共同诉讼人；合并的，将合并后的法人或其他组织列为当事人。

被上诉人一般是上诉人在第一审程序中的对方当事人。必要共同诉讼人中的一人或部分人提出上诉的，按下列情况分别处理：(1) 该上诉仅对与对方当事人之间的权利义务分担有意见，不涉及其他共同诉讼人利益的，对方当事人为被上诉人，未上诉的同一方当事人依原审诉讼地位列明；(2) 该上诉仅对共同诉讼人之间的权利义务分担有意见，不涉及对方当事人利益的，未上诉的同一方当事人为被上诉人，对方当事人依原审诉讼地位列明；(3) 该上诉对双方当事人之间以及共同诉讼人之间的权利义务承担都有意见的，未提起上诉的其他当事人均为被上诉人。

2. 提起上诉的客体必须是依法允许上诉的裁判。即必须是未生效的一审裁判，包括地方各级人民法院的第一审民事判决，不予受理、驳回起诉和对管辖权异议的裁定；地方各级人民法院对上一级人民法院发回重审的案件进行审理后所作的判决和驳回起诉的裁定；地方各级人民法院按照第一审程序再审所作的判决和驳回起诉的裁定。

对于下列民事裁判，当事人不得提出上诉：最高人民法院的判决和裁定；第二审人民法院的判决和裁定；人民法院按照第二审程序进行再审所作的判决和裁定；基层人民法院按照特别程序、督促程序、公示催告程序及小额诉讼程序审理案件所作的判决和裁定。

3. 必须在法定的期限内上诉。当事人提起上诉，必须在法律规定的期限内进行，超过上诉期限的，当事人就丧失上诉权。《民事诉讼法》第 164 条规定："当事人不服地方人民法院第一审判决的，有权在判决书送达之日起十五日内向上一级人民法院提起上诉。当事人不服地方人民法院第一审裁定的，有权在裁定书送达之日起十日内向上一级人民法院提起上诉。"上诉期届满，当事人没有提出上诉的，第一审裁判即发生法律效力。①

4. 必须提交上诉状。上诉不能采用口头方式，必须向人民法院提交上诉状。上诉状是上诉人表示不服第一审法院的裁判，要求第二审法院撤销或变更第一审裁判的诉讼文书。在一审宣判时，当事人虽口头表示上诉，但在上诉期内未提交上诉状的，视为未提出上诉。上诉状应写明当事人的姓名、原审人民法院名称、案件的编号和案由、上诉的请求和理由。

只有同时具备以上四个条件，上诉才能成立，才能引起第二审程序的发生。此外，当事

① 许多国家的民事诉讼法规定了"舍弃上诉权"的制度。例如，在德国，当事人舍弃上诉权后即不得再提起上诉；在双方当事人都舍弃的情况下，判决即发生形式既判力。参见［德］奥特马·尧厄尼希：《民事诉讼法》，周翠译，法律出版社 2003 年版，第 371 页。我国民事诉讼法未有"舍弃上诉权"的制度，因此，当事人在一审法院宣判时表明"不上诉"的，仍然可以在上诉期限内提起上诉；即使双方当事人都表示"不上诉"，也必须等待上诉期限届满而且双方当事人均未提起上诉时，一审判决才发生法律效力。

人还应依法交纳上诉案件诉讼费用。

有学者指出,当事人不服判决而提起上诉,必须以该判决对于当事人是不利益的作为理由。这种不利益是指判决主文(即法院对于诉讼标的或诉讼请求的判断)的不利益,当事人有通过上诉除去此种不利益的必要,即上诉人对于上诉存有利益。①

上诉成立后,产生如下效力:(1)阻碍第一审裁判的生效;(2)将案件由第一审法院移至第二审法院。对裁判之一部分的上诉,其效力及于该裁判之全部。

三、上诉的受理

根据《民事诉讼法》第 166 条、第 167 条规定,上诉的受理应依以下程序进行:

1. 通过原审法院提交上诉状。当事人提起上诉,原则上应通过原审法院提出上诉状,并按照对方当事人的人数提出上诉状副本。这样既便于当事人提出上诉,又便于原审法院进行审查,如有不符合条件之处,可以及时给当事人指出,通知其补正。但如果当事人不愿意通过原审法院提交上诉状,而直接向第二审法院上诉的,第二审法院应当接受,并应当在 5 日内将上诉状发交原审法院。

2. 原审法院在收到上诉状后,应当在 5 日内将上诉状副本送达对方当事人,并告知其在 15 日内提出答辩状。法院收到答辩状后,应在 5 日内将答辩状副本送达上诉人。被上诉人在法定期限内不提出答辩状的,不影响第二审法院的审理。

3. 原审法院收到上诉状、答辩状后,应当在 5 日内连同全部案卷和证据,报送第二审法院。第二审法院开始对上诉案件进行审理。

四、上诉的撤回

上诉的撤回,是指上诉人在上诉之后,第二审判决宣告前,向第二审人民法院申请撤回其上诉的诉讼行为。

撤回上诉与撤回起诉一样,是当事人的一项诉讼权利,当事人可以依法行使。《民事诉讼法》第 173 条规定:“第二审人民法院判决宣告前,上诉人申请撤回上诉的,是否准许,由第二审人民法院裁定。”最高人民法院《民诉法解释》第 337 条规定:“在第二审程序中,当事人申请撤回上诉,人民法院经审查认为一审判决确有错误,或者当事人之间恶意串通损害国家利益、社会公共利益、他人合法权益的,不应准许。”

第二审人民法院裁定准许上诉人撤回上诉后,第二审程序即告终结;但与撤回起诉不同,第二审人民法院作出的准予撤回上诉的裁定,是终审裁定,因此,上诉人撤回上诉后,即使其上诉期间尚未届满,也不得再行上诉。

《民诉法解释》增设第二审中当事人撤回起诉制度(第 338 条)。据此,当事人撤回起诉可能发生在第一审程序中,也可能发生在第二审程序中。撤回上诉与撤回起诉不仅名称有

---

① 参见邵明:《民事诉讼法理研究》,中国人民大学出版社 2004 年版,第 327~329 页。上诉利益(appealable interest)是指裁判中所涉及的直接的、实质性的财产利益或利害关系。具体来说,对于某一将受上诉审查的裁判,若因该裁判的作出而使当事人的财产减少、负担加重,或其权利受到不利影响,则该当事人即具有可上诉的利益或利害关系。参见薛波主编:《元照英美法词典》,法律出版社 2003 年版,第 32 页。

别,在实质上亦有所不同:其一,主体不同。撤回上诉的主体为在法定期限内提起上诉的上诉人,可为原审原告,亦可为原审被告,而狭义的撤回起诉在第一审程序中只能由诉讼发起者原告提起,在第二审程序中只能由原审原告提起。其二,撤回后产生的法律效果不同。撤回起诉使诉讼系属整体发生消灭,将导致诉讼程序的终结,即便在第二审程序中撤回起诉,第一审裁判也将因此失效。而撤回上诉则仅仅导致第二审的系属溯及性地发生消灭,即第二审程序终结,原审裁判生效。其三,当事人的权利处分有所不同。撤回起诉仅表明当事人处分其自身的诉讼权利,而并非放弃其实体权利,因此,原告撤回起诉后通常被视为自始至终未起诉(诉讼系属视为自始至终不存在),他仍有权再次提起诉讼。但在第二审程序中,出于诉讼效益原则的考虑,司法解释作出了“撤回起诉后禁止再诉”的规定。然而上诉人撤回上诉后,通说认为该上诉人即丧失了上诉权,即使其上诉期间尚未届满,亦不得再行上诉。

第三节 上诉案件的审理

《民事诉讼法》第174条规定:“第二审人民法院审理上诉案件,除依照本章规定外,适用第一审普通程序。”据此,第二审法院审理上诉案件,民事诉讼法对第二审程序有规定的,优先适用该规定,没有规定的,适用对第一审普通程序的规定。

一、上诉案件的审理范围

《民事诉讼法》第168条规定:“第二审人民法院应当对上诉请求的有关事实和适用法律进行审查。”按照“不告不理”的原则,第二审人民法院对上诉案件的审理范围限于当事人上诉请求的有关事实,以及与当事人上诉请求有关的法律适用情况。因此,对一审已作认定的事实和裁判的事项,如果当事人双方未提出异议,没有要求二审法院审查与处理的,二审法院对非上诉部分不再审理。《民诉法解释》第323条规定:“第二审人民法院应当围绕当事人的上诉请求进行审理。当事人没有提出请求的,不予审理,但一审判决违反法律禁止性规定,或者损害国家利益、社会公共利益、他人合法权益的除外。”

二、上诉案件的审理方式

《民事诉讼法》第169条规定:“第二审人民法院对上诉案件,应当组成合议庭,开庭审理。经过阅卷、调查和询问当事人,对没有提出新的事实、证据或者理由,合议庭认为不需要开庭审理的,可以不开庭审理。”根据该规定,第二审人民法院对上诉案件,应当依法组成合议庭,需要对原证据重新审查或者当事人提出新的事实、证据或者理由的,应当开庭审理。对事实清楚,适用法律正确和事实清楚,只是定性错误或者适用法律错误的案件,经过阅卷和调查,询问当事人,可以径行裁判。所谓径行裁判,是指合议庭通过阅卷、调查和询问当事人,在全部事实核对清楚后,认为不需要开庭审理的,可以直接作出裁判。

《民诉法解释》第333条规定,第二审人民法院对下列上诉案件,依照《民事诉讼法》第169条规定,可以不开庭审理:(1)不服不予受理、管辖权异议和驳回起诉裁定的;(2)当事人提出的上诉请求明显不能成立的；(3)原判决、裁定认定事实清楚，但适用法律错误的；(4)原判决严重违反法定程序，需要发回重审的。

值得注意的是，我国民事诉讼法规定的“不开庭审理”同一些西方国家民事诉讼法规定的“书面审理”是不相同的。所谓“书面审理”是指不开庭，不调查，不询问当事人、证人，只通过审查一审案卷材料即作出裁判的审理方式。而对于不开庭审理的民事案件，审判人员必须与当事人见面，亲自听取当事人陈述，并询问当事人。第二审人民法院审理上诉案件，既可以在本院进行，也可以在案件发生地或者原审人民法院所在地进行。如果当事人上诉时提出了新的事实、证据或者理由，第二审人民法院必须开庭审理。

三、上诉案件的调解

> 拓展阅读
>
> 吴梅诉四川省眉山西城纸业有限公司买卖合同纠纷案
>
> http://2d.hep.cn/1322465/4

《民事诉讼法》第172条规定：“第二审人民法院审理上诉案件，可以进行调解。调解达成协议，应当制作调解书，由审判人员、书记员署名，加盖人民法院印章。调解书送达后，原审人民法院的判决即视为撤销。”

调解贯穿于民事审判的全过程，第一审人民法院审理一审案件可以进行调解，第二审人民法院审理上诉案件也可以进行调解。但应注意的是，第二审法院不能在调解书上写上“撤销一审判决”。最高人民法院《民诉法解释》第339条规定：“当事人在第二审程序中达成和解协议的，人民法院可以根据当事人的请求，对双方达成的和解协议进行审查并制作调解书送达当事人；因和解而申请撤诉，经审查符合撤诉条件的，人民法院应予准许。”

四、上诉案件的审理期限

为保证上诉案件的及时审理，民事诉讼法对上诉案件的审理期限作了明确的规定。《民事诉讼法》第176条规定：“人民法院审理对判决的上诉案件，应当在第二审立案之日起三个月内审结。有特殊情况需要延长的，由本院院长批准。人民法院审理对裁定的上诉案件，应当在第二审立案之日起三十日内作出终审裁定。”

第四节　上诉案件的裁判

第二审人民法院对上诉案件进行审理后，应当分别不同情况，作出裁判。

一、驳回上诉，维持原判

第二审人民法院对上诉案件经过审理，认为原判决、裁定认定事实清楚，适用法律正确的，应依法判决或裁定驳回上诉，维持原判决、裁定。即确认一审法院的判决、裁定是正确合法的，当事人上诉的请求和理由不能成立，依法不予支持。

《民诉法解释》第 334 条规定:“原判决、裁定认定事实或者适用法律虽有瑕疵,但裁判结果正确的,第二审人民法院可以在判决、裁定中纠正瑕疵后,依照民事诉讼法第一百七十条第一款第一项规定予以维持。”

二、依法改判

第二审人民法院对上诉案件经过审理,对以下两种情形,可依法予以改判:(1)原判决、裁定认定事实错误或者适用法律错误的,以判决、裁定方式依法改判、撤销或者变更;(2)原判决认定基本事实不清的,查清事实后改判。所谓基本事实,是指用以确定当事人主体资格、案件性质、民事权利义务等对原判决、裁定的结果有实质性影响的事实。

三、撤销原判,发回重审

第二审人民法院对上诉案件经过审理,对于以下情形应依法撤销原判,发回重审:

1. 原判决认定基本事实不清的。对于此种情形,既可由二审法院查清事实后予以改判,也可以撤销原判,发回重审。至于其具体标准应如何划分,法律则无明确规定。从审判实践中看,该项规定较难把握,而且由于对“发回”没有次数的限制,容易造成混乱,也使得一些案件的审理期限大大超过法定的审限,我们认为,可以考虑将此种情况统一归入依法改判的范畴,这样既符合二审的审判职能,也使上诉案件的裁判标准更为明确。最高人民法院 2002 年 7 月 31 日公布的《关于人民法院对民事案件发回重审和指令再审有关问题的规定》明确指出:第二审人民法院根据民事诉讼法第 153 条(现为第 170 条)第 1 款第 3 项的规定将案件发回原审人民法院重审的,对同一案件,只能发回重审一次。第一审人民法院重审后,第二审人民法院认为原判决认定事实仍有错误,或者原判决认定事实不清、证据不足的,应当查清事实后依法改判。

2. 原判决遗漏当事人或者违法缺席判决等严重违反法定程序的。根据《民诉法解释》第 325 条规定,下列情形,可以认定为《民事诉讼法》第 170 条第 1 款第 4 项规定的严重违反法定程序:(1)审判组织的组成不合法的;(2)应当回避的审判人员未回避的;(3)无诉讼行为能力人未经法定代理人代为诉讼的;(4)违法剥夺当事人辩论权利的。

3. 对当事人在一审中已经提出的诉讼请求,原审法院未作审理、判决,经二审法院调解不能达成协议的。

4. 必须参加诉讼的当事人或者有独立请求权的第三人,在一审中未参加诉讼,在二审中参加诉讼,经二审法院调解,不能达成协议的。

5. 一审判决不准离婚的案件,上诉后,第二审人民法院认为应当判决离婚的,经二审法院调解,不能达成调解协议的。《民诉法解释》第 329 条规定:“一审判决不准离婚的案件,上诉后,第二审人民法院认为应当判决离婚的,可以根据当事人自愿的原则,与子女抚养、财产问题一并调解;调解不成的,发回重审。双方当事人同意由第二审人民法院一并审理的,第二审人民法院可以一并裁判。”

对发回重审的案件,原审法院应当按照第一审程序另行组成合议庭。原审法院对发回重审案件所作的判决,属于第一审判决,当事人不服的,有权提起上诉。

在第二审程序中,原审原告增加独立的诉讼请求或原审被告提出反诉的,第二审法院可以根据当事人自愿的原则就新增加的诉讼请求或反诉进行调解;调解不成的,告知当事人另行起诉。双方当事人同意由第二审法院一并审理的,第二审法院可以一并裁判。人民法院依照第二审程序审理的案件,经审查,认为依法不应由法院受理的,可以由第二审法院直接裁定撤销原判,驳回起诉。

四、对不服裁定上诉的处理

《民事诉讼法》第 171 条规定:“第二审人民法院对不服第一审人民法院裁定的上诉案件的处理,一律使用裁定。”第二审法院对不服第一审法院裁定的上诉,经过审查,认为原裁定认定事实清楚,适用法律正确的,可以裁定驳回上诉,维持原裁定。第二审法院查明第一审法院作出的不予受理裁定有错误的,应在撤销原裁定的同时,指令第一审法院立案受理;查明第一审法院作出的驳回起诉裁定有错误的,应在撤销原裁定的同时,指令第一审法院进行审理。此外,对第一审法院所作的对管辖权有异议的裁定,如认为有错误,应当由第二审法院在裁定撤销原裁定的同时,指令第一审法院审理,或指令其将案件移送有管辖权的法院,或将案件提归本院审理。

第十七章　再审程序

第一节　再审程序概述

一、再审程序的概念

再审程序,是为了纠正已经发生法律效力的裁判中的错误而对案件再次进行审理的程序。再审程序并不是每一个民事案件必经的程序,只是对于已经发生法律效力而且符合再审条件的判决、裁定、调解协议才能适用的一种特殊审判程序。

再审程序是民事诉讼程序制度中的一项补救制度,是民事诉讼程序制度中不可缺少的一个组成部分。各国民事诉讼法对此都作了规定,不过称谓不一,实施与获得补救的途径和程序也有所区别。根据发动再审的主体和程序的不同,大体上可分为三类:第一类是基于当事人的诉权,由当事人提起再审之诉引起对案件的再行审理。德国、法国、日本等国家的民事诉讼法一般只设立这种补救方式。第二类是基于法定机关、组织和人员行使监督权引起再审程序的发生而对案件再行审理。第三类,同时适用上述两种补救方式。如苏联的民事诉讼法,既有审判监督程序,又有案件参加人发现新事实的再审程序。后者只有在法律严格规定的条件下才能进行,而这种条件实际上是比较少见的。[①] 根据我国 1982 年《民事诉讼法(试行)》,只有人民法院有权按照审判监督程序提起再审(属引起再审程序的第二种类型),实践证明,仅靠这种自我监督来纠正生效裁判中的错误是不够的。因此,《民事诉讼法(试行)》实施期间,学术界对再审程序的改革展开了热烈的讨论,提出了诸多方案,其中较具代表性的有两种:一种方案是在再审程序中确定两个部分,一为审判监督程序,一为当事人提起的再审程序;另一种方案是将审判监督程序删去,改为由当事人诉权引起的再审程序。[②] 立法机关在 1991 年制定《民事诉讼法》时借鉴国外的经验,吸收了学术界的部分建议,在正式颁行的《民事诉讼法》中,对再审程序作了重大变动,主要表现在:一方面在法院再审的基础上增加了检察机关通过抗诉提起再审,进一步加强了法定机关提起再审的制度;另一方面规定了当事人申请再审,使这一当今世界上多数国家民事诉讼法规定的发动再审的方式亦得到我国法律的确认。2007 年和 2012 年《民事诉讼法》对再审程序的修改,继续保留了

---

① 参见[苏]阿·阿·多勃罗沃里斯基:《苏维埃民事诉讼》,李衍译,法律出版社 1985 年版,第 439 页。

② 参见雏承雍:《论民事申诉和再审》,载《法律科学》1989 年第 6 期。

这一规定。

二、再审程序与第二审程序的关系

再审程序和第二审程序，虽然都是为了保证判决、裁定的正确性，纠正原判决、裁定错误的法定程序，但确有明显的不同：

1. 审理的对象不同。依再审程序审理的对象是已经发生法律效力的判决、裁定、调解协议。它既包括第二审人民法院生效的判决、裁定、调解协议，也包括第一审人民法院生效的判决、裁定、调解协议；而第二审程序审理的对象，只能是地方各级人民法院尚未发生法律效力的第一审判决、裁定。

2. 提起的主体不同。按照民事诉讼法规定，有权提起再审程序的，是各级人民法院院长和审判委员会、最高人民法院和上级人民法院、最高人民检察院和上级人民检察院，以及符合申请再审条件的当事人；而有权提起上诉程序的，则是原一审程序中的双方当事人和有独立请求权的第三人，以及一审裁判中被确定负有实体义务的无独立请求权的第三人。

3. 提起的期限不同。再审程序的发动，除当事人申请再审，必须在判决、裁定、调解协议生效后6个月内提出外，人民法院和人民检察院按照审判监督程序提起再审，不受时间限制，任何时候发现已生效的判决、裁定、调解协议有错误，都可以提起。而上诉人提起上诉则必须在第一审判决、裁定尚未生效期限内提起。

4. 审理的法院不同。按照再审程序审理案件的，不仅有上级人民法院，而且还包括原审人民法院和其他同级人民法院。而按照第二审程序审理案件的，只能是第一审人民法院的上一级人民法院。

三、再审程序的意义

在我国的民事诉讼中，人民法院行使国家审判权作出的判决和裁定，一经发生法律效力，任何机关、团体、单位和个人都无权变更和撤销，以维护法律的严肃性，确认当事人之间权利义务关系的稳定性。但生效裁判的稳定性应当建立在正确性的基础上。民事案件的复杂性和其他原因，如司法人员的工作失误或有意偏袒一方当事人，都在客观上决定了生效裁判即使经过了第一审、第二审，仍有可能出错。如果确实有错误并达到了必须纠正的程度，就应当通过再审程序来改变它，而没有理由去维护这种错误裁判的稳定性。

就一定意义而言，再审程序与上诉审程序两种复审程序设立的目的有共同之处：二者都是为了保证判决、裁定的正确性，纠正原裁判错误的法定程序。但是，再审程序的特殊价值在于：它是针对已经发生法律效力的判决、裁定中的错误发生的，因而它使发生法律效力的裁判中的错误仍有通过法律程序得到纠正的机会，是对合法民事权益的更完善的保护。值得注意的是，再审是一种特殊的复审程序，是在生效裁判有严重瑕疵的情况下不得已而采取的补救措施，因此，再审程序的启动一定要特别慎重。

四、我国再审程序存在问题分析

(一)“实事求是,有错必纠”原则与生效裁判稳定性之间的冲突

法院的裁判是国家意志的具体体现,体现了司法对纠纷的最终解决,涉及国家法律的权威。因此,世界各国都在不同程度上重视和维护法院裁判的稳定性和权威性。从大陆法系各国关于再审程序的立法来看,大都对改变生效裁判的再审设定了严格的程序,即只有该裁判被认为有错误,且比较严重,达到了必须纠正的程度才予以再审。对此,日本学者的阐述在大陆法系各国颇有代表性。他们认为:“再审是当事人对已经确定的判决以诉讼程序上有重大瑕疵或作为其判断的基础资料里有严重缺陷为理由,请求撤销该判决并且恢复已终了的诉讼,进行重新审判的、非常的不服声明的方法。判决被确定后,如仅仅因为判断不当或发现新的证据就承认当事人的不服声明,则诉讼是无止境的;但另一方面,从作出正确、公正的裁判的理想来说,不管有什么样的瑕疵一律不准撤销已确定的判决,也是不合理的。于是,法律规定在判决里有特别重大并且对当事人也有严重瑕疵时,应准许再审。”① 英美法系国家对生效裁判的稳定和权威性更为重视。由于这些国家在诉讼制度上实行彻底的辩论主义,他们认为,事实、证据经当事人双方辩论,或由陪审团判断认定,据此作出的判决,即视为真实,不得再行变更。因而,没有设置像大陆法系国家那样的再审程序。错误裁判的纠正主要是通过上诉审和诉讼程序之外的一些其他补救方法,如调卷令来解决。在这些国家,并没有因为错案得不到纠正而民怨沸腾。相反,其程序的最终“制成品”在各自国家公众的眼里大都被认为公正合理。法官在公众的心目中亦保持了良好的形象。当然,这与其精心设计的审级制度、判例制度特别是法官的高素质是分不开的。② 总的来看,大陆法系和英美法系国家都用其各自不同的方法,保证了裁判的质量、稳定和权威。

我国民事诉讼法是根据“实事求是,有错必纠”这一立法指导思想设计再审程序的,有学者对此专门作了论证:“实事求是是我们党的思想路线,人民法院审理一切案件,必须贯彻这一思想路线,认识案件事实的本来面目,严格遵循法律规定,按法律规定的精神处理问题,解决争议。生效裁判错了,背离了实事求是的思想路线,认定事实有错误,适用法律不正确,应本着有错必纠的原则,坚决纠正过来。”③ 将实事求是作为我们党的思想路线无疑是非常正确的,但将实事求是这一哲学上的理性原则直接套用到某一学科领域,不过是一种形而上学唯物主义反映论的体现。尤其是将“实事求是,有错必纠”联系起来,作为再审程序的指导思想,而不考虑民事诉讼自身的特点,则必然会产生片面性。“实事求是,有错必纠”对法院而言意味着无论什么时候发现生效裁判的错误都应主动予以纠正,对当事人来说只要他认为生效裁判有错误就可以不断地要求再审,如果按照这一指导思想来设计再审程序,那么纠

---

① [日]兼子一、竹下守夫:《民事诉讼法》,白绿铉译,法律出版社1995年版,第249页。

② 西方国家对法官的要求是比较高的。但相比较而言,英美法系国家从有一定资历的律师中选拔法官比大陆法系国家直接从法科毕业生中选拔法官的制度更能保证法官的高素质。因为这样选拔出的法官不仅具有扎实的法律专业知识(因为取得律师资格亦需要通过考试),而且又有丰富的律师执业的实践经验,这对保证案件的质量是有重要作用的。

③ 柴发邦主编:《体制改革与完善诉讼制度》,中国人民公安大学出版社1991年版,第273页。

纷的解决将永无尽头,而裁判的稳定性、权威性必然被牺牲。同时,这种指导思想亦与国际上公认的民事诉讼理论和制度相悖。因为按照各国通行的做法,错案的纠正要受到当事人处分权的限制,受诉讼时效、举证时效的限制,受错案程度的限制,等等。所以,直接将“实事求是,有错必纠”作为民事再审程序的指导思想是不妥当的。当然,从我国现有法官的素质和配套措施来看,英美法系国家对错案主要通过上诉审程序来纠正的做法我们国家目前是无法借鉴的。[①]我们目前比较可行的办法是借鉴大陆法系各国关于再审的做法,将“实事求是,有错必纠”的指导思想更新为平衡纠正错误裁判与维护生效裁判稳定性的新的指导思想,并以此指导思想来重构我国的再审程序。当然,纠正生效裁判错误必然会和维护生效裁判的稳定性发生冲突,解决这一冲突的办法,显然不能靠完全牺牲任何一方面,唯一的解决办法就是在二者之间寻找到一个平衡点,这就是实行有限制地纠正生效裁判的错误。这种限制不仅要体现在发动再审的条件上,而且亦应体现在发动再审的主体、审理程序等方面。

(二) 审判监督权的扩张与当事人诉权、处分权行使的冲突

依据私法自治的原理和法律对诉权、处分权的规定,民事诉讼当事人在法律规定的范围内有权自由地处分自己的民事权利和诉讼权利,国家不得随意干预并应保障当事人行使这种权利。特别是随着我国市场经济体制的逐步建立,当事人的这种权利更应得到尊重。但由于我国民事再审程序超职权主义模式的影响,法院和检察院在审判监督方面被赋予了相当大的权力,而当事人的诉权和处分权反而被压缩,从而导致了审判监督权的扩张与当事人诉权、处分权行使的冲突,这种冲突主要表现在下述三个方面:

第一,《民事诉讼法》中,再审一章的章名不恰当地突出了审判监督程序的地位。现行《民事诉讼法》第16章标题为“审判监督程序”,其内容却既包括人民法院和人民检察院基于审判监督权发动的再审,又包括当事人基于诉权发动的再审。而把当事人申请再审引发的再审程序也称为审判监督程序显然不太恰当。之所以出现这种该章标题与内容不相吻合的情况,原因不外乎两个:一是该章是在《民事诉讼法(试行)》的“审判监督程序”一章的基础上制定的,其中当事人申请再审和人民检察院抗诉提起的再审是新增加的内容,立法者忽略了这一重大变化,使该章仍沿用《民事诉讼法(试行)》时的标题,从而造成了章名与内容的不协调。二是立法虽增加了当事人申请再审这一发动再审的程序,但认为其并不是一种独立的再审之诉,而是类似于试行法时的申诉,是法院发动再审的材料来源之一,只是在申诉的理由、时间等方面具体化了。从立法对当事人申请再审的具体规定来看[②],后一种分析也不是完全没有道理。

第二,申请再审与申诉关系上的混乱。《民事诉讼法》正式颁行已20几个年头,但对申请再审与申诉,从理论界到司法实务部门并未真正将二者的关系厘清。当初立法时的意图,有权威人士解释:“原来当事人的申诉,现在改成了申请再审。”他还进一步阐述了修改的原因:“当事人的申诉问题在修改过程中,两头意见都很大。老百姓反映申诉无门,申诉难,申

① 我国目前基于审判监督权而再审的启动率远远高于大陆法系国家,至于申请再审案件的比率就更高了。在这些要求再审的当事人中,真正没有理由长期缠讼的只是极少数,这说明我们的审判质量是有问题的。造成这种局面的原因除了与法律制度不够健全和执法环境不够好有关外,其中一个重要的原因是我们的法官队伍整体素质不高。因此,要从根本上改变再审的局面,就必须整体提高我国的法官队伍素质。

② 从现行《民事诉讼法》再审程序的规定中,很难找到将当事人申请再审作为诉讼权利规定的内容。

诉到法院层层转,不给处理,花了很多钱,最后又没解决问题。法院同志反映,现在申诉没完没了,叫作‘四无限’,即申诉的时间没有限制、次数没有限制、申诉的法院级别没有限制、案件的种类没有限制。这‘四无限’给法院带来很大压力。修改中有些专家提出干脆确立再审制度,凡是符合条件的法院就应再审,不应再叫申诉了。”[①]《民事诉讼法》颁行后,申诉与申请再审是何关系,在理论和实践中均有分歧。第一种观点认为,民事诉讼法赋予当事人申请再审权后,申诉已被申请再审取代,申诉没有存在必要了。第二种观点认为,申请再审就是申诉,它们是同一概念的不同称谓。第三种观点认为,民事诉讼法赋予当事人申请再审权后,申诉与申请再审并存,并继续在民事诉讼中发挥作用。[②]实践证明,申请再审并没有取代申诉,因为,只要法院和检察院有发动再审的权力,民事诉讼中的申诉就肯定存在,这是立法者当时所没有考虑到的。而在司法实践中,当事人申请再审与申诉并无大的区别。也就是说,并没有将当事人申请再审作为一种发动再审的程序,其仍是法院发现判决、裁定可能存在错误的一条渠道。最高人民法院的司法解释对于当事人申请再审用通知驳回,各级法院在申请再审方面主要适用申诉方面的司法解释,都为上述主张在司法实践中的落实提供了保证。这样一来,民事诉讼法的立法意图并未实现,申诉方面存在的问题也未得到解决,而且,随着建立市场经济所带来的市场主体多元化和人们对权利的追求,加上地方保护主义愈演愈烈,再审程序中的混乱状况甚至超出了《民事诉讼法(试行)》时期。

第二节　当事人申请再审

一、当事人申请再审的概念和意义

当事人申请再审,亦称再审之诉,是指民事诉讼的当事人,对已经发生法律效力的判决、裁定、调解协议,认为有错误,向原审人民法院或者上一级人民法院申请再行审理的行为。

民事诉讼法赋予当事人申请再审的权利,有着重要的意义:

第一,有利于改变“申诉难”的状况和依法制止滥用申诉权利的行为。我国《民事诉讼法(试行)》规定,当事人认为生效裁判有错误的,有权向人民法院提出申诉。但对申诉的时间、审级、案件类型、理由均未作具体限制。也就是说,当事人只要对生效裁判不服,在任何时候和任何情况下都可以向人民法院申诉,可以从基层人民法院一直申诉到最高人民法院。在这种无条件限制的情况下,一些当事人对本来并没有什么错误的生效裁判抱着侥幸心理不断申诉,给人民法院的工作造成了很大的压力。面对大量的申诉,人民法院也无力进行认真查处,大多是“照抄照转”,实际效果不好。而有条件地申请再审,既可以制止那些不必要的申诉,减轻当事人的讼累,也可以使人民法院把主要精力集中在真正需要纠正的案件上。

第二,有利于实现再审程序的发动方式与国际上的接轨。纵观世界各国的民事诉讼法,绝大多数国家将发动再审程序的权利赋予当事人。这是符合民事诉讼特点的,因为当事人是生效判决、裁定、调解协议所产生法律后果的实际承受者,往往更容易感受到判决、裁定、

① 参见全国人大民法室主任胡康生在最高人民法院民事诉讼法培训班上的讲话。转引自最高人民法院民事诉讼法培训班编:《民事诉讼法讲座》,法律出版社 1991 年版,第 52~53 页。

② 参见章武生:《再审程序若干问题研究》,载《法学评论》1995 年第 1 期。

调解协议的正确与错误。同时当事人对民事纠纷有处分权，赋予当事人申请再审的权利，有助于优化再审程序，实现再审程序的发动方式与国际上的接轨。

二、当事人申请再审的条件

申请再审和起诉一样，均属于当事人的诉讼权利，只要符合法定条件，就可以引起诉讼程序的发生。但申请再审所针对的毕竟是已经生效的判决、裁定、调解书，因此，申请再审的条件理应比起诉、上诉的条件更为严格，以防当事人滥用申请再审的权利，轻易动摇已确定的判决、裁定、调解书。根据 2012 年修订的《民事诉讼法》规定，当事人申请再审必须同时具备以下条件：

1. 当事人申请再审的对象必须是已经发生法律效力且准予提出再审申请的判决、裁定、调解书。这是对当事人申请再审的对象和范围的限制。如果判决、裁定、调解书尚未发生法律效力，则只能通过其他途径解决。判决、裁定、调解书虽已生效，但属于法定不准提出申请再审的，当事人也不得申请再审。《民事诉讼法》第 202 条规定："当事人对已经发生法律效力的解除婚姻关系的判决、调解书，不得申请再审。"其理由是，夫妻关系以爱情为基础，不能靠强制的方法使已经解除了婚姻关系的男女再结合在一起。进行再审，还可能出现再审判决与现实婚姻冲突等一系列无法解决的问题。①

此外，《民诉法解释》第 380 条规定："适用特别程序、督促程序、公示催告程序、破产程序等非诉程序审理的案件，当事人不得申请再审。"

2. 当事人申请再审，应当在判决、裁定发生法律效力后 6 个月内提出，特殊情形应延长当事人申请再审期间。这是对当事人申请再审的时间限制。其目的主要是促使当事人及时行使申请再审的权利，以利于再审工作的顺利进行，防止当事人无休止的缠讼，维护民事法律关系的稳定性。

但有《民事诉讼法》第 200 条第 1 项、第 3 项、第 12 项、第 13 项规定情形的，自知道或应当知道之日起 6 个月内提出。关于该规定，2012 年《民事诉讼法》修改后的变化主要有三个方面：一是将原来 2 年的申请再审时间缩短为 6 个月，以促使当事人及时行使权利；二是将 6 个月之后被发现的再审事由由原来的两种增加为四种；三是将知道或应当知道之日起 3 个月的申请再审时间延长为 6 个月。

3. 当事人申请再审必须向有管辖权的人民法院提出。这是对当事人申请再审管辖法院的限制。按照 1991 年《民事诉讼法》规定，当事人申请再审，应当向原审人民法院或者上一级人民法院提出。2007 年《民事诉讼法》将其修正为：当事人申请再审的案件，由作出发生法律效力的判决、裁定的法院的上一级人民法院管辖。上一级人民法院决定再审后，可以指令作出发生法律效力的判决、裁定的人民法院审理，也可以指令其他同级人民法院审理。作出上述变动的立法本旨在于避免原审法院可能存在的影响再审决定的某些因素，增加当事人对作出再审决定法院的信任感。同时，明确申请再审的管辖法院，还可以防止因当事人

① 对上述理由稍加分析就能看出，这些理由不足以支持剥夺婚姻案件当事人的申请再审之诉权。试想，当事人伪造证据导致法院作出离婚判决，或者应该回避的法官没有回避，将不符合法定离婚条件的当事人判决离婚，又不允许对方当事人申请再审，这合理吗？至于出现对方再婚等和现实婚姻相冲突的情况，则完全可以通过作出"无纠正可能的案件不能再审"的规定来解决，而不能以此来否定属于这类情况的当事人的再审之诉权。

到处申请所造成的人力、物力的浪费，以及对法院正常工作秩序的干扰，避免法院之间互相推诿，影响当事人再审申请权的行使。2012年修订后的《民事诉讼法》，在继续维持当事人可以向上一级人民法院申请再审的同时，规定当事人一方人数众多或者当事人双方为公民的案件，也可以向原审人民法院申请再审。《民事诉讼法》再次修改该规定，有多方面的原因：一是给这两类诉讼主体程序选择权，有助于降低其诉讼成本；二是当事人一方人数众多的案件由原审法院再审，还有利于查清事实，将纠纷解决在当地。此外，减轻上级法院的压力也是重要的考虑因素。

4. 当事人申请再审必须符合法定情形。这是对当事人申请再审理由的限制，也是法院审查的重点。按照1991年《民事诉讼法》规定，当事人针对判决、裁定申请再审的，必须符合5种法定情形之一。该规定虽然较之于未规定再审具体理由的《民事诉讼法（试行）》有了长足的进步，但仔细分析这些理由，就会发现其有许多不科学之处，无法满足审判实践的需要。再审理由是再审程序中最重要的内容。再审理由的科学设置对于正确适用再审程序具有十分重要的意义。由于上述规定比较原则，容易引发当事人和再审管辖法院之间关于是否满足再审理由的争议。此外，更为突出的问题是，上述规定遗漏了一些重要的再审事由。鉴于此，2007年修订后的《民事诉讼法》对当事人申请再审的理由作出了更为具体、明确的规定。2012年修订的《民事诉讼法》进一步对其作了调整，使其更加具体化，更加合理，并与国际上通行的做法更为接近。

根据新的规定，当事人的申请符合下列情形之一的，人民法院应当再审：(1)有新的证据，足以推翻原判决、裁定的；(2)原判决、裁定认定的基本事实缺乏证据证明的；(3)原判决、裁定认定事实的主要证据是伪造的；(4)原判决、裁定认定事实的主要证据未经质证的；(5)对审理案件需要的证据，当事人因客观原因不能自行收集，书面申请人民法院调查收集，人民法院未调查收集的；(6)原判决、裁定适用法律确有错误的；(7)审判组织的组成不合法或者依法应当回避的审判人员没有回避的；(8)无诉讼行为能力人未经法定代理人代为诉讼或者应当参加诉讼的当事人，因不能归责于本人或者其诉讼代理人的事由，未参加诉讼的；(9)违反法律规定，剥夺当事人辩论权利的；(10)未经传票传唤，缺席判决的；(11)原判决、裁定遗漏或者超出诉讼请求的；(12)据以作出原判决、裁定的法律文书被撤销或者变更的；(13)审判人员在审理该案件时有贪污受贿、徇私舞弊、枉法裁判行为的。

上述当事人申请再审的四个条件，缺一不可，只有同时具备，申请再审才能成立。

三、当事人申请再审的程序

(一) 当事人提出申请

当事人向人民法院申请再审的，应当提交申请书，并附上原审人民法院的判决书、裁定书、调解书。申请书应当写明下面几项内容：一是再审申请人与被申请人及原审其他当事人的基本信息。二是申请再审的诉讼请求。诉讼请求是申请人申请再审想要达到的目的，是要求变更原审裁判的意思表示。申请人是要求全部变更还是要求部分变更，应在申请书的诉讼请求中标明。三是提出再审申请所依据的事实和理由以及证据材料。由于《民事诉讼法》规定符合法定情形之一的人民法院才能再审，因此，申请书所提事实和理由应同法定情形联系起来，以利于引发再审程序。

（二）法院对申请的受理、审查和处理[①]

人民法院应当自收到符合条件的再审申请书等材料之日起5日内向再审申请人发送受理通知书，并向被申请人及原审其他当事人发送应诉通知书、再审申请书副本等材料。

人民法院受理申请再审案件后，应当依法对当事人主张的再审事由进行审查。再审申请人提供的新的证据，能够证明原判决、裁定认定基本事实或者裁判结果错误的，应当认定为《民事诉讼法》第200条第1项规定的情形。对于符合前款规定的证据，人民法院应当责令再审申请人说明其逾期提供该证据的理由；拒不说明理由或者理由不成立的，依照《民事诉讼法》第65条第2款和《民诉法解释》第102条规定处理。即当事人因故意或者重大过失逾期提供的证据，人民法院不予采纳。但该证据与案件基本事实有关的，人民法院应当采纳，并依法予以训诫、罚款。

拓展阅读

2010年司法考试第四卷第5题

http://2d.hep.cn/1322465/5

当事人非因故意或者重大过失逾期提供的证据，人民法院应当采纳，并对当事人予以训诫。当事人一方要求另一方赔偿因逾期提供证据致使其增加的交通、住宿、就餐、误工、证人出庭作证等必要费用的，人民法院可予支持。

再审申请人证明其提交的新的证据符合下列情形之一的，可以认定逾期提供证据的理由成立：(1)在原审庭审结束前已经存在，因客观原因于庭审结束后才发现的；(2)在原审庭审结束前已经发现，但因客观原因无法取得或者在规定的期限内不能提供的；(3)在原审庭审结束后形成，无法据此另行提起诉讼的。

再审申请人提交的证据在原审中已经提供，原审人民法院未组织质证且未作为裁判根据的，视为逾期提供证据的理由成立，但原审人民法院依照《民事诉讼法》第65条规定不予采纳的除外。

当事人对原判决、裁定认定事实的主要证据在原审中拒绝发表质证意见或者质证中未对证据发表质证意见的，不属于《民事诉讼法》第200条第4项规定的未经质证的情形。

有下列情形之一，导致判决、裁定结果错误的，应当认定为《民事诉讼法》第200条第6项规定的原判决、裁定适用法律确有错误：(1)适用的法律与案件性质明显不符的；(2)确定民事责任明显违背当事人约定或者法律规定的；(3)适用已经失效或者尚未施行的法律的；(4)违反法律溯及力规定的；(5)违反法律适用规则的；(6)明显违背立法原意的。

原审开庭过程中有下列情形之一的，应当认定为《民事诉讼法》第200条第9项规定的剥夺当事人辩论权利：(1)不允许当事人发表辩论意见的；(2)应当开庭审理而未开庭审理的；(3)违反法律规定送达起诉状副本或者上诉状副本，致使当事人无法行使辩论权利的；(4)违法剥夺当事人辩论权利的其他情形。

《民事诉讼法》第200条第13项规定的审判人员审理该案件时有贪污受贿、徇私舞弊、

---

① 2015年《民诉法解释》对申请的审查和处理作了非常详细的规定，该部分就是审查和处理的主要内容，参见《民诉法解释》第385~395条。

枉法裁判行为,是指已经由生效刑事法律文书或者纪律处分决定所确认的行为。

当事人主张的再审事由成立,且符合《民事诉讼法》和《民诉法解释》规定的申请再审条件的,人民法院应当裁定再审。

当事人主张的再审事由不成立,或者当事人申请再审超过法定申请再审期限、超出法定再审事由范围等不符合《民事诉讼法》和《民诉法解释》规定的申请再审条件的,人民法院应当裁定驳回再审申请。

第三节 人民法院决定再审

人民法院决定再审是人民法院内部对自己的审判工作行使检查监督权,也是发动再审程序的三个途径之一。

一、人民法院决定再审的条件

根据《民事诉讼法》第 198 条规定,人民法院决定再审,必须具备以下条件:

1. 判决、裁定、调解书已经发生法律效力。这是对再审对象的限制。如果是尚未生效的判决、裁定确有错误,应当通过上诉程序来纠正,而不能提起再审程序。

2. 判决、裁定、调解书确有错误。这是对人民法院提起再审理由的限制。我们认为,这一理由过于笼统、概括,在实践中难以掌握和运用。应当对人民法院提起再审的理由同人民检察院、当事人提起再审的理由一样作出比较具体的规定。从我国法律规定来看,法院决定再审的案件主要有两种情况:一是生效判决、裁定、调解书损害国家利益或社会公共利益;二是当事人申请再审被驳回后向法院申诉,或对再审判决、裁定、调解书提出申诉,法院审查后认为确有错误,达到了应当改判的程度。

二、人民法院提起再审的程序

由于有权提起再审程序的法定机关、组织和人员不同,提起再审程序的方法和步骤也不一样。根据民事诉讼法的规定,人民法院提起再审的程序有:

1. 各级人民法院院长发现本院作出的已生效的判决、裁定、调解书确有错误提起再审的程序。按照我国现行法律的规定,各级法院享有审判监督权的是法院院长和审判委员会,他们对本院审判人员和合议庭的审判工作进行监督。因此,当院长发现本院已生效的判决、裁定确有错误时,应当提交审判委员会讨论,由审判委员会决定是否再审,这是民主集中制原则在审判监督程序中的体现。

2. 最高人民法院对地方各级人民法院已经发生法律效力的判决、裁定、调解书,发现确有错误,提审或者指令下级人民法院再审的程序。最高人民法院是国家的最高审判机关,对地方各级人民法院的审判工作享有审判监督权。因此,最高人民法院发现地方各级人民法院已生效的判决、裁定确有错误时,应当行使审判监督权,根据具体情况决定将案件提到本院自行审判,或者指令下级人民法院再审。自己提审时,应在提审的裁定中同时写明中止原判决、裁定的执行,并向原审人民法院调取案卷,进行再审。指令下级人民法院再审的,下级人民法院接到指令后，应当依法再审，并将审判结果上报最高人民法院。

3. 上级人民法院对下级人民法院已经发生法律效力的判决、裁定发现确有错误的，提审或指令再审的程序。根据法律规定，上级人民法院对下级人民法院的审判工作享有审判监督权。因此，上级人民法院发现辖区内的下级人民法院的生效判决、裁定确有错误，既可以调取案卷自行审理，也可以指令下级人民法院再审，具体程序与最高人民法院提审或指令再审的程序相同。

第四节　人民检察院抗诉提起再审

一、民事抗诉的概念

抗诉是指人民检察院对人民法院的判决或裁定认为符合法定抗诉条件，依法提请人民法院对案件重新进行审理的一种诉讼行为。抗诉通常包括对未生效裁判的抗诉和对生效裁判的抗诉两种情况。目前，我国民事诉讼中的抗诉仅限于对生效民事裁判的抗诉，对未生效的民事裁判，人民检察院没有抗诉权。根据现行民事诉讼法的规定，我国民事诉讼中的抗诉，是指人民检察院对人民法院已经生效的判决、裁定发现有提起抗诉的法定情形，提请人民法院对案件重新进行审理的诉讼活动。

二、提起民事抗诉的条件

根据民事诉讼法的规定，人民检察院提起民事抗诉应具备以下条件：

1. 人民法院的判决、裁定已经生效。判决、裁定已经生效是发动再审程序的一个共性条件，也是民事诉讼法对抗诉对象的限制。

2. 发现生效判决、裁定有法定的抗诉情形。这是民事诉讼法对抗诉理由的限制。根据《民事诉讼法》规定，检察机关抗诉提起再审与当事人申请再审的法定情形完全一致。即符合《民事诉讼法》第200条规定情形之一的，检察机关可在法定权限范围内依审判监督程序提出抗诉。

三、民事抗诉的提出与受理

民事抗诉的提出，是指哪一级的人民检察院对哪一级人民法院的生效裁判可以提出抗诉。根据《民事诉讼法》第208条规定，民事抗诉的提出主要有下述几种情况：

1. 最高人民检察院对各级人民法院已经发生法律效力的判决、裁定提出抗诉。最高人民检察院作为最高法律监督机关，对全国各级人民法院（包括最高人民法院）的民事审判活动享有监督权，有权对具有法定抗诉情形的判决、裁定提出抗诉，要求人民法院对案件进行再审。

2. 上级人民检察院对下级人民法院已经发生法律效力的判决、裁定提出抗诉。

上述检察监督中，自上而下的监督是对生效裁判检察监督的普遍方式。而最高人民检察院对最高人民法院生效裁判提出的抗诉，则是对生效裁判自上而下检察监督的例外，这种特定的例外，是为了保证检察监督的完整性。

地方各级人民检察院不得对同级人民法院的生效裁判提出抗诉，但如果发现同级人民法院的生效裁判具有法定的抗诉事实和理由的，可以建议同级人民法院再审或提请上级人民检察院按照审判监督程序提出抗诉，这是检察机关实现其监督职能的上下结合形式。

与当事人的再审申请不同，对人民检察院依法提起抗诉的案件，人民法院必须进行再审，不存在驳回的问题。法律关于抗诉与再审关系的这种规定，充分体现了作为国家审判机关的人民法院与作为国家法律监督机关的人民检察院的相互制约关系。

四、当事人向人民检察院申请检察建议或者抗诉的情形

2012 年修改前的《民事诉讼法》只规定了抗诉一种监督方式。根据一些地方的试点探索，2012 年修改后的《民事诉讼法》增加规定，人民检察院有权以检察建议的方式对民事诉讼实行法律监督。同时规定，各级人民检察院对审判监督程序以外的其他审判程序中审判人员的违法行为，有权向同级人民法院提出检察建议。

此外，《民事诉讼法》第 209 条规定，有下列情形之一的，当事人可以向人民检察院申请检察建议或者抗诉：(1) 人民法院驳回再审申请的；(2) 人民法院逾期未对再审申请作出裁定的；(3) 再审判决、裁定有明显错误的。人民检察院对当事人的申请应当在 3 个月内进行审查，作出提出或者不予提出检察建议或者抗诉的决定。当事人不得再次向人民检察院申请检察建议或者抗诉。

2015 年颁布的《民诉法解释》进一步提升了检察建议的地位，扩展了其适用范围。根据《民诉法解释》相关规定[①]，人民检察院依法对损害国家利益、社会公共利益的发生法律效力的判决、裁定、调解书提出抗诉，或者经人民检察院检察委员会讨论决定提出再审检察建议的，人民法院应予受理。

人民检察院对已经发生法律效力的判决以及不予受理、驳回起诉的裁定依法提出抗诉的，人民法院应予受理。

人民检察院依照《民事诉讼法》第 209 条第 1 款第 3 项规定对有明显错误的再审判决、裁定提出抗诉或者再审检察建议的，人民法院应予受理。

地方各级人民检察院依当事人的申请对生效判决、裁定向同级人民法院提出再审检察建议，符合下列条件的，应予受理：(1) 再审检察建议书和原审当事人申请书及相关证据材料已经提交；(2) 建议再审的对象为依照《民事诉讼法》和《民诉法解释》规定可以进行再审的判决、裁定；(3) 再审检察建议书列明该判决、裁定有《民事诉讼法》第 208 条第 2 款规定情形；(4) 符合《民事诉讼法》第 209 条第 1 款第 1 项、第 2 项规定情形；(5) 再审检察建议经该人民检察院检察委员会讨论决定。

检察建议与抗诉的区别主要在于：(1) 检察建议不必然引起再审，但作为抗诉监督的补充，能够促使人民法院发现错误、纠正错误。(2) 检察建议是同级人民检察院向同级人民法院发出的监督建议，不同于上级人民检察院对下级人民法院生效法律文书提出的抗诉。(3) 检察建议比抗诉的适用范围更广，除了在审判监督程序中发挥作用外，还可以用于帮助

① 参见 2015 年《民诉法解释》第 413~416 条。

人民法院发现其他审判程序中审判人员的违法行为，及时纠正相应错误。

五、民事抗诉案件的审理

人民检察院决定对人民法院的判决、裁定、调解书提出抗诉的，应当制作抗诉书。抗诉书是人民检察院对人民法院生效裁判提出抗诉的法律文书，也是引起对案件再审的法律文书。《民事诉讼法》第211条规定："人民检察院提出抗诉的案件，接受抗诉的人民法院应当自收到抗诉书之日起三十日内作出再审的裁定；有本法第二百条第一项至第五项规定情形之一的，可以交下一级人民法院再审，但经该下一级人民法院再审的除外。"按照该规定，对于检察院抗诉的案件，法院如果下放管辖，仅限于证据和事实问题，其他问题导致的抗诉再审不能下放。这也解决了实践中法院和检察院关于管辖方面的级别之争。

人民法院收到再审检察建议后，应当组成合议庭，在3个月内进行审查，发现原判决、裁定、调解书确有错误，需要再审的，依照《民事诉讼法》第198条规定裁定再审，并通知当事人；经审查，决定不予再审的，应当书面回复人民检察院。

人民法院开庭审理抗诉案件，应当在开庭3日前通知人民检察院、当事人和其他诉讼参与人。同级人民检察院或者提出抗诉的人民检察院应当派员出庭。

人民检察院因履行法律监督职责向当事人或者案外人调查核实的情况，应当向法庭提交并予以说明，由双方当事人进行质证。

根据最高人民检察院《关于民事审判监督程序抗诉工作暂行规定》第11条规定，检察人员出席法庭的任务是：(1)宣读抗诉书；(2)参加法庭调查；(3)说明抗诉的根据和理由；(4)对法庭审判活动是否合法实行监督。

第五节　再审案件的审判

一、裁定中止原判决、裁定、调解书的执行

根据《民诉法解释》第396条规定，人民法院依法决定再审，依照《民事诉讼法》第206条规定，需要中止执行的，应当在再审裁定中同时写明中止原判决、裁定、调解书的执行；情况紧急的，可以将中止执行裁定口头通知负责执行的人民法院，并在通知后10日内发出裁定书。之所以要"中止原判决、裁定、调解书"的执行，是因为再审的案件有可能在审结后撤销或者变更原判决、裁定、调解书，为了避免因继续履行或强制执行可能给当事人的合法权益造成的更大的损害，减少和制止因此造成的不良后果，所以在再审期间要中止原判决、裁定、调解书的执行。至于法律规定决定再审的案件，只"中止原判决、裁定、调解书"的执行，而不是"撤销"，主要是因为，尽管决定再审时已经"发现"原判决、裁定、调解书有错误，但不经实体审理就撤销，是不符合诉讼程序的，也是不严肃的。只有经过再审程序审理后才能决定是撤销还是维持原法律文书，撤销原法律文书是部分撤销还是全部撤销并予以改判。但追索赡养费、扶养费、抚育费、抚恤金、医疗费用、劳动报酬等的案件，由于涉及当事人生命健康或影响当事人生计，可以不中止执行。

二、另行组成合议庭

根据《民事诉讼法》规定，人民法院审理再审案件，一律实行合议制，而不允许实行独任制。若原审人民法院再审，还应另行组成合议庭，原合议庭成员或独任审判员不得参加新组成的合议庭，以防止其先入为主，保证对案件的公正审判。

三、分别适用第一审、第二审程序审理

再审的案件，原来是第一审审结的，再审时适用第一审普通程序进行审理（最高人民法院或上级人民法院提审的例外），经过再审后所作的判决、裁定，仍是第一审的判决、裁定，当事人不服可以上诉。

再审的案件，原来是第二审审结的，再审时仍适用第二审程序进行审理，审理终结所作的裁判是终审裁判，当事人不得上诉。

最高人民法院或上级人民法院提审的再审案件，不论原来是第一审还是第二审，一律按第二审程序审理，所作的判决、裁定是终审的判决、裁定，当事人不得上诉。

四、可以进行调解

适用再审程序审理的案件，可以进行调解。调解时仍遵照第一审、第二审程序有关调解的规定进行。不同的是，适用第一审程序达成调解协议的案件有些可不制作调解书，而再审程序中的调解，均应制作调解书。调解书送达后，原判决即视为撤销。

五、再审案件的裁判①

人民法院经再审审理认为，原判决、裁定认定事实清楚、适用法律正确的，应予维持；原判决、裁定认定事实、适用法律虽有瑕疵，但裁判结果正确的，应当在再审判决、裁定中纠正瑕疵后予以维持。

原判决、裁定认定事实、适用法律错误，导致裁判结果错误的，应当依法改判、撤销或者变更。

按照第二审程序再审的案件，人民法院经审理认为不符合民事诉讼法规定的起诉条件或者符合《民事诉讼法》第124条规定不予受理情形的，应当裁定撤销一、二审判决，驳回起诉。

人民法院对调解书裁定再审后，按照下列情形分别处理：

(1) 当事人提出的调解违反自愿原则的事由不成立，且调解书的内容不违反法律强制性规定的，裁定驳回再审申请；

---

① 2015年《民诉法解释》对再审案件裁判作了详细的规定，该部分对其中的主要内容作了介绍，参见《民诉法解释》第407~412条。

(2) 人民检察院抗诉或者再审检察建议所主张的损害国家利益、社会公共利益的理由不成立的,裁定终结再审程序。

前款规定情形,人民法院裁定中止执行的调解书需要继续执行的,自动恢复执行。

一审原告在再审审理程序中申请撤回起诉,经其他当事人同意,且不损害国家利益、社会公共利益、他人合法权益的,人民法院可以准许。裁定准许撤诉的,应当一并撤销原判决。

一审原告在再审审理程序中撤回起诉后重复起诉的,人民法院不予受理。

当事人提交新的证据致使再审改判,因再审申请人或者申请检察监督当事人的过错未能在原审程序中及时举证,被申请人等当事人请求补偿其增加的交通、住宿、就餐、误工等必要费用的,人民法院应予支持。

部分当事人到庭并达成调解协议,其他当事人未作出书面表示的,人民法院应当在判决中对该事实作出表述;调解协议内容不违反法律规定,且不损害其他当事人合法权益的,可以在判决主文中予以确认。

第十八章　特别程序

第一节　特别程序概述

一、特别程序的概念

特别程序是指人民法院审理某些非民事权益纠纷案件所适用的特殊程序。特别程序不同于普通程序和简易程序,它有着自身的特殊性和独立性。普通程序和简易程序适用于审理一般的民事纠纷案件,而特别程序适用于解决几种特殊类型的案件。这就决定了其在审理案件的程序方面必然采用一些不同的原则、制度和具体规则。人民法院审理法定的几种特殊类型的案件所采用的这些原则、制度和具体规则,就形成了民事诉讼法所规定的特别程序的内容。

特别程序虽然具有自己的特殊性和独立性,但仍然属于我国民事诉讼法规定的审判程序的有机组成部分。因此,根据《民事诉讼法》第 177 条规定,特别程序一章没有规定的,适用《民事诉讼法》其他各章和其他法律的规定。

二、特别程序的适用范围

世界各国民事诉讼立法一般都设有特别程序,用来审理一些特殊类型的案件,但是在特别程序具体的适用范围方面却有较大的差异。一般来讲,都把认定公民失踪和宣告公民死亡、认定公民行为能力受限或无行为能力、认定财产无主等案件,列入特别程序的适用范围。此外,有些国家的民事诉讼法将丢失不记名凭证的复权(公示催告程序)、对遗嘱文件的验证、对死者或无行为能力的人财产的管理、婚姻亲子关系案件等也列入适用特别程序的范围。总之,特别程序的适用范围是比较广泛的。根据我国《民事诉讼法》第 15 章规定,特别程序的适用范围是特定的,其特定性表现在:第一,适用特别程序的人民法院是特定的,即仅限于基层人民法院,中级以上人民法院不适用特别程序。第二,适用特别程序审理的案件是特定的,即仅限于审理选民资格案件和非讼案件。在这两类案件中,不存在民事权利义务之争,也不存在有利害冲突的双方当事人。根据《民事诉讼法》第 177 条规定,适用特别程序审理的案件具体包括:选民资格案件、宣告失踪或者宣告死亡案件、认定公民无民事行为能力或者限制民事行为能力案件、认定财产无主案件、确认调解协议案件和实现担保物权案件。此外,根据我国《民法通则》及相关规定,指定或者撤销监护案件,《担保法》规定的抵押权人提起的拍卖抵押物案件,《公司法》规定的股东提起的公司解散命令案件、债权人提起的公司清算案件,《海事诉讼特别程序法》规定的船舶碰撞案件、共同海损案件、海上保险人行使代位请求赔偿权利案件、海事督促程序案件、海事公示催告程序案件、设立海事赔偿责任限制基金程序案件、债权登记与受偿程序案件,从性质上讲也是非讼案件,人民法院审理这类案件应当比照特别程序的有关规定进行。

三、特别程序的特点

特别程序与普通程序、简易程序相比,具有以下特点:

(一) 其实质是对某种法律事实或者权利的实际状况进行确认

依照特别程序审理的案件,不是为解决民事权利义务争议,而是为确认某种法律事实是否存在,确认某种权利的实际状况。法院在依照特别程序审理案件过程中,发现案件属于民事权益争议的,应当裁定终结特别程序,并通知利害关系人可以另行起诉。按照普通程序和简易程序审理案件,则要依法解决民事权益冲突,确认民事权利义务关系,制裁民事违法行为。

(二) 没有原告和被告

特别程序因申请人的申请或者起诉人的起诉而开始。申请人或者起诉人不一定与本案有直接的利害关系,而且他们没有对方当事人。按照普通程序、简易程序审理的案件,则必须由与案件有直接利害关系的原告提起,有明确的原告和被告双方当事人。

(三) 实行一审终审

按照特别程序审理案件,实行一审终审,判决书一经送达,立即发生法律效力,申请人即使不服,也不得提起上诉。而依照普通程序、简易程序审理的案件,除最高人民法院审理第一审民事案件实行一审终审外,都实行两审终审,当事人对第一审人民法院作出的判决、裁定不服,有权向上一级法院提起上诉,二审法院的判决、裁定,才是终审判决、裁定。

(四) 审判组织特殊

按照特别程序审理案件,审判组织原则上采用独任制。只有选民资格案件和重大疑难的非讼案件,才由审判员组成合议庭进行审理,除此以外的其他按照特别程序审理的案件,由独任制法庭审理。而在普通程序中,民事案件一般由合议制法庭审理。合议庭可以由审判员组成,也可以由审判员和陪审员组成。根据简易程序审理的简单民事案件,由独任制法庭审理。

(五) 不适用审判监督程序

按照特别程序审理的案件,在判决发生法律效力以后,如果发现判决在认定事实或者适用法律方面有错误,或者出现了新情况、新事实,人民法院根据有关人员的申请,查证属实之后，无须启动审判监督程序，原审人民法院可依照特别程序规定撤销原判决，作出新判决。而按照普通程序、简易程序审理的案件，判决生效后，发现确有错误的，必须依照审判监督程序提起再审，予以纠正，不经审判监督程序，任何机关和个人都无权撤销生效判决。

（六）案件审结期限较短

根据民事诉讼法规定，按照特别程序审理的案件，应当在立案之日起30日内或者公告期满后30日内审结，有特殊情况需要延长的，由本院院长批准，但是选民资格案件必须在选举日之前审结，不得延长到选举日后审结。在普通程序中，民事案件的审理期限一般较长。根据民事诉讼法的规定，适用普通程序审理的一审案件，应当在立案之日起6个月内审结，有特殊情况需要延长的，由本院院长批准，可延长6个月，还需要延长，应当报上级法院院长批准。对于上诉案件，应当在第二审法院立案之日起3个月内审结，有特殊情况需要延长的，由本院院长批准，对裁定不用提起上诉的案件，应当在第二审法院立案之日起30日内作出终审裁定。

（七）免交诉讼费根据

特别程序审理的案件，不论申请人的情况如何，一律免交案件受理费。而在普通程序中，一般需要交纳案件受理费。此外，在适用特别程序审理案件时，还应该注意该程序的其他特点，即审理时应该贯彻职权审理、书面审理和不公开审理原则。这也是基于适用特别程序的案件往往没有相对人、事实简单等而确定的原则。

第二节 选民资格案件

一、选民资格案件的概念和意义

选民资格案件，是指公民对选举委员会公布的选民名单有异议，向选举委员会提出申诉后，不服选举委员会所作的处理决定，而向人民法院提起诉讼的案件。选举权与被选举权是我国公民享有的一项重要的政治权利。根据我国宪法和选举法有关规定，年满18周岁的公民一般都有选举权和被选举权。未满18周岁的公民和依法被剥夺政治权利的人没有选举权。精神病人虽然有选举权，但往往不能行使这一权利。为了准确地确定哪些公民有选举权，哪些公民没有选举权或不能行使选举权，我国选举法规定了选民登记制度，通过登记来确认选民资格。选举法规定选民按选区进行登记，经登记的选民资格长期有效，并规定选民名单应在选举日的20日以前公布。

选民名单是确定选民资格的重要依据，列入选民名单的公民，才能够参加选举。选民登记是一项相当复杂的工作。由于人口的流动，公民年龄、政治权利的变化等，公布的选民名单可能出现差错，如把有选举权的公民漏列，或者把依法不具有选举权、不能行使选举权的人误列入选民名单。为了纠正选民名单中的错误，有必要让有选举权而未被列入名单的公民提出异议，也有必要让其他公民指出名单中的错误。为此，我国选举法规定：对公布的选民名单有不同意见的，可以向选举委员会提出申诉。选举委员会对申诉意见应在3日内作出处理决定。申诉人不服处理决定,可以在选举日的5日以前向人民法院起诉,人民法院应在选举日以前作出判决,人民法院的判决为最后决定。为了从程序上保障选举法上述规定的实现,民事诉讼法在特别程序中规定了选民资格案件。规定选民资格案件的意义,既在于保证有选民资格的公民行使和实现自己的政治权利,又在于防止没有选民资格的人非法参加选举。

二、选民资格案件的审理程序

(一) 起诉与受理

因选民资格问题提起诉讼,必须符合以下条件:

1. 起诉人必须是有民事诉讼行为能力的公民。在选民资格案件中,起诉人只能是公民,这与通常诉讼程序中原告既可以是公民,也可以是法人或其他组织不同。在选民资格案件中,起诉人可以是与选民名单有直接利害关系的公民,也可以是与选民名单无直接利害关系的公民。任何有诉讼行为能力的公民,只要他认为公布的选民名单有错误,都有起诉权。扩大选民资格案件诉权享有者的范围,有利于增强对选民资格认定工作的监督。

2. 起诉前必须先向选举委员会申诉。选民资格案件实行申诉前置,公民认为选民名单有错误,必须先向选举委员会提出申诉,由选举委员会先行处理,对选举委员会作出的处理决定不服,才能够向人民法院提起诉讼。

3. 诉讼应当在选举日的5日前提出。为使人民法院有必要的审理时间,起诉人应当在选举日的5日前提出诉讼,这一期间属法定的不变期间。如果离选举日不足5日才提出诉讼,人民法院将不予受理。

4. 诉讼应当向选区所在地的基层人民法院提出。选区所在地的基层人民法院,是管辖选民资格案件的法院。由选区所在地的人民法院行使管辖权,既便于公民起诉和选举委员会指派代表参加诉讼,又便于人民法院及时与选举委员会取得联系和尽快审理案件。

公民提起诉讼后,人民法院应及时进行审查。对符合上述条件的起诉,应予受理。对不符合上述条件的起诉,应根据不同情况,分别处理:对未经申诉直接提起诉讼和不属于本院管辖的诉讼,应告知起诉人向选举委员会申诉和向有管辖权的法院起诉;对起诉人无民事诉讼行为能力或离选举日不足5日的,应以裁定驳回起诉。

(二) 审理、审理期间与判决

人民法院审理选民资格案件,关系到公民的选举权与被选举权这一重要的政治权利。因此,审理这类案件应当采用合议制,并且只能由审判员组成合议庭审理。人民法院在确定开庭审理的日期后,应通知起诉人、选举委员会的代表和有关公民参加。有关公民是指案件涉及其选民资格的公民,或为他人的选民资格提起诉讼的公民。通知有关公民参加,既有利于该公民维护自己的权利,也有利于人民法院查清事实。

人民法院在对选民资格案件进行审理时,起诉人、选举委员会的代表和有关公民必须参加诉讼。当起诉人因本人的选民资格提起诉讼时,由于不涉及其他公民的选民资格,故只需起诉人和选举委员会代表参加诉讼。人民法院在审理中,应充分听取起诉人、选举委员会的代表和有关公民的意见,必要时可让各方进行辩论。人民法院查明事实后,应当在选举日前作出判决,并将判决书在选举日前送达起诉人和选举委员会。涉及有关公民的,法院还应当将判决书的内容通知有关公民。人民法院的判决是终审判决,是对选民资格问题的最终决定,判决书一经送达即发生法律效力。

第三节　宣告公民失踪或者死亡案件

一、宣告公民失踪案件

(一) 宣告公民失踪案件的概念和意义

宣告公民失踪案件,是指公民离开自己的住所下落不明,经过法律规定的期限后仍然毫无音信,根据利害关系人申请,人民法院宣告该公民为失踪人的案件。

公民长期下落不明,与其相关的各种民事法律关系则必然处于不稳定状态,这对于社会生活的稳定与发展是不利的。法律设立宣告公民失踪具有多方面的意义:第一,这一制度有利于保护失踪人的合法权益。公民失踪以后,其财产无人管理,就难免会损失、流失或者被他人侵犯,宣告公民失踪以后,可为其指定财产代管人,以保护失踪人的合法权益。第二,有利于保护与失踪人有利害关系的第三人的利益。财产代管人有权依法清理与失踪人有关的债权问题。例如,财产代管人可以从失踪人的财产中支付其所欠的债款或者其他费用(如扶养费、抚育费等),这就避免了因公民失踪而对有关的利害关系人的合法权益造成损害。第三,有利于贯彻我国《民法通则》规定的宣告失踪制度。我国《民事诉讼法》将宣告失踪案件规定为一种独立的案件,使之与我国《民法通则》的规定衔接起来,从而为实体法的实施提供了保障。

(二) 审理和判决

1. 申请

根据我国《民事诉讼法》第183条规定,申请人民法院宣告公民失踪,应具备三个条件:

第一,必须有公民下落不明满2年的事实。所谓下落不明,是指公民离开最后居住地后,去向不明,与任何人都无联系,杳无音信。认定公民下落不明的起算时间,应当从公民离开自己的最后居住地之日起,连续计算满2年,不能间断,否则应当从最后一次出走或者最后一次来信时计算;战争期间下落不明的,从战争结束之日起计算;因意外事故下落不明的,从事故发生之日起计算;登报寻找失踪人的,从登报之日起计算。

第二,必须是与下落不明的公民有利害关系的人向人民法院提出申请。利害关系人,是指与下落不明的公民有人身关系或者民事权利义务关系的人。根据最高人民法院《关于贯彻执行〈中华人民共和国民法通则〉若干问题的意见(试行)》规定,申请宣告失踪的利害关系人,包括失踪公民的配偶、父母、成年子女、成年兄弟姐妹、祖父母、外祖父母、孙子女、外孙子女以及其他与之有民事权利义务关系(如债权债务关系)的人。如果几个利害关系人对是否申请该公民失踪意见不一致,那么,申请权的行使可按照如下顺序:配偶、父母、子女;兄弟姐妹、祖父母、外祖父母、孙子女、外孙子女；其他有民事权利义务关系的人。如果有多位利害关系人提出宣告失踪申请的，依据《民诉法解释》第 346 条规定，将这些利害关系人列为共同申请人。

第三，必须采用书面形式提出申请。申请书应写明失踪的事实、时间和申请人的请求，并附有公安机关或者其他有关机关关于该公民下落不明的书面证明。其他有关机关，是指公安机关以外的能够证明公民下落不明的机关。

人民法院对利害关系人的申请，认为不符合上述第一、第二要件的，裁定不予受理。符合第一、第二要件，但是不符合上述第三要件的（如申请书内容欠缺某些法定事项），令其在一定的期限予以补正；补正后再予以受理，逾期不补正的，裁定不予受理。

2. 管辖

根据我国《民事诉讼法》第 183 条规定，宣告公民失踪的案件，由下落不明人住所地的基层人民法院管辖。这样规定便于受诉人民法院就近调查被申请人下落不明的事实，便于人民法院发出寻找失踪人的公告，也便于人民法院审理案件。

3. 公告

公告寻找失踪人，是人民法院审理宣告公民失踪案件的必经程序。宣告失踪是一种事实确认，而这种事实确认又将给失踪的公民带来重大的影响。所以，为了充分保护该公民的民事权益，人民法院必须发出公告。公告期间是寻找该公民、等待其出现的期间。公告期为 3 个月。

根据我国《民事诉讼法》第 185 条规定，人民法院受理宣告失踪案件后，应当发出寻找失踪人的公告。一般而言，公告应当记明下列事项：申请人的姓名、住所；下落不明人的姓名、年龄、性别、职业、面貌特征；该公民失去音信的最后时间；公告期间；申请人向接受申请的人民法院陈述的该公民的下落和信息。此外，《民诉法解释》第 347 条又特别规定，公告中必须载明下列信息：(1)被申请人应当在规定期间内向受理法院申报其具体地址及其联系方式。否则，被申请人将被宣告失踪、宣告死亡；(2) 凡知悉被申请人生存现状的人，应当在公告期间内将其所知道情况向受理法院报告。

4. 申请宣告失踪的撤回

依据《民诉法解释》第 348 条规定，人民法院受理宣告失踪案件后，作出判决前，申请人可以申请撤回宣告失踪的案件。为此，人民法院应当裁定终结案件。然而，在申请人申请撤回宣告失踪，但是其他符合法律规定的利害关系人加入程序并要求继续审理的情况下，那么法院应当继续审理该案。

5. 判决

公告期满，该公民仍然下落不明，人民法院应当确认该公民失踪的事实存在，并依法作出宣告该公民为失踪人的判决，判决一经送达，即产生法律效力。如果公告期间该公民出现或者查明下落，人民法院则应作出判决，驳回申请。

（三）宣告失踪的法律后果

人民法院判决宣告公民失踪的同时，应按照我国《民法通则》规定，为失踪人指定财产代管人。我国《民法通则》第 21 条规定，失踪人的财产由其配偶、父母、成年子女或者关系密切的亲属、朋友代为管理。如果这些代管人同时存在，对行使代管职责有争议，或者没有上述代管人，或者虽有上述代管人但无能力行使代管职责的，或者其他原因不宜作为代管人的，法院应当根据有利于保护失踪人财产的原则为失踪人指定财产代管人。

公民被宣告为失踪人以后，其民事权利能力并不因此而消灭，与失踪人人身有关的民事法律关系（如婚姻关系、收养关系等）也不发生变化。例如，在宣告失踪以后涉及继承问题，仍然应当为失踪人保留其应继承的份额。

财产代管人的职责是，管理和保护好失踪人的全部财产，清偿失踪人失踪前所欠下的税款、债务和其他费用。代管人拒绝支付失踪人失踪前所欠下的税款、债务和其他费用的，税务机关和债权人可以代管人为被告向人民法院提起诉讼。如果失踪人的财产受到他人侵犯，代管人有权向法院提起诉讼，请求排除侵害，依法保护，造成损害的，应请求赔偿。失踪人对他人享有债权的，代管人可以请求他人及时还债，也可以作为原告向法院提起诉讼。代管人应当尽职尽责，管理好失踪人的财产。代管人不履行职责或者侵犯失踪人合法的财产权益的，失踪人的其他利害关系人可以向法院请求代管人赔偿损失，承担相应的责任，同时可以请求法院变更财产代管人。代管人承担管理职责后，认为自己无力履行代管职责的，可以向法院提出申请，要求变更财产代管人。受理变更财产代管人申请的法院应当按照特别程序进行审理。

（四）宣告失踪判决的撤销

人民法院宣告失踪的判决，是根据法定的条件所作的法律上的推定，因而被宣告失踪的人就会有重新出现的可能。被宣告失踪的公民重新出现或者确知其下落，下落不明的事实不复存在，那么宣告失踪的判决就不能继续有效。该公民本人或者其利害关系人有权申请人民法院撤销原判决，以恢复该公民失踪前的事实和法律状态。人民法院查证属实之后，应当作出新判决，撤销原判决。

原判决撤销之后，财产代管人职责终止，无权再代管财产，并对原代管的财产进行清理，负责返还给该公民。

二、宣告公民死亡案件

（一）宣告公民死亡案件的概念和意义

宣告公民死亡案件，是指公民下落不明满法定期限，人民法院根据利害关系人的申请，依法宣告该公民死亡的案件。

宣告公民死亡，是法律上的一种推定死亡，是公民自然死亡的对称。公民死亡对于他的民事权利能力以及他所参与的各种民事法律关系具有十分重要的影响。尽管根据我国法律规定，可以将下落不明满法定期限的公民宣告为失踪人，但是，宣告失踪的法律后果并不能结束下落不明的公民所参与的各种民事法律关系，财产代管人对财产的代管也只是一项临时性措施，失踪人的权利义务仍然处于不确定状态。因此，我国法律规定了宣告死亡制度。这一制度的意义在于，通过宣告失踪人死亡，结束因公民长期下落不明而导致的某些法律关系的不稳定状态，从而保护该公民及利害关系人的合法权益，维护正常的社会秩序和生活秩序。

(二) 宣告公民死亡案件的成立条件

根据我国《民法通则》第 23 条和我国《民事诉讼法》第 184 条规定，宣告公民死亡案件必须具备以下条件：

1. 须有该公民下落不明的事实存在。公民下落不明的事实存在，分三种情况：一是在正常情况下离开自己的住所或者经常居住地，去向不明，从离开其住所或者经常居住地次日起没有音信；二是因意外事故离开公民的所在地下落不明，从离开所在地之日起没有音信；三是因意外事故离开所在地去向不明，有关机关证明该公民不可能生存。具有上述情形之一的，即视为该公民下落不明的事实存在。如果确知该公民健在或者已经死亡，都不能宣告该公民死亡。被申请宣告为死亡的公民，可以是已被宣告为失踪的人，也可以是未经宣告失踪的下落不明人。

2. 下落不明的状态须达到法定的期限。根据我国《民事诉讼法》规定，宣告死亡的期限有三种：第一，在通常条件下，公民下落不明满 4 年的。期间的计算，从该公民最后离开自己的住所地之日起，连续 4 年生死未卜，杳无音信。第二，因意外事故下落不明满 2 年的。意外事故包括交通事故（如海难、空难等），自然灾害（如地震、水灾等）。期间从意外事故发生之日起计算，下落不明的状态持续时间须届满 2 年。因为意外事故下落不明的公民，其死亡的可能性比第一种情况要大，所以期限相对较短。因战争下落不明的，期间应从战争结束之日起计算，期间为 2 年。第三，因意外事故下落不明，经有关机关证明该公民不可能生存的。这种情况死亡的可能性最大，因而可不受 4 年或者 2 年法定期间的限制。具备上述任何一种情况，利害关系人都可以向人民法院申请宣告死亡。

3. 利害关系人须以书面方式向下落不明人住所地的基层人民法院提出申请。申请书的内容包括：申请人姓名、性别、年龄；与被申请宣告死亡人的关系；被申请宣告死亡人下落不明的事实、时间；申请宣告该公民死亡的请求。同时还要提供公安机关或者其他机关出具的关于该公民下落不明的证明文件。如果被申请人已经被人民法院宣告为失踪人，申请人应附上人民法院宣告失踪的判决。因意外事故下落不明，经有关机关证明其不可能生存的，应提出有关机关出具的该公民不可能生存的证明文件。

人民法院对利害关系人的申请，认为不符合上述第一、第二要件的，裁定不予受理。符合第一、第二要件，但是不符合上述第三要件的（如申请书内容欠缺某些法定事项），令其在一定的期限内予以补正；补正后予以受理，逾期不补正的，裁定不予受理。

(三) 案件的审理

1. 申请。根据我国《民事诉讼法》规定，宣告公民死亡案件必须由利害关系人提出书面申请。利害关系人包括：被宣告死亡人的配偶、父母、子女、兄弟姐妹、祖父母、外祖父母、孙子女、外孙子女以及其他与被申请人有利害关系的人。

应当明确，宣告失踪不是宣告死亡的必经程序，只要符合宣告死亡的条件，利害关系人就可以直接向人民法院申请宣告死亡。另外，同一顺序的利害关系人，有的申请宣告死亡，有的不同意宣告死亡，人民法院应当按照宣告死亡案件审理。如果有多位利害关系人提出宣告死亡申请的，依据《民诉法解释》第 346 条规定，将这些利害关系人列为共同申请人。

2. 管辖。根据我国《民事诉讼法》第 184 条规定，宣告死亡案件，由下落不明人住所地的基层人民法院管辖。这样规定便于人民法院调查案件事实,寻找失踪人,及时作出判决。

3. 公告。根据我国《民事诉讼法》第 185 条规定,人民法院受理宣告公民死亡案件后,必须发出寻找下落不明公民的公告。公告应当记明下列事项:申请人的姓名、年龄、性别、住所;申请人与被申请宣告死亡人的关系;下落不明人的姓名、年龄、性别、职业、面貌特征;该公民失去音信的最后时间;公告期间;申请人向接受申请的法院陈述的该公民的下落和信息。

公告期间为 1 年,因意外事故下落不明,经有关机关证明其不可能生存的,公告期间为 3 个月,从发出公告的次日起计算。公告期间是等待下落不明人出现的期间,也是宣告公民死亡的必经程序。

根据《民诉法解释》第 345 条规定,人民法院判决宣告公民失踪后,利害关系人向人民法院申请宣告失踪人死亡,从失踪之日起满 4 年的,人民法院应当受理,宣告失踪的判决即该公民失踪的证明,审理中仍应依照《民事诉讼法》第 185 条规定进行公告。

4. 撤回。根据《民诉法解释》第 348 条规定,人民法院受理宣告死亡案件后,作出判决前,申请人可以申请撤回宣告死亡的案件。为此,人民法院应当裁定终结案件。然而,在申请人申请撤回宣告死亡,但是其他符合法律规定的利害关系人加入程序并要求继续审理的情况下,那么法院应当继续审理该案。

5. 判决。公告期间届满后,失踪人仍然下落不明的,人民法院应当依法作出宣告失踪人死亡的判决。判决除应当送达申请人外,还应当在被宣告死亡公民住所地和人民法院所在地公告。判决一经宣告,即发生法律效力。判决宣告之日,为该公民死亡之日。如果在公告期间,失踪人重新出现,或者确知其下落的,人民法院应当作出驳回申请的判决,终结案件的审理。

(四) 宣告公民死亡的法律后果

公民被宣告死亡和自然死亡的法律后果相同。表现在:宣告死亡结束了该公民以自己的住所地或者经常居住地为活动中心所发生的民事法律关系,该公民的民事权利能力因宣告死亡而终止,与其人身有关的民事权利义务也随之终结,原有的婚姻关系自然消灭,继承因宣告死亡而开始。但是宣告死亡与自然死亡毕竟不同,如果该公民在异地生存,他仍然具有民事权利能力,仍可在那里进行民事活动,因为公民的民事权利能力与人身是不可分割的。也正是因为如此,被宣告死亡的公民有重新出现的可能。

(五) 宣告公民死亡判决的撤销

宣告公民死亡,是人民法院依照法定的条件和程序对失踪人作出的死亡推定,并不意味着失踪人已死亡。如果被宣告死亡的公民重新出现或者查有下落,经本人或者利害关系人申请,人民法院应当作出新判决,撤销原判决。

人民法院撤销宣告死亡的判决后,该公民因死亡宣告而消灭的人身关系,有条件恢复的,可以恢复;原配偶在公民被宣告死亡期间尚未再婚的,夫妻关系从撤销宣告死亡判决之日起自行恢复;如果原配偶再婚后又离婚,或者再婚后其配偶死亡的,其夫妻关系不能自行恢复。

被宣告死亡人在被宣告死亡期间,其子女如被他人收养,宣告死亡判决撤销之后,该公民不得单方面解除收养关系,但收养人与被收养人以此为由同意解除收养关系的,不在此限。

被宣告死亡人的财产,在宣告死亡期间被他人取得,宣告死亡判决被撤销后,该公民有权请求返还,依照继承法取得该公民财产的个人或组织,应当返还原物;原物不存在的,给予适当的补偿。利害关系人隐瞒真实情况,使他人被宣告死亡而取得其财产的,该利害关系人除应返还原物及孳息外,还应该赔偿所造成的损失。

第四节　认定公民无民事行为能力或者限制民事行为能力案件

一、认定公民无民事行为能力或者限制民事行为能力案件的概念和意义

认定公民无民事行为能力或者限制民事行为能力案件,是指人民法院根据利害关系人的申请,对不能正确辨认自己行为或者不能完全辨认自己行为的精神病人,按照法定程序,认定并宣告该公民无民事行为能力或者限制民事行为能力的案件。

民事行为能力,是民事主体通过自己的行为行使民事权利、履行民事义务的能力。根据我国《民法通则》规定,18周岁以上的公民,以及16周岁以上、不满18周岁但是以自己的劳动收入为主要生活来源的公民,为完全民事行为能力人。我国《民法通则》同时规定,如果公民为精神病人,不能辨认或者不能完全辨认自己的行为,即使已经成年,也不具有民事行为能力,或者只具有限制民事行为能力。法律规定公民无民事行为能力、限制民事行为能力的制度,其意义在于:有利于保障精神病人的合法权益;有利于保护与精神病人有民事权利义务关系的有关利害关系人的合法权益;有利于保障民事活动正常进行,进而维护社会的正常经济秩序。

二、认定公民无民事行为能力或者限制民事行为能力案件的审理和判决

(一) 申请的主体

根据我国《民事诉讼法》第187条规定,申请人民法院认定公民无民事行为能力、限制民事行为能力,必须具备以下条件:第一,必须由利害关系人提出申请。利害关系人包括近亲属或者其他利害关系人。近亲属包括:配偶、父母、子女、兄弟姐妹、祖父母、外祖父母、孙子女、外孙子女。其他利害关系人是指:精神病人的近亲属以外的,与精神病人关系密切,愿意承担监护责任,经精神病人所在单位或者所在地居民委员会、村民委员会同意的其他亲属、朋友。这两者同时存在时,由近亲属行使申请权。此外,在被申请人没有近亲属或亲属的情形下,《民诉法解释》为此也作了特别的规定。依据《民诉法解释》第352条规定,具体处理方式如下:(1)被申请人没有近亲属的,人民法院可以指定其他亲属为代理人;(2)被申请人没有亲属的,人民法院可以指定经被申请人所在单位或者住所地的居民委员会、村民委员会同意,且愿意担任代理人的关系密切的朋友为代理人;(3)被申请人既没有亲属又没有朋友的,由被申请人所在单位或者住所地的居民委员会、村民委员会或者民政部门担

任代理人。

需要注意的是，认定公民无民事行为能力或者限制民事行为能力案件中的代理人可以是一人，也可以是同一顺序中的两人。

（二）申请的形式

申请应当采取书面形式。申请书应当写明如下事项：申请人的姓名、性别、年龄、住址；与被申请认定为无民事行为能力或者限制民事行为能力人的关系；被申请认定为无民事行为能力或者限制民事行为能力人的姓名、性别、年龄、住址；该公民无民事行为能力或者限制民事行为能力的事实和根据。如果有医院出具的诊断证明或者鉴定结论，也应当一并提交人民法院。

（三）管辖

根据《民事诉讼法》第 187 条规定，认定公民无民事行为能力或者限制民事行为能力案件，由该公民住所地基层人民法院管辖。该公民有住所和居所，两者不一致的，由经常居住地的基层人民法院管辖。这样规定便于人民法院就近调查该公民的健康状况和日常表现，收集有关证据，作出正确的判决，以保护该公民的合法权益。

（四）鉴定

根据《民事诉讼法》第 188 条规定，人民法院受理申请后，应当对被申请认定为无民事行为能力或者限制民事行为能力的公民进行医学鉴定，以取得科学依据。申请人已经提供鉴定意见的，应当对鉴定意见进行审查，对鉴定意见有怀疑的，可以重新鉴定。

在司法实践中，人民法院根据司法精神鉴定方法认定公民是否不能辨认或者不能完全辨认自己的行为，没有司法鉴定的，参照医院的诊断鉴定加以认定；在不具备诊断或者鉴定条件的情况下，可以参照群众对精神病人公认的程度去认定。精神病人没有判断能力和自我保护能力，不知其行为后果的，可以认定为无民事行为能力人；对于比较复杂的事物或者比较重大的行为缺乏判断能力和自我保护能力，并对其后果无力预见的，可以认定为限制民事行为能力人。

（五）审理

根据《民事诉讼法》第 189 条第 1 款规定，人民法院审理认定公民无民事行为能力或者限制民事行为能力的案件，应当由该公民的近亲属为代理人，但申请人除外（因为他可能与该公民有利害冲突）。近亲属互相推诿的，由人民法院指定其中一人为代理人。该公民健康状况许可的，不仅要代理人出庭，法院还应当征询本人的意见，本人不能到庭的，审判人员应当就地询问，把申请书内容告知本人，征询本人的意见，以便进一步了解该公民的精神状态，从而作出正确的判决。

（六）判决

根据《民事诉讼法》第 189 条第 2 款规定，人民法院经过对案件的审理，认为该公民并未丧失民事行为能力，申请没有事实根据的，应当作出判决，驳回申请；认为该公民完全或者部分丧失民事行为能力，申请有事实根据的，应当作出判决，认定该公民为无民事行为能力或者限制民事行为能力的人，并为其指定监护人。

判决生效后，根据《民法通则》第 17 条规定，由下列人员担任监护人：配偶、父母、成年子女；其他近亲属；关系密切，愿意承担监护责任，经精神病人所在单位或者所在地居民委员会、村民委员会同意的其他亲属、朋友。没有前述监护人的，由该公民的所在单位或者住所地的居民委员会、村民委员会或者民政部门担任监护人。上述规定，既是有资格做监护人的范围，又是承担监护责任的顺序，应当按此顺序行使监护权，承担监护责任。监护人可以是一人，也可以是同一顺序中的数人。有监护资格的人员之间就该公民由谁承担监护责任达成协议，确定监护人的，应当由协议确定的监护人监护。

如果上述有监护资格的人员对担任监护人存在争议，由该公民所在单位或者住所地的居民委员会、村民委员会从近亲属中指定，并以书面或者口头通知被指定人。从通知之日起，被指定人应当履行指定职责。根据《民诉法解释》第 351 条规定，被指定的监护人不服指定，应当自接到通知之日起 30 日内向法院提出异议。经审理，认为指定并无不当的，裁定驳回异议；指定不当的，判决撤销指定，同时另行指定监护人。判决书应当送达异议人、原指定单位及判决指定的监护人。

监护人的职责是：保护被监护人的人身、财产和其他合法权益；管理被监护人的财产，照顾被监护人的生活，对被监护人进行管理教育，代理被监护人进行民事活动；当被监护人与他人发生争议或者受到侵害时，应当代理被监护人进行诉讼。

监护人不履行监护职责或者侵害被监护人合法权益的，应当承担责任；给被监护人造成财产损失的，应当赔偿损失。其他有监护资格的人员或者单位向人民法院起诉，请求监护人履行监护职责或者变更监护关系的，按照特别程序审理；请求监护人承担民事责任的，按照通常诉讼程序审理；既要求监护人承担民事责任，又请求变更监护关系的，应当分别审理，即请求承担民事责任部分按照通常程序审理，请求变更监护关系部分按照特别程序审理。

三、认定公民无民事行为能力或者限制民事行为能力判决的撤销

精神病人被法院判决认定为无民事行为能力或者限制民事行为能力后，经过治疗痊愈，身心恢复健康，能够清醒地处理自己的事务，正确判断自己行为的后果，在这种情况下，如果听任原判决继续有效，不仅有损于该公民的合法权益，也不利于该公民参与社会的经济、文化生活。因此，当认定该公民无民事行为能力或者限制民事行为能力的原因消失、事实不存在时，人民法院应当根据公民本人或者利害关系人的申请，经过查证属实后，作出新判决，撤销原判决，从法律上恢复该公民的行为能力。判决一经宣告，立即发生法律效力。监护人的监护权因原判决撤销而消灭，不能再对该公民行使监护权。

四、在诉讼中利害关系人提出当事人患有精神病的处理

依据《民诉法解释》第 349 条规定，在诉讼中，当事人的利害关系人提出该当事人患有精神病，要求宣告该当事人无民事行为能力或者限制民事行为能力的，应由利害关系人向人民法院提出申请，由受诉人民法院按照特别程序立案审理，原诉讼中止。

第五节　认定财产无主案件

一、认定财产无主案件的概念和意义

认定财产无主案件，是指人民法院根据公民、法人或者其他组织的申请，依照法定程序对某项权利主体不明或者失去权利主体的财产进行认定，判决宣布其为无主财产，并收归国家和集体所有的案件。

社会上总会存在一些所有权不明的财产，如果不能对这些财产的权属加以认定，将会引起不小的社会纷争，从而需要在立法上对财产无主制度进行规定。

认定财产无主案件的意义在于：人民法院通过对这类案件的审理，明确权利主体是否存在的法律事实，解决财产的归属问题，将确认的无主财产收归国家或者集体所有，使物尽其用，减少社会财富的损失。这样既有利于对社会财富的保护和利用，又有利于维护稳定的经济秩序。

二、认定财产无主案件的条件

对财产无主案件的申请需具备以下几个条件：

1. 必须是有形财产，不能是无形财产或者精神财富。

2. 财产的权利主体不明。有以下几种常见情形：(1)财产的所有人不存在，或者已经无法确定谁是财产的所有人；(2)属于所有人不明的埋藏物或者隐藏物；(3)拾得的遗失物、漂流物，失散的饲养动物，均无人认领；(4)有关部门限一定期限招领，但无人认领的遗失物、赃款、赃物；(5)无人继承的财产。

3. 财产没有所有人或者所有人不明的状态持续满法定期间。但我国民事诉讼法对此没有明确规定。

三、认定财产无主案件的审理程序

《民事诉讼法》第191~193条对财产无主案件的认定程序作出了具体的规定。根据法律规定，我国对财产无主案件的认定程序由以下环节构成：

1. 提出申请。根据《民事诉讼法》第191条规定，申请认定财产无主案件，由公民、法人或者其他组织向人民法院提出。从该规定可以看出，我国对财产无主案件的申请主体没有任何限制，凡是知道财产无主情况的有关机关、团体、企事业单位以及公民个人，都有权提出申请。申请的形式应当是书面的，在申请书中，申请人应当写明有关财产的种类、数量以及要求认定财产无主的根据。

2. 管辖范围。根据《民事诉讼法》第191条规定，认定财产无主案件，应当由财产所在地的基层人民法院管辖。以财产所在地作为确定管辖的重要连结点，有利于人民法院就近调查研究，了解该财产的具体情况，寻找财产所有人，询问证人，从而及时作出判决。

3. 审查申请和发出公告。人民法院接到申请人的申请后,经审查核实,若认为该财产不属于无主财产,则应当判决驳回申请人的申请;若认为该财产在形式上属于无主财产,则应当在受理财产无主案件后发出公告,寻找财产的所有人。我国法律规定公告期间为1年。在公告期间内,财产属于无主状态,人民法院可根据该财产的具体情况,指定专人看管或者委托有关单位代为保管。

4. 判决。在公告期间内,若财产所有人出现,法院确认其为财产的合法所有人后,裁定驳回申请人的申请,通知财产所有人认领财产。在公告期间届满后,若财产仍然无人认领,法院则应作出判决,认定该财产为无主财产,收归国家或者集体所有。

此外,在公告期间,如果有人对财产提出请求,人民法院应当裁定终结特别程序,告知申请人另行起诉,适用普通程序审理。

四、认定财产无主判决的撤销

人民法院根据申请人的申请作出财产无主的判决,只是对财产无主的一种推定。这种推定是在现有情况下根据已知信息作出的,它不排除以后会获得更多的信息,从而得出可能与最初的推定不符的结论。在认定财产无主案件的判决生效后,如果原财产所有人或者继承人出现,并且在《民法通则》规定的诉讼时效期间内对财产提出请求,人民法院审查核实后,应当作出新判决,撤销原判决。原判决撤销后,根据原判决被国家或集体取得的财产应当返还原主。原财产尚在的,应返还原财产;原财产不存在的,可以返还同类财产或者按原财产的实际价值折价返还。

第六节　调解协议司法确认程序

一、调解协议司法确认程序概述

(一) 调解协议司法确认程序的含义

2012年修订的《民事诉讼法》在第15章增加第6节,规定了调解协议的司法确认程序。根据全国人大法制工作委员会的解释,所谓调解协议司法确认程序是指对于涉及当事人之间民事权利义务的纠纷,经人民调解组织调解达成具有民事合同性质的协议后,由双方当事人向人民法院共同申请确认调解协议的法律效力的程序。

(二) 设立程序的意义

第一,建立以诉讼为核心的民事纠纷解决体系。进入21世纪以后,中国民事司法理论界和实务界在多元化纠纷解决体系的建立方面进行了深入的理论探索和实践工作,并且取得了丰富的经验和成果。根据中国社会新形势,及时建立以诉讼为核心的纠纷解决体系,无疑是当下解决民事纠纷的重要途径。而调解协议司法确认程序的设置,必将促使在解决民事纠纷的体系中,确立诉讼的中心地位。

第二,进一步提高纠纷解决的法治化程度。传统的民间纠纷解决注重义理人情而缺失法治因素。允许人民调解协议的双方当事人寻求司法帮助,一方面能增强当事人和普通市民对法治的信任,另一方面通过司法审查强化民间纠纷解决的法治因素,无疑会大大增强纠纷解决体系整体的法治化程度。

第三,满足纠纷解决与社会和谐的社会和政治上的要求。众所周知,进入21世纪以后,根据中共中央关于建立和谐社会的理念要求,我国在社会政策和立法上作了较大的调整。在立法上,《人民调解法》对调解与司法的衔接作了规定,最高人民法院为此进行了调解协议司法确认的试点工作,并颁行了相关的司法解释①,在实践中取得了一定的成果,在很大程度上适应了社会和政治的要求。在民事诉讼中正式确立调解协议的司法确认程序,既是立法对司法实践的回应和肯定,也是对社会和政治要求的顺应。

二、调解协议司法确认程序的内容

(一) 申请

1. 主体

根据《民事诉讼法》第194条规定,结合最高人民法院《关于建立健全诉讼与非诉讼相衔接的矛盾纠纷解决机制的若干意见》的精神,申请司法确认的主体为达成人民调解协议的双方当事人。非人民调解协议的当事人不能提出申请。而且,根据全国人大的立法解释②,达成人民调解协议的双方当事人必须共同向法院提出申请。在2012年修订的《民事诉讼法》颁布后,有一种意见认为,一方当事人向法院申请确认调解协议,另一方同意的,可视为共同申请,这是不恰当的。根据立法精神,应该是双方当事人共同认为需要司法确认调解协议,从而共同向法院申请的,才视为符合法律要求。此外,依据《民诉法解释》第353条规定,当事人可以委托符合《民事诉讼法》第58条规定的代理人代为申请,但必须向人民法院提交由委托人签名或盖章的授权委托书。

2. 管辖法院

根据《民事诉讼法》第194条规定和《民诉法解释》第354条规定,调解协议司法确认案件的管辖法院分为以下几种情形:(1)从级别管辖看,由基层人民法院进行管辖。(2)从协议管辖看,双方当事人在不违反专属管辖的前提下,可以协议由当事人住所地、调解协议履行地、调解协议签订地、标的物所在地的基层人民法院管辖。(3)法院委派调解的情形。当事人最初选择起诉到法院,法院在立案前委派人民调解委员会等调解组织调解并达成调解协议,当事人就调解协议申请司法确认的,由委派的法院管辖。(4)两个以上调解组织参与调解的,各调解组织所在地基层人民法院均有管辖权。双方当事人可以共同向其中一个调解组织所在地基层人民法院提出申请。(5)双方当事人共同向两个以上调解组织所在地基层人民法院提出申请的,由最先立案的人民法院管辖。

---

① 2011年3月21日,最高人民法院审判委员会通过了《关于人民调解协议司法确认程序的若干规定》(法释〔2011〕5号)。

② 参见全国人大常委会法制工作委员会民法室编:《中华人民共和国民事诉讼法条文说明、立法理由及相关规定》,北京大学出版社2012年版,第314页。

3. 申请方式

当事人申请司法确认调解协议,可以采用书面形式或者口头形式。当事人口头申请的,人民法院应当记入笔录,并由当事人签名、捺印或者盖章。

4. 申请材料

当事人向法院申请司法确认调解协议时,应该向法院提交如下材料:调解协议、调解组织主持调解的证明,以及与调解协议相关的财产权利证明等材料,并提供双方当事人的身份、住所、联系方式等基本信息。当事人未提交上述材料的,人民法院应当要求当事人限期补交。

(二) 申请司法确认的调解协议的范围

根据《民事诉讼法》第 194 条规定,对于申请司法确认的调解协议的范围,产生了不同的理解。有意见认为,经《人民调解法》和全国人大的法律明确规定的人民调解协议才能成为申请司法确认的对象,也就是必须遵循法定主义原则。另有意见认为,除《人民调解法》确认的人民调解协议外,其他法律、行政法规、司法解释明确规定的调解协议也应该纳入申请的对象范围,也就是可以实行法律解释主义原则。目前,全国人大法工委强调必须严格遵循法定主义原则。但是,从 2012 年修订的《民事诉讼法》第 194 条规定看,并未完全将申请对象严格限制在《人民调解法》规定的人民调解协议范围之内,而以“等”的表现形式,为今后将其他法律、行政法规和司法解释规定的其他调解协议纳入申请司法确认的范围留了余地。

此外,《民诉法解释》第 357 条对此又作了进一步的规定。据此,以下案件不属于申请司法确认的对象范围:(1) 不属于人民法院受理范围的;(2) 不属于收到申请的人民法院管辖的;(3) 申请确认婚姻关系、亲子关系、收养关系等身份关系无效、有效或者解除的;(4) 涉及适用其他特别程序、公示催告程序、破产程序审理的;(5) 调解协议内容涉及物权、知识产权确权的。

(三) 受理及其处理程序

基层人民法院收到当事人的司法确认申请后,应该指定一名审判人员对申请材料进行审查并根据不同情况作出处理:

1. 对于上述不属于申请对象范围的案件,应当在受理之日起 3 日内作出不予受理的决定,并及时向当事人送达不予受理通知书。对于不属于法院受理案件范围的,法院应该告知当事人选择相应的纠纷解决程序。

2. 对于不属于本院管辖的,告知当事人向有管辖权的法院提出申请。

3. 经审查认为符合条件决定受理的,予以立案,并及时向当事人送达受理通知书。

(四) 司法确认案件的审查

1. 审查的形式。根据《民事诉讼法》第 195 条规定,对当事人申请确认调解协议的案件,法院应当进行审查。根据司法实践和司法解释,审查应该是形式审查和实体审查相结合。所谓形式审查,指法院只就当事人申请时提交的书面材料进行审查,一般适用于调解协议内容涉及的纠纷争议小、法律关系简单的案件。所谓实体审查,指法院不仅进行形式审查,还根据情况通知双方当事人到庭询问，进行一定的证据调查，一般适用于调解协议内容涉及案情较复杂、标的金额较大的案件。

2. 审查的内容。(1)调解协议是否违反自愿原则；(2)是否存在违法情形，如违反强制性法律规定；(3)是否侵害国家、社会或者第三人的利益，是否危害社会公共秩序；(4)内容是否明确。

3. 审查的程序。人民法院审查相关情况时，应当通知双方当事人共同到场对案件进行核实。

4. 审查的结果。人民法院经审查，认为当事人的陈述或者提供的证明材料不充分、不完备或者有疑义的，可以要求当事人限期补充陈述或者补充证明材料。

5. 法院的调查案件调查权。当事人限期补充陈述或者补充证明材料后，人民法院经审查，仍然认为当事人的陈述或者提供的证明材料不充分、不完备或者有疑义的，必要时，人民法院可以向调解组织核实有关情况。

(五) 司法确认案件的撤回

1. 申请撤回。确认调解协议的裁定作出前，当事人撤回申请的，人民法院可以裁定准许。

2. 按撤回处理。当事人无正当理由未在限期内补充陈述、补充证明材料或者拒不接受询问的，人民法院可以按撤回申请处理。

(六) 司法确认案件的驳回

经审查，调解协议有下列情形之一的，人民法院应当裁定驳回申请：

(1)违反法律强制性规定的；(2)损害国家利益、社会公共利益、他人合法权益的；(3)违背公序良俗的；(4)违反自愿原则的；(5)内容不明确的；(6)其他不能进行司法确认的情形。

三、司法确认案件的法律文书形式及其法律效力

(一) 形式

根据《民事诉讼法》第195条规定，对于当事人申请司法确认调解协议的案件，经审查符合法律规定的，裁定调解协议有效；不符合法律规定的，裁定驳回申请。

(二) 司法确认裁定的法律效力

受理司法确认申请的法院作出的确认调解协议有效裁定或者驳回申请裁定，一旦送达双方当事人就发生法律效力。当事人不能就此裁定提出异议或者上诉。裁定生效后，将产生如下法律效果：

1. 具有强制执行力。一方当事人不履行调解协议内容的，对方当事人可以向法院申请强制执行。

2. 重新申请调解。当事人在法院驳回申请后，可以要求人民调解组织重新进行调解。

3. 向法院起诉。当事人在申请被法院驳回后,如果不选择重新进行调解,可以直接就纠纷向法院提起诉讼,请求法院依照民事诉讼程序解决纠纷。

第七节 实现担保物权案件程序

一、实现担保物权案件程序概述

(一) 概念

《民事诉讼法》在第 196 、197 条(第 15 章第 7 节)对实现担保物权案件程序作出规定。根据该规定的内容,所谓实现担保物权案件程序是指法律规定的就担保物权负有履行义务的债务人不履行债务时,担保物权人通过要求法院采取将标的物折价、拍卖、变卖等方式,使其债权得到优先受偿的程序。在此类案件中,申请实现担保物权的人为申请人,相对人为被申请人。

(二) 意义

1. 该程序是实体法与程序法结合的典型表现。我国民法和物权法、担保法以及相关司法解释都对担保物权优先受偿性作了规定。按照以往的规定,担保物权人要实现权利,往往需要通过诉讼的形式进行。由于诉讼耗费时间和精力,不利于权利人及时实现利益,因此,现行法通过特别程序的形式,规定担保物权人可以根据担保物权凭证直接要求法院采取合法的方式实现其权利,体现了程序法对实体法规定权益的及时保护,可以说是两者结合的典型立法规定。

2. 该程序有利于担保物权人及时和高效地实现权利。债务人提供物权进行担保的行为说明债务人对法律行为的性质及其后果十分清楚。因此,当债务人不履行义务时,通过对其提供的抵押物及其上的权利进行及时处理,避免诉讼等程序的拖延,有利于及时和高效地实现担保物权人的权利。

二、申请主体

根据《民事诉讼法》第 196 条和《民诉法解释》第 361 条规定,申请实现担保物权程序的主体有:

1. 担保物权人。根据《物权法》的规定,担保物权人主要是指《物权法》第 195 条规定的抵押权人,包括抵押权人、质权人、留置权人;第 220 条规定的出质人。

2. 其他有权请求实现担保物权的人,指《物权法》第 237 条规定的财产被留置的债务人,包括抵押人、出质人、财产被留置的债务人或者所有权人等。

此外,需要特别注意担保物上设立多个担保物权的处理,依据《民诉法解释》第 366 条规定,在同一财产上设立多个担保物权的情况下,在先的担保物权的实现与否并不影响后顺位的担保物权人向人民法院申请实现担保物权。

三、管辖法院

根据《民事诉讼法》第196条、《民诉法解释》第362~364条规定,实现担保物权的管辖法院如下:(1)担保物权人及其他有权请求实现担保物权的人,可以向担保财产所在地或者担保物权登记地的基层人民法院提出申请;(2)实现票据、仓单、提单等有权利凭证的权利质权案件,可以由权利凭证持有人住所地人民法院管辖;(3)无权利凭证的权利质权,由出质登记地人民法院管辖;(4)实现担保物权案件属于海事法院等专门人民法院管辖的,由专门人民法院管辖;(5)同一债权的担保物有多个且所在地不同,申请人分别向有管辖权的人民法院申请实现担保物权的,人民法院应当依法受理。

一旦申请人向担保财产所在地或者担保物权登记地基层人民法院提出申请并被受理,此后虽然发生了担保财产所在地的变化等事宜,也不得以此变更管辖法院,此即管辖恒定原则,即确定案件管辖权以起诉时为标准,起诉时对案件享有管辖权的法院,不因确定管辖的事实在诉讼过程中发生变化而影响其管辖权。这一原则可以避免管辖变动而造成司法资源浪费,减少当事人的讼累,推动程序迅速、便捷进行。

四、申请

实现担保物权案件,原则上应采书面方式申请;若书写确有困难的,可以口头申请,由人民法院记入笔录,并由双方当事人签名或盖章。

根据《民诉法解释》第367条规定,担保物权人以及其他有权请求实现担保物权的人向人民法院提出实现担保物权的申请时,应当向人民法院提交下列材料:(1)申请书。申请书应当记明申请人、被申请人的姓名或者名称、联系方式等基本信息,具体的请求和事实、理由。(2)证明担保物权存在的材料,包括主合同、担保合同、抵押登记证明或者他项权利证书,权利质权的权利凭证或者质权出质登记证明等。(3)证明实现担保物权条件成就的材料。(4)担保财产现状的说明。(5)人民法院认为需要提交的其他材料。

五、受理及告知

(一) 受理

人民法院收到申请人实现担保物权的申请后,应当依据申请人提交材料及时裁定是否受理。除此之外,根据《民诉法解释》第365条规定,依照《物权法》第176条规定,被担保的债权既有物的担保又有人的担保,当事人对实现担保物权的顺序有约定,实现担保物权的申请违反该约定的,人民法院裁定不予受理;没有约定或者约定不明的,人民法院应当受理。

(二) 告知

人民法院受理申请后应当告知申请人。此外,根据《民诉法解释》第368条规定,人民法院受理申请后,应当在5日内向被申请人送达申请书副本、异议权利告知书等文书。被申请人接到人民法院的通知后，如果对法院受理该案有异议，应当在收到人民法院通知后的5日内向人民法院提出，同时说明理由并提供相应的证据材料。

六、审查

法院受理申请人的申请后，实行依据职权对实现担保物权的相关事项进行审查。

1. 审查的组织形式。根据《民诉法解释》第369条规定，一般而言，实现担保物权案件可以由审判员一人独任审查。然而，在担保财产标的额超过基层人民法院管辖范围的情形下，应当组成合议庭进行审查。

2. 审查的对象。根据《民诉法解释》第371条规定，人民法院应当就主合同的效力、期限、履行情况，担保物权是否有效设立、担保财产的范围、被担保的债权范围、被担保的债权是否已届清偿期等担保物权实现的条件，以及是否损害他人合法权益等内容进行审查。被申请人或者利害关系人提出异议的，人民法院应当一并审查。

3. 法官的案件事实调查权。根据《民诉法解释》第370条规定，人民法院审查实现担保物权案件，可以询问申请人、被申请人、利害关系人，必要时可以依职权调查相关事实。

七、法院审查的结果

经过审查，法院应当依情形分别处理，根据《民诉法解释》第372条规定，主要为以下几方面：(1)当事人对实现担保物权无实质性争议且实现担保物权条件成就的，裁定准许拍卖、变卖担保财产；(2)当事人对实现担保物权有部分实质性争议的，可以就无争议部分裁定准许拍卖、变卖担保财产；(3)当事人对实现担保物权有实质性争议的，裁定驳回申请，并告知申请人向人民法院提起诉讼。

八、担保物权案件中的保全

由于实现担保物权标的财产特性，为了防止担保物被毁损或转移，以至不能实现担保案件的目的，《民诉法解释》第373条对审查担保物权案件过程中的财产保全作了特别的规定，人民法院受理申请后，申请人对担保财产提出保全申请的，可以按照《民事诉讼法》关于诉讼保全的规定办理。

第八节 督促程序

一、督促程序概述

(一) 督促程序的概念

督促程序，是指人民法院根据债权人提出的给付金钱或者有价证券的申请，不经过开庭审理,以债权人的主张为内容,直接向债务人发出支付令,如果债务人不在法定期间内提出异议,则支付令即发生强制执行效力的程序。督促程序又称为支付令程序。督促程序是以债务人对债权人提出的请求不会发生争执为假定前提,由法院督促债务人尽快清偿债务的一种特殊程序。

督促程序是督促债务人偿还债务的一种简便迅速的程序。法律之所以规定这种程序,是因为在实践中存在较多的给付案件,其中相当一部分案件债权债务关系明确,双方均无争议,但种种原因债务人没有偿还债务。如果对这类案件也要像其他案件一样进入普通程序或者简易程序,按部就班地解决,则速度过慢,而且浪费时间和金钱,不符合诉讼经济原则。因此,我国在借鉴德国、日本等大陆法系国家的立法经验基础上,确立了这一既不同于普通诉讼程序,又不同于特别程序的略式诉讼程序。

(二) 督促程序的特点

与民事诉讼中的其他程序相比,督促程序具有自己的特点:

1. 督促程序的适用范围具有特殊性

督促程序的适用仅限于债权人请求给付金钱和有价证券的案件。《民事诉讼法》第 214 条有明确的规定,债权人请求债务人给付金钱、有价证券的,可以向人民法院申请支付令。从诉的角度看,督促程序仅适用于以金钱、有价证券为标的的给付之诉,确认之诉、变更之诉则不适用督促程序。

2. 督促程序的开始和终结具有特殊性

督促程序因债权人的申请而开始,人民法院只需对债权人的申请作形式上的审查就可受理并发出支付令。支付令发出后 15 日内,债务人如果依法提出异议或者主动履行债务,则支付令自行失效。

3. 督促程序是简略式程序

法院按督促程序审理的案件采取书面审查原则,不进行实体审理,也不传唤债务人到庭及调查取证。法院仅对债权人提出的申请和事实、证据进行单方面的审查。审判组织采用独任制形式,审级上实行一审终审。人民法院发出支付令后,如果债务人未提出书面异议,则支付令具有执行力。如果债务人提出书面异议,则督促程序结束,债权人可以另行起诉。

二、申请支付令的程序

(一) 申请支付令的条件

申请支付令,是指债权人基于对债务人的特定债权,依法请求人民法院催促债务人履行其支付义务的一种诉讼行为。这里应当明确的一点是,不是所有的民事案件债权人都可以向法院申请支付令,支付令的申请必须具备法定的条件。

1. 债权人必须以金钱或者有价证券作为诉讼请求的标的。这意味着只有以金钱或有价证券为标的的给付之诉才可以申请支付令,确认之诉和变更之诉均不能请求支付令的保护。另外,金钱和有价证券都是可以量化的种类物,在实践中便于计算和操作。这类给付相较于其他诉讼请求更容易迅速得到清偿,对造成的损失也更易于弥补。

2. 请求给付的金钱或者有价证券已经到期而且数额确定。给付之诉有现在给付之诉和将来给付之诉之分。在督促程序中,债权人请求给付的金钱或者有价证券必须是已经到期且数额确定的,属于现在给付之诉,否则不能适用督促程序。

3. 债权人和债务人之间没有其他债务纠纷。债权人与债务人之间的债务关系必须是单向且不附任何条件的。单向关系是指债务人对债权人负有给付义务,而债权人对债务人没有对待给付义务,或者虽有给付义务但债权人已经履行完毕。债权人对债务人的给付请求应不附任何条件,若是有条件的给付则不能适用督促程序。如果债权人对债务人有先履行给付义务或者同时履行的给付义务,债务人则相应地享有先履行抗辩权和同时履行抗辩权,债权人不得申请法院发出支付令。例如,在建设工程承包合同中,承包方已经按照合同的规定完成了建设工程的全部施工,并经验收合格即将投入使用,但是发包方却违反合同规定,未能在规定期限内向承包方支付约定的款项,为此引起纠纷。这时债权人承包方就可以向人民法院申请支付令。但是如果合同约定各类款项的支付必须以建筑物的主体工程达到国家规定的某一质量标准为前提,而承包方未能达到该标准,即违反了合同的先履行义务,则发包方可以行使先履行抗辩权,承包方就不能向法院申请支付令。同时,这种情况属于存在"其他债务纠纷",其他债务纠纷的存在使得债权债务关系变得不易确定,而且使人民法院要求债务人单方面地履行给付义务显得不公正。

4. 支付令必须能够送达债务人。支付令必须能够送达债务人,是指人民法院必须按照法定的送达方式,将支付令实际送达债务人处。立法对送达方式作了限制,即以直接送达为原则,只有债务人拒绝接受支付令时才可以留置送达。实际送达方式便于债务人充分行使异议权,维护切身利益。民事诉讼立法明确排除了公告送达、通过外交途径送达等方式。因为公告送达只是一种推定送达,它不能保证受送达人准确知悉公告的内容;外交送达则耗时过长,无法满足督促程序快速迅捷地解决纠纷的要求。另外,要保障支付令能够送达到债务人,须是债务人在我国境内居住,且能实际进行送达。如果债务人不在我国境内居住,或者虽然在我国境内居住,但下落不明从而无法实际送达的,不能适用督促程序。

(二) 申请支付令的程序

根据民事诉讼法的规定,债权人认为符合督促程序的要求向人民法院申请支付令,需要遵守一定的程序:

1. 债权人应当以书面形式提出申请。申请书是债权人向人民法院提出的旨在引起督促程序发生的诉讼文书。根据《民事诉讼法》第 214 条第 2 款及相关规定,申请书应当列明以下事项:(1) 当事人及其法定代理人的基本情况。(2) 请求给付金钱或者有价证券的数量以及所根据的事实和证据。(3) 表明申请人民法院发出支付令的意图并且陈述理由。(4) 申请发出支付令的法院。

2. 债权人应当向有管辖权的人民法院申请发出支付令。根据《民事诉讼法》第 214 条规定,支付令案件应当由基层人民法院管辖,中级以上人民法院不能行使管辖权。对于两个以上人民法院都有管辖权的情况,依据《民诉法解释》第 427 条和第 429 条第 3 款规定,债权人可以向其中一个基层人民法院申请支付令。债权人向两个以上有管辖权的基层人民法院申请支付令的,由最先立案的人民法院管辖。基层人民法院受理申请支付令案件,不受债权金额的限制。

三、法院对支付令申请的受理与审理

(一) 支付令申请的受理

支付令申请的受理,是指人民法院对债权人提出发布支付令的请求予以受理的诉讼行为。法院受理申请支付令的案件要经过两个阶段:第一个阶段对申请的合法性进行审查,第二个阶段对申请的合理性进行审查。此外,人民法院收到债权人的支付令申请书后,认为申请书不符合要求的,可以通知债权人限期补正。人民法院应当自收到补正材料之日起5日内通知债权人是否受理。

1. 对支付令申请的合法性审查。法院要综合几个方面来审查。首先,债权人的申请是否具备法定的条件。包括:人民法院应当审查债权人的诉讼请求是否以金钱或者有价证券为标的,有价证券包括汇票、本票、支票、股票、债券、国库券、可转让的存款单;请求给付的金钱或者有价证券是否到期并且数额确定,并写明了请求所根据的事实、证据;债权人没有对待给付义务;债务人在我国境内且未下落不明;支付令是否能够实际送达到债务人;收到申请书的人民法院有管辖权;债权人未向人民法院申请诉前保全。这七个方面的条件同时具备,法院才能受理。其次,要对申请人的主体资格进行审查。审查申请人是否确实享有债权,申请人是否具有诉讼权利能力、诉讼行为能力、代理权有无欠缺等。最后,审查债权人的申请是否符合法定的程序,即当事人是否以书面形式提交申请,本法院对该申请是否具有管辖权。法院通过对申请人的申请进行合法性和合理性审查,认为属于本院管辖且申请书符合法律规定的,予以受理;认为不属于本院管辖的,告知债权人向有管辖权的人民法院提出申请。

2. 对支付令申请的合理性审查。人民法院在审查的过程中,应当贯彻形式审查的原则,只要债权人提供的事实和证据在实体上能够站得住脚,表面上可信就可以了,其真实与否则不在审查之列。法院需要审查的内容包括:(1) 债权人提出的诉讼请求是否为金钱或者有价证券的给付;(2) 债权人有无对待给付义务。经审查,若发现债权人的申请是有理由的,则依申请发出支付令;否则,裁定驳回申请。对不予受理的裁定,债权人不得上诉,因为债权人仍可通过起诉的方式达到目的。

(二) 支付令申请的审查

人民法院受理支付令的申请后,进入案件的审查阶段,由审判员1人对支付令案件进行审查,实行独任制,所作的裁定不能上诉,实行一审终审。案件审理阶段的审查不同于案件受理阶段的审查,因为在审理阶段,审判员要对支付令申请的内容、证据等进行实质内容上的审查。《民事诉讼法》第216条第1款规定:“人民法院受理申请后,经审查债权人提供的事实、证据,对债权债务关系明确、合法的,应当在受理之日起十五日内向债务人发出支付令;申请不成立的,裁定予以驳回。”根据这一法律规定,法院需要从以下几个方面对债权人进行审查:

首先,在审查方式上,法院对债权人的申请,以书面审查为原则,无须开庭审理,也无须询问双方当事人,仅是对债权人提出的申请书和相关证据进行审查。人民法院采用书面审查的方式符合督促程序迅速、快捷的特点。

其次，在审查范围上，人民法院以债权人的诉讼请求为限，根据债权人申请书提供的事实和证据进行审查，债务人无须提出书面意见以及事实和证据。当然，如果债务人在审查期间主动向人民法院提供陈述意见和事实、证据的，也可以将其作为参考材料。

再次，在审查内容上，根据法律规定，应当审查当事人之间的债权债务关系是否明确、合法。债权债务关系明确，是指存在于债权人与债务人之间的债权债务关系事实清楚、数额确定，双方并无实质争议，债权的存在无须确认，债务人对债权人有给付义务。债权债务关系合法，是指引起债权债务关系发生的法律事实，债权债务的内容都不违背现行法律的规定，受到法律的保护。

最后，人民法院在审查了当事人提供的事实、证据后，认为支付令申请符合法定条件的，应当在受理之日起 15 日内发出支付令，并由法院负责送达。人民法院在审查后，认为存在《民诉法解释》第 430 条规定的情况：(1) 申请人不具备当事人资格的；(2) 给付金钱或者有价证券的证明文件没有约定逾期给付利息或者违约金、赔偿金，债权人坚持要求给付利息或者违约金、赔偿金的；(3) 要求给付的金钱或者有价证券属于违法所得的；(4) 要求给付的金钱或者有价证券尚未到期或者数额不确定的。如果支付令的申请存在以上情形，那么法院应当在受理之日起 15 日内裁定驳回债权人的申请，债权人不得提起上诉。

四、支付令

(一) 支付令的概念与内容

支付令，是指在督促程序中由人民法院发布的，旨在限令债务人履行支付义务或者提出书面异议的法律文书，若债务人在法定期间内既不履行债务又不提出异议，则发生强制执行的法律效力。支付令又称为支付命令、督促决定。支付令是督促程序中最重要的法律文书，人民法院对支付令的申请经过审查，认为符合条件的，应当依法发出支付令。

(二) 支付令的效力

支付令是人民法院在督促程序中制作的最为重要的法律文书，其法律效力既不同于裁定，也不完全同于判决。对支付令法律效力的理解主要有两个方面：

1. 支付令具有督促债务人在法定期间内清偿债务的效力。债务人收到支付令就意味着他必须在收到之日起 15 日内清偿全部债务，或者提出书面异议，否则将会发生强制执行的法律效力。此时，支付令起着督促债务人尽早清偿债务的作用，如果债务人对支付令没有异议，他就应当根据支付令来履行法律义务，换句话说，如果债务人收到支付令后履行义务，其法律依据正是支付令。此外，依据《民诉法解释》第 433 条第 1 款规定，阻止支付令效力的唯一方式是债务人在法定期间内提出书面异议。债务人向其他人民法院起诉并不影响支付令的效力。

2. 支付令具有与生效判决同等的法律效力。债务人在收到支付令后的 15 日内既不清偿债务，又不提出异议，支付令即发生与生效判决同等的法律效力。支付令的法律效力具体是指拘束力、确定力和执行力。支付令的拘束力是指人民法院非经法定程序不得撤销或者变更支付令,不得受理当事人对同一案件的起诉。支付令对社会也产生普遍的约束力。支付令的确定力是指支付令一旦生效后,即确认了当事人双方的权利义务关系,债务人必须依据支付令清偿债务,即使对支付令不服也不得申请再审或者上诉。支付令的执行力是指支付令生效后,具有同生效判决一样的强制执行力,债权人自支付令生效之日起有权请求人民法院予以强制执行。依据《民事诉讼法》第 239 条规定,申请执行的期间为 2 年。申请执行时效的中止、中断,适用法律有关诉讼时效中止、中断的规定。

债务人在收到支付令的法定期间内,既没有清偿债务,又没有提出书面异议,而是向其他人民法院起诉的,该人民法院不应当受理,且支付令的效力不受影响。

五、债务人对支付令提出异议

(一) 支付令异议的成立条件

支付令的异议,是指债务人在接到支付令的法定期间内,向发出支付令的法院表明不服支付令所确定的给付义务的一种诉讼行为。对支付令提出异议,是债务人在整个督促程序中行使陈述主张和抗辩的唯一机会,是债务人行使诉讼权利的重要保障。如果债务人对支付令的异议成立,将导致支付令的失效和督促程序的终结。而支付令异议的成立,依据《民诉法解释》第 437 条规定,必须具备以下四个条件:(1) 属于不予受理申请情形的;(2) 属于裁定驳回申请情形的;(3) 属于应当裁定终结督促程序情形的;(4) 人民法院对是否符合发出支付令条件产生合理怀疑的。

(二) 异议的情形及效力

债务人对支付令的异议有可能及于支付令的全部,也有可能只及于部分。当然,如果债务人对支付令所确定的全部债务有异议,则导致该支付令无效,督促程序终结;如果债务人仅对支付令提出部分异议,则要区别对待:

(1) 债务人对支付令请求中的一部分提出异议,则异议效力及于整项请求。例如,支付令要求债务人还款 10 万元,而债务人仅对 5 万元予以承认,对剩下的 5 万元提出异议,则该异议效力及于整项请求,导致督促程序终结。

(2) 债务人对数项请求中的一项请求提出异议,则异议效力仅及于该项请求,其他请求仍然产生确定性效力。

(3) 债权人基于同一债权、债务关系,就可分之债向多个债务人提出支付请求,多个债务人中的一人或者几人提出异议的,不影响其他请求的效力;如果同一债权、债务关系为不可分之债,那么多个债务人中的一人或者几人提出异议的,则导致支付令失效。

人民法院对设有担保的债务的主债务人发出的支付令,对担保人没有拘束力。但是,债权人就担保关系单独提起诉讼的,支付令自人民法院受理案件之日起失效。

(三) 对支付令异议的审查

根据《民事诉讼法》第 217 条规定,债务人在法定期间内提出书面异议后,经审查,异议成立的,应当裁定终结督促程序,支付令自行失效。支付令失效的,转人诉讼程序,但申请支付令的一方当事人不同意提起诉讼的除外。

(四) 对支付令异议的撤回

支付令异议一经合法提出,即导致督促程序终结的法律后果。因此,债务人在提出异议时应持谨慎的态度。那么债务人在提出异议之后,可否要求撤回?法律是否应当为债务人留有一定余地?对此,学理上有肯定说和否定说两种不同观点。肯定说认为,民事审判程序应当以当事人的处分权为基础,要尊重当事人的处分权,应当允许债务人撤回对支付令的异议,使已经失效的支付令重新恢复其效力。否定说认为,异议一旦提出,支付令即失效,不得因异议之撤回而恢复其效力。目前,在民事诉讼法司法解释中采用了肯定说,允许债务人请求法院撤回异议。为此,《民诉法解释》第439条规定:"人民法院作出终结督促程序或者驳回异议裁定前,债务人请求撤回异议的,应当裁定准许。"然而,为了防止债务人滥用撤回的权利,债务人又对撤回的异议反悔的,人民法院不再予以支持。

六、督促程序的终结

(一) 督促程序自然终结

督促程序的自然终结就是督促程序在正常情况下的终结。一般是债务人在法定期间内没有提出异议,并且主动清偿了债务;或者虽然没有主动清偿债务,也没有在法定期间内对支付令提出异议,但是在支付令的强制执行效力下清偿了债务。这两种情况都将导致督促程序的正常终结。督促程序正常终结后,债权人与债务人之间的债权债务关系不复存在,权利义务消灭。

(二) 督促程序的裁定终结

督促程序的裁定终结是督促程序的非正常终结。在以下三种情况中,法院裁定督促程序终结:

1. 债务人依法对支付令提出了异议。根据《民诉法解释》第438条规定,债务人必须以书面的形式,针对债务本身提出异议。否则,视为提出异议不成立或无效。例如,债务人提出没有能力清偿债务,或请求延缓债务的清偿期限或变更债务清偿方式,这些理由都不影响支付令的效力。

2. 在人民法院发出支付令之前,债权人因某些情况申请撤回了支付令的申请。

3. 人民法院发出支付令之日起30日内无法送达债务人的。对于债务人估计不接收支付令的情形,人民法院可以留置送达。

4. 债权人就同一债权债务关系又提起诉讼的。

5. 人民法院院长认为应当撤销支付令。《民诉法解释》第443条规定:"人民法院院长发现本院已经发生法律效力的支付令确有错误,认为需要撤销的,应当提交本院审判委员会讨论决定后,裁定撤销支付令,驳回债权人的申请。"

在裁定终结的督促程序中,债权人与债务人之间的债权债务关系依然存在,债权人的债权没有得到实现,债权人要想通过司法途径得到救济,只能按照通常诉讼程序提起诉讼。

(三) 督促程序与诉讼程序的关联

督促程序被裁定终结后,是否直接转为诉讼程序的问题,各国有不同的立法体例,我国的学者也有争论。在德国、日本等国家,督促程序终结后自动转入诉讼程序,诉讼程序溯及督促程序开始之时,并视支付令的申请为起诉。这种做法体现了一个纠纷一次解决的立法构架和法律理想。为此,我国是否也采取这种立法例,学者们也存在一定的争论,有的支持,有的反对。支持者认为在督促程序终结时,视支付令的申请为起诉,从而免除当事人另行起诉的手续,大大简化了诉讼程序,有利于保障程序公正。反对者认为,这种方式忽视了当事人的意愿和处分权利的行使。这种理论上的论争,使得在民事诉讼法司法解释中采取了折中的方式,即推定当事人督促程序被裁定终结后同意直接转为诉讼程序。根据《民诉法解释》第440条和第441条规定,支付令失效后,申请支付令的一方当事人不同意提起诉讼的,应当自收到终结督促程序裁定之日起7日之内向受理申请的人民法院提出。否则,人民法院作出终结督促程序裁定之日起7日之后,视为向受理申请的人民法院起诉。债权人提出支付令申请的时间,即向人民法院起诉的时间。此外,需要注意的是,申请支付令的一方当事人不同意提起诉讼的,不影响其向其他有管辖权的人民法院提起诉讼。

第九节　公示催告程序

一、公示催告程序概述

(一) 公示催告程序的概念和特点

公示催告程序,是指人民法院根据当事人基于法定理由的申请,以公示的方法催告不明的利害关系人在法定期间内申报权利,如果逾期无人申报,则根据当事人的申请,依法作出除权判决的非讼程序。公示催告程序是一种非讼程序,它不解决当事人之间的实体争议,只是用公示的方式,从程序上解决票据被盗、遗失或者灭失的有关问题和法律规定的其他事项。公示催告程序的目的是通过公告的方式催告不明的利害关系人及时申报权利,并在无人申报权利的情况下作出宣告票据无效的判决,使得申请人恢复票据上的权利。公示催告程序主要有如下特点:

1. 公示催告程序的主体是特定的,只能是被盗、遗失、灭失票据的最后持有人。
2. 公示催告程序的目的是使被盗、遗失、灭失票据失去法律效力,从而使原持有人重新获得票据上的权利。
3. 公示催告程序的适用范围包括票据被盗、遗失或灭失后的公示催告和除权。
4. 公示催告程序的进行具有阶段性,分为公示催告和除权判决两个阶段。
5. 公示催告程序本质上属于非讼程序,但从法院作出判决确定当事人的民事权利义务关系来看,又兼具诉讼程序的某些特点。

公示催告程序是1991年《民事诉讼法》增设的三大程序之一,是对外国法律尤其是大陆法系国家法律制度的合理移植,适应了我国市场经济的发展需要,在实践中发挥着较大的作用,并且仍在不断发展完善。《民事诉讼法》第 218~223 条对公示催告程序作了具体的法律规定。

(二) 公示催告程序的适用范围

公示催告程序虽然在各国的法律中都有规定,但是各国规定的适用范围却不一致,其中德国民事诉讼法规定的范围最为宽泛,一共包括四种:死亡的公示催告,原来还有失踪人的公示催告,自 1951 年 1 月 15 日《失踪法》宣布取消;排除土地所有人的公示催告;排除各种债权人的公示催告;宣告证券无效的公示催告。我国《民事诉讼法》第 218 条对公示催告的适用范围也作了规定,包括两个方面:

1. 按照规定可以背书转让的票据。这类票据是目前我国适用公示催告程序的主要对象。票据是出票人依法签发的,约定由自己或者委托的付款人在见票时无条件支付一定数额金钱的凭证。根据票据法的规定,票据可以分为汇票、本票、支票三种。汇票,是出票人签发的,委托付款人在见票时或者在指定日期无条件支付确定的金额给收款人或者持票人的票据。汇票按照不同的分类方法可分为银行汇票和商业汇票,即期汇票和远期汇票。本票,是出票人签发的,承诺自己在见票时无条件支付确定的金额给收款人或者持票人的票据。票据法将本票限定于银行本票,银行既是出票人,又是付款人。支票,是出票人签发的,委托办理支票存款业务的银行或者其他金融机构在见票时无条件支付确定的金额给收款人或者持票人的票据。支票的付款人是银行或者其他金融机构,支票分现金支票和转账支票两种。

2. 依照法律规定可以申请公示催告的其他事项。法律对“其他事项”没有明确规定,属于保底条款,主要是为了适应社会发展需要。如果以后实体法规定指示证券、提单、仓单、股票、保险单等票据或有价证券也可以背书转让,可以适用公示催告程序,那么便属于这里所说的“可以申请公示催告的其他事项”。

二、公示催告程序的内容

(一) 公示催告的申请

申请公示催告,是指票据的最后持有人在票据遗失、灭失或被盗等情况下,依法向人民法院提出公示催告的请求,引起公示催告程序的发生。公示催告程序依当事人的申请开始,当事人的申请需要符合以下五个条件:

1. 申请人必须是依法享有票据权利的最后持有人,也叫失票人,包括记名票据的权利人和无记名票据的合法占有人。只有票据的最后持有人才有资格申请公示催告,而票据的前手都已不再享有票据权利,不能申请公示催告。

2. 申请的对象是依法可以背书转让的票据或者依法可以根据法律申请公示催告的事项。

3. 申请公示催告的原因必须是票据被盗、遗失或者灭失,而且利害关系人尚处于不明状态。如果票据的最后持有人知道票据的利害关系人,则应认为有明确的相对人,应按照普通诉讼程序提起票据诉讼,不能申请公示催告。

4. 申请人必须向有管辖权的人民法院提出申请。根据《民事诉讼法》第 218 条规定,当事人应向票据支付地的基层人民法院申请公示催告。票据支付地为票据上载明的付款人的所在地,未载明所在地的,以付款人的住所地或者主要营业地为票据支付地。

5. 申请人必须以书面形式向人民法院提出申请。申请书的内容应当包括:申请人的姓名、名称等基本情况;票据的种类、名称、号码、票面金额、支付日期;发票人、持票人、背书人的基本情况;申请的事实和理由,附上必要的证据。

(二) 公示催告申请的审查、受理和撤回

人民法院收到申请人的公示催告申请后,应当在 7 日之内审查完毕,并决定是否受理。法院对公示催告申请的审查采取形式审查原则,审查的内容包括:存根、丧失票据的复印件、出票人关于签发票据的证明、申请人合法取得票据的证明、银行挂失止付通知书和报案证明等证据。经审查,法院认为符合公示催告申请条件的,应立即受理并通知申请人;对不符合法定立案条件的,应当在 7 日内驳回申请;接受申请的法院没有管辖权的,应当告知申请人向有管辖权的人民法院申请。

人民法院对决定受理公示催告的案件,选派审判员 1 人独任审判,但判决宣告票据无效的,应当组成合议庭进行审理。这是因为在公示催告阶段,实行书面审理方式,审理较为简单,由审判员 1 人独任审判即可。而在除权判决阶段,涉及票据的法律效力和申请人能否恢复票据权利的问题,案件审理相对较为复杂,因而由合议庭合议审理更为妥当。

公示催告申请人可以在公示催告前撤回公示催告的申请。

(三) 法院发出停止支付的通知

停止支付的通知,又叫止付通知,是指人民法院在决定受理公示催告申请后,向支付人发出的停止向任何持票人支付票面金额的法律文书。人民法院决定受理公示催告申请后,应立即发出止付通知,保护申请人的权益。这是法院的职权行为,不依赖于当事人的申请。支付人在收到人民法院的止付通知后,应当立即停止支付,直到法院通知其公示催告程序结束。支付人拒不执行止付通知的,由支付人承担相应的法律后果。

法律规定法院在受理公示催告程序后应当立即发出止付通知,是由票据的无因性决定的。因为当票据的持有人要求行使票据权利时,支付人有义务向持票人支付票面金额而不问其原因,因此任何非法占有票据的人都有可能会不当得利。为了防止在公示催告程序期间票据利益的损失,法院有必要通知票据的支付人停止支付。支付人收到停止支付通知后拒不止付,法院可依照《民事诉讼法》第 111 条和第 114 条采取强制措施。在判决后,如果支付人未依照法院停止支付的通知而向申请人以外的人支付票据金额的,那么支付人仍应承担付款义务。

(四) 发出公示催告的公告

法院在发出停止支付的通知后,下一步就是向社会中的不特定的人发出公示催告的公告,催促票据的利害关系人在一定期间内向法院申报权利,以保护这一部分人的权益免受除权判决的影响。法院公告的期间根据票据的种类、流通的范围、支付期日等实际情况决定,但自公告之日起算,不得少于60日,并且公示催告期间届满日不得早于票据付款日后15日。有些国家规定为 6 个月。票据的利害关系人应当在法院确定的期限内申报权利,但确因不可抗力等客观情况超过期限申报的，只要除权判决尚未作出，仍然有效。

根据《民诉法解释》第447条规定，人民法院公示催告的公告应当包含下列内容：

1. 公示催告申请人的姓名或者名称。申请人是公民的，应当写明姓名、性别、年龄、职业和住所等情况。申请人是法人或者其他组织的，应当写明单位名称、机构所在地、法定代表人或者主要负责人的姓名、职务等。

2. 票据的种类、号码、票面金额、出票人、背书人、持票人、付款期限等事项以及其他可以申请公示催告的权利凭证的种类、号码、权利范围、权利人、义务人、行权日期等事项。

3. 申报权利的期间，不得少于60日。

4. 在公示催告期间转让票据等权利凭证，利害关系人不申报的法律后果。法院应当在公告中明确公示催告期间转让票据的行为无效，明确公示催告期间届满，利害关系人仍不申报权利将会导致除权判决的法律后果。

公告应当在有关报纸或者其他媒体上刊登，并于同日公布于人民法院公告栏内。人民法院所在地有证券交易所的，还应当同日在该交易所公布。

（五）利害关系人的权利申报

利害关系人认为自己对票据享有正当权利，如果票据无效将直接影响其正当权利的行使，因此其会主动向法院申报权利。申报权利是维护票据利害关系人合法权益的一种手段，但在申报权利的过程中应注意以下几方面问题：

1. 申报人必须是公示催告程序中的利害关系人，一般是指票据的实际占有人。而通常所说的出票人、背书人、承兑人、付款人、保证人等，不是这里所说的利害关系人。

2. 利害关系人应当向发出公示催告公告的法院申报权利。

3. 利害关系人应当在法院指定的期间内申报权利。法院公告的期间一般不少于60日，利害关系人应该在这一期间内向法院申报权利。此外，需要注意的是，申报期届满后至法院作出除权判决这一期间，利害关系人依然可以申报权利。

4. 利害关系人应当出示票据，由法院查看票据，对票据进行形式审查。利害关系人出示的票据应当与申请公示催告的票据一致。

法院经过审查认为利害关系人申报的权利能够成立的，应当裁定终结公示催告程序，并通知申请人和支付人。法院经过审查认为利害关系人申报的权利不成立的，应当裁定驳回利害关系人的申报。

不管是申请人还是申报人，对法院作出的裁定不服的，可以向人民法院起诉。

（六）公示催告程序的终结

公示催告程序终结的原因有两个：一是基于公示催告申请人撤回申请而终结，二是基于利害关系人的申报而终结。人民法院收到利害关系人的申报后，通过形式审查认为符合公示催告程序终结情形的，应当裁定终结公示催告程序，并通知申请人和支付人。

终结公示催告程序后，公示催告申请人或者申报人向人民法院提起诉讼，因票据权利纠纷提起的，由票据支付地或者被告住所地人民法院管辖；因非票据权利纠纷提起的，由被告住所地人民法院管辖。

三、除权判决

(一) 除权判决的作出

除权判决,是人民法院向社会宣告失票无效的判决。除权判决使得票据权利专属于申请人一人,排除了其他任何人的占有,失票权利重新归申请人所有。

根据《民事诉讼法》第 222 条规定,在公示催告期满后,没有利害关系人申报权利的,人民法院应当根据申请人的申请,作出宣告该票据不再具有法律效力的判决,即除权判决。根据这一法律规定,只有在申报权利期间届满,无人申报权利,或者虽有人申报但被驳回的情况下,由公示催告申请人自申报权利期间届满之次日起 1 个月内向人民法院申请作出除权判决,法院经过审查才能作出除权判决。申请人逾期不申请除权判决的,法院应当终结公示催告程序,并应当通知申请人和支付人。

(二) 除权判决的法律效力

法院作出除权判决并进行公告后,将产生两方面的法律效力:一方面,公示催告程序终结,任何人不得对除权判决提起上诉。另一方面,申请公示催告程序的票据作废,他人因占有票据而享有的票据权利被排除,申请人可基于除权判决重新享有失票上的权利,并以此要求支付人支付票面金额。判决公告之日起,公示催告申请人有权依据判决向付款人请求付款。

(三) 除权判决的撤销

在公示催告期间,若利害关系人因故没有申报权利从而遭受除权判决,这对权利人来说是不公平的,也侵害了其权益。因此,在这种情况下,撤销除权判决就是一个必要的补救途径。《民事诉讼法》第 223 条规定:“利害关系人因正当理由不能在判决前向人民法院申报的,自知道或者应当知道判决公告之日起一年内,可以向作出判决的人民法院起诉。”这些正当理由包括:(1)因发生意外事件或者不可抗力致使利害关系人无法知道公告事实的;(2)利害关系人因被限制人身自由而无法知道公告事实,或者虽然知道公告事实,但无法自己或者委托他人代为申报权利的;(3)不属于法定申请公示催告情形的;(4)未予公告或者未按法定方式公告的;(5)其他导致利害关系人在判决作出前未能向人民法院申报权利的客观事由。

利害关系人请求人民法院撤销除权判决的,应当将申请人列为被告。利害关系人仅诉请确认其为合法持票人的,人民法院应当在裁判文书中写明,确认利害关系人为票据权利人的判决作出后,除权判决即被撤销。

第十九章 民事执行总论

第一节 民事执行制度概述

一、民事执行的概念

民事执行,也称民事强制执行、强制执行,是指国家机关依债权人的申请,根据执行依据,运用国家强制力,强制债务人履行义务,以实现债权人的民事权利的活动。具体而言,民事执行包括以下几层意义:

1. 民事执行由国家机关进行。民事执行须由国家授权的执行机关实施,严禁有关单位、组织或公民个人私力救济。在我国,人民法院是法定的民事执行机关。

2. 民事执行以执行依据为前提。民事诉讼奉行"审执分立"原则,审判程序的任务是解决当事人之间的纷争,判定债权人的民事权利,而民事执行的使命则是将生效法律文书的内容付诸实施,从而实现债权人的权利。

3. 民事执行须经债权人申请。民事执行以实现法律文书所确认的私权为目的,权利人对执行债权有处分权。

4. 民事执行是执行机关行使公权力的强制行为。强制性是民事执行的根本特性。执行机关运用强制执行权剥夺债务人的财产处分权,限制债务人的人身自由、意志自由。

5. 民事执行是实现已确定的私权的程序。当事人享有的私权内容如不确定或已经实现的,就谈不上民事执行问题。

民事执行与民事审判既有联系又有区别。二者的区别是:

1. 二者在诉讼程序中的地位不同。民事审判反映了民事诉讼程序的基本特质,而民事执行具有相对独立性,只有当债务人未自动履行执行依据所确定的义务时,才有可能启动执行程序。

2. 二者的适用范围不同。民事执行依据并不限于那些经过民事审判程序所产生的判决、裁定、调解书和支付令,其他生效法律文书如判处罚金、没收财产的刑事判决,刑事附带民事诉讼的判决、裁定,公证机构依法赋予强制执行效力的债权文书,行政机关依法可以申请法院强制执行的行政处罚决定,仲裁机构的仲裁裁决等也可成为执行依据。

3. 二者的诉讼构造不同。审判程序呈现等腰三角形结构,当事人双方对立辩论和质证,法院居中裁判;而执行程序呈线性结构,主要体现为执行机关对被执行人的强制执行关系。

4. 二者的职能分工不同。我国民事审判权和民事执行权均由人民法院行使，但审判由人民法院的审判组织进行，而执行由人民法院的执行局（庭）进行。

5. 二者的价值取向有所不同。民事执行以快速、及时、不间断地实现生效法律文书中所确认的债权为己任，在价值取向上注重效率优先；而民事审判以公平地解决双方的纷争为基点，在价值取向上以追求程序公正和实体公正为其基本使命。

民事执行不同于行政执行。行政执行由行政机关或人民法院进行，执行依据包括法院的行政判决书、裁定书，以及行政机关制作的行政决定书、命令书等；而民事执行则由人民法院进行，执行依据包括法院裁判文书、仲裁裁决书和公证债权文书等。

民事执行也不同于刑事执行。刑事执行由公安机关或司法行政机关下属的劳动改造机关执行，刑事罚金、没收财产、死刑等判决由人民法院执行，必要时可以会同公安机关执行。刑事执行的依据只能是人民法院制作的刑事判决书和裁定书。

二、民事执行的分类

依据不同的标准，可将民事执行作以下分类。

（一）终局执行与保全执行

这是依据执行的效果所作的划分。终局执行也称满足执行，是指使债权人的债权获得实现或满足的执行，如依据确定的给付判决所为的执行。保全执行是指维持债务人财产或争议标的物现状，以保全将来的终局执行或避免造成当事人其他损害的执行，如对债务人财产的查封、扣押、冻结等限制债务人处分其财产的行为。民事执行原则上指终局执行，保全执行为其例外。

（二）金钱执行与非金钱执行

这是根据执行依据所载债权的性质所作的划分。金钱执行是指实现执行依据上所载金钱债权的执行。为满足金钱债权，可以对债务人的财产或人身进行执行。非金钱执行是指非为实现金钱债权而进行的执行，包括交付物的执行和完成行为的执行。金钱执行与非金钱执行，因实现的权利性质不同，二者的执行方法也有所不同。

（三）直接执行、间接执行与替代执行

这是以民事执行方法为标准所作的分类。直接执行是指依执行机关的执行行为直接实现民事权利内容的执行，如查封、扣押、拍卖债务人的财产，并以拍卖所得价款满足债权人的债权。间接执行是指执行机关不直接以强制力实现债权人的权利，而课予债务人一定的不利后果，以迫使债务人履行债务的执行，如罚款、拘留债务人或拘传债务人的法定代表人。替代执行是指执行机关命第三人代债务人履行债务，而由债务人负担费用的执行。①

① 民事执行和行政执行中均存在“间接强制”这一概念，但二者的内涵不同。行政执行中的间接强制执行包含执行罚、代执行（参见傅士成：《行政强制研究》，法律出版社 2001 年版，第 158 页以下）；而民事执行中的间接强制除罚款（即执行罚）外，还有拘留、拘传、限制出境等方式，并且替代执行与间接执行系平行概念。

(四) 对人执行与对物执行

这是以执行标的为标准所作的分类。对人执行是以债务人的身体、名誉或自由等为执行对象,从心理上迫使其履行债务。对物执行是以债务人的责任财产为执行标的。对物执行中有执行标的物之说,但对人执行中却无执行标的物。现代社会尊重个人人格,民事执行以对物执行为原则,对人执行仅为辅助财产执行的特殊方法,属于例外规定。

(五) 一般执行与个别执行

这是以执行债务人财产范围为标准的划分。一般执行是指债务人的财产不足以清偿总债权时,全体债权人就债务人的全部财产所进行的执行,如破产程序。个别执行是指债权人为满足或保全其个别债权,而对债务人财产所为的执行。个别执行的实施,无须以债务人不能清偿为条件。现行民事诉讼法所规定的民事执行即个别执行。

三、民事执行行为

(一) 民事执行行为的含义

民事执行行为是执行机关基于债权人的申请,运用国家公权力,强制债务人履行债务,以实现债权人权利的公法上行为。

民事执行行为的“精神内核”是民事执行权,即法律赋予执行机构的运用国家强制力强制实现申请执行人经由生效法律文书确认的民事权利的权力。民事执行权是法院的一项职能,是民事执行行为的观念基础,民事执行行为则是民事执行权的物质载体与表现。民事执行直接剥夺了债务人的财产处分自由、人身自由和意志自由,对债务人影响极大,故法律在授予民事执行权时非常慎重,对执行权行使的程序作出严格规定,并保证审判权对执行权形成制约;而执行机关实施民事执行行为时,须遵守法律所规定的要件、程式或方法,才属于合法行为。

(二) 民事执行行为的性质

归纳起来,学者们对民事执行行为或民事执行权的性质有以下不同观点:

1. 司法行为说。持此说者认为,民事执行是国家司法机关即法院所实施的行为,民事执行权是国家赋予的司法职能的一部分,民事执行行为应属于司法行为。这是我国民事诉讼法学界的正统观点。

2. 行政行为说。持此说者认为,民事执行旨在实现判决所确定的民事权利,而不是解决当事人之间的私权纠纷。民事执行权由法院和行政机关共同行使,在由行政机关行使民事执行权的场合,这种权力仍然区别于司法审判权。持此说者并主张以此为前提构建存在纵向领导和横向联系的行政模式的执行体制。

3. 折中说。持此说者认为,民事执行行为包含两类不同性质的行为,即纯粹的执行行为和执行救济行为。纯粹的执行行为是指执行主体依照执行依据,基于国家公权力,采取执行措施,强制债务人履行债务,实现债权人权利的行为。这种行为主要发生在执行主体与债务人之间，遵循的是职权进行主义和当事人不平等主义。常见的执行行为如查封、扣押、拍卖、划拨即属此例。这种执行行为在性质上类似于行政行为。执行救济行为是指执行主体为处理执行过程中出现的争议而实施的行为，如执行和解、执行中止、执行终结、执行异议、暂缓执行、执行回转、代位申请执行等，具有司法的消极性和被动性特征，属于司法行为。

折中说又分为两种：一种是以司法行为为本质的折中说。这种观点认为，尽管执行行为具有一定的行政行为的特点，但是从整体上看，执行行为依然是一种司法行为。其理由是：执行行为正当性的最终来源是审判行为的正当性，而绝不是政府行为的正当性；从国家权力分工来看，执行行为是实现司法救济的基本手段，是审判行为的保障措施和当然的、不可或缺的附属物。完整的司法行为必然包括审判行为和执行行为两个部分。① 另一种是以行政行为为本质的折中说。这种观点认为，司法行为属于一种解决争议的行为，是由作为司法机关的法院依申请实施的行为。民事执行则非解决争议的行为，未必完全由法院实施，因此其本质上不是一种司法行为，而是与司法行为有密切联系的行政行为。在由法院为执行行为时，它是由司法机关实施的一种特殊行为。

我们认为，民事执行行为是在司法行为控制下的与审判行为平行的一种司法强制行为。在民事执行法律关系中，用于调整申请执行人与执行法院、申请执行人与被执行人之间关系的法律规则，与民事审判中调整原告与法院、原告与被告之间关系的准则，具有高度的一致性。民事执行与民事审判具有诸多共性：保护对象的同一性和同源性、均尊重当事人的处分权、统一适用诉讼时效制度等。作为实现私权的程序，民事执行行为具有确保法律实效性的作用，其程序构造也是法院就对立双方当事人的参与而设置，在沿革上一直作为民事诉讼的一部分。因此，民事执行行为遵循司法行为的某些原理，本质上是一种司法强制行为，民事执行权为司法强制权，不同于民事审判权所具有的司法判断权的本质。

(三) 有瑕疵的执行行为

民事执行行为违背法律规定的要件、程序或方法，或者执行行为虽然符合法律规定，但执行结果不符合债权人在实体法上的权利关系，这种执行行为称为有瑕疵的执行行为。

其中，违背法律规定的要件、程序或方法的执行行为，属于违法执行行为，如查封禁止查封的动产、拍卖未经查封的不动产，或将拍卖公告张贴于门后，或于喜宴进行中拆除房屋等行为。对于违法执行行为的救济是：在程序上，受损害的债权人、债务人或第三人，可以在执行程序中提出执行异议；在实体法上，债务人或第三人可依侵权责任法的规定，请求债权人赔偿所受损害。如违法执行行为是由执行人员故意或过失所致，则可请求国家赔偿。

执行结果不符合债权人在实体法上的权利关系的执行行为，属于不当执行行为，如对于第三人的财产所为的执行，或依债权已消灭的执行依据所为的执行行为。因不当执行行为而受损害的债务人或第三人，可在执行程序中提起异议之诉；执行程序终结后，债务人可依民法规定请求债权人赔偿损害或返还不当得利，第三人在无法要求债务人返还原物的情况下可请求债务人返还不当得利，或请求债权人赔偿损害。

执行行为是执行机关行使国家公权力的行为，对于有瑕疵的执行行为不能适用民法关于法律行为的规定，原则上只能撤销而不能宣告无效，以避免妨害执行效果，维护司法威信。

① 参见江伟、赵秀举：《论执行的性质与执行机构的设置》，载《人大法律评论》2000 年第 1 辑。

四、民事执行的基本原则

(一) 目前国内学者的观点及评价

对执行法院和当事人在整个民事执行程序中起指导作用的准则,称为民事执行的基本原则。学者概括有如下类型:(1)民事强制执行与说服教育相结合原则;(2)执行适度原则(即全面保护当事人利益原则);(3)迅速及时原则;(4)民事执行权由法院独立行使原则;(5)执行当事人地位不平等原则;(6)申请执行与依职权并用原则;(7)协助执行原则;(8)执行标的有限原则;(9)立执兼顾与审执配合原则;(10)正确处理执行工作与社会安定关系原则;(11)执行合法原则,等等。不可否认,这些探讨对于指导我国民事执行立法和司法具有积极意义,对于我国民事执行理论的发展也是不可或缺的,但是仍然有必要对于上述基本原则进行具体分析。

在上述"基本原则"中,除第6、7两项仅适用于民事执行程序的某一阶段而应当予以排除出基本原则之外,其余九项原则均贯穿于民事执行程序始终。但是,这九项原则中的绝大多数并不能称为民事执行的基本原则。

首先,有些原则有过于具体、明确的要求,不能充当指导性的法律原则,更不能直接承载、协调民事执行程序的价值目标及核心原则。如第4项明确规定了民事执行权的归属问题,第8项明确了执行标的之范围,这些原则尽管在民事执行程序全过程中适用,却只能算作具体原则或程序规则,而不能作为基本原则看待。

其次,有些原则政策性很强,无法上升为普遍的法律规范,不宜称为基本原则。如第1项原则要求执行机构在执行过程中进行"说服教育",做被执行人的思想工作。又如,第10项原则要求正确处理执行工作与社会安定的关系,注意执行工作方式方法,尽量避免因方法不当影响社会稳定。说服教育以及注重执行的社会效果的作用在于,"通过加强法院裁量的因素和引入当事人同意的契机以减轻执行制度的负担。它使过大或过于复杂的问题也有可能在强制执行的范畴内得到处理,从而加大了制度的容量,在一定程度上弥补了其他制度的不足。"但它"降低了强制执行制度的透明度和专门性,从而使法的或程序性的判断基准于不知不觉中发生了向道德性判断基准的位移,给强制执行制度带来了内在的扭曲和变形"[①]。"说服教育"和维护社会安定一样,仅涉及执行工作政策和工作方法问题,无法在执行程序中设立可操作的具体规则,也无法把它们上升为民事执行的基本原则。

最后,上述有的原则不仅不具有基本原则的性质,而且可能产生歧义,从而破坏其他法律原则和制度的效力。如第9项立执兼顾与审执配合原则,要求法院在立案和审理过程中都要注意判决后的执行问题。这种要求具有一定的合理性,但可能造成的后果是:法院对于将来可能无法执行的案件不予立案;对于诉讼中的案件,发现将来可能无法执行的就中止或终结诉讼程序,或者依职权滥用财产保全措施。"立执兼顾与审执配合"原则的提法具有误导性,导致执行问题成为影响法院立案或判决结果的因素,而这与我国当前形成的"立审分离""立执分离""审执分离"的格局是背道而驰的。

---

① 王亚新:《强制执行与说服教育辨析》,载《中国社会科学》2000年第2期。

由此看来，学者们所探讨的基本原则中，真正具有基本原则性质的只有第 2、3、5、11 四项，其他各项原则均不能算作对民事执行活动有普遍指导和规范意义的基本原则。

本书将民事执行的基本原则概括为执行合法原则、执行当事人不平等原则、执行及时原则、执行适度原则、执行穷尽原则以及执行检察监督原则。

(二) 民事执行基本原则的内容

1. 执行合法原则。执行合法原则，即民事执行活动必须以生效的法律文书为依据，依法定程序和方式并遵守实体法的规定进行。该原则要求执行活动必须以生效的法律文书为依据。如果没有法律文书或者法律文书效力尚未确定，就不能开始和进行执行工作。另外，执行必须依照法定程序和方式进行。例如，采取执行措施时执行员应当出示证件；执行完毕后，应当将执行情况制作笔录，由在场的有关人员签名或者盖章。

2. 执行当事人不平等原则。执行当事人不平等原则，是指执行债权人和债务人地位不平等，双方的权利义务有差别。与该原则相反的就是当事人平等原则。在审判程序中，为了保证当事人充分行使诉讼权利，采用当事人平等原则，但在民事执行程序中，当事人之间的民事权利义务业已确定，民事执行的目的是迅速实现债权人的权利，迫使债务人履行义务，因此不适宜也无法使债务人与债权人权利义务平等、地位平等。

3. 执行适度原则。所谓执行适度原则，也称比例原则，是指实现民事执行目的的执行措施必须是有必要而适度的。这种“有必要而适度”，要求对被执行人的执行必须控制在合理的限度内，在执行目的与执行措施之间、申请执行人与被执行人利益之间保持合理的平衡：一方面把债务人的痛苦降到最低点，另一方面确保债权迅速、充分地得到实现。执行适度原则是民事实体法的要求。诚实信用和禁止权利滥用原则作为民事实体法基本原则，要求权利的行使应当有所限制，权利的行使不得以损害他人合法权益为主要目的。在民事执行中，不能为实现债权人的民事权利而置债务人利益于不顾。该原则包括以下几个具体要求：首先，对申请人的合法权益要保护，但不得超额查封和超额拍卖。其次，对被执行人及其所扶养家属的生活必需费用和生活必需品等豁免执行。再次，在采取查封、扣押、强制迁出房屋或者强制退出土地等强制措施时，应当通知被执行人或者其成年家属到场，以免损害被执行人的合法权益。最后，拍卖、变卖被执行人的财产时，要依法进行，不能贱价出售。

4. 执行及时原则。执行及时原则体现了民事执行程序的基本价值要求。民事执行是一种与司法行为有密切联系的司法强制行为，效率是民事执行的最高追求。因此，民事执行程序要尽量缩短办案周期，在执行实践中要尽可能迅速满足债权人的利益。执行及时原则在民事执行程序中的具体表现是：首先，法院执行机构对执行债权人的执行申请或审判人员移送执行的案件，应当及时审查，符合有关规定的及时立案，开始执行。其次，在执行程序的各个阶段，各项执行行为要在法定的期间内进行和完成，不能久拖不执，并且执行行为应当连续、不间断地进行。最后，当事人必须在法定期限内申请执行，否则受诉法院不予强制保护。

5. 执行穷尽原则。所谓“执行穷尽”，是指人民法院根据债权人的请求，为了实现生效法律文书所确定的权利，穷尽各种执行方法、措施和途径，对被执行人的财产进行必要的调查、审计，依法采取查封、扣押、冻结、拍卖、变卖等执行行为，在履行上述程序后仍不能满足债权人权利的,法院才能裁定终结执行程序。执行穷尽原则可以增强当事人在民事经济交往中的风险意识,减轻法院面临的舆论压力,有利于司法资源的合理运用,同时督促法院执行人员尽职尽责地开展执行活动,最大限度地实现执行债权。

6. 执行检察监督原则。《民事诉讼法》第235条规定:"人民检察院有权对民事执行活动实行法律监督。"检察监督关系应当理解为权力—权力关系,即检察权与执行权的关系,因此,检察监督的对象,限于法院执行权的行使;同时,检察监督的重要目的是支持和帮助法院搞好执行工作,排除外界对法院司法的干预,保障法院独立公正行使执行权。因此,执行检察监督要奉行谦抑、克制和适度的原则。应当区分执行权的消极行使和积极行使而采取相应的监督措施:对于法院怠于行使审判权和执行权(如被执行人有财产可供执行,而执行法院迟迟不采取相应执行措施)的消极执行行为,由于消极司法的证据确凿、侵害的是当事人的强制执行请求权等重要程序权利,因此,应当作为检察监督的重点。对于法院滥用执行权的积极行为,要视该行为的违法程度、对当事人程序权利和实体权利侵害的程度,来确定检察监督的重点。例如,在民事执行权非法侵害了被执行人、相关程序参与人的人格权、自由权、住宅权、生存权等基本人权时,检察机关有权介入执行程序,向执行法院发出检察建议,以保障人权。在监督方式上,应当适用检察建议而非抗诉。《民事诉讼法》第208条第3款明确规定:"各级人民检察院对审判监督程序以外的其他审判程序中审判人员的违法行为,有权向同级人民法院提出检察建议。"

五、民事执行法

(一) 民事执行法的概念、沿革

民事执行法是规定执行机关的组织及其运用强制力实施执行行为的程序规范的总和。包括执行法院的组织、权限,执行当事人的能力、资格,执行行为的程序、要件等内容。民事执行法有实质意义和形式意义之分,民事诉讼法、公证法、仲裁法等民事程序法,以及民法通则、物权法、合同法、公司法等民事实体法中有关民事执行的条款,均属于实质意义上的民事执行法,形式意义上的民事执行法,则专门指民事执行法典。

民事执行法的发展经历了从私力救济到公力救济、从对人执行到对物执行的过程。新中国成立前夕,中共中央于1949年2月宣告彻底废除国民党执政时期的一切法律制度,使国民党的"强制执行法"停止在我国大陆地区继续施行。1956年最高人民法院发布《各级人民法院民事案件审判程序总结》,其中包括对执行程序的规定,是我国大陆对执行程序较为系统的规定。1982年《民事诉讼法(试行)》在第四编规定了"执行程序",1991年的《民事诉讼法》在第三编中规定"执行程序",自第207条至第236条,共30条。1998年最高人民法院颁布了《执行规定(试行)》,共137条,对有关执行事项作了较周密的规定。2007年10月28日全国人大常委会《关于修改〈中华人民共和国民事诉讼法〉的决定》对执行程序进行了修改,使有关执行的条文达35条。同时第九章"财产保全和先予执行"、第十章"妨害民事诉讼的强制措施"、第二十七章"财产保全"和第二十八章"仲裁"也涉及强制执行内容。2015年最高人民法院颁布《民诉法解释》,对于上述法律进行了补充解释。此外,最高人民法院还先后发布了关于查封扣押冻结、拍卖变卖、执行期限、执行公开、委托执行、执行监督等方面的司法解释[①]，这些解释成为人民法院执行工作的重要法律依据。

(二) 民事执行法的性质

1. 强行法。法律依其规定的效力分为强行法与任意法。法律的规定不因当事人的意思而改变其适用的为强行法，反之则为任意法。民事执行法是规范国家机关运用强制力实现生效法律文书内容的法律，当事人不得依其意思予以变更，属于强行法。

2. 普通法。法律根据适用范围的大小，可分为普通法与特别法。前者是适用于国家范围内所有公民及一般事项的法律，后者是仅适用于特定人、特定事项、特定地域或特定时期的法律。民事执行法适用于所有执行机关、全体公民和一般民事执行事项，属于民事诉讼法的组成部分，所以为普通法。

3. 公法。公法与私法是大陆法系国家法学理论上的一种分类。前者调整国家管理社会的法律关系，后者则调整私人生活的法律关系，尤其是民事法律关系。民事执行法规范国家执行机关的组织及其运用权力的程序，属于公法的一种。

4. 程序法。法律依其内容可分为实体法和程序法。前者是规定实体权利义务的性质、范围及其存在与否的法律，后者是规定实现实体权利义务的手续的法律。民事执行法的主要内容是规定执行机关行使公权力实现生效法律文书所确定的权利的程序，故属于程序法。

(三) 民事执行法的立法体例

民事执行法主要有以下三种立法体例：

1. 并入民事诉讼法。这种立法例认为民事执行事件属于民事诉讼事件，将民事执行法并入民事诉讼法成为混合法典，德国和我国采此立法例。

2. 编入破产法。将民事执行法并入破产法编订混合法典，如瑞士。

3. 制定单行法。这种立法例认为，民事审判和民事执行存在重大区别，民事执行事件不同于民事诉讼事件，所以有些国家如奥地利、日本、法国、俄罗斯、韩国、澳大利亚等，制定了单行的民事执行法典。

我国现行法将执行程序作为民事诉讼程序的一部分，在《民事诉讼法》中单列第三编用35个条文规范“执行程序”，作为解决执行案件的依据。由于经济生活中信用匮乏、执行制度捉襟见肘、地方保护甚嚣尘上、执行机制运行不畅等因素，日益严重的“执行难”问题引起了从立法机关到市井百姓的关注，不少人呼吁制定一部系统、科学、单行的强制执行法典。从2001年至今，我国先后起草了四部《中华人民共和国民事强制执行法草案》，第九届和第十届全国人大常委会曾将“民事强制执行法”列入立法规划。2012年修改《民事诉讼法》时，立法机关回应了社会各界的呼声，确定今后要在我国制定单独的“民事强制执行法”。这一立法目标在中共中央第十八届四中全会决定中获得了确认。

① 这些司法解释和其他规范性法律文件主要包括：2004年最高人民法院《关于人民法院民事执行中查封、扣押、冻结财产的规定》（以下简称《查封规定》）和最高人民法院《关于人民法院民事执行中拍卖、变卖财产的规定》（以下简称《拍卖规定》），2001年最高人民法院《关于冻结、拍卖上市公司国有股和社会法人股若干问题的规定》（以下简称《冻结规定》），2004年最高人民法院、国土资源部、建设部《关于依法规范人民法院执行和国土资源房地产管理部门协助执行若干问题的通知》（以下简称《房地产执行通知》），2000年最高人民法院、中国人民银行《关于依法规范人民法院执行和金融机构协助执行的通知》（以下简称《金融机构协助通知》），2006年最高人民法院《关于人民法院执行公开的若干规定》（以下简称《执行公开规定》）和《关于人民法院办理执行案件若干期限的规定》（以下简称《执限规定》）。

第二节　执行主体与执行标的

一、执行主体

(一) 执行主体概述

执行主体,是在执行法律关系中,依照执行法律规定,享有权利和承担义务,并能够引起执行程序发生、变更或终结的组织或个人。

执行活动需要人民法院、执行当事人和协助执行人、执行见证人等的参与,所以,执行主体包括执行机关、执行当事人和执行参与人。

(二) 执行机关

1. 执行机关的设置。执行机关是指依法负责执行法律文书的职能机构,民事诉讼法上称为“执行机构”。根据审执分立的要求以及《民事诉讼法》的规定,20世纪90年代,各基层人民法院和中级人民法院都设立了执行庭,全国各地的高级人民法院也相继设立了执行机构,最高人民法院设立了执行办公室,指导和协调下级人民法院的执行工作。

1999年的中央11号文件提出“要强化执行机构的职能作用,加强执行工作的统一管理和协调”。最高人民法院同年颁布的《人民法院五年改革纲要》要求建立起“对各级人民法院执行机构统一领导,监督、配合得力,运转高效的执行工作体制”。自1999年年底开始,最高人民法院陆续颁布了关于执行机构和执行体制改革的一系列规定①,并推行包括执行机构改革在内的执行工作改革。按照上述规定的要求,执行机构改革是当前人民法院机构改革的重要任务之一,势在必行,各级人民法院建立的新执行机构统一称为执行局。执行机构的裁判权与实施权分离,原成立的执行庭继续保留,行使裁判职能;积极探索执行裁判权和执行实施权相分离,裁判人员和执行人员分工负责、互相配合、互相制约的新机制。到了2006年年底,除了北京外,全国高级法院系统均设立了执行局。2008年11月,最高人民法院执行局成立。执行局是执行工作运行机制的载体,它的成立对于提高执行声势、促进执行工作起到了积极的作用。

审执分立也存在例外情况。例如,为了加强人民法庭工作,全面贯彻司法为民的宗旨,2005年最高人民法院《关于全面加强人民法庭工作的决定》第11条规定,人民法庭实行审执合一制度,除执行审查事项或者基层人民法院认为不宜由人民法庭执行的事项外,人民法庭审结的案件,由人民法庭负责执行。

2. 执行机关的组成人员。执行机关行使执行权,是通过具体的人员进行的。执行机关及执行人员所属的人民法院也称为执行法院。执行机关通常由人民法院院长、执行庭(局)长、执行法官、执行员、书记员和司法警察组成。

---

① 如1999年9月《关于人民法院执行机构有关问题的紧急通知》、2000年1月《关于高级人民法院统一管理执行工作若干问题的规定》、2000年9月《关于改革人民法院执行机构有关问题的通知》和2001年4月《关于认真贯彻全国高级法院院长会议和全国地方人民法院机构改革座谈会精神积极推进执行工作改革的通知》。

(1) 执行员。执行员为执行机关的主要组成人员,其主要职权为办理人民法院有关执行事项。《人民法院组织法》和《民事诉讼法》规定,地方各级人民法院设执行员办理执行事项,执行工作由执行员持执行公务证进行。采取强制执行措施时,执行员应当出示证件。执行完毕后,应当将执行情况制作笔录,由在场的有关人员签名或者盖章。

《法官法》规定执行员不属于法官的范畴,其地位、待遇及保障与法官不同。该法第 52 条规定"对人民法院的执行员,参照本法有关规定进行管理",但没有对执行员的资格及任免程序作出规定,给执行员队伍建设以及执行工作的开展带来不利影响。例如,民事诉讼法规定采取执行措施时由执行人员作出划拨存款和拍卖、变卖财产等裁决行为。而民事诉讼法还规定,裁定应由审判人员、书记员署名,制作裁定的执行员无权署名。如果以审判人员的名义署执行员的名字,则执行员必须同时具有审判职称。执行改革中,普遍推行了执行实施权与执行裁决权分离行使制度,由有审判职称的法官负责执行裁决事项,由不具审判职称的执行员负责执行实施工作。

在执行工作中,执行人员应当依法实行回避,回避理由和审判人员相同。

(2) 执行庭(局)长。各级人民法院执行庭(局)长,除办理执行案件外,还主持重大执行事项的讨论,监督所属执行人员,处理有关行政事务。

(3) 院长。执行程序中,执行员实施拘传、拘留、罚款、中止执行程序等行为,须经院长批准;实施搜查,须由院长签发搜查令(《民事诉讼法》第 248 条)。执行程序中重大事项的办理,应由三名以上执行员讨论,并报经院长批准(《执行规定(试行)》第 5 条)。

(4) 书记员。《人民法院组织法》第 39 条规定:"各级人民法院设书记员,担任审判庭的记录工作并办理有关审判的其他事项。"执行机关也配置书记员,负责记录及其他日常性工作,协助执行员办理执行事项。

(5) 司法警察。各级人民法院设司法警察(《人民法院组织法》第 40 条第 3 款)。司法警察受执行员指挥,负责维持执行工作秩序,并协助执行工作的进行。采取重大的执行措施,必须有司法警察参加。必要时可以请求公安机关、武警部队或其他有关机关予以援助。

执行人员执行公务时,应向有关人员出示工作证和执行公务证,并按规定着装,必要时应由司法警察参加。执行公务证由最高人民法院统一制发(《执行规定(试行)》第 8 条)。执行机构应配备必要的交通工具、通信设备、音像设备和警械用具等,以保障及时有效地履行职责(《执行规定(试行)》第 7 条)。

3. 执行争议的协调。两个或两个以上人民法院在执行相关案件中发生争议的,应当协商解决。协商不成的,逐级报请上级法院,直至报请共同的上级法院协调处理。执行争议经高级人民法院协商不成的,由有关的高级人民法院书面报请最高人民法院协调处理(《执行规定(试行)》第 125 条)。"上级法院协调下级法院之间的执行争议所作出的处理决定,有关法院必须执行"(《执行规定(试行)》第 128 条)。必要时,上级法院可以将有关款项提存到本院指定的账户(《执行规定(试行)》第 127 条)。

4. 执行监督,主要内容有:

(1) 监督机构。"上级人民法院依法监督下级人民法院的执行工作。最高人民法院依法监督地方各级人民法院和专门法院的执行工作"(《执行规定(试行)》第 129 条)。"上级人民法院执行机构负责本院对下级人民法院执行工作的监督、指导和协调"(《执行规定(试行)》第 9 条)。

(2) 监督权限。主要有以下几种方式：

第一,指令纠正。上级法院发现下级法院在执行中作出的裁定、决定、通知或具体执行行为不当或有错误的,应当及时指令下级法院纠正,并可以通知有关法院暂缓执行。下级法院收到上级法院的指令后必须立即纠正。如果认为上级法院的指令有错误,可以在收到该指令后5日内请求上级法院复议(《执行规定(试行)》第130条第1、2款)。

第二,裁定纠正。下级法院对上级法院的纠正请求复议,上级法院认为请求复议的理由不成立,而下级法院仍不纠正的,上级法院可直接作出裁定或决定予以纠正,送达有关法院及当事人,并可直接向有关单位发出协助执行通知书(《执行规定(试行)》第130条第3款)。

第三,裁定不予执行。上级法院发现下级法院执行的仲裁裁决书、公证债权文书等非讼法律文书有不予执行事由,应当依法作出不予执行裁定而不制作的,可以责令下级法院在指定时限内作出裁定,必要时可直接裁定不予执行(《执行规定(试行)》第131条)。

第四,限期执行。上级法院发现下级法院的执行案件(包括受委托执行的案件)在规定的期限内未能执行结案的,应当作出裁定、决定、通知而不制作的,或应当依法实施具体执行行为而不实施的,应当督促下级法院限期执行,及时作出有关裁定等法律文书,或采取相应措施(《执行规定(试行)》第132条第1款)。

第五,提级或指定执行。对下级法院长期未能执结的案件,确有必要的,上级法院可以决定由本院执行或与下级法院共同执行,也可以指定本辖区其他法院执行(《执行规定(试行)》第132条第2款)。

第六,依审判监督程序处理。上级法院在监督、指导、协调下级法院执行案件中,发现据以执行的生效法律文书确有错误的,应当书面通知下级法院暂缓执行,并按照审判监督程序处理(《执行规定(试行)》第133条)。

第七,暂缓执行。上级法院除了在指令纠正及命令下级法院依审判监督程序处理时,可通知暂缓执行外,在申诉案件复查期间,也可对生效法律文书暂缓执行。在此情形下,有关审判庭应当将暂缓执行的通知抄送执行机构(《执行规定(试行)》第134条)。上级法院通知暂缓执行的,应同时指定暂缓执行的期限。暂缓执行的期限一般不得超过3个月。有特殊情况需要延长的,应报经院长批准,并及时通知下级法院。暂缓执行的原因消除后,应当及时通知执行法院恢复执行。期满后上级法院未通知继续暂缓执行的,执行法院可以恢复执行(《执行规定(试行)》第135条)。

第八,追究责任。下级法院不按照上级法院的裁定、决定或通知执行,造成严重后果的,按照有关规定追究有关主管人员和直接责任人员的责任(《执行规定(试行)》第136条)。

(三) 执行当事人

1. 执行当事人的含义。具有给付内容的执行依据所确定的债权人与债务人即执行当事人。其中,有权要求执行机关运用强制力,强制债务人履行义务,以实现民事权利的人是债权人,有时也称"申请执行人";负有给付义务的人是债务人,也称"被执行人"。

执行当事人应具有诉讼行为能力。如果没有诉讼行为能力,就由法定代理人或诉讼代理人代为执行行为。如果无诉讼行为能力人没有法定代理人或者法定代理人互相推诿责任时,执行法院就应该替他指定代理人。

2. 执行承担。执行依据的效力,原则上只及于生效法律文书所确定的债权人和债务人。

一般情况下,只有法律文书确定的权利人和义务人才是执行当事人,人民法院也只对法律文书确定的义务人实施强制执行。但是,法律文书生效后,在执行程序中,案外人因实体法上的原因承受执行当事人地位,享有申请执行人的权利或者承担被执行人的义务,就产生了执行承担。执行承担包括执行程序中权利的继受和义务的承担两个方面。权利的继受比较简便,而义务的承担则比较复杂。

为保障债权人的合法利益得到实现,《民事诉讼法》《民诉法解释》和《执行规定(试行)》对被执行主体的变更和追加的情形作了具体的规定。被执行人发生执行承担的情形有:

(1) 当事人死亡。债权人死亡时,依《民事诉讼法》第256条第1款第3项规定,“作为一方当事人的公民死亡,需要等待继承人继承权利或者承担义务的”,人民法院应当裁定中止执行。其反面解释是,无须“等待继承人继承权利或者承担义务的”,可以继续执行,以保护债权人合法权益。就债务人而言,执行程序则依下列规定处理:

第一,对遗产执行或终结执行。“作为被执行人的公民死亡的,以其遗产偿还债务”(《民事诉讼法》第232条)。如有遗产,而“继承人放弃继承的,人民法院可以直接执行被执行人的遗产”(《民诉法解释》第475条)。如被执行人无遗产,继承人除自愿偿还的以外,不负无限清偿责任(《继承法》第33条)。这种情况下,继承人不愿偿还的,就属于“作为被执行人的公民死亡,无遗产可供执行,又无义务承担人的”情形,人民法院应当裁定终结执行(《民事诉讼法》第257条第3项)。

第二,变更继承人为被执行人。作为被执行人的公民死亡,其遗产继承人没有放弃继承的,人民法院可以裁定变更被执行人,由该继承人在遗产的范围内偿还债务(《民诉法解释》第475条)。

(2) 被执行主体的变更或追加。有以下几种情形:

第一,组织终止。作为被执行人的法人、其他组织终止的,由其权利义务承受人履行义务(《民事诉讼法》第232条)。即不以原被执行人的财产为限,对承受人所有的财产均可执行。如果“作为一方当事人的法人或者其他组织终止,尚未确定权利义务承受人的”(《民事诉讼法》第256条),人民法院应当裁定中止执行。其他组织在执行中不能履行法律文书确定的义务的,人民法院可以裁定执行对该其他组织依法承担义务的法人或者公民个人的财产(《民诉法解释》第473条)。若无权利义务承受人的,就应依破产或清算程序处理。

第二,组织分立、合并。“执行中作为被执行人的法人或者其他组织分立、合并的,人民法院可以裁定变更后的法人或者其他组织为被执行人;被注销的,如果依照有关实体法的规定有权利义务承受人的,可以裁定该权利义务承受人为被执行人”(《民诉法解释》第472条)。作为被执行人的法人和其他企业合并、被其他企业兼并的,人民法院应裁定变更该其他企业为被执行人,承担被执行人的债务。作为被执行人的法人分立的,分立后存续的企业按照分立协议确定的比例承担债务。不符合法定程序分立的,法院裁定由分立后存续的企业按照其从被执行人处分得的资产所占原企业总资产的比例对申请执行人承担责任(《执行规定(试行)》第79条)。

但根据2014年修订的《公司法》第176条规定,除公司在分立前与债权人就债务清偿达成的书面协议另有约定的外,作为被执行人的公司分立前的债务由分立后的公司承担连带责任。从效力位阶上分析,执行程序中应当优先适用《公司法》。

第三,组织名称变更。在执行中,作为被执行人的法人或者其他组织名称变更的,人民法院可以裁定变更名称后的法人或者其他组织为被执行人(《民诉法解释》第474条)。

第四,法人分支机构不能清偿债务。被执行人为企业法人的分支机构,不能清偿债务时,可以裁定企业法人为被执行人。企业法人直接经营管理的财产仍不能清偿债务的,人民法院可以裁定执行该企业法人其他分支机构的财产。若必须执行已被承包或租赁的企业法人分支机构的财产时,对承包人或承租人投入及应得的收益应依法保护(《执行规定(试行)》第78条)。

第五,独资企业。被执行人为无法人资格的私营独资企业,无能力履行法律文书确定的义务的,人民法院可以裁定执行该独资企业主的其他财产(《执行规定(试行)》第76条)。应当注意的是,《公司法》第64条虽然规定一人有限责任公司的股东如不能证明公司财产独立于股东自己财产的,应当对公司债务承担连带责任,但一人有限责任公司的财产与股东财产混同的认定,涉及实体权利义务承担问题,应通过审判程序解决,因此排除了人民法院在执行程序中直接适用《公司法》第64条。同样,对于公司股东滥用公司法人独立地位和股东有限责任逃避债务的,执行程序中也不能直接适用《公司法》第20条而否认公司的法人人格。

第六,合伙组织。被执行人为个人合伙组织或合伙型联营企业,无能力履行生效法律文书确定的义务的,人民法院可以裁定追加该合伙组织的合伙人或参加该联营企业的法人为被执行人(《执行规定(试行)》第77条)。

第七,开办单位。被执行人无财产清偿债务,如果其开办单位对其开办时投入的注册资金不实或抽逃注册资金,可以裁定变更或追加其开办单位为被执行人,在注册资金不实或抽逃注册资金的范围内,对申请执行人承担责任(《执行规定(试行)》第80条)。作为被执行人的法人歇业或者被撤销的,上级主管部门或开办单位无偿接受被执行人的财产,致使被执行人无遗留财产清偿债务或遗留财产不足清偿的,法院可以裁定由上级主管部门或开办单位在所接受的财产范围内承担责任(《执行规定(试行)》第81条)。但被执行人的开办单位已经在注册资金范围内或接受财产的范围内向其他债权人承担了全部责任的,人民法院不得裁定开办单位重复承担责任(《执行规定(试行)》第82条)。

(四)执行参与人

执行参与人是指人民法院和执行当事人以外的参与执行工作的组织和个人,包括协助执行人、执行见证人、被执行人的家属以及代理人和翻译人员等。

在执行程序中,按照人民法院的协助执行通知书配合执行机构进行执行工作的单位和个人,称为协助执行人。金融机构及其管理部门、房地产管理部门、工商管理部门、电信部门、车辆管理部门、税务机关、海关、公安机关、用人单位以及其他有关部门都依法负有协助执行义务。从类型上看,主要有登记机关(构)的协助登记行为,银行、信用合作社和其他有储蓄业务的单位的协助查询、冻结或者划拨存款行为,用人单位的协助扣留、提取收入的行为,案外人协助交付执行标的物、行政主管机关的协助执行等情形。协助执行义务为法定义务,优先于协助执行人所负的合同义务或其他债务,并且构成协助执行人法定的免责事由。协助执行实行不收费原则。违反协助执行义务的,执行法院有权对协助义务人依法采取罚款、拘留等强制措施,给当事人造成损失的还应承担损害赔偿责任。公安机关、房地产管理部门、交通管理部门等行政机关根据执行法院的协助执行通知书实施的协助行为,具有行政行为的外观，不过，从理论上讲不能构成行政法意义上的具体行政行为，被执行人或其他关系人对该行为不服时，不能向人民法院提起行政诉讼。[①]

在执行程序中，人民法院采取某些执行措施时，到场亲自对执行活动进行观察和监督，证实执行情况的人，称为执行见证人。根据《民事诉讼法》第245、250条规定，可以成为执行见证人的人员主要有：(1)被执行人为未成年人时其成年家属；(2)被执行人为公民时，其工作单位或财产所在地基层组织指派参加执行的人员；(3)被执行人为单位时，其法定代表人或主要负责人。

二、执行标的

(一) 概念

法院强制执行行为所指向的对象，为执行标的，又称执行对象或执行客体。债务人可供执行以实现债权人债权的责任财产，可以成为执行标的。现代社会尊重个人人格，人为权利的主体，不能同时成为权利的客体，原则上法院执行仅针对债务人所有的财产，只有在特定条件下才能以债务人的身体、劳力或自由等作为执行标的。

执行标的与执行标的物、执行内容、民事法律关系的客体等概念不同。执行标的物是指作为执行标的之财产，是以物的形式体现出来的执行标的，是执行标的之一种；执行内容是生效法律文书所确定的债务人应为的给付义务，包括支付金钱、交付物和完成行为，这种给付义务是法院对执行标的采取执行措施所要达到的目的；民事法律关系的客体也称民事法律关系的标的，是民事权利义务所指向的对象，而执行标的是执行行为指向的对象。

执行标的也不同于责任财产这个概念。责任财产是责任法上的范畴，指债务人用于履行债务及承担民事责任的财产。就特定债权而言，债权产生，就借助于债务而当即指向了责任财产中的特定物；就种类债权来说，债权产生，便以债务为媒介将其效力指向了债务人的全部财产，即债务人所有的物以及具有金钱价值的各种权利的总和，此际，债务人所有的财产都是责任财产。[②] 因此，责任财产属于执行标的之一种，是财产执行的执行标的之一种。

民事执行依执行标的分为财产执行和人身执行。财产执行以债务人所有的物或有财产价值的权利为执行标的。人身执行以人的身体或债务人的自由权为执行标的。现代各国均以财产执行为原则，以人身执行为例外。

(二) 财产执行的标的

1. 有体物。被执行人的财物，应当是其享有所有权或有权处分的物。作为执行标的的物通常指有金钱价值的一切物与权利，一般分为有体物与无形财产权。有体物依其可否移动又可分为动产和不动产。根据民法的规定，作为执行标的之不动产包括：(1)土地使用权；(2)房屋(《城市房地产管理法》第2条)，包括地上建筑物、构筑物、地下室、仓库、停车场、桥梁、水坝、水塔、烟囱等；(3)林木(《担保法》第34条、《森林法》第3条)。

---

① 参见最高人民法院2004年7月《关于行政机关根据法院的协助执行通知书实施的行政行为是否属于人民法院行政诉讼受案范围的批复》。

② 参见崔建远、韩世远：《债权保障法律制度研究》，清华大学出版社2004年版，第29页。

作为执行标的之动产包括:(1)船舶和航空器(《海商法》第9条、《民用航空法》第11条);(2)机动车辆;(3)有价证券,如股票、债券、基金份额(《民事诉讼法》第242条)、存单(《执行规定(试行)》第35条)、凭证式国库券等;(4)其他动产。

2. 无形财产权。无形财产权是指被执行人所享有的非以实物形态存在的财产权,如知识产权。债务人对第三人的到期债权和债务人非法处分的财产,也可成为执行标的。作为执行标的之无形财产权,必须是债务人独立的财产权利、具有财产价值和可转让性。

具体而言,可成为执行标的之无形财产权包括:(1)存款(《民事诉讼法》第242条);(2)农村土地承包经营权(《民法通则》第80条、第81条,《农村土地承包经营法》第3条、第16条);(3)建设用地使用权(《物权法》第135条);(4)宅基地使用权(《物权法》第152条);(5)其他自然资源使用权,如矿业权,海域使用权(《海域使用管理法》第25条、《物权法》第122条),森林或林木采伐权,取水权,渔业权(渔业养殖权和渔业捕捞权);(6)专利权;(7)注册商标专用权;(8)著作权;(9)股权,如有限责任公司股权或投资权益、独资企业投资权益(《执行规定(试行)》第54条)、中外合资中外合作企业股权或投资权益(《执行规定(试行)》第55条);(10)公路运营权(《公路法》第59条);(11)电话电传租用权;(12)出租车运营权;(13)收入和收益;(14)航道经营权等。

3. 豁免执行的财产。被执行人的财产,原则上均可强制执行。但实体法和程序法基于保障社会安全或债务人的生存、维护社会公益或第三人利益、促进社会文化发展等考虑,规定对于被执行人的特定财产,执行法院不得采取执行措施,此即执行财产的豁免。

(1) 有体物的执行豁免范围。根据最高人民法院《关于人民法院民事执行中查封、扣押、冻结财产的规定》(以下简称《查封规定》)第5条规定,被执行人的下列财产属于豁免执行的财产,人民法院不得查封、扣押、冻结:

第一,被执行人及其所扶养家属生活所必需的衣服、家具、炊具、餐具及其他家庭生活必需的物品(《民事诉讼法》第244条)。此处的"生活必需品"主要包括:必需的衣服、寝具、餐具等;在一定期间内所需的食物、燃料等必需品;被执行人职业上必需的器具及物品;教育上所需的物品。被执行人及其所扶养家属生活所必需的居住房屋,虽然属于生活必需品的范畴,但考虑到其价值较大,如一概不允许执行,可能影响申请执行人债权的实现。为兼顾执行当事人双方的实体利益,民事诉讼法根据被执行人"生活所必需的居住房屋"上是否设定抵押权区分两种情况作了规定:

一是设定有抵押权时,人民法院可以查封,并可以根据抵押权人的申请,依法拍卖、变卖或者抵债。在裁定拍卖、变卖或者抵债后,应当给予被执行人6个月的宽限期。在此期限内,被执行人应当主动腾空房屋,人民法院不得强制被执行人及其所扶养家属迁出该房屋。宽限期届满后,被执行人仍未迁出的,人民法院可以作出强制迁出裁定,并按照《民事诉讼法》第250条规定执行。强制迁出时,被执行人无法自行解决居住问题的,经人民法院审查属实,可以由申请执行人为被执行人及其所扶养家属提供临时住房(2005年最高人民法院《关于人民法院执行设定抵押的房屋的规定》)。

二是未设定抵押的被执行人及其所扶养家属居住的房屋,属于执行豁免的财产,人民法院不得执行,但有一个例外,就是对于超过被执行人及其所扶养家属生活所必需的房屋,人民法院根据申请执行人的申请,在保障被执行人及其所扶养家属最低生活标准所必需的居住房屋后,可予以执行(《查封规定》第7条)。

第二,被执行人及其所扶养家属所必需的生活费用。当地有最低生活保障标准的,必需的生活费用依照该标准确定。

第三,被执行人及其所扶养家属完成义务教育所必需的物品,如学校的教育设施、书本等学习用具。

第四,未公开的发明或者未发表的著作。

第五,被执行人及其所扶养家属用于身体缺陷所必需的辅助工具、医疗物品。

第六,被执行人所得的勋章及其他荣誉表彰的物品以及为维护公序良俗而不得执行的财产。有的财产虽为被执行人所有,但属感情慰藉或传统风俗、信仰的物品,若对之强制执行,则有悖公序良俗,对此类财产,执行法院也不得强制执行。如遗像,牌位,墓碑及其他祭祀、礼拜所用之物。

第七,根据《缔结条约程序法》,以中华人民共和国、中华人民共和国政府或者中华人民共和国政府部门名义同外国、国际组织缔结的条约、协定和其他具有条约、协定性质的文件中规定免于查封、扣押、冻结的财产。

第八,法律或者司法解释规定的其他不得查封、扣押、冻结的财产。主要指基于财产的公共利益性质不得强制执行或限制强制执行的财产。例如,禁止对人民银行及其分支机构的办公楼、运钞车及营业场所等财产采取查封等执行措施(法[1999]28号);对金融机构的营业场所,不得进行查封(《执行规定(试行)》第34条);医院的医疗设施不得执行。又如禁止流通物不得执行,包括矿藏、水流等国家专有物;虽非专有但禁止转让的物;武器、弹药、毒品、淫秽书画等。

(2) 无形财产权的执行豁免范围。法律或司法解释规定不得执行或只有具备一定条件才能执行的财产权利主要有:信用证开证保证金;证券经营机构清算账户资金;证券、期货交易保证金;银行承兑汇票保证金;旅行社质量保证金;粮棉油收购专项资金;商业银行根据国家政策向特定企业发放的具有特定用途的贷款;社会保险基金和社会基本保障资金;国防科研试制费;金融机构存款准备金;军费(但军队工厂、农场、马场、军人服务部、省军区以上单位实现企业经营的招待所和企业的上级财务主管部门等单位开设的军队"特种企业存款"除外);征用土地补偿费、安置补偿费(《土地管理法》第47条、《土地管理法实施条例》第26条);单位和职工缴纳的住房公积金(《住房公积金管理条例》第2条、第3条);由地方财政部门管理、主要用于社会公益的各项附加收入即财政预算外资金。《民法通则》规定的专属于债务人所有的权利,如姓名权、肖像权、名誉权,以及《宪法》中规定的退休金等都不得成为执行标的。此外,属于执行豁免范围的还有:期货公司在期货交易所或者客户在期货公司保证金账户中的资金(最高人民法院《关于审理期货纠纷案件若干问题的规定》第59条);期货公司专用结算账户中未被期货合约占用的用于担保期货合约履行的最低限额的结算准备金,但期货公司已经结清所有持仓并清偿客户资金的除外(最高人民法院《关于审理期货纠纷案件若干问题的规定》第60条)。

(三) 人身执行的标的

在现代法治国家,仅在例外情况下允许以人身为执行标的。这包括以下两种情况:

1. 人的身体

对于交出子女的执行依据,可以用直接强制方法,将该子女交给申请人。这是实践中允许将人的身体作为执行标的之表现。除此之外,不得以人的身体的一部或全部作为执行标的。

2. 人的自由

我国现行法律借鉴国外立法例,为促使债务人履行债务(尤其是不可替代的行为),允许以人的自由权为执行标的,采取拘传、拘留、限制出境、罚款等间接执行措施。例如,当事人不履行法律文书确定的行为,如果该项行为义务只能由被执行人完成,人民法院可依照《民事诉讼法》的规定,以拒不履行判决、裁定为由,对义务人(包括单位主要负责人和直接责任人员)予以罚款、拘留,构成犯罪的,追究刑事责任。

第三节 执行依据与执行管辖

一、执行依据

(一) 执行依据的概念和特征

执行依据是执行机关据以执行的法律文书,是由有关机构依法出具的、载明债权人享有一定债权,债权人可据以请求执行的法律文书。

债权人在申请执行前,需要先取得给付性的执行依据,以确定其债权及其范围,才可据以请求执行。所以,有效的执行依据是开始民事执行程序的必要条件。

执行依据具有以下法律特征:(1) 它是已经生效(即确定)的法律文书。在债务人不履行生效法律文书时,债权人才可申请强制执行。(2) 它是具有给付内容的、法律规定属于法院强制执行的法律文书。不具有给付内容,或虽有给付内容但法律规定不属于法院强制执行的法律文书,不能成为执行依据。(3) 它的权利义务主体是明确的,给付内容应当具体、确定(《民诉法解释》第 463 条第 1 款)。

(二) 执行依据的种类

根据法律文书制作者的不同,执行依据可分为两种类型:一是人民法院制作的法律文书,包括民事判决、裁定和刑事判决、裁定中的财产部分等;二是法律规定由人民法院执行的其他法律文书。

1. 人民法院制作的法律文书。包括以下两种:

(1) 发生法律效力的判决。可以作为执行依据的判决有民事判决(含认定财产无主的特别程序判决)和刑事判决中有关财产部分的判决。刑事判决中,有关财产部分的判决包括对被告人课以财产刑和责令被告人退赔的刑事判决,以及附带民事诉讼确定被告人承担民事赔偿责任的判决(《刑事诉讼法》第 99 条、《刑法》第 64 条)。

根据判决是否发生法律效力,判决可以分为确定判决和未确定判决。确定判决即生效判决,是已经发生法律效力的判决。二审判决、最高法院作出的一审判决、不得上诉或上诉期已满的判决、依照特别程序作出的判决等,均为确定判决。判决作为执行依据,必须是已确定的给付判决。一审法院作出的、上诉期限尚未届满的判决,或正在上诉的判决,为未确定判决。未确定判决是尚未发生法律效力的判决,不能作为执行依据。

但是,在德国、日本等国,经过一定程序也可以赋予未确定的初审判决一定的执行力,予以执行。这是因为败诉一方当事人可以用上诉手段拖延初审判决的生效,并可在判决确定前隐匿或处分自己的财产,逃避判决义务。为了保护胜诉方当事人的利益,在必要时法院可以赋予未确定的判决以执行力,不必待其确定即可据以执行,其执行程序与执行确定的判决相同,可以依法进行一切执行行为,这就是假执行。法院宣告假执行,可以依债权人申请,令债权人提供担保后进行,也可以不须债权人提供担保依债权人申请或依职权进行。法院还可以在债务人提供担保后免予假执行。我国新民主主义革命时期,在革命根据地的民事诉讼和执行中,也曾有关于假执行的规定,1982年、1991年、2007年和2012年《民事诉讼法》虽无此规定,不过有对权利保护更为有利的先予执行制度。当然,先予执行的适用范围有一定的局限性。

(2) 发生法律效力的裁定。裁定主要是针对诉讼程序问题所作的判定,包括民事裁定、刑事(附带民事)裁定等。

作为执行依据的裁定主要是民事裁定。《民事诉讼法》第154条规定的11种民事裁定中,只有财产保全和先予执行的裁定具有给付内容,可以作为执行依据。人民法院基于特别程序作出的确认调解协议裁定(《民事诉讼法》第194、195条)和实现担保物权裁定(《民事诉讼法》第196、197条),可以成为执行依据。执行回转的裁定(《民事诉讼法》第233条、《执行规定(试行)》第109条),执行担保人财产的裁定(《执行规定(试行)》第85条),追究协助执行人民事责任的裁定(《执行规定(试行)》第33、37、44、56~58条)也可以作为执行依据。其他仅对诉讼程序作出的有关程序性问题的民事裁定不能作为执行依据。有些裁定,如以物抵债裁定(《民诉法解释》第491–493条)、强制搬迁裁定(《民事诉讼法》第250条),虽然也存在着落实的问题,但这种裁定只是实现执行依据内容的一些具体措施,最终是为执行依据服务的,本身不能作执行依据。

在诉讼和仲裁中,对于可能因一方当事人的行为或者其他原因使判决或仲裁裁决不能执行或难以执行的案件,人民法院可以裁定财产保全。先予执行的裁定除适用于追索赡养费、扶养费、抚育费、抚恤金、医疗费用、劳动报酬、保险理赔费用外,依有关的司法解释,还适用于禁止当事人为某种行为的事项,如停止侵害、排除妨碍等这种在理论上应属于"行为保全"的内容。不过,财产保全或先予执行裁定有的由审理案件的审判庭负责执行,有的由立案庭负责执行。

此外,根据我国缔结或参加的国际条约,双边的司法协助协定,或根据互惠原则,人民法院承认外国法院判决或外国仲裁机构的裁决的,要通过裁定进行。具有给付内容、符合执行条件的裁定,也可以成为执行依据。

(3) 发生法律效力的调解书、支付令。调解书经双方当事人签收后,即具有法律效力。一方当事人拒不履行的,另一方可申请执行。支付令是人民法院依督促程序作出的诉讼法律文书。作为执行依据的支付令已经生效,即债务人在收到支付令15日的异议期内不提出书面异议,并且不履行的,支付令即具有执行力,债权人可以申请执行。

2. 法律规定由人民法院执行的其他法律文书。包括以下两种:

(1) 仲裁裁决。仲裁实行一裁终局的制度。对于仲裁裁决,当事人不得请求复议,也不得向人民法院起诉。对于给付内容的裁决,一方当事人不履行的,另一方当事人可以向人民法院申请执行。

(2) 公证债权文书。对经公证的以给付为内容并载明债务人愿意接受强制执行承诺的债权文书,债务人不履行或者履行不适当的,债权人可以依法向有管辖权的人民法院申请执行(《公证法》第37条)。公证债权文书应当依当事人双方共同申请作出,公证处在当事人、利害关系人对申请公证的事项无争议的情况下,对债权文书的合法性、真实性进行公证,经公证的债权文书方可被赋予强制执行力。

二、执行管辖

执行管辖是指将一定的执行案件、执行事务和执行中的命令及裁判事务决定由何法院执行的权限划分,包括级别管辖和地域管辖。

(一) 级别管辖

依据《民事诉讼法》第224条和最高人民法院司法解释的规定,由基层法院管辖的执行案件有:(1)基层法院作为一审法院作出的生效法律文书的执行;(2)国内仲裁中的财产保全执行和证据保全执行由被申请人住所地或被申请保全的财产所在地和申请保全的证据所在地的基层人民法院执行;(3)上级人民法院依法指定基层法院管辖的案件;(4)其他案件。被执行的财产和被申请人一般在基层人民法院辖区内,由其负责执行,便于法院开展执行工作。

由中级法院管辖的执行案件有:(1)中级法院作为一审法院作出的生效法律文书的执行;(2)中国仲裁机构作出的仲裁裁决的执行;(3)经我国法院承认其效力的外国法院判决、国外仲裁裁决的执行;(4)经人民法院认可的台湾地区,香港、澳门特别行政区仲裁裁决、法院判决的执行;(5)上级人民法院依法指定中级法院管辖的案件的执行。

高级人民法院作出的一审生效法律文书的执行,由高级法院管辖。

(二) 地域管辖

所谓执行程序中的地域管辖,是指执行案件应由执行标的物所在地或被执行人应履行的行为地法院管辖;如果应执行的标的物所在地或被执行人应履行的行为地不明确的,则由被执行人住所地法院管辖。《民事诉讼法》第224条规定,人民法院作出的发生法律效力的民事判决书、裁定书、调解书,以及具有财产给付内容的刑事判决书、裁定书,由第一审人民法院或者与第一审人民法院同级的被执行的财产所在地人民法院执行。法律规定由人民法院执行的其他法律文书,如仲裁裁决书、仲裁财产保全裁定书、公证机关依法赋予强制执行效力的公证债权文书,由被执行人住所地或者被执行财产所在地的人民法院执行。

两个以上人民法院都有管辖权的,当事人可以向其中一个人民法院申请执行;当事人向两个以上人民法院申请执行的,由最先立案的人民法院管辖。两个人民法院之间因执行管辖权发生争议的,由双方协商解决;协商不成的,报请双方共同的上级人民法院指定管辖。基层人民法院和中级人民法院管辖的执行案件,因特殊情况需要由上级人民法院执行的,可以报请上级人民法院执行。

第四节　民事执行程序通则

一、执行开始

根据我国民事诉讼法的规定,执行程序的开始有两种形式,即申请执行和移送执行。债权人是否申请执行,由当事人自行处分,故执行程序的启动以申请执行为原则,以法院依职权开始执行的移送执行为例外。

(一) 申请执行

1. 当事人申请执行的条件。当事人申请执行应当符合以下条件:(1)要有给付内容明确的执行依据;(2)债务人逾期不履行或拒绝履行法律文书确定的义务;(3)在法定的申请执行时效内提出;(4)应向有管辖权的人民法院申请。

上述条件中,易生歧义的是申请执行时效。所谓申请"执行时效",是指对生效法律文书中所确认的执行债权进行保护的期限。大陆法系对于执行债权与诉讼中的权利主张一体看待,认为都属于民法上的请求权,统一适用消灭时效制度。而且,由于执行债权已获得有权机关的确认,故大陆法系国家中执行债权的消灭时效期间要远远长于诉讼中有争议的债权。债权人于一定期间不行使权利,其权利(请求权、诉权)归于消灭。大陆法系国家和地区对债权的保护大多规定了长期的时效期间,例如,《德国民法典》《法国民法典》规定其普通消灭时效期间为30年,《日本民法典》规定为20年和10年两种,《瑞士债务法》和《泰国民法典》规定为10年,我国台湾地区"民法典"规定为15年。对于实体法规定不足5年消灭时效的,执行债权的时效延长为5年。开始执行行为或者申请强制执行是中断执行时效的法定事由之一[1]。所以,在一般情况下,执行债权人不会担心因时效届满而丧失请求强制执行的权利。

我国《民事诉讼法》过去没有将消灭时效(即我国的诉讼时效)一体适用于强制执行程序,而是在诉讼时效之外另行规定了申请执行期限。该期限不仅远短于《民法通则》规定的两年普通诉讼时效期间,而且不能像诉讼时效那样可以中止、中断,容易导致债权人错过申请执行期限而失权,"赢了官司赔了钱",不利于保护执行债权。经过修改《民事诉讼法》,立法者明确规定了申请执行时效制度,执行时效不再有法定不变期间,而是诉讼时效之一种,从而在立法中真正贯彻了保护民事权利的精神。《民事诉讼法》第239条规定:"申请执行的期间为二年。申请执行时效的中止、中断,适用法律有关诉讼时效中止、中断的规定。前款规定的期间,从法律文书规定履行期间的最后一日起计算;法律文书规定分期履行的,从规定的每次履行期间的最后一日起计算;法律文书未规定履行期间的,

> **拓展阅读**
>
> 上海金纬机械制造有限公司与瑞士瑞泰克公司仲裁裁决执行复议案
>
> http://2d.hep.cn/1322465/6

① 参见《德国民法典》第209条、《日本民法典》第147条、《法国民法典》第2 244条、《意大利民法典》第2 943条、《瑞士债务法》第135条。

从法律文书生效之日起计算。”

申请执行时效属于执行抗辩事由，人民法院不得主动适用，应当在受理执行案件后、被执行人提出时效抗辩时，经审查后作出相应的判断：异议成立的，裁定不予执行；异议不成立的，裁定驳回异议（《民诉法解释》第483条）。

2. 申请执行应提交的文件和证件。债权人申请执行，应向人民法院提交下列文件和证件：(1)申请执行书。写明申请执行的理由、事项，执行标的以及申请执行人所了解的被申请人的财产状况。(2)生效法律文书副本。(3)申请执行人的身份证明。(4)继承人或权利承受人申请执行的，应当提交继承或承受权利的证明文件。(5)其他应当提交的文件或证件。

申请执行仲裁机构的仲裁裁决，应当向人民法院提交有仲裁条款的合同书或仲裁协议书。申请执行我国涉外仲裁机构的裁决，应提出书面申请，并附裁决书正本；如申请人为外国当事人，其申请书应当用中文文本提出。申请执行国外仲裁机构的仲裁裁决的，应当提交经我国驻外使领馆认证或我国公证机关公证的仲裁裁决书中文本。

按照2006年《诉讼费用交纳办法》第20条的规定，申请人民法院强制执行的费用，法院执行后交纳，不由申请执行人预交。

3. 委托代理人代为申请执行

当事人委托代理人申请执行，应当向人民法院提交经委托人签字或盖章的授权委托书，写明委托事项和权限。委托代理人代为放弃、变更执行债权，代为执行和解，或代为收取执行款项的，应当有委托人的特别委托授权。

(二) 移送执行

人民法院在作出裁判后，因为情况特殊而认为有必要时，不待当事人申请，由审判庭直接交执行机关执行的叫移送执行。

人民法院可以依职权移送执行的案件，大致有三类：(1)发生法律效力的具有给付赡养费、扶养费、抚育费内容的法律文书；(2)民事制裁决定书；(3)刑事附带民事判决、裁定、调解书。

二、案件受理与被执行人财产的查明

(一) 执行案件的受理

人民法院受理执行案件应当符合下列条件：(1)申请或移送执行的法律文书已经生效；(2)申请执行人是生效法律文书确定的权利人或其继承人、权利承受人；(3)申请执行的法律文书有给付内容，且执行标的和被执行人明确；(4)义务人在生效法律文书确定的期限内未履行义务；(5)属于受申请执行的人民法院管辖。

对符合条件的执行案件的申请，应当在7日内予以立案；不符合上述条件之一的，应当在7日内裁定不予受理；受理后发现法律文书还未生效的，或法律文书没有给付内容，或裁决双方同时履行各自义务但申请执行人未履行自己的义务而向法院申请对方履行的情形，法院可以裁定驳回执行申请。

执行员接到申请执行书或者移交执行书，应当向被执行人发出执行通知，并可以立即采取强制执行措施。

(二) 被执行人财产的查明

1. 财产调查的重要性。民事执行的实质是财产执行,执行案件立案后必须设法找到被执行人的责任财产。调查债务人有无可供执行的财产以及可供执行的财产的种类、数量、所在地,然后决定采取何种相应的执行措施,是一个难度较大的问题。中央 11 号文件指出"执行难"四难之一是"被执行财产难寻"。河南某法院的调研表明,由于"被执行财产难寻"导致难以及时执结的案件占全部未结案件的 30%。[①] 财产之所以难寻,除了被执行人缺乏诚信、债权人风险意识不强、保证将来判决执行的财产保全适用比率过低等因素外,无非是被执行人转移、隐匿财产的现象比较严重。有的被执行人有履行能力,却采取拖、赖、躲、逃等多种手段消极对抗执行,例如,有的被执行人把房产、汽车等财产挂在他人名下,有的被执行人"脱壳经营"带走优良资产,成立新的法人实体,以空壳企业应付债权人和法院;在以夫妻一方为被执行人的案件中,通过协议离婚来转移财产,逃避债务。凡此种种,不一而足,由此可见查明被执行人责任财产多么重要。

执行中的财产调查要解决三大问题:一是谁来调查?二是调查什么?三是如何调查?财产调查的主体与执行程序中奉行当事人主义还是职权主义的基本理念有关:持当事人主义者,认为申请执行人和被执行人对于责任财产状况负有"举证责任";持职权主义者,认为法院在执行程序中负有不可推卸的财产调查权和财产调查职责。执行实践中做法不一,有的要求申请执行人提供,有的要求被执行人报告,有的认为应当由法院"包打天下",法院负责调查。在调查对象和调查方法上,由于执行人员长期以来缺乏行之有效的专业性训练,在调查被执行人财产时思路不清、方法简单,过分注重"找人",而忽视了查找被执行人财产,或者因此丧失了查找被执行人财产的有利时机。执行实务中时有发生的"零点行动""午夜会战",蹲点守候、跟踪盯梢等,彰显了执行法院查找财产能力低下的状况。正因为执行人员查找财产水平上的捉襟见肘,损害了人民法院的执行形象,所以造成了强制执行由财产执行异化为"对人执行"、民事执行蜕变成刑事侦查的恶果,也使当前相当一部分老百姓误将法院的执行等同于"抓人",甚至个别学者由此也主张将民事执行工作交给公安机关办理。这种现象充分说明我国目前理论和实践中存在着严重的"民事执行刑事化"的错误观念,要彻底摒弃和排除这种有害的认识,恢复民事执行之财产执行的本来面目,就必须完善被执行人财产调查制度,否则强制执行程序的设置和执行措施就无从谈起。

2. 查明被执行人财产的方法。欧洲国家区分获得执行依据前的财产调查与基于执行依据的财产调查。前者由于没有执行依据(哪怕是临时性执行依据,如保全裁定、临时禁令等),债权人无法取得执行机构的帮助,因此必须依赖公共登记机构、私人调查公司和第三人获取债务人的财产信息。对于已经取得临时性救济和措施的执行依据的,英国、卢森堡、德国等多数欧洲国家允许债权人依靠执行机构的帮助获得债务人财产信息,但某些国家如法国和西班牙,则规定在获得终局判决前不允许执行机构帮助债权人调查债务人的财产状况。财产信息的匮乏导致在国际贸易中,商人之间的付款常常采取银行担保或信用证支付方式。多数欧洲国家的民事诉讼法允许法院在审理扶养费案件时调查债务人的经济状况,从财政、

① 参见梁红照:《论我国强制执行财产调查制度的建立和完善》,载《强制执行指导与参考》第 10 卷,法律出版社 2004 年版,第 181 页。

社会保险等机关寻找债务人的财产收入信息。

拿到了终局执行依据的债权人享有相当优越的查找债务人财产状况的法律地位。欧洲国家赋予法院和债权人以下五种获取债务人财产信息的方法。(1)债务人报告。通过询问债务人,获取其个人的有关财产信息,此即债务人报告。债务人报告可以在执行法官面前笔录证言的形式作出,也可以由债务人填写强制性表格。欧洲有两种不同的债务人报告模式:一是报告全部财产模式(全部开示主义),这是多数欧洲国家的做法;二是报告部分财产模式(有限开示主义),只要开示的财产足以偿还债权人的执行债权即可,采取这种做法的如葡萄牙、西班牙、法国。这两种模式各有优劣:有限开示模式符合宪法上的比例原则,但对债权人不利,因为法院究竟执行债务人的何种财产完全取决于债务人报告时的主观偏好,而债权人没有选择权;有限开示也可能对债务人不利,因为执行机构对债务人开示的部分财产执行失败(如流拍、无法变卖)时,还会继续要求债务人报告其财产,因而采用有限开示主义容易造成债务人短时期内反复、不断地报告财产状况的后果,给债务人带来巨大的压力和不便。而在全部开示主义下,债务人必须立即报告其所有的财产状况,其他同时发生的债权的执行可参考债务人先前的报告,除非债权人释明债务人自上次报告财产后取得了新的财产,否则法律禁止债权人在一定期间内再行要求债务人报告财产。德国海德堡大学博克哈特·海斯教授认为,鉴于民法上债务人的所有财产均为责任财产、适于执行的原理,从法政策的角度看,采用第一种模式较为可取。[①]债务人必须亲自报告其财产状况,否则将产生严重的法律后果,如遭受罚款、逮捕、监禁等。(2)登记的信息。有关登记机构所登记的信息有两种:一是向公众开放的公共记录,公众可以上网浏览、查阅相关信息;二是非公开的登记信息,欧洲不少国家允许执行机构从登记机构那里查找不向公众公开的债务人财产信息。(3)第三债务人报告。大多数欧洲国家在债权扣押程序中规定了诸如银行、雇主等第三债务人(即次债务人)的信息开示义务。(4)家事诉讼中获得的信息。在家庭法领域,根据《布鲁塞尔公约》,向家事法院提起诉讼的债权人在追索扶养费上享有特权地位。由于追索扶养费的数额依赖于债务人的财产状况,故债务人必须于诉讼程序中报告其收入状况以便计算应支付的扶养费的数额。与此相应,欧洲大多数国家的家事法院有权依职权询问其收入情况。(5)检察官调查。1991年法国《民事执行程序法》确立了法国所特有的检察官收集债务人财产信息的制度。该法第39条规定:依司法执达员的请求,并且依据执达员提出的记录证实其为了执行而试图收集被执行人财产状况无果,共和国检察官得进行必要的努力,查明债务人以其名义设立账户的机构的地址,以及债务人本人及其雇主的地址,但排除查找其他一切情况。我国已全面确立了民事执行检察监督原则,因此借鉴法国法的经验,由检察院兜底调查被执行人的财产,是有必要的。

在我国,被执行人财产调查的方法有法院调查、被执行人申报、申请执行人调查、悬赏举报等。

首先,执行法院有权向金融机构及其管理部门、房地产管理部门、工商管理部门、电信部门、车辆管理部门、税务机关、海关以及其他有义务协助调查 、执行的单位和个人调查被执行人的财产状况、财产线索等,有关单位和个人不得拒绝。执行法院应依职权对债务人的财产状况进行调查,可以传唤被执行人或其法定代表人、负责人到庭接受询问,可以采取民事

① 参见[德]博克哈特·海斯:《在欧盟国家内提高司法判决的执行效率》(研究报告),2004年2月。

搜查措施,也可以依职权向有关机关、社会团体或公民个人,调查了解被执行人的财产状况,还可以组织或者委托有关机构核查被执行人的会计账簿。对调查所需要的材料可以复制、抄录或拍照。执行非诉讼法律文书时,法院必要时可向制作该文书的机构调取卷宗。

为了获得被执行人的财产信息,人民法院有权查询被执行人的身份信息与财产信息,掌握相关信息的单位和个人必须按照协助执行通知书办理(《民诉法解释》第485条)。

其次是被执行人申报。"被执行人必须如实向人民法院报告其财产状况"是被执行人在强制执行程序中的基本义务之一。《民事诉讼法》第241条规定,被执行人未按执行通知履行法律文书确定的义务,应当报告当前以及收到执行通知之日前一年的财产情况。被执行人拒绝报告或者虚假报告的,人民法院可以根据情节轻重对被执行人或者其法定代理人、有关单位的主要负责人或者直接责任人员予以罚款、拘留。

再次是申请执行人提供。《执行规定》(试行)第28条规定:"申请执行人应当向人民法院提供其所了解的被执行人的财产状况或线索。"但是如果申请人无法提供,人民法院不能怠于调查和执行,也不能对申请执行人课以所谓的"举证责任",即要求申请执行人承担不能提供被执行人财产状况的证据或证据线索的不利后果。申请执行人提供被执行人财产状况、财产线索确有困难的,人民法院应当依申请或者依职权调查,也可以授权申请执行人的律师调查。

最后是悬赏举报。近年来,各地法院在不断探索奖励的办法,鼓励案外人及公众对被执行人财产进行举报,有的明确建立了举报奖励机制。

三、执行担保与暂缓执行

(一) 执行担保

1. 执行担保及其适用条件。担保制度广泛适用于债权债务关系之中,包括处于诉讼和执行环节的债权实现过程。诉讼程序中的担保主要指财产保全担保、先予执行担保和诉讼费用担保。执行担保则适用于执行程序。《民事诉讼法》第231条确立了执行担保制度。该条规定:"在执行中,被执行人向人民法院提供担保,并经申请执行人同意的,人民法院可以决定暂缓执行及暂缓执行的期限。被执行人逾期仍不履行的,人民法院有权执行被执行人的担保财产或者担保人的财产。"执行担保制度非我国大陆独创,在德国、日本等大陆法系国家和地区,也存在相似的制度。德国《民事诉讼法》第775条、日本《民事执行法》第15条和第39条、我国台湾地区1975年"强制执行法"第10条都规定了执行担保。

根据现行法律和司法解释的规定,执行担保应当具备下列要件:(1)被执行人向执行法院提出书面申请。被执行人申请的内容,包括不可分割的两部分,即提供担保的申请以及暂缓执行的申请。二者缺一不可,前者是后者的前提、基础,后者是前者的目的、归宿。执行法院不得依职权停止执行程序。被执行人申请的形式,应当为书面。(2)有确定的、足额的财产担保或具备担保能力的保证人。执行担保是否确实,保证人是否有担保能力,由执行法院审查认定。没有确实、可靠的担保,申请执行人一般不会同意,执行法院也不应准许暂缓执行。法院在审查时,应根据金钱债权的执行和非金钱债权的执行分别而定。

2. 执行担保的法律性质。执行担保属于司法程序中的担保,是被执行人向人民法院提供担保,执行担保体现的是公法上的强制执行法律关系,不同于担保法规定的平等主体之间的民事担保合同。故在法律效力上执行担保能够直接产生实体和程序上的双重法律后果。执行担保与民事担保主要有以下区别:

(1) 执行担保主体不同。民事担保是向合同相对人提供担保,执行担保是向执行法院提供担保。

(2) 适用的法律不同。民事担保关系由民法和担保法调整,执行担保关系由民事诉讼法和强制执行法调整。

(3) 是否签订合同不同。民事担保属于私法范畴,当事人地位平等,应当在协商一致的基础上订立担保合同并受担保合同的约束。执行担保为公法范畴,担保人与法院的地位不平等,担保人虽向法院提供担保,但法院不与担保人签订任何担保合同,人民法院不是合同一方当事人。

(4) 是否由法院审查同意不同。民事担保经当事人就担保合同的主要条款协商一致,合同即告成立,不需要有关机关审查认可;执行担保成立与否需要经过执行法院审查确认,并以法院的认可为成立标志。

(5) 设立担保的程序不同。民事担保如设立质押需将质押财产交给债权人,设立抵押需要为抵押财产办理抵押登记手续。执行担保的设立,动产要移交执行法院控制,不动产则由法院查封,并办理查封登记手续(《民诉法解释》第486条)。他人提供执行保证的,应当向执行法院出具保证书,并将保证书副本送交申请执行人(《民诉法解释》第470条第2款)。

(6) 担保人承担责任的程序不同。民事担保合同未经审判,人民法院不得直接执行担保人的财产。最高人民法院《关于适用〈中华人民共和国担保法〉若干问题的解释》第130条规定:"在主合同纠纷案件中,对担保合同未经审判,人民法院不应当依据对主合同当事人所作出的判决或者裁定,直接执行担保人的财产。"对于执行担保,只要被执行人在暂缓执行期限内未履行债务的,人民法院就可直接裁定执行担保财产,或者裁定执行担保人的财产,但执行担保人的财产以担保人应当履行义务部分的财产为限。

在执行担保中,被执行人为申请执行人提供的担保通过向人民法院移交担保物或由人民法院查封担保物、扣押权属证书并向有关部门发出协助执行通知书的方式予以提存,以便执行法院在被执行人逾期不履行债务时对担保采取执行措施使申请人获得清偿,当被执行人履行债务后将担保物发还被执行人。这一制度过程与提存并无二致。因此,我们认为,民事诉讼法上的执行担保应当解释为执行程序中的提存制度,《民事诉讼法》及司法解释中所谓"向人民法院提供执行担保"的含义,应当理解为"向人民法院提存担保物"。

3. 执行担保的法律效力。分以下几种情形:

(1) 执行担保不当然引起暂缓执行的后果,是否暂缓执行以及暂缓执行的期限由人民法院决定。被执行人或第三人提供担保,并经申请执行人同意是执行法院决定暂缓执行的两个必要条件,但非充分条件。即使具备执行担保和申请执行人同意的要件,执行法院也可斟酌情形,不予许可暂缓执行。

(2) 因执行担保而决定暂缓执行会产生如下法律效果:已开始的强制执行行为全部停止,不再采取新的执行措施,不再为新的执行行为;已实施的执行行为仍然有效,不因暂缓执行而自行解除;暂缓执行期间,被执行人或担保人对担保的财产有转移、隐匿、变卖、毁损等行为的,人民法院可以恢复强制执行;暂缓执行期间,被执行人履行法律文书规定的义务,则执行完毕,执行程序结束。

(3) 被执行人逾期仍不履行义务的法律效果:暂缓执行期间届满,被执行人须立即履行义务,逾期仍不履行的,人民法院有权执行被执行人的担保财产或者担保人的财产。但执行担保人的财产以担保人应当履行义务部分的财产为限。

(二) 暂缓执行

暂缓执行是指人民法院在执行程序中依申请或依职权决定在一定期限内暂时停止执行措施。暂缓执行一般适用于在执行中发现据以执行的生效法律文书确有错误而正在按审判监督程序处理中,或者正在进行的执行程序、执行行为违反法律规定等情形。

1. 暂缓执行适用的情形。在执行程序中,主要有两种情形适用暂缓执行:

(1) 被执行人提供担保。《民事诉讼法》第 231 条规定,在执行中,被执行人向人民法院提供担保,并经申请执行人同意的,法院可以决定暂缓执行及暂缓执行的期限。

(2) 上级法院决定暂缓执行。《执行规定(试行)》第 130、133、134 条规定,上级法院决定暂缓执行的情形主要有:一是上级法院发现下级法院在执行中作出的裁定、决定、通知或具体执行行为不当或有错误的,应当及时指令下级法院纠正,并可以通知有关法院暂缓执行。二是上级法院在监督、指导、协调下级法院执行案件中,发现据以执行的生效法律文书确有错误的,应当书面通知下级法院暂缓执行,并按照审判监督程序处理。三是上级法院在申诉案件复查期间,决定对生效法律文书暂缓执行的,有关审判庭应当将暂缓执行的通知抄送执行机构。

根据最高人民法院《关于正确适用暂缓执行措施若干问题的规定》(以下简称《暂缓执行规定》,法发[2002]16 号)第 3 条和第 7 条的规定精神,人民法院依申请决定暂缓执行的情形主要有:执行措施或者执行程序违反法律规定;执行标的物存在权属争议;被执行人对申请执行人享有抵销权。上级法院可以依职权决定暂缓执行的情形主要有:上级法院已经受理执行争议案件并正在处理的;人民法院发现据以执行的生效法律文书确有错误,并正在按照审判监督程序进行处理的。

2. 暂缓执行的效力。暂缓执行实施后,产生相应的法律效果,主要有下列三个方面:(1)暂停执行程序。暂缓执行后,执行机构不得采取新的执行措施,不得再为新的执行行为。(2)维持原有的执行效果。暂缓执行前的执行行为仍然有效,不因暂缓执行而失效。已采取的执行措施非经执行机构裁定解除,当事人不得自行解除。(3)有条件地恢复执行。暂缓执行期间内或暂缓执行期限届满时,当事人履行了法律文书确定的义务的,则执行程序完结。如逾期仍不履行义务,除非延长暂缓执行期限,否则执行机构可径行恢复执行,继续原来的执行程序。

3. 暂缓执行的期限。根据《民诉法解释》第 469 条的规定,因执行担保暂缓执行的,暂缓执行的期限应与执行担保的期限一致,最长不得超过 1 年。《执行规定(试行)》第 135 条则规定,上级法院通知暂缓执行的,暂缓执行的期限一般不得超过 3 个月,有特殊情况需要延长的,应报经院长批准,但对延长次数未予以明确。《暂缓执行规定》则对暂缓执行期间问题作了进一步明确的规定:不得超过 3 个月,因特殊事由需要延长的,可以适当延长,但延长的期限不得超过 3 个月,即最长暂缓执行期间为 6 个月。若超过 6 个月,执行法院可以恢复执行。

四、执行和解

(一) 执行和解的概念

执行和解是指在执行过程中,双方当事人自愿作出相互谅解和让步,就如何履行生效法律文书的有关内容达成协议,即执行和解协议,从而结束执行程序的一种活动。

执行和解是执行当事人行使处分权的行为,只要协议是双方当事人的真实意思表示,内容不违反法律规定,不损害国家、集体和他人的利益,执行法院应当准许。

执行和解的基本特征是当事人自行和解。它是由当事人双方主动协商进行的,不需要其他任何组织或个人参加主持。执行组织也不得借口执行和解而动员、说服、强迫一方当事人让步,拖延执行。只要当事人尚未达成执行和解协议,就不能以将来进行执行和解为由停止执行。

执行程序中,除当事人执行和解外,执行人员不能进行调解。因为对于生效法律文书,非依法定程序不得撤销或变更;执行人员的任务是强制实现生效法律文书的内容,无权解决实体权利义务争议,所以执行程序中不得进行调解。

(二) 执行和解的内容和效力

1. 执行和解的内容。在执行中,双方当事人自行达成和解协议的,执行员应当将协议内容记入笔录,由双方当事人签名或盖章。执行和解协议的内容一般包括:(1)变更履行的主体,由第三人代为承担被执行人的债务;(2)标的物及其数额的变更,即债权人放弃部分债权或协议变更执行标的物;(3)履行期限的延长,如延长全部债务的履行期限或分期分批延长债务的履行期限;(4)履行方式的变更,如约定以物抵债或以劳务抵债等方式履行义务。

执行当事人可以对其全部或部分债权债务的履行达成和解协议。当事人对部分债权债务的履行达成和解协议的,其和解的效力仅及于该部分债权债务的执行。

2. 执行和解的效力。和解协议仅发生拘束执行当事人的效力。和解协议已经履行完毕的,不得再请求恢复执行,人民法院不予恢复执行。申请执行人与被执行人达成和解协议后请求中止执行或者撤回执行申请的,人民法院可以裁定中止执行或者终结执行(《民诉法解释》第466条)。

和解协议没有强制执行力。当事人的和解协议尽管要由执行员记入执行笔录,但执行法院和执行员并不签字盖章。执行和解协议书只是当事人间的协议,不得成为执行依据,不能排除原执行依据的执行力。所以当事人达成和解协议后,原执行依据并不因此失效,只是原执行程序因而中止或结束。申请执行人因受欺诈、胁迫与被执行人达成和解协议,或者当事人不履行和解协议的,人民法院可以根据当事人的申请,恢复对原生效法律文书的执行,但和解协议已履行的部分应当扣除。

申请恢复执行原法律文书,适用《民事诉讼法》第239条有关申请执行时效的规定,申请执行时效因达成执行和解协议而中断,其期间自和解协议所定履行期的最后一日重新计算。

(三) 适用执行和解应注意的问题

执行和解适用中要注意以下问题:

1. 执行和解应当遵循自愿、平等的原则,体现当事人自由处分民事权利的精神,人民法院在执行中不能为结案而组织当事人强制和解。

2. 执行和解协议是一个附条件的合同,申请执行人、被执行人或其他义务承担人在执行和解协议履行完毕前,可以反悔并申请恢复执行原执行依据。

3. 按照当前的法律规定,执行和解协议属于执行程序中的特殊产物,不具有可诉性。如申请执行人因受欺诈、胁迫与被执行人达成和解协议,或者一方当事人不履行或不完全履行执行和解协议的,对方不能就执行和解协议的有关内容向法院另行起诉,而只能申请恢复执行原执行依据。

4. 申请执行期限本质上为执行时效,故执行期间的恢复应当根据诉讼时效中断、中止的规定进行判断。另外,申请恢复执行原生效法律文书,实际上是对原执行程序的继续,故不能重新立案。

五、不予执行

(一) 不予执行的概念

不予执行是指人民法院在对仲裁裁决、公证债权文书的申请执行书或承认和执行外国法院的判决裁定的申请书予以审查或执行过程中,因出现法定的原因,裁定停止执行并结束执行程序的行为。

(二) 不予执行裁定的适用

1. 不予执行的仲裁裁决。根据《仲裁法》第63条和《民事诉讼法》第237条规定,当事人申请执行仲裁裁决,被申请人提出证据证明仲裁裁决有下列情况之一的,经人民法院组成合议庭审查核实,裁定不予执行:(1)当事人在合同中没有订立仲裁条款或事后没有达成书面仲裁协议的;(2)仲裁的事项不属于仲裁协议的范围或仲裁机构无权仲裁的;(3)仲裁庭的组成或仲裁的程序违反法定程序的;(4)裁决所根据的证据是伪造的;(5)对方当事人向仲裁机构隐瞒了足以影响公正裁决的证据的;(6)仲裁员在仲裁该案时有贪污受贿、徇私舞弊、枉法裁决行为的。人民法院认为执行该裁决违背社会公共利益的,则不需要被申请人提出申请,依职权即可裁定不予执行。

此外,当事人请求不予执行仲裁调解书或者根据当事人之间的和解协议作出的仲裁裁决书的,人民法院不予支持;当事人向人民法院申请撤销仲裁裁决被驳回后,又在执行程序中以相同理由提出不予执行抗辩的,人民法院不予支持(最高人民法院《关于适用〈中华人民共和国仲裁法〉若干问题的解释》第26、28条)。

不予执行仲裁裁决的裁定书应送达双方当事人和仲裁机构。仲裁裁决被人民法院裁定不予执行的,当事人可以根据双方达成的书面仲裁协议重新申请仲裁,也可以向人民法院起诉。

2. 不予执行的公证债权文书。《民事诉讼法》第 238 条规定，作为执行依据的公证债权文书确有错误的，人民法院裁定不予执行，并将裁定书送达双方当事人和公证机构。

3. 不予执行的外国法院判决、裁定。当事人向人民法院申请承认和执行外国法院的判决、裁定，如果该判决、裁定违反了我国法律的基本原则或国家主权安全、社会公共利益的，不予以承认和执行。

（三）不予执行的法律效果

1. 不予执行裁定的效力

(1) 对不予执行裁定不能上诉

依《民事诉讼法》第 154 条规定，当事人对人民法院作出的不予执行仲裁裁决的裁定，不得上诉。

(2) 对不予执行裁定不能提出执行异议或者复议

人民法院裁定不予执行仲裁裁决后，当事人对该裁定提出执行异议或者复议的，人民法院不予受理（《民诉法解释》第 478 条）。

(3) 对不予执行裁定不能申请再审

对人民法院作出的不予执行仲裁裁决的裁定，当事人不得申请再审。1996 年 6 月 26 日最高人民法院《关于当事人因对不予执行仲裁裁决的裁定不服而申请再审人民法院不予受理的批复》（法复 [1996]8 号）指出：人民法院对仲裁裁决依法裁定不予执行，当事人不服而申请再审的，没有法律依据，人民法院不予受理。

(4) 原执行依据丧失执行力

原执行依据丧失了执行力，不仅不能依其进行新的执行行为，已实施的执行行为也应予撤销。

(5) 结束执行程序

不予执行裁定生效后，该执行程序即告结束，法院可以办理执行结案。根据《执行规定（试行）》，法院裁定不予执行、裁定执行终结、执行当事人之间达成执行和解协议并已履行完毕、生效法律文书确定的内容全部执行完毕为执行结案的四种方式。

2. 对不予执行裁定的救济

现行法律对于法院作出的不予执行仲裁裁决的裁定，规定了两种救济程序：一是重新申请仲裁，二是向人民法院提起民事诉讼。

《民事诉讼法》第 237 条第 5 款规定："仲裁裁决被人民法院裁定不予执行的，当事人可以根据双方达成的书面仲裁协议重新申请仲裁，也可以向人民法院起诉。"

六、中止执行

人民法院依法执行案件，由于出现某种特殊情况需要暂时停止执行程序，待特殊情况消失后，恢复执行程序，继续进行执行的，为中止执行。

中止执行分为整个执行程序的中止和个别执行标的执行程序的中止两种情况。前者是指由于发生中止执行的原因，整个执行程序都不能继续进行，后者是仅对执行标的物的一部分中止执行。

依照《民事诉讼法》规定,有下列情形之一的,人民法院应当裁定中止执行。

1. 申请执行人表示可以延期执行。移送执行的案件,如果债权人表示可以延期执行,应裁定中止执行。

2. 案外人对执行标的提出确有理由的异议。案外人对执行标的提出确有理由的异议,执行员按照法定程序审查后,理由成立的,由院长批准中止执行。如果案外人异议的执行标的物是针对执行金钱债权而提出,那么只能中止对该标的物的个别执行行为;如果是针对特定财产交付的执行,那么中止执行的是整个执行程序。

3. 作为一方当事人的公民死亡,需要等待继承人继承权利或者承担义务。作为被执行人的公民死亡,其遗产继承人没有放弃继承的,人民法院可以裁定变更被执行人,由继承人在遗产的范围内偿还债务。继承人放弃继承的,人民法院可以直接执行被执行人的遗产。在确定义务承担人之前,应中止执行。

4. 作为一方当事人的法人或其他组织终止,尚未确定权利义务承受人。执行中作为被执行人的法人或其他组织分立、合并的,其权利义务由变更后的法人或其他组织承受;被撤销的,如果依有关实体法的规定有权利义务承受人,可以裁定该权利义务承受人为被执行人。作为被执行人的法人或其他组织名称变更的,人民法院可以裁定变更后的法人或其他组织为被执行人。其他组织在执行中不能履行法律文书确定的义务的,人民法院可以裁定执行对该组织依法承担义务的法人或公民个人的财产。在确定上述义务承担人之前,人民法院应裁定中止执行。

5. 按照审判监督程序决定再审。人民法院按照审判监督程序提审或再审的案件,法院应裁定中止执行,但追索赡养费,扶养费、抚育费、抚恤金、医疗费用、劳动报酬等案件除外。

6. 人民法院认为应当中止执行的其他情况。根据《执行规定(试行)》,人民法院认为应当中止执行的其他情况有:(1)人民法院已受理以被执行人为债务人的破产申请的;(2)被执行人确无财产可供执行的;(3)执行的标的物是其他法院或仲裁机构正在审理的案件争议标的物,需要等待该案件审理完毕确定权属的;(4)一方当事人申请执行仲裁裁决,另一方当事人申请撤销仲裁裁决的;(5)仲裁裁决的被执行人依据《民事诉讼法》第 237 条第 2 款规定向人民法院提出不予执行请求并提供适当担保的。

中止执行裁定书应当写明中止的理由和法律依据。中止执行的情形消失后,执行法院可以根据当事人的申请或依职权恢复执行。恢复执行应当书面通知当事人。

七、终结执行与终结本次执行程序

(一) 终结执行

终结执行是指在执行程序中,因发生法律规定的事由,执行程序没有必要或者不可能继续,因而依法结束执行程序。

依照《民事诉讼法》规定,有下列情形之一的,人民法院裁定终结执行:(1)申请人撤销申请的;(2)据以执行的法律文书被撤销的;(3)作为被执行人的公民死亡,无遗产可供继承,又无义务承担人的;(4)追索赡养费、扶养费、抚育费案件的权利人死亡的;(5)作为被执行人的公民因生活困难无力清偿借款,无收入来源,又丧失劳动能力的;(6)人民法院认为应当终结执行的其他情形，如在执行中，被执行人被人民法院裁定宣告破产或作为被执行人的企业法人终止，又确无连带义务人的，执行法院应当裁定终结执行。

终结执行的裁定书，应写明终结执行的原因和法律依据。

中止执行或终结执行裁定书都要由执行员、书记员署名，加盖人民法院印章。裁定书送达当事人后立即生效。由二审人民法院终审的判决、裁定和调解书，需要中止、终结执行的，应由执行员将中止、终结执行的书面报告和意见，报经二审法院或上级法院执行组织签署意见并备案后，制作裁定书。受托人民法院对委托执行的案件，发现应当中止、终结执行的，应出具书面报告，函请委托人民法院裁定。

(二) 终结本次执行程序

我国的执行实践中，产生了一种特殊类型的执行终结制度，即终结本次执行程序。所谓“终结本次执行程序”，简称“终本”，是指在执行程序开始后，人民法院按照执行程序要求，履行了法定执行手续，采取了相应强制措施，穷尽了执行手段和方法，仍然无法使案件得以执结，在查明被执行人确无可供执行的财产、暂时无履行能力的情况下，执行工作暂时没有必要继续进行，由法院裁定本案执行程序阶段性终结，本执行案件即告结案，因而暂时结束执行程序的一种制度。

终结本次执行程序的条件和程序是：执行法院经过财产调查未发现可供执行的财产，在申请执行人签字确认或者执行法院组成合议庭审查核实并经院长批准后，可以裁定终结本次执行程序。作出裁定后，申请执行人发现被执行人有可供执行财产的，可以再次申请执行，再次申请不受申请执行时效期间的限制（《民诉法解释》第519条）。

第五节 参与分配

一、参与分配的概念和法律依据

参与分配，是指在执行程序中，因债务人的财产不足以清偿各债权人的全部债权，申请执行人以外的其他债权人凭有效的执行依据也申请加入已开始的执行程序，各债权人从执行标的物的变价中获得公平清偿的制度。

参与分配是为实现对债务人的多个债权人的公平保护而设立的执行程序。除了享有担保物权的债权人可优先受偿外，各债权人都有获得公平清偿的权利。最高人民法院在《民诉法解释》以及《执行规定（试行）》中规定了参与分配的条件及程序。

二、参与分配的适用条件

1. 申请参与分配的债权人的资格。“在被执行人的财产被执行完毕前，对该被执行人已经取得金钱债权执行依据的其他债权人可以申请对该被执行人的财产参与分配”（《执行规定（试行）》第90条）。无执行依据的债权人在已经对被执行人提起诉讼或者申请仲裁，并已经采取了查封冻结措施（包括轮候查封、扣押、冻结措施）的，也可参与分配。对执行标的物依法享有担保物权或者其他优先受偿权的债权人,可以直接申请参与分配主张优先受偿权(《民诉法解释》第508条)。

2. 须申请执行及参与分配的债权均为金钱债权。可申请执行及参与分配的债权须均为金钱债权(《执行规定(试行)》第90条)。关于物的交付请求权和作为不作为请求权的执行,如不能转化为金钱债权的,不得参与分配。

3. 须有多数债权人对同一债务人的财产申请执行。多个债权人依据不同的执行依据请求对同一债务人的财产强制执行,或多个债权人根据一份生效的法律文书对同一被执行人的财产申请执行。

4. 参与分配的时间。参与分配申请应当在执行程序开始后,被执行人的财产被执行终结前提出(《民诉法解释》第509条第2款)。被执行人为公民或其他组织,其全部或主要财产已被一个人民法院因执行确定金钱给付的生效法律文书而查封、扣押或冻结,无其他财产可供执行或其他财产不足清偿全部债务的,参与分配应在被执行人的财产被执行完毕前提出(《执行规定(试行)》第90条)。所谓"被清偿前"或"被执行完毕前",指执行价款支付给申请执行人或其他债权人前;执行标的物依法以物抵债的,应在执行标的物产权转移给申请执行人或其他债权人之前。

5. 债务人仅限于公民和其他组织。被执行人为企业法人,其财产不足清偿全部债务的,可告知当事人依法申请被执行人破产,但是,对于未经清理或清算而撤销、注销或歇业,其财产不足清偿全部债务的,应当对各债权人的债权按比例清偿。这是企业法人应参照办理的特殊情形。

6. 须被执行人财产不能清偿所有债权。在执行程序开始后,部分债权人对债务人的财产已申请执行,债务人的全部或主要财产已经被查封、扣押或被冻结,其他债权人发现被执行人的财产不能清偿所有债权的,或者被执行人"无其他财产可供执行或其他财产不足清偿全部债务"(《执行规定(试行)》第90条)的,可以向人民法院申请参与分配。如被执行人还有其他财产可供执行或足以清偿全部债务,应另行申请执行,不得参与分配。

三、参与分配的顺序

执行法院应根据参与分配的债权数额以及被执行人可供执行的财产范围制作分配表,准备实施分配。对于被执行人的财产,分配的顺序应当参照我国民事诉讼法关于企业法人破产财产的清偿顺序进行。具体而言,执行所得价款扣除执行费用、财产保全费用和诉讼费后,按照下列顺序进行分配:

(1) 法律规定可以优先于担保物权受偿的债权。

(2) 在执行标的物上设定有担保物权的债权。

(3) 首先采取查封、扣押或冻结措施的,在其债权总额的范围内,优先按一定比例分配该措施所控制的资产的变价款(《执行规定(试行)》第88条)。

(4) 普通金钱债权。

(5) 行政或者司法罚款、刑事财产处罚。

同一顺序中有多项债权,法律对其受偿顺序另有规定的,依照法律规定;没有规定的,根据债权数额按比例分配。

四、参与分配的程序

(一) 参与分配的申请

根据最高人民法院的规定,申请参与分配,申请人应提交申请书,申请书应写明参与分配和被执行人不能清偿所有债权的事实和理由,并附有执行依据。

(二) 主持分配的法院

"对参与被执行人财产的具体分配,应当由首先查封、扣押或冻结的法院主持进行。首先查封、扣押、冻结的法院所采取的执行措施如系为执行财产保全裁定,具体分配应当在该院案件审理终结后进行"(《执行规定(试行)》第91条)。

(三) 优先权人优先受偿

人民法院对被执行人所有的其他人享有抵押权、质押权或留置权的财产,可以采取查封、扣押措施。财产拍卖、变卖后所得价款,应当在抵押权人、质押权人或留置权人优先受偿后,其余额部分用于清偿申请执行人的债权(《执行规定(试行)》第40条)。对人民法院查封、扣押或冻结的财产有优先权、担保物权的债权人,可以申请参加参与分配程序,主张优先受偿权(《执行规定(试行)》第93条)。该债权人未取得执行依据的,主持分配的法院应告知其依照相关法律规定取得执行依据,在分配案款时为其预留相应款项。但是,对于未申请参加参与分配程序,且法院已知的优先受偿权人,法院应当依职权将其债权列入分配方案。

(四) 普通债权人按比例分配

参与分配执行中,执行所得价款扣除执行费用,并清偿优先受偿债权后,对于普通债权,原则上按照其占全部申请参与分配债权数额的比例受偿(《执行规定(试行)》第94条、《民诉法解释》第510条)。

(五) 财产分配方案的送达及其救济

2008年最高法院《关于适用〈中华人民共和国民事诉讼法〉执行程序若干问题的解释》规定,多个债权人对同一被执行人申请执行或者对执行财产申请参与分配的,执行法院应当制作财产分配方案,并送达各债权人和被执行人。债权人或者被执行人对分配方案有异议的,应当自收到分配方案之日起15日内向执行法院提出书面异议(第25条)。债权人或者被执行人对分配方案提出书面异议的,执行法院应当通知未提出异议的债权人或被执行人。未提出异议的债权人、被执行人收到通知之日起15日内未提出反对意见的,执行法院依异议人的意见对分配方案审查修正后进行分配;提出反对意见的,应当通知异议人。异议人可以自收到通知之日起15日内,以提出反对意见的债权人、被执行人为被告,向执行法院提起诉讼;异议人逾期未提起诉讼的,执行法院依原分配方案进行分配。诉讼期间进行分配的,执行法院应当将与争议债权数额相应的款项予以提存(第26条)。

(六) 债权人可以申请继续执行

被执行人的财产被分配给各债权人后，被执行人对其剩余债务应当继续清偿。债权人发现被执行人有其他财产的，人民法院可以根据债权人的申请继续依法执行(《执行规定(试行)》第 95 条、《民诉法解释》第 512 条)。

(七) 执行程序转为破产程序

1. 执行程序转为破产程序的含义和意义

所谓"执行程序转为破产程序"，是指在对企业法人进行执行时，被执行人不能清偿到期债务，并且资产不足以清偿全部债务或明显缺乏清偿能力的，执行法院在征得申请执行人之一或者被执行人同意后将执行案件移送破产管辖法院，并由破产管辖法院作为破产案件裁定进入破产程序的制度。这是《民诉法解释》第 513~516 条确立的一项新制度。

随着市场经济与改革的深入发展，企业法人不能偿还到期债务的现象普遍存在，但破产案件数量并未明显上升，反而在全国范围内呈下降趋势。与此同时，以企业法人为被执行人的执行不能案件数量却大幅上升，法院不得不采用"准破产"方式处理企业法人财产不足以清偿全部债权的执行案件。在此情况下，执行程序与破产程序的角色和功能的错位，导致执行程序和破产程序同时运行不畅。执行程序和破产程序需进行全方位改革，实现有效衔接，促使企业依法有序退出市场。①

执行程序之所以一定程度上承担着破产制度的功能，原因有很多。例如，破产制度进入门槛高、当事人使用制度成本高，因此导致对破产制度的需求低；同时，执行程序进入门槛低、效率相对较高，并且许多协调和组织及制度运行的成本由法院承担而不是由当事人承担。这些特点大大降低了当事人使用执行程序的成本，刺激了当事人通过执行程序解决事实上是破产问题的动机。②

2. 执行程序转为破产程序的性质

在我国，执行程序转为破产程序在性质上仍属于破产程序启动的申请主义。根据现行《破产法》的规定，我国破产程序的启动实行申请主义，法院不能依职权启动破产程序。《民诉法解释》第 513 条规定，执行法院须征得申请执行人之一或者被执行人同意，才能将执行案件移送破产。表面上看，是执行法院移送破产，实际上，移送前须经执行当事人同意。因此，《民诉法解释》关于执行程序转为破产程序的规定，并未违反《破产法》的规定，不能简单解读为执行法院"依职权启动破产程序"。

综观域外法上破产程序的启动机制，除了申请主义外，还有职权主义、申请主义和职权主义相结合的模式。例如，法国《困境企业司法重整与司法清算法》第 621-7 条规定："法庭可以依职权或者检察官的申请立案。"日本《民法典》第 70 条规定："法人不能清偿其债务时，法院则因其理事或债权人的请求或依职权，实行破产宣告。"日本《公司更生法》规定："法院可以依职权开始破产程序。"我国台湾地区"破产法"第 60 条规定："在民事诉讼程序或者民

---

① 参见池伟宏：《执行转破产程序的运行机制与机构改革设想》，载《人民法院报》2014 年 8 月 13 日。

② 参见唐应茂：《为什么执行程序处理破产问题？》，载《北京大学学报(哲社版)》2008 年第 6 期。

事执行程序进行中，法院查悉债务人不能清偿债务时，得依职权宣告债务人破产。”

可见，上述法律明确规定了诉讼或者执行程序中，对不能清偿到期债务的法人，在特定条件下，法院可以依职权宣告其破产。我国法律界有不少有识之士主张借鉴域外的立法经验，在我国引入职权主义启动破产程序的模式，以解决破产程序和执行程序功能失调、双重失灵的窘境。我们赞同这一观点。

3. 执行程序转为破产程序的条件

按照《民诉法解释》规定，执行程序转为破产程序，须具备以下条件：

(1) 被执行人须为企业法人。被执行人为自然人或其他组织的，执行程序不能转为破产程序。

(2) 作为被执行人的企业法人须符合《破产法》第2条第1款规定的不能清偿到期债务，并且资产不足以清偿全部债务或者明显缺乏清偿能力情形（《民诉法解释》第513条）。

(3) 须征得申请执行人之一或者被执行人同意将执行案件移送破产（《民诉法解释》第513条）。

(4) 须被执行人住所地人民法院自收到执行案件相关材料之日起30日内裁定受理破产案件（《民诉法解释》第514条）。

同时具备以上要件的，执行程序才能转为破产程序。

4. 执行程序转为破产程序的具体程序

按照《民诉法解释》规定，执行程序转为破产程序，须遵循以下程序：

(1) 执行法院经申请执行人之一或者被执行人同意后，裁定中止对该被执行人的执行，将执行案件相关材料移送被执行人住所地人民法院（《民诉法解释》第513条）。

(2) 被执行人住所地人民法院应当自收到执行案件相关材料之日起30日内，将是否受理破产案件的裁定告知执行法院。不受理破产案件的，应当将相关案件材料退回执行法院，执行法院应当恢复执行（《民诉法解释》第515条），并查封优先主义分配执行变价款。

(3) 自被执行人住所地人民法院裁定受理破产案件之日起，执行程序即转为破产程序。裁定宣告被执行人破产的，执行程序彻底终结。

5. 转为破产程序后执行案件的处理

(1) 解除对被执行人财产的保全措施

被执行人住所地人民法院裁定受理破产案件的，执行法院应当解除对被执行人财产的保全措施（《民诉法解释》第515条第1款）。

(2) 终结执行程序

被执行人住所地人民法院裁定宣告被执行人破产的，执行法院应当裁定终结对该被执行人的执行（《民诉法解释》第515条第1款）。

6. 不能转为破产程序时执行案件的处理

(1) 恢复执行程序

当事人不同意移送破产或者被执行人住所地人民法院不受理破产案件的，执行法院应当恢复执行（《民诉法解释》第515条第2款、第516条），继续实施处分性执行行为，即：对被执行人财产采取拍卖、变卖等变价程序，并将执行变价款在申请执行人和其他执行债权人之间进行分配。

(2) 分配价款中的查封优先主义

在分配执行变价款时,执行法院应当采取查封优先主义。具体而言,执行法院在扣除执行费用及清偿优先受偿的债权后,对于普通债权,按照财产保全和执行中查封、扣押、冻结财产的先后顺序清偿(《民诉法解释》第516条)。因此,在以企业法人为被执行人的分配程序中,完全排除了普通债权人平等原则的适用,而是遵循"先查封先得"的优先主义,保护先申请查封、扣押、冻结的债权人就其查封、扣押、冻结标的物的变价款获得优先受偿的权利,这是基于民事司法程序而产生的司法优先权,不同于民事实体法上的优先受偿权。①

第六节 执行竞合

一、执行竞合的概念和类型

竞合是指两个或两个以上的事物在某一方面或某个点上的重合且彼此又相互排斥的一种状态。我国台湾学者杨与龄先生认为,执行竞合可分为执行名义的竞合与执行程序的竞合,两者是不同的概念。"所谓执行名义之竞合,指债权人对债务人之同一给付请求权,取得两个以上之执行名义而言。"② 此种情形又有合法与不合法的区分。"所谓执行程序之竞合,就广义而言,指对于已开始实施强制执行之债务人财产,他债权人再声请强制执行或声明参与分配而言。就狭义言,则指债权人对于债务人之同一财产,依给付内容不同之执行名义,同时或先后声请实施强制执行而言。"③ 但杨与龄先生将执行程序竞合的范围又作了两点限定:(1)执行程序竞合只作狭义解释即不包括参与分配;(2)依同一执行依据,债务人应为两种以上的给付或实施数种执行程序的,不属于执行程序竞合。

所谓执行竞合,又称执行程序的竞合,是指在民事执行程序中,两个或两个以上的债权人同时或先后以不同的执行名义对同一债务人的特定财产,申请法院强制执行,而各债权人的请求之间相互排斥,各个债权人的权利难以同时获得完全满足的一种竞争状态。

从类型上分,执行竞合可分为民事执行之间的竞合,民事执行与行政处罚执行之间的竞合,民事执行与财产刑执行之间的竞合。

二、民事执行之间的竞合

(一) 民事执行竞合的类型和条件

1. 民事执行竞合的类型。民事执行措施,既包括终局的生效法律文书的执行措施(以下简称终局执行),也包括在案件审理中采取的保全措施(以下简称保全执行)。由此,民事执行竞合应当包括保全执行之间的竞合、终局执行之间的竞合以及终局执行与保全执行之间

① 参见肖建国:《我国强制执行平等与优先原则论纲》,载《法律科学》1996年第2期。

② 杨与龄:《强制执行法论》,中国政法大学出版社2002年版,第118页。这里的"执行名义",即我们所说的执行依据。

③ 杨与龄:《强制执行法论》,中国政法大学出版社2002年版,第270页。

的竞合三种情况。《民事诉讼法》第 103 条,《执行规定(试行)》第 39 条、第 88 条对此作了规定。

2. 民事执行竞合的适用条件。(1) 须有两个或两个以上的权利人存在。(2) 执行对象须为同一债务人的同一特定标的物。(3) 数个权利人所持的执行依据必须是各自独立的法律文书。(4) 各个不同执行依据的执行发生在同一特定时期,即数个执行共存于某段时间。

(二) 民事执行竞合的具体形态

1. 保全执行之间的竞合,包括如下两种具体情况:

一是不同保全措施(如查封、扣押、冻结)之间的竞合。各债权对执行标的物均无担保物权的,依采取执行措施的先后而定,采取执行措施在先的,取得优先受偿的地位。

二是同种保全措施之间的竞合。如果后采取的保全措施与先采取的保全措施相抵触,后保全措施无效。由于后保全措施不得妨碍前保全措施,前保全债权人于取得执行依据后,即可申请执行法院除去后保全措施,以实现其权利。具体包括:后保全措施系撤销或变更前保全措施的;后保全措施的内容意在除去或禁止前保全措施的;后保全措施的内容,与前保全措施内容不相容的等。

2. 终局执行之间的竞合。终局执行之间的竞合,依执行依据所确定的给付内容不同,包括以下情况:

一是数个执行依据指定的交付物同一。遇此情形时,各有关法院应当立即停止执行,报请共同的上级人民法院处理(《执行规定(试行)》第 126 条)。需要金融机构协助执行的,金融机构应当协助最先送达协助执行通知书的法院,予以查询、冻结,但不得扣划。有关法院应当就该两份或多份生效法律文书上报共同上级人民法院协调解决,金融机构应当按照上级人民法院的最终协调意见办理。

二是数个具有金钱给付内容的执行依据在执行中均要求对被执行人的同一标的物实施清偿。各申请执行人对执行标的物均无担保物权的,按照执行法院采取执行措施的先后顺序受偿(《执行规定(试行)》第 88 条第 1 款)。

三是债权种类不同的执行竞合,有基于所有权而享有债权的,有基于合同之债享有要求债务人交付一定标的物的请求权的,有一般金钱债权的。基于担保物权和所有权而享有的债权最优先受偿,其次是依合同请求交付标的物的债权,最后是一般金钱债权;有多个担保物权的,按照法律规定的顺序或同类担保物权成立的先后顺序清偿(《执行规定(试行)》第 88 条第 2 款)。

3. 终局执行与保全执行的竞合。包括如下两种情形:

一是先保全执行而后为终局执行。人民法院已保全了被告的财产的,其他法院在案件执行中不得重复查封或擅自解除查封,只能对余额部分采取执行措施。如查封的财产属于不可分物,则只能等待保全法院处理。保全债权人在取得终局执行依据后,可直接申请人民法院将保全执行程序变为终局执行程序。

二是先终局执行而后为保全执行。案件虽已进入终局执行程序,但执行法院尚未对被执行人财产采取控制性执行措施,或执行法院已经采取控制性执行措施但由于程序上的瑕疵或其他原因而未能实际控制的,终局执行不得对抗保全执行。

三、民事执行与行政处罚执行的竞合

行政处罚是指享有处罚权的行政机关或法律、法规授权的组织，对违反行政法律规范、依法应当给予处罚的行政相对人所实施的制裁行为。行政处罚中的罚款、没收财物也具有给付内容。

当民事执行与行政处罚执行发生竞合时，民事执行优先于行政处罚的执行。《公司法》第 215 条规定："公司违反本法规定，应当承担民事赔偿责任和缴纳罚款、罚金的，其财产不足以支付时，先承担民事赔偿责任。"《证券法》第 232 条、《产品质量法》第 64 条均规定："违反本法规定，应当承担民事赔偿责任和缴纳罚款、罚金，其财产不足以同时支付时，先承担民事赔偿责任。"《个人独资企业法》第 43 条规定："投资人违反本法规定，应当承担民事赔偿责任和缴纳罚款、罚金，其财产不足以支付的，或者被判处没收财产的，应当先承担民事赔偿责任。"

民事执行优先于行政处罚的执行，须满足下列条件：(1) 民事执行所涉及的民事赔偿责任须基于违反《公司法》《证券法》《产品质量法》和《个人独资企业法》等法律的规定而产生。(2) 被执行人的限定性。在《公司法》领域只适用于有限责任公司和股份有限公司两类被执行人，在《证券法》或《产品质量法》领域包括所有因违反《证券法》或《产品质量法》而产生民事赔偿责任的被执行人，在《个人独资企业法》领域则只适用于投资人。(3) 被执行人财产不足以承担所有法律责任。

须指出的是《税收征收管理法》第 45 条第 1 款所规定的税收优先权问题，即"税务机关征收税款，税收优先于无担保债权，法律另有规定的除外；纳税人欠缴的税款发生在纳税人以其财产设定抵押、质押或者纳税人的财产被留置之前的，税收应当先于抵押权、质权、留置权执行"。该规定非民事执行与行政处罚执行之间的竞合，而是民事执行与税收征收之间的竞合。

四、民事执行与财产刑执行的竞合

民事执行中有时会遇到被执行人同时被判处刑罚的情况（如刑事附带民事案件）。财产刑执行包括罚金和没收财产。罚金是人民法院判处犯罪分子向国家缴纳一定数量的金钱的刑罚。没收财产是将犯罪分子所有的财产的一部分或全部强制无偿收归国有的刑罚。

(一) 民事执行与没收财产执行的竞合

现行法确立了民事执行优先于没收财产刑执行之原则。《刑法》第 60 条规定："没收财产以前犯罪分子所负的正当债务，需要以没收的财产偿还的，经债权人请求，应当偿还。"这里的"没收财产以前犯罪分子所负的正当债务"，依最高人民法院 2000 年《关于适用财产刑若干问题的规定》第 7 条，指"犯罪分子在判决生效前所负他人的合法债务"。据此，犯罪分子于刑事判决生效前发生的合法债务的执行应当优先于没收财产的执行。

(二) 民事执行与罚金执行的竞合

现行法确立了民事执行优先于罚金刑执行之原则。《刑法》第 36 条规定："由于犯罪行

为而使被害人遭受经济损失的，对犯罪分子除依法给予刑事处罚外，并应根据情况判处赔偿经济损失。承担民事赔偿责任的犯罪分子，同时被判处罚金，其财产不足以全部支付的，或者被判处没收财产的，应当先承担对被害人的民事赔偿责任。”因此，附带民事案件中所确定的民事赔偿责任优先于同一犯罪行为所判处的罚金的执行。适用《刑法》第36条时需注意的是，此处的优先仅针对犯罪分子因同一犯罪行为既承担罚金刑事责任，又承担对被害人民事赔偿责任的情况。对犯罪分子所负的其他债务不能优先于罚金的执行。

另外，依据《公司法》第215条、《证券法》第232条和《个人独资企业法》第43条的规定，《公司法》上的有限责任公司和股份有限公司、《证券法》规定的主体、《个人独资企业法》上的投资人违反相应法律规定，应当承担民事赔偿责任和罚金刑事责任，其财产不足以支付时，民事赔偿责任的执行优先于罚金的执行。

《侵权责任法》第4条确立了侵权损害赔偿债权优先的一般原则。该条规定：“侵权人因同一行为应当承担行政责任或者刑事责任的，不影响依法承担侵权责任。因同一行为应当承担侵权责任和行政责任、刑事责任，侵权人的财产不足以支付的，先承担侵权责任。”

第七节 委托执行与协助执行

一、委托执行

（一）委托执行的概念和条件

委托执行是指受理执行案件的法院对于债务人或被执行的财产在外省的案件，委托当地人民法院代为执行的一种活动，是人民法院间的一种重要的司法互助制度。《民事诉讼法》第229条、《执行规定（试行）》第111~123条、《关于委托执行若干问题的规定》对此作了规定。在委托执行中，被委托代为执行的当地法院是受托法院；受理执行案件并将该案委托给当地法院代为执行的人民法院是委托法院。

委托执行应符合下列条件：(1)被执行人或被执行的财产全部或部分在外省。(2)受托法院是被执行人住所地法院或被执行财产所在地法院。(3)委托法院对于需要委托执行的案件，应在立案后1个月内办妥委托执行手续；超过此期限委托的，须经受托法院同意。(4)委托执行原则上在同级法院之间进行，不应随意提高或降低受托法院的级别，但受托法院同意的除外。被执行人是军队企业的，可委托其当地的军事法院执行；执行标的物为船舶的，可委托海事法院执行。(5)委托法院应向受托法院出具书面委托函，并附送据以执行的生效法律文书副本、立案审批表复印件及有关情况说明。

（二）委托执行的案件范围

1. 禁止委托的事由。委托法院明知被执行人有下列情形之一的，应及时依法裁定中止执行或终结执行，不得委托当地法院执行：(1)被执行人无确切住所或长期下落不明，又无财产可供执行的；(2)有关法院已经受理以被执行人为债务人的破产案件或已经宣告破产的。

2. 可不委托执行的情形。有下列情形之一的，可不委托执行：(1)被执行人在不同辖区内有财产,且任何一个地方的财产都不足以单独清偿债务的;(2)分布在不同法院辖区的多个被执行人对清偿债务的承担有一定关联的;(3)需要裁定变更或追加本辖区以外的被执行人的;(4)案件审理中已对外地的财产进行保全,异地执行更为方便的;(5)因其他特殊情况不便委托执行,经高级人民法院批准的。

(三) 委托执行中委托法院和受托法院各自的权限

1. 委托法院的权限。委托执行后,案件的执行实施权转移给受托法院,未经受托法院同意,委托法院不得再自行执行已委托执行的案件。依民事诉讼法的规定,委托执行的案件在司法统计上仍然系委托法院的案件,故委托法院应本着支持、协助受托法院执行的原则,定期与受托法院联系、催办,及时解答受托法院提出的问题。

2. 受托法院的权限。分以下几种情形:

(1) 受托法院接到委托后,应及时将指定的承办人、联系电话、地址等告知委托法院;如发现委托执行的手续、资料不全,应及时要求委托法院补办,委托法院超过30日无正当理由不补办的,可以拒绝接受委托。

(2) 受托法院有权依法采取执行措施和对妨害执行的强制措施,具体包括以下权力:一是直接执行权。发现被执行人有可供执行的财产,即使被执行人下落不明,也可直接执行财产。二是处理异议权。对执行担保、执行和解的情况,以及案外人对非属法律文书指定交付的标的物提出的异议,受托法院可以按照有关法律规定处理,并及时通知委托法院。三是变更和追加被执行主体的权力。

(3) 受托法院认为委托执行的法律文书确有错误,如采取执行措施可能造成执行回转困难或无法执行回转的,应当首先采取查封、扣押、冻结等保全措施,必要时将保全款项划到法院账户。

二、协助执行

(一) 协助执行的概念

协助执行有广义和狭义之分。狭义的协助执行是指人民法院内部的一种司法协助;广义的协助执行,除了人民法院之间的协助执行外,还包括有关单位的协助执行和公民个人的协助执行。因此,协助执行的概念可归纳为:受理执行案件的人民法院通知有关单位、个人或者请求有关人民法院协助执行生效法律文书所确定内容的一种法律制度。

(二) 人民法院之间的协助执行

1. 人民法院协助执行的特征。主要有三个:(1)被执行人或被执行财产在辖区外。(2)受理执行申请的法院直接到辖区外执行。对于被执行人或被执行财产在外地的案件,受理法院认为不需要或不适宜委托执行的,可直接到外地执行,并根据情况请求当地法院给予协助。(3)当地法院辅助执行。协助执行中,执行法院以自己的名义采取执行措施,实施执行行为,当地法院只是起配合、支持、帮助等辅助作用。

2. 协助执行的方式、要求。执行法院异地直接执行案件时,应主动请求当地法院协助执行,同时应出具协助执行公函、介绍信,出示执行公务证,并可以主动介绍案情和准备采取的执行方案,同时阐明要求协助的内容。

对执行法院的协助执行请求,当地法院应积极配合、积极办理,不得借故推脱,不得消极应付,不得设置障碍,更不得与当地被执行人串通,对抗外地法院执行。遇有执行人员受围攻等紧急情况,当地法院应积极协调解围,在报告当地党委、政法委的同时,妥善处理。

(三) 人民法院以外的其他单位和个人的协助执行

1. 协助行为的类型。实施民事执行还需要有关单位或个人的协助,主要有下列情形:

(1) 登记机关的协助行为。主要包括:协助查询(《房地产执行通知》第 2 条);协助办理查封或者预查封登记(《查封规定》第 9 条、《房地产执行通知》第 3 条);协助办理轮候查封登记(《查封规定》第 28 条);财产保全中协助不予办理登记财产的转移手续;协助办理财产权证照转移过户登记(《民事诉讼法》第 251 条、《房地产执行通知》第 8 条)。

(2) 登记机构的协助执行。《民事诉讼法》第 242 条规定,法院执行被执行人的债券、股票、基金份额等财产时,有关单位必须协助执行。对于上市公司国有股和社会法人股的执行,由负责登记的机构协助执行。如执行法院冻结或者解除冻结上市公司国有股和社会法人股时,除应当将法律文书送达负有协助执行义务的单位以外,还应当在作出冻结或者解除冻结裁定后 7 日内,将法律文书送达股权持有人或者所有权人并书面通知上市公司(《冻结规定》第 5 条)。拍卖成交后,人民法院应当向证券交易市场和证券登记结算公司出具协助执行通知书,由买受人持拍卖机构出具的成交证明和财政主管部门对股权性质的界定等有关文件,向证券交易市场和证券登记结算公司办理股权变更登记(《冻结规定》第 17 条)。

(3) 银行等金融机构的协助执行。法院有权向银行、信用合作社和其他有储蓄业务的单位查询被执行人的存款情况,有权冻结、划拨被执行人的存款,但查询、冻结、划拨存款不得超出被执行人应当履行义务的范围。法院决定冻结、划拨存款,应当作出裁定,并发出协助执行通知书,银行、信用合作社和其他有储蓄业务的单位必须办理(《民事诉讼法》第 242 条),并且应当立即协助执行。

(4) 用人单位的协助执行。被执行人未按执行通知履行法律文书确定的义务,法院有权扣留、提取被执行人应当履行义务部分的收入。法院扣留、提取收入时,应当作出裁定,并发出协助执行通知书,被执行人所在单位、银行、信用合作社和其他有储蓄业务的单位必须办理(《民事诉讼法》第 243 条)。被执行人在有关单位的收入尚未支取的,法院应当作出裁定,向该单位发出协助执行通知书,由其协助扣留或提取(《执行规定(试行)》第 36 条)。作为被执行人的公民,其收入转为储蓄存款的,应当责令其交出存折。拒不交出的,人民法院应当作出提取其存款的裁定,向金融机构发出协助执行通知书,并附生效法律文书,由金融机构提取被执行人的存款交人民法院或存入人民法院指定的账户(《执行规定(试行)》第 35 条)。

(5) 标的物持有人的协助执行。有关单位持有法律文书指定交付的财物或者票证的,应当根据人民法院的协助执行通知书转交,并由被交付人签收。有关公民持有该项财物或者票证的,人民法院通知其交出。拒不交出的,强制执行(《民事诉讼法》第 249 条)。被执行人或者第三人占有拍卖财产应当移交而拒不移交的,强制执行(《拍卖规定》第 30 条)。第三人为被执行人的利益或为自己的利益依法占有的被执行人的财产,被人民法院查封、扣押、冻结的,第三人应协助执行(《查封规定》第 15 条)。

(6) 接受投资企业的协助执行。对于股权(投资权益)、股息或红利的执行,由有关企业协助执行。对被执行人在有限责任公司、其他法人企业中的投资权益或股权,执行法院可以采取冻结措施。冻结投资权益或股权的,应当通知有关企业不得办理被冻结投资权益或股权的转移手续,不得向被执行人支付股息或红利(《执行规定(试行)》第53条)。对被执行人从有关企业中应得的已到期的股息或红利等收益,执行法院有权裁定禁止被执行人提取和有关企业向被执行人支付,并要求有关企业直接向申请执行人支付。对被执行人预期从有关企业中应得的股息或红利等收益,执行法院可以采取冻结措施,禁止到期后被执行人提取和有关企业向被执行人支付(《执行规定(试行)》第51条)。

(7) 行政主管机关的协助执行。执行被执行人的财产有困难的,执行法院可以寻求行政主管机关的协助。如对于被执行人在路桥收费站的分成的强制执行,执行法院可以直接裁定冻结被执行人路桥收费的投资分成账户,冻结投资分成账户有困难,需要交通、公路部门协助执行的,交通、公路部门应协助执行。

(8) 交阅卷宗的协助行为。执行法院审查执行依据是否有不予执行的事由时,可以向执行依据的制作机构,如仲裁机构、公证机构等调阅案件卷宗。执行依据的制作机构应当在执行法院指定的期间内交阅卷宗,协助执行。

(9) 公安机关的协助执行。公安机关除派人以执行见证人的方式协助执行外,对于可能发生或正在发生的暴力抗拒执行的情形,还应当依请求或依职权提供援助。"警察在强制执行中进行支持,在欧洲也是非常理所当然的事情。"①

2. 协助执行的程序。执行法院要求有关单位和个人协助执行时,应当发出协助执行通知书,协助执行通知书中应载明需要协助的具体事项。

法院执行人员到国土资源管理部门、房地产管理部门办理土地使用权或者房屋查封、预查封登记手续时,应当出示本人工作证和执行公务证,并出具查封、预查封裁定书和协助执行通知书(《房地产执行通知》第2条)。国土资源、房地产管理部门在协助人民法院执行土地使用权、房屋时,不对生效法律文书和协助执行通知书进行实体审查。国土资源、房地产管理部门认为人民法院查封、预查封或者处理的土地、房屋权属错误的,可以向人民法院提出审查建议,但不应当停止办理协助执行事项(《房地产执行通知》第3条)。

法院查询、冻结、扣划被执行人在金融机构的存款时,执行人员应当出示本人工作证和执行公务证,并出具法院协助查询存款通知书或法院冻结裁定书、协助冻结存款通知书或法院扣划裁定书、协助扣划存款通知书和生效法律文书副本。金融机构应当立即协助办理查询事宜,不需办理签字手续,对于查询的情况,由经办人签字确认。法院查询、冻结、扣划被执行人在金融机构的存款时,可以根据工作情况要求存款人开户的营业场所的上级机构责令该营业场所做好协助执行工作,但不得要求该上级机构协助执行(《金融机构协助通知》第1条)。

另外,必须遵循协助执行不收费原则。国土资源、房地产管理部门依法协助人民法院执行时,除复制有关材料所必需的工本费外,不得向人民法院收取其他费用。登记过户的费用按照国家有关规定收取(《房地产执行通知》第1条)。

---

① [德]彼得·施罗塞尔:《关于中国民事强制执行法草案中几个问题的思考》,载黄松有主编:《强制执行法起草与论证(第二册)》,中国人民公安大学出版社2004年版,第98页。

3. 对拒不协助执行的处理,分以下几种情况:

(1) 强制措施:罚款和拘留。有义务协助执行的单位有《民事诉讼法》第114条、《民诉法解释》第188、189、192条规定的行为之一的,执行法院除责令其履行协助义务外,可予以罚款,对单位主要负责人或直接责任人员予以罚款、拘留,并可以向监察机关或有关机关提出予以纪律处分的司法建议。这是对拒不协助执行行为的司法制裁措施。

金融机构作为协助执行人因其妨害执行的行为而被采取罚款、拘留强制措施,不同于金融机构作为被执行人的情况,法院的司法处罚应由其自行承担,执行法院不得逐级变更由行为人的上级机构承担(最高人民法院《关于采取民事强制措施不得逐级变更由行为人的上级机构承担责任的通知》第1条)。

(2) 民事责任:损害赔偿。有义务协助执行的国家机关、企事业单位、社会团体和个人,未依法履行协助执行义务,给当事人造成损失的,均应当承担损害赔偿责任或国家赔偿责任。《执行规定(试行)》对违反协助执行义务的民事责任作了规定,主要包括:

第一,金融机构擅自解冻被人民法院冻结的款项,致冻结款项被转移的,人民法院有权责令其限期追回已转移的款项。在限期内未能追回的,应当裁定该金融机构在转移的款项范围内以自己的财产向申请执行人承担责任。

第二,有关单位收到人民法院协助执行被执行人收入的通知后,擅自向被执行人或其他人支付的,人民法院有权责令其限期追回;逾期未追回的,应当裁定其在支付的数额内向申请执行人承担责任。

第三,被执行人或其他人擅自处分已被查封、扣押、冻结财产的,人民法院有权责令责任人限期追回财产或承担相应的赔偿责任。

第四,有关企业收到人民法院发出的协助冻结通知后,擅自向被执行人支付股息或红利,或擅自为被执行人办理已冻结股权的转移手续,造成已转移的财产无法追回的,应当在所支付的股息或红利或转移的股权价值范围内向申请执行人承担责任。

(3) 追究拒不执行判决裁定罪。根据《刑法修正案(八)》的规定,协助执行人接到人民法院协助执行通知书后,拒不协助执行,致使判决裁定无法执行,或者协助执行人与国家机关工作人员通谋,利用国家机关工作人员的职权妨害执行,致使判决、裁定无法执行的,构成拒不执行判决裁定罪。

4. 协助执行的法律效力。协助执行人对法院负有法定的协助义务,应协助法院实施查询、冻结、登记、见证等行为,否则,将承担司法制裁或民事赔偿责任。除了国家机关外,其他单位和个人之所以承担协助执行义务,盖因协助执行人与被执行人之间存在合同或其他债权债务关系之故。例如,金融机构与被执行人有储蓄合同关系,用人单位与被执行人有劳动合同关系,证券交易市场和证券登记结算公司与被执行人有证券交易合同和证券登记结算合同关系,标的物持有人与被执行人有保管合同或其他合同关系,次债务人与被执行人有债权债务关系,等等。问题是,协助执行人根据法院的协助执行通知所履行的协助执行义务,与协助执行人在合同或其他债权债务关系中所负的债务往往是相互矛盾、势不两立的。一旦履行协助执行义务,其后果必然是违反合同义务,将承担债务不履行的责任。在协助法院执行查封、扣押、冻结等保全或执行措施的义务与合同约定的义务发生冲突的情况下,债务人是应该先协助法院执行,还是应该先履行合同?如何看待这两种义务的法律效力?如果履行了协助义务导致自己承担的合同义务无法履行,还要不要向被执行人承担违约责任?

(1) 协助义务优先于合同或其他债务。协助法院执行是我国民事诉讼法明确规定的一种法定义务,法院采取保全或执行措施的权力是一种公权力;合同义务则是民事主体之间的一种约定义务,合同一方要求相对方履行合同义务的权利是一种私权利。一般而言,在协助执行义务和合同债务或其他债务指向同一个财产时,合同义务或其他债务不能对抗法定义务。根据《民事诉讼法》和司法解释的规定,金融机构、用人单位、标的物持有人等接到法院协助执行通知书后,拒不协助的,法院除责令其履行协助义务外,还可以罚款或拘留。这些规定为协助执行人设立了一个必须协助法院执行的法定义务。在这一法定义务与合同约定的义务指向同一个财产而发生冲突时,当事人该先履行哪种义务,实际上就是法院的司法执行权与合同债权和其他债权孰重孰轻的问题。显然,司法执行权优先于民事权利,协助义务优先于合同或其他债务。

(2) 协助执行构成法定免责事由。协助执行人因协助法院执行而未能履行自己所承担的合同义务或其他债务时,债务人的行为是否构成违约,取决于对违约的界定标准的认识。关于违约的界定,有两种标准:一是从客观结果上衡量,凡没有按照约定履行合同义务的,都是违约;二是从是否要承担违约责任上衡量,只有那些没有按照约定履行合同并因此要承担违约责任的情况,才能称为违约。如果说因协助法院执行而不能履行合同义务是违约的话,那么这种违约也该免责,不应承担违约责任。尽管合同法只规定因不可抗力不能履行合同的可以免责,但这并不妨碍我们从其他法律中寻找免责的理由。由于民事诉讼法规定了任何人都有义务协助法院执行,这种协助行为当然应该成为一种法定的免责事由。

(3) 协助执行行为非具体行政行为。公安机关、房地产管理部门、交通管理部门等行政机关根据执行法院的协助执行通知书实施的行为,具有行政行为的外观,不过从理论上讲不能构成行政法意义上的具体行政行为,被执行人或其他关系人对该行为不服时,不能向人民法院提起行政诉讼。但如果当事人认为行政机关在协助执行时扩大了范围或违法采取措施造成其损害而提起行政诉讼的,人民法院应当受理(最高人民法院 2004 年《关于行政机关根据法院的协助执行通知书实施的行政行为是否属于人民法院行政诉讼受案范围的批复》)。

(4) 协助执行行为优先于行政行为。如被执行人已经向登记机关申请过户登记,执行法院随后将协助执行通知书送达登记机关,要求协助办理查封、扣押、冻结登记手续时,过户登记请求和协助执行之间就产生了冲突。为协调二者的关系,《查封规定》第 25 条规定:"查封、扣押、冻结协助执行通知书在送达登记机关时,登记机关已经受理被执行人转让不动产、特定动产及其他财产的过户登记申请,尚未核准登记的,应当协助人民法院执行。"该条明确确立了协助执行优先原则。

第八节　执行救济

一、执行救济概述

执行救济是指当事人或利害关系人的利益,因法院的执行行为违法或不当而受到侵害时,为了保护当事人、利害关系人和案外人的合法权益,法律所规定的救济方法和制度。

我国民事诉讼法上的执行救济一般分为三类:程序上的救济、实体上的救济以及程序实体的双重救济方法。其中,程序上的救济是指执行异议和申请变更执行法院,实体上的救济是指执行异议之诉,程序实体的双重救济是指执行依据被撤销尤其是通过再审程序改判后引起的执行回转。

二、执行异议

(一) 执行异议的概念

执行异议是指当事人或利害关系人认为执行程序、执行措施方法违反法律规定,请求执行法院予以救济的制度(《民事诉讼法》第225条)。

执行异议分为申请和异议两种类型,前者为积极的执行救济方法,后者为消极的执行救济方法。所谓申请,系指请求执行机构为一定行为或不为一定行为的意思表示。当执行机构怠于实施某种执行行为时,当事人或利害关系人有权请求其为之。所谓异议,系指当事人或利害关系人不同意执行机构所实施的某种执行行为,而请求执行机构予以变更或撤销的意思表示。

(二) 执行异议的主体

有权提出执行异议的主体,包括当事人和利害关系人。所谓当事人,指执行程序的执行债权人或债务人;所谓利害关系人,是指当事人以外,其法律上的权益因执行行为而受到侵害的人。例如,法院查封的标的物为第三人所有时的第三人。

关于执行异议权能否代位行使,理论上有两种观点:一是否定说,认为执行异议仅为保护权益的一种方法,并非权利,故当事人或利害关系人不得依民法的规定代位行使。二是肯定说,认为债权人代位权的标的,不以民法上的权利为限,强制执行法上的异议权,乃保存债务人权利的方法,应当允许债权人代位行使。我国台湾地区学者主张肯定说。

(三) 执行异议的事由

当事人或利害关系人在下列情况下可以向执行法院提出执行异议:

1. 对于执行命令不服。执行法院关于执行程序所发出的各种命令,如责令被执行人报告其财产状况、责令被执行人提供担保等命令,当事人、利害关系人不服的,可以提出异议。

2. 对于执行的措施方法不服。执行法院在实施强制执行行为时,对于被执行人的财产采取相应的执行措施,如不动产的查封、债权扣押等。应实施一定执行行为而没有实施的,债权人有权申请执行机关为一定执行行为;执行机关实施强制执行的方法有违法或不当之处的,当事人或利害关系人如不服,可以提出异议。

3. 执行行为违反法定程序。执行机构在实施强制执行行为时,依民事诉讼法规定应遵守法定程序。如动产或不动产拍卖,均应先行评估和先期公告(《拍卖规定》第4、11条)。对拍卖标的物应评估而未评估、应公告而未公告的,都构成了对法定程序的违反。

4. 其他侵害利益的事由。除了因强制执行的命令、实施强制执行的方法不当,或违背强制执行的法定程序外,对任何其他违反民事执行制度规定而侵害当事人或利害关系人利益的情形，均可提出执行异议。不过，执行异议必须针对执行机关的行为，至于协助执行人拒不协助的行为、执行见证人拒不见证的行为，不能适用执行异议。

上述四种事由，相互关联，不可截然分割，同一民事执行行为，常常兼具数种事由的性质。

（四）执行异议的程序

1. 异议的提出。当事人或利害关系人认为符合异议条件时，可以向执行法院提出书面异议。

2. 管辖法院。对于执行异议，实行专属管辖，由实施强制执行行为的法院行使专属管辖权。在委托执行时，则由受托法院行使管辖权。

3. 提出异议的时间。执行异议应于执行程序开始后，执行终结前提出。由于执行异议系以排除违法的执行行为为目的，自然应对于已开始的执行行为才可提出异议。执行程序若已终结，就无法更正或撤销执行机关的执行行为，因此也不能对业已终结的执行程序提出执行异议。

4. 裁判。对当事人、利害关系人的异议，执行法院应当自收到书面异议之日起 15 日内审查，理由成立的，裁定撤销或者改正；理由不成立的，裁定驳回。裁定书中应载明当事人或利害关系人申请复议的权利，并且应一并裁定申请执行异议的费用负担。

5. 申请复议。当事人、利害关系人对裁定不服的，可以在裁定送达之日起 10 日内向上一级人民法院申请复议。

（五）执行异议的效力

1. 原则上不停止执行行为。当事人或利害关系人虽然提出执行异议，但执行程序并不因此停止，以避免延滞执行程序。当事人、利害关系人对于执行法院就其执行异议所作的裁定不服，申请复议时，理论上也不能停止执行程序。当然，法律另有规定的除外。

2. 撤销或改正原执行行为。撤销或改正原执行行为的裁定生效后，执行法院即应停止执行行为，并按裁定要求予以撤销或改正。

3. 执行程序终结后的救济。执行行为虽然存在违法或不当的情形，但当事人或利害关系人未提出执行异议，视为抛弃依法请求救济的途径，执行程序不因此而无效，也不得请求国家赔偿。不过，在执行程序终结后，因违法执行行为而受到损害的当事人，仍可以对债权人提起返还不当得利或损害赔偿的诉讼。

三、申请变更执行法院

针对执行机构消极的执行行为，申请执行人有权积极地请求其实施一定行为或不实施一定行为，尤其是有权向上一级人民法院申请执行。《民事诉讼法》第 226 条规定："人民法院自收到申请执行书之日起超过六个月未执行的，申请执行人可以向上一级人民法院申请执行。"

第 226 条的立法目的是解决执行实践中存在的执行不力而非执行不能现象。有的执行案件，被执行人有可供执行的财产，但执行法院却因地方保护主义等因素的制约，无正当理由拖延执行或者消极执行。针对这个问题,执行改革过程中发展起来的提级执行、指定执行和交叉执行对于克服地方保护主义的干扰,效果明显。但是,执行实践中的提级执行等做法,主要依靠上级法院的执行监督而实施,上级法院因各种主客观因素的制约,对很多案件难以及时提级执行,加之提级执行缺乏法定条件和程序,实践中也存在随意性大、程序不规范等问题,因此有必要赋予申请执行人向上一级人民法院申请执行的权利。可以说,当事人申请变更执行法院的权利脱胎于执行监督制度中的提级执行,该条将“监督型的提级执行”创造性地转化为“权利型的更换执行法院权”。

下列情形可以作为执行债权人行使更换执行法院权利的事由:(1)执行立案时发现被执行人有可供执行的财产,执行法院自收到申请执行书之日起超过6个月对该财产未采取查封、扣押、冻结措施的;(2)对被执行人可供执行的财产,执行法院自裁定查封、扣押、冻结之日起超过6个月未依法采取拍卖、变卖、抵债措施的;(3)对被执行人可供执行的财产,执行法院自拍卖、变卖、抵债之日起超过6个月未依法采取分配措施的;(4)对法律文书确定的交付物的执行,执行立案时“物”尚存在,执行法院自收到申请执行书之日起超过6个月未依法采取相应执行措施的;(5)对法律文书确定的完成行为的执行,执行法院自收到申请执行书之日起超过6个月未依法采取相应执行措施的;(6)对被执行人可供执行的财产,人民法院超过6个月未执行的其他情形。

上一级人民法院经审查,可以责令原人民法院在一定期限内执行,也可以决定由本院执行或者指令其他人民法院执行。

四、案外人异议

(一) 案外人异议的含义和意义

案外人异议,是指案外人基于对执行标的有足以排除强制执行的实体权利,向执行法院提出的不许对该标的实施强制执行的请求。案外人异议系案外人基于实体上的法律关系,对特定的执行标的主张权利,请求排除对该特定标的之不当执行,而非对执行程序本身提出异议,因此与执行异议不同,在本质上属于实体上的救济方法。

案外人异议的设立,意在由执行机构对案外人的主张进行初步的审查,过滤部分案件,防止案外人直接起诉来拖延执行。不过,从实践看,案外人异议制度的过滤功能失灵,案外人绕开《民事诉讼法》第227条,不向执行法院提出异议,而是直接向其他法院另行提起确权之诉或者申请仲裁的情况比较普遍。

(二) 案外人异议的主体

提出案外人异议的主体须为案外人,即执行当事人以外,对执行标的主张权利,认为法院对该标的之执行侵害其实体法上权利的公民、法人或者其他组织。

(三) 案外人异议的事由

案外人异议的事由是:案外人对执行标的主张所有权或者有其他足以阻止执行标的转让、交付的实体权利。具体而言,包括所有权、担保物权、占有等权利。

(四) 案外人异议的程序

1. 案外人异议的提出。提出案外人异议必须采取书面形式,这主要是为了促使案外人慎重行事,防止其滥用异议权,同时也有利于人民法院准确把握异议的焦点。

2. 管辖法院。依照最高人民法院《关于适用〈中华人民共和国民事诉讼法〉执行程序若干问题的解释》第15条,案外人异议应当向执行法院提出。

3. 提出异议的期限。案外人异议应当在执行过程中即执行程序开始后、终结前提出(《民事诉讼法》第227条、《民诉法解释》第464条)。执行程序终结不能笼统地理解为整个案件执行程序的终结,应当理解为特定的异议标的物的执行程序终结。就执行终结的时间点而言,异议标的物被拍卖、变卖的,执行终结的时间点应为拍卖、变卖价款交付申请执行人之时;异议标的物被抵债的,执行终结的时间点应为抵债裁定送达当事人之时。在交付特定物的执行中,执行终结的时间点应为执行法院将异议标的物交付给申请执行人之时。[①]

4. 对异议的审查处理。案外人提出异议的,人民法院应当自收到书面异议之日起15日内审查。执行法院经审查,应当区分不同情况作出相应处理:(1)案外人对执行标的不享有足以排除强制执行的权益的,裁定驳回其异议;(2)案外人对执行标的享有足以排除强制执行的权益的,裁定中止执行。

5. 案外人异议的效力

(1) 案外人异议审查期间,可以对执行标的采取查封、扣押、冻结等控制性措施,但不得进行处分,以充分保护案外人的合法权益,避免将案外人的财产作为被执行人的责任财产予以执行。案外人向人民法院提供充分、有效的担保请求解除对异议标的的查封、扣押、冻结的,执行法院可以根据案件的具体情况予以准许。申请执行人提供充分、有效担保请求继续执行的,执行法院应当更侧重于实现申请执行人债权,继续对异议标的物予以执行,以防止案外人滥用异议权而造成执行的过分拖延。

(2) 驳回案外人异议裁定送达案外人之日起15日内,人民法院不得对执行标的进行处分(《民诉法解释》第465条第2款)。

(3) 在执行中,被执行人通过仲裁程序将人民法院查封、扣押、冻结的财产确权或者分割给案外人的,不影响人民法院执行程序的进行(《民诉法解释》第479条)。案外人以生效的仲裁裁决来阻止执行的,执行法院不予支持。

五、执行异议之诉

(一) 异议之诉的概念

异议之诉系一种实体上正当性保障的救济方法,有债务人异议之诉和案外人异议之诉(即第三人异议之诉)之分。前者是指债务人对于执行依据所载的执行债权,主张有足以排除法院强制执行的事由,而请求法院作出该执行依据不得执行的判决;后者是指案外第三人就执行标的物有足以排除强制执行的权利而请求法院作出该特定标的物不得执行的判决。

① 参见肖建国主编:《民事执行法》,中国人民大学出版社2014年版,第206页。

不能将异议之诉与审判监督程序混为一谈。审判监督程序是对已生效的判决、裁定、调解书发现确有错误而再次审理予以纠错的程序,执行程序中如果发现据以执行的法律文书确有错误的,按照审判监督程序处理。而异议之诉则是执行当事人、案外人因不当的执行行为受到侵害时,依法提起诉讼以排除法院的强制执行的方法。两者的目的、作用、内容各不相同,不能混淆。

异议之诉与执行异议是两种不同的执行救济方法,二者区别如下:

1. 当事人不同。执行异议可以由债权人、债务人或利害关系人提出;异议之诉由债务人或案外第三人提出。

2. 管辖法院不同。执行异议由执行法院专属管辖;异议之诉由民事法院(即执行法院的民事庭)管辖。

3. 目的不同。执行异议系对执行程序不服,以撤销或更正执行行为为目的;异议之诉则以排除强制执行为目的。

4. 原因不同。执行异议的原因在于对执行法院的执行措施方法不服、执行程序违法等事由;异议之诉的原因在于有消灭或妨碍债权人请求的事由或就特定标的物有足以排除强制执行的权利。

5. 裁判程序不同。执行异议原则上不经言词辩论,以裁定形式作出;异议之诉为正常的民事审判程序,经过言词辩论程序以判决形式作出。

(二) 债务人异议之诉

债务人异议之诉是指债务人对于执行依据所载明的请求权,有消灭或妨碍债权人请求的事由,而提起民事诉讼,请求法院判决排除执行依据的执行力,停止执行依据的强制执行。

执行法院固然应按照执行依据实施强制执行,但执行依据所载明的请求权的存在及其内容,有时与执行时实体法上的权利状态并不一致,如执行债权自始即未成立,或已经消灭,或有妨碍其请求的事由等。此际,如按照执行依据执行,虽然程序上合法,但与债权人实体上的权利状态不符,而可能侵害债务人的利益。为此,大陆法系国家允许债务人提起诉讼,请求法院以判决排除该执行依据的执行力。

我国现行《民事诉讼法》缺乏债务人异议之诉的一般规定,不过《公证法》第 40 条明确了当事人、公证事项的利害关系人对作为执行依据的公证书的内容有争议时,可以就该争议向人民法院提起民事诉讼。这里的"民事诉讼",理论上包含了债务人异议之诉,即债务人主张公证债权文书所确认的债权,与债权人在实体法上的权利现状不符,请求法院以判决确定当事人之间的实体权利状态,并且排除法院强制执行的一种诉讼类型。[①] 其中,债务人为原告,债权人为被告,由执行法院的民事审判庭管辖,且该诉讼应在公证债权文书执行终结前提出。

之所以允许对公证书提起债务人异议之诉,是因为公证书被赋予执行力,并不以公证债权文书所确认的债权债务关系绝对正确为前提,而主要取决于公证当事人双方的意愿,尤其须债务人作出愿意接受强制执行的承诺才有可能,因此,如果公证债权文书的内容有错误,

① 《民诉法解释》第 480 条第 2 款对提起债务人异议之诉的诉权进行了一定的限制,即:只有公证债权文书被法院裁定不予执行,当事人、公证事项的利害关系人才可以就债权争议提起诉讼。

或者所确认的债权不真实,那么可通过公证机构撤销或变更公证书、法院裁定不予执行、提起债务人异议之诉等途径加以救济。不予执行裁定仅排除公证债权文书的执行力,但不能解决当事人之间发生争议的实体权利义务关系的最终判定问题。因此,不得以债务人可以请求公证机构撤销或变更公证书、法院裁定不予执行等为由,否定或剥夺债务人提起异议之诉的权利。

(三) 案外人异议之诉

1. 案外人异议之诉的性质。《民事诉讼法》第227条规定:"执行过程中,案外人对执行标的提出书面异议的,人民法院应当自收到书面异议之日起十五日内审查,理由成立的,裁定中止对该标的的执行;理由不成立的,裁定驳回。案外人、当事人对裁定不服,认为原判决、裁定错误的,依照审判监督程序办理;与原判决、裁定无关的,可以自裁定送达之日起十五日内向人民法院提起诉讼。"此即案外人异议之诉的规定。

案外人在对执行标的物有足以排除强制执行的权利(如案外人为标的物所有权人)时,可以通过异议之诉阻止对该标的物的执行。关于案外人异议之诉的性质有各种学说,其中形成之诉为通说。

2. 案外人异议之诉的要件。包括三个方面:

(1) 主体要件。案外人异议之诉的当事人是确定的。该诉的适格原告须为执行债权人和债务人以外、执行依据效力所不及的第三人,包括财产所有权人以及对该财产有管理权和处分权的人,如破产管理人、遗嘱执行人等。因此,与执行当事人的一方对标的物有共有关系的第三人,可以提起该诉;案外人的债权人也可以代位提起异议之诉。

案外人异议之诉的适格被告须为执行债权人或其权利义务承受人。这里的债权人包括申请执行人和有执行依据而参与分配的债权人。债权人有数人的,应将数个债权人列为必要的共同被告,以达到排除对执行标的物强制执行的目的。被执行人反对案外人异议的,应以被执行人为共同被告;被执行人不反对案外人异议的,可以列被执行人为第三人(《民诉法解释》第307条)。

(2) 事由要件。提起案外人异议之诉,须具备异议原因,即对执行标的物有"所有权或者其他阻止标的物转让、交付的权利"。无论案外人在执行标的物上存在的权利是否为物权,只要案外人不具有忍受强制执行的合法理由,就可以提起异议之诉。结合民事实体法的规定,案外人足以排除强制执行的权利,主要有如下七种:

第一,所有权。案外人对执行标的物有所有权,或者对于作为执行标的之债权或其他财产权有所有权的,可以排除强制执行。

第二,用益物权。用益物权人须占有标的物而进行使用收益,因强制执行而受妨碍时,可以提起异议之诉。

第三,担保物权。动产质权和留置权以占有其标的物为成立和存续的要件,故质权人和留置权人的占有,若因强制执行而丧失,可以提起异议之诉。抵押权为不转移其权利标的物占有的权利,也不能阻止所有权人让与其所有权,故抵押权人不得提起异议之诉;但执行标的物的一部分将损害整个标的物的担保价值的,无论该标的物为动产还是不动产,抵押权人仍有权提起异议之诉。

第四,占有。占有是对于物的事实上的管领力,受法律保护,占有人有权排除对占有的侵害。故强制执行影响占有人的占有、使用、收益的,若标的物非债务人所有,则直接占有人、间接占有人均有权提起异议之诉。但执行标的物为债务人所有时,占有人除非基于占有的本权提起异议之诉,否则单纯的占有事实不能排除强制执行(《物权法》第243、244条)。

第五,收取权。有权收取天然孳息的人,在其权利存续期间取得与原物分离的孳息,法院的执行影响其对孳息的收取的,可以提起异议之诉。

第六,债权。案外人基于买卖、租赁、赠与等法律关系,就执行标的物对债务人有交付或移转登记请求权的,不得提起异议之诉。租赁物所有权的让与不影响租赁权的存在,故案外人不得因租赁物让与而提起异议之诉,但因强制交付而妨害承租人占有使用时,可以提起异议之诉。

第七,依法财产保全的标的物。如果认为财产保全措施产生物权的效力,则其他债权人对于已经保全的标的物,不得再申请执行,否则实施财产保全的债权人可以提起异议之诉。但目前我国民事诉讼法并不承认财产保全的物权效力。

(3) 时间要件。案外人异议之诉须在案外人异议裁定送达之日起15日内提起。这意味着"案外人、当事人"没有提出异议或者"自裁定送达之日起十五日内"没有向人民法院提起诉讼的,就丧失了提起案外人异议之诉的权利。这种解释方法极为苛刻,过分限制了案外人诉权的行使,而且相对于案外人申请再审所需具备的更为宽松的时间要件而言极为不公平。大陆法系国家规定案外人异议之诉须在执行程序终结前提起。执行程序开始前提起的诉讼,为确认之诉,非案外人异议之诉。所谓"执行程序终结前",在给付金钱的执行中是指对于执行标的物的执行程序终结,即标的物经拍卖、变卖,价金交付给债权人;在交付物的执行中,执行法院将执行标的物交给债权人,或解除债务人的占有,使标的物归债权人占有,即为执行程序终结;在保全执行中,如保全执行转化为本案终局执行(《查封规定》第4条)或者法院解除财产保全措施的,则保全执行程序终结。

3. 案外人异议之诉的程序。包括如下步骤:

(1) 起诉和受理。按照《民诉法解释》第305条规定,案外人提起执行异议之诉,除符合《民事诉讼法》第119条规定外,还应当具备下列条件:一是案外人的执行异议申请已经被人民法院裁定驳回;二是有明确的排除对执行标的执行的诉讼请求,且诉讼请求与原判决、裁定的主文内容无关;三是自执行人异议裁定送达之日起15日内提起。案外人提起异议之诉,可以采取口头或书面形式。诉状中列明请求法院判决撤销或不许对特定标的物进行强制执行。

(2) 管辖。案外人异议之诉由执行法院的民事庭管辖,避免因其他法院管辖造成案外人奔走于执行法院与受诉法院之间,有利于减轻讼累,同时也便于执行法院查明事实,作出判决。

(3) 审理。案外人异议之诉依普通程序审理。案外人就其主张的排除强制执行的权利赖以存在的要件事实,负举证责任。

(4) 裁判。法院审理结束,如认为案外人异议之诉有理由,应当作出对某特定标的物不得执行或撤销其执行程序的判决。人民法院经审理,按照下列情形分别处理:其一,案外人就执行标的享有足以排除强制执行的民事权益的,判决不得执行该执行标的;其二,案外人就执行标的不享有足以排除强制执行的民事权益的,判决驳回诉讼请求;其三,案外人同时提出确认其权利的诉讼请求的,执行法院可以在判决中一并作出裁判。

4. 案外人异议之诉的效力。包括以下两方面：

(1) 停止处分执行行为。案外人提起异议之诉时，停止处分执行行为。但申请执行人请求执行法院继续执行并提供相当并确实的担保的，可以裁定继续执行。

(2) 撤销执行。法院认为案外人异议之诉成立并且判决生效后，执行程序就应停止，并应撤销已经实施的执行行为。但执行标的物拍卖程序如已终结，而价金尚未交付债权人的，则不能撤销已终结的拍卖程序。

5. 案外人异议之诉与案外人申请再审、第三人撤销之诉的关系。按照《民事诉讼法》第227条的规定，案外人对执行标的提出异议的，先由执行法院进行初步审查并作出相应的处理；案外人、当事人对执行法院初步审查作出的裁定不服的，可以再区分不同情况，通过审判监督程序或提起诉讼以寻求救济。

(四) 申请执行人异议之诉

1. 申请执行人异议之诉的性质

作为与案外人异议之诉相对的制度，申请执行人异议之诉在性质上一般也以形成之诉为通说。

2. 申请执行人异议之诉的要件

(1) 主体要件。申请执行人提起执行异议之诉的，以案外人为被告。被执行人反对申请执行人主张的，以案外人和被执行人为共同被告；被执行人不反对申请执行人主张的，可以列被执行人为第三人(《民诉法解释》第308条)。

(2) 事由要件。申请执行人反对案外人对执行标的主张权利，认为执行标的之实体权利属于被执行人。

(3) 时间要件。申请执行人异议之诉须自案外人异议裁定送达之日起15日内提起。

(4) 前置程序。申请执行人异议之诉的提出须以执行法院认为案外人对执行标的之异议成立，因而裁定对异议标的中止执行为前置程序，因此，申请执行人自裁定送达之日起15日内未提起诉讼的，就丧失了提起异议之诉的权利。

3. 申请执行人异议之诉的程序

(1) 起诉和受理。按照《民诉法解释》第306条规定，申请执行人提起异议之诉，除符合《民事诉讼法》第119条规定外，还应当具备下列条件：

一是依案外人执行异议申请，人民法院裁定中止执行；

二是有明确的对执行标的继续执行的诉讼请求，且诉讼请求与原判决、裁定无关；

三是自执行异议裁定送达之日起15日内提起。

申请执行人提起异议之诉，起诉可以采取口头或书面形式。诉状中列明请求法院判决许可对特定标的物进行强制执行。执行法院应当在收到起诉状之日起15日内决定是否立案。

(2) 管辖。申请执行人许可执行之诉由执行法院的民事庭管辖。

(3) 审理。申请执行人许可执行之诉依普通程序审理。案外人应当就其对执行标的享有足以排除强制执行的民事权益承担证明责任(《民诉法解释》第311条)。经审理，理由不成立的，判决驳回其诉讼请求；理由成立的，根据申请执行人的诉讼请求作出许可执行某特定标的物的裁判。

(4) 裁判。人民法院经审理,按照下列情形分别处理:

其一,案外人就执行标的不享有足以排除强制执行的民事权益的,判决准许执行该执行标的;

其二,案外人就执行标的享有足以排除强制执行的民事权益的,判决驳回诉讼请求。

4. 申请执行人异议之诉的效力

(1) 中止执行。申请执行人提起异议之诉时,执行法院应裁定中止对该争议标的物的执行程序,已经实施的执行措施继续有效。

(2) 执行法院对执行标的裁定中止执行后,申请执行人在法律规定的期间内未提起执行异议之诉的,执行法院应当自起诉期限届满之日起7日内解除对该执行标的采取的执行措施(《民诉法解释》第316条)。

(3) 许可执行。法院认为申请执行人异议之诉成立并且判决准许对该执行标的执行的,案外人异议裁定失效,执行程序应继续进行,执行法院可以根据申请执行人的申请或者依职权恢复执行。

(五) 参与分配异议之诉

多个债权人对同一被执行人申请执行或者对执行财产申请参与分配的,执行法院应当制作财产分配方案,并送达各债权人和被执行人。债权人或者被执行人对分配方案有异议的,应当自收到分配方案之日起15日内向执行法院提出书面异议。债权人或者被执行人对分配方案提出书面异议的,执行法院应当通知未提出异议的债权人或被执行人。未提出异议的债权人、被执行人收到通知之日起15日内未提出反对意见的,执行法院依异议人的意见对分配方案审查修正后进行分配;提出反对意见的,应当通知异议人。

异议人应自收到通知之日起15日内,以提出反对意见的债权人、被执行人为被告,向执行法院提起诉讼;异议人逾期未提起诉讼的,执行法院依原分配方案进行分配。参与分配异议之诉期间进行分配的,执行法院应当将与争议债权数额相应的款项予以提存。

(六) 其他救济方式

执行当事人和第三人在无法通过上述执行异议和异议之诉请求救济时,可以通过其他方式获得救济。择其要者有:

1. 优先受偿之诉。对于执行标的物有法定优先受偿权的权利人,可以利用参与分配程序,主张优先受偿权。其他执行权利人或债务人对此法定优先受偿权有异议的,法定优先受偿权人可提起优先受偿之诉,如德国《民事诉讼法》第805条。

2. 损害赔偿之诉或不当得利返还之诉。执行权利人故意或过失利用强制执行加害执行债务人或第三人,或者从执行债务人或第三人处获取不当利益,即以合法手段实现非法目的,比如执行权利人明知执行依据中的实体请求权已经消灭而仍然请求法院强制执行的、执行权利人故意蒙骗法院而就第三人的财产请求强制执行,执行债务人或第三人未能及时提起异议之诉而执行程序已经终结的,执行债务人或第三人有权对执行权利人提起损害赔偿之诉或返还不当得利之诉。

3. 司法赔偿申请。执行人员故意或过失违法执行或不当执行,给当事人或第三人造成损害的,当事人或第三人有权依国家赔偿法的规定,请求损害赔偿。

六、执行回转

(一) 执行回转的概念

执行回转是指在执行中或执行完毕后，据以执行的法律文书被人民法院或其他有关机关撤销或变更的，执行机关对已被执行的财产重新采取执行措施，恢复到执行开始时的状况的一种救济制度。执行回转是审判监督程序或其他法律文书监督程序的必要的配套制度。

在司法实践中，发生执行回转的原因大致如下：(1) 人民法院制作的判决、裁定等已经执行完毕，但该判决、裁定等被本院或者上级法院经审判监督程序进行再审后依法撤销；权利人可以以发生法律效力的再审判决、裁定为依据，申请执行回转。(2) 人民法院制作的先予执行的裁定，在执行完毕后，被本院的生效判决或上级法院的终审判决所撤销，因先予执行而取得财物的一方当事人应将执行所得返还给对方当事人。(3) 公证机构等其他机关制作的由人民法院强制执行的法律文书，在执行完毕后，又被制作机关或者上级机关依法撤销的(2006 年《公证法》第 39 条)，也应由人民法院采取执行回转措施，责令一方当事人将原执行所得财产返还给对方当事人。

(二) 执行回转的条件

根据《民事诉讼法》第 233 条和《执行规定(试行)》第 109 条的规定，适用执行回转须具备下列条件：

1. 原执行依据正在执行或已执行完毕。原法律文书已为人民法院全部或部分执行完毕，才发生执行回转的问题。如果执行程序尚未终结，被执行的财产尚未转移，据以执行的法律文书被撤销，则应终结执行程序，也不发生执行回转的问题。

2. 据以执行的法律文书被撤销或变更。人民法院撤销的判决、裁定和其他法律文书只限于由人民法院制作的法律文书；由人民法院执行的其他法律文书执行完毕后，该法律文书被有关机关或者组织依法撤销的，也可适用执行回转(《民诉法解释》第 476 条)。如果原法律文书部分内容被撤销，部分内容仍保留、维持，则称为“变更”。

3. 法院执行回转也要有执行依据。法院要责成原债权人返还财产，应根据执行回转裁定进行。原执行依据由人民法院或者其他机关依法撤销，只是表明原执行依据失效，并不具有要求原债权人返还所得财产的给付内容。所以，已执行的原生效文书被撤销的人民法院应裁定执行回转，并以此裁定作为执行依据，责令取得财产的原申请执行人返还财产或强制执行。

4. 执行回转只能适用于原申请执行人取得财产的情况。《民事诉讼法》第 233 条规定返还财产的主体为“取得财产的人”，《执行规定(试行)》第 109 条则限缩解释为“原申请执行人”，其目的是为了维护法院拍卖程序的权威性，保护善意第三人的利益。

(三) 执行回转的程序

1. 程序的启动

执行回转可以由当事人申请，对于移送执行的案件也可由人民法院依职权进行。之所以规定法院可依职权提起,是因为强调主动纠正因生效文书错误而造成的执行不当。

2. 管辖法院。执行回转由原执行法院专属管辖,原执行法院有责任纠正自己的错误。

3. 重新立案。执行回转实质上是一个新的执行案件,要重新立案,并适用执行程序的有关规定。

4. 执行回转裁定。执行法院在执行回转时应制作裁定书,其内容严格按照新的生效法律文书的内容制作。该裁定具有当然的执行力。

5. 执行回转的实施。执行回转时,已执行的标的物系特定物的,应当返还原物;不能返还原物的,可以折价抵偿(《执行规定(试行)》第110条)。返还原物的,应当一并返还孳息。拒不返还的,强制执行。

第二十章 民事执行分论

第一节 各类执行措施概述

一、执行措施的概念和分类

执行措施是指法院根据执行案件的特点所采取的实现生效法律文书中所确定的债权人权利的方法、途径、步骤、程序。采取执行措施的行为，称为执行行为。采取执行措施是整个执行过程的重要环节。

依据不同标准，对民事执行措施可作如下分类：

1. 根据执行措施能否达到强制义务人履行义务和实现生效法律文书的目的，可以将执行措施分为控制性执行措施和处分性执行措施。控制性执行措施也称保全性的执行措施，是指以防止被执行人的财产被转移、隐藏、变卖、毁损为目的的执行措施，包括查封、扣押、冻结、扣留、禁止交付等措施；处分性执行措施是指将被执行人的财产予以变价以清偿债务为目的的执行措施。[①]

2. 根据执行行为能否直接实现生效法律文书的内容，可以将执行措施分为直接执行措施、间接执行措施、代执行措施。直接执行措施是指直接满足生效法律文书内容的执行措施，如划拨银行存款以满足债权。间接执行措施不能直接实现执行依据的内容，但可以通过间接的方式来实现，如在被执行人拒不履行生效法律文书所确定的义务，严重妨害了执行秩序时，法院可以采取拘留、罚款等措施促使被执行人履行。代执行措施是指法院采取有别于执行依据要求的方式实现法律文书的内容，如法院在被执行人拒不搬迁时可以找搬家公司将被执行人占用的房屋腾空，将被执行人的家当搬到法院指定场所，所需费用由被执行人负担。

3. 根据生效法律文书中所确定的债权人的债权请求权的类型，可以将民事执行措施分为金钱债权的执行措施、非金钱债权的执行措施。这是德国、日本等大陆法系国家比较通行的分类。其中，金钱债权的执行又可分为对动产的执行、对不动产的执行和对其他财产权的执行，非金钱债权的执行又可分为物的交付请求权的执行和行为请求权的执行。

① 参见童兆洪主编:《民事强制执行新论》，人民法院出版社 2001 年版，第 84 页。

二、我国现行法上执行措施的体系

我国《民事诉讼法》第三编“执行程序”分为一般规定、执行的申请和移送、执行措施、执行中止和终结四章。其中“执行措施”一章规定了10种执行措施之多:(1)查询、冻结、划拨被执行人的存款(第242条);(2)查询、扣留、提取被执行人的收入(第243条);(3)查封、扣押、冻结、拍卖、变卖被执行人的财产(第244条至247条);(4)民事搜查(第248条);(5)交付法律文书指定的财物或票证(第249条);(6)强制迁出房屋或者强制退出土地(第250条);(7)通知有关单位协助办理有关财产权证照(第251条);(8)强制执行或委托他人完成法律文书确定的行为(第252条);(9)加倍支付延迟履行利息或迟延履行金(第253条);(10)继续履行(第254条)。其中,(1)、(2)、(3)、(10)为关于金钱债权执行的规定,(6)、(7)、(8)为非金钱债权执行的规定;(4)、(9)既适用于金钱债权执行,也适用于非金钱债权执行。

我国《民事诉讼法》的规定较为笼统,因而使司法解释成为必要。《民诉法解释》进一步完善了金钱债权执行措施,规定了对债务人到期债权的执行和参与分配制度。《执行规定(试行)》较为系统,第五部分为金钱债权的执行,第六部分为交付财产和完成行为的执行,第七部分为对被执行人到期债权的执行,第十一部分为参与分配。另外,最高人民法院在《查封规定》和《拍卖规定》中又进一步对动产、不动产的执行措施予以细化,基本上形成了我国的民事执行措施体系。

第二节　金钱债权的执行

一、金钱债权执行的概念和意义

(一)金钱债权执行的概念

所谓金钱债权,又称金钱给付请求权,指以给付一定数额金钱为内容的请求权。金钱债权是实践中最常见的债权形式,借款合同中对借款的归还请求权,买卖合同中对货款的支付请求权和对违约金、赔偿金的支付请求权,侵权案件中的损害赔偿请求权等,都属于金钱债权。金钱的表现形式是货币,而人民币是我国境内的法定支付工具,故金钱债权一般是指要求支付人民币的债权,在法律有规定的情况下可以是外币。

为实现金钱债权而债务人又有金钱时,将该金钱直接交付给债权人便可清偿执行债权,其执行方法比较简单。债务人没有现款可供执行时,金钱以外的财产就成为执行标的物,人民法院需要通过拍卖、变卖等换价程序将它变现为金钱。

根据简便原则和对债务人生活影响较少的原则,实务中在选择债务人的财产予以执行的顺序上,是先执行现金;现金不够清偿的,执行其存款、股息红利收入和债权;仍不足清偿的,执行债务人的动产;最后执行债务人的知识产权、不动产、投资股权等。无论执行债务人的何种财产,都不得超出债务人应当履行义务的范围,并应当保留债务人及其所扶养家属的生活必需费用和生活必需品。

(二) 金钱债权执行的意义

金钱债权的执行是整个执行工作中案件数量最多、适用频率最高、执行任务最为繁重、意义最为重大的一部分。除了当事人之间金钱给付义务外,关于诉讼费用的执行,罚金、罚款的执行等也适用关于金钱债权的执行程序;非金钱债权的执行在一定情况下也可以转化为关于金钱债权的执行,如对可替代行为的执行中,法院命他人代为履行并由债务人支付费用,对于不可替代行为的执行,法院命债务人赔偿损失,对于代为履行费用和赔偿损失费用的执行都转化为对金钱债权的执行。因此,各国民事执行制度都把金钱债权的执行措施作为强制执行法的重点内容加以规定。

二、对于动产、不动产的执行

(一) 对于动产、不动产执行的含义

所谓对于动产、不动产的执行,是指执行机构为了满足债权人的金钱债权,而对债务人所有的动产或不动产采取的民事执行措施。根据 1995 年《担保法》第 92 条规定,不动产是指土地以及房屋、林木等地上定着物,动产是指不动产以外的物。学理上一般认为,动产是指不因移动变更其性质和价值的物,不动产是指土地、房屋等不能移动或移动后即改变其性质和价值的物。

从我国强制执行的沿革来看,对动产和不动产的执行措施没有严格加以区别。但域外的强制执行立法上一般都区分了动产和不动产的执行措施。动产执行措施比不动产的执行措施简单,因为动产和不动产在社会经济生活中的地位不同,不动产一般被认为是最重要的财产,法律对不动产所有权的取得、变更的规定比动产严格。动产、不动产的执行措施都是为了满足债权人的金钱债权,故对不动产的执行除依不动产性质作特别规定外,其程序和措施与动产相同,即由查封、变价和分配程序组成。

(二) 查封和扣押①

1. 查封、扣押的概念和特点。查封是指人民法院将执行标的物加贴封条就地或异地予以封存,禁止被执行人转移处分的一种执行措施。扣押是指人民法院将执行标的物运送到指定的场所,使被执行人不能占有、使用和处分的执行措施。二者具有以下三个特点:

(1) 查封、扣押是为拍卖和变卖做准备的临时性、控制性的执行措施。由于执行案件从立案、开始执行到最后拍卖、变卖等程序往往需要一段时间,为避免标的物被转移、隐匿、毁损致使执行无法进行,法律特设查封、扣押程序,以保证拍卖、变卖程序的实施。

(2) 查封、扣押的实质在于限制被执行人对执行标的物的处分权。在拍卖、变卖之前标的物所有权仍然属于被执行人,但被执行人对该财产的处分权被禁止行使;即使其擅自行使处分权,处分行为也无效,并且承担妨害执行的责任。

(3) 查封、扣押还解除被执行人对执行标的物的占有。执行标的物经查封、扣押后,其占

---

① 鉴于查封、扣押、冻结都属于控制性执行措施,在我国台湾地区三者被统称为查封,为方便理解,这里一并讨论冻结。

有权即由法院行使。查封虽不转移查封物的存放地点,但一经查封,被执行人即丧失了占有权,除非执行法院同意由其保管或使用、收益。扣押则转移了扣押物的存放地点,被执行人当然丧失了对扣押物的占有权。

(4) 对被执行的财产,人民法院非经查封、扣押、冻结,不得处分(《民诉法解释》第486条)。

关于查封和扣押的区别,一般是以执行标的物的位置是否转移为标准的。查封一般不转移财产的位置,由法院加贴封条,就地封存;扣押一般要转移财产的位置,使之脱离债务人的占有。但是,其他国家或地区并没有这种区分。其实,在我国司法实践中也未对查封、扣押等称呼作严格的区别。另外,查封针对的是动产和不动产,而扣押仅针对动产。

2. 查封、扣押的一般原则。查封、扣押一般应当遵循以下原则:

(1) 公示原则。公示原则是指执行法院在对被执行人的财产采取查封、扣押措施时,应当根据该财产的属性,按照法律规定的方法将查封、扣押的情形公之于众,以使被执行人、案外人及其他执行法院和执法机关知晓查封、扣押的事实。查封、扣押公示原则与物权公示原则是相对应的,即对于不动产物权以物权登记为其公示方法,对动产物权则以占有作为其公示方法。公示原则对维护执行秩序,解决执行争议和维护社会交易安全意义重大。

(2) 价值相当原则。查封、扣押、冻结被执行人的财产,以其价额足以清偿法律文书确定的债权额及执行费用为限,不得明显超标的额查封、扣押、冻结(《查封规定》第21条)。简言之,查封、扣押财产的价值应与被执行人履行债务的价值相当(《执行规定(试行)》第39条)。所谓"被执行人履行债务的价值",既包括生效法律文书确定的债务,也包括执行中预计需支出的费用,被执行人迟延履行期间的债务利息和迟延履行金等;所谓"相当",并不要求查封、扣押的财产价值与应履行的债务数额完全相等,而是以不显著超额为限。作为一个例外,对于不可分物的查封、扣押,不受价值相当原则的限制。查封和扣押是执行机关运用公权力的行为,出于对被执行人合法利益的保护,应当对其设有限制。

(3) 禁止重复查封、扣押原则。禁止重复查封、扣押原则是指执行法院依法对被执行人的财产查封、扣押后,任何单位包括其他法院不得对该执行标的物再行查封、扣押,否则后来的查封、扣押行为无效(《民事诉讼法》第103条第2款)。确立这一原则的目的是理顺执行秩序,也为解决法院之间的执行争议提供依据。禁止重复查封、扣押并不排斥轮候查封、扣押、冻结[①]。对已被人民法院查封、扣押、冻结的财产,其他人民法院可以轮候查封、扣押、冻结。查封、扣押、冻结解除的,登记在先的轮候查封、扣押、冻结即自动生效(《查封规定》第28条)。

(4) 查封、扣押财产豁免原则。查封、扣押财产豁免原则是指执行法院对被执行人的某些特定财产不得采取查封、扣押措施。这一原则是基于被执行人的生存权高于债权人的债权、被执行人的精神利益高于债权人的物质利益、公序良俗高于私人利益的原理确立的。关

① 轮候查封、扣押是由《房地产执行通知》首先确立,并由《查封规定》再次确认的一种崭新的执行制度,是在不违反《民事诉讼法》关于不得重复查封的规定的情况下,解决不得重复查封在实践中的弊端,保护不同生效法律文书所确定的债权人的合法权益,对提高执行效率有重要意义。"不得重复查封"的弊端就是:针对被执行人的同一责任财产,某一法院的查封将会排斥其他法院的查封,当先查封的法院因种种原因解封时,在其他法院未来得及查封之前,若被执行人立即转移解封了的财产,将使其他法院执行案件中的债权人利益受损;也有法院基于地方保护的考虑,制造被执行人财产全部被查封的假象,用以对抗外地法院的查封,然后在适当时机解封,致使外地法院执行落空。

于查封、扣押财产豁免的具体范围，请参见本书第十九章第二节的相关内容。

3. 查封、扣押的方法。《执行规定（试行）》第38条规定：“被执行人无金钱给付能力的，人民法院有权裁定对被执行人的其他财产采取查封、扣押措施。裁定书应送达被执行人。”本条所说的查封、扣押对象用的是“其他财产”，是指除了金钱财产以外的财产。但从条文内容看，主要是实物形态的财产，或称为“物”，具体就是指金钱和证券、权利以外的动产、不动产。可以认为，这一条为执行金钱债权确定了一个基本的执行财产的顺序，即应首先对金钱（现金、存款）采取执行措施，无金钱给付能力的才应执行其他财产。具体来说，查封、扣押的方法如下：

（1）作出书面裁定。查封、扣押，除解除债务人对标的物的占有外，还须采取一定方式，以表明标的物为查封、扣押之物。执行程序中采取查封、扣押或冻结措施时，“人民法院应当作出裁定”（《民事诉讼法》第244条第2款）。此项裁定，应采用书面形式，并送达双方当事人及有关单位。执行人员实施查封、扣押，可以于裁定送达被执行人后，或者送达前或同时实施。

（2）发出协助执行通知书。采取查封、扣押措施需有关单位协助的，应当向有关单位发出协助执行通知书，连同裁定书副本一并送达有关单位（《执行规定（试行）》第38条第2款、《查封规定》第1条）。协助执行通知书中应当载明有关单位不得办理查封、扣押财产的转移过户以及设定担保等手续，同时，可以责令被执行人将有关财产权证照交执行法院保管。

（3）张贴封条或公告、办理查封登记。查封、扣押动产的，人民法院可以直接控制该项财产。人民法院将查封、扣押的动产交付其他人控制的，应当在该动产上加贴封条或者采取其他足以公示查封、扣押的适当方式（《查封规定》第8条）。查封不动产的，人民法院应当张贴封条或者公告。查封、扣押、冻结已登记的不动产、特定动产及其他财产权，应当通知有关登记机关办理登记手续（《查封规定》第9条）。地上建筑物和土地使用权的登记机关不是同一机关的，应当分别办理查封登记（《查封规定》第23条第2款）。其他人民法院对已登记的财产进行轮候查封、扣押、冻结的，应当通知有关登记机关协助进行轮候登记，实施查封、扣押、冻结的人民法院应当允许其他人民法院查阅有关文书和记录（《查封规定》第28条）。

人民法院裁定冻结或者解除冻结股权，除应当将法律文书送达负有协助执行义务的单位以外，还应当在作出冻结或者解除冻结裁定后7日内，将法律文书送达股权持有人或者所有权人并书面通知上市公司。被冻结股权的当事人是国有股份持有人的，人民法院在向该国有股份持有人送达冻结或者拍卖裁定时，应当告知其于5日内报主管财政部门备案（《冻结规定》第5条）。

（4）提取保存有关财产权证照。对有产权证照的动产或不动产的查封，可以责令被执行人将有关财产权证照交人民法院保管（《执行规定（试行）》第41条第2款、《查封规定》第9条第1款）。

（5）尚未进行权属登记的建筑物、机动车辆的预查封、扣押。预查封是《房地产执行通知》新创立的一项制度，是指对尚未在登记机关进行物权登记但又履行了一定的批准或者备案等预登记手续、被执行人享有未公示或者物权期待权的房地产所采取的控制性措施，即由法院制发预查封裁定书和协助执行通知书，由国土资源、房地产管理部门办理预查封登记手续。

可以预查封的土地使用权有：①被执行人全部缴纳土地使用权出让金但尚未办理土地

使用权登记的，人民法院可以对该土地使用权进行预查封。②被执行人部分缴纳土地使用权出让金但尚未办理土地使用权登记的，对可以分割的土地使用权，按已缴付的土地使用权出让金，由国土资源管理部门确认被执行人的土地使用权，人民法院可以对确认后的土地使用权裁定预查封；对不可以分割的土地使用权，可以全部进行预查封。

可以预查封的尚未进行权属登记的建筑物有：①作为被执行人的房地产开发企业，已办理了商品房预售许可证且尚未出售的房屋；②被执行人购买的已由房地产开发企业办理了房屋权属初始登记的房屋；③被执行人购买的办理了商品房预售合同登记备案手续或者商品房预售登记的房屋。

预查封尚未进行权属登记的建筑物时，人民法院应当通知其管理人或者该建筑物的实际占有人，并在显著位置张贴公告（《查封规定》第10条）。扣押尚未进行权属登记的机动车辆时，人民法院应当在扣押清单上记载该机动车辆的发动机编号。该车辆在扣押期间权利人要求办理权属登记手续的，人民法院应当准许并及时办理相应的扣押登记手续（《查封规定》第11条）。

(6) 不按规定查封、扣押的后果。查封、扣押时，对于不动产、特定动产及其他财产权应办理登记手续而未办理的，不得对抗其他已经办理了登记手续的查封、扣押、冻结行为（《查封规定》第9条第2款）。

4. 查封、扣押时在场人员。为避免执行人员实施执行时引起猜疑或争议，查封、扣押时应履行下列程序：

(1) 通知被执行人到场。“人民法院查封、扣押财产时，被执行人是公民的，应当通知被执行人或者他的成年家属到场；被执行人是法人或者其他组织的，应当通知其法定代表人或者主要负责人到场。拒不到场的，不影响执行”（《民事诉讼法》第245条第1款）。为了防止被执行人隐匿财产，逃避执行，此项通知原则上不能事先送达。

(2) 通知有关单位或基层组织参加。“被执行人是公民的，其工作单位或者财产所在地的基层组织应当派人参加”（《民事诉讼法》第245条第1款）。有关单位或基层组织接到人民法院通知后，应派人到场，对法院的查封、扣押活动进行见证，并协助人民法院执行。

5. 对债务人财产的搜查

民事搜查是指在债务人隐匿财产拒不履行生效法律文书确定的义务时，由法院院长签发搜查令，对债务人及其住所或能隐匿财产的处所依法搜寻查找的行为。《民事诉讼法》第248条明确规定，被执行人不履行法律文书确定的义务，并隐匿财产的，人民法院有权发出搜查令，对被执行人及其住所或者财产隐匿地进行搜查。

在执行中，被执行人隐匿财产、会计账簿等资料的，人民法院除可依照《民事诉讼法》第111条规定对其处理外，还可责令被执行人交出隐匿的财产、会计账簿等资料。被执行人拒不交出的，人民法院可按被执行财产的价值强制执行被执行人的其他财产，也可以采取搜查措施，找到被隐匿的财产。

民事搜查直接涉及被执行人的人身权利及财产权利，因此，人民法院采取搜查措施，须由院长签发搜查令，以示慎重。进行搜查，须具备以下条件：(1) 生效法律文书确定的履行期限已经届满；(2) 被执行人不履行法律文书确定的义务；(3) 认为有隐匿财产的行为；(4) 搜查人员必须按规定着装并出示搜查令和身份证件。搜查可以针对人身实施，但“搜查妇女身体，应当由女执行人员进行”（《民诉法解释》第498条第2款）。“人民法院依法搜查时，对被执行人可能存放隐匿的财物及有关证据材料的处所、箱柜等，经责令被执行人开启而拒不配合的，可以强制开启”(《执行规定(试行)》第31条)。“人民法院搜查时禁止无关人员进入搜查现场；搜查对象是公民的，应当通知被执行人或者他的成年家属以及基层组织派员到场；搜查对象是法人或者其他组织的，应当通知法定代表人或者主要负责人到场。拒不到场的，不影响搜查”(《民诉法解释》第498条第1款)。搜查应当制作搜查笔录，由搜查人员、被搜查人及其他在场人签名、捺印或者盖章。拒绝签名、捺印或者盖章的，应当记入搜查笔录(《民诉法解释》第497~500条)。在搜查中发现而扣押的财产，应造具清单(《民事诉讼法》第245条第2款)。

6. 查封、扣押笔录及财产清单。实施查封、扣押时，除应由执行人员作成笔录并签名外，在场有关人员也应签名(《民事诉讼法》第245条)。查封扣押笔录应载明下列内容：(1)执行措施开始及完成的时间；(2)财产的所在地、种类、数量；(3)财产的保管人；(4)其他应当记明的事项。

为防止遗失，便于查考，“对被查封、扣押的财产，执行员必须造具清单，由在场人签名、捺印或者盖章后，交被执行人一份。被执行人是公民的，也可以交他的成年家属一份”(《民事诉讼法》第245条第2款)。

7. 查封、扣押物的保管和使用。对查封、扣押物的保管，是指占有查封、扣押物并保持其现状，使其不至于被转移、毁损、灭失。《民事诉讼法》第246条，《执行规定(试行)》第42、43、44条以及《查封规定》第12、13条对此有专门规定。

(1) 保管人的确定。被查封、扣押的财产，为便于换价，原则上应由执行法院自行保管。不宜由人民法院保管的，人民法院可以指定被执行人负责保管，被执行人不得拒绝保管；不宜由被执行人保管的，可以委托第三人或者申请执行人保管。

(2) 保管人的责任。保管人因故意或过失使查封、扣押的财产毁损或者灭失的，应承担两种责任：一是民事责任。保管人负责赔偿由此造成的损失，其中保管人是申请执行人的，赔偿款应与其债权部分抵销。因被执行人保管或使用的过错造成的损失，由被执行人承担。“被执行人或其他人擅自处分已被查封、扣押、冻结财产的，人民法院有权责令责任人限期追回财产或承担相应的赔偿责任。”二是妨碍执行的责任。保管人如有隐匿、转移、变卖、毁损已被清点并责令其保管的查封、扣押物的行为的，执行法院可以根据情节轻重予以罚款、拘留，构成犯罪的，依法追究刑事责任。

(3) 查封、扣押物的使用。保管人不得使用被查封、扣押的财产。在被执行人负责保管时，如继续使用被查封的财产对其价值无重大影响，可以允许被执行人继续使用。

8. 查封、扣押的效力。查封、扣押是执行机关代表国家实施的公法上的行为。查封、扣押一经实施，即产生对人的效力、对财产的效力和时间上的效力。

(1) 查封、扣押对人的效力。分为以下几种情形：

第一，查封、扣押、冻结对被执行人的效力。人民法院查封、扣押、冻结被执行人财产后，会对被执行人产生以下多方面的法律后果：查封、扣押、冻结的财产仍属被执行人所有，标的物发生毁损、灭失的风险，也由被执行人承担；被执行人丧失查封、扣押、冻结的财产之直接占有，而由人民法院实施占有；被执行人保管查封、冻结的财产时，可以依原来通常的管理或使用方法，继续占有使用，无须执行法院的许可，但第三人保管时，原则上被执行人不能使用，以免与保管人的占有及保管行为相冲突；被执行人不得处分查封、扣押、冻结的财产，被执行人就已经查封、扣押、冻结的财产所作的移转、设定权利负担或者其他有碍执行的行为，不得对抗申请执行人。

第二，查封、扣押、冻结对第三人的效力。第三人未经人民法院准许占有查封、扣押、冻结的财产或者实施其他有碍执行的行为的，人民法院可以依据申请执行人的申请或者依职权解除其占有或者排除其妨害；人民法院的查封、扣押、冻结没有公示的，其效力不得对抗善意第三人（《查封规定》第26条）。

第三，查封、扣押、冻结对抵押权人的效力。人民法院可以对抵押物进行执行，对查封、扣押物享有担保物权、优先权的债权人对该项财产享有优先受偿权（《执行规定（试行）》第94条）。查封、扣押被执行人设定最高额抵押权的抵押物的，应当通知抵押权人。抵押权人受抵押担保的债权数额自收到人民法院通知时起不再增加。人民法院虽然没有通知抵押权人，但有证据证明抵押权人知道查封、扣押事实的，受抵押担保的债权数额从其知道该事实时起不再增加（《查封规定》第27条）。

第四，查封、扣押、冻结对协助执行人的效力。查封、扣押、冻结协助执行通知书在送达登记机关时，登记机关已经受理被执行人转让不动产、特定动产及其他财产的过户登记申请，尚未核准登记的，应当协助人民法院执行。人民法院不得对登记机关已经核准登记的被执行人已转让的财产实施查封、扣押、冻结措施。查封、扣押、冻结协助执行通知书在送达登记机关时，其他人民法院已向该登记机关送达了过户登记协助执行通知书的，应当优先办理过户登记（《查封规定》第25条）。

（2）查封、扣押对财产的效力。查封、扣押对财产产生如下效力：

第一，查封、扣押的效力及于查封、扣押物的从物和天然孳息（《查封规定》第22条）。查封、扣押的效力所及的客观范围，除查封物、扣押物、冻结财产本身外，还包括查封物、扣押物的从物和天然孳息。

第二，不动产查封中的“地随房走”和“房随地走”两原则。查封地上建筑物的效力及于该地上建筑物使用范围内的土地使用权，查封土地使用权的效力及于地上建筑物，但土地使用权与地上建筑物的所有权分属被执行人与他人的除外（《查封规定》第23条）。

第三，查封、扣押、冻结的财产灭失或者毁损的，查封、扣押、冻结的效力及于该财产的替代物、赔偿款。人民法院应当及时作出查封、扣押、冻结该替代物、赔偿款的裁定（《查封规定》第24条）。

（3）查封、扣押、冻结的时间效力。人民法院冻结被执行人的银行存款的期限不得超过1年，查封、扣押动产的期限不得超过2年，查封不动产、冻结其他财产权的期限不得超过3年。申请执行人申请延长期限的，人民法院应当在查封、扣押、冻结期限届满前办理续行查封、扣押、冻结手续，续行期限不得超过前款规定的期限。人民法院也可以依职权办理续行查封、扣押、冻结手续（《民诉法解释》第487条）。

（4）预查封和轮候查封、扣押、冻结的效力

第一，预查封的效力。预查封和查封在限制标的物转让的效力上应当是相同的。在法院预查封期间，任何单位和个人不得擅自处分预查封的财产，有关部门也不得办理转让、抵押手续。二者效力上的区别在于：一是法院不能对预查封的财产进行处理；二是预查封期间，登记机关除了可以将预查封的房地产等财产登记在被执行人名义下外，不得为任何其他登记行为。而一旦房地产等财产登记在被执行人名下，预查封就自动转为查封。

第二,轮候查封、扣押、冻结的效力。当被执行人的某一财产被执行法院查封、预查封后,其他法院就该财产后续送达的查封、预查封裁定并不当然失效,而是按照各个法院向国土资源、房地产管理等登记机关送达协助执行通知书的时间先后进行登记排列等候,一旦在先查封或预查封的法院依法解除查封、预查封或者查封、预查封自动失效,排列在先的轮候查封或者轮候预查封就自动转为查封、预查封,并且依次轮定。

9. 查封、扣押的解除。查封、扣押的解除,又称查封、扣押的撤销,是指执行法院在发生特定的法定事由时,基于债权人的申请或依职权除去或授权除去查封标示或查封登记等措施的执行行为。

《查封规定》第31条规定,有下列情形之一的,人民法院应当作出解除查封、扣押、冻结裁定,并送达申请执行人、被执行人或者案外人:(1)查封、扣押、冻结案外人财产的;(2)申请执行人撤回执行申请或者放弃债权的;(3)查封、扣押、冻结的财产流拍或者变卖不成,申请执行人和其他执行债权人又不同意接受抵债的;(4)债务已经清偿的;(5)被执行人提供担保且申请执行人同意解除查封、扣押、冻结的;(6)人民法院认为应当解除查封、扣押、冻结的其他情形。解除以登记方式实施的查封、扣押、冻结的,应当向登记机关发出协助执行通知书。此外,人民法院发现超标的额查封、扣押、冻结的,应当根据被执行人的申请或者依职权,及时解除对超标的额部分财产的查封、扣押、冻结,但该财产为不可分物且被执行人无其他可供执行的财产或者其他财产不足以清偿债务的除外(《查封规定》第21条)。

解除查封、扣押也要按照标的物的属性以不同的公示方法进行。对一般动产解除查封、扣押的,应揭去封条和查封公告,必要时另行公告解除查封的事实。对有产权证照的动产或不动产解除查封的,应办理注销查封的登记。

(三) 变价

为了满足债权人的金钱债权,还需要将查封、扣押的财产进行处分变现以取得一定的价款,就是变价程序。变价的方式有强制拍卖、变卖和以物抵债三种,其中以强制拍卖最为典型。

1. 强制拍卖的概念和原则。民事执行法上的拍卖是指执行机关根据民事诉讼法的规定,以公开竞价的形式,将特定物品或财产权转让给最高应价者的拍卖方式。拍卖是实现财产换价的一种最为公平合理的方法。它有利于最大限度地保护债权人和债务人,实现财产价值。

依据不同的标准,强制拍卖有自行拍卖与委托拍卖、现场拍卖与网络拍卖之分。自行拍卖与委托拍卖是按照实施拍卖行为的主体来划分的:由执行法院实施拍卖行为的,为自行拍卖;执行法院委托拍卖机构实施拍卖行为的,为委托拍卖。现场拍卖与网络拍卖是按照拍卖的场所来划分的,前者是在现实的物理空间(如拍卖机构的拍卖大厅)来进行拍卖,后者则通过互联网技术平台这一虚拟空间进行拍卖。在我国,从2012年浙江省高级法院率先在淘宝网上进行网络拍卖之后,网络司法拍卖迅速在全国推广。

法院强制拍卖需要遵循五个原则,即:拍卖优先原则、及时拍卖原则、自行拍卖原则、拍卖前先评估原则以及拍卖穷尽原则。所谓拍卖优先原则,是指执行法院在对查封、扣押、冻结的被执行财产进行变价处分时,除法律、司法解释另有规定外,原则上采用拍卖这种方式。及时拍卖原则系执行不间断原则的表现,是指法院在查封、扣押、冻结被执行财产后,应当迅速及时采取拍卖措施；自行拍卖是与委托拍卖相对而言的，是法院自行行使强制拍卖权对被执行财产进行变价的司法行为。[1] 拍卖前先评估原则是指对拟拍卖的财产，人民法院应当委托具有相应资质的评估机构进行价格评估。拍卖穷尽原则是指在拍卖出现流拍并且拍卖已明显无望的情况下，对法院拍卖的次数加以限制以兼顾债权人和债务人双方利益的原则。

2. 强制拍卖的性质。有两种学说：(1)私法说的强制拍卖理论。在传统民法上，拍卖——无论任意拍卖（或私力拍卖）抑或强制拍卖，均被视为采取竞争性缔约程序而为的特种买卖，适用民法（合同法）上有关买卖合同的规定。基于私法观而产生的执行强制，强制的渊源在债权人，而非国家，强制拍卖自然也要体现彻底的债权人意思主义。(2)公法说的强制拍卖理论。从强制执行法的发展趋势看，如今在大陆法系国家，民事执行属于公法行为的观念已根深蒂固，成为学界的通说，强制拍卖的理论基础不再是民法上的法律行为理论，而是公法上的公用征收处分理论，或公法契约学说，或裁判上的形成行为学说[2]。从公法角度构筑强制拍卖的理论基础，反映出强制执行法学摆脱实体法的努力，也重新塑造了强制拍卖的法律效果：拍定人原始取得拍卖物所有权，拍定人无瑕疵担保请求权，并且不承受拍卖物上的负担，等等。公法说为大陆法系国家的通说，我国最高人民法院《拍卖规定》也采用此说。

3. 强制拍卖的程序。包括以下步骤：

(1) 拍卖权主体：执行法院。《民事诉讼法》第 247 条规定："被执行人逾期不履行的，人民法院应当拍卖被查封、扣押的财产。"该条借鉴大陆法系国家的执行立法，废弃了弊端丛生、备受批评、成为执行制度"万恶之源"的委托拍卖原则，明确将强制拍卖权收归法院自行行使，是强制执行制度的一大进步。在过去的委托拍卖体制下，执行拍卖被视为商业行为，执行法院将拍卖权委托给拍卖公司行使，拍卖公司依据委托合同收取巨额的拍卖佣金，从拍卖成交款中支付。委托拍卖不仅增加了被执行人的执行成本，降低了债权受偿的可能，而且使广大执行法官面临着极大的道德风险和法律风险。

> 拓展阅读
>
> 广东龙正投资发展有限公司与广东景茂拍卖行有限公司委托拍卖执行复议案
>
> http://2d.hep.cn/1322465/7

(2) 委托评估。对拟拍卖的财产，人民法院应当委托具有相应资质的评估机构进行价格评估。对于财产价值较低或者价格依照通常方法容易确定的，以及当事人双方及其他执行债权人申请不进行评估的，可以不进行评估（《拍卖规定》第 4 条）。

评估机构由当事人协商一致后经执行法院审查确定；协商不成的，从负责执行的人民法院或者被执行人财产所在地的人民法院确定的评估机构名册中，采取随机的方式确定；当事人双方申请通过公开招标方式确定评估机构的，人民法院应当准许（《拍卖规定》第 5 条）。评估机构的范围，过去以执行法院或者被执行人财产所在地的法院确定的评估机构名册为准，2011 年后各地法院不再编制评估机构名册。拍卖评估需要对现场进行检查、勘验的，人民法院应当责令被执行人、协助义务人予以配合。被执行人、协助义务人不予配合的，法院可以强制进行（《民诉法解释》第 489 条）。

执行法院收到评估机构作出的评估报告后，应当在 5 日内将评估报告发送当事人及其

① 2012 年修改后，《民事诉讼法》第 247 条改变了在我国实施近 20 年、备受诟病的委托拍卖原则，明确确立了法院自行拍卖原则。

② 吴光陆：《强制执行法拍卖性质之研究》，五南图书出版公司 1987 年版，第 79~82 页。

他利害关系人。当事人或者其他利害关系人对评估报告有异议的,可以在收到评估报告后10日内以书面形式向人民法院提出。当事人或者其他利害关系人有证据证明评估机构、评估人员不具备相应的评估资质或者评估程序严重违法而申请重新评估的,执行法院应当准许(《拍卖规定》第6条)。

(3) 法院确定保留价。拍卖保留价由执行法院参照评估价确定;未作评估的,参照市价确定,并应当征询有关当事人的意见。法院确定的保留价,第一次拍卖时,不得低于评估价或者市价的80%;如果出现流拍,再行拍卖时,可以酌情降低保留价,但每次降低的数额不得超过前次保留价的20%(《拍卖规定》第8条)。

(4) 法院发布拍卖公告。拍卖应当先期公告。拍卖动产的,应当在拍卖7日前公告;拍卖不动产或者其他财产权的,应当在拍卖15日前公告。拍卖公告的范围及媒体由当事人双方协商确定;协商不成的,由执行法院确定。拍卖财产具有专业属性的,应当同时在专业性报纸上进行公告(《拍卖规定》第11条、第12条第1款)。拍卖股权,执行法院应当于拍卖日前10天,在《中国证券报》、《证券时报》或者《上海证券报》上进行公告(《冻结规定》第14条)。

(5) 竞买人预交保证金。拍卖不动产、其他财产权或者价值较高的动产的,竞买人应当于拍卖前向人民法院预交保证金。申请执行人参加竞买的,可以不预交保证金。保证金的数额由人民法院确定,但不得低于评估价或者市价的5%。应当预交保证金而未交纳的,不得参加竞买(《拍卖规定》第13条)。

(6) 法院调查笔录。执行人员应当对拍卖财产的权属状况、占有使用情况等进行必要的调查,制作拍卖财产现状的调查笔录或者收集其他有关资料(《拍卖规定》第10条)。

(7) 法院停止拍卖。遇有依法应当暂缓执行或者中止执行的情形的,应当决定暂缓执行或者裁定中止执行,并及时通知当事人。拍卖多项财产时,其中部分财产卖得的价款足以清偿债务和支付被执行人应当负担的费用的,对剩余的财产应当停止拍卖,但被执行人同意全部拍卖的除外。被执行人在拍卖日之前向人民法院提交足额金钱清偿债务,要求停止拍卖的,人民法院应当准许,但被执行人应当负担因拍卖支出的必要费用(《拍卖规定》第17、21、22条)。

(8) 拍卖成交。拍卖成交后,买受人应当在拍卖公告确定的期限或者人民法院指定的期限内将价款交付到人民法院或者汇入人民法院指定的账户。人民法院应当作出裁定,并于价款全额交付后10日内,送达买受人或者承受人。裁定送达后15日内,将拍卖的财产移交买受人或者承受人(《拍卖规定》第23、24、30条)。

(9) 重新拍卖。拍卖成交后,买受人逾期未支付价款而使拍卖、抵债的目的难以实现的,人民法院可以裁定重新拍卖。重新拍卖时,原买受人不得参加竞买。重新拍卖的价款低于原拍卖价款造成的差价、费用损失及原拍卖中的佣金,由原买受人承担。人民法院可以直接从其预交的保证金中扣除。扣除后保证金有剩余的,应当退还原买受人;保证金数额不足的,可以责令原买受人补交;拒不补交的,强制执行(《拍卖规定》第25条)。

(10) 流拍后再行拍卖。拍卖时无人竞买或者竞买人的最高应价低于保留价,到场的申请执行人或者其他执行债权人不申请以该次拍卖所定的保留价抵债的,应当在60日内再行拍卖(《拍卖规定》第26条)。

(11) 拍卖佣金、拍卖费用负担。法院在例外情况下,可以委托拍卖。委托拍卖成交的,拍卖机构可以按照下列比例向买受人收取佣金:拍卖成交价200万元以下的,收取佣金的比例不得超过5%;超过200万元至1 000万元的部分,不得超过3%;超过1 000万元至5 000

万元的部分,不得超过 2%;超过 5 000 万元至 1 亿元的部分,不得超过 1%;超过 1 亿元的部分,不得超过 0.5%。拍卖未成交或者非因拍卖机构的原因撤回拍卖委托的,拍卖机构为本次拍卖已经支出的合理费用,应当由被执行人负担(《拍卖规定》第 32 条)。

4. 强制变卖。变卖是对执行标的物进行变价的一种较拍卖简易的方式,即不经过竞价,而由执行法院委托有关单位变卖或者自行将执行标的物以相当的、合理的价格出卖。

对查封、扣押、冻结的财产,当事人双方及有关权利人同意变卖的,可以变卖。不适于拍卖的物品,如金银及其制品、当地市场有公开交易价格的动产、易腐烂变质的物品、季节性商品、保管困难或者保管费用过高的物品,人民法院可以决定变卖(《拍卖规定》第 34 条)。

当事人双方及有关权利人对变卖财产的价格有约定的,按照其约定价格变卖;无约定价格但有市价的,变卖价格不得低于市价;无市价但价值较大、价格不易确定的,应当委托评估机构进行评估,并按照评估价格进行变卖。按照评估价格变卖不成的,可以降低价格变卖,但最低的变卖价不得低于评估价的 1/2(《拍卖规定》第 35 条)。

查封、扣押物如为历史文物、金银、国家保护的野生动物等国家禁止自由买卖的物品,应交由国家指定或认可收购的有关单位按照国家规定的价格收购(《民事诉讼法》第 247 条)。但对于变卖的财产,人民法院或其工作人员不得买受(《民诉法解释》第 490 条)。

5. 强制拍卖、变卖的效力。强制拍卖、变卖产生如下效力:

(1) 拍卖、变卖物所有权转移的效力。动产拍卖成交或者抵债后,其所有权自该动产交付时起转移给买受人或者承受人。不动产、有登记的特定动产或者其他财产权拍卖成交或者抵债后,该不动产、特定动产的所有权,其他财产权自拍卖成交或者抵债裁定送达买受人或者承受人时起转移(《拍卖规定》第 29 条)。买受人就物的瑕疵无担保请求权,但仍有权利瑕疵担保请求权。

(2) 拍卖、变卖被执行人的财产"所得价款超出执行标的数额和执行费用的部分,应当退还被执行人"(《执行规定(试行)》第 49 条第 2 款)。

(3) 拍卖、变卖物上负担的处理。原有的担保物权及其他优先受偿权,因拍卖而消灭,拍卖所得价款,应当优先清偿担保物权人及其他优先受偿权人的债权,但当事人另有约定的除外。拍卖财产上原有的租赁权及其他用益物权,不因拍卖而消灭,但该权利继续存在于拍卖财产上,对在先的担保物权或者其他优先受偿权的实现有影响的,人民法院应当依法将其除去后进行拍卖(《拍卖规定》第 31 条)。

(4) 被执行人的财产经拍卖、变卖或裁定以物抵债后,需从现占有人处交付给买受人或申请执行人的,适用《民事诉讼法》第 249 条、第 250 条和《执行规定(试行)》第 57 条、第 58 条的规定。

(5) 在执行中需要办理房产证、土地证、山林所有权证、专利证书、商标证书、车辆登记等有关财产权证照转移手续的,人民法院可向有关单位发出协助通知书,有关单位必须办理。

6. 以物抵债。这是一种方式特殊的变价程序,不是把财产卖给当事人以外的其他人,而是直接作价交给申请执行人,是变价和向申请人清偿结合在一起的强制措施。

具体分为两种情况:一种情况为经申请执行人和被执行人同意,且不损害其他债权人合法权益和社会公共利益的,法院可以不经拍卖、变卖,直接将被执行人的财产作价交申请执行人抵偿债务(《民诉法解释》第 491 条);另一种情况是,被执行人的财产拍卖流拍或变卖不成的,或者无法拍卖、变卖的,经申请执行人或其他债权人同意,且不损害其他债权人合法权益和社会公共利益的，法院可以将该财产作价后交付申请执行人抵偿债务（《拍卖规定》第26~30、35条）。

（四）强制管理

1. 强制管理的概念和特点。强制管理指执行法院选任管理人对已查封、扣押的被执行人财产实施管理，以管理所得收益清偿申请执行人债权的执行措施。由于强制管理着眼于对财产的使用价值和收益的执行，故又称为收益的执行。

与拍卖、变卖等变价措施相比较，强制管理具有如下特点：⑴强制管理以财产的使用价值及其收益为对象，是对财产孳息的执行；拍卖、变卖则是以财产的交换价值为对象，是对财产所有权的执行。⑵强制管理后被执行人对财产仍享有所有权；拍卖、变卖则直接剥夺被执行人对财产的所有权。⑶强制管理使被执行人立即丧失对财产的使用、收益权；拍卖、变卖终结前，并不妨碍被执行人对不动产的使用、收益。⑷强制管理过程受财产收益量的影响，一般持续时间较长；拍卖、变卖是一次性处理财产，成交后可立即换得价金，执行程序一般迅速终结。由于强制管理持续的时间一般较长，对债务人压迫时间也长，因此有必要注意对债务人权利的保护。

2. 强制管理的适用范围。国外通常将强制管理的适用范围限定为对不动产、船舶、航空器的执行。我国《民事诉讼法》未对强制管理作出规定，最高人民法院仅在《民诉法解释》第492条中规定："被执行人的财产无法拍卖或变卖的，经申请执行人同意，且不损害其他债权人合法权益和社会公共利益的，人民法院可以将该项财产作价后交付申请执行人抵偿债务，或者交付申请执行人管理；申请执行人拒绝接收或管理的，退回被执行人。"可见，我国法律和司法解释并未对强制管理的适用范围作出限制。

事实上，由于动产（船舶和航空器除外）价值一般不高，实施强制管理往往难以达到预期的效果，费时费力，易拖延执行程序，不如直接将其变价更有利于双方当事人的利益。因此，实践中强制管理多适用于对不动产的执行。当不动产经拍卖或变卖未成又有收益可供清偿债权时，或者当债权额很小但不动产的价值很大而不宜拍卖或变卖给付时，或者双方当事人都同意实施强制管理时，剥夺债务人对不动产的所有权对债务人显然不利，在这种情况下适用强制管理既能清偿申请执行人的债权，又不使被执行人丧失对不动产的所有权，对双方当事人均有益处。从此意义上说，强制管理可以作为拍卖、变卖措施的有益补充。

3. 强制管理的程序[①]。包括以下步骤：

⑴ 强制管理的开始。强制管理可依申请执行人申请或执行法院依职权启动。申请执行人应当在执行法院对被执行人的财产依法采取查封、扣押措施之后，向执行法院提交书面申请，请求对该财产予以强制管理。执行法院审查后认为符合条件的，可决定实施强制管理。执行法院认为强制管理有利于案件执行的，可主动提起强制管理程序，但依《民诉法解释》第492条的规定，交付申请执行人管理的，须征得其同意。

⑵ 选定管理人。管理人是指受执行法院委托对查封、扣押的财产进行管理、收益，使执行依据确定的债权得以受清偿的人。根据《民诉法解释》第492条的规定，管理人仅限于申请执行人。但在司法实践中，若申请执行人以外的其他人更具管理的专业水准或技能，执行

① 参见童兆洪主编：《民事执行操作与适用》，人民法院出版社2003年版，第107~108页。

法院也可先任命其作为管理人。管理人可以是公民、法人或其他组织。一般而言，执行法院选任管理人，应当以一人为原则，但若强制管理的财产有数笔，范围较广或散居各处，一人管理有困难的，执行法院认为有必要时，也可选任数人管理。

(3) 管理人的职责。管理人在强制管理中的主要职责是对财产进行管理及收益。管理是在不改变财产性质的前提下，对财产实施的保存、利用或改良等行为；收益是收取财产的孳息(含天然孳息与法定孳息)。此外，管理人还可为取得收益而出租或以其他方法使用财产，并享有就管理行为进行诉讼等权利及获得管理报酬的权利。当管理人为数人时，一般应共同行使职权，但各管理人的职权已由执行法院确定其范围的，应在各人职权范围内行使职权。管理人占有财产后，可根据财产的性质自主地进行管理和收益，无须征得被执行人或申请执行人同意。

管理人在强制管理时应当以善良管理人的注意，谨慎地行使其管理职责，尽可能地依财产的性质和用途采取使收益增加的办法。如因违反职责或未尽善良管理注意义务给申请执行人、被执行人造成损失的，管理人应负赔偿责任。对于财产的收益，管理人应当在扣除管理费用及其他必要支出后，及时将剩余金钱交申请执行人或交执行法院。当可分配金钱足以清偿全部债权及执行费用时，管理人可将款项交付申请执行人，所余金钱交被执行人；若申请执行人为两人以上而管理收益不足清偿全部债权时，应将款项交执行法院分配。管理人还应定期将管理情况向执行法院报告，管理中如需对财产性质和用途作重大修改的，须征得执行法院同意。

(4) 裁定强制管理。执行法院决定实施强制管理的，应当制作民事裁定书。裁定书至少应包括以下内容：

一是明确管理人。鉴于强制管理的主要活动系通过法院选任管理人来完成，因此，裁定书中必须明确所选任的管理人。

二是禁止被执行人处分不动产的收益。强制管理裁定一生效，被执行人即丧失对被管理财产的使用及收益权，不得对财产收益进行事实上及法律上的处分。被执行人转让财产的，受让人在强制管理期间也不得收益。

三是如果存在负给付义务的第三人，应责令第三人将收益交付管理人。对被强制管理财产的收益，有的可由管理人自行收取，有的则须由第三人交付。例如，查封前被执行人的不动产已租赁给第三人的，其租金的收取，便须由承租人交付。对此种情形，执行法院应在裁定中责令承租人将租金交付管理人。

四是禁止被执行人和其他人干涉管理事务。管理人受执行法院委托对被执行人的财产行使管理职责。被执行人或其他利害关系人认为管理人的管理行为不当的，可向执行法院提出，执行法院认为意见成立的，应当责令管理人予以纠正。

强制管理的裁定，执行法院应当及时送达给双方当事人及负给付义务的第三人。

(5) 实施强制管理。裁定生效后，被执行人占有强制管理的财产的，应当立即将财产交付管理人，拒绝交付的，执行法院应当强制解除其占有并将财产交付管理人。如查封前已设置租赁等正当权利的，则可由执行法院责令第三人向管理人直接给付租金即可达到强制管理的目的，无须占有该财产。

鉴于管理人的管理、收益行为与申请执行人、被执行人的利益密切相关，执行法院在强制管理过程中应当依法对管理人的管理活动实施监督，监督内容应包括一切可能影响强制管理目的的事项，如对财产的保管以及管理人管理方法是否适当、有无从中牟取不当利益、其能力是否胜任等。如管理人管理方法不适当或不能胜任管理事务,执行法院可以撤换管理人。

(6) 强制管理的终结。强制管理程序可因以下事由终结:

一是债权清偿完毕。强制管理的目的在于满足申请执行人的金钱债权,故债权清偿完毕后,强制管理的目的业已实现,无继续执行的必要。此处的债权,除包括执行依据所载明的债权额及其利息外,还包括强制执行费用。

二是管理无实益。如财产的收益扣除管理费用及其他必要的支出后,无剩余可能,执行法院应当裁定终结强制管理程序。

三是其他情形。如申请执行人撤回执行申请、被管理的财产灭失、被执行人已以其他方式履行了债务、执行依据被依法撤销等。

管理人在其管理任务终了时,应立即就管理所得收益、管理费用及其他必需的开支、交付申请执行人的金额等事项出具收支结算报告书,并附相关的单据或凭证,交给执行法院,且附送当事人,以备审核。

三、对其他财产权的执行

(一) 对其他财产权执行的概念和意义

对其他财产权的执行,是指执行机构为满足债权人的金钱债权,对债务人所有的动产和不动产以外的其他财产(或财产权)采取的民事执行措施。

由于社会经济的发展,对于金钱债权可供执行的标的物种类日益增多,这些财产主要包括债务人对于第三人的债权、债券、股票、基金份额、其他有价证券、投资权益、知识产权等。对其执行方法因财产种类不同而有差异。《民事诉讼法》第242、243条,《执行规定(试行)》第32~37条、第50~56条以及《冻结规定》等对其他财产权的执行措施作了规定。

(二) 对被执行人存款的执行

被执行人未按执行通知履行法律文书确定的义务,人民法院有权向银行、信用合作社和其他有储蓄业务的单位查询被执行人的存款情况,有权冻结、划拨被执行人的存款,但查询、冻结、划拨存款不得超出被执行人应当履行义务的范围。

1. 对存款的执行方法。对被执行人的存款进行执行,可采取查询、冻结、划拨存款的方法。

(1) 查询。查询是指人民法院向银行、信用合作社和其他有储蓄业务的单位(以下简称"金融机构")了解被执行人财产和经济状况。

(2) 冻结。冻结是指人民法院向金融机构发出协助执行通知书,不准被执行人在一定期限内提取和转移该项存款的执行措施。经冻结的存款,任何单位及其他人民法院不得重复冻结或擅自解冻,否则按妨害民事执行处理(《民事诉讼法》第114条)。为了保证这一措施的有效实施,《执行规定(试行)》第33条明确规定:"金融机构擅自解冻被人民法院冻结的款项,致冻结款项被转移的,人民法院有权责令其限期追回已转移的款项。在限期内未能追回的,应当裁定该金融机构在转移的款项范围内以自己的财产向申请执行人承担责任。"

(3) 划拨。划拨是指人民法院向有被执行人款项的金融机构发出协助通知书,将其存款划到申请执行人或者债权人的账户上。如被执行人确有存款,也可不先冻结,直接划拨给申请执行人。但应实施分配的,则不能直接划拨。在特殊情况下,无法直接划入的,可以划入人民法院的账户暂存或者等待分配。这一期间的利息,应归申请执行人或债权人所有。

2. 对存款的执行程序。包括以下步骤:

(1) 人民法院作出裁定。人民法院决定冻结、划拨存款,应当作出裁定(《民事诉讼法》第 242 条)。裁定应写明冻结或划拨的存款数额,并送达给当事人。

(2) 发出协助执行通知书。人民法院作出裁定时,并应向被执行人存款的金融机构发出协助执行通知书。通知书应写明被执行人存款账号、户名,冻结、划拨金额及划入银行名称,划入户名、账号等有关事项,连同人民法院裁定书及所执行的法律文书,一并送达有关单位。

(3) 金融机构的办理方法。有关金融机构接到人民法院的协助执行通知书后,必须立即办理,不得以任何理由或借口拒绝、推托或妨碍执行。

3. 对存款执行的限制。为了兼顾被执行人的合法权利,《民事诉讼法》第 242 条还规定,查询、冻结、划拨存款不得超出被执行人应当履行义务的范围。另外,《执行规定(试行)》第 34 条规定,被执行人为金融机构的,对其交存在人民银行的存款准备金和备付金不得冻结和扣划,但对其在本机构、其他金融机构的存款,及其在人民银行的其他存款可以冻结、划拨,并可对被执行人的其他财产采取执行措施,但不得查封其营业场所,以保证金融机构的正常运营及国家金融秩序的稳定。

(三) 对被执行人收入的执行

被执行人未按执行通知书履行法律文书确定的义务,人民法院有权扣留、提取被执行人应当履行的义务部分的收入,但应当保留被执行人及其所扶养家属的生活必需费用(《民事诉讼法》第 243 条)。被执行人的收入,主要是指金钱收入,但也不能排除实物收入。金钱收入主要指工资、奖金、稿费、咨询费、利息、股利(股息或红利)等,房屋租金也应属于这里所说的收入,但已转化为储蓄存款的收入除外。"作为被执行人的公民,其收入转为储蓄存款的,应当责令其交出存单。拒不交出的,人民法院应当作出提取其存款的裁定,向金融机构发出协助执行通知书,并附生效法律文书,由金融机构提取被执行人的存款交人民法院或存入人民法院指定的账户"(《执行规定(试行)》第 35 条)。

1. 对被执行人收入的执行方法。对被执行人收入,可以采取扣留、提取的执行方法。

(1) 扣留。扣留是指将被执行人的收入暂时存留在原单位,不准其动用或转移,促使被执行人履行义务。

(2) 提取。扣留被执行人收入后,如其超过履行期限仍不能履行义务的,人民法院即可提取该项收入交付申请执行人。提取的收入,可由原单位直接交付申请执行人,也可由人民法院转交给申请执行人。

2. 对被执行人收入的执行程序。包括以下步骤:

(1) 人民法院作出裁定。人民法院扣留、提取收入时,应当作出裁定(《民事诉讼法》第 243 条第 2 款)。与执行存款的程序相同。

(2) 发出协助执行通知书。与执行存款的程序相同,人民法院作出裁定时,应发出协助执行通知书。《执行规定(试行)》第 36 条对此在操作上进一步细化,"被执行人在有关单位的收入尚未支取的,人民法院应当作出裁定,向该单位发出协助执行通知书,由其协助扣留或提取。"

(3) 协助执行单位必须办理。人民法院发出协助执行通知书后,被执行人所在单位和金融机构必须办理(《民事诉讼法》第243条第2款)。被执行人所在单位为其领取劳动所得的场所;金融机构则是为被执行人工作单位代发工资的场所。这种在金融机构待领的劳动所得,在领取之前也具有储蓄存款的性质。执行法院通知被执行人所在单位协助时,所在单位也可将收入扣押留待执行人员或申请执行人领取,而不交由储蓄单位代发。如有关单位不予协助,人民法院可以进行处罚(《民事诉讼法》第114条)。有关单位收到法院协助执行被执行人收入的通知后,擅自向被执行人或其他人支付的,法院有权责令其限期追回;逾期未追回的,应当裁定其在支付的数额内向申请执行人承担责任(《执行规定(试行)》第37条)。

3. 执行被执行人收入的限制。对被执行人收入的执行,除了不得超额执行外,应当保留被执行人及其所扶养家属的生活必需费用。

4. 对股息红利等收益执行的特别规定。对被执行人从有关企业中应得的已到期的股息或红利等收益,人民法院有权裁定禁止被执行人提取和有关企业向被执行人支付,并要求有关企业直接向申请执行人支付。对被执行人预期从有关企业中应得的股息或红利等收益,人民法院可以采取冻结措施,禁止到期后被执行人提取和有关企业向被执行人支付。到期后人民法院可从有关企业中提取,并出具提取收据(《执行规定(试行)》第51条)。

(四) 就被执行人对第三人到期债权的执行

1. 到期债权的执行之概念。所谓到期债权的执行,也称代位(申请)执行,是指执行法院强制转移被执行人收取对第三人债权的权利的执行程序,包括债权人申请、执行法院审查、强制执行三个阶段。它是以被执行人的到期债权为执行对象,以债权人对债务人的实体及程序代位权为理论基础,省略了被执行人对第三人债权的实体审理,并通过一定的法律程序将申请执行人和被执行人之间经过审理的债权债务关系与被执行人和第三人之间未经实体审理的债权债务关系融合在一起进行处理。

2. 执行被执行人到期债权的适用条件。《执行规定(试行)》第61条第1款和第65条规定:"被执行人不能清偿债务,但对本案以外的第三人享有到期债权的,人民法院可以依申请执行人或被执行人的申请,向第三人发出履行到期债务的通知。""第三人在履行通知指定的期限内没有提出异议,而又不履行的,执行法院有权裁定对其强制执行。"由此可见,执行被执行人到期债权的条件是:

(1) 须被执行人不能清偿债务。这是到期债权执行补充性特征的具体体现。也就是说,只有在对被执行人的财产采取强制执行措施后仍不能满足申请执行人的债权时才可以启动到期债权的执行程序,而且被执行人不能清偿债务的事实,应当发生在执行期间,未进入执行程序的案件不能适用到期债权的执行。

此处的"不能清偿债务",既包括因被执行人死亡暂时无偿还能力或丧失部分偿还能力等客观原因导致的清偿不能,也包括因被执行人隐匿财产、逃避债务等主观原因导致的清偿不能,还包括被执行人有财产但仅够被执行人及其所扶养家属的生活必需费用之需的状况。按照最高人民法院《关于适用〈中华人民共和国担保法〉若干问题的解释》第131条的规定,"不能清偿债务"当解为"对债务人的存款、现金、有价证券、成品、原材料、交通工具等可以执行的动产和其他方便执行的财产执行完毕后,债务仍未能得到清偿的状况"。

(2) 须有申请执行人或被执行人提出申请。执行法院可依申请执行人、被执行人的申请通知第三人履行债务。从执行实践看,被执行人在执行程序中主动报告对第三人的债权并积极要求用该债权清偿债务,无疑有利于执行目的的实现,应当予以鼓励。当然,如果执行法院在执行过程中发现存有到期债权的,不宜主动启动对到期债权的执行程序,而应将这一事实提供给申请执行人由其作出决定。

申请一般应以书面形式为宜,并应载明第三人的自然情况,被执行人不能清偿债务数额,被执行人对第三人享有债权的数额、发生原因及有请求第三人给付的具体数额等。

(3) 被执行人须对第三人享有合法到期债权。具体包含以下几层意思:一是被执行人与第三人之间存有受法律保护的债权债务关系,非法债务如赌博之"债"即不能作为执行标的。二是该债权须适于执行,专属被执行人的权利,如人身权和不宜强制执行的权利不能作为到期债权的执行标的。三是该债权须履行期限届满,须为现实的债权,不能附有期限或条件。至于履行期限的判断,被执行人与第三人之间有约定的从其约定,没有约定的依相关法律规定确定。但是,如仅有口头约定或约定不明或没有约定期限的,应视为已到期的债权。四是该债权为未经生效法律文书确认的到期债权。经生效法律文书确认的到期债权,第三人已行使诉权,被执行人与第三人之间的争议已得以解决,因而执行法院可径行作出冻结债权的裁定,并通知该第三人向申请执行人履行。第三人对生效法律文书确定的到期债权予以否认的,执行法院不予支持(《民诉法解释》第 501 条第 3 款)。

(4) 须是第三人在履行通知指定的期限内既不提出异议,也不履行债务。此系对第三人强制执行的条件,但不是启动到期债权执行程序的条件。

3. 冻结到期债权,发出履行通知。就被执行人对他人到期债权的执行,执行法院可以作出冻结债权的裁定,并通知该他人向申请执行人履行(《民诉法解释》第 501 条第 1 款)。履行通知应包括下列内容(《执行规定(试行)》第 61 条第 2 款):(1) 要求第三人直接向申请执行人履行其对被执行人所负的债务,不得向被执行人清偿。(2) 告知第三人应当在收到履行通知后的 15 日内向申请执行人履行债务。(3) 告知第三人对履行到期债务有异议的,应当在收到履行通知后的 15 日内向执行法院提出。这是一个法定不变期限,第三人超出该期限提出异议的,异议无效。(4) 告知第三人违反上述义务的法律后果,即须受强制执行。

履行通知自送达后生效。送达履行通知,必须采取直接送达方式,不得采取其他方式送达,否则送达无效,如该到期债权有共同债务人或连带债务人的,履行通知须分别送达(《执行规定(试行)》第 61 条)。如"第三人在履行通知指定的期限内没有提出异议,而又不履行的,执行法院有权裁定对其强制执行"(《执行规定(试行)》第 65 条)。"第三人收到人民法院要求其履行到期债务的通知后,擅自向被执行人履行,造成已向被执行人履行的财产不能追回的,除在已履行的财产范围内与被执行人承担连带清偿责任外,可以追究其妨害执行的责任"(《执行规定(试行)》第 67 条)。

4. 对到期债权的异议,主要内容如下:

(1) 提出异议的方式。按照《执行规定(试行)》第 62 条的要求,第三人对履行通知的异议一般应当以书面形式提出;口头提出的,执行人员应记入笔录,并由第三人签字或盖章。

(2) 异议的内容。第三人异议的内容,应为债权有不存在或未到期等情形,故第三人提出自己无履行能力或其与申请执行人无直接法律关系,不属于对到期债务的异议(《执行规定(试行)》第 64 条第 1 款)。

(3) 第三人部分异议情况的处理。按照《执行规定(试行)》第 64 条第 2 款的规定,“第三人对债务部分承认、部分有异议的,可以对其承认的部分强制执行”。“承认”可理解为未提出异议。

(4) 异议的效果,即“第三人在履行通知指定的期间内提出异议的,人民法院不得对第三人强制执行,对提出的异议不进行审查”(《执行规定(试行)》第 63 条)。第三人异议具有排除强制执行的绝对效力。第三人异议一旦提出,且经形式审查后异议成立的,履行通知即自然失效,到期债权执行程序终结。

利害关系人对到期债权有异议的,执行法院应当依《民事诉讼法》第 227 条的规定处理(《民诉法解释》第 501 条第 2 款)。

5. 第三人未提出异议的效果,有以下几方面:

(1) 裁定强制执行。“第三人在履行通知指定的期限内没有提出异议,而又不履行的,执行法院有权裁定对其强制执行。此裁定同时送达第三人和被执行人”(《执行规定(试行)》第 65 条)。如“第三人对债务部分承认、部分有异议的,可以对其承认的部分强制执行”(《执行规定(试行)》第 64 条第 2 款)。

(2) 再代位执行的禁止。“在对第三人作出强制执行裁定后,第三人确无财产可供执行的,不得就第三人对他人享有的到期债权强制执行”(《执行规定(试行)》第 68 条)。

(3) 发给履行证明。“第三人按照人民法院履行通知向申请执行人履行了债务或已被强制执行后,人民法院应当出具有关证明”(《执行规定(试行)》第 69 条)。

(五) 对其他特殊财产权的执行

所谓对其他特殊财产权的执行,是指为了实现债权人的金钱请求权,而对被执行人所有的动产、不动产、存款、收入及对第三人到期债权以外的财产进行的执行。主要包括以下几个方面:

1. 对知识产权的执行。知识产权是对包括著作权、专利权、商标权、发明权、发现权、商业秘密权等在内的一系列民事权利的统称,是人们基于自己的智力活动创造的成果和经营活动中的经验、知识的结晶而依法享有的民事权利。知识产权是无体财产,权利人虽然不能实际占有该财产,但是却有控制他人对知识产权的使用的权利。知识产权大多具有人身权和财产权双重特性。知识产权的财产权也可以作为执行标的。

《执行规定(试行)》第 50 条对知识产权作了规定,“被执行人不履行生效法律文书确定的义务,人民法院有权裁定禁止被执行人转让其专利权、注册商标专用权、著作权(财产权部分)等知识产权。上述权利有登记主管部门的,应当同时向有关部门发出协助执行通知书,要求其不得办理财产权转移手续,必要时可以责令被执行人将产权或使用权证照交人民法院保存。对前款财产权,可以采取拍卖、变卖等执行措施。”由于对知识产权采取执行措施也是旨在满足债权人的金钱债权,所以执行程序也可以分为查封和变价两个阶段。

2. 对股票等有价证券的执行。有价证券包括票据、股票、债券、基金份额、提单、国库券等,是设立并证明持券人有权取得一定财产权利的书面凭证。这里集中讨论对上市公司股票的执行。上市公司股票是股东持有股份的证明,具有可转让性,按照《执行规定(试行)》第 52 条,法院可以对其采取强制执行措施。

《公司法》规定:股东持有的股份可以依法转让,股东转让其股份,应当在依法设立的证券交易场所进行或者按照国务院规定的其他方式进行。记名股票，由股东以背书方式或者法律、行政法规规定的其他方式转让；转让后由公司将受让人的姓名或者名称及住所记载于股东名册；无记名股票的转让，由股东将该股票交付给受让人后即发生转让的效力（第138、139、140、141条）。但股份转让有限制：发起人持有的本公司股份，自公司成立之日起1年内不得转让。公司公开发行股份前已发行的股份，自公司股票在证券交易所上市交易之日起1年内不得转让。公司董事、监事、高级管理人员应当向公司申报所持有的本公司的股份及其变动情况，在任职期间每年转让的股份不得超过其所持有本公司股份总数的25%，所持本公司股份自公司股票上市交易之日起1年内不得转让；上述人员离职后半年内，不得转让其所持有的本公司股份；公司不得收购本公司股份，公司也不得接受本公司的股票作为质押权的标的（第142、143条）。股票的执行也分为扣押和变卖两个步骤。

依《执行规定（试行）》第52条规定，关于股票的变价方式，有三种情况：(1) 可以强制被执行人按照公司法的有关规定转让。此种方式根据股票是否记名而有区别。公司向发起人、国家授权的投资机构、法人发行的股票，应为记名股票；对社会发行的股票，可以为记名股票，也可以为无记名股票。股东转让其股份，记名股票由股东以背书方式或者法律、法规规定的方式转让，并由公司将受让人的姓名或者名称记载于股东名册。无记名股票的转让，由股东在依法设立的证券交易场所将该股票交付给受让人后即发生转让的效力。(2) 可以直接采取拍卖、变卖的方式进行处分。(3) 可以直接将股票抵偿给债权人，用于清偿被执行人的债务。

3. 对股权或投资权益的执行。根据股权的行使目的，可分为"自益权"和"共益权"。股权本质上是财产权，是一种具有经济利益的权利，由此决定了股权可以成为执行标的。具体而言，依被执行人的企业性质，对股权的执行标的可以分为有限公司股权、合营企业股权和独资企业股权几类。

(1) 对有限公司股权的执行。有限公司股东的股权具有可转让性。股权转让是一种股权买卖行为，不改变公司的法人资格，公司的债权债务，无论是已发生的或是潜在的均没有变化；公司与第三人之间的关系也没有发生改变。股权转让是要式行为。这主要表现为股权转让除符合实体条件外，还应完成法律规定的出资转让的法定程序。《公司法》第72条规定："有限责任公司的股东之间可以相互转让其全部或者部分股权。股东向股东以外的人转让股权，应当经其他股东过半数同意。股东应就其股权转让事项书面通知其他股东征求同意，其他股东自接到书面通知之日起满三十日未答复的，视为同意转让。其他股东半数以上不同意转让的，不同意的股东应当购买该转让的股权；不购买的，视为同意转让。经股东同意转让的股权，在同等条件下，其他股东有优先购买权。两个以上股东主张行使优先购买权的，协商确定各自的购买比例；协商不成的，按照转让时各自的出资比例行使优先购买权。"股东出资及由此形成的股权因完成登记而产生，股权转让也必须履行相关的登记手续。《公司法》第33条规定："公司应当将股东的姓名或者名称及其出资额向公司登记机关登记；登记事项发生变更的，应当办理变更登记。未经登记或者变更登记的，不得对抗第三人。"

在强制执行程序中股权转让属于强制转让，其适用条件和程序不同于任意转让。《公司法》第73条规定："人民法院依照法律规定的强制执行程序转让股东的股权时，应当通知公司及全体股东，其他股东在同等条件下有优先购买权。其他股东自人民法院通知之日起满二十日不行使优先购买权的，视为放弃优先购买权。”不得适用《执行规定(试行)》第 54 条第 2 款的规定。

(2) 对独资企业股权的执行。被执行人在其独资开办的法人企业中拥有的投资权益被冻结后，人民法院可以直接裁定予以转让，以转让所得清偿其对申请执行人的债务(《执行规定(试行)》第 54 条第 1 款)。人民法院也可允许并监督被执行人自行转让其投资权益或股权，将转让所得收益用于清偿对申请执行人的债务。

对被执行人在其独资开办的法人企业中的股权的执行，执行标的为独资企业股权，而非独资企业的财产。独资企业虽为被执行人一人所有，但企业法人一经设立，便具有独立的人格。直接执行独资企业的财产，实际上漠视了企业法人的人格，混同了企业财产与股东的财产。

(3) 对合营企业股权的执行。合营企业股权可以成为执行标的。对被执行人在中外合资、合作经营企业中的投资权益或股权，在征得合资或合作他方的同意和对外经济贸易主管机关的批准后，可以对冻结的投资权益或股权予以转让。如果被执行人除在中外合资、合作企业中的股权以外别无其他财产可供执行，其他股东又不同意转让的，可以直接强制转让被执行人的股权，但应当保护合资他方的优先购买权(《执行规定(试行)》第 55 条)。对中外合资、中外合作企业股权或投资权益的执行，具有涉外因素，应当慎重对待。

(4) 对上市公司国有股和社会法人股的执行。《冻结规定》详细阐明了对上市公司国有股和社会法人股的执行。执行上市公司国有股和社会法人股，须具备三个条件：①被执行人应当是股权的持有人或者所有权人；②股权持有人或者所有权人在限期内未提供可供执行的其他财产或提供的其他财产不足以清偿债务的，方可执行股权；③国有股权竞买人应当具备依法受让国有股权的条件。变价方式必须是拍卖，不得直接将股权执行给债权人。股权拍卖保留价，应当按照评估值确定，第一次拍卖最高应价未达到保留价时，应当继续进行拍卖，每次拍卖的保留价应当不低于前次保留价的 90%。经三次拍卖仍不能成交时，人民法院应当将所拍卖的股权按第三次拍卖的保留价折价抵偿给债权人。股权拍卖过程中，竞买人已经持有的该上市公司股份数额和其竞买的股份数额累计不得超过该上市公司已经发行股份数额的 30%。否则须依照《证券法》的相关规定办理，在此期间应当中止拍卖程序。拍卖成交后，人民法院应当向证券交易市场和证券登记结算公司出具协助执行通知书，由买受人持拍卖机构出具的成交证明和财政主管部门对股权性质的界定等有关文件，向证券交易市场和证券登记结算公司办理股权变更登记。

4. 有关企业的责任。有关企业收到人民法院发出的协助冻结通知后，擅自向被执行人支付股息或红利，或擅自为被执行人办理已冻结股权的转移手续，造成已转移的财产无法追回的，应当在所支付的股息或红利或转移的股权价值范围内向申请执行人承担责任(《执行规定(试行)》第 56 条)。

(六) 债务人迟延履行及不能履行的责任

1. 被执行人迟延履行的责任。《民事诉讼法》第 253 条规定：“被执行人未按判决、裁定和其他法律文书指定的期间履行给付金钱义务的，应当加倍支付迟延履行期间的债务利息。被执行人未按判决、裁定和其他法律文书指定的期间履行其他义务的，应当支付迟延履行金。”《执行规定(试行)》第 24 条规定，人民法院决定受理执行案件后，应当在三日内向被执行人发出执行通知书，责令其在指定的期间内履行生效法律文书确定的义务，并承担民事诉讼法第 253 条规定的迟延履行期间的债务利息或迟延履行金。

这里的“迟延履行期间”，是指生效法律文书指定被执行人应履行金钱给付义务的期间届满后，至其实际给付申请人的期间。“加倍支付迟延履行期间的债务利息”是为了制裁被执行人，保护债权人的利益。

2. 被执行人不能履行的责任。当债务人财产不能偿还债务时，为了充分保障债权人利益，有效防止债务人规避义务，维护生效法律文书的尊严，《民事诉讼法》第 254 条、《民诉法解释》第 517 条规定，人民法院采取查封、扣押、变卖、拍卖等执行措施后，被执行人仍不能全部清偿债务的，应当继续履行义务，债权人发现被执行人有其他财产的，可以随时请求人民法院执行。债权人请求法院继续执行的，不受申请执行时效期间的限制。因此，债务人在其财产经强制执行后不足以清偿债务时，仍负有继续履行义务的责任。在此情况下，如债务人确无履行能力，人民法院应当裁定中止执行，待其恢复给付能力时继续履行。债权人如发现被执行人有可供执行的财产，则可随时请求人民法院予以执行。企业法人为被执行人的案件，如财产不足以清偿全部债务，法院可告知当事人依法申请被执行人破产（《执行规定》（试行）第 89 条）。

第三节　非金钱债权的执行

非金钱债权的执行措施，因债权人的要求不在于获得金钱，而在于满足对物的占有或者要求债务人为行为给付，所以不能适用查封和换价的方法。根据债权人请求的具体内容，非金钱债权的执行措施可以分为交付财物的执行和对行为（包括作为和不作为）的执行。

一、物的交付请求权的执行

（一）物的交付请求权的执行的概念

物的交付请求权，是债权人请求交付法律文书所指定的物的权利。对交付财物请求权的执行，是指根据生效法律文书，债权人对被执行人有物的交付请求权，法院为实现这一请求权而实施的执行。

物的交付是指将指定交付的物由被执行人的直接占有转移为债权人的直接占有或支配，亦即要求被执行人为一定行为。物之交付请求权可以是根据所有权产生的，如租赁合同届期；也可以是根据债权债务关系产生的，如加工承揽合同，判决债务人向债权人交付工作成果。应当交付之物，无论是否有经济价值，只要符合生效法律文书的指定，就可以成为执行标的物。与行为请求权的执行不同，物的交付请求权的执行以实现物的占有转移为目的，以物的交付本身为执行内容，并以交付之物为执行标的物。而对行为请求权的执行，只是被执行人单纯的行为，没有执行标的物。因此，对物的交付请求权的执行，是实现行为请求权的特殊执行形式。

根据执行依据中指定交付物的不同，对交付财产请求权的执行可分为交付动产的执行和交付不动产的执行。《民事诉讼法》第 249 条关于交付指定交付的财物或票证的规定属于交付动产的执行，第 250 条关于强制迁出房屋或强制退出土地的规定属于交付不动产的执行。现分别对这两种执行方法加以说明。

(二) 交付动产的执行

1. 被执行人占有执行标的物时，《民事诉讼法》第 249 条第 1 款规定："法律文书指定交付的财物或者票证，由执行员传唤双方当事人当面交付，或者由执行员转交，并由被交付人签收。"对交付财物或票证的执行，属于交付动产的执行。义务人拒不履行时，具体的执行方法如下：

(1) 当事人当面交付。如果标的物为被执行人占有，可由执行员传唤当事人于指定时间及处所，由被执行人当面将执行标的物交付于债权人。当面交付时，应由法院制作执行笔录，双方当事人签字。当面交付的地点可以是在法院，也可以是在当事人一方所在地或标的物所在地。

(2) 执行员转交。由被执行人将执行标的物交付于执行员，再由执行员转交债权人或其委托的代理人，转交时应由债权人或其指定的代收人签收，出具收条，并将收条附卷(《民事诉讼法》第 249 条第 1 款)。

生效法律文书确定被执行人交付特定标的物的，应当交付原物。原物被隐匿或非法转移的，人民法院有权责令其交出。原物确已变质、损坏或灭失的，应当裁定折价赔偿或按标的物的价值强制执行被执行人的其他财产(《执行规定(试行)》第 57 条)。

2. 由第三人占有执行标的物时，具体执行方法是：

(1) 有关单位持有时。"有关单位持有该项财物或者票证的，应当根据人民法院的协助执行通知书转交，并由被交付人签收"(《民事诉讼法》第 249 条第 2 款)。拒不转交的，强制执行。

(2) 有关公民持有时。"有关公民持有该项财物或者票证的，人民法院通知其交出。拒不交出的，强制执行"(《民事诉讼法》第 249 条第 3 款)。但持有人持有的标的物已合法取得所有权的，则不得依本规定执行。

(3) 有关单位或公民的赔偿责任。"有关单位或公民持有法律文书指定交付的财物或票证，在接到人民法院协助执行通知书或通知书后，协同被执行人转移财物或票证的，人民法院有权责令其限期追回；逾期未追回的，应当裁定其承担赔偿责任"(《执行规定(试行)》第 58 条)。同时，除债务人应交付的物为可替代物外，有关单位和个人持有期间，法律文书指定交付的财物或者票证确已毁损或灭失的，经双方同意，可以折价赔偿；双方对折价赔偿不能协商一致的，人民法院应当终结执行程序。申请执行人可以另行起诉(《民诉法解释》第 495 条第 2 款)。由此，对物的交付请求权的执行转化为对于金钱债权的执行。

(4) 有关单位或个人的救济。有关单位或个人以其享有合法持有财物或者票证的权利为由，主张阻止法院执行的，可以根据《民事诉讼法》第 227 条规定提出案外人异议来获得救济(《民诉法解释》第 495 条第 3 款)。

(三) 交付不动产的执行

交付不动产的执行，是指执行法院强制解除债务人对不动产的占有并将该不动产交付债权人的执行措施。《民事诉讼法》第 250 条关于强制迁出房屋或退出土地的执行就是关于交付不动产的执行。

1. 强制被申请执行人迁出房屋或退出土地的概念。所谓“强制迁出房屋或退出土地”,是指执行机构强制被执行人取走在特定房屋内或土地上的财物,并将该房屋或土地交付权利人的执行程序。强制被申请执行人迁出房屋或退出土地属于交付不动产的执行。这一执行不但要将执行标的物占有转移给债权人,而且还要将房屋内的或土地上的不属于执行标的之动产除去,让被申请执行人或居住的人迁出或退出土地。这类执行方法是将房屋或土地的支配权转移给债权人。

2. 限期履行。《民事诉讼法》第250条第1款规定:“强制迁出房屋或者强制退出土地,由院长签发公告,责令被执行人在指定期间履行。被执行人逾期不履行的,由执行员强制执行。”限期履行是给债务人一次自动履行的机会,但弊端是变更了执行依据的内容,并且以公告方式督促债务人履行,会损及债务人的信用,值得商榷。①

3. 通知当事人及有关单位派人到场。强制被申请执行人迁出房屋或退出土地事件,人民法院“强制执行时,被执行人是公民的,应当通知被执行人或者他的成年家属到场;被执行人是法人或者其他组织的,应当通知其法定代表人或者主要负责人到场”(《民事诉讼法》第250条第2款)。目的在于让被执行人取走执行标的物上的财物,或由执行人员取走并交其接收。但执行机构已通知而拒不到场的,不影响执行。“被执行人是公民的,其工作单位或者房屋、土地所在地的基层组织应当派人参加”(《民事诉讼法》第250条第2款),以便了解执行进程,并协助执行。

4. 解除被执行人的占有。强制被执行人交付不动产,应解除其占有。至于强制迁出的房屋内搬出的财物,如被执行人或其成年家属未到场或在场而拒绝接收,“由人民法院派人运至指定处所,交给被执行人。被执行人是公民的,也可以交给他的成年家属。因拒绝接收而造成的损失,由被执行人承担”(《民事诉讼法》第250条第3款)。

5. 交付申请人占有。解除被执行人对于房屋或土地的占有后,执行人员应将该房屋或土地立即交付申请人占有,并结束执行程序。

6. 作成执行笔录。执行完毕后,“执行员应当将强制执行情况记入笔录,由在场人签名或者盖章”(《民事诉讼法》第250条第2款)。

7. 被执行人再占有不动产的处理。实践中还有被执行人在交付不动产后,又再次非法占有该不动产的情况发生。各国强制执行法上一般规定,对这种重复侵权的行为,债权人可以申请继续执行。我国民事诉讼法对此没有专门的规定。但是,债权人可以根据《民诉法解释》第521条获得保护,该条规定,在人民法院执行完毕后,被执行人或者其他人对已执行的标的有妨害行为的,人民法院可以依申请,排除妨害,并可依《民事诉讼法》第111条规定进行处罚。因妨害行为给申请执行人或者其他人造成损失的,受害人可以另行起诉。

(四) 特定物毁损、灭失的处理

执行标的物为特定物的,应当执行原物。原物确已毁损或者灭失的,经双方当事人同意,可以折价赔偿。双方当事人对折价赔偿不能协商一致的,人民法院应当终结执行程序。申

① 参见杨与龄:《强制执行法论》,中国政法大学出版社2002年版,第688页。

请执行人可以另行起诉(《民诉法解释》第 494 条)。由此,对物的交付请求权的执行转化为金钱债权请求权的执行。

二、对行为请求权的执行

(一) 概念

对行为请求权的执行,是指根据生效法律文书一方当事人有义务履行一定的行为而拒不履行的,债权人请求人民法院强制该当事人履行一定的作为或不作为义务。我国《民事诉讼法》对于行为请求权的执行,在第 251 条规定了意思表示请求权的执行,在第 252 条规定了作为、不作为请求权的执行。故"被执行人拒不履行生效法律文书中指定的行为的,人民法院可以强制其履行"(《执行规定(试行)》第 60 条第 1 款)。

对行为请求权的执行与金钱债权、物的交付请求权的执行不同之处在于,行为请求权没有执行标的物,除可替代行为的执行外,不能采用直接强制的方法,而在被执行人拒绝履行行为义务时,只能通过法定的方法迫使被执行人履行义务。它分为可替代行为的执行和不可替代行为的执行两种形式。

(二) 对可替代行为的执行

可替代行为,是指法律文书指定履行的行为属于可由他人替代实施的行为。在被执行人不履行法律文书指定的可替代行为时,执行法院可以选定代履行人;法律、行政法规对履行该行为义务有资格限制的,应当从有资格的人中选定。必要时,可以通过招标的方式确定代履行人。申请执行人可以在符合条件的人中推荐代履行人,也可以申请自己代为履行,是否准许,由人民法院决定(《民诉法解释》第 503 条)。

代履行费用的数额由人民法院根据案件具体情况确定,并由被执行人在指定期限内预先支付。被执行人未预付的,人民法院可以对该费用强制执行。代履行结束后,被执行人可以查阅、复制费用清单以及主要凭证(《民诉法解释》第 504 条)。

(三) 对不可替代行为及不作为义务的执行

不可替代行为,是只能由被执行人完成的行为。不可替代的行为与被执行人的身份有关,属于必须由被执行人本人实施的行为,如赔礼道歉、命名演员表演或名作家撰稿等,由第三人代为履行在法律上或事实上是不可能的。对此可采取如下措施:

1. 处以罚款或拘留。对不可替代行为的执行方法,一般是说服被执行人主动履行,但是经教育被执行人仍拒不履行的,人民法院应当按照妨害执行行为的有关规定处理,如采取拘留和罚款等强制手段,对被执行人采取此手段后,并不因此免除被执行人的义务。依照《民诉法解释》第 505 条第 1 款规定,当事人不履行法律文书确定的行为义务,如果该项行为义务只能由被执行人完成的,人民法院可以依照《民事诉讼法》第 111 条第 1 款第 6 项的规定处以罚款或拘留。《执行规定(试行)》第 60 条第 3 款也规定:"对于只能由被执行人完成的行为,经教育,被执行人仍拒不履行的,人民法院应当按照妨害执行行为的有关规定处理。"

2. 支付迟延履行金。《民事诉讼法》第253条还规定,被执行人未按判决、裁定和其他法律文书指定的期间履行非金钱给付义务的,应当支付迟延履行金。支付迟延履行金不以给申请执行人造成损失为条件。已造成损失的,双倍补偿申请执行人已受到的损失;没有造成损失的,迟延履行金可以由人民法院根据具体案件决定。因此,被执行人拒绝履行不可替代行为义务时,执行法院可以决定由被执行人支付迟延履行金给债权人。它不同于罚款,因为它不是上交国库,也不同于损害赔偿金,因为不以造成损失为前提,也不因此免除被执行人的行为义务。

3. 其他间接执行措施和执行威慑机制。《民事诉讼法》第255条规定,被执行人不履行生效法律文书确定义务的,人民法院可以对其采取或者通知有关单位协助采取限制出境,在征信系统记录、通过媒体公布不履行义务信息以及法律规定的其他措施。对于不可替代行为的执行,大陆法系国家普遍规定了间接执行措施。前述的拘留、罚款等措施,属于间接执行措施的组成部分,同时也具有妨害执行强制措施的性质。此外,限制出境、限制高消费、在征信系统记录、通过媒体公布不履行义务信息等也构成了我国《民事诉讼法》中间接执行措施和执行威慑机制的一部分。

(四) 意思表示请求权的执行

1. 概念。所谓意思表示请求权的执行,是指执行依据所载债权人的请求权,以债务人作出一定的意思表示为标的,而使权利实现的执行措施。债务人作出意思表示的义务,以发生一定的法律效果为目的,无须债务人实施具体的行为,宜直接以法律拟制的方法,实现债权人的权利。《民事诉讼法》第251条为意思表示请求权执行的规定。

2. 办理财产权证照转移手续的执行。《民事诉讼法》第251条规定:“在执行中,需要办理有关财产权证照转移手续的,人民法院可以向有关单位发出协助执行通知书,有关单位必须办理。”这是关于意思表示执行的规定。其程序是:(1)发出协助执行通知书。由人民法院向有关产权证照办理单位发出协助执行通知书。(2)有关单位必须办理。有关单位收到协助执行通知书后,即应认为符合办理财产权证照的规定,并应立即办理证照移转手续,不得以原权利人未表示同意为理由拒绝办理。办理完毕后,执行程序结束。

第二十一章　涉外民事诉讼程序

第一节　涉外民事诉讼程序概述

一、涉外民事诉讼的概念和特征

（一）涉外民事诉讼的概念

涉外民事诉讼，是指具有涉外因素的民事诉讼。根据最高人民法院的司法解释，涉外因素包括以下三种情形：

1. 诉讼主体具有涉外因素。即诉讼当事人一方或双方是外国人、无国籍人、外国企业和组织。它可能是中国公民、法人及其他组织与外国人、无国籍人及外国企业和组织之间的诉讼，也可能是外国人、无国籍人、外国企业和组织之间的诉讼。

2. 争议的民事法律关系具有涉外因素。即当事人之间争议的民事法律关系的设立、变更、终止的法律事实发生在外国。例如，合同纠纷的双方当事人虽为中国法人，但争议的合同是在外国签订的。

3. 诉讼标的物具有涉外因素。即诉讼当事人虽是我国的公民、法人或其他组织，但诉讼标的物在外国。例如，原被告均为中国公民，被继承人生前住所也在我国境内，当事人为继承在外国的银行存款而发生继承诉讼。

具备上述情形之一者，即为涉外民事诉讼。当然，有的涉外民事诉讼只包含一个涉外因素，有的涉外民事诉讼包含两个或两个以上的涉外因素。

还有一种广义的观点，即将“涉外”理解为包括民事诉讼某一环节或者行为需要在国外进行的情形，如文书的域外送达或者判决的外国承认和执行等。

《民诉法解释》第522条规定：“有下列情形之一，人民法院可以认定为涉外民事案件：（一）当事人一方或者双方是外国人、无国籍人、外国企业或者组织的；（二）当事人一方或者双方的经常居所地在中华人民共和国领域外的；（三）标的物在中华人民共和国领域外的；（四）产生、变更或者消灭民事关系的法律事实发生在中华人民共和国领域外的；（五）可以认定为涉外民事案件的其他情形。”

(二) 涉外民事诉讼的特征

涉外民事诉讼与国内民事诉讼在诉讼的基本构成要件上有许多相同之处,但涉外民事诉讼由于其诉讼主体、诉讼标的及诉讼标的物具有涉外因素,又区别于国内民事诉讼,主要表现为:

1. 涉外民事诉讼与国家主权密切相关。在涉外民事诉讼中,不仅存在着双方当事人与人民法院的民事诉讼法律关系,而且还存在着中国与外国的关系。这就不可避免地使国家主权成为涉外民事诉讼中的一个突出问题。处理这类案件时,既要维护我国的司法主权,又要尊重他国的司法主权,以贯彻国际法中互相尊重主权和领土完整等基本原则。

2. 涉外民事诉讼在具体诉讼制度上有其特殊性。由于涉外民事诉讼具有涉外因素且当事人在我国可能没有住所,为方便当事人进行诉讼行为或行使诉讼权利,在某些具体的诉讼制度上,如管辖、期间、送达、保全等,法律作出了不同于国内民事诉讼的特别规定。

3. 涉外民事诉讼与司法协助相联系。司法权具有严格的地域性,人民法院只能在我国领域内实施诉讼行为,不能到外国实施诉讼行为。涉外民事诉讼中的某些诉讼行为可能需要在外国完成,这就需要外国法院的配合与协助,因此,司法协助也是涉外民事诉讼中的一个重要问题。

4. 涉外民事诉讼涉及法律冲突与适用。各国对同一法律事项的规定有所不同,由此产生法律冲突。涉外民事诉讼中可能涉及如何确定准据法的问题,包括程序法的适用与实体法的适用,而国内民事诉讼在法律适用上不存在这些问题。

二、涉外民事诉讼程序的概念和适用范围

(一) 涉外民事诉讼程序的概念

涉外民事诉讼程序,是指人民法院受理、审理、执行具有涉外因素民事案件所适用的诉讼程序。

各国均有关于涉外民事诉讼程序的规定(有学者称之为“国际民事程序法”),但立法体例却不尽相同。归结起来,大致有以下三种:一种是在民事诉讼法之外另行制定涉外民事诉讼法,两法并列,分别调整国内民事诉讼关系与涉外民事诉讼关系。此种立法体例由于会造成立法上的重复,采用的国家较少。第二种是以民事诉讼法作为规范涉外民事诉讼程序的一般法,在民事诉讼法之外(通常是在国际私法中)对涉外民事诉讼程序作出特别规定。采用这种立法体例的有土耳其、瑞士等国。第三种是在民事诉讼法中对涉外民事诉讼程序作出特别规定。具体而言又有两种做法:一种是根据特别规定所涉及的内容,将其分别列入有关章节中,如将有关管辖的特别规定列入管辖中,将送达、调查取证的特别规定列入送达中。德国、日本等国采用这种立法体例。另一种是在民事诉讼法中先规定国内民事诉讼程序,然后设专门的编、章,对涉外民事诉讼中的一些特殊问题,集中加以规定。我国采用这一立法体例。

涉外民事诉讼程序的特别规定不是与审判程序、执行程序并列的独立、完整的程序规范,它只是针对涉外民事诉讼中的一般原则、管辖、送达、期间、财产保全、仲裁和司法协助等

问题作出的特别规定。涉外民事诉讼程序规范与一般民事诉讼程序规范的关系,是特殊与一般的关系,人民法院在审理涉外民事案件时,有特别规定的,应适用特别规定,没有特别规定的,适用民事诉讼法的一般规定。在适用特别规定时,仍应遵循总则中规定的基本原则。

(二) 涉外民事诉讼程序的适用范围

我国的涉外民事诉讼程序是为受理、审理、执行具有涉外因素民事案件所设立的,因此,其适用范围为涉外民事案件。

关于"民事"的概念,各国法律中的规定并不统一。这种差异主要源于各国在法律划分方面的不同。大陆法系国家将法律区分为公法和私法两大部分,民法和商法都属于私法,但有的国家实行"民商合一",有的国家实行"民商分立"。在英美法系各国,并不存在一个统一的"民事"法律部门,有关民商法范畴的法律关系由普通法和衡平法调整。① 尽管各国对于法律部门的划分存在巨大的差异,但是在国际民事司法协助制度中,无论是国内立法还是国际条约,一般都是将整个民事领域的所有事项(包括商法)规定在一个统一的制度之中。在立法方式上,有的采用"民事或商事"的提法,也有的仅提及"民事",将商事案件也包括其中。

我国与外国缔结的民事司法协助条约对于适用范围的规定一般有两种方式,一种是在条约的名称和约文中直接使用"民事或商事"的提法,不再对之作进一步的解释;另一种是在条约的名称和约文中使用"民事"一词,并用专门的条文对"民事"的范围作出说明。例如,我国和波兰《关于民事和刑事司法协助的协定》专设"定义"一条,规定"本协定中所指'民事案件',也包括商法、婚姻法和劳动法等范围内有关财产权益和人身权利的案件"(第12条)。严格地说,这并不是对"民事"一词所下的定义,而是为了避免有关缔约方由于本国法律部门划分的不同而缩小民事司法协助所应当包括的范围。

第二节 涉外民事诉讼的一般原则

依照民事诉讼法基本原则的精神,参照国际惯例,结合涉外民事诉讼的特点,我国《民事诉讼法》第23章规定了进行涉外民事诉讼应遵循的一般原则。这些原则以维护国家主权为核心,是国家主权原则在民事诉讼中的具体体现。

一、适用我国民事诉讼法的原则

《民事诉讼法》第259条规定:"在中华人民共和国领域内进行涉外民事诉讼,适用本编规定。本编没有规定的,适用本法其他有关规定。"在我国进行涉外民事诉讼,必须适用我国的民事诉讼法。诉讼程序依法院所在地法,是一项国际惯例,我国法院审理涉外民事案件,

① 英美普通法系各国没有完整的行政法体系,在司法体制上也没有建立独立的行政法院。行政裁判机构所受理的案件与普通法院所受理的民商事案件相互混杂和渗透,无法分清哪些是纯粹的行政案件,哪些是民商事案件。因而,英美等国都坚持将行政案件列入民商事范围,以避免这类案件被排除在司法协助的范围之外。参见徐宏:《国际民事司法协助》,武汉大学出版社2006年版,第15页。

自应依照我国的民事诉讼法进行。

适用我国民事诉讼法的原则主要表现在以下三个方面：第一，任何外国人、无国籍人、外国企业和组织，在我国领域内进行民事诉讼，都必须遵守我国民事诉讼法。第二，凡属我国人民法院管辖的案件，我国均有司法管辖权。对于属于我国人民法院专属管辖的案件，任何外国法院均无权审判。第三，任何外国法院的判决、裁定和外国仲裁机构的裁决，未经我国法院承认，在我国领域内不发生法律效力。

二、适用我国缔结或参加的国际条约原则

信守国际条约，是国际关系中公认的准则。《民事诉讼法》第260条规定："中华人民共和国缔结或者参加的国际条约同本法有不同规定的，适用该国际条约的规定，但中华人民共和国声明保留的条款除外。"我国政府历来信守国际条约，重视并加强与外国的司法协助关系，近年来已先后与一些国家缔结了民事司法协助条约，也参加了一些有关涉外民事诉讼的国际公约，如《承认及执行外国仲裁裁决公约》《关于向国外送达民事或商事司法文书和司法外文书公约》《关于从国外调取民事或商事证据的公约》等。这些公约、条约中有关民事诉讼的规定，如果与我国民事诉讼法的规定不一致的，应优先适用国际条约。但对于国际条约中我国政府声明保留的条款，人民法院不受其约束。

三、司法豁免权原则

司法豁免权，是指一个国家或国际组织派驻他国的外交代表所享有的免受驻在国司法管辖的权利。《民事诉讼法》第261条规定："对享有外交特权与豁免的外国人、外国组织或者国际组织提起的民事诉讼，应当依照中华人民共和国有关法律和中华人民共和国缔结或者参加的国际条约的规定办理。"我国已于1975年11月25日加入《维也纳外交关系公约》，1979年7月3日加入《维也纳领事关系公约》，并于1986年9月5日颁布《外交特权与豁免条例》，1990年10月30日颁布《领事特权与豁免条例》。有关外交代表及领事官员的司法豁免问题，应按照上述公约和法律的规定办理。

享有司法豁免权的主体包括：(1)外交代表及与其共同生活的配偶和未成年子女；(2)使馆行政技术人员、领事官员和领馆行政技术人员；(3)来中国访问的外国国家元首、政府首脑、外交部长及其他具有同等身份的官员；(4)其他依照我国参加或者缔结的国际条约享有司法豁免权的外国人、外国组织或国际组织。对于上述享有司法豁免权的外交代表，我国法院不受理对他们提起的民事诉讼。但是，民事司法豁免权具有一定的相对性、限制性和不完全性。根据《维也纳外交关系公约》及我国《外交特权与豁免条例》规定，外交代表享有民事管辖豁免，但下列各项除外：(1)派遣国政府明确表示放弃民事管辖豁免（不包括对判决的执行也放弃豁免，如要放弃，必须另作出明确表示）；(2)享有豁免权的外交代表主动提起诉讼，对与本诉直接有关的反诉不享有豁免权；(3)外交代表以私人身份进行的遗产继承诉讼；(4)外交代表因从事公务范围以外的职业或商业活动而引致的诉讼。

根据《维也纳领事关系条约》及我国《领事特权与豁免条例》规定，领事官员也享有民事管辖豁免权，但除上述外交代表不享有豁免权的(1)、(2)、(3)项外，在以下诉讼中，领事代表

也不享有豁免权:(1)涉及未明示派遣国代表的身份所订的契约的诉讼;(2)涉及在中国境内的私有不动产的诉讼;(3)因车辆船舶或者航空器在中国境内造成的事故涉及损害赔偿的诉讼。此外,与外交代表不同,领事官员可以被要求在司法或行政程序中到场作证,但没有义务就其执行职务所涉及的事项作证。

2005年10月25日,第十届全国人大常委会第十八次会议通过《外国中央银行财产司法强制措施豁免法》。该法规定,我国对外国中央银行财产给予财产保全和执行的司法强制措施的豁免。但是,外国中央银行或者其所属国政府书面放弃豁免的或者指定用于财产保全和执行的财产除外。

我国民事诉讼法没有规定外国国家的主权豁免。根据国际法的一般原理,我们认为,一个国家不得对另一个国家行使审判权,即"平等者之间无管辖权"。这是国家主权和平等原则在司法领域的具体体现。所以,在未得到外国政府同意的情况下,我国法院不受理以外国国家或政府为被告的民事诉讼。在外国政府同意应诉的情况下,如其被判决败诉,非经外国政府同意,不得对其国家财产实施强制执行。在审判实践中,人民法院应注意区分国家的行为和作为独立法人的企业、组织的商业行为。

四、使用我国通用语言、文字的原则

《民事诉讼法》第262条规定:"人民法院审理涉外民事案件,应当使用中华人民共和国通用的语言、文字。当事人要求提供翻译的,可以提供,费用由当事人承担。"涉外民事诉讼使用受诉法院所在国语言文字,是国际通行的原则,也是主权原则的体现。因此,在我国进行民事诉讼时,应使用我国通用的语言、文字,但如果外国当事人不通晓我国通用的语言、文字,人民法院可以为其提供翻译,其费用由需要翻译的当事人承担。

五、委托中国律师代理诉讼的原则

《民事诉讼法》第263条规定:"外国人、无国籍人、外国企业和组织在人民法院起诉、应诉,需要委托律师代理诉讼的,必须委托中华人民共和国的律师。"律师制度是一国司法制度的组成部分,任何一个主权国家的司法制度只能在本国领域内适用。我国在涉外民事诉讼中允许外国当事人委托律师代理诉讼,但必须委托我国的律师,正是体现了我国独立行使司法权的立场。同时,我国也不排斥与外国在司法事务方面的交流与合作。截至2014年8月,已有232家外国律师事务所在北京、上海、广州、厦门等城市设立代表机构,从事一定范围的律师业务。①

根据国务院2001年12月22日公布的《外国律师事务所驻华代表机构管理条例》(自2002年1月1日起施行),外国律师事务所在华设立代表机构、派驻代表,应当经国务院司法行政部门许可;外国律师事务所、外国其他组织和个人不得以咨询公司或者其他名义在中国境内从事法律服务活动。根据该条例的规定,代表机构及其代表,只能从事不包括中国法律事务的五种活动:(1)向当事人提供该外国律师事务所律师已获准从事律师执业业务的国家

①《中华人民共和国司法部公告》(第147号)。

的法律咨询,以及有关国际条约、国际惯例的咨询;(2)接受当事人或者中国律师事务所的委托,办理在该外国律师事务所律师已获准从事律师执业业务的国家的法律事务;(3)代表外国当事人,委托中国律师事务所办理中国法律事务;(4)通过订立合同与中国律师事务所保持长期的委托关系办理法律事务;(5)提供有关中国法律环境影响的信息。该条例还规定,代表机构不得聘用中国执业律师;聘用的辅助人员不得为当事人提供法律服务。代表机构及其代表依照条例规定从事法律服务活动,受中国法律保护。

需要指出的是,前述规定并不意味着外国人、无国籍人、外国企业和组织在人民法院起诉、应诉都必须委托中国律师。而是说,只有在需要委托律师代理诉讼时,才必须委托中国的律师。如果不存在委托律师代理诉讼的必要,外籍当事人可以委托本国公民或中国公民代理诉讼。根据《民诉法解释》第528条、第529条规定,涉外民事诉讼中的外籍当事人,可以委托本国人为诉讼代理人,也可以委托本国律师以非律师身份担任诉讼代理人;外国驻华使、领馆官员,受本国公民的委托,可以以个人名义担任诉讼代理人,但在诉讼中不享有外交特权和豁免权。在涉外民事诉讼中,外国驻华使、领馆授权其本馆官员,在作为当事人的本国国民不在我国领域内的情况下,可以以外交代表身份为其本国国民在我国聘请中国律师或中国公民代理民事诉讼。

根据《民事诉讼法》第264条规定,在我国领域内没有住所的外国人、无国籍人、外国企业和组织委托我国律师或者其他人代理诉讼,从我国领域外寄交或者托交的授权委托书,应当经所在国公证机关证明,并经我国驻该国使领馆认证,或者履行我国与该所在国订立的有关条约中规定的证明手续后,才具有效力。《民诉法解释》第525条规定:"外国人、外国企业或者组织的代表人在人民法院法官的见证下签署授权委托书,委托代理人进行民事诉讼的,人民法院应予认可。"第526条规定:"外国人、外国企业或者组织的代表人在中华人民共和国境内签署授权委托书,委托代理人进行民事诉讼,经中华人民共和国公证机构公证的,人民法院应予认可。"

第三节　涉外民事诉讼的管辖

司法权是国家主权的重要组成部分。法院对涉外民事案件行使管辖权,直接涉及维护国家主权的问题。各国在确定涉外民事案件的管辖时,普遍实行国家主权原则,同时要求具体案件必须与本国具有某种连结因素。由于各国所强调的连结因素的不同,形成了不同的确定管辖权的原则,主要有以下三种:(1)属地管辖原则。即以当事人的住所地、居所地和事物的存在地(如合同履行地、侵权行为发生地、争议标的物所在地)等作为行使管辖权的连结因素。(2)属人管辖原则。即以当事人(无论是原告还是被告)的国籍作为连结因素而行使管辖权。(3)实际控制原则。即根据法院是否能够对被告或者其财产实行直接的控制并作出有效的判决,来确定法院对于某一涉外案件是否具有管辖权。

我国民事诉讼法关于涉外民事案件管辖的特别规定,既参照了国际惯例,又充分考虑了当事人及诉讼与我国法院的实际联系,对应当由我国法院管辖的案件,我国法院绝不放弃管辖权,同时也不任意扩大我国法院的管辖权。根据《民事诉讼法》第24章规定,涉外民事诉讼管辖包括特殊地域管辖和专属管辖。在涉外民事诉讼中,还可能遇到诉讼竞合以及管辖权冲突的问题。

一、特殊地域管辖

根据《民事诉讼法》第265条规定,因合同纠纷或者其他财产权益纠纷,对在我国领域内没有住所的被告提起的诉讼,如果合同在我国领域内签订或履行,或者诉讼标的物在我国领域内,或者被告在我国领域内有可供扣押的财产,或者被告在我国领域内设有代表机构,可以由合同签订地、合同履行地、诉讼标的物所在地、可供扣押财产所在地、侵权行为地或者代表机构所在地人民法院管辖。该条规定是专门针对被告在我国领域内没有住所的合同或其他财产纠纷案件的特殊地域管辖。上述地点与诉讼都有一定的联系,便于人民法院管辖,便于我国当事人起诉,以维护我国的司法管辖权。

二、专属管辖

根据《民事诉讼法》第266条规定,因在我国履行中外合资经营企业合同、中外合作经营企业合同、中外合作勘探开发自然资源合同发生纠纷提起的诉讼,由我国人民法院管辖。该项规定为我国涉外民事诉讼的专属管辖。在我国境内成立的中外合资经营企业、中外合作经营企业是我国的企业法人,而中外合作勘探开发自然资源合同纠纷,实质上是我国政府与外国投资者在合作勘探开发自然资源的过程中产生的纠纷,涉及我国对本国自然资源享有的永久主权,且上述三种案件的合同签订地、履行地在我国,纠纷事实存在于我国,诉讼标的物也在我国,因此,应由我国人民法院专属管辖。

根据《民诉法解释》第531条规定,涉外合同或者其他财产权益纠纷的当事人,可以书面协议选择被告住所地、合同履行地、合同签订地、原告住所地、标的物所在地、侵权行为地等与争议有实际联系地点的外国法院管辖。根据《民事诉讼法》第33条和第266条规定,属于我国人民法院专属管辖的案件,当事人不得协议选择外国法院管辖,但协议选择仲裁的除外。

三、涉外民商事案件的集中管辖

为适应我国加入世贸组织后的新形势,最高人民法院对涉外民商事案件的管辖作出重大调整,使这类案件的管辖具有跨地域性,并提高了审理法院的级别。根据最高人民法院2002年2月25日发布的《关于涉外民商事案件诉讼管辖若干问题的规定》,第一审涉外民商事案件由下列法院集中管辖:(1)国务院批准设立的经济技术开发区法院;(2)省会、自治区首府、直辖市所在地的中级人民法院;(3)经济特区、计划单列市中级人民法院;(4)最高人民法院指定的其他中级人民法院;(5)高级人民法院。下列案件实行集中管辖:(1)涉外合同和侵权纠纷案件;(2)信用证纠纷案件;(3)申请撤销、承认与强制执行国际仲裁裁决的案件;(4)审查有关涉外民商事仲裁条款效力的案件;(5)申请承认和强制执行外国法院民商事判决、裁定的案件。

四、诉讼竞合

诉讼竞合，是指同一当事人就同一争议，基于相同的事实以及相同的诉讼目的，同时在两个以上国家的法院提起诉讼的现象，包括两种情况：(1)当事人一方作为原告，在两个以上国家的法院提起诉讼；(2)一方当事人作为原告在甲国法院提起诉讼，对方当事人也以原告的身份，在乙国法院提起诉讼。诉讼竞合现象的产生，与当事人的诉讼动机、诉讼行为有关，同时也是各国涉外民事诉讼管辖权扩大化的必然结果。当事人为了最大限度地维护自己的权益，必然尽力选择最有利于自己的法院起诉，而各国为了扩大本国法院对涉外案件的管辖权，通常尽量增加本国法院行使管辖权的连结因素，这就使得当事人"挑选法院"（forum shopping）[①] 有了较大的自由。

诉讼竞合不可避免地会引起各国之间在管辖权问题上的纠纷。各国对此采取了如下几种对策：(1)拒绝行使管辖权或中止诉讼。(2)禁止在外国法院进行的诉讼，即由法院发出禁诉令，如果当事人违背禁令，继续在外国法院进行诉讼，即构成"藐视法庭"的行为，法院可对该当事人予以处罚。(3)允许当事人自行选择审判法院。其做法是，既不驳回在本国进行的诉讼，也不禁止当事人在外国法院进行诉讼。其理由是，双方当事人有权选择其认为最好的法律、最好的救济和最好的程序制度。[②]

五、国际民事管辖权冲突及其协调

国际民事管辖权是指一国法院根据本国缔结或参加的国际条约和国内法对特定的涉外民事案件行使审判权的资格。国际民事管辖权的行使，关系到国家主权和国家利益以及本国当事人利益的保护，但各国的利益是不相同的，因此，至今国际社会仍没有形成一个统一的国际民事管辖权制度，也就不可避免地会产生对同一国际民事案件多国法院主张管辖权的冲突问题。为了解决这一冲突，就有必要对国际民事管辖权予以协调，其途径一般有两个：一是缔结国际条约，规定各缔约国法院行使国际民事管辖权的原则和依据。二是通过国内立法加以协调。例如，规定协议管辖制度，在发生国际民事管辖权冲突时，当事人可选择管辖的法院。又如，根据"不方便法院"原则确定本国法院是否应行使管辖权，即对于内国法院有管辖权的涉外民事案件，如在另一国家法院起诉和受理，更能获得便利和公正的结果，内国法院经自由裁量后，可以停止审理此案或驳回原告的起诉。[③] 现在，"不方便法院"原则已得到美国、英国、澳大利亚等普通法系国家判例法的承认，并已开始为少数大陆法系国

---

① 英国《牛津法律词典》对 forum shopping（挑选法院）的解释如下：The practice of choosing a country in which to bring a legal case through the courts on the basis of which country's laws are the most favourable. In some instances there is a choice of jurisdiction. 参见 Elizabeth A. Martin & Jonathan Law (ed), *Oxford Dictionary of Law*, Oxford University Press, 2006, p.231。

② 参见江伟主编：《民事诉讼法学》，复旦大学出版社 2002 年版，第 627 页。

③ 美国《布莱克法律词典》对 forum non conveniens（不方便法院原则）的解释如下：The doctrine that an appropriate forum-even though competent under the law-may divest itself of jurisdiction if, for the convenience of the litigants and witnesses, it appears that the action should proceed in another forum in which the action might originally have been brought. See Bryan A. Garner (ed), *Black's Law Dictionary*, West Group, 1999, p.665.

家(如荷兰、日本)立法所接受。[①]

《民诉法解释》第 532 条规定:“涉外民事案件同时符合下列情形的,人民法院可以裁定驳回原告的起诉,告知其向更方便的外国法院提起诉讼:(一)被告提出案件应由更方便外国法院管辖的请求,或者提出管辖异议;(二)当事人之间不存在选择中华人民共和国法院管辖的协议;(三)案件不属于中华人民共和国法院专属管辖;(四)案件不涉及中华人民共和国国家、公民、法人或者其他组织的利益;(五)案件争议的主要事实不是发生在中华人民共和国境内,且案件不适用中华人民共和国法律,人民法院审理案件在认定事实和适用法律方面存在重大困难;(六)外国法院对案件享有管辖权,且审理该案件更加方便。”这是我国司法解释文件首次明文规定“不方便法院”原则,具有重要的意义。

我国《民事诉讼法》虽设专章对涉外民事管辖权作出规定,但对涉外民事管辖权的冲突如何解决则未有明文。对此,学者也有不同看法。一种意见认为,在存在中外民事管辖权冲突的情况下,同一涉外民事纠纷由不同国家法院审理,往往会因适用不同的冲突规则,援用不同的国内法或实体规范而对案件作出不同的判决,将直接影响当事人的权利义务。涉外民事纠纷由外国法院管辖,往往会给我方当事人带来诸多不便,如法律适用不公、诉讼费用昂贵、审判程序烦琐、遭受歧视待遇。因此,对于我国和外国法院都有管辖权的涉外民事纠纷,我方当事人应尽量利用内外国涉外民事诉讼中的有关制度,促成纠纷在我国法院就近审理,从而排除外国法院的管辖权。[②] 另一种意见认为,涉外民事诉讼管辖权的国际协调是互惠原则的要求,互惠原则要求在涉外民事诉讼中内外国相互给予一定的礼遇,管辖权的国际协调正是这种互惠的具体体现。如果在发生管辖权冲突时,内国法院总是拒绝承认外国司法管辖权的合法性,其必然招致外国否定内国法院管辖权的报复,即使判决确定,也难以被外国法院承认和执行。因此,只要与内国重大利益或公共秩序无关,就应尽可能地尊重外国国家司法管辖权。[③]

《民诉法解释》第 533 条第 1 款规定:“中华人民共和国法院和外国法院都有管辖权的案件,一方当事人向外国法院起诉,而另一方当事人向中华人民共和国法院起诉的,人民法院可予受理。判决后,外国法院申请或者当事人请求人民法院承认和执行外国法院对本案作出的判决、裁定的,不予准许;但双方共同缔结或者参加的国际条约另有规定的除外。”该司法解释第 15 条还规定:“中国公民一方居住在国外,一方居住在国内,不论哪一方向人民法院提起离婚诉讼,国内一方住所地的人民法院都有权管辖。国外一方在居住国法院起诉,国内一方向人民法院起诉的,受诉人民法院有权管辖。”可见,我国的司法解释是采纳第一种意见的,这一做法对保护我国当事人的合法权益及维护本国司法管辖权较为有利,但却忽略了国际礼让原则在解决国际民事诉讼管辖权冲突中的重要作用,且与当今国际社会的普遍做法不相一致,不利于扩大我国的对外民事交往。我们认为,在互惠原则的基础上,只要无损我国重大利益或公共秩序,应尊重与案件有密切联系国家法院的司法管辖权,而不应一味强调只要我国法院有管辖权,就不予承认外国法院的民事裁判。同时,我国法律应借鉴外国的有关合理制度,对解决国际民事管辖权的冲突作出具体的规定。

① 参见奚晓明:《不方便法院制度的几点思考》,载《法学研究》2002 年第 1 期。

② 参见徐崇利:《中外民事管辖权冲突的产生及其解决方法》,载《政治与法律》1993 年第 5 期。

③ 参见盛勇强:《涉外民事诉讼管辖权冲突的国际协调》,载《人民司法》1993 年第 9 期;袁泉:《国际私法中的管辖权问题探讨》,载《法商研究》1998 年第 2 期。

第四节　涉外民事诉讼的期间、送达

一、涉外民事诉讼的期间

在涉外民事诉讼中，由于当事人可能在我国没有住所，无论是人民法院送达诉讼文书或是当事人提出答辩状、上诉状，都需要较长的时间。因此，民事诉讼法对涉外民事诉讼的期间作了特别的规定。

根据《民事诉讼法》第 268 条、第 269 条规定，在我国领域内没有住所的被告接到起诉状副本后，提出答辩状的期限为 30 日。被告申请延期的，是否准许，由人民法院决定。在我国领域内没有住所的当事人，不服一审法院判决、裁定的上诉期限为 30 日；被上诉人提出答辩状的期限也是 30 日。当事人不能在法定期间提起上诉或者提出答辩状，申请延期的，是否准许，由人民法院决定。若当事人双方分别居住在我国领域内和领域外，对第一审人民法院判决、裁定的上诉期，居住在我国领域内的为 15 日和 10 日，居住在我国领域外的为 30 日。双方的上诉期均已届满没有上诉的，第一审人民法院的判决、裁定即发生法律效力。

根据《民事诉讼法》第 270 条规定，人民法院审理涉外民事案件的期间，不受该法第 149 条、第 176 条的限制。由于涉外民事案件相对于国内民事案件而言，具有较为复杂、审理难度较大的特点，往往需要更长的时间，因此，法律特许它不受《民事诉讼法》第 149 条关于普通程序的审结期限和第 176 条关于第二审程序的审结期限规定的限制。但是，对涉外民事案件的审结期限如果完全没有限制，在某些情况下不利于对当事人合法权益的保护，也不符合诉讼效率的要求。正如西方法谚所说的，迟到的正义就是非正义（Justice delayed is justice denied）。因此，这一规定的利弊得失值得重新审视。

二、涉外民事诉讼的送达

涉外民事诉讼的送达，是指对在我国领域内没有住所的当事人送达诉讼文书，又称域外送达。根据《民事诉讼法》第 267 条规定，人民法院可以采用以下的送达方式：

1. 依照受送达人所在国与我国缔结或者共同参加的国际条约中规定的方式送达。我国已参加了《关于向国外送达民事或商事司法文书和司法外文书公约》，还先后与法国、波兰、比利时等国家签订了司法协助协定，在向公约参加国的当事人送达诉讼文书时，可以按公约或条约的规定进行。

2. 通过外交途径送达。这种送达方式是国际公认的一种最正规的送达方式。最高人民法院、外交部、司法部 1986 年 8 月 14 日《关于我国法院和外国法院通过外交途径相互委托送达法律文书若干问题的通知》对这种送达方式的程序和要求作了具体的规定。其程序如下：经我国各高级人民法院将应送达的诉讼文书，送交我国外交机关，然后由外交部领事司送交当事人所在国驻我国的外交机构，再由其转交给该国的外交机关，按照该国法律规定送达给当事人。但该种送达方式的手续较为烦琐，所花的时间也较长。

3. 委托我国驻外使、领馆代为送达。对在我国领域内没有住所的具有中国国籍的受送达人，可以委托我国驻受送达人所在国的使领馆代为送达。这种送达方式是《维也纳领事关系公约》所认可的，我国与大多数国家一样，是该公约的参加国。

4. 向有权代收的诉讼代理人送达。在我国没有住所的当事人，如有委托代理人，且代理人有代收诉讼文书的权利的，或者当事人专门委托了代收诉讼文书的代理人的，人民法院可直接向其代理人送达。

5. 向受送达人在我国领域内设立的代表机构、分支机构、业务代办人送达。受送达人在我国没有住所，但有代表机构、分支机构或业务代办人的，人民法院可向上述机构送达。最高人民法院2002年6月11日《关于向外国公司送达司法文书能否向其驻华代表机构送达并适用留置送达问题的批复》指出："人民法院向外国公司的驻华代表机构送达诉讼文书时，可以适用留置送达的方式。"

6. 邮寄送达。采用该种送达方式，必须以受送达人所在国的法律允许邮寄送达为前提。涉外邮寄送达，自邮寄之日起满3个月，送达回证没有退回，但根据各种情况足以认定已经送达的，期间届满之日即视为送达。

7. 采用传真、电子邮件等能够确认受送达人收悉的方式送达。这是2012年《民事诉讼法》修订时增设的送达方式。

8. 公告送达。采用以上方式均无法送达时，可以公告送达。自公告之日起满3个月的，视为送达。

三、《关于向国外送达民事或商事司法文书和司法外文书公约》

1991年3月2日，第七届全国人大常委会第十八次会议决定批准我国加入1965年11月15日订立于海牙的《关于向国外送达民事或商事司法文书和司法外文书公约》，并指定司法部为中央机关和有权接收外国通过领事途径转递的文书的机关。该公约于1992年1月1日对我国生效。最高人民法院、外交部、司法部于1992年3月4日发布关于执行该公约有关程序的通知。根据通知的规定，凡该公约的成员国有关机关请求我国法院送达民事或商事司法文书和司法外文书的，应按以下途径和程序进行：

1. 由公约成员国驻华使馆、领事馆转送的该国法院或其他机关请求我国法院送达的民事或商事司法文书，应直接送交我国司法部，由司法部转送给最高人民法院，再由最高人民法院交有关人民法院送达当事人。送达证明由有关法院交最高人民法院退司法部，再由司法部送交该国驻华使领馆。

2. 公约成员国有权送交文书的主管当局或司法协助员可以直接把请求送达的民事或商事司法文书送交我国司法部，由司法部转递最高人民法院，再由最高人民法院交有关法院送达当事人。送达证明由有关法院交最高人民法院退司法部，再由司法部送交该国主管当局或司法协助员。

3. 公约成员国驻华使、领馆，在不违反我国法律规定的前提下，可以直接向其在华的公民送达民事或商事司法文书。

我国法院请求外国有关机关送达民事或商事司法文书或司法外文书的，应按以下途径和程序进行：

1. 我国法院请求公约成员国向该国公民或第三国公民或无国籍人送达民事或商事司

法文书，有关中级人民法院或专门人民法院应将请求书和所送司法文书送有关高级人民法院转最高人民法院，由最高人民法院送司法部转送给该国指定的中央机关；必要时，也可由最高人民法院送我国驻该国使馆转送给该国指定的中央机关。

2. 我国法院欲向在公约成员国的中国公民送达民事或商事司法文书，可委托我国驻该国的使、领馆代为送达。委托书和所送司法文书应由有关中级人民法院或专门人民法院送有关高级人民法院转最高人民法院，由最高人民法院径送或经司法部转送我国驻该国使、领馆送达给当事人。送达证明按原途径退有关法院。

3. 我国与公约成员国签订有司法协助协定的，按协定的规定办理。

在通常情况下，法院应当在有证据证明当事人已经收悉开庭传票或类似文件后，才可在受送达当事人缺席出庭的情况下进行下一步诉讼程序，包括作出判决。但是，《海牙送达公约》第15条第2款规定：每一缔约国均可声明，只要满足下列条件，即使未收到送达或交付的证明，法官仍可不顾第1款的规定作出判决：(1)已依本公约所规定的一种方法递送文书；(2)法官根据具体案件认为自递送文书之日起不少于6个月的适当期间已满；(3)尽管为获得证明书，已通过文书发往国的主管机关尽了一切合理的努力，但仍未收到任何种类的证明书。我国根据法律的基本原则并参照大多数国家的做法，作出声明：在符合该款规定的各项条件的情况下，即使未收到任何送达证明，法官仍有权作出判决。

为规范涉外民事或商事案件司法文书送达，最高人民法院于2006年8月10日公布了《关于涉外民事或商事案件司法文书送达问题若干规定》。根据该规定，作为受送达人的自然人或者企业、其他组织的法定代表人、主要负责人在我国领域内的，人民法院可以向该自然人或者法定代表人、主要负责人送达。除受送达人在授权委托书中明确表明其诉讼代理人无权代为接收有关司法文书外，其委托的诉讼代理人为《民事诉讼法》第267条第4项规定的有权代其接受送达的诉讼代理人，人民法院可以向该诉讼代理人送达。人民法院向受送达人送达司法文书，可以送达给其在我国领域内设立的代表机构。受送达人在我国领域内有分支机构或者业务代办人的，经该受送达人授权，人民法院可以向其分支机构或者业务代办人送达。受送达人所在国与我国签订有司法协助协定，且为《关于向国外送达民事或商事司法文书和司法外文书公约》成员国的，人民法院依照司法协助协定的规定办理。受送达人所在国允许邮寄送达的，人民法院可以邮寄送达。除上述送达方式外，人民法院可以通过传真、电子邮件等能够确认收悉的其他适当方式向受送达人送达。除公告送达方式外，人民法院可以同时采取多种方式向受送达人进行送达，但应根据最先实现送达的方式确定送达日期。人民法院向受送达人在我国领域内的法定代表人、主要负责人、诉讼代理人、代表机构以及有权接受送达的分支机构、业务代办人送达司法文书，可以适用留置送达的方式。受送达人未对人民法院送达的司法文书履行签收手续，但存在以下情形之一的，视为送达：(1)受送达人书面向人民法院提及了所送达司法文书的内容；(2)受送达人已经按照所送达司法文书的内容履行；(3)其他可以视为已经送达的情形。

随着计算机和互联网的发展，其所使用的空间也越来越广泛。在人们享受着通过互联网传输文件的便利之时，国际社会也开始考虑通过网络向域外送达司法文书和司法外文书的可能性。海牙国际私法会议常设事务局已经开始对电子送达进行调研，观察各国的实践和未来的发展，以期获得能够在多大程度上在缔约国间使用电子送达的信息。但是，由于目前各国就这一送达方式进行立法认可的还很少，其有效性以及实际的可能性尚待进一步深入研究。[①]

第五节 司法协助

一、司法协助的概念

司法协助(judicial assistance),是指不同国家的法院之间,根据本国缔结或者参加的国际条约,或者根据互惠原则,互相代为一定的诉讼行为。其具体内容可分为一般的司法协助和特殊的司法协助两种。

在一般情况下,一国法院的判决和仲裁机构的裁决只在一国领域内发生效力。涉外民事案件由于有涉外因素,一国法院在审理时,往往需要他国法院的协助,司法协助正是因此而产生。司法协助必须坚持国家主权和平等互利的原则,它以国家缔结或者参加的国际条约所规定的司法协助事项或互惠原则为根据,没有这种根据,就不存在司法协助关系。

司法协助实质上是一种不同法域之间相互提供的司法便利或者帮助,因此,互惠互利原则是落实司法协助的主要基础。司法权派生于国家主权,具有排他性,从而使得涉外民事诉讼中,涉及外法域的司法协助必须获得该法域的认可才能够得以施行,否则可能构成对他国司法主权的侵犯。我国《民事诉讼法》第 277 条第 1 款规定:"请求和提供司法协助,应当依照中华人民共和国缔结或者参加的国际条约所规定的途径进行;没有条约关系的,通过外交途径进行。"截至 2005 年 7 月,我国已先后参加了《承认及执行外国仲裁裁决公约》《关于向国外送达民事或商事司法文书和司法外文书公约》《关于从国外调取民事或商事证据的公约》等国际公约,并与法国、波兰、意大利、比利时、罗马尼亚、西班牙等 32 个国家签订了民事司法协助协定(公约)。[②] 有关我国法院与外国法院司法协助的事项应依照上述公约和协定的规定办理,但我国对公约声明保留的条款除外。此外,最高人民法院、外交部、司法部于 1986 年联合发出《关于我国法院和外国法院通过外交途径相互委托送达法律文书若干问题的通知》,对于与我国没有条约关系的国家,应依该规定通过外交途径进行司法协助。

从国际社会通行的民事司法协助条约的规范来看,各国之间的民事司法协助一般包括下列内容:一是关于向国外转递诉讼文件或委托书的途径;二是关于受托国家履行司法协助的条件;三是受托国家履行委托的程序;四是被送达的诉讼文书和委托书的文字;五是关于司法协助的费用。其中最为核心的内容是涉及途径、条件和程序的相关规定。

二、一般司法协助

一般司法协助,是指本国法院和外国法院互相根据对方提出的请求,实施代为送达诉讼文书、调查取证等诉讼行为。

一般司法协助的条件如下:(1)两国之间必须有共同缔结或者参加的有关司法协助的国

---

① 参见何其生:《域外送达制度研究》,北京大学出版社 2006 年版,第四章第五节"电子送达与《海牙送达公约》"。

② 参见徐宏:《国际民事司法协助》,武汉大学出版社 2006 年版,第 34 页。

际条约，或者根据互惠原则，两国之间存在事实上的司法协助关系。⑵请求协助的事项不损害被请求国的主权、安全或者社会公共利益。⑶请求书及所附文件需附有被请求国的文字译本或者国际条约规定的其他文字文本。

1997年7月3日，第八届全国人大常委会第二十六次会议批准我国加入《关于从国外调取民事或商事证据的公约》(1998年2月6日起对我国生效)。该公约于1970年在海牙签订，1972年生效，是迄今为止在民商事域外取证方面最完善的公约。截至2013年5月，已有德、美、英、法、俄等57个国家批准或加入。公约中规定了请求书取证、外交官或领事人员取证、特派员取证三种域外取证方式。

(一) 请求书取证

请求书取证是从国外取证的最基本方式，指受理民商事案件的成员国的司法机关可以通过请求书请求证据所在成员国的司法机关代为调查和收集证据。其要求为：⑴请求书应包含请求机关和被请求机关的名称、当事人及其代理人的姓名和地址、诉讼的性质、要取得的证据或其他要履行的司法行为、取证对象的情况及取证需使用特殊程序的要求等。请求书应使用被请求国的文字，或随附此种文字的译本。除非特别声明，不得拒绝接受法文或英文作成的请求书或所附译文。⑵被请求国执行机关经审查符合条件的，可依本国法律规定的方式和程序进行取证，也可以按请求国的要求，依特殊方式进行。被请求国执行机关如认为请求不符合公约规定，可以向请求国提出异议，请求国不予更正的，则不予执行。⑶缔约国可以声明允许另一缔约国请求机关的司法人员在执行请求书时到场。

(二) 外交官、领事人员和特派员取证

外交官、领事人员和特派员取证都涉及一国官员在另一国领土上从事司法行为的问题，与国家主权密切相关。因此，公约允许缔约国或加入国对规定该种取证方式的第二章作出全部或部分的保留。全国人大常委会在批准我国加入该公约时即作出声明，除第15条以外，不适用公约第二章的规定。公约第15条规定，在民商事方面，缔约国的外交官或领事人员可以在另一缔约国境内行使职权的区域内，对其所代表国家的国民就其本国法院受理的诉讼进行调查取证，但不得采取强制措施。我国《民事诉讼法》第277条第2款也规定："外国驻中华人民共和国的使领馆可以向该国公民送达文书和调查取证，但不得违反中华人民共和国的法律，并不得采取强制措施。"

三、特殊司法协助

特殊司法协助，是指两国法院互相承认和执行对方发生法律效力的法院裁判和仲裁机关的裁决。其条件如下：⑴两国之间必须有共同缔结或者参加的有关特殊司法协助的国际条约，或者依据互惠原则进行。⑵不违反被请求国法律的基本原则或者国家主权、安全、社会公共利益。⑶请求书及所附文件需附有被请求国的文字译本或者国际条约规定的其他文字文本。

(一) 承认和执行外国法院裁判

由于世界各国在社会政治制度和经济制度方面的不同，在社会组织，特别是司法组织方面的差异，在法律意识上的不一致，再加上各国在经济领域的利益传统以及随之而来的对外国法院司法行为的不信任等，所有国家的国内立法和有关国际条约，在规定内国法院需承认与执行外国法院判决的同时，都规定了承认与执行外国法院判决时应予遵守的条件。综观各国立法及有关国际条约的规定，大致可以概括为如下几个方面：

1. 原判决国法院具有合格的管辖权。原判决国法院必须具有合格的管辖权，这是国际社会普遍公认的条件。但是，管辖权是一个非常复杂的问题，国际管辖权冲突经常发生，因此，必须解决依何国法律来确定原判决国法院的管辖权，目前主要有四种标准：依被请求承认与执行国的法律；依原审国的法律；依原审国和被请求承认与执行国两国的法律；依据条约的规定。大多数国家的诉讼法规定，原判决国法院的管辖权应当依承认与执行地国家的内国法来确定。

2. 诉讼程序具有必要的公正性。基于对败诉一方当事人的保护，各国立法及有关国际条约都规定，内国法院在承认与执行外国法院判决时，必须对其诉讼权利是否受到损害进行审查。这种审查主要包括：一是败诉方是否得到合法传唤，从而出庭陈述了自己的诉讼主张和行使了自己的辩护权；二是败诉方在没有诉讼行为能力时是否得到了适当的代理。如果内国法院发现有关的诉讼程序中败诉一方当事人基于自身失误以外的原因未能适当地陈述自己的主张和行使自己的辩护权，或在没有诉讼行为能力时未得到适当的代理，就可以认为该诉讼程序不具备公正性，从而拒绝承认与执行相应的判决。①

3. 外国法院判决是确定的判决。确定的判决是指由一国法院或有审判权的其他机关按照其内国法所规定的程序，对诉讼案件中的程序问题和实体问题所作的具有约束力而且已经发生法律效力的判决或裁定。终审判决是确定判决，但是，在一定的条件下，大多数国家的立法和司法实践也承认与执行外国法院非终局性的中间裁决。总之，外国法院的判决必须是已经确定的判决，这几乎是所有国家法律和有关国际公约规定的承认与执行外国法院判决的最基本的条件。

4. 外国法院的判决是合法的判决。外国法院判决必须合法，也就是说，有关的外国法院判决是基于合法手段而获取的。大多数国家的立法和司法实践都强调，采用欺诈手段获得的外国法院判决不能在内国境内得到承认与执行。而且，大多数国家的法律都是基于内国法来进行识别的。

5. 外国法院的判决不得与其他有关的法院判决相抵触。对于一国来说，对相同当事人就同一争议的案件所作出的判决只能有一个，如果一国对相同当事人之间就同一争议所进行的诉讼已经作出了生效判决，当事人之间的权利义务即告明确，任何一方当事人都有义务服从该判决，而不得利用外国法院的判决加以对抗。同样，如果一国已承认了第三国法院对相同当事人之间就同一争议的案件所作出的生效判决，第三国法院的判决即在该国取得了与该国法院判决同等的效力，在此情况下，该国也不能再承认与执行外国法院的判决。这也是各国立法和司法实践所普遍接受的条件。

6. 原判决国法院适用了适当的准据法。这一条件强调作出判决的外国法院应当适用了被请求国冲突规范所指定的准据法。大多数国家的法律和司法实践都要求，外国法院在

① 例如，《中华人民共和国和法兰西共和国关于民事、商事司法协助的协定》第 22 条第 4 项规定，对在"败诉一方当事人未经合法传唤，因而没有出庭参加诉讼"的情况下所作出的裁判"不予承认和执行"。

特定的范围内适用内国的冲突法规范或不违反内国的有关冲突法规范。

此外,有关国家之间还应存在互惠关系,而且,外国法院的判决不得与内国的公共政策相抵触。

在我国,承认和执行外国法院裁判的一般程序如下:由当事人或所在国法院提出申请,经我国有管辖权的中级人民法院依法审查,认为符合特殊司法协助条件的,裁定承认其效力;需要执行的,发出执行令,依照我国民事诉讼法的有关规定予以执行。如果认为不符合条件,即违反我国法律的基本原则或者国家主权、安全、社会公共利益,则不予承认和执行。《民诉法解释》第544条规定:"当事人向中华人民共和国有管辖权的中级人民法院申请承认和执行外国法院作出的发生法律效力的判决、裁定的,如果该法院所在国与中华人民共和国没有缔结或者共同参加国际条约,也没有互惠关系的,裁定驳回申请,但当事人向人民法院申请承认外国法院作出的发生法律效力的离婚判决的除外。承认和执行申请被裁定驳回的,当事人可以向人民法院起诉。"第548条规定:"承认和执行外国法院作出的发生法律效力的判决、裁定或者外国仲裁裁决的案件,人民法院应当组成合议庭进行审查。人民法院应当将申请书送达被申请人。被申请人可以陈述意见。人民法院经审查作出的裁定,一经送达即发生法律效力。"

(二)承认和执行外国仲裁裁决

外国仲裁裁决在我国的承认和执行可分为三种情况:

1. 在《纽约公约》缔约国作出的裁决。1986年12月2日,第六届全国人大常委会第十八次会议决定我国加入《承认及执行外国仲裁裁决公约》(即1958年《纽约公约》)。我国于1987年1月22日申请加入该公约,该公约于1987年4月22日起对我国生效。

我国在加入该公约时提出互惠保留和商事保留。为了妥善地执行公约的规定,最高人民法院于1987年4月10日发出《关于执行我国加入的〈承认及执行外国仲裁裁决公约〉的通知》。主要内容如下:

(1)根据我国加入该公约时所作的互惠保留声明,我国对在另一缔约国领土内作出的仲裁裁决的承认和执行适用该公约。该公约与我国民事诉讼法有不同规定的,按公约的规定办理。对于在非缔约国领土内作出的仲裁裁决,需要我国法院承认和执行的,应按我国同申请人所在国缔结的其他条约或按互惠原则办理。

(2)根据我国加入该公约时所作的商事保留声明,我国仅对按照我国法律属于契约性和非契约性商事法律关系所引起的争议适用该公约。所谓"契约性和非契约性商事法律关系",具体是指由于合同、侵权或者根据有关法律规定而产生的经济上的权利义务关系,例如,货物买卖、财产租赁、工程承包、加工承揽、技术转让、合资经营、合作经营、勘探开发自然资源、保险、信贷、劳务、代理、咨询服务和海上、民用航空、铁路、公路的客货运输,以及产品责任、环境污染、海上事故和所有权的争议等,但不包括外国投资者与东道国政府之间的争端。①

① 外国投资者与东道国政府之间的争端一般由1965年《关于解决各国和其他国家的国民之间投资争端的公约》(即《华盛顿公约》)所设解决投资争端的国际中心解决。我国已于1992年批准加入1965年《华盛顿公约》。该公约规定,每一缔约国都应承认依照该公约作出的裁决具有约束力,并在其领土内履行该裁决所确定的金钱上的义务,如同该裁决是该国法院的最后判决一样。

(3) 根据1958年《纽约公约》第4条，申请我国法院承认和执行在另一缔约国领土内作出的仲裁裁决，由仲裁裁决的一方当事人提出。对于当事人的申请，应由我国下列地点的中级人民法院受理：被执行人为自然人的，为其户籍所在地或者居所地；被执行人为法人的，为其主要办事机构所在地；被执行人在我国无住所、居所或者主要办事机构，但有财产在我国境内的，为其财产所在地。

(4) 我国有管辖权的中级人民法院接到一方当事人请求后，应对申请承认及执行的外国仲裁裁决进行审查，如果认为不具有该公约第5条第1、2两款所列的情形，应当裁定承认其效力，并依照我国民事诉讼法规定的程序执行；如果认定具有该公约第5条第2款所列情形之一的，或者根据被申请人提供的证据证明具有第5条第1款所列情形之一的，应当裁定驳回申请，拒绝承认及执行。

拓展阅读

北京朝来新生体育休闲有限公司申请承认和执行外国仲裁裁决案

http://2d.hep.cn/1322465/8

(5) 申请我国法院承认及执行的仲裁裁决，仅限于1958年《纽约公约》对我国生效后，在另一缔约国领土内作出的仲裁裁决。该项申请应当在我国《民事诉讼法》规定的申请执行期限内提出。依据《民事诉讼法》第239条，申请执行的期间为2年。申请执行时效的中止、中断，适用法律有关诉讼时效中止、中断的规定。

2. 在与我国订有双边条约的国家作出的外国裁决。在我国与一些国家订立的双边贸易、投资保护和司法协助的条约或协定中，规定有关于相互承认与执行对方国家的仲裁裁决的条文。对于在这些国家作出的仲裁裁决，可按双边条约的规定予以承认和执行。例如，我国和土耳其1992年9月28日签订的《关于民事、商事和刑事司法协助的协定》第26条“仲裁机构裁决的承认与执行”规定：“除符合本章第三节的其他规定外，符合下列条件的仲裁裁决应予承认与执行：(一) 按照被请求的缔约一方的法律，该项仲裁裁决属于对契约性或非契约性商事争议作出的仲裁裁决；(二) 仲裁裁决是基于当事人关于将某一特定案件或今后由某一特定法律关系所产生的案件提交仲裁机构管辖的书面仲裁协议作出的，且该项仲裁裁决是上述仲裁机构在仲裁协议中所规定的权限范围内作出的；(三) 根据被请求的缔约一方的法律，提交仲裁机构管辖的协议是有效的。”

3. 在与我国没有有关条约关系的其他国家作出的裁决。对于在《纽约公约》缔约国以及与我国订有双边条约国家以外的其他国家作出的仲裁裁决，需要在我国境内承认与执行的，应由当事人向我国法院提出申请，我国法院按照互惠原则办理。如果外国裁决的作出地国与我国有相互承认与执行仲裁裁决的互惠关系，并且该裁决在形式上符合我国法律的规定，裁决的执行不违反我国法律的基本原则及国家主权、安全和社会公共利益的，人民法院裁定承认其效力，发出执行令，按照我国民事诉讼法规定的程序执行。

1995年8月28日，最高人民法院发出《关于人民法院处理与涉外仲裁及外国仲裁事项有关问题的通知》，设立了报告制度，即对于下级法院准备拒绝承认和执行外国仲裁裁决的案件，应在报请最高人民法院同意后，才能作出拒绝承认和执行的裁定。根据该通知，当事人向人民法院申请承认和执行外国仲裁机构的裁决，如果人民法院认为申请承认和执行的外国裁决不符合我国参加的国际公约的规定或者不符合互惠原则的，在裁定拒绝承认和执行之前，必须报请本辖区所属高级人民法院进行审查；如果高级人民法院同意拒绝承认和执行，应将其审查意见报最高人民法院。待最高人民法院答复后，方可裁定拒绝承认和执行。

该报告制度的设立，主要是为了尽可能严格把握拒绝承认和执行外国仲裁裁决的条件，避免随意拒绝承认和执行外国仲裁裁决的情形的发生。由最高人民法院对拒绝承认和执行外国仲裁裁决统一把关，不仅可以统一执法的尺度，而且可以有效避免地方保护主义可能带来的干扰。

从多年来的司法实践看，我国法院对外国仲裁裁决的司法监督表现出越来越宽松的态度，即充分尊重当事人的意思自治，尊重当事人选择仲裁方式解决纠纷的意愿，尽可能地承认仲裁裁决的有效性，承认和执行外国仲裁裁决，积极支持非诉讼纠纷解决机制的发展和完善。

在涉外民事诉讼中，可能还有一些具体事项需要国家间的相互协助。比如，外国法的查明，法律情报的交换，户籍文书的送交，涉外财物的归还，各种文书的证明。在我国与外国签订的司法协助条约中，一般都涉及"交换法律情报"或关于外国法查明的内容，其目的在于准确查明案情，正确适用法律，以保护当事人的合法权益。

第二十二章　涉港澳台民事诉讼程序

第一节　涉港澳台民事诉讼程序概述

一、涉港澳台民事案件

涉港、澳、台民事案件，是指在当事人，争议标的物或者争议法律关系的发生、变更、消灭等方面具有涉港、澳、台因素的民事案件。香港、澳门特别行政区和台湾地区属于中国领土，这类民事案件不属于涉外民事案件，但又有别于通常的国内民事案件，因而，人民法院在审理这类案件时，对某些事项的处理应依据某些特别规定或采用某些特别方式。《民诉法解释》第 551 条规定："人民法院审理涉及香港、澳门特别行政区和台湾地区的民事诉讼案件，可以参照适用涉外民事诉讼程序的特别规定。"

由于历史的原因，港澳台地区的政治、经济、法律制度与内地不同，我国根据"一国两制"方针处理港、澳、台问题。我国已于 1997 年 7 月 1 日、1999 年 12 月 20 日先后恢复对香港、澳门行使主权；海峡两岸的和平统一，也已成为大势所趋。在今后较长的时期内，港、澳、台地区将保留有相对独立于祖国大陆的立法权、司法权和终审权。因此，人民法院在审理涉港、澳、台民事案件时，在实体法上，会遇到区际法律冲突问题，需要制定区际法律冲突规范；在程序法上，从管辖、调查取证、诉讼文书的送达到判决、裁定的执行，都会遇到与涉外民事诉讼相类似的问题，因此，也需要制定相应的法律规范予以解决。为此，最高人民法院制定了一系列司法解释文件，主要有：《关于人民法院认可台湾地区有关法院民事判决的规定》(1998 年)、《关于内地与香港特别行政区法院相互委托送达民商事司法文书的安排》(1999 年)、《关于内地与香港特别行政区相互执行仲裁裁决的安排》(1999 年)、《关于内地与香港特别行政区法院相互认可和执行当事人协议管辖的民商事案件判决的安排》(2006 年)、《内地与澳门特别行政区关于相互认可和执行民商事判决的安排》(2006 年)、《关于内地与澳门特别行政区法院就民商事案件相互委托送达司法文书和调取证据的安排》(2001 年)、《关于内地与澳门特别行政区相互认可和执行仲裁裁决的安排》(2007 年)、《关于涉台民事诉讼文书送达的若干规定》(2008 年)、《关于涉港澳民商事案件司法文书送达问题若干规定》(2009 年)等。

二、涉港澳台区际司法协助

一国领域内不同法域之间的司法协助为区际司法协助。“区际”首先是一个地理意义上的概念，其意为一国内部的不同地区之间，这就界定了区际司法协助发生在一国领土范围内，并与国际司法协助区分开来。区际司法协助的理论基础是一国之内不同区域所享有的独立的司法权，不直接涉及国家主权问题，它所体现的是维护国家统一、促进各地区经济共同发展的对内政策，其法律渊源只能是国内法。

一国之内的不同法域是相对独立的，这种独立性表现在以下几个方面：(1)各法域的法律制度具有独特性。各法域的法律制度（包括司法体制）有所不同，或者分属于不同的法系，或者具有不同的法律传统，在立法和司法方面都有鲜明的特点。(2)法律实施的区域性。各法域都享有立法权、行政权和独立的司法权，法域之间互不隶属，相互独立，一法域制定的法律只能在本法域内适用。在我国，内地法域所制定的全国性法律，除涉及国防、外交等事项的少数法律在特别行政区适用外，绝大部分只能在内地发生效力。(3)各法域互不依附。香港和澳门的立法，除少数情况外，一般不受中央立法的约束。(4)各法域之间是平等的。在我国，虽然香港、澳门的立法机关属于地方的立法机关，但是其所制定的法律与内地的法律在适用上是平等的。①

大陆与港、澳、台地区的司法协助，是中国内部不同法域之间的司法合作，它既有别于国际司法协助，又有别于一般的内国司法协作（如大陆地区各人民法院之间的相互协助），其范围主要包括：送达诉讼文书、调查取证、承认与执行法院判决、承认与执行仲裁裁决等。

第二节　涉港澳台民事诉讼程序的特别规定

一、管辖

> 拓展阅读
>
> 郭叶律师行诉厦门华洋彩印公司代理合同纠纷管辖权异议案
>
> http://2d.hep.cn/1322465/9

在审判实践中，人民法院依据我国民事诉讼法的规定以及有关司法解释，积极主动地行使对涉港澳台民事案件的管辖权，及时有效地保护了当事人的合法权益，取得了较好的效果。②

为了优化司法资源配置，排除地方干扰，维护司法统一，提升我国法治的权威性和公信力，为加入世贸组织创造良好的司法环境，最高人民法院2002年2月25日发布了

---

① 参见江伟主编：《民事诉讼法学》，复旦大学出版社2002年版，第643页。

② 但也应当指出，在审判实践中，我国大陆的人民法院与港澳台地区法院对一些具体案件时常发生管辖权冲突，并因此影响了对当事人合法权益的保护。这一问题值得重视。例如，一对香港籍夫妻因离婚发生诉讼，女方向福州市某法院起诉，男方向香港法院起诉，两地法院都立案受理。男方向福州某法院提出管辖权异议，被该法院驳回；后提出上诉，又被二审法院驳回。女方也向香港法院提出管辖权异议，被香港法院驳回。香港法院经多次开庭审理，于2003年7月10日作出判决。参见郭世平、章金生：《一桩离婚案，港榕两地审》，载《法制日报》2003年8月4日第6版。

《关于涉外民商事案件诉讼管辖若干问题的规定》。该规定第5条指出:"涉及香港、澳门特别行政区和台湾地区当事人的民商事纠纷案件的管辖,参照本规定处理。"

港澳台投资者在大陆发生的与投资有关的争议,可以依据书面仲裁协议,向有关仲裁机构申请仲裁。如果没有仲裁协议,或者仲裁协议无效,或者仲裁协议的内容不明确以致无法执行,而且双方当事人又无法达成新的仲裁协议的,可以向人民法院起诉。①

二、当事人

港澳台当事人在大陆进行诉讼活动,应向人民法院提交港澳台有关部门出具的证明文件,如身份证、护照、公司执照、婚姻状况公证书等,以证明其当事人的身份。如确因特殊原因无法取得上述证明文件,但有其他方法(如同乡会、宗亲会)可证明其身份的,人民法院亦予以承认。

港澳台当事人可根据我国民事诉讼法的规定,委托诉讼代理人代为诉讼,其授权委托书须经我国司法部授权的香港或澳门的委托公证人证明、澳门有关机构证明、台湾地方法院公证。自1981年以来,已有427名香港律师获得司法部授权,取得委托公证人的资格。②2006年2月8日,林秀云等5名澳门律师成为司法部在澳门委托的第一批公证人。③人民法院应注意审查代理人的委托权限,区分民事委托与诉讼委托、一般授权与特别授权。

三、证据

根据最高人民法院2001年12月发布的《证据规定》第11条第2款,当事人向人民法院提供的证据如果是在香港、澳门、台湾地区形成的,应当履行相关的证明手续。

目前人民法院审理涉港民商事案件时,一般采用以下方式调查取证:(1)由当事人自行举证,经双方当事人当庭质证后,法院审查核实。(2)由诉讼代理人取证。通常由律师办理旅游手续赴港取证,或由内地律师委托香港律师、民间团体或内地驻港机构代为取证。(3)由司法人员直接到香港取证。内地法院受理一些重大民商事案件后,指派审判人员以商务、旅游、探亲等名义到香港取证。④

1993年4月29日,大陆海峡两岸关系协会会长汪道涵和台湾海峡交流基金会董事长辜振甫在新加坡正式签署《两岸公证书使用查证协议》。⑤该协议自1993年5月29日起生效实施。根据该协议,双方同意相互寄送涉及继承、收养、婚姻、出生、死亡、委托、学历、定居、扶养亲属及财产权利证明公证书副本。双方还同意就公证书以外的文书查证事项进

---

① 我国最高人民法院对于仲裁协议效力的态度,近些年来发生了根本性的转变。参见涂晴:《仲裁条款独立原则与我国审判实践的发展——对〈最高人民法院公报〉两个案例的评析》,载《法学》1999年第6期;齐树洁、蔡从燕:《江苏轻纺公司诉香港裕亿公司等侵权纠纷上诉案评析》,载《厦门大学法律评论》第1辑,厦门大学出版社2001年版。另请参见最高人民法院2006年8月23日公布的《关于适用〈中华人民共和国仲裁法〉若干问题的解释》。

② 参见《法制日报》,2012年8月6日。

③ 参见赵海鸥:《司法部举行首次委托公证人(澳门)证书颁发仪式》,载《中国司法》2006年第3期。

④ 参见李昌道:《内地与香港法院委托民商事文书送达的动态研析》,载《政治与法律》2002年第1期。

⑤ 参见《法制日报》,1993年5月30日。

行个案协商并予协助。人民法院审理涉台案件,对于作为证据材料的台湾公证书或其他文书,认为有疑义的,可根据上述协议,按照该协议规定的方式进行查证。

第三节 大陆与台湾地区的区际司法协助

近年来,海峡两岸交流逐渐扩大,互涉案件逐年增多。由于目前两岸尚未实现直接“三通”,两岸法院之间也未建立起相互委托代为送达、调查、执行的联系和途径,致使大陆法院在审理涉台民事案件时,面临“送达难”“取证难”“执行难”等一系列难题。这种状况不但给两岸当事人带来诸多不便,而且使其合法权益得不到及时有效的保护。台湾法院审理涉及大陆的民事案件时,也必然会遇到同样的问题。1994 年 8 月 8 日《海协与海基会台北会谈共同新闻稿》宣布:双方同意尽速进行“两岸有关法院之间的联系与协助”议题的商谈。审判实践表明,由于两岸司法方面的联系与协助问题长期未能得到解决,严重影响了涉台民事案件的及时审理和对两岸同胞正当权益的保护。

2009 年 4 月 26 日,海峡两岸关系协会会长陈云林与台湾海峡交流基金会董事长江丙坤在南京签署《海峡两岸共同打击犯罪及司法互助协议》。该协议规定:双方同意在民事、刑事领域相互提供以下协助:(1)共同打击犯罪;(2)送达文书;(3)调查取证;(4)认可及执行民事裁判与仲裁裁决(仲裁判断);(5)移管(接返)被判刑人(受刑事裁判确定人);(6)双方同意之其他合作事项。双方同意依己方规定,尽最大努力,相互协助送达司法文书。双方同意依己方规定相互协助调查取证,包括:取得证言及陈述;提供书证、物证及视听资料;确定关系人所在或确认其身份;勘验、鉴定、检查、访视、调查;搜索及扣押等。双方同意基于互惠原则,于不违反公共秩序或善良风俗之情况下,相互认可及执行民事确定裁判与仲裁裁决(仲裁判断)。双方同意依本协议请求及协助提供之证据资料、司法文书及其他资料,不要求任何形式之证明。

为落实上述协议,最高人民法院于 2011 年 6 月 14 日公布《关于人民法院办理海峡两岸送达文书和调查取证司法互助案件的规定》。

一、送达

涉台民事诉讼文书送达事务的处理,应当遵守一个中国原则和法律的基本原则,不违反社会公共利益。

人民法院送达或者代为送达的民事诉讼文书包括:起诉状副本、上诉状副本、反诉状副本、答辩状副本、授权委托书、传票、判决书、调解书、裁定书、支付令、决定书、通知书、证明书、送达回证以及与民事诉讼有关的其他文书。受委托的人民法院对台湾地区有关法院委托送达的民事诉讼文书的内容和后果不负法律责任。

人民法院向住所地在台湾地区的当事人送达民事诉讼文书,可以采用下列方式:

1. 受送达人居住在大陆的,直接送达。受送达人是自然人,本人不在的,可以交其同住成年家属签收;受送达人是法人或者其他组织的,应当由法人的法定代表人,其他组织的主要负责人或者该法人、组织负责收件的人签收;受送达人不在大陆居住,但送达时在大陆的,可以直接送达。

2. 受送达人在大陆有诉讼代理人的，向其诉讼代理人送达。受送达人在授权委托书中明确表示其诉讼代理人无权代为接收的除外。

3. 受送达人有指定代收人的，向其代收人送达。

4. 受送达人在大陆有代表机构、分支机构、业务代办人的，向其代表机构或者经受送达人明确授权接受送达的分支机构、业务代办人送达。

采用上述第一至第四种方式送达的，由受送达人、诉讼代理人或者有权接受送达的人在送达回证上签收或者盖章，即为送达；拒绝签收或者盖章的，可以依法留置送达。

5. 受送达人在台湾地区的地址明确的，可以邮寄送达。采用邮寄送达，应当附有送达回证。受送达人未在送达回证上签收但在邮件回执上签收的，视为送达，签收日期为送达日期。自邮寄之日起满 3 个月，如果未能收到送达与否的证明文件，且根据各种情况不足以认定已经送达的，视为未送达。

6. 有明确的传真号码、电子信箱地址的，可以通过传真、电子邮件方式向受送达人送达。采用此种方式送达的，应当注明人民法院的传真号码或者电子信箱地址，并要求受送达人在收到传真件或者电子邮件后及时予以回复，以能够确认受送达人收悉的日期为送达日期。

7. 按照两岸司法互助方式送达。采用此项方式送达的，应当由有关的高级人民法院出具盖有本院印章的委托函。委托函应当写明案件各方当事人的姓名或者名称、案由、案号；受送达人姓名或者名称、受送达人的详细地址以及需送达的文书种类。

采用上述方式不能送达或者台湾地区的当事人下落不明的，公告送达。采用公告方式送达的，公告内容应当在境内外公开发行的报刊或者权威网站上刊登。公告送达的，自公告之日起满 3 个月，即视为送达。

人民法院按照两岸认可的有关途径代为送达台湾地区法院的民事诉讼文书的，应当有台湾地区有关法院的请求书。人民法院收到台湾地区有关法院的请求书后，经审查符合条件的，应当自立案之日起 15 日内完成协助送达，最迟不得超过 2 个月。民事诉讼文书中确定的出庭日期或者其他期限逾期的，受委托的人民法院亦应予送达。

人民法院按照委托函中的受送达人姓名或者名称、地址不能送达的，应当附函写明情况，将委托送达的民事诉讼文书退回。完成送达的送达回证以及未完成送达的委托材料，可以按照原途径退回。

二、执行

审判程序的目的在于确定民事权利，执行程序的目的在于实现民事权利。实现之前必先确定，确定之后必求实现。涉台民事诉讼的判决生效后，如果败诉方不履行判决所确定的义务，胜诉方可依法向人民法院申请强制执行。若台湾当事人败诉而拒不履行其义务，则有以下几种情形：

1. 台湾当事人在大陆有财产的，人民法院可会同有关部门合理作价变卖其财产，予以执行。变卖所得不足以清偿全部债务的，对不足部分可以裁定中止执行，待以后有条件时再恢复执行。变卖财产所得清偿全部债务后仍有剩余的，法院应当通知被执行人领取；若被执行人在通知后经过 3 个月仍不领取的，则以其名义将余款存入银行，待其领取。

2. 台湾当事人在大陆除了投资外别无其他财产可供执行的,人民法院可以责令以其所得利润还债,但不宜以其投资清偿债务;如确有此必要,应商得大陆合资方或合作方和有关方面的同意,通过转让投资权益的方式进行抵偿。

3. 台湾当事人在大陆既无财产又无投资的,人民法院不可能直接执行其在台湾的财产,只能通过两岸司法协作的途径解决。胜诉方可根据台湾 1992 年 7 月 16 日制定(后经修正)的《台湾地区与大陆地区人民关系条例》第 74 条之规定,向台湾有关地方法院申请执行。①

三、人民法院认可台湾地区法院的民事判决

民事诉讼的目的,对于当事人而言,在于求得司法保护,实现民事权利。因此,海峡两岸在一定条件下相互承认和执行对方法院作出的民事判决,不仅可在一定程度上缓解两岸民事管辖权的冲突,而且有利于保护两岸当事人的合法权益。基于上述目的,最高人民法院制定了《关于认可和执行台湾地区法院民事判决的规定》(以下简称《规定》),自 2015 年 7 月 1 日起施行。该《规定》的主要内容如下:

1. 申请与管辖

台湾地区法院民事判决的当事人可以根据《规定》,作为申请人向人民法院申请认可和执行台湾地区有关法院民事判决。申请人申请认可和执行台湾地区法院民事判决的期间,适用《民事诉讼法》第 239 条的规定,但申请认可台湾地区法院有关身份关系的判决除外。申请人仅申请认可而未同时申请执行的,申请执行的期间自人民法院对认可申请作出的裁定生效之日起重新计算。申请认可和执行台湾地区法院民事判决,应当参照《诉讼费用交纳办法》的规定,交纳相关费用。申请人委托他人代理申请认可台湾地区法院民事判决的,应当向人民法院提交由委托人签名或者盖章的授权委托书。

《规定》所称台湾地区法院民事判决,包括台湾地区法院作出的生效民事判决、裁定、和解笔录、调解笔录、支付命令等。申请认可台湾地区法院在刑事案件中作出的有关民事损害赔偿的生效判决、裁定、和解笔录的,适用《规定》。申请认可由台湾地区乡镇市调解委员会等出具并经台湾地区法院核定,与台湾地区法院生效民事判决具有同等效力的调解文书的,参照适用《规定》。

申请人同时提出认可和执行台湾地区法院民事判决申请的,人民法院先按照认可程序进行审查,裁定认可后,由人民法院执行机构执行。申请人直接申请执行的,人民法院应当告知其一并提交认可申请;坚持不申请认可的,裁定驳回其申请。

申请人申请认可台湾地区法院民事判决,应当提交申请书,并附有台湾地区有关法院民事判决文书和民事判决确定证明书的正本或者经证明无误的副本。台湾地区法院民事判决为缺席判决的,申请人应当同时提交台湾地区法院已经合法传唤当事人的证明文件,但判决已经对此予以明确说明的除外。

申请书应当记明以下事项:(1)申请人和被申请人姓名、性别、年龄、职业、身份证件号

---

① 该条例第 74 条规定:"在大陆地区作成之民事确定裁判、民事仲裁判断,不违背台湾地区公共秩序或善良风俗者,得声请法院裁定认可。前项经法院裁定认可之裁判或判断,以给付为内容者,得为执行名义。前二项规定,以在台湾地区作成之民事确定裁判、民事仲裁判断,得声请大陆地区法院裁定认可或为执行名义者,始适用之。"

码、住址(申请人或者被申请人为法人或者其他组织的,应当记明法人或者其他组织的名称、地址、法定代表人或者主要负责人姓名、职务)和通信方式;(2)请求和理由;(3)申请认可的判决的执行情况;(4)其他需要说明的情况。

申请认可台湾地区法院民事判决的案件,由申请人住所地、经常居住地或者被申请人住所地、经常居住地、财产所在地中级人民法院或者专门人民法院受理。申请人向两个以上有管辖权的人民法院申请认可的,由最先立案的人民法院管辖。申请人向被申请人财产所在地人民法院申请认可的,应当提供财产存在的相关证据。

2. 审查与受理

对申请认可台湾地区法院民事判决的案件,人民法院应当组成合议庭进行审查。对于符合条件的申请,人民法院应当在收到申请后7日内立案,并通知申请人和被申请人,同时将申请书送达被申请人;对不符合条件的申请,应当在7日内裁定不予受理,同时说明不予受理的理由;申请人对裁定不服的,可以提起上诉。

申请人申请认可台湾地区法院民事判决,应当提供相关证明文件,以证明该判决真实并且已经生效。申请人可以申请人民法院通过海峡两岸调查取证司法互助途径查明台湾地区法院民事判决的真实性和是否生效以及当事人得到合法传唤的证明文件;人民法院认为必要时,也可以就有关事项依职权通过海峡两岸司法互助途径向台湾地区请求调查取证。

人民法院受理认可台湾地区法院民事判决的申请之前或者之后,可以按照《民事诉讼法》及相关司法解释的规定,根据申请人的申请,裁定采取保全措施。

人民法院受理认可台湾地区法院民事判决的申请后,当事人就同一争议起诉的,不予受理。一方当事人向人民法院起诉后,另一方当事人向人民法院申请认可的,对于认可的申请不予受理。案件虽经台湾地区有关法院判决,但当事人未申请认可,而是就同一争议向人民法院起诉的,应予受理。人民法院受理认可台湾地区法院民事判决的申请后,作出裁定前,申请人请求撤回申请的,可以裁定准许。

3. 裁定及效力

人民法院受理认可台湾地区法院民事判决的申请后,应当在立案之日起6个月内审结。有特殊情况需要延长的,报请上一级人民法院批准。通过海峡两岸司法互助途径送达文书和调查取证的期间,不计入审查期限。

台湾地区法院民事判决具有下列情形之一的,裁定不予认可:(1)申请认可的民事判决,是在被申请人缺席又未经合法传唤或者在被申请人无诉讼行为能力又未得到适当代理的情况下作出的;(2)案件系人民法院专属管辖的;(3)案件双方当事人订有有效仲裁协议,且无放弃仲裁管辖情形的;(4)案件系人民法院已作出判决或者中国大陆的仲裁庭已作出仲裁裁决的;(5)香港特别行政区、澳门特别行政区或者外国的法院已就同一争议作出判决且已为人民法院所认可或者承认的;(6)台湾地区、香港特别行政区、澳门特别行政区或者外国的仲裁庭已就同一争议作出仲裁裁决且已为人民法院所认可或者承认的。认可该民事判决将违反一个中国原则等国家法律的基本原则或者损害社会公共利益的,人民法院应当裁定不予认可。

人民法院经审查能够确认台湾地区法院民事判决真实并且已经生效,而且不具有《规定》所列不予认可情形的,裁定认可其效力;不能确认该民事判决的真实性或者已经生效的,裁定驳回申请人的申请。裁定驳回申请的案件,申请人再次申请并符合受理条件的,人民法院应予受理。

经人民法院裁定认可的台湾地区法院民事判决，与人民法院作出的生效判决具有同等效力。人民法院依据《规定》第 15 条和第 16 条作出的裁定，一经送达即发生法律效力。当事人对上述裁定不服的，可以自裁定送达之日起 10 日内向上一级人民法院申请复议。

对人民法院裁定不予认可的台湾地区法院民事判决，申请人再次提出申请的，人民法院不予受理，但申请人可以就同一争议向人民法院起诉。

第四节　内地与香港特别行政区的区际司法协助

一、民商事司法文书的送达

香港回归前，内地法院向居住在香港的当事人送达民商事司法文书的途径很多，主要有外交途径，邮寄，诉讼代理人，公告，《海牙送达公约》、“粤港协议”规定的方式等，但送达率和送达效果不很理想。此外，中国法律服务（香港）有限公司以接受委托的方式，为内地法院提供涉港法律文书的送达服务。① 香港回归后，根据“一国两制”的方针，为尽快在内地与香港之间建立起高效、便捷的送达机制，1999 年 3 月 29 日，最高人民法院以司法解释形式发布了《关于内地与香港特别行政区法院相互委托送达民商事司法文书的安排》（以下简称《送达安排》）。② 根据双方约定，《送达安排》也于同日通过修改后的《香港高等法院规则》在香港实施。《送达安排》的主要内容如下：

1. 相互委托送达机构。内地法院与香港特别行政区法院可以相互委托送达民商事司法文书。双方委托送达司法文书，均须通过各高级人民法院和香港特别行政区高等法院进行。最高人民法院司法文书可以直接委托香港特别行政区高等法院送达。在实施过程中遇有问题和修改，应当通过最高人民法院与香港特别行政区高等法院协商解决。

2. 委托送达民商事司法文书的范围。在内地司法文书包括：起诉状副本、上诉状副本、授权委托书、传票、判决书、调解书、裁定书、决定书、通知书、证明书、送达回证；在香港特别行政区司法文书包括：起诉状副本、上诉状副本、传票、状词、誓章、判案书、判决书、裁决书、通知书、法庭命令、送达证明。委托送达的司法文书以互换司法文书样本为准。

3. 委托请求。委托方请求送达司法文书，须出具盖有其印章的委托书，还须在委托书中说明委托机关的名称，受送达人的姓名或者名称、详细地址及案件的性质。委托书应当以中文文本提出。所附司法文书及其他相关文件没有中文文本的，应当提供中文译本。以上文件一式两份。受送达人为两人以上的，每人一式两份。委托方应尽量在合理期限内提出委托请求。

4. 送达。受委托方如果认为委托书与上述规定不符，应当通知委托方，并说明对委托书的异议。必要时可以要求委托方补充材料。不论司法文书中确定的出庭日期或者期限是

① 该公司是一家经我国司法部批准、在香港注册的内地法律服务机构，除了提供送达服务外，还向内地有关机构和人士提供香港公司的股东情况、不动产登记情况查询等专业服务。参见《人民法院报》2003 年 7 月 21 日 B2 版。

② 参见《最高人民法院公报》1999 年第 3 期。

否已过,受委托方均应送达。受委托方接到委托书后,应当及时完成送达,最迟不得超过自收到委托书之日起2个月。送达司法文书后,内地人民法院应当出具送达回证;香港特别行政区法院应当出具送达证明书。出具送达回证和证明书,应当加盖法院印章。受委托方无法送达的,应当在送达回证或者证明书上注明妨碍送达的原因、拒收事由和日期,并及时退回委托书及所附全部文书。送达司法文书,应当依照受委托方所在地法律规定的程序进行。受委托方对委托方委托送达的司法文书的内容和后果不负法律责任。委托送达司法文书费用互免。但委托方在委托书中请求以特定送达方式送达所产生的费用,由委托方负担。

二、仲裁裁决的执行

1997年7月1日前,内地与香港之间仲裁裁决的相互承认与执行主要依据1958年《纽约公约》进行,多年来执行情况良好。香港回归后,两地间的司法协助变为一个主权国家内不同法律区域间的司法安排,与国际司法协助有着本质的区别。两地间相互执行对方仲裁裁决不再适用《纽约公约》。1998年1月19日,香港高等法院范德雷(Findlay)法官作出判决,驳回当事人执行中国国际经济贸易仲裁委员会裁决的申请,其理由是于法无据。此后一段时间里,两地相互执行仲裁裁决的工作处于停滞状态,使得双方当事人深感不便,也影响了对两地当事人合法权益的保护。

1999年6月18日,最高人民法院通过了《关于内地与香港特别行政区相互执行仲裁裁决的安排》(以下简称《仲裁安排》)。[①] 根据最高人民法院与香港特区政府的协议,香港特区法院同意执行内地仲裁机构依据《中华人民共和国仲裁法》所作出的裁决,内地人民法院同意执行在香港特别行政区按香港特别行政区《仲裁条例》所作出的裁决。这一《仲裁安排》突破了两地之间在仲裁裁决执行问题上的瓶颈,使得两地仲裁裁决的相互承认与执行重新获得法律依据。《仲裁安排》的主要内容如下:

1. 相互执行的有关法院。在内地是指被申请人住所地或者财产所在地的中级人民法院,在香港特别行政区指香港特别行政区高等法院。被申请人住所地或者财产所在地在内地不同的中级人民法院辖区内的,申请人可以选择其中一个中级人民法院申请执行裁决,不得分别向两个或者两个以上中级人民法院提出申请。被申请人的住所地或者财产所在地,既在内地又在香港特别行政区的,申请人不得同时分别向两地有关法院提出申请。只有一地法院执行不足以偿还其债务时,才可就不足部分向另一地法院申请执行。两地法院先后执行仲裁裁决的总额,不得超过裁决数额。在实施过程中遇有问题和修改,应当通过最高人民法院和香港特别行政区政府协商解决。

2. 相互执行仲裁裁决的范围。香港回归前,鉴于当时内地能够受理涉外、涉港澳案件的仲裁机构只有中国国际经济贸易仲裁委员会和中国海事仲裁委员会,因此,根据《纽约公约》,香港法院实际受理的只限于对这两家仲裁机构作出的仲裁裁决的申请。内地法院受理的是对根据香港《仲裁条例》作出的裁决的申请。香港回归前,内地仲裁体制已经发生了变化。1995年9月1日《仲裁法》实施,根据该法,各省、自治区和直辖市人民政府所在地的市

① 参见《最高人民法院公报》2000年第2期。

或根据需要其他设区的市可以设立仲裁委员会,其主要职责是受理国内仲裁案件。但对于涉外案件,当事人自愿选择新组建的仲裁委员会仲裁的,新组建的仲裁委员会也可以受理。因此,香港特别行政区执行内地的仲裁裁决,就应包括截至1999年5月,内地依据《仲裁法》成立的148家仲裁委员会的裁决。另外,内地执行香港特别行政区仲裁裁决时,对于我国在加入《纽约公约》时所作的商事保留还继续适用,即执行仲裁裁决的范围,是对按照内地法律属于契约性和非契约性商事法律关系而引起的争议所作出的仲裁裁决。

3. 执行申请。在内地或者香港特别行政区作出的仲裁裁决,一方当事人不履行仲裁裁决的,另一方当事人可以向被申请人住所地或者财产所在地的有关法院申请执行。当事人向有关法院申请执行内地或者香港特别行政区仲裁裁决的期限,依据执行地法律有关时限的规定。

申请人向有关法院申请执行在内地或者香港特别行政区作出的仲裁裁决的,应当提交以下文书:(1)执行申请书;(2)仲裁裁决书;(3)仲裁协议。

执行申请书应当载明下列事项:(1)申请人为自然人的情况下,该人的姓名、地址;申请人为法人或者其他组织的情况下,该法人或其他组织的名称、地址及法定代表人姓名;(2)被申请人为自然人的情况下,该人的姓名、地址;被申请人为法人或者其他组织的情况下,该法人或其他组织的名称、地址及法定代表人姓名;(3)申请人为法人或者其他组织的,应当提交企业注册登记的副本;申请人是外国籍法人或者其他组织的,应当提交相应的公证和认证材料;(4)申请执行的理由与请求的内容,被申请人的财产所在地及财产状况。执行申请书应当以中文文本提出,裁决书或者仲裁协议没有中文文本的,申请人应当提交正式证明的中文译本。

4. 执行程序和费用。有关法院接到申请人申请后,应当按执行地法律程序处理及执行。申请人向有关法院申请执行在内地或者香港特别行政区作出的仲裁裁决,应当根据执行地法院有关诉讼收费的办法交纳执行费用。

5. 不予执行。在内地或香港特别行政区申请执行的仲裁裁决,被申请人接到通知后,提出证据证明有下列情形之一的,经审查核实,有关法院可裁定不予执行:

一是仲裁协议当事人依对其适用的法律属于某种无行为能力的情形;或者该项仲裁协议依约定的准据法无效;或者未指明以何种法律为准时,依仲裁裁决地的法律是无效的。

二是被申请人未接到指派仲裁员的适当通知,或者因他故未能陈述意见的。

三是裁决所处理的争议不是交付仲裁的标的或者不在仲裁协议条款之内,或者裁决载有关于交付仲裁范围以外事项的决定的,但交付仲裁事项的决定可与未交付仲裁的事项划分时,裁决中关于交付仲裁事项的决定部分应当予以执行。

四是仲裁庭的组成或者仲裁庭程序与当事人之间的协议不符,或者在有关当事人没有这种协议时与仲裁地的法律不符。

五是裁决对当事人尚无约束力,或者业经仲裁地的法院或者按仲裁地的法律撤销或者停止执行的。

有关法院认定依执行地法律,争议事项不能以仲裁解决的,则可不予执行该裁决。

6. 公共秩序保留。内地法院认定在内地执行该仲裁裁决违反内地社会公共利益,或者香港法院决定在香港特别行政区执行该仲裁裁决违反香港的公共政策,则可不予执行该裁决。香港法院对于仲裁裁决在认定事实和适用法律方面是否有错误不予审查,其对仲裁裁决的审查只是程序性审查。香港回归后,一国之内的不同法律区域相互提供协助应当比国与国之间更全面、有效。因此,对于双方来说,应当严格限制公共秩序条款的适用。

第五节　内地与澳门特别行政区的区际司法协助

一、一般司法协助

2001 年 8 月 7 日,最高人民法院根据与澳门特别行政区代表协商的结果,通过《关于内地与澳门特别行政区法院就民商事案件相互委托送达司法文书和调取证据的安排》(以下简称《安排》)。该《安排》的主要内容如下:

(一) 一般规定

1. 协助事项及机构。内地人民法院与澳门特别行政区法院可以就民商事案件(在内地包括劳动争议案件,在澳门特别行政区包括民事劳工案件)相互委托送达司法文书和调取证据。受委托方法院可以根据委托方法院的请求代为查询并提供本辖区的有关法律。

双方相互委托送达司法文书和调取证据,均须通过各高级人民法院和澳门特别行政区终审法院进行。最高人民法院与澳门特别行政区终审法院可以直接相互委托送达和调取证据。在实施过程中遇有问题,应当通过最高人民法院与澳门特别行政区终审法院协商解决。各高级人民法院和澳门特别行政区终审法院相互收到对方法院的委托书后,应当立即将委托书及所附司法文书和相关文件转送根据其本辖区法律规定有权完成该受托事项的法院。如果《安排》需要修改,应当通过最高人民法院与澳门特别行政区代表协商解决。

2. 委托。委托方法院应当在合理的期限内提出委托请求,以保证受委托方法院收到委托书后,及时完成受托事项。委托书应当以中文文本提出。所附司法文书及其他相关文件没有中文文本的,应当提供中文译本。委托方法院无须支付受委托方法院在送达司法文书或调取证据时发生的费用或税项。但受委托方法院根据其本辖区法律规定,有权在调取证据时,要求委托方法院预付鉴定人、证人、翻译人员的费用,以及因采用委托方法院在委托书中请求以特殊方式送达司法文书或调取证据所产生的费用。

3. 接受委托。如果受委托方法院认为委托书不符合本《安排》规定,影响其完成受托事项时,应当及时通知委托方法院,并说明对委托书的异议。必要时可以要求委托方法院补充材料。受委托方法院收到委托书后,不得以其本辖区法律规定对委托方法院审理的该民商事案件享有专属管辖权或不承认对该请求事项提起诉讼的权利为由,不予执行受托事项。

4. 适用法律。受委托方法院应当根据本辖区法律规定执行受托事项。委托方法院请求按照特殊方式执行委托事项的,如果受委托方法院认为不违反本辖区的法律规定,可以按照其特殊方式执行。

5. 完成受托事项的期限。受委托方法院应优先处理受托事项。完成受托事项的期限,送达文书最迟不得超过自收到委托书之日起 2 个月,调取证据最迟不得超过自收到委托书之日起3个月。

6. 不予执行和公共秩序保留。受委托方法院在执行受托事项时,如果该事项不属于法院职权范围,或者内地人民法院认为在内地执行该受托事项将违反其基本法律原则或社会公共利益,或者澳门特别行政区法院认为在澳门特别行政区执行该受托事项将违反其基本法律原则或公共秩序,可以不予执行,但应当及时向委托方法院书面说明不予执行的原因。

(二) 司法文书的送达

1. 送达司法文书的范围。司法文书在内地包括:起诉状副本、上诉状副本、反诉状副本、答辩状副本、授权委托书、传票、判决书、调解书、裁定书、支付令、决定书、通知书、证明书、送达回证以及其他司法文书和所附相关文件。在澳门特别行政区包括:起诉状副本、答辩状副本、反诉状副本、上诉状复本、陈述书、申辩书、声明异议书、反驳书、申请书、撤诉书、认诺书、和解书、财产目录、财产分割表、和解建议书、债权人协议书、传唤书、通知书、法官批示、命令状、法庭许可令状、判决书、合议庭裁判书、送达证明书以及其他司法文书和所附相关文件。

2. 委托。委托方法院请求送达司法文书,须出具盖有其印章的委托书,并在委托书中说明委托机关的名称,受送达人的姓名或者名称、详细地址及案件性质。如果执行方法院请求按特殊方式送达或者有特别注意的事项,应当在委托书中注明。委托书及所附司法文书和其他相关文件一式两份,受送达人为两人以上的,每人一式两份。

3. 送达。不论委托方法院司法文书中确定的出庭日期或者期限是否已过,受委托方法院均应送达。

完成司法文书送达事项后,内地人民法院应当出具送达回证;澳门特别行政区法院应当出具送达证明书。出具的送达回证和送达证明书,应当注明送达的方法、地点和日期,及司法文书接收人的身份,并加盖法院印章。受委托方法院无法送达的,应当在送达回证或者送达证明书上注明妨碍送达的原因、拒收事由和日期,并及时退回委托书及所附全部文件。受委托方法院对委托方法院委托送达的司法文书和所附相关文件的内容和后果不负法律责任。

(三) 代为调取证据

1. 代为调取证据的范围。代为调取证据的范围包括:代为询问当事人、证人和鉴定人,代为进行鉴定和司法勘验,调取其他与诉讼有关的证据。委托方法院请求调取的证据只能是用于与诉讼有关的证据。

2. 委托。双方相互委托代为调取证据的委托书应当写明:(1)委托法院的名称;(2)当事人及其诉讼代理人的姓名、地址,及其他一切有助于辨别其身份的情况;(3)委托调取证据的原因,以及委托调取证据的具体事项;(4)被调查人的姓名、地址,及其他一切有助于辨别其身份的情况,以及需要向其提出的问题;(5)调取证据需采用的特殊方式;(6)有助于执行该委托的其他一切情况。

3. 调取证据。如委托方法院提出要求,受委托方法院应当将取证的时间、地点通知委托方法院,以便有关当事人及其诉讼代理人能够出席。受委托方法院在执行委托调取证据时,根据委托方法院的请求,可以允许委托方法院派司法人员出席。必要时,经受委托方允许,委托方法院的司法人员可以向证人、鉴定人等发问。受委托方法院取证时,被调查的当事人、证人、鉴定人等的代理人可以出席。

受委托方法院完成委托调取证据的事项后,应当向委托方法院书面说明。如果未能按委托方法院的请求全部或部分完成调取证据事项,受委托方法院应当向委托方法院书面说明妨碍调取证据的原因,并及时退回委托书及所附全部文件。如果当事人、证人根据受委托方的法律规定,拒绝作证或推辞提供证言时,受委托方法院应当以书面通知委托方法院,并退回委托书及所附全部文件。

受委托方法院可以根据委托方法院的请求,并经证人、鉴定人同意,协助安排其辖区的证人、鉴定人到对方辖区出庭作证。证人、鉴定人在委托方地域内逗留期间,不得因在其离开受委托方地域之前,在委托方境内所实施的行为或针对他所作的裁决而被刑事起诉、羁押,或者为履行刑罚或者其他处罚而被剥夺财产或者扣留身份证件,或者以任何方式对其人身自由加以限制。证人、鉴定人完成所需诉讼行为,且可自由离开委托方地域后,在委托方境内逗留超过7天,或者已离开委托方地域又自行返回时,前款所指的豁免即行终止。证人、鉴定人到委托方法院出庭而导致的费用及补偿,由委托方法院预付。这里所指出庭作证人员,在澳门特别行政区还包括当事人。

二、特殊司法协助

2006年3月21日,最高人民法院公布《内地与澳门特别行政区关于相互认可和执行民商事判决的安排》(以下简称《判决安排》)。[①]2007年12月12日,最高人民法院公布《关于内地与澳门特别行政区相互认可和执行仲裁裁决的安排》。限于篇幅,本章仅介绍内地与澳门之间相互认可和执行民商事判决的有关规定。

(一) 相互认可和执行民商事判决的范围

内地与澳门特别行政区民商事案件(在内地包括劳动争议案件,在澳门特别行政区包括劳动民事案件)判决的相互认可和执行,适用《判决安排》。该安排亦适用于刑事案件中有关民事损害赔偿的判决、裁定,但是不适用于行政案件。

《判决安排》所称“判决”,在内地包括判决、裁定、决定、调解书、支付令;在澳门特别行政区包括裁判、判决、确认和解的裁定、法官的决定或者批示。

一方法院作出的具有给付内容的生效判决,当事人可以向对方有管辖权的法院申请认可和执行。没有给付内容,或者不需要执行,但需要通过司法程序予以认可的判决,当事人可以向对方法院单独申请认可,也可以直接以该判决为证据在对方法院的诉讼程序中使用。

(二) 相互认可和执行民商事判决的案件的管辖

内地有权受理认可和执行判决申请的法院为被申请人住所地、经常居住地或者财产所在地的中级人民法院。两个或者两个以上中级人民法院均有管辖权的,申请人应当选择向其中一个中级人民法院提出申请。

澳门特别行政区有权受理认可判决申请的法院为中级法院,有权执行的法院为初级

① 参见《最高人民法院公报》2006年第4期。

法院。

被申请人在内地和澳门特别行政区均有可供执行财产的,申请人可以向一地法院提出执行申请。

申请人向一地法院提出执行申请的同时,可以向另一地法院申请查封、扣押或者冻结被执行人的财产。待一地法院执行完毕后,可以根据该地法院出具的执行情况证明,就不足部分向另一地法院申请采取处分财产的执行措施。

两地法院执行财产的总额,不得超过依据判决和法律规定所确定的数额。

(三) 申请认可和执行民商事判决的方式和程序

当事人向法院申请认可和执行判决,应当向受申请的法院递交申请书。申请书应当载明下列事项:(1)申请人或者被申请人为自然人的,应当载明其姓名及住所;为法人或者其他组织的,应当载明其名称及住所,以及其法定代表人或者主要负责人的姓名、职务和住所;(2)请求认可和执行的判决的案号和判决日期;(3)请求认可和执行判决的理由、标的,以及该判决在判决作出地法院的执行情况。

申请书应当附生效判决书副本,或者经作出生效判决的法院盖章的证明书,同时应当附作出生效判决的法院或者有权限机构出具的证明下列事项的相关文件:(1)传唤属依法作出,但判决书已经证明的除外;(2)无诉讼行为能力人依法得到代理,但判决书已经证明的除外;(3)根据判决作出地的法律,判决已经送达当事人,并已生效;(4)申请人为法人的,应当提供法人营业执照副本或者法人登记证明书;(5)判决作出地法院发出的执行情况证明。

如被请求方法院认为已充分了解有关事项时,可以免除提交相关文件。被请求方法院对当事人提供的判决书的真实性有疑问时,可以请求作出生效判决的法院予以确认。

申请书应当用中文制作。所附司法文书及其相关文件未用中文制作的,应当提供中文译本。其中法院判决书未用中文制作的,应当提供由法院出具的中文译本。

法院收到申请人请求认可和执行判决的申请后,应当将申请书送达被申请人。被申请人有权提出答辩。

(四) 对认可申请和执行判决的申请的审查与裁定

被请求方法院应当尽快审查认可和执行的请求,并作出裁定。根据《判决安排》第11条规定,被请求方法院经审查核实存在下列情形之一的,裁定不予认可:(1)根据被请求方的法律,判决所确认的事项属被请求方法院专属管辖;(2)在被请求方法院已存在相同诉讼,该诉讼先于待认可判决的诉讼提起,且被请求方法院具有管辖权;(3)被请求方法院已认可或者执行被请求方法院以外的法院或仲裁机构就相同诉讼作出的判决或仲裁裁决;(4)根据判决作出地的法律规定,败诉的当事人未得到合法传唤,或者无诉讼行为能力人未依法得到代理;(5)根据判决作出地的法律规定,申请认可和执行的判决尚未发生法律效力,或者因再审被裁定中止执行;(6)在内地认可和执行判决将违反内地法律的基本原则或者社会公共利益;在澳门特别行政区认可和执行判决将违反澳门特别行政区法律的基本原则或者公共秩序。

法院受理认可和执行判决的申请之前或者之后,可以按照被请求方法律关于财产保全的规定,根据申请人的申请,对被申请人的财产采取保全措施。在被请求方法院受理认可和执行判决的申请期间，或者判决已获认可和执行，当事人再行提起相同诉讼的，被请求方法院不予受理。

法院就认可和执行判决的请求作出裁定后，应当及时送达。当事人对认可与否的裁定不服的，在内地可以向上一级人民法院提请复议，在澳门特别行政区可以根据其法律规定提起上诉；对执行中作出的裁定不服的，可以根据被请求方法律的规定，向上级法院寻求救济。

（五）被认可的判决的效力

经裁定予以认可的判决，与被请求方法院的判决具有同等效力。判决有给付内容的，当事人可以向该方有管辖权的法院申请执行。被请求方法院不能对判决所确认的所有请求予以认可和执行时，可以认可和执行其中的部分请求。

对于根据《判决安排》第 11 条第 1、4、6 项不予认可的判决，申请人不得再行提起认可和执行的申请。但根据被请求方的法律，被请求方法院有管辖权的，当事人可以就相同案件事实向当地法院另行提起诉讼。《判决安排》第 11 条第 5 项所指的判决，在不予认可的情形消除后，申请人可以再行提起认可和执行的申请。

（六）申请认可和执行判决的费用

申请人依据《判决安排》申请认可和执行判决，应当根据被请求方法律规定，交纳诉讼费用、执行费用。申请人在生效判决作出地获准缓交、减交、免交诉讼费用的，在被请求方法院申请认可和执行判决时，应当享有同等待遇。

《判决安排》在执行过程中遇有问题或者需要修改，应当由最高人民法院与澳门特别行政区协商解决。为执行《判决安排》，最高人民法院和澳门特别行政区终审法院应当相互提供相关法律资料，每年相互通报执行该安排的情况。

缩略语表

全　称	简　称
最高人民法院《关于适用〈中华人民共和国民事诉讼法〉的解释》	《民诉法解释》
最高人民法院《关于适用〈中华人民共和国民事诉讼法〉若干问题的意见》	《适用意见》
最高人民法院《关于民事诉讼证据的若干规定》	《证据规定》
最高人民法院《关于民事经济审判方式改革问题的若干规定》	《审改规定》
全国人民代表大会常务委员会《关于完善人民陪审员制度的决定》	《陪审决定》
最高人民法院《关于适用简易程序审理民事案件的若干规定》	《简易程序规定》
最高人民法院《关于人民法院执行工作若干问题的规定(试行)》	《执行规定(试行)》
最高人民法院《关于人民法院民事调解工作若干问题的规定》	《民事调解规定》
最高人民法院《关于严格执行案件审理期限制度的若干规定》	《审限规定》
最高人民法院《关于在经济审判工作中严格执行〈中华人民共和国民事诉讼法〉的若干规定》	《若干规定》
国务院《诉讼费用交纳办法》	《交纳办法》
最高人民法院《第一审经济纠纷案件适用普通程序开庭审理的若干规定》	《开庭规定》
最高人民法院《关于严格执行公开审判制度的规定》	《公审规定》
最高人民法院《关于人民法院民事执行中查封、扣押、冻结财产的规定》	《查封规定》
最高人民法院《关于正确适用暂缓执行措施若干问题的规定》	《暂缓执行规定》
最高人民法院《关于人民法院民事执行中拍卖、变卖财产的规定》	《拍卖规定》
最高人民法院《关于冻结、拍卖上市公司国有股和社会法人股若干问题的规定》	《冻结规定》
最高人民法院、国土资源部、建设部《关于依法规范人民法院执行和国土资源房地产管理部门协助执行若干问题的通知》	《房地产执行通知》
最高人民法院、中国人民银行《关于依法规范人民法院执行和金融机构协助执行的通知》	《金融机构协助通知》
最高人民法院《关于人民法院执行公开的若干规定》	《执行公开规定》
最高人民法院《关于人民法院办理执行案件若干期限的规定》	《执限规定》

教学支持说明

高等教育出版社将向采纳本书作为教材的老师免费提供与本书配套的教学课件，获取课件方式如下：

方式一：请登录高等教育出版社门户网站(www.hep.com.cn)，注册个人信息，成为个人会员。为确保该教学课件仅为教师教学所用，请您继续点击教师认证按钮，填写教师信息，实名认证后成为教师会员。教师会员享有下载优质教学资源的专有权限。教师可以通过书名 / 作者 / 书号等方式搜索图书，点击图书页面教师资源按钮，即可下载相关教学资源。

方式二：如果老师想联系相关学科编辑和高教社驻各省市院校代表，请手机扫一扫本页“高教社文科教学服务号”二维码→点击教学服务→点击联系我们→即可查询各分社学科编辑和高教社驻各省市院校代表的联系方式。

期待着您与我们联系。

高教社文科教学服务号

高等教育出版社法学分社
地址：北京市朝阳区惠新东街四号富盛大厦21层(100029)
Tel：010-58556549　58581017　58581963　58581962
Email：shuaiyq@hep.com.cn, songjun@hep.com.cn